行政法

（第五版）

姜明安——著

Administrative Law

法律出版社
LAW PRESS·CHINA
——北京——

图书在版编目(CIP)数据

行政法 / 姜明安著. -- 5版. -- 北京 : 法律出版社, 2022
(姜明安公法著作系列丛书)
ISBN 978-7-5197-6895-9

Ⅰ. ①行… Ⅱ. ①姜… Ⅲ. ①行政法-中国-高等学校-教材 Ⅳ. ①D922.1

中国版本图书馆CIP数据核字(2022)第122547号

行政法
XINGZHENGFA

姜明安 著

策划编辑 朱 峰
责任编辑 朱 峰 苗 婕
装帧设计 贾丹丹

出版发行 法律出版社
编辑统筹 辞书·融出版编辑部
责任校对 裴 黎
责任印制 吕亚莉
经　　销 新华书店

开本 710毫米×1000毫米 1/16
印张 46.5　　字数 838千
版本 2022年9月第5版
印次 2022年9月第1次印刷
印刷 北京金康利印刷有限公司

地址:北京市丰台区莲花池西里7号(100073)
网址:www.lawpress.com.cn
投稿邮箱:info@lawpress.com.cn
举报盗版邮箱:jbwq@lawpress.com.cn

销售电话:010-83938349
客服电话:010-83938350
咨询电话:010-63939796

书号:ISBN 978-7-5197-6895-9　　定价:188.00元
凡购买本社图书,如有印装错误,我社负责退换。电话:010-83938349

第五版序言

本书第四版于2017年6月在北京大学出版社出版。5年过去了,国家行政法制和行政法治均有了重大发展,许多重要行政法律、法规进行了修改修订,许多行政法制度进行了变革和创新,从而使本书第四版的许多内容变得过时、陈旧,故笔者不得不对第四版进行大幅度修改和内容更新,推出本书第五版。

第五版相对于第四版,其主要修改有下述十个方面:

其一,基于2022年3月11日第十三届全国人大第五次会议对《中华人民共和国地方各级人民代表大会和地方各级人民政府组织法》的修改和2018年第十三届全国人大第一次会议作出的《关于国务院机构改革方案的决定》,对本书第八章"行政法主体与行政机关"的内容进行了相应修改。

其二,基于2018年12月29日第十三届全国人大常委会第七次会议对《中华人民共和国公务员法》的修订,对本书第十章"公务员"的内容进行了相应修改。

其三,基于2020年10月17日第十三届全国人大常委会第二十二次会议对《中华人民共和国专利法》的修订,对本书第十五章"行政司法"的内容进行了相应修改。

其四,基于2021年1月22日第十三届全国人大常委会第二十五次会议对《中华人民共和国行政处罚法》的修订,对本书第十六章第二节"行政处罚"的内容进行了相应修改。

其五,基于2018年3月20日第十三届全国人大第一次会议通过《中华人民共和国监察法》和废止《中华人民共和国行政监察法》,对本书第二十一章(第四版第二十五章)"行政法制监督"的内容进行了相应修改:删去了第五节

"专门行政监督机关的监督"中"行政监察监督"的内容,新增设一节(作为该章第三节)"监察机关的监督"。

其六,基于2022年2月25日中共中央、国务院发布的《信访工作条例》,对本书第二十一章(第四版第二十五章)"行政法制监督"第五节"国家机关系统外部的个人、组织的监督"的内容进行了相应修改,增加了国务院《信访条例》(国务院令第431号,2005年1月10日发布)未规定的内容。

其七,基于2018年10月26日第十三届全国人大常委会对《中华人民共和国人民检察院组织法》的修订,对本书第二十一章第四节"司法机关的监督"中第三部分"人民检察院的监督"的内容进行了相应修改。

其八,基于2019年9月4日中共中央正式发布了《中国共产党问责条例》,对本书第二十二章"行政责任"第二节"对担任领导职务公职人员(领导干部)的问责"的内容进行了相应修改。

其九,基于笔者公法著作系列中已出版《行政程序法研究》专著,故删去了本书第四版中"行政程序"一编(第四编第二十章至第二十三章),以避免内容重复。

其十,基于笔者公法著作系列中已出版《行政诉讼法》(第四版)专著,故删去了本书第四版中第二十八章"行政诉讼",以避免内容重复。

本书第四版共设5编30章81.9万字,第五版删去了1编5章,现为4编25章57.7万字。

本书及笔者公法著作系列各卷的出版得到了法律出版社及所属辞书·融出版编辑部的大力支持和帮助,出版社担任本书及该系列著作的各位责任编辑认真细致的审校编辑工作为本书和该系列著作其他各卷增色不少。为此,笔者特向法律出版社及所属辞书·融出版编辑部和各位责任编辑致以深深的谢意!

姜明安

于北京海淀区八里庄寓所

2022年4月20日

第四版序言[①]

本书是笔者个人独立撰写的行政法专著的第四个版本。前三个版本笔者没有使用《行政法》这个书名，而使用了别的名称。为了反映和阐释本人行政法思想和理论的发展历程和路径，有必要将笔者这个版本与前三个版本联系起来，并适当加以比对，以考查笔者对行政法各种相应问题的观点是怎样发展变化和为什么会出现这些发展变化的。笔者行政法专著的第一个版本于1985年8月由山西人民出版社出版，书名叫《行政法学》；第二个版本于1986年7月由北京大学出版社出版，书名叫《行政法概论》；第三个版本于1990年6月由中国卓越出版公司出版，书名叫《行政法与行政诉讼》。20世纪90年代后，笔者将本书前三个版本中有关行政诉讼法的内容编成了另一本书单独出版，出了三版，第一版于1993年8月由北京大学出版社出版，书名叫《行政诉讼法学》；第二版于2007年3月由法律出版社出版，书名叫《行政诉讼法》；第三版于2016年11月重由北京大学出版社出版，书名仍叫《行政诉讼法》。而本书前三个版本中的行政法内容却一直未更新、修改，仍然停留在20世纪八九十年代中国行政法刚刚起步阶段的学术语境中，其内容都已经非常陈旧了。因此，笔者今年下了最大的决心，拒绝种种诱惑，放下手头这样那样的工作，对本书前三个版本进行"大修"，使之"洗心革面"，在相距该书第三个版本27年后推出该书的第四个版本。现在，笔者的愿望终于实现，姜氏《行政法》的最新版本终于呈现在各位读者面前。

也许各位要问，这20多年来笔者都干什么去了？为什么让自己当初在那么困难的年代——"文革"刚刚结束，中国法制千疮百孔，国人多不知行政法

---

① 《行政法》(第4版)于2017年6月由北京大学出版社出版。

为何物的年代——花了那么多心血写出的东西听任其陈旧、过时,而不加以修改、更新呢?这里我应向读者致歉,这确实不应该,这确实是笔者的过错。不过,其中也有一定客观因素:这20多年来,笔者花费了太多时间应付各种似乎不得不应酬的事务:被动或主动地应各不同方面、不同领域、不同部门的邀请,主编有关行政法与行政诉讼法的各种教科书、著作或相关案例教材、工具书达20多种。如主编的各种教材即有教育部法学核心课程教材《行政法与行政诉讼法》(北京大学出版社、高等教育出版社1999年版,至今已出6版,印刷40余次);司法部全国法律硕士专业教学用书和教育部学位管理与研究生教育司推荐研究生用书《行政法与行政诉讼法》(法律出版社2003年版,2006年再版);全国律师资格考试指定用书《行政法学》(法律出版社1998年版);全国高等教育自学考试教材《行政法与行政诉讼法》(高等教育出版社1997年版);高等学校法学教材《外国行政法教程》(法律出版社1993年版);中共中央党校函授教材《行政法学》(中共中央党校出版社2002年版);《党员干部法治教程》(中国法制出版社2014年版);国务院法制办行政执法培训教材《行政诉讼法教程》(中国法制出版社2011年版,2015年再版);全国高等教育自学考试律师专业指定教材《行政法与行政诉讼法》(高等教育出版社2002年版);新世纪法学创新教材《行政法》(科学出版社2010年版)等。主编各种研究性著作如《行政执法研究》(北京大学出版社2004年版);《行政程序研究》(北京大学出版社2006年版);《法规审查与法规评价研究》(北京大学出版社2004年版);《行政程序法典化研究》(法律出版社2016年版)等。这20多年,笔者的许多时间都被用于主编这些教科书和著作,从而难以抽出时间对自己早期的著作进行修改更新。当然,主编这些教科书和著作也是很重要的工作,对于有关方面、有关领域、有关部门的法制教育、宣传、培训应该是发挥了一定作用的。但是就笔者自己的学术研究来说,则不可避免地导致了学术思想和学术理论的碎片化,难以形成体系化的学说。所以,笔者自去年起下决心暂停担任各种主编,集中精力推出自著的《行政法》第四版和《行政诉讼法》第三版(将于2016年年底出版),以对自己20世纪八九十年代的旧作予以改造、重构,对这20多年主编的各种教科书和著作中自己撰写的章节的内容进行整合,使之体系化。

笔者大学毕业后一直从事行政法的教学和研究,至今已近35年。笔者为

什么这么多年来对行政法不离不弃,对之情有独钟呢?此源于笔者对行政法的下述五点认识:

其一,行政法是最基本的人权保障法。现代法治国家最重要的特征是国民的人权有切实的法律保障,而保障国民人权的最基本的法律部门是行政法。与行政法相比较,刑法、民法也保障人权,但其保障人权的作用不及行政法显著。因为民法、刑法主要调整的是自然人、法人之间以及国家与自然人、法人之间的关系,而行政法调整的主要是掌控行政权的行政机关、组织与公民、法人或者其他组织之间的关系。掌控行政权的行政机关、组织因为是以国家机器、国家公权力为后盾,故其违法、滥权对国民人权的侵犯要比一般自然人、法人违法甚至犯罪的侵犯都要严重得多。从而,要保障国民的人权,就特别需要法律限制、控制和规范作为公权力的行政权,如限制行政权的行政组织法、规范行政权行使的行政程序法、控制行政权和对行政侵权进行救济的行政复议法、行政诉讼法和行政赔偿法等。行政法与宪法相比较,宪法是保障人权的根本法,但宪法对人权的保障大多需要行政法予以落实,如宪法规定公民的人身自由、人格尊严和住宅不受侵犯,公民的言论自由、通信自由和宗教信仰自由不受侵犯等①,如果没有行政法对行政权加以控制,对行政行为加以规范,公民的人身自由、人格尊严、住宅安宁、言论自由、通信自由和宗教信仰自由能得到保障吗?显然不能。行政权不加以法律制约,公民人权随时可能受到侵犯,这是历史一再证明了的。由此可见,行政法作为人权保障基本法的作用是毋庸置疑的。

其二,行政法是最直接的治官制权法。中国传统法制强调法的功能主要是治民,法主要是治老百姓而不是治官的工具。韩非子有言,法以治民,术以治官②;故治民无常,唯治为法。③ 故中国古代法以刑法为主,民法很不发达,治官制权的行政法则极为罕见。近现代以来,刑法仍然是统治者最重视的统治和专政的工具,随着商品经济和市场交易的发展,调整自然人、法人之间财产关系和人身关系的民法也开始受到重视,但行政法在很长时期内仍被冷

---

① 参见《宪法》第35-40条。

② 参见盛振为先生为马君硕所著《中国行政法总论》(台湾商务印书馆1984年版)一书的“序言”。

③ 参见张国华主编:《中国法律思想史》,法律出版社1982年版,第121页。

落，几乎为立法机关遗忘。我国直到1989年才制定《行政诉讼法》，1994年才制定《国家赔偿法》，1997年才制定《行政监察法》，1999年才制定《行政复议法》，2003年才制定《行政许可法》，2005年才制定《公务员法》，2011年才制定《行政强制法》，至今尚未制定行政程序法①、政务信息公开法②和新闻、出版、结社自由保障法。我国长期以来为什么只重视刑法，对民法也有所眷注，容其发展③，却唯独不重视行政法，不发展行政法呢？就因为刑法、民法的主要功能是治民，行政法的主要功能是治官制权。统治者、管理者当然乐于以法治民，而不愿意以法来限制和制约自己的权力。④ 行政法之所以最终得以发展，不是因为统治者、管理者突然变得开明起来，而是现代市场经济、民主政治的推进，人民越来越名副其实地当家作主，他们为了维护自己的权利、自由、财产，必然要通过自己的代表机关制定法律来治官制权，通过治官制权法来防止、限制和制约政府机关及其公职人员滥用权力和侵犯自己的权益。当然，治官制权法不仅指行政法，宪法也是，而且可能是更重要的治官制权法，但是宪法的治官制权功能往往要通过其他法律实现，在很多情况下不是直接实现，行政法无疑是最直接的治官制权法。

其三，行政法是最实际的现代民主政治推进法。张知本先生指出："中国政治不上轨道，是尽人皆知的事。考其原因，自然很多，要以从事政治的人们，只知术而不知学，只任人而不任法，只重官而不重民三者为最。"⑤中国自19世纪中叶以后为什么落后挨打？其重要原因之一即是"政治不上轨道"。政治为何不上轨道？张知本先生认为最重要的原因是执政者不懂科学执政而只知玩弄权术，不实行依法执政而热衷于人治，不实行民主执政而热衷于专

---

① 1996年制定的《行政处罚法》、2003年制定的《行政许可法》和2011年制定的《行政强制法》规定了部分行政行为的程序，可以认为是三个单行的行政程序法。

② 国务院于2007年制定了《政府信息公开条例》，但人大的正式立法尚未启动。

③ 我国古代法家重视法制，主要是重视刑法，对民法很少关注。我国历朝历代的法典，如秦律、汉律、唐律，直至明、清律，其基本内容都是刑法。至于唐六典，明、清会典等，虽有不少规范官吏行为的规范，这些规范可认为具有行政法的某些特征，但与治官制权的现代行政法乃相去甚远。

④ 中华人民共和国成立以后，特别是20世纪50年代后期至"文革"时期的一个较长的阶段，由于"左"的思想和路线的影响，国家不仅不重视行政法，而且也不重视刑法和民法；既不以法治民和治理社会，也不以法治官和治理国家。

⑤ 参见张知本先生为马君硕所著《中国行政法总论》(台湾商务印书馆1984年版)一书的"序言"。

制、独裁。此三者中又以不民主、不"重民"为最。执政不以人为本,不让公众参与,不广泛听取广大民众的意见,何谈科学?执政独裁、专制,不发挥代议机关、立法机关的作用,何谈法治?要改变此种情况,自然需多管齐下,综合治理,但重要措施之一无疑是健全、完善有关公众参与行政决策和行政行为的行政法制以及有关行政决策和行政行为接受公众监督和人民代表机关监督制约的行政法制。行政法对现代民主不仅具有保障作用,而且具有促进作用。

其四,行政法是最基础的公平正义社会秩序维护法。罗尔斯认为,公平正义社会秩序取决于社会财富和基本权利义务的公平分配(分配正义)和对社会弱势群体的利益补偿(矫正正义)。"一个社会体系的正义,本质上依赖于如何分配基本的权利义务,依赖于在社会的不同阶层中存在着的经济机会和社会条件";"社会和经济的不平等(例如财富和权力的不平等)只要其结果能给每一个人,尤其是那些最少受惠的社会成员带来补偿利益,它们就是正义的"。[①] 作为国家,特别是像我国这样的社会主义国家,政府掌握最广泛和最重要的资源,如土地、矿藏、森林,政府如何分配这些资源,如何利用这些资源产生的财富对社会弱势群体予以适当的补偿救济,是建立公平正义社会秩序的关键,而要保障政府对资源的公平分配和矫正社会财富第一次分配后可能形成的非正义,就必须完善行政法制,如行政审批许可法制、行政税费征收法制、政府采购法制和行政给付法制等。没有这些法制的保障,公平正义的社会秩序就不可能建立。

其五,行政法是最重要的科学发展促进法。小平同志说,发展是硬道理。[②] 根据科学发展理论,发展不仅指经济发展,而且应该包括社会发展,发展不仅指 GDP 的增长,而且应该包括自然生态的改善和人的生存环境的改进。但是,我们在很长的一个时期内,将发展片面理解为经济发展,以 GDP 作为发展的唯一指标,结果导致发展失衡、一些地区生态环境恶化,污染事件频发,地区差别、城乡差别、贫富差别增大,社会问题增多,甚至引发部分群体性事件,给社会带来诸多不稳定因素。如何解决这些问题,保障经济社会的科学和可持续发展?对策和途径之一即是推行行政法治,用行政法治保障政府决

---

① [美]约翰·罗尔斯:《正义论》,何怀宏等译,中国社会科学出版社 1988 年版,第 5、12 页。

② 《邓小平文选》,人民出版社 1993 年版,第 377 页。

策的民主化、科学化(如以行政法规定重大发展决策必须经过利害关系人听证和专家论证),用行政法治保障科学发展决策的执行和监督(如以行政法规定科教文卫的发展指标,社会保障的发展要求,环境和生态治理的目标、途径,以及规定对于因追求形象工程、政绩工程而破坏科学发展的行为的法律责任)。总之,科学发展必须依靠法治,特别是行政法治。罗豪才教授说,现代行政法实质上是平衡法。① 平衡、统筹、兼顾、协调、可持续均是科学发展的基本要素。没有平衡,就没有科学发展,而没有行政法,就不可能保障平衡。

正是基于行政法对于国家和社会的上述重要性,笔者选择以行政法教学、研究作为自己终生的事业。正是基于对行政法的这种重要性的认识,笔者30多年来一直坚持在行政法领域耕耘、著述,并在此花甲之年后又5岁的时候推出《行政诉讼法》的第三版和《行政法》的第四版。

笔者这次修订《行政法》的第四版,得到了我的三位学生——大连理工大学法律系副教授陈国栋博士、中国人民公安大学公安管理学院讲师周华兰博士和国家检察官学院讲师宋京霖博士的帮助,他们三位(特别是国栋博士)认真细心地帮我校对了整个稿件,纠正了我稿件中许多文字和表述的不当或错误。对此,特向他们三位表示感谢。

尽管上述三位博士以及北京大学出版社责任编辑白丽丽女士为保证本书质量做了辛勤和细致的工作,但由于笔者本身水平和能力的限制,本书仍不可避免地会存在这样那样的不妥或错误之处。对此,衷心希望各位读者不吝指教,以使笔者能在下次改版时予以纠正。

姜明安

于北京海淀区八里庄寓所

2016年10月30日

---

① 罗豪才主编:《现代行政法的平衡理论》,北京大学出版社1997年版,第16页。

第三版序言[①]

1989年4月4日,第七届全国人民代表大会第二次会议正式通过了《中华人民共和国行政诉讼法》,并决定于1990年10月1日起正式实施。《行政诉讼法》的通过和实施,标志着我国社会主义民主和法治发展到了一个新的阶段——"民"可以告"官","官"的行为要接受司法审查,并通过司法途径向"民"承担法律责任的阶段。

行政法与行政诉讼是现代民主和法治的产物,是现代民主国家制约行政权力滥用和保障公民合法权益的重要和必要的法律制度。但是,在我国,在一个曾有两千多年封建专制传统影响的国度里,公民们对行政法与行政诉讼制度相当陌生:不仅作为一般群众的公民有许多人对它不熟悉,就是担负一定国家公职的公民也有的对它不了解,甚至对它持某种不欢迎态度或抵触情绪。因此,广泛宣传行政法,向社会普及行政法和行政诉讼的有关知识是当前摆在我们法学工作者面前的一项急迫的和艰巨的任务。

笔者前几年曾写过几本行政法(包括行政诉讼)方面的书。但是,由于当时许多行政法律、法规尚未制定出来,特别是《行政诉讼法》尚未颁布。因此,其中部分内容现在看来已经显得有些过时和陈旧了。在《行政诉讼法》已经制定和即将实施的今天,笔者有责任以新作去更新和发展旧作中的行政法理论、观点及其所依据的材料。

这部新作相对于自己的旧作,有四点改进和发展:其一,理论性有所加强,该书尽量运用马克思主义的法学理论,系统地阐释我国行政法及其制度的原理、原则,避免了过去某些著作单纯注释法律、法规的注释法学倾向;其

---

① 《行政法》(第3版)原书名为《行政法与行政诉讼》,于1990年6月由中国卓越出版公司出版。

二，实践性有所加强，该书尽量联系我国行政法制的实践，运用法学理论解决我国行政立法、行政执法、行政司法、行政法制监督、行政责任（包括行政侵权赔偿责任）、行政诉讼中的各种实际法律问题，避免脱离实际的空泛说教；其三，“法味”较浓，该书以对行政法和行政法律关系的研究、探讨和解决实际行政法律问题作为其宗旨，论述紧紧围绕法律问题展开，避免了过去某些著作脱离行政法和行政法律关系而以大量篇幅去探讨作为行政学研究对象的行政管理问题的偏向；其四，适用性较广，该书不仅适用于高等学校法律院系的师生，而且也适用于人民法院的法官、律师事务所的律师和公安、税务、工商、物价、海关、质监、卫生、城建、土地、环境管理等执法部门的行政执法人员以及行政监察、审计等行政法制监督部门的法制监督人员。对于想学习行政法与行政诉讼知识的一般读者，本书也具有可读性。

该书的出版正值《行政诉讼法》正式实施之际，但愿此书能对“民告官”诉讼中的原告们、被告们、法官们和律师们有所帮助。

本书尽管付出了笔者很多劳动，但不妥和错误之处仍在所难免，倘承读者不吝教正，当不胜感激。

姜明安

1990年元旦于北京厂洼寓所

第二版序言[①]

行政法是有关行政权行使的法律。其范围十分广泛,其作用非常巨大,它既要使国家利益和国家权威获得法律的保障,又要使国家机关及其工作人员的活动受法律的约束,其违法失职的行为要受到法律的制裁。所以,行政法是物质文明和精神文明高度结合的产物,是法治国的主要标志之一。我们社会主义国家,尤其要求民主与法制、国家集体利益与个人利益、权与法基本一致。行政法的研究、教学和宣传,刻不容缓。正当这门学科长期处于落后状态而迄今仍不很发达的时候,姜明安同志写了一本很好的行政法概论的普及教本。它的出版问世,是值得我们共同赞赏的。

该书至少有三个特点:

一、它是以本国的有关行政的法律、法规为主而编写的,富有一定的开拓精神。目前,我国法制尚不完备,有关行政方面的法律、法规尚在创建和整理的阶段,欲从其中整理出一套简明扼要的系统纲要来,是很不容易的。一书之成非一日之功。姜明安同志自1980年起就在这方面进行持续不懈的努力,他的书在一定范围内显然吸收了迄今为止已出版的同类书籍的成果。

二、它是以第一手材料为基础而编写的。姜明安同志不仅收集了他所能取得的资料,而且对之作了详尽而细致的剖析,将零碎片断的律文和条例提到理论高度进行了系统的阐述。该书史料翔实,观点明确。

三、它还从我国实际出发,对行政法学上的普遍原理作了传播和介绍,使本书具有扎实的基础知识,突出了民主集中制和民主法制观念在广泛的行政领域内的运用,反映了我国社会主义法制的特色,有助于我们加强法律手段以

---

① 《行政法》(第2版)原书名为《行政法概论》,于1986年7月由北京大学出版社出版。

促进体制改革和完善行政管理。这不仅对修习本门学科的同学们会有所帮助,而且对做实际工作的同志也会有所裨益的。

本书还有别的优点,仅就上述三点而言,已属难得。我有幸能先读该书原稿,不胜欢欣鼓舞,故乐为之序。

龚祥瑞

1985年国庆前夕

于北京大学中关园

第二版自序

要实行法治，不仅需要有宪法、刑法、民法、经济法等，而且更需要有行政法。因为法治的最根本要求是政府及其工作人员依法办事，而政府及其工作人员依法办事的“法”主要是宪法和行政法。

我们国家在很长一个时期里，由于“左”的指导思想的影响，不讲法治，不实行法治。这种情况使林彪、“四人帮”两个反革命集团钻了空子，他们利用手中的权力，任意胡作非为，给人民造成了一场大灾难，给党和国家带来了一场“浩劫”。

“文革”的深重教训告诉我们，要保障社会主义民主，要防止个人野心家、阴谋家篡夺国家权力和滥用权力，必须实行法治。不仅要求人民群众遵守法律，按法律办事；而且还要求政府和政府领导人遵守法律，按法律办事，依法治国。这样就必须要有行政法，必须加强行政法。

今天我们党和国家的中心任务是搞社会主义现代化建设，我们的政府机关及其工作人员担负组织、管理现代化建设的重任。要完成这一重任，必须改变传统的单纯依靠行政手段的管理方法，要转而采取主要依靠法律手段、经济手段、结合运用行政手段的管理方法。要运用法律手段实施行政管理，就必须有行政法，必须加强行政法。

但是，行政法是我国目前一个最薄弱的法律部门。要改变这种状况，必须加强对行政法的研究。不研究行政法，对行政法的调整对象、范围、形式、内容、体系、作用就没有深刻的认识，要解决行政立法、行政执法、行政司法和行政法制监督的任务是不可能的。

本书试图对行政法的一般理论和我国行政法的历史发展及现状作一初步探讨。为此，笔者通过近三年的时间，阅读了中外有关行政法学著作，对我国新中国成立以来颁布的主要行政法律文件进行了粗浅的研究，并到有关国家机关和部门进行了调查，收集了有关资料。在这个基础上，终于在我国三十六周年国庆前夕，完成了本书的写作。由于笔者理论水平不高，研究能力有限，很多问题研究得很不深透，有些观点可能不妥当，甚至是错误的。对此，希望读者，特别是从事行政法研究的老前辈们和老师们予以教正。

三年以前，笔者曾根据自己的教学讲义，写成《行政法学》一书（已由山西人民出版社出版）。本书利用了前书的某些研究成果，但是也对前书的某些观点和资料作了不少修正、补充和发展。关于本书引用的资料，大多源于现行的法律、法规，但有时也引用了个别已经过时的法律、法规，某些章节还引用了未见诸法律、法规的目前改革中的一些具体做法。因此，读者在解决实际问题时，一定要以现行实际有效的法律、法规为准，而不能以本书为根据。这是需要预先予以说明的。

本书的写作得到我国著名宪法学和行政法学教授龚祥瑞先生和北大法律学系宪法教研室其他老师的热心指导和帮助，并承龚先生为本书作序，李志敏老师为本书题写书名。对此，作者深表感谢。

姜明安

1985年9月20日

于北京大学校内宿舍16楼107室

第一版序言[①]

我国宪法规定今后国家的根本任务是集中力量进行社会主义现代化建设,为了实现这一根本任务,必须坚持四项基本原则,发展社会主义民主,健全社会主义法制。邓小平同志在我国成立三十五周年庆祝典礼上的讲话中指出:“在全国实现安定团结、民主法制的基础上,我们把进行社会主义现代化建设放在一切工作的首位。”行政法学是法学的重要组成部分,是法学的一个不可缺少的部门学科。健全社会主义法制理所当然地也包括对行政法学的研究,加强对行政管理法规的制定和修改。新中国成立初期我们比较重视法制建设,制定了宪法和一系列法律、法令,也制定了许多行政管理法规,促进了我国社会主义改造和建设事业的发展。但是后来由于“左”的思想的影响,特别是十年“文化大革命”的破坏,我国的法制建设、包括行政法学的建设,遭到削弱,以致停滞不前和被破坏。行政法学成为我国法学研究中比较薄弱的一门学科,对它的研究比对宪法、刑法、民法学的研究更为落后。

党的十一届三中全会以来,民主和法制的建设得到加强,法学研究也出现蓬勃发展、欣欣向荣的从来没有出现过的气象,行政法学的研究也开始提上日程。特别是社会主义现代化建设事业,不但需要宪法、刑法、民法、刑事诉讼法、民事诉讼法、经济法的制定或修改,而且亟须加速对行政管理法规的制定或修改,加强对行政法学的研究,搞好国家机关的建设和体制改革,使国家机关更好地实行民主集中制的原则,以不断提高工作质量和工作效率,克服机构臃肿、人浮于事、办事拖拉和官僚主义的作风。使我国的国家机关和工作人员成为密切联系群众、为人民服务、效率极高、办事公正而又廉洁的机关和工作

---

① 《行政法》第一版的原书名为《行政法学》,于1985年8月由山西人民出版社出版。

人员。这样将大大促进我国社会主义现代化建设事业的发展。

为了搞好国家机关建设,提高国家工作人员的责任感,加速行政法规的建设,现行宪法不但强调一九五四年宪法中的一些原则,而且又作出了许多新的规定,例如,中央和地方的国家机构职权的划分,遵循在中央的统一领导下,充分发挥地方的主动性、积极性的原则;一切国家机关都必须遵守宪法和法律;公民对任何国家机关和国家机关工作人员,有提出批评和建议的权利,对他们的违法失职行为,有向有关国家机关提出申诉、控告或者检举的权利;国务院有权制定行政法规,国务院各部、各委员会根据法律和国务院的行政法规、决定、命令,在本部门的权限内发布命令、指示和规章;国务院实行总理负责制,各部、各委员会实行部长、主任负责制,各级地方人民政府实行省长、市长、县长、区长、乡长、镇长负责制;国家机关实行工作责任制及工作人员的培训和考核制度,县级以上地方各级人民政府依法任免、培训、考核和奖惩行政工作人员等。宪法的这些新规定说明它充分重视国家机关的建设,重视国家各级行政机关的建设,重视行政管理法规的作用。宪法的许多原则和这些新规定为加速行政法建设以及研究行政法学指明了方向,奠定了理论基础和法律基础。

有了上述的有利的法制建设的条件和形势,有了上述的宪法指明的方向和法律依据,我国行政法学的逐步发展,行政法制的逐步加强,其前景是非常美好的,其发展速度也不会是很慢的。

近几年来,姜明安同志对我国和外国的行政法学作了认真的钻研,搜集了大量的资料,翻译了外国的有关著作。在此基础上一边进行教学,一边写成此书和一些行政法方面的文章。本书全面而系统地阐述了行政法学的基本内容,体例清晰,材料比较丰富,既以中国行政法为主,又兼论了外国的行政法,是一本比较好的关于行政法学的书。而我国今日此类法学书籍又极少,因此我认为出版这本书,对于国家机关工作人员特别是政法工作者和政法院系的师生研究和学习行政法,有一定的参考价值,尽管此书还有某些不足之处,我认为出版它是有益的,故为序。

肖蔚云

1984年10月于北大蔚秀园

第一版自序

本书的初稿是作为教学讲义于1982-1983年编写的,现在交付出版的是这个讲义的修改稿。

北大法律系宪法教研室曾对讲义的体系和内容进行过多次讨论。这些讨论对该书的写作起了重要的指导作用。中央和地方的许多国家机关(特别是劳动人事部、河北和湖南两省的许多单位)为本书提供了大量的实际材料。没有这些实际材料,本书是不可能完成的。

本书在写作过程中曾得到著名宪法学家肖蔚云同志的指导和帮助,并荣幸地承他为该书作序。此外,山西人民出版社李翔德同志和山西省社会科学院雷忠勤、南元生同志,为本书的编辑和出版提供了热情的支持和帮助。

对于这一切,对于所有为该书提供过帮助的同志,作者在此表示深深的感谢。

另外,对于有关本书内容方面的问题,还应该作如下说明:

(一)本书所引用的法律法规,有的已为现实生活中所不适用。之所以还引用这些法规,是因为我国现行的行政法还不完善,还处在进一步完善的过程中,有些方面的制度在笔者写作时尚找不到现行的法律、法规作为实例,只得引用过去的某些法律、法规。至于书中有些法律、法规,在笔者引用时或本书交付出版时尚属有效,而到本书出版后则被修改或被新的法律、法规代替的情况则更属难免。因此,读者在实践中要使用本书所引用的法律、法规时,一定要以当时适用的有效的法律、法规为准。(二)本书引用的材料,大多为公开出版发行的材料,但也包括某些尚未发表过而可公开发表的材料。这些材料大多为笔者调查、阅读和翻译所得,但也包括某些第二手的材料,即利用了别人的研究成果(包括别人的著述、译作、调查数据以及笔者过去的听课笔记和会议记录中经过重新核实的某些材料)。(三)本书是在工作之余陆陆续续写成的,前后用了两年多时间,因此前后体例、甚至提法有某些不一致的地方。虽然在完稿后又经过全面修改,但限于笔者的水平和能力,其中缺点错误肯定还有不少。

对此,希望读者能给予批评指正,笔者将不胜感激。

姜明安

1983 年 5 月 1 日完稿

1983 年 12 月 15 日定稿

于北京大学校内宿舍 16 楼 107 室

本书引用的若干重要法律简称与全称对照[①]

《共同纲领》——1949年中国人民政治协商会议第一届全体会议通过的《中国人民政治协商会议共同纲领》

"五四宪法"——1954年第一届全国人民代表大会第一次会议通过的《中华人民共和国宪法》

"七五宪法"——1975年第四届全国人民代表大会第一次会议通过的《中华人民共和国宪法》

"七八宪法"——1978年第五届全国人民代表大会第一次会议通过的《中华人民共和国宪法》

"八二宪法"——1982年第五届全国人民代表大会第五次会议通过的《中华人民共和国宪法》

《宪法》——"八二宪法"及1988年、1993年、1999年、2004年和2018年全国人大通过的五项宪法修正案

《立法法》——2000年第九届全国人民代表大会第三次会议通过,2015年第十二届全国人民代表大会第三次会议修正的《中华人民共和国立法法》

原《行政诉讼法》——1989年第七届全国人民代表大会第二次会议通过的《中华人民共和国行政诉讼法》

《行政诉讼法》——1989年第七届全国人民代表大会第二次会议通过,经2014年第十二届全国人民代表大会常务委员会第十一次会议和2017年第十二届全国人民代表大会常务委员会第二十八次会议修正的《中华人民共和国

---

① 除以下简称与全称对照外,本书使用法律、法规、规章名称中的"中华人民共和国"省略。

行政诉讼法》

原《国家赔偿法》——1994 年第八届全国人民代表大会常务委员会第七次会议通过的《中华人民共和国国家赔偿法》

《国家赔偿法》——1994 年第八届全国人民代表大会常务委员会第七次会议通过,经 2010 年第十一届全国人民代表大会常务委员会第十四次会议和 2012 年第十一届全国人民代表大会常务委员会第二十九次会议修正的《中华人民共和国国家赔偿法》

原《国务院组织法》——1954 年第一届全国人民代表大会通过的《中华人民共和国国务院组织法》

《国务院组织法》——1982 年第五届全国人民代表大会第五次会议通过的《中华人民共和国国务院组织法》

《地方组织法》——1979 年第五届全国人民代表大会第二次会议通过,经 1982 年、1986 年、1995 年、2004 年、2015 年、2022 年六次修正的《中华人民共和国地方各级人民代表大会和地方各级人民政府组织法》

《公务员法》——2005 年第十届全国人民代表大会常务委员会第十五次会议通过,经 2018 年修正的《中华人民共和国公务员法》

《行政复议法》——1999 年第九届全国人民代表大会常务委员会第九次会议通过,经 2009 年第十一届全国人民代表大会常务委员会第十次会议修正的《中华人民共和国行政复议法》

《行政处罚法》——1996 年第八届全国人民代表大会第四次会议通过,经 2021 年第十三届全国人民代表大会常务委员会第二十五次会议修正的《中华人民共和国行政处罚法》

《行政许可法》——2003 年第十届全国人民代表大会常务委员会第四次会议通过的《中华人民共和国行政许可法》

《治安管理处罚法》——2005 年第十届全国人民代表大会常务委员会第十七次会议通过,经 2012 年第十一届全国人民代表大会常务委员会第二十九次会议修正的《中华人民共和国治安管理处罚法》

《行政强制法》——2011 年第十一届全国人民代表大会常务委员会第二十一次会议通过的《中华人民共和国行政强制法》

《监察法》——2018 年第十三届全国人民代表大会第一次会议通过的《中华人民共和国监察法》

《政务处分法》——2020 年第十三届全国人民代表大会常务委员会第十九次会议通过的《中华人民共和国政务处分法》

目　　录

第一编　绪论／ 1

第一章　行政:管理与治理／ 3

第二章　行政法:保障权利与控制权力／ 27

第三章　我国行政法的历史发展／ 55

第四章　中国行政法学的历史发展和各国行政法学的主要流派／ 80

第五章　行政法的法源／ 108

第六章　行政法的基本原则／ 132

第二编　行政法主体／ 155

第七章　行政组织与法治政府建设／ 157

第八章　行政法主体与行政机关／ 179

第九章　其他行政主体／ 211

第十章　公务员／ 227

第十一章　行政相对人／ 256

第三编　行政行为／ 267

第十二章　行政行为概述／ 269

第十三章　行政立法／ 296

第十四章　行政执法／ 318

第十五章　行政司法／ 359

第十六章　行政处理／ 377

第十七章　行政监管／ 472

第十八章　行政裁量 / 490
第十九章　行政合同与行政指导 / 510

第四编　行政救济 / 527
第二十章　行政救济概述 / 529
第二十一章　行政法制监督 / 539
第二十二章　行政责任 / 618
第二十三章　行政复议 / 642
第二十四章　行政赔偿 / 664
第二十五章　行政补偿 / 688

主要参考书目 / 706

CONTENTS

Part Ⅰ Introduction / 1

Chapter 1 Administration: Management and Governance / 3

Chapter 2 Administrative Law: Protection of Rights and Control of Power / 27

Chapter 3 History of Chinese Administrative Law / 55

Chapter 4 Development of Administrative Jurisprudence in China and Main Schools of Administrative Jurisprudence in the World / 80

Chapter 5 Sources of Administrative Law / 108

Chapter 6 Fundamental Principles of Administrative Law / 132

Part Ⅱ Legal Subjects of Administrative Law / 155

Chapter 7 Administrative Organization and Construction of Government Ruled by Law / 157

Chapter 8 Subjects of Administrative Law and Administrative Organs / 179

Chapter 9 Other Administrative Bodies / 211

Chapter 10 Civil Servants / 227

Chapter 11 Administrative Counterparts / 256

Part Ⅲ Administrative Action / 267

Chapter 12 Introduction of Administrative Action / 269

Chapter 13 Administrative Legislation / 296
Chapter 14 Administrative Enforcement / 318
Chapter 15 Administrative Justice / 359
Chapter 16 Administrative Conduct / 377
Chapter 17 Administrative Regulation / 472
Chapter 18 Administrative Discretion / 490
Chapter 19 Administrative Contracts and Administrative Guidance / 510

Part Ⅳ Administrative Remedies / 527
Chapter 20 Introduction of Administrative Remedies / 529
Chapter 21 Legal Supervision Over Administration / 539
Chapter 22 Administrative Liability / 618
Chapter 23 Administrative Reconsideration / 642
Chapter 24 Administrative Compensation / 664
Chapter 25 Administrative Indemnification / 688

Bibliography / 706

第一编

绪　论

第一章 行政:管理与治理

公共行政既是行政法学者研究的有效对象,也是他们需要保持回应性的事项。重要的是行政法应与其行政背景同步。……公共行政的不同情景对今天的公法提出了重要问题。例如,公共行政中的裁量是否应受到旨在保护权利、如信赖保护原则或既有权利的法律对策的控制?传统的责任制,尤其是部长责任制,是否是对新形式的卸载政府的充分回应?某些新形式的责任自身是否构成了我们的公法制度?……我们对“公法学者应做什么?”问题的回应是:他们的责任是对行政的机构、程序和制度作出批评性评论,向公众揭示二者所基于的价值;他们还必须清楚地说明他们自己的观点。[①]

——[英]卡罗尔·哈洛

本章节目

第一节 行政的含义及其演进

第二节 国家行政与公共行政

第三节 行政权与公权力

第四节 行政与行政国家

第五节 行政与法治国家

第六节 行政管理向公共治理的转型

---

① [英]卡罗尔·哈洛、理查德·罗林斯:《法律与行政》,杨伟东等译,商务印书馆2004年版,第76-77页。

第一节 行政的含义及其演进

"行政"的英语表述是 administration 或 executive。[①] 对于行政的含义,国内外的行政法学者给予了各种各样不完全相同或很不相同的界定。1893年,美国人弗兰克·古德诺(Goodnow Frank Johnson)说:"政府任命官吏、训令外交官、征收赋课租税、练习军队、审查犯罪事件、执行审判厅之判决,即称为行政。非为商议评量或司法的裁决,见政府在活动之中,而即谓之行政也。"[②]1895年,德国人奥托·迈耶(Otto Mayer)说:"行政是除立法和司法之外的国家活动。"[③]1957年,日本人田中二郎(田中じろう)说:"行政是依据法律,在法律的约束下,现实中为积极实现国家目的进行的,整体上具有统一性的,连续的形成性国家活动。"[④]2004年,法国人让·里韦罗(Jean Rivero)说:"行政乃是政府当局,有时是私法机构,为满足公共利益的需求,必要时运用公权力的特权来活动。"[⑤]

对于这些定义,我们可能难于在短时间内把握其明晰的内涵和外延。但是如果举一些我们生活中直观的例子,行政的概念就会在我们的脑子里变得清晰起来。例如,我们出行,在道路上开车或步行,要听从警察的指挥;如果违反交通规则,要接受警察的处罚;我们大学毕业后创业,想开办一个公司或一个商行,要找工商机关办理营业执照和找有关政府部门办理各种许可证;我们恋爱后想结婚成家,要去婚姻登记机关办理登记,领取结婚证;我们人生中偶遇运气不佳面临失业或经营的企业破产或遭受天灾人祸,要找社会保障部门申请失业保险、申请低保金或其他救济、补助等。政府和政府部门依职权主动进行或应你的请求进行的所有这些活动:警察管理交通、处罚违法行为、市场

---

① 英语 administration 有行政、行政机关和管理、管理部门等含义;英语 executive 有行政部门、行政官员和执行者的含义。美国立法、行政、司法三权分立中的"行政"即使用 the executive。

② [美]弗兰克·古德诺:《比较行政法》,白作霖译,中国政法大学出版社 2006 年版,第 1 页。

③ [德]奥托·迈耶:《德国行政法》,刘飞译,商务印书馆 2002 年版,第 8 页。

④ 参见南博方:《日本行政法》,杨建顺、周作彩译,中国人民大学出版社 1988 年版,第 8 页。

⑤ [法]让·里韦罗、让·瓦利纳:《法国行政法》(第 20 版),鲁仁译,商务印书馆 2008 年版,第 6 页。

监管部门颁发许可证照、婚姻登记机关进行婚姻登记、社会保障部门发放保险金、救济金、补助金等,均谓之“行政”。

当然,社会生活是非常复杂的,而且是不断发展的,无论是查阅教科书的定义还是审视我们自己的生活体验,都难于完全清晰地把握“行政”确切的疆域,事实上,“行政”本身也没有一个绝对的和在任何时空均普适的疆域。①

首先,行政是否只是国家的活动存在疑问。在有国家以来的很长的历史时期中,公权力一直为国家所垄断,或者主要为国家所控制。在国家垄断或由其主要控制公权力的情况下,行政自然只是或基本上只是国家的活动。但是,当人类社会进入民主化、信息化、市场化、全球化的今天,公民社会日益发展,公权力逐步并且越来越多地向社会转移,从而行政已经不再只是国家的活动了。法律、法规授权的组织、行政机关委托的组织,各种社会自治组织,包括各种非政府组织(NGO)、非营利组织(NPO),甚至法国人让·里韦罗所说的“私法机构”,也都可能成为行政主体。当然,这些组织只有在行使公权力、执行公共职能(国家公权力、公共职能或者社会公权力、公共职能以及国际公权力、公共职能)时,②才能成为行政主体。在一般情况下,它们只是社会组织或市场主体。

其次,行政是否只是消极的执行?传统行政通常被认为是消极的,是立法机关和作为立法调整对象或立法相对人的公民、法人、其他组织的“传送带”。③ 行政只能是法律的执行,行政机关不能有任何自己的意志参与其间。但是,在现代社会,由于经济、社会和科技的发展,立法越来越具有原则性、纲要性、框架性,大量的具体问题都留给行政机关去制定实施细则、标准、办法,甚至将相应事项一揽子授权给行政机关去制定行政法规和规章。从而,“行政”不再只是执行,在很多情况下,“行政”行使的是某种“立法”职能和决策职能。

---

① 参见姜明安:《行政的“疆域”与行政法的功能》,载《求是学刊》2002年第2期。

② 广义的公权力、公共职能包括国家公权力和国家公共职能、社会公权力和社会公共职能,以及国际公权力和国际公共职能。狭义的公权力、公共职能则仅指行政权力和行政职能。权力和职能是相互联系的:公共职能在很多情况下必须通过一定的公权力实现,但公共职能不一定表现为行使公权力的行为,现代公共职能在很多情况下也通过公共服务实现。

③ “传送带”理论可参阅[美]理查德·B.斯图尔特:《美国行政法的重构》,沈岿译,商务印书馆2002年版。

再次,行政是否只是行政主体对行政相对人实施的单方行为?传统行政法学理论认为,行政是行政主体对行政相对人实施的单方行为。行政主体是行政法律关系的主体,相对人是客体,前者是行为的主动实施者,后者是行为的被动接受者。但是,在现代社会,公民的积极参与成为现代行政的重要特色,行政不再是行政主体单方和单向的行为,而是行政主体与行政相对人双向互动的行为,行政主体与行政相对人在这种互动行政行为过程中均是行政法律关系的主体。①

此外,行政是否等于或相当于管理、规制?传统行政法学理论认为,行政即管理、规制,在英语的表述中,“行政”可与“管理”通用,均可以 administration 表述,“管理”可与“规制”通用,均可以 regulation 表述。但是,无论在我国还是在其他国家,行政的内涵和实质在现代社会都发生了深刻的变化。旧时行政的主要目标和任务是秩序,故特别强调对相对人的“管”,不服管则罚。而现代行政的目标和任务除了维护秩序以外,更多的是强调为相对人服务,以人为本,如为相对人提供生产、生活、科研等活动的信息,提供教育、医疗、公共交通以及水、电、煤气等公共物品,提供社会保险、社会救济以及保护环境、生态等。当然,管理和规制,如审批、许可、规划、设定标准、确认、裁决、检查、监督等,仍然是行政的重要内容。只是“管”的目的不再只是“秩序”,而是“服务”。②

最后,行政是否以强制为基本特征?传统行政法学理论认为,行政行为最重要,或最基本的特征是其具有强制性,与民事行为的自愿、平等、等价有偿特征迥异。事实上,这种认识是有片面性的,强制性虽然确实是行政的一个特征,但却非其本质的特征,更非其唯一特征。即使是传统的国家管理,行政除了具有德国学者毛雷尔(Hartmut Maurer)所称的含强制力要素的“高权”行政以外,③也具有法国学者狄骥(Lèon Duguit)所称的基本不含强制力要素的“公共服务”行政。④ 至于现代社会,由于民主政治的演进,行政的直接强制性

---

① 关于现代行政中的公众参与和行政相对人与行政主体的互动,参见姜明安:《公众参与与行政法治》,载《中国法学》2004 年第 2 期。

② 参见姜明安:《服务型政府与行政管理体制改革》,载《行政法学研究》2008 年第 4 期。

③ [德]哈特穆特·毛雷尔:《行政法学总论》,高家伟译,法律出版社 2000 年版,第 15 页(并参阅该页正文下的“译者注”)。

④ [法]莱昂·狄骥:《公法的变迁》,郑戈等译,辽海出版社、春风文艺出版社 1999 年版,第 13 页。

要素越来越淡化,而平等、协商、参与越来越成为行政的基本模式或重要特征。行政合同、行政指导、公私合作、公私共同治理等在行政行为、行政方式中具有越来越大的比例,占有越来越重要的地位。尽管现代行政仍然具有强制性的特征,在许多行政行为中,如行政许可、行政处理、行政处罚、行政强制、行政裁决等,仍具有"高权"和强制的要素,但是,即使是这些"高权"行政行为,行政主体在作出相应行为的过程中也需要向相对人说明理由,听取相对人陈述、申辩,甚至与相对人协商,作出反映双方意志,兼顾公共利益和相对人利益的行政决定。除非在紧急情况下采取某种即时强制措施或作出某种应对突发事件的应急行政行为,行政主体可实施直接强制。

第二节　国家行政与公共行政

行政法学研究的"行政"主要指国家行政,但也包括非国家行政的公共行政。国家行政属于公共行政,但国家行政并不等于公共行政。公共行政除了国家行政以外,还包括其他非国家的公共组织的行政,如工会、妇联、青联等社会团体,律师协会、医师协会、注册会计师协会等行业组织,村民委员会、居民委员会等基层群众性自治组织的行政。传统的行政法学通常只研究国家行政(国家行政机关的行政),20 世纪中期以后,各国行政法学开始将国家行政以外的公共行政也纳入研究的范围。许多英美行政法学著作在讨论正当法律程序原则中引用公立学校开除学生学籍或给予其他纪律处分的案例以及律师协会拒绝给律师颁发执业执照或吊销开业律师执照的案例。[①] 德国、法国、日本

---

① 例如,著名学者施瓦茨(Bernard Schwartz)在其 20 世纪 70 年代出版的行政法专著中,认为公立学校给予学生纪律处分的行为应纳入行政法的调整范围,他指出:"根据正当程序要求,在学生因其不轨行为而被公立学校开除以前,必须给其通知并给其受审讯(听证)的机会。最近的一些判例把受审讯的权利扩大到比高等学院低的公共教育学校中产生的有关学生纪律的案件……法院一致确认,正当程序条款适用于公立学校作出的开除学生的决定。"[美]伯纳德・施瓦茨:《行政法》,徐炳译,群众出版社 1986 年版,第 218 页。英国行政法泰斗韦德(H. W. R. Wade)在其 20 世纪 80 年代出版的《行政法》(第 6 版)中单列专章讨论公法人问题,包括政府机关法人和国有企业等。他在该书中还多次引用有关社团、协会纪律处理程序,公立学校开除学校教师、学生程序的案例(See H. W. R. Wade, *Administrative Law*, Clarendon Press, 1989, p. 153-171,529-554)。

等国的行政法学著作大多单设专章研究国家行政机关(中央和地方行政机关)以外的公法人行政。① 我国人民法院的行政判例近年来也开始涉及国家行政机关以外的公共行政问题。②

现代行政法之所以将国家行政机关以外的社会公权力组织实施的公共行政也纳入其调整范围,主要原因有三个方面:其一,20 世纪中期以后,世界各国,特别是发达国家,参与制民主(相对于议会制民主)越来越发展,在国家政治生活中占有越来越重要的地位,随着参与制民主的发展,各种 NGO、NPO 大量出现,国家公权力呈现向社会转移的趋势,作为社会行使公共职能的公共行政越来越多地影响公民的权利和自由;其二,社会组织行使的公共职能的范围通常只及于相应组织成员,即内部相对人,但在很多情况下(法律、法规授权,行政机关委托,某些社会组织的性质决定等)也可能涉及外部相对人③;其三,行使公共职能的组织对内部相对人实施的行为通常不涉及其基本权利,但在某些情况下,特别是在其滥用社会公权力的情况下,也会侵犯其人身权、财产权,甚至威胁其生存权。④

行政是政治学、管理学、宪法学、行政学、行政法学共同研究的课题。行政法学研究的行政只涉及公共行政而不涉及私人行政,因为行政法调整的只是

---

① 如日本行政法学者和田英夫在所著《现代行政法》一书中单列“特殊行政组织法”一章对国家行政组织、地方行政组织之外的公法人进行研究。他指出:“同历来的国家行政组织、地方行政组织这两元分类方式相并列,由此派生、独立出来多种多样的法人(有特殊法人、政府关系法人、机关法人等各种称呼)。在结构上,特殊行政组织也处于行政组织法的体系中。特别行政组织是一种公法人(独立行政法人)组织的总称,它基于特别的法律根据,从作为行政主体的地方公共团体独立出来,是由国家赋予特殊存在目的的行政主体,在国家的特别监督下,进行与其存在目的相一致的特定公共事务。”参见[日]和田英夫:《现代行政法》,倪健民等译,中国广播电视出版社 1993 年版,第 133 页。

② 近年来,一些地方人民法院开始受理被高等学校拒绝录取,而原告自己认为符合高校录取条件的考生对高等学校提起的诉讼以及高校学生不服校方开除、退学处分或拒发毕业证、学位证而提起的诉讼。法院将被诉的高校作为法律、法规授权的组织而归入行政诉讼被告的范畴。例如,1998 年 10 月 5 日,北京市海淀区人民法院受理了北京科技大学毕业生田某不服其所在学校拒绝向其颁发毕业证书、学位证书以及拒绝为其办理毕业派遣手续的行为而提起的行政诉讼,并且于 1999 年 2 月 14 日判决被告北京科技大学限期向原告颁发毕业证书、对原告学位资格进行审查和为原告办理毕业派遣手续(参见《人民法院报》1999 年 6 月 8 日,第 4 版)。

③ 法律、法规授权和行政机关委托的行为涉及外部相对人权利的情况自不必说,某些社会公共职能的行使往往也产生外部性,如消费者权益保护协会处理消费者维权申诉,律师协会、医师协会处理当事人对律师、医师的投诉等,都可能涉及外部相对人的权利。

④ 如公民从事某些职业以参加行业协会为前提条件,而该行业协会全国又仅此一家,这样,某公民如申请参加该行业协会被拒绝,或者参加后被注销登记或被开除,就有丢“饭碗”的危险。

公共行政而不调整私人行政。公共行政不仅包括国家行政——国家行政机关从事的执行、管理活动，而且也包括非国家的公共团体、组织的行政。不过，国家行政是行政法的基本调整对象，从而是行政法学的基本研究对象。

国家行政一般指国家行政机关从事的执行管理活动，这是就国家职能的一般划分而言。如果不是从这个角度界定国家行政，而是具体分析各个国家机关的具体活动，那么无论是国家行政机关还是国家立法机关，或国家司法机关，都有一部分活动具有行政性质，如各国家机关内部的人事、财务管理和其他内部的执行、管理活动。至于国家行政机关，如对其所从事的具体活动进行分析，除了其基本职能属于行政性质以外，另外也有一部分活动具有立法和司法的性质，如国家行政机关制定行政法规和规章的活动就具有立法的性质；国家行政机关裁决部分行政争议和部分民事争议的活动就具有司法性质。现代社会，行政权愈益膨胀，国家行政机关越来越多地行使在实质上属于立法和司法性质的职能。行政法学研究的国家行政，通常指国家行政机关的整个职能活动，既包括其实质为行政性质的职能活动，也包括其实质为立法、司法性质的职能活动。这种对行政的界定方法是形式上的，即以国家机关的性质为标准，但是行政学在研究行政时，对行政的界定往往不是采取形式标准，而是采取前述的实质标准，即以某种职能活动是否具有执行、管理性质作为界定行政的依据。①

由此可见，行政有公共行政与私人行政之分；公共行政又有国家行政与非国家行政之分；而国家行政又有形式行政与实质行政之分。作为行政法学研究对象的行政是公共行政，主要是国家行政、形式行政，即国家行政机关进行的执行、管理活动，包括国家行政机关进行的准立法和准司法活动。

第三节　行政权与公权力

如前所述，行政是国家行政机关和其他具有公共性质的组织的执行、管理

① 关于形式意义上的行政与实质意义上的行政的区分，我国研究外国行政法的著名学者王名扬先生在其专著《法国行政法》中有详细的论述。参见王名扬：《法国行政法》，中国政法大学出版社1988年版，第3-10页。

职能,作为行政法学研究对象的行政主要指国家行政机关执行国家法律、管理国家内政外交事务的职能。① 那么,行政权即执行、管理权,主要是指国家行政机关执行国家法律、管理国家内政外交事务的权力。

公权力是人类共同体(国家、社团、国际组织等)为生产、分配和提供"公共物品"(安全、秩序、公交、通信和其他各种社会公共服务)而对共同体成员进行组织、指挥、管理,对共同体事务进行决策、立法和执行、实施决策、立法的权力。公权力包括国家公权力、社会公权力以及国际公权力。在远古社会,没有国家,所以只有社会公权力,没有国家公权力和国际公权力。国家产生以后,才开始有了三种公权力。但是,在很长一个历史时期内,在三种公权力中,只有国家公权力最强大,社会公权力和国际公权力非常弱小。只是到了现代,随着国家公权力部分向社会转移,随着非政府组织、非营利组织和国际组织(联合国、世界贸易组织、世界卫生组织等)的迅速发展,社会公权力和国际公权力才逐步强大,并越来越强大起来。尽管社会公权力和国际公权力这两种公权力在当下和今后相当长的历史时期内还不能与国家公权力相提并论,但是社会公权力和国际公权力的作用以及它们对人类社会政治、经济、文化生活的影响却呈与日俱增的趋势。②

行政权是公权力的一部分。如前所述,公权力包括国家公权力、社会公权力以及国际公权力。国家公权力包括国家立法权、国家行政权和国家司法权等。社会公权力以及国际公权力也包括具有一定制定规则、执行规则、裁决争议的权力。社会团体、国际组织制定章程、规则的权力同样具有一定的立法性质;其执行章程、规则,对团体、组织成员进行管理(管理措施有审批、许可、登记、监督乃至制裁等)的权力同样具有一定的行政性质;其调解、裁决团体、组

① 执行、管理是"行政"的主要要素,但"行政"远不止这些要素。我国台湾地区行政学学者张金鑑将"行政"归纳为分别含有"M"的英语单词表示的 15 个要素:(1)目标(aim)、(2)计划(program)、(3)人员(men)、(4)经费(money)、(5)物财(material)、(6)组织(machinery)、(7)方法(method)、(8)指挥(command)、(9)激励(motivation)、(10)沟通(communication)、(11)士气(morale)、(12)协调(harmony)、(13)时间(time)、(14)环境(room)、(15)改进(improvement)。参见张金鑑:《行政学典范》,台北,三民书局 1986 年重订版,第 5-6 页。另外,苏联行政法学者瓦西林科夫将"行政"归纳为预测、计划、组织、调整、指导、业务管理、协调、监督、统计 9 个要素。参见[苏联]瓦西林科夫主编:《苏维埃行政法总论》,姜明安等译,北京大学出版社 1985 年版,第 33-34 页。

② 关于公权力和公权力三分法的观点,参见姜明安:《论公法与政治文明》,载《法商研究》2003 年第 3 期;姜明安:《公众参与与行政法治》,载《中国法学》2004 年第 2 期。

织成员之间以及团体、组织相互之间或其成员与外部相对人之间的矛盾、争议、纠纷的权力同样具有一定的司法性质。

公权力虽然包括立法权、司法权等其他重要权力,但行政权是其中最主要的部分。人类各种群体聚集在一起,建立国家、社会等共同体,其主要目的在于获得安全、秩序等"公共物品",而这些"公共物品"的生产和分配主要是靠行政权维系的。就一个国家的公民而言,对于公权力,他首先想到、看到和与之打交道的显然是与行政权有关的概念,如警察、政府、审批、许可、纳税、罚款、申领救济金、抚恤金等;而不可能首先想到、看到的是议会、法院、检察院、诉讼和与之打交道等。立法权虽然是公权力中最重要的权力,但却不是公权力中最主要的部分,公民最经常、最直接接触的公权力无疑是行政权而不是立法权。司法权是公民权利、自由的保障,公民为裁决纠纷、解决争议、维护自己的合法权益虽然也要较多地直接与司法机关打交道,接触司法权,但其接触的经常性、直接性显然也不及行政权。

第四节 行政与行政国家

行政有着与国家,甚至与人类社会(就社会公共职能的行使而言)同样长远的历史。人类一旦形成社会共同体,行政就必然伴随而生。国家产生后,绝大部分社会行政脱离社会而形成国家行政,国家行政源于社会但却凌驾于社会之上。无论是中国还是外国的文明古国,国家行政均有长远的发展和发达史。① 但是行政法却不同于行政,它远没有这么长久的历史,严格意义上的行政法只是法国行政法院建立以后的事情,其产生、发展的历史不过 200 年左右。作为一个独立法律部门的行政法,更只是到 19 世纪末 20 世纪初,随着

---

① 关于我国国家行政的发展、发达史,唐代望先生在其所著《现代行政管理学教程》一书中写道:"《论语》、《史记》等书不仅叙述了公元前 841 年'周公行政'以后的活动,而且比较深刻地阐明了古代的行政思想。我国早在周朝就设'六官',到隋唐演变为'六部',即由天官、地官、春官、夏官、秋官、冬官演变为吏部、户部、礼部、兵部、刑部、工部,分别掌管百官政事、户籍财政、文化教育、军队武器、司法刑狱、工程建设。有一套比较完整的行政组织机构和官吏制度。"唐代望编著:《现代行政管理学教程》,湖南科学技术出版社 1985 年版,第 20 页。

“行政国家”的兴起而逐步形成起来的。

所谓“行政国家”,是指这样一种社会现象:社会发展到一定阶段以后,由于科技的进步和生产关系的调整导致经济的迅猛发展,而经济的发展又同时导致大量的社会矛盾和社会问题的产生,如垄断、环境、交通、失业、罢工等。为了解决这些不断出现并且越来越多、越来越频繁产生的社会矛盾和社会问题,国家不得不增设大量的行政机构和行政人员,对国家的经济生活和社会生活进行干预。与此相适应,政府的行政权力大为膨胀,行政职能大为增加。过去,政府的职能通常限于国防、外交、治安、税收等纯行政事务,现在则要介入贸易、金融、交通、运输、环境、劳资关系以及工人的失业保险、养老保险、工伤事故等领域。过去政府的权力限于执行、管理,现在则不断侵入立法和司法的领域:政府自己制定法规和规章,行使“准立法”权;政府自己裁判自己在管理中发生的纠纷、争议和某些私人之间的争议,行使“准司法”权。对于国家行政职能和行政权的这种大扩张、大膨胀的趋势,西方国家的学者称为“行政国家”现象。

世界各国行政职能的发展、扩张、变化和“行政国家”形成的时间及形成的原因虽有较多共性,但亦有较大区别。

英国行政法学者韦德在其巨著《行政法》一书中讲到英国行政从 19 世纪到 20 世纪的变迁时首先引述英国历史学者泰洛的话,“直到 1914 年 8 月,除了邮局和警察以外,一名具有守法意识的英国人可以度过他的一生却几乎没有意识到政府的存在”①。韦德认为泰洛的话描述的是英国 19 世纪和之前的行政疆域。而到了 20 世纪,“到了 1914 年,大量的迹象表明政府的概念发生了深刻的变化。这些变化则是 20 世纪的特征。国家学校的教师、国家的保险官员、职业介绍所、卫生和工厂检查员以及他们必不可少的同事——税收员就是这些外在、可见的变化”。20 世纪英国行政的疆域已扩大到公民“从摇篮到坟墓”的整个地带:“保护他们生存的环境,在不同的时期教育他们,为他们提供就业、培训、住房、医疗机构、养老金,也就是提供衣食住行。”②英国行政疆域的这种变迁,一方面是其社会经济发展的结果,另一方面也如韦德所指出

---

① A. J. P. Taylor, *English History*, 1914-1945, Clarendon Press, 1965, p. 1.

② [英]威廉 · 韦德:《行政法》,徐炳等译,中国大百科全书出版社 1997 年版,第 1-3 页。

的,是英国人理念与情感变化的反映。“现代行政国家正在形成,纠正社会和经济的弊病是政府的职责,这种看法反映了人们的情感。”①

关于美国行政管理从“守夜人式国家”到“行政国家”的变迁,美国行政法学者 E. 盖尔霍恩(Ernest Gellhorn)和 R. M. 利文(Ronald M. Levin)在其合著的《行政法和行政程序概要》一书中写道:“在接近本世纪之时,诸如州际商业委员会和联邦贸易委员会等机构纷纷成立,试图控制垄断集团和大公司的反竞争行为。继 20 世纪 30 年代的经济大萧条之后,出现了新政时期的机构激增。新政的目的旨在稳定经济,缓和毫无管理的市场的无节制性,在第二次世界大战时期,又设立或扩大了一些机构,以便动员人力,组织生产并施行价格控制和给养分配。从无线电广播到航空运输到核能的新技术的发展又导致新的行政部门的创立。在 20 世纪 60 年代,贫穷和种族歧视的不公成为全国关注的紧迫问题,为解决这些问题而制定的各项计划进一步扩大了政府机关的规模。较近期以来,公众日益关注人类健康和安全及自然环境遭受的威胁,这同样促进了新的行政机关和新的规制的创立。”②

关于美国行政疆域在 20 世纪不断扩张的原因,盖尔霍恩和利文认为在于行政管理程序所具有的极大的灵活性,“行政机关较之法院、立法机关或选举产生的行政官员而言,拥有若干体制上的实力,能够据此处理各种复杂的问题。其中最重要的大概是拥有具有专门才能的工作人员:每个机关均有雇用它所需要的能够完成工作的人员,这些人员具有各种综合才干、技能和经验。此外,由于特定的机关负责公共政策的某一有限领域,该机关便得以通过不断地接触那一存在问题的领域而发展所需的专长。机关也可变通其管理方法和决策程序以解决手边的问题。各种机关可以通过要求取得从事具体活动的许可证来控制某一领域的发展;它们能够规定标准、裁断违法行为及决定处罚;它们能够批准拨款、补助或其他奖励;它们能够制定最高和最低费率;它们还能够通过多种多样的非正式方法影响人们的行为。”③

---

① [英]威廉·韦德:《行政法》,徐炳等译,中国大百科全书出版社 1997 年版,第 1 页。

② [美]E. 盖尔霍恩和 R. M. 利文:《行政法和行政程序概要》,黄列译,中国社会科学出版社 1996 年版,第 1 页。

③ [美]E. 盖尔霍恩和 R. M. 利文:《行政法和行政程序概要》,黄列译,中国社会科学出版社 1996 年版,第 1–2 页。

上述西方国家行政发展的一般轨迹，通常都经历了从19世纪行政疆域的相对狭小、行政管理职能的相对有限（多只限于国防、外交、治安、税收和邮政寥寥数项），到20世纪，特别是20世纪30年代以后，行政疆域大为扩张、行政职能大为膨胀的重大转折。尽管19世纪以前，德国等一些欧洲国家在“绝对国家”时期也曾有过广泛和积极的行政，但那时行政的范围远不能与20世纪“行政国家”时期的行政相比。20世纪以后行政疆域之所以大为扩张，行政职能之所以大为膨胀，其重要原因之一是人们在经历了自由市场经济创造了那么多的奇迹、给人们带来了那么多的财富和机会之后，突然面对“市场失灵”导致的大灾难而手足无措，转而过分相信政府，相信行政权，认为政府及其行政权是万能的，能够医治“市场失灵”和解决人们在社会生活中发生的种种问题。于是，大肆增设政府机构，不断增加行政职能，致使行政的疆域大大扩张。

上述国家行政职能的扩张包括两种情况：一种情况是适应社会发展的需要，为保障社会的发展和进步所必需，如举办社会福利和社会保险，保护知识产权，保护资源，控制环境污染和改善生活、生态环境，监控产品质量和保护消费者权益等（这些“公共物品”是否全部应由政府提供，公民自治组织等“第三部门”能否对此有所作为尚是一个可研究的课题）。

国家行政职能扩大的另一种情况则是人们对于国家作用的认识误区所致。由于被一些表面的、暂时的现象所迷惑，如西方国家在20世纪30年代经济大危机后通过政府广泛干预而使经济得以恢复并走向繁荣的事例；苏联建国后通过全面的政府计划经济使其由农业国迅速转变为工业国，以及我国在20世纪50年代通过政府对经济及社会生活的全面领导、干预而使国民经济迅速恢复、发展的事例等，许多人因此认为，国家和政府无所不能，从而赋予政府全面干预经济、干预社会甚至干预人们私生活的种种职能，使人们“从摇篮到坟墓”都依赖国家和政府，国家和政府逐步演变成“行政国家”和“全能政府”。

“行政国家”“全能政府”是人们在“市场失灵”后对“公共物品”（抑制垄断，防止不正当竞争，调节社会收入分配，防止贫富过分两极分化，解决工人失业、环境污染、信息不对称等“外部性”问题）需求大量增加后，人们为满足此种需求而自觉或不自觉地制造出来的一种奇特之物。此种奇特之物一经制造，确实给人们神奇般地生产出和提供了各种各样所需要的“公共物品”，但同时，也魔术般地生产出各种各样人们所不愿看到的“副产品”。而且，“行政国家”“全能政府”的副作用随着时间的推移越来越严重。这种现象即行政国家的异化,亦称“政府失灵”,其主要表现在下述五个方面:(1)对民主、自由和人权的威胁。在现代复杂的社会、经济生活中,人们为了保障民主、自由、人权,必须确立和维护相对稳定的秩序。而要确立和维护秩序,就必须有强有力的行政权,行政国家正是社会对这种强有力的行政权的需要的产物。然而,行政权过于强大,如果没有同样强有力的控制机制,它又必然形成对民主、自由、人权的威胁:使议会徒具形式,使法院听命于政府,使人民对行政官员心存畏惧。(2)腐败和滥用权力。行政权本来是人们为获取“公共物品”而设置的,但是当其异化以后,它即在为公众提供“公共物品”的幌子下,大肆为掌握和行使权力的人提供“私人物品”。掌握和行使权力的人运用权力为他们自己谋取金钱、财物,甚至美色(所谓“权钱交易”“权色交易”等)。他们本来是人民的“公仆”,但却用权力把自己塑造成“主人”,将行政相对人作为自己任意驱使的对象,他们可以对相对人乱罚款、乱收费、乱摊派、乱集资、乱定规章制度、乱发号施令,相对人若不服从,他们即对其予以强制或制裁,甚至实施肉体和精神折磨。行政权的滥用和腐败,有时可以达到令人发指的地步。(3)官僚主义和效率低下。在行政国家的条件下,由于“帕金森定律”的作用,行政人员增加,行政机构膨胀。按照一般规律,人多应该是好办事,多办事,但是异化的规律却是“一个和尚挑水吃,两个和尚抬水吃,三个和尚没水吃”。机构之间、办事人员之间互相推诿、互相扯皮。本来是一个部门能办的事,相对人要找几十个部门,拜几十尊“菩萨”,盖几十个图章,更不要说这些部门门难进、事难办,这些“菩萨”脸难看、话难听了。(4)人、财、物等资源的大量浪费。行政权的行使必须有相应的成本付出,这是自然的、正常的。但是当行政国家异化现象出现以后,行政权行使的成本会成倍地增加,导致人力、财力、物力资源的大量浪费。很多优秀人才的精力、才华并非用于事业,而是用于处理机关之间、人与人之间的各种复杂关系;国家财政税收的大部分不是用于经济文化建设,而是用于成百上千万公职人员的“皇粮”开支(所谓“吃饭财政”)。除了正常的“皇粮”开支外,一些“公仆”坐超标车、住超标房和在宾馆饭店山吃海喝造成的浪费更加大了行政成本。(5)人的生存能力和创造能力的退化。行政国家往往与计划经济制度和福利国家制度相联系。实践证明,计划经济和福利国家均不利于培养和激励人的竞争精神和创新能力。在一切都有国家保障的条件下,人们会逐渐养成依赖甚至懒惰的品质,其生存能力会逐渐退化,以致经不住人生道路上的任何风浪打击。在行政国家的条件下,政府可能本是好心地为国民考虑一切,提供一切,但最终反而害了国民,最后还会使国家衰败。这是行政国家异化的另外一种表现。①

"行政国家""全能政府"的产生,既有历史必然的因素,又有人为的因素。人制造"行政国家""全能政府",本来是为人的发展创造条件,但是,在其运作过程中,它却一步一步演变成阻碍人发展甚至摧残人的"魔域"。人类必须走出这个"魔域",否则,不仅不能发展,而且有自我毁灭的危险。20世纪中期以后,世界上越来越多的国家开始认识到这种危险。许多国家开始采取各种措施限制行政权,控制行政权,转化行政权,限制和缩减行政的"疆域"。到20世纪后期,大多数"行政国家"陆续逐步过渡到"有限政府"(或"有限政府"与"有为政府"的结合)。这种过渡的一般途径是:(1)转变和缩减政府职能,限制行政权。在"行政国家"时期,政府什么事都管,什么都干预,政府不仅进行管理,而且从事生产和经营,不仅宏观调控,而且微观管控。这样就导致行政职能和行政权的膨胀。现在要走出"行政国家",首先要做的自然就是转变和缩减政府职能,让政府少管"闲事"。过去政府管的许多事情本来是政府完全没有必要介入、没有必要管的事项(企业的产、供、销、人、财、物等),这些事如果让"看不见的手"去调节,会比政府管理更有效,而且可以避免腐败和人力、物力、财力的大量耗费。(2)规范行政行为,控制行政权。行政权必须限制、削减,但是在相当长的一个历史时期内不可能取消、废除。因此,人们走出"行政国家"的另一个重要途径是规范行政权的行使,控制行政权。而规范行政权、控制行政权的一个重要方法即是行政法治,包括行政实体法治和行政程序法治。(3)加强社会自治,转化行政权。在任何社会,社会公共体都是必要的,因为人们需要公共体提供"公共物品"。但是"公共体"并不等于政府。政府不是唯一的公共体。"公共物品"除了可由政府提供外,还可由其他公共体——社会自治组织(行业协会、公共事业组织、社会团体、基层群众性自治

---

① 行政国家的另一面是"福利国家",瑞典等北欧国家被看作典型例子。现在世界上许多国家都在反思"福利国家"的利弊,实践证明,政府管得过多,公民福利过多,确实不利于激发人们的进取精神,不利于社会经济的发展。

组织等)提供。而且,非政府的社会公共体行使公共权力,即行政权力转化为社会权力,可以避免或减少行政国家异化的许多弊端,如腐败、滥用权力等。因为非政府的社会公共体更接近公民,公民可更直接参与其运作和更直接对其进行监督(当然,社会公权力也有腐败和滥用权力的可能性,但这种可能性要小得多)。

行政法的调整范围取决于行政的"疆域",而行政的"疆域"究竟应有多大,又取决于对"公共物品"的界定。另外,"公共物品"哪些只能由政府提供,哪些则可由政府以外的"第三部门"提供,取决于"第三部门"的成熟和行政改革、政治改革的进程。但是,无论如何,政府职能将进一步转变、转移,国家行政的"疆域"将逐步缩减,这是21世纪行政法发展的明显走向。

由此可见,20世纪"行政国家"的产生,源于国家行政职能的增加和行政权的扩大,而行政职能增加和行政权扩大一方面意味着社会经济发展所必需的秩序的确立和保障,另一方面则意味着人民的自由和权利可能受到侵害的威胁增大。历史经验证明,政府权力越大,如果不加控制和制约,其滥用的可能性就越大,人民的自由和权利受到侵害的可能性就越大。因此,社会必须创立一种机制,在扩大行政权的同时扩大对行政权的控制和制约,使之正当行使而不致被滥用,这种控制和制约机制的重要环节就是行政法。

行政法作为一个独立的法律部门,是伴随行政国家的产生而产生的。过去许多行政法学教科书都这样给行政法下定义:"行政法是关于行政的法"①,或"行政法是调整行政的法"②。这样界定行政法当然并没有错误,但是必须补充说明,行政法虽然是关于行政或调整行政的,然而不是有了行政就有了行政法,行政只是发展到特定的阶段,即国家行政职能大为增加,行政权大为扩张以至于对行政权不加以控制和制约,就不能防止其滥用,就不能有效保障人民自由和权利的"行政国家"阶段,才逐步形成作为独立法律部门的行政法。

---

① 如日本西冈教授给行政法所下的定义是"关于行政方面种类繁多的法"。参见[日]西冈等:《现代行政法概论》,康树华译,甘肃人民出版社1990年版,第1页。

② 如王名扬教授给行政法所下的定义是"调整行政活动的国内公法"。参见王名扬:《法国行政法》,中国政法大学出版社1988年版,第12页。

第五节 行政与法治国家

行政国家产生是行政法产生和发展的基本原因,而行政法产生和发展是法治国家形成的基本条件。

关于"法治",不同国家、不同历史时期、不同学者有不同的表述。[①] 如同人权具有普遍性和特殊性一样,各国法治也既具普遍性,又具特殊性。就其普遍性而言,政府服从法律、行政受法的支配是法治一般原则之一。

政府为什么要服从法律,行政为什么要受法的支配呢? 这是由民主政治制度所决定的。民主的基本含义是人民当家作主:人民选举自己的代表,组成人民代表机关(人民代表大会、议会、国会等),人民代表机关将人民的意志集中,形成法律,交由政府执行,并对政府执行的情况进行监督。政府如果可以脱离法律行政,即不以人民意志而是以自己的意志行动,其政体就不再是民主而是专制。在专制制度下,人民的权利、自由被限制、剥夺。人类曾经经历了几千年的封建专制的苦难,只是在近代,经过多少代人的流血斗争后,才在大多数国家建立了民主政治制度。然而,民主需要通过法治运作,也需要通过法治加以保障。

法治与民主相伴而生,民主制度一经建立,法治的进程也就同时开始了。但是,民主制度建立之初,法治并不完善,当时实行法治的法,主要是宪法。刑法的无罪推定、罪刑法定原则,民法的平等、等价有偿原则,诉讼法的司法独立、不受行政干预原则等大都是由宪法直接确定或根据宪法的精神确定的。民主制度建立的初期,行政法并不发达,甚至不称其为一个独立的法律部门。这是因为当时行政机关和行政人员的数量有限,行政职能有限,行政权力有限,宪法和组织法可以对之进行有效的控制和制约。而社会进入行政国家以

---

① 英国宪法学家戴雪(A. V. Dicey)将法治归纳为三项基本内容,其中最重要的一项为"正式的法绝对优先于专横权力";德国学者毛雷尔认为法治的最重要的内容是"依法行政",并据此导出"法律保留"(对国民自由、财产的限制必须由法律规定)和"法律优先"(行政应从属于法律,不得违反法律)原则。日本学者将现代法治主义归纳为四项主要内容,其中第一、二项分别为"行政权只依宪法存在";"行政的目标是实现法律所体现的国民意志"。参见[日]室井力主编:《日本现代行政法》,吴微译,中国政法大学出版社 1995 年版,第 20-22 页。

后,民主和法治就有了新的形式和内容。首先,民主由单纯的人民代表制民主转化为人民代表制民主与人民参与制民主的结合,人民直接参与立法、参与行政管理、参与监督的机制在整个民主机制中有了越来越重要的地位和作用。本来政党制度是人民代表制民主的支柱,但政党的竞争又不断地“蚕食”民主,耗损民主。议员们有时将党派利益置于人民的利益之上,人民的意志有时不能通过代表机关得到正确和有效的反映。在这种情况下,民主必须通过其他形式予以补充。于是,各种参与制度的直接民主形式产生了。人民通过对立法动议、草案的评议、论证、听证以及公决等形式直接参与立法;通过行政公开、政府信息公开、听证和各种行政程序制度直接参与行政管理;通过督察专员、行政复议、行政诉讼、宪法诉讼等形式直接参与监督。其次,法治亦由相对静态的宪法、组织法平衡、制约机制转化为以行政法的动态平衡制约机制为重要补充的新的机制。法治的这种新的机制在很大程度上是由民主的新发展所推动的:参与民主必须借助行政法的规范和保障。行政程序法(规范政府行政行为程序的法)、阳光法(规范政府行政行为公开的法)、政府信息公开法(规范政府信息向社会公开和行政相对人从政府处取得政府信息的法)、行政复议法和行政诉讼法(规范对行政相对人进行救济和对政府行政行为进行监督的法)为新的民主形式提供了基本的运作规则,并使这些新的民主形式与传统的民主形式衔接起来①,从而构成民主的新的机制。当然,法治的相对静态向相对动态的转化也是与市场经济的发展相联系的,甚至这种联系是更基本的联系。市场经济的发展需要相对强有力的行政管理为其提供秩序,而行政权的加强必须有相应的控制、制约机制的加强与其相伴随。否则,不仅不能为市场经济提供秩序,而且还可能破坏已有的秩序,导致新的混乱,损害市场主体的权益,阻碍市场经济的发展。因此,必须创制完善的法律以规范政府的行政行为。这种规范政府行政行为的法律就是行政法。相对来说,行政权是静态的,行政行为是动态的。与传统法治着重控制静态行政权比较,新型法治更注重的是规范动态的行政行为。一个国家,当其不仅具有健全、完善的控制静态权力的法,而且具有健全、完善的规范动态行为的法时,这个国家即进入

---

① 传统的民主形式仍然是民主的基本形式,到现在为止,任何国家都还没有发明完全取代人民代表制民主的民主形式。参与民主只是代表制民主的补充,而不是代表制民主的替代。关于这一观点,参见姜明安:《公众参与与行政法治》,载《中国法学》2004 年第 2 期。

法治国家时代了。很显然,法治国家时代的重要标志是行政法。

第六节　行政管理向公共治理的转型

“管理”(management、regulation)或“统治”(government)是传统行政的基本特征,而“治理”(governance)或“公共治理”(public governance)则是现代行政的基本特征。

管理向治理的转型主要表现在下述五个方面。

一、管理主体单一性向治理主体多元性转化

现代行政的公共治理相对于传统行政管理,其最重要的发展变化是:主体由单一向多元转型。传统的行政管理,管理的主体只能是统治者,统治者不可能与被统治者分享统治权。在封建专制社会,国家统治权只能为国王、皇帝和从属他们的国家官僚“机器”所垄断,不可能吸收其臣民参与行政管理;在传统的资本主义社会,国家管理权只能为总统、内阁及其行政部门所组成的政府所垄断,尽管林肯在19世纪即提出了“民有、民治、民享”的口号,但人民在事实上却很少或几乎没有参与国家管理的机会;在计划经济时代的社会主义社会,国家管理的主体主要是政府,尽管宪法规定国家的一切权力属于人民①,但由于法律上缺少人民直接参与国家管理的途径和形式,人民往往难以通过参与政策的制定和重大事项的决策而成为国家管理的实际主体。

而在现代社会的条件下,由于政治文明的进步,人们逐步认识到西方国家代议制民主的缺陷(议会、政府过于为党派和党派所代表的少数群体利益,而不是为全体民众利益服务)和原社会主义国家计划经济行政管理体制的缺陷。另外,科学技术,特别是互联网的发展,使人民直接参与国家治理不仅显示出越来越明显的必要性,而且展示出越来越广泛的可能性。从而国家治理主体愈益多元化。各种社会组织、团体一方面通过自治参与公共治理,另一方

---

① 如我国“五四宪法”第2条规定,“中华人民共和国的一切权力属于人民”;苏联1936年宪法第3条规定,“苏联全部权力属于城乡劳动者”。

面通过法律提供的途径和形式直接参与国家治理,或者通过国家向社会转移部分公权力而获得国家治理权进而成为公共治理主体。

公共治理主体的这种多元化趋势在各种形式和领域的国家行政管理转型中均表现出来。展现这种趋势的形式和途径是多种多样的,如听证会、论证会、网上讨论、辩论、政府职能外包、政府购买服务、志愿者服务、公私合作(PPP)等。[①]

二、管理的单向性向治理的互动性转化

传统国家管理以“民”为治理客体,鲁迅说,“孔夫子曾经计划过出色的治国方法,那都是为治民众者”;[②]孟子说,“劳心者治人,劳力者治于人”,“无野人,莫养君子,无君子,莫治野人”;[③]韩非说,“治民无常,唯治为法”;[④]霍布斯说,在国家按约建立时,每一个人相互约定放弃自己的自然权利,并将这些权利转让于作为主权者的一个人(君主)或由一群人组成的议会。国家治理就是作为主权者的这个人(君主)或议会依约对放弃了自然权利的订约人进行治理。[⑤]

现代公共治理不再只是政府治民,更有民治政府;治理对象不只是经济、市场,还有社会、生态环境(陆地、海洋、天空等);不只是现实世界,还包括虚拟世界。

现代公共治理,“民”不再是纯粹的、被动的治理对象,而主要是治理主体。“民”虽然在一定的时空也可以成为行政机关治理的对象,但在更多的时空,国家和政府均是“民”治理的对象。现代公共治理是官民互动式的治理。

---

① 我国目前作为公共治理主体的组织和个人包括国家机关、政党(其中执政党具有特别重要的地位)、社会团体(工、青、妇等)、行业协会(律协、医协、注协等)、非政府非营利性的社会公益组织(NGO、NPO)、基层自治组织(村民委员会、居民委员会等),以及公民、法人和其他组织。

② 鲁迅:《且介亭杂文二集·在现代中国的孔夫子》。转引自张国华、饶鑫贤主编:《中国法律思想史纲》,甘肃人民出版社1984年版,第106页。

③ 《孟子·滕文公上》。转引自张国华、饶鑫贤主编:《中国法律思想史纲》,甘肃人民出版社1984年版,第106页。

④ 《韩非子·心度》。转引自张国华、饶鑫贤主编:《中国法律思想史纲》,甘肃人民出版社1984年版,第210页。

⑤ [英]霍布斯:《利维坦》,黎思复等译,商务印书馆1985年版,第205-249页。

三、管理目标以秩序为本向治理目标以人为本转化

传统国家管理主要追求统治秩序。例如,孔子为古代中国设计国家治理目标是“仁”和“礼”,追求的是确立一种“亲亲”“尊尊”“君君、臣臣、父父、子子”的社会秩序。① 亚里士多德为古希腊城邦设计国家管理目标是“中庸”,追求的是建立一种以中产阶级掌权的政体,“中产阶级既不像穷人那样希图他人财物,也不像富人那样引起穷人觊觎,既不会对别人抱有任何阴谋,也不会自相残害,从而可以保持邦国的稳定和持久”。② 我国在计划经济时代,国家管理坚持“以阶级斗争为纲”,主要追求的是对被统治阶级专政的政治秩序。改革开放以后,我们在国家管理方面坚持“以经济建设为中心”,但一些地方和部门将之推向极致,转换为“以 GDP 为中心”“以 GDP 为纲”,为追求 GDP 不惜牺牲生态环境,不惜牺牲国民的健康、自由和权利。

现代国家治理和公共治理的目标应该是以人为本,追求人的可持续发展,人的自由、幸福。无论是经济、政治、社会、文化和生态环境的治理,其最终目标均应是国民的福祉。统治秩序、经济发展、改革开放,最后都是为了人,离开了人的可持续发展和人的自由、幸福,发展和秩序就必然异化。在这方面,我们曾经吃过的苦头太多了,只是到了近 20 年来,党和国家才正式确定我们的治理目标是科学发展,以人为本。

四、管理的恣意、神秘化方式向治理的透明、规范化方式转化

传统国家管理方式的主要特征是专断、恣意、多变和神秘化。申不害认为,“独视者则明,独听者则聪,能独断者,故可以为天下主”。③ 孔子认为,“民可使由之 不可使知之”。④ 甚至连法律都不要向老百姓公布:“今弃是度

---

① 《论语·学而》《论语·泰伯》。转引自张国华、饶鑫贤主编:《中国法律思想史纲》,甘肃人民出版社 1984 年版,第 85-91 页。

② [古希腊]亚里士多德:《政治学》,吴寿彭译,商务印书馆 1965 年版,第 206-207 页。转引自徐爱国、李桂林:《西方法律思想史》,北京大学出版社 2009 年版,第 34 页。

③ 《吕氏春秋·任数》。转引自张国华、饶鑫贤主编:《中国法律思想史纲》,甘肃人民出版社 1984 年版,第 199 页。

④ 孔子:《论语》,陈国庆注释,陕西人民出版社 1996 年版,第 147 页。

也,而为刑鼎,民在鼎矣,何以尊贵。贵何业之守?贵贱无序,何以为国?”[①]

现代国家治理和公共治理的方式则要求程序化、规范化,要求公开、透明、公正参与、协商和诚信。在现代法治国家,为了规范国家治理,一般都制定了行政程序法、政府信息公开法、个人信息保护法,以法律规定国家治理和公共治理行为的公开、公正、公平和国家治理行为应遵循的其他基本原则及其制度,如信赖保护原则、比例原则、合理预期原则、告知制度、听取申辩制度、说明理由制度、听证制度、调查取证制度、政府发言人制度、政务网上公开和网上征求意见、讨论、辩论制度等。

五、管理的人治和权术手段向治理的法治和文明手段转化

传统国家管理手段多采用人治、礼治或权势权术之治。如柏拉图主张“哲学王”之治;[②]孔子主张“礼治”“德治”;[③]慎到、申不害、马基雅弗利主张权势权术之治。慎到认为,“贤者未足以服众,而势位足以屈贤者也”;申不害提倡“君人南面之术”。[④] 马基雅弗利主张君主要经常诉诸兽性,“君主必须是一头狐狸以便认识陷阱,同时又必须是一头狮子,以便使豺狼惊骇”,[⑤]统治者选择治理手段,只应问是否有效,而不要考虑是否正当。

现代国家治理和公共治理在选择治理手段时,不是完全从统治者的统治秩序出发,而更多的是追求民众的福祉,故治理手段的选择不仅考虑其有效性,而且更考虑其正当性和文明性。现代国家治理和公共治理的基本手段是民主、法治和科学。

民主包括代议制民主、参与式民主和协商式民主。早期的民主主要是代议制民主,但由于代议制民主在实际运作过程中产生了很多缺陷和弊病,代议机关的代表在立法和重大问题的决策中往往不代表全体人民或绝大多数人民的利益和意志,而是主要代表其所在党派的利益和某一特定利益群体的利益。

---

① 《左传》昭公六年。转引自张国华、饶鑫贤主编:《中国法律思想史纲》,甘肃人民出版社 1984 年版,第 96-97 页。

② [古希腊]柏拉图:《理想国》,郭斌和等译,商务印书馆 1986 年版,第 238-255 页。

③ 孔子:《论语》,陈国庆注释,陕西人民出版社 1996 年版,第 24 页。

④ 《申子·大体》《韩非子·难三》。转引自张国华、饶鑫贤主编:《中国法律思想史纲》,甘肃人民出版社 1984 年版,第 198-199 页。

⑤ [意]马基雅弗利:《君主论》,潘汉典译,商务印书馆 1985 年版,第 83-84 页。

因此,参与式民主和协商式民主作为代议制民主的补充,在现代国家治理过程中迅速发展起来,并且具有越来越重要的地位和作用。

法治包括形式法治和实质法治。形式法治主要要求国家治理和公共治理有法可依,有法必依,执法必严,违法必究。而实质法治不仅要求国家治理和公共治理严格守法、依法,而且要求所守所依之法是“良法”;①不仅要求国家治理和公共治理遵循法律的具体条文、规则,而且要遵循法律的原理、原则、精神和法治理念;不仅要求国家治理依硬法办事,而且要自觉依软法(非由国家强制力保障实施的法,如宪法惯例、法律基本原则、社会公权力组织章程和自律规则、执政党党内法规、国家机关发布的政策性纲要、指南,以及有关公权力主体之间就公共事务签订的协议等)办事,自觉受软法约束。②

科学包括自然科学、社会科学和人文科学。现代国家治理和公共治理相较传统国家管理,科学具有更重要的地位。这是因为现代国家治理涉及的治理客体、治理对象、治理所要解决的问题比传统国家治理不知要复杂多少倍。比如,互联网、大数据、区块链、人工智能运作的管理和治理问题、转基因食品审批许可问题、XP 工程建设选址问题、雾霾治理问题、新冠肺炎疫情的防控问题等,都是传统国家管理中不曾遇到或遇到频率很小的问题。很显然,要解决这些问题,只依靠民主或法治是不可能找到完全正确的答案的。要对这些问题作出正确的决策,必须在坚持民主法治的前提下,进行充分的科学论证,即同时运用科学的手段,以获取解决问题的最优或较优方案。

前文已指出,现代治理不同于传统的行政管理,不是靠人治、不是靠权势术,而主要靠民主、法治、科学。可见法治是现代国家治理和公共治理的重要手段或基本手段。但我们此处讨论法治在现代国家治理和公共治理中的地位时,还应进一步指出,法治不仅是现代国家治理和公共治理的手段,更是现代国家治理和公共治理的目标。

我们说法治是现代国家治理和公共治理的手段,主要是从法治的功能角度说的。法治优于人治,因为“凡是不凭感情因素治事的统治者总比感情用

---

① 关于“良法”,参见[古希腊]亚里士多德:《政治学》,吴寿彭译,商务印书馆 1996 年版,第 199 页。

② 关于“软法”,参见罗豪才、宋功德:《软法亦法——公共治理呼唤软法之治》,法律出版社 2009 年版,第 1-10 页。

事的人们较为优良,法律恰正是全没有感情的”。“常人既不能完全消除兽欲,虽最好的人们(贤良)也未免有热忱,这就往往在执政的时候引起偏向。法律恰恰正是免除一切情欲影响的神祇和理智的体现。”[①]麦迪逊指出,“如果人都是天使,就不需要任何政府了。如果是天使统治人,就不需要对政府有任何外来的或内在的控制了”。[②] 正因为人不是天使,所以需要政府;正因为政府也不是天使,所以需要对政府有外在和内在的控制,需要法治。

我们说法治更是现代国家治理和公共治理的目标,主要是从法治的理念和价值的角度说的。法治的理念和价值是多方面的,其主要的理念和价值有三:其一,保障国民的权利、自由,保障人权。其二,控制公权力,把公权力(包括国家公权力和社会公权力,甚至包括国际公权力)关进制度的“笼子”里。其三,维护公平正义。“要使事物合于正义(公平),须有毫无偏私的权衡,法律恰恰正是这样一个中道的权衡。”[③]很显然,法治的这些理念和价值正是现代国家治理和公共治理追求的目标。我们进行全面深化改革,推进国家治理的现代化,当然不是为改革而改革、为治理现代化而治理现代化,我们推进改革和治理现代化的目的是建设法治国家、法治政府、法治社会,保障人的可持续发展和人的权利、自由、幸福,控制公权力和维护社会的公平正义。

法治在现代国家治理和公共治理中的作用主要有四:

其一,指引作用。法治具有为国家治理和公共治理指引目标、方向的作用。在我国目前的国家治理和公共治理实践中,法治的这一作用虽越来越受重视,但尚未得到充分发挥。影响这一作用充分发挥的因素主要是,我国目前法的立、解、改、废(制定、解释、修改、废止)的运作机制尚不完善、尚不顺畅。今后有必要进一步修改完善《立法法》和立法机关组织法,改革立法机关的组织和立法程序。

其二,规范作用。法治对于国家治理和公共治理的另一主要作用是确立治理模式和规则,规范治理行为。目前,法治的这一作用也受到某些消极因素的制约。这里有法不够健全、不够完善的问题(行政程序法、政务公开法等缺

---

① [古希腊]亚里士多德:《政治学》,吴寿彭译,商务印书馆 1996 年版,第 163、169 页。

② [美]汉密尔顿·杰伊、麦迪逊:《联邦党人文集》,程逢如等译,商务印书馆 2007 年版,第 264 页。

③ [古希腊]亚里士多德:《政治学》,吴寿彭译,商务印书馆 1996 年版,第 169 页。

位)，更有有法不依、执法违法(“钓鱼执法”、“养鱼执法”、野蛮执法、暴力执法)的问题。对此，必须在完善立法的同时加强监督和问责机制。

其三，推进作用。法治对现代国家治理和公共治理的推进作用主要是通过创建治理环境，创设治理激励机制实现的。当下我国治理环境总体上是良好的，治理激励机制也基本是完善的。但在某些地方、某些领域，也存在治理环境恶化、治理激励机制不完善，甚至出现某些“负激励”的问题。对此，有必要通过推进法治改善治理环境和完善法律激励机制，特别是在组织人事制度上保证确实重用坚持法治且善于运用法治思维、法治方式治国理政的优秀人才。

其四，制约作用。法治对国家治理和公共治理的制约作用主要是通过控制公权力滥用和腐败、保障良政善治实现的。在这方面，法治作用的发挥在我国也有很大的空间。特别是在反腐败领域，必须在加强、完善法治上下大功夫，如建立、完善领导干部个人及家庭财产和其他涉及其廉洁履职情况的申报、核查和公示制度，建立、完善防止和避免利益冲突的相关制度，建立、完善质询、问责制度等。

第二章

行政法:保障权利与控制权力

在一个国家里,也就是说,在一个有法律的社会里,自由仅仅是:一个人能够做他应该做的事情,而不被强迫去做他不应该做的事情。①

——[美]K. C. 戴维斯

人们传统上一直对不受限制的政府权力抱有无可非议的极大的怀疑……行政法即是用于控制和限制政府机关权力的法律(主要是程序法律)制约机制。②

——[美]E. 盖尔霍恩

本章节目

第一节　行政法的含义

第二节　行政法的调整对象

第三节　行政法的实质

第四节　行政法的形式

第五节　“新行政法”的创新和发展趋势

① K. C. Davis, *Administrative Law Text*, West Publishing Co., 1972, p. 1.

② E. Gellhorn & B. B. Boyer, *Administrative Law and Process*, West Publishing Co., 1981, p. 3.

第一节 行政法的含义

与行政一样，行政法的定义同样是各种各样的，几乎每一本行政法教科书都要为行政法下一个定义。[①] 尽管这许多的定义以不同的方法、从不同的角度对行政法的内容、特征等进行了不同程度的概括和描述。但任何定义所展示的行政法的内容、特征都不可能是全面的、完善的和完全精确的。因为定义只能是一个抽象的界定，不可能涉及事物的全部内容。而且某一个定义通常只是某一学者从某一角度进行研究而得出的结论，很少能对事物做多视角的、多层面的考察。所以，我们认识行政法，绝对不能局限于定义。当然，我们研究和认识行政法，又不能不从行政法的定义开始。[②]

司法部法学教材编辑部组织编写的第一部行政法教材《行政法概要》分别从形式、内容和法的地位三个方面界定行政法：从形式上讲，“行政法，是一切行政管理法规的总称。国家有关行政管理方面的法规种类繁多，具体名称不一，但就其内容来说，凡属于国家行政管理范畴的，在部门法的分类上统称为行政法”。从内容上讲，“行政法是规定国家行政机关的组织、职责权限、活动原则、管理制度和工作程序的，用以调整各种国家行政机关之间，以及国家行政机关同其他国家机关之间、企业事业单位、社会团体和公民之间行政法律关系的各种法律规范的总和”。从法的地位上讲，“行政法是一个独立的法律部门，是国家法律体系中的重要组成部分”。[③]

之后，司法部法学教材编辑部编审的第二部行政法教材《行政法学》对上述界定作了某些修正，其中较重要的一项修正是否定将行政法在形式上归为“行政管理法规”，即认为行政法主要不是行政管理法，而是调整行政关系，规

---

① 笔者在写本书第一版《行政法学》时，曾收集了中外学者关于行政法的许多种定义，并对其分类，就每一类中有代表性的定义进行过粗浅的分析研究，从中获得了不少有关行政法学研究方法和研究角度的启示。参见姜明安：《行政法学》，山西人民出版社 1985 年版，第 6-12 页。

② 下面关于行政法概念的论述，主要引用了笔者主编的《行政法与行政诉讼法》一书中由笔者撰写的第一章的内容，但部分内容有修改或补充。参见姜明安主编：《行政法与行政诉讼法》，北京大学出版社 2015 年版，第 15-36 页。

③ 参见王珉灿主编：《行政法概要》，法律出版社 1983 年版，第 1 页。

范行政管理的法。该教材对行政法的界定是:“行政法是国家重要部门法之一,它是调整行政关系的法律规范的总称,或者说是调整国家行政机关在行使其职权过程中发生的各种社会关系的法律规范的总称。这个定义说明行政法是国家一类法律规范的总称;说明这类法律规范调整的对象是行政关系,而不是别的社会关系。所谓调整行政关系,从本质上说,就是规定行政关系各方当事人之间的权利义务关系。”①

美国行政法学者伯纳德·施瓦茨亦曾这样给行政法下定义:“行政法是调整政府行政活动的部门法。它规定行政机关可以行使的权力,确定行使这些权力的原则,对受到行政行为损害的人给予法律救济。”“这个定义把行政法分为三部分:其一,行政机关所具有的权力;其二,行使这些权力的法定要件;其三,对不法行政行为的救济。”“行政法更多的是关于程序和救济的法,而不是实体法。由各个不同行政机关制定的实体法不属于行政法的对象,只有当它可以用来阐明程序法和救济法时才是例外。我们所说的行政法是规制行政机关的法,而不是由行政机关制定的法。”“美国行政法的概念比法国等大陆法系国家的行政法概念狭窄。在美国,公法和私法之间没有严格的区别,同一个法院系统受理这两种法律案件。但在大陆法系的实践中,公法和私法有严格的区别,受理公法案件的法院系统和受理私法案件的法院系统是分立的。”②

德国行政法学者哈特穆特·毛雷尔则主要从行政法调整的内容和表现形式的角度界定行政法,谓“行政法是指以特有的方式调整行政——行政行为、行政程序和行政组织——的(成文或者不成文)法律规范的总称,是为行政所特有的法。但是,这并不意味着行政法只是行政组织及其活动的标准。更准确地说,行政法是,并且正是调整行政与公民之间的关系,确立公民权利和义务的规范,只是其范围限于行政上的关系而已”。毛雷尔认为行政法有一般行政法与特别行政法、外部行政法与内部行政法之分:“一般行政法是指原则上适用于所有行政法领域的规则、原则、概念和法律制度,应当涵盖行政法领域的普遍的、典型的横向问题”;“特别行政法是指调整特定行政领域的法

① 参见罗豪才主编:《行政法学》,中国政法大学出版社 1989 年版,第 3 页。

② B. Schwats, *Administrative law*, Little, Brown and Company, 1976, p. 1-2.

律,如建设法、道路法、职业法、经济法、社会法、教育法、高等教育法等”;“外部行政法调整进行行政管理活动的国家为一方与公民或法人为另一方的法律关系”;内部行政法调整“被视为法人的行政主体内部,行政机关与公务员之间,行政机关、公务员分别与所属行政主体之间的关系”。①

英国行政法学者威廉·韦德则是从行政法的目的、功能与内容、形式两个不同角度给行政法下定义。从目的和功能的角度,他把行政法界定为“控制政府权力的法”;从内容和形式的角度,他把行政法界定为“调整公共当局行使权力和履行职责的一般原则的总称”。② 韦德为什么把行政法界定为“控制政府权力的法”呢?因为他认为,行政法是“行政国家”的产物,在行政国家的条件下,政府由自由资本主义时代的“少管事”“无为而治”的消极政府转变成无所不管、处处干预的积极政府。公民从摇篮到坟墓,事事都由政府管控,这样,日益强大并且不断膨胀的政府权力构成了对公民权利的严重威胁。因此,人们必须设计一种机制,防止政府权力的滥用,以保护公民权利不受政府滥用权力的侵害。这种防止政府权力滥用和保护公民权益不受政府违法行为侵犯的机制的重要环节即是行政法。韦德为什么把行政法界定为“调整公共当局行使权力和履行职责的一般原则的总称”呢?因为他认为:第一,行政法不像民法、刑法等其他法律部门,它没有一部统一的成文法典,而只是各种规范行政权行使和行政职责履行的一般原则的集合体。这些一般原则大多并非见诸议会的制定法,而是法官根据法律的原则、精神和社会公正意识,通过无数具体案件的判决而逐渐形成起来的,尽管其中有些原则后来已通过议会制定法确立。第二,行政法主要是调整公共当局行使权力和履行职责的法,而非主要调整行政机关的组织和公务员与国家关系的法,即主要调整外部关系而非内部关系。

法国行政法学者莫里斯·奥里乌则是从公私法和主客观法划分的角度定义行政法。首先,他认为,“从某种程度上说,行政法是公法(规定国家及其法律关系的存在方式的法)的一支,它以国家行政体制为立法对象”。其次,他指出,“行政法无疑同时具有客观法和主观法两种因素。绝大多数法国行政

① [德]哈特穆特·毛雷尔:《行政法学总论》,高家伟译,法律出版社 2000 年版,第 33-35 页。

② H. W. R. Wade, *Administrative Law*, 6th ed., Clarendon Press, p. 4-5.

法专著都以客观角度为主导,对他们来说,行政法主要存在于行政机构的组织和公务组织;法人和主观责任所占的分量很小,仅限于行政部门私有领域的管理,未及使用特权的公务管理的领域,作为公共权力的国家与作为法人的国家相对立,即特权与主观责任相对立”。“然而,在对行政法的研究中,以主观角度为主导的方法逐步建立了起来,这种方法的倡导者是一批密切关注着行政法院的判例法发展的专家。在行政诉讼中存在两种主要类别,一类只限于撤销行政机关的行为,并不向其索要赔偿,这是纯客观的,另一类要对方负全额责任,因而是主观行为。这表明行政法以不可逆转的方式向追究主观责任的方向发展,即使在公务执行和公共权力的行动中亦是如此。”“我认为无论在宪法还是在关于国家的一般理论中,客观法都应占据主导地位;而在行政法中则相反,在以公共行政机关及其权力的组织为目标的行政法中,一切涉及行政组织的法都是客观法,而一切涉及公共行政机关行使权力的法,在产生公务管理的法律关系中,都是主观法。”①从以上论述可见,法国行政法学者研究行政法实际经历了从侧重行政组织法(客观法)到侧重行政行为、行政责任和行政救济法(主观法)的发展和转变。

日本现代行政法学者盐野宏认为日本行政法的权威和有代表性的定义是美浓部达吉的定义和田中二郎的定义。美浓部达吉认为,“行政法,如果要用一句话给予其定义的话,可以说是关于行政的国内公法。成为这一观念的要素有三:其一是关于行政的法;其二是国内法;其三是公法”。这是明治宪法下行政法的典型定义。田中二郎的定义则是《日本国宪法》下行政法的典型定义。田中二郎认为,行政法“是指有关行政的组织、作用及其统治的国内公法”。对于田中二郎的定义,盐野宏做了下述五点阐释:其一,在行政主体参与的行政法律关系中,既存在行政主体相互之间的行政组织法上的关系,也存在行政主体与私人之间的行政作用法上的关系;其二,无论在行政组织法关系中,还是在行政作用法关系中,都存在受公法支配的公法关系和受私法支配的私法关系;其三,行政作用法上的关系分为支配关系和非支配关系,前者只适用公法,后者除有法律明确规定或存在公共利益特殊需要的情况外,适用私

① [法]莫里斯·奥里乌:《行政法与公法精要》,龚觅译,辽海出版社、春风文艺出版社 1999 年版,第 143-148 页。

法;其四,即使在支配关系中,也存在适用民法一般原则和技术性规范的情形,如诚实信用原则、关于期间计算的规范等;其五,行政法关系中的适用的特别法有的仅仅是民法的特别法,如国有财产法等。[①] 关于行政法关系中适用公私法的不同情形,日本学界有不完全相同的观点。日本另一现代行政法学者南博方认为,"由于法律关系的一方当事人是行政权的担当者(行政主体),支配行政法关系的法理、法原则与适用于私人间的私法(民商法)总是有所区别的。行政法领域中,有些地方需完全排除私法,有些地方则私法不能完全适用,但可以修改适用"。他指出,"有人认为,行政法不过是私法的特别法,只要没有明文的公法规定,便应该适用私法。但是,问题在于,我国的私法并不具有英美普通法那样的一般法地位,我们必须注意严格区分公法与私法。诚然,强调公法的特殊性,有可能超越实定法,承认行政的特权。但是,我们也得承认,当行政主体成为法律关系的一方当事人时,基于目的的公共性,即使是私营经济活动,私法也不能完全适用,而需修改适用"。[②]

上述国内国外学者关于行政法的定义,分别从行政法的目的、性质、内容、形式和行政法在整个法体系中的地位予以了界定。因为不同历史时期、不同国度,行政法的目的、性质、内容、形式并不完全相同,故各个学者关于行政法的定义亦各不一样。

第二节　行政法的调整对象

笔者认为,根据我国现阶段行政法的特性和我们现阶段对行政法的认识,可以给行政法下一个描述性的定义:所谓"行政法",是指调整行政关系的,规范和控制行政权的法律规范系统。

首先,行政法是调整行政关系的法。所谓"行政关系",是指行政主体行使行政职能和接受行政法制监督而与行政相对人、行政法制监督主体发生的各种关系以及行政主体内部发生的各种关系。

---

① [日]盐野宏:《行政法》,杨建顺译,法律出版社 1999 年版,第 22-23 页。

② [日]南博方:《日本行政法》,杨建顺、周作彩译,中国人民大学出版社 1988 年版,第 5-6 页。

其次,行政法是控制和规范行政权的法。所谓“行政权”,是指宪法和行政组织法授予行政主体执行国家法律、政策,管理国家内政外交事务的国家权力。[①]

最后,行政法是由不同法源中的行政法律规范构成一个法律规范系统的法。行政法不同于刑法、民法,至今尚没有一部统一的法典,而且今后也难以制定一部集所有行政法律规范于一体的统一法典,其法律规范通常散见于各种不同种类、不同位阶的法律规范文件中。

行政法的内容是由行政法的调整对象决定的。行政法的调整对象是行政关系。行政关系主要包括四类:第一类是行政管理关系;第二类是行政法制监督关系;第三类是行政救济关系;第四类是内部行政关系。

行政管理关系是行政主体在行使行政职权过程中与行政相对人发生的各种关系。所谓“行政主体”,[②]是指能以自己名义行使国家行政职能或社会公共职能,作出影响公民、法人或其他组织权利、义务的行政行为,并能由其本身对外承担行政法律责任,在行政诉讼中通常能作为被告应诉的行政机关和法律、法规授权的组织以及其他行使公共职能的社会组织。[③] 所谓“行政相对人”,[④]是指行政主体行政行为所涉及的对象,即其权利、义务受到行政主体行政行为影响的公民、法人和其他组织(包括在中国境内的外国人、无国籍人)。

---

① 在我国目前行政组织法不健全的情况下,行政主体的很多权力并非来源行政组织法,而是来源行政管理单行法,甚至来源非法律的“三定方案”“三定办法”之类的行政文件。

② 我们现阶段使用的“行政主体”概念与日本等西方国家所使用的“行政主体”概念有所区别。他们所使用的“行政主体”,通常仅限于政府——中央政府和地方政府,或者还包括非国家的公法人,如公共组合、公团、公库、公共会社等,而不包括作为政府部门的行政机关。参见[日]室井力主编:《日本现代行政法》,吴微译,中国政法大学出版社 1995 年版,第 271-274 页;[日]西冈等:《现代行政法概论》,康树华译,甘肃人民出版社 1990 年版,第 25 页。

③ 法律、法规授权的组织既可以是行使公共职能的社会组织,也可以是私权利组织,行使公共职能的社会组织既可以因法律、法规授权行使国家行政职权而成为行政主体,也可以依组织章程行使社会公共职能而成为广义的行政主体。

④ “行政相对人”和“行政主体”一样,是行政法学上的一个概念,而不是一个法律术语。在有些行政法学著作中,又称“行政管理相对人”或“行政相对方”,或者简称“相对人”“相对方”。参见罗豪才主编:《行政法学》,中国政法大学出版社 1996 版,第 99-104 页;王周户主编:《行政法学》,陕西人民教育出版社 1992 年版,第 141-157 页。在我国台湾地区和日本的一些行政法学著作中,一些学者还有将“行政相对人”称为“行政客体”的。这种称呼似与现代民主精神有悖,行政相对人现在不只是被动地接受管理而且应积极地参与管理,在行政法律关系中,行政主体与行政相对人都是既享有权利,又承担义务的法律关系主体。参见管欧:《行政法概要》,台北,三民书局 1980 年版,第 22 页;[日]西冈等:《现代行政法概论》,康树华译,甘肃人民出版社 1990 年版,第 21 页。

在行政管理关系中，作为关系一方当事人的行政主体具有下述特征：其一，能依法行使行政职能（包括社会组织行使的公共行政职能）。一般私权利组织、政党、团体、企事业单位不能行使行政职能，从而不能成为行政主体，立法机关、司法机关不享有行政权，也不能成为行政主体。其二，能以自己名义行使行政职能。受行政机关委托的组织虽然能行使行政职能，但只能以委托机关的名义而不能以自己的名义行使行政职能，从而不能成为行政主体。其三，由其本身对外就自己行使职能的行为承担法律责任。行政机关的内部机构及其公务员虽然能对外行使行政职能，但他们行使行政职能的行为不是由他们本身，而是由所属行政机关对外承担法律责任，因此，他们也不能成为行政主体。根据上述特征，在我国，只有国家行政机关和法律、法规授权的组织以及其他行使公共职能的社会组织才能成为行政主体。

在行政管理关系中，作为关系另一方当事人的行政相对人具有下述特征：其一，是行政管理的对象。作为行使行政管理职能的行政机关、公务员、法律法规授权行使行政职能的组织以及其他行使公共职能的社会组织，或者行政机关委托行使行政职能的组织均不能作为行政相对人；但行政机关、公务员，被授权以及其他行使公共职能的社会组织或被委托行使行政职能的组织不处在行使行政职能的地位而处在被其他行政主体管理的地位时，可以成为行政相对人。其二，其权利、义务受到行政主体行政行为的影响。任何个人、组织，只有其权利、义务受到行政行为影响时，才能成为行政相对人，如果某一个人、组织虽处在被管理地位，但其权利、义务未受到行政行为实际影响，那么该个人、组织还不能具有行政相对人的地位。当然，影响可能是直接的，也可能是间接的[①]，但无论影响是直接或者间接，只要其权益受到了实际影响，其就具有了行政相对人的地位。其三，其作为与行政主体的相对一方，既可以是个人，包括中国公民、外国人、无国籍人以及处于被管理地位的公务员等，也可以是组织，包括法人、非法人组织，还包括处于被管理地位的国家行政机关和

---

① 行政行为直接影响相对人权益的情况是大量的，如行政主体对相对人实施行政处罚，采取行政强制措施等。有时行政行为对相对人权益的影响也可能是间接的，如行政主体批准公民甲建房，影响其邻居公民乙的采光或侵占了公民乙的部分宅基地等。

其他国家机关等①。

行政管理关系,即行政主体与行政相对人的关系是行政关系中最主要的一部分。行政主体实施的大量的行政行为,如行政许可、行政征收、行政给付、行政裁决、行政处罚、行政强制等,几乎都是以行政相对人为对象实施的,从而要与行政相对人发生关系。在一个实行法治的国度,这些关系必须受法的调整、规范。很显然,调整和规范此种关系的法是行政法。行政管理关系与其他行政关系比较,有两个重要特点:其一,关系的双方只能是行政主体和行政相对人;其二,行政主体在相应关系中占主导地位。

行政法制监督关系是行政法制监督主体在对行政主体、国家公务员和其他行政执法组织、人员进行监督时发生的各种关系。所谓"行政法制监督主体",是指根据宪法和法律授权,依法定方式和程序对行政职权行使者及其所实施的行政行为进行法制监督的国家机关。包括国家权力机关、国家监察机关(2018 年监察体制改革前为行政监察机关②)、国家司法机关等。行政法制监督关系的另一方当事人是行政法制监督的对象,包括行政主体、国家公务员、其他行政执法组织和其他行政执法人员。所谓"其他行政执法组织",主要指行政机关委托其行使某种特定行政职能的组织;所谓"其他行政执法人员",指不具有国家公务员身份的依法律、法规授权或行政机关委托行使某种特定行政职能的人员。

在行政管理关系中,作为一方当事人的行政主体只能是行政机关和法律、法规授权的组织以及其他行使公共职能的社会组织。国家公务员、受行政机关委托的组织虽然直接行使职能,作出影响行政相对人权利、义务的行为,但他们不是以自己名义行为和由其本身对外承担法律责任,从而不构成一方主

---

① 例如,市场监管机关从国外进口某种检测设备,在接受海关的检查监督时,成为海关的行政相对人;人民法院扩建法庭,向自然资源和规划管理机关申请国有土地使用证和规划许可时,即成为自然资源和规划管理部门的行政相对人;公务员以公民身份进行各种活动时,更是可以成为相应行政机关的行政相对人。

② 行政监察机关本身属于行政机关的系统,属于政府的组成部门,对本级人民政府和上一级监察机关负责并报告工作,监察业务以上级监察机关领导为主。行政监察机关由于专司行政法制监督职能,故具有对于一般行政部门的独立性。2018 年监察体制改革以后,我国监察机关不再隶属行政系统,而是与"一府两院"并列的国家机关。各级监察委员会与中国共产党的各级纪律检查机关合署办公,对所有公职人员监督全覆盖。

体,主体仍是行政机关和法律、法规授权的组织。但在行政法制监督关系中,国家公务员、受行政机关委托的组织、被授权组织和受委托组织的行政执法人员与行政主体一道,共同构成另一方当事人,同属于监督对象。因为他们对自己的行为要由自身承担某些法律责任(接受行政处分和承担某些经济责任等)。

行政法制监督关系是作为行政法制监督主体的国家权力机关、国家监察机关、国家司法机关等与作为监督对象的行政主体、国家公务员和其他行政执法组织、人员因前者实施法制监督而发生的关系。双方主体如果不是因实施法制监督而发生的关系即不属于此种关系。例如,国务院向全国人大或全国人大常委会提交法案或其他议案请求其审议而发生的关系就不是行政法制监督关系,人民法院审理公务员与其他公民之间发生的民事侵权争议或财产纠纷而发生的关系也不是行政法制监督关系。这些关系均不属于行政法调整,不是行政法学的研究范畴。

行政法制监督关系因监督主体不同,其关系的内容也存在较大的差别,国家权力机关作为行政法制监督主体时,其主要是与行政主体发生关系,并且主要是对行政机关的抽象行政行为进行监督。当然,国家权力机关也可以通过罢免方式对担任领导职务的国家公务员进行监督,但这不是二者关系的主要内容。国家监察机关作为行政法制监督主体时,主要是和国家公务员及其他行政公职人员发生关系,它主要通过追究法律或纪律责任(政务处分)的方式对国家公务员及其他行政公职人员遵纪守法的行为进行监督。当然,国家监察机关也可以通过监察建议的方式监督行政主体的行政行为(抽象行政行为和具体行政行为),监督其他行政执法组织、人员的遵纪守法行为,但这不是此种监督关系的主要内容,国家监察机关的主要监督职责和任务是反腐败。人民法院作为行政法制监督主体时,主要是与行政主体发生关系,它主要是通过行政诉讼的方式对行政主体的行政行为进行监督。当然,人民法院在行政诉讼中,也可以通过司法建议的方式对国家公务员,以及其他行政执法组织、人员进行监督,但这显然不是此种监督关系的主要内容。人民检察院作为行政法制监督主体时,主要是通过行政检察监督和公益诉讼监督的方式和途径监督行政主体的违法行政行为和违法不作为。同时检察机关也通过对行政公职人员违法犯罪行为进行侦查批捕和提起公诉的途径进行监督,但对行政公职人员腐败行为的调查职责由国家监察机关行使。

行政法制监督关系在行政关系中占有非常重要的地位,调整行政法制监督关系的行政法的法源包括宪法、国家机关组织法、监察法、公职人员政务处分法、行政诉讼法等。行政法制监督关系与其他行政关系比较,有三个重要特点:其一,双方主体具有多元性①;其二,关系的内容因具体参与主体不同而具有较大的差别性;其三,行政法制监督主体在关系中占主导地位。

行政救济关系是行政相对人认为其权益受到行政主体行政行为的侵犯,向行政救济主体申请救济,行政救济主体应行政相对人的请求,对其申请予以审查,作出向相对人提供或不予提供救济的决定而发生的各种关系。所谓行政救济主体,是指法律授权其受理行政相对人申诉、控告、检举和行政复议申请、行政诉讼起诉的国家机关。主要包括受理申诉、控告、检举的信访机关,受理行政复议申请的行政复议机关以及受理行政诉讼起诉的人民法院。

信访机关设于各级人民政府、政府的有关工作部门,以及国家权力机关、人民法院和人民检察院。信访机关受理和处理相对人信访案件而发生的关系大多数属于行政救济关系。但也有相当部分不属于此种关系。例如,信访机关受理相对人对政府工作的批评、建议以及相对人不服人民法院民事、刑事裁判的申诉而发生的关系即不属于行政救济关系。作为行政救济关系,应是行政相对人不服行政主体行政行为,认为行政行为侵犯其合法权益而申请救济(申诉、控告、检举等)而发生的关系。②

行政复议机关则只设于行政机关内部,通常为作出被相对人申请复议行为的行政主体所属的人民政府或上一级主管部门③。而行政诉讼的受理机关则在行政机关外部,只有人民法院才能受理行政诉讼案件,并对其进行审理和

---

① 监督主体包括权力机关、监察机关、司法机关(法院和检察院)等;监督对象包括行政主体、国家公务员和其他行政执法组织的人员。

② 信访本是一项法律外的救济制度,但自 1995 年国务院发布作为行政法规的《信访条例》(2005 年修订后重新发布)以后,该制度逐步纳入法治轨道。尽管目前它仍然未完全法治化,还有较多的"人治"色彩。但它毕竟是我国现阶段行政救济的一项重要制度。

③ 《行政复议法》第 12 条规定,对县级以上地方各级人民政府工作部门的具体行政行为不服的,由申请人选择,可以向该部门的本级人民政府申请行政复议,也可以向上一级主管部门申请行政复议。对海关、金融、国税、外汇管理等实行垂直领导的行政机关和国家安全机关的具体行政行为不服的,向上一级主管部门申请行政复议。

裁判。

行政救济关系同样是一种非常重要的行政关系,这种关系与行政法制监督关系有时是重合的。如行政诉讼关系,从人民法院对行政主体行为的审查、监督的角度看,是一种行政法制监督关系;从行政相对人受到行政主体行为侵犯后向人民法院请求救济的角度看,是一种行政救济关系。调整行政救济关系的行政法法源主要有行政申诉法(目前尚未制定)、信访法(目前仅有行政法规)、行政复议法、行政诉讼法以及集会游行示威法、请愿法等。[①] 行政救济关系与其他行政关系比较,其重要特点是:其一,存在三方主体:行政相对人、行政主体、行政救济机关;其二,行政救济主体在关系中占主导地位;其三,部分行政救济关系与行政法制监督关系重合。

内部行政关系是行政主体内部发生的各种关系,包括上下级行政机关之间的关系、平行行政机关之间的关系,行政机关与所属机构(部与司、局、处等)、派出机构之间的关系、行政机关与国家公务员的关系、行政机关与其委托行使某种特定行政职权的组织的关系、行政机关与法律法规授权组织的关系等。

在内部行政关系中,上下级行政关系以及行政机关与国家公务员的关系是最重要的关系。行政机关的上下级关系具有各种形式,主要包括:(1)领导与监督关系(国务院与各部委、省、自治区、直辖市人民政府的关系);(2)直属关系(国务院与国家市场监督管理总局、国家统计局、国家林业和草原局等直属机构的关系);(3)垂直领导关系(如海关、金融、国税、外汇管理系统的内部关系);(4)双重领导关系(如公安、民政等大多数行政机关与上级主管部门和同级人民政府的关系);(5)指导关系(如物价、统计等行政机关与上级主管部门的关系)。国家公务员与行政机关的关系同样是各种各样的,就其内容而言,主要有下述关系:(1)特殊劳动关系,如公务员因录用、退休、辞退、工资、福利、休假等与行政机关发生的关系;(2)职务关系,如公务员因考核、晋升、降职、调动、奖励、处分等与行政机关发生的关系;(3)工作关系,如公务员因工作岗位的分配、工作时间、地点的安排,工作条件的确定、工作请示、报告等

---

① 我国目前已制定了专门的《行政复议法》、《行政诉讼法》、《集会游行示威法》和《信访工作条例》,但尚未制定专门的申诉法和请愿法。

与行政机关发生的关系等。

内部行政关系相对于外部行政关系——行政管理关系、行政法制监督关系、行政救济关系,虽然处于从属的地位,但也是构成行政关系不可缺少的部分,同样是行政法的调整对象之一。[①] 作为调整内部行政关系的行政法法源,主要有行政组织法、行政编制法、国家公务员法以及内部行政程序法(行政机关内部运作规则)等。

内部行政关系的主要特点是:其一,关系的主体是多元的,关系的类别是多种多样的;其二,部分内部关系(如平行行政机关之间的关系)的双方主体处于平等地位,不存在一方起主导作用的情形;其三,关系受法律调整的范围和程度小于外部行政关系。[②]

在上述四种行政关系中,行政管理关系是最基本的行政关系,其他三种关系都是行政管理关系导致和引起的。因为国家建立行政系统的目的是管理,而不是接受监督和提供救济。但行政系统一经建立,就必须协调其系统内部的关系,确定系统内部的程序,以保证有效地对外部实施管理,为外部社会提供秩序。而行政主体在实施管理的过程中,因各种主观和客观的原因,不可能不产生这样、那样的违法、侵权现象,为减少和克服违法、侵权,保证管理的正确、有效,就必须建立法制监督和救济制度。因此,很显然,在整个行政关系架构中,行政主体与行政相对人的行政管理关系是基干,行政法制监督关系和行政救济关系是行政管理关系派生的关系,而内部行政关系则是行政管理关系的一种从属关系,是行政管理关系中一方当事人——行政主体单方面内部的关系。

虽然各种行政关系在整个行政关系中所占分量不同,所处地位不同,但它

---

① 对于内部行政关系是否属于行政关系,是否属于行政法的调整对象,有的学者持否定的态度。他们认为,"行政法调整的关系应该是两个不同的主体,且是行政主体和其他社会组织之间的关系,只有这种关系才能称为行政关系。而内部关系是一个主体内部的关系,它们之间的关系是命令—服从的关系,而非法律所能调整。其次,行政关系并不是与行政有关或凡是行政所涉及的关系都是行政关系,它必须确实是'行政'中所形成的关系。所谓行政即行政机关对公共事务的管理,只有在这种活动中所发生的关系才是行政关系"。参见张尚鷟主编:《走出低谷的中国行政法学——中国行政法学综述与评价》,中国政法大学出版社 1991 年版,第 21 页。

② 内部行政关系较多地受政策和行政机关的内部规则调整。而且,行政首长在调节内部行政关系中有较大的自由裁量权。

们都是行政法的调整对象。各种行政关系要保持一定的秩序状态，均必须通过行政法为其关系双方确定适当的权利、义务，并通过相应的制度保证这种权利、义务的实际实现。

第三节　行政法的实质

行政法是调整行政关系的法，这是就行政法的内容而言。行政法就其实质而言，则可以界定为控制和规范行政权的法。美国行政法学者盖尔霍恩提出，"行政法是控制和限制政府机关权力（主要是通过程序）的法律制约器"。[①] 韦德也认为，"行政法是控制政府权力的法"[②]。"政府机关权力""政府权力"均是指行政权。所谓"行政权"，从现代意义讲，是指国家行政机关执行国家法律、政策，管理国家内政外交事务的权力。[③]

行政权从其权力内容考察，包括国防权、外交权、治安权、经济管理权、社会文化管理权等；从其权力形式考察，包括行政立法权（制定行政法规、规章等）、行政命令权（发布命令、禁令，制订计划、规划等），行政处理权（行政许可、行政征收征用、行政确认等），行政司法权（裁决部分行政、民事争议等）、行政监督权（行政检查、调查、审查、统计等）、行政强制权（限制人身自由、查封、扣押、冻结财产等）、行政处罚权（拘留、罚款、没收、吊扣证照等）、行政给付权（发放社会保险金、救济金、抚恤金等）、行政指导权（提出建议、劝告、警示、发布信息资料）等。

行政权是公权力的组成部分，是社会秩序的保障。人们结成社会，共同生活，就不能没有公权力；人们建立国家，进入政治生活，就更不能没有公权力，特别不能没有行政权，这是人们的常识所了解的。那么，为什么要对行政

---

① E. Gellhorn & B. B. Boyer, *Administrative law and process*, West Publishing Co. ,1981, p. 3.

② H. W. R. Wade, *Administrative Law*, Clarendon Press, 1989, p. 4.

③ 关于"行政权"的含义，学者们的阐释略有差别。有的认为行政权即是"国家管理行政事务的权力"，参见皮纯协等主编：《简明政治学辞典》，河南人民出版社 1986 年版，第 26 页；有的提出：行政权"即为执行一般行政之国家统治权的权能之谓"，参见谢瑞智编著：《宪法辞典》，文笙书局 1979 年版，第 125 页；还有人认为，行政权"是指国家行政机关执行法律规范、实施行政管理活动的权力"，参见罗豪才主编：《行政法学》，中国政法大学出版社 1996 年版，第 3 页。

权加以控制和规范呢?这是因为:第一,行政权同其他公权力一样,其作用具有两重性:一方面,它可以为人们提供秩序,使人们能在一个有序的环境里生产、生活,它还可以起积极组织、协调、指导的作用,促进社会经济的发展;但另一方面,公权力也可能被滥用,公权力被滥用,既会给人民的生命、自由、财产带来严重的威胁,还会阻碍,以至于破坏社会经济的发展。而公权力不加控制和制约,就必然导致滥用,这是人类几千年的历史已经反复证明了的一条经验。① 第二,行政权不完全同于其他国家公权力,它与公民个人、组织有更经常、更广泛、更直接的联系。很多人一辈子可以不与法院、检察院、议会等直接打交道,但他们却必须从生到死与行政机关打交道(出生登记、申请户籍、死亡登记、注销户口等)。公民在人生过程中的任何一个阶段,甚至每年、每月、每日都要与行政机关打交道,如出行要接受交警监督,工作获得收入要向行政机关纳税,结婚要去行政机关领结婚证,办企业要向行政机关申领营业执照,盖房要经自然资源和规划等行政机关办理土地使用许可、规划许可等程序,出国要向行政机关办理护照等。行政权对行政相对人权益的影响是最直接的,无论是行政处罚,行政强制,还是行政许可,行政征收,或是行政给付,行政裁决,都会直接影响相对人的权益,立法权虽也会影响相对人权益,但法律对相对人的影响大多是间接的(需经过司法或行政执法)。司法权对相对人的权益的影响虽然从表面上看是直接的,但实际上,司法是一种裁判,一种救济。司法通常不是直接赋予权益或剥夺权益,而是在相对人权益发生争议或受到侵犯时,法院对其予以裁判和救济。由于与立法权、司法权等其他国家权力相比,行政权最经常、最广泛、最直接涉及行政相对人公民个人、组织的权益,且行政权实施的程序远不及立法权、司法权行使的程序严格、公开,从而行政权最容易导致滥用和腐败(在一些地方,一些时候,人们常常给行政机关及其公务员行贿,却较少有人给立法机关及其人民代表行贿,人们虽然也给法院的法官行贿,但法院的法官却不可以任意决定对相应案件不公开开庭审理和作出判决,不可以任意决定一审判决不经过二审程序发生法律效力),从而行

① 关于这一点,可参阅[英]洛克《政府论》(下篇),第 18 章"论专制";[法]卢梭《社会契约论》(第 3 卷),第 17 章"关于政府的创制",第 18 章"关于防止政府篡权的手段"。参见州长治主编:《西方四大政治名著》,天津人民出版社 1998 年版,第 429-434、547-550 页。

政权最需要予以控制和制约。第三,在现代社会,行政权相对于立法权和司法权,有膨胀和扩张的趋势,现代行政权已不再是纯粹的执行管理权,而是包含越来越多的准立法权和准司法权:行政机关自己制定规范,自己执行规范,自己裁决因执行规范而发生的争议、纠纷,在这种将数种权力集中在一个机关手中的情况下,如果没有控制和制约机制,权力的滥用将是不可避免的。[①] 正是由于以上原因,建立和完善对行政权的控制、制约、规范机制是必要的、必须的,而控制规范行政权机制的最重要的环节就是行政法。

那么,行政法怎样控制和规范行政权呢?从整体上考察和分析行政法的规范可知,行政法主要从三个方面控制和规范行政权:其一,通过行政组织法,控制行政权的权源。行政组织法的基本功能是规定各个不同行政机关的职权,行政机关只能在行政组织法规定的职权范围内实施行政行为,越权无效,而且要承担法律责任。这样,就可以防止行政机关的总权力和各个具体行政机关的分权力无限膨胀,使之限定在执行国家法律、政策,管理国家内政、外交事务的必要范围内,即限定在生产和提供"公共物品"的范围内。其二,通过行政程序法规范行政权行使的方式。行政权对行政相对人权益的影响不仅在于其权限的范围,而且在于权力行使的方式,甚至更重要的是在于权力行使的方式。一个行政机关,权力即使再大(可以限制公民的人身自由),如果其行使方式有严格的程序规范,遵守一整套公开、公正、公平的程序规则,其对相对人权益的威胁并不会很大;相反,即使其权力很小(仅可对公民进行罚款),但如果其行使方式没有程序制约,可以任意行为,其对相对人权益亦可造成重大威胁。因此,行政程序法是行政法的重要组成部分,它是保证行政权正确、公正、有效行使的最重要的手段。其三,通过行政法制监督法、行政责任法、行政救济法制约行政权滥用。行政组织法和行政程序法是在事前控制行政权的范围和规范行政权行使的方式,防止其越权和滥用,行政法制监督法、

---

① 洛克指出:"如果由一些人同时掌握行政和执行权,就会对人性的弱点——攫取权利构成巨大的挑战;他们会利用手中的立法和行政权使自己不受他们制定的法律的约束,并在立法和执法时,以他们自己的私人利益为依据。"参见州长治主编:《西方四大政治名著》,天津人民出版社 1998 年版,第 405 页。孟德斯鸠在论述"三权分立"的必要性时,认为权力集中于一个人或一个机关之手,就必然发生专制、产生奴役。参见[法]孟德斯鸠:《论法的精神》(上册),张雁深译,商务印书馆 1997 年版,第 154 页。

行政责任法、行政救济法则是事后对行政权进行制约。监督法为行政权行使是否遵守法定权限、法定程序提供监督机制;责任法为滥用行政权的行为提供法律责任追究机制;救济法为受到滥用行政权行为侵犯的行政相对人提供法律救济机制。行政法即是通过这三种途径对行政权进行控制、制约和规范,调整这三种途径行为的三类法律规范即构成行政法的三大组成部分。

第四节　行政法的形式

行政法在形式上不同于民法和刑法——有一部集基本规范为一体的统一法典。行政法一般不存在这样的法典,它的法律规范广泛地散见于各种法律规范文件中。行政法之所以不存在统一的法典,其原因有三:第一,行政法调整对象——行政关系——过于广泛,且多种多样,各种不同的行政关系又存在较大的差别,很难将其以统一的规范加以调整;第二,部分行政关系的稳定性低、变动性大,有必要留给法律位阶较低的法规和规章调整,而不宜于由统一法典进行规范;第三,行政法作为一个独立的法律部门产生较晚,规范各种行政关系的最一般基本原则尚未完全形成,有些基本原则虽已形成,但尚不完全成熟,从而不具备将其编纂成统一法典的条件。

行政法不存在统一的法典,并不意味着行政法没有法典。在行政法的许多领域,无论是外国,还是我国,都已经形成了不少局部性的法典。如行政程序法、行政组织法、公务员法、行政处罚法、行政许可法、行政强制法、行政复议(诉愿)法、行政诉讼法、行政赔偿法等。①

行政法不存在统一的法典,也难以制定统一的法典,但这并不意味着行政法将永远不能编纂统一的法典。随着行政法的日益发展,随着行政法各领域局部法典的日益完善,调整行政关系的一般原则逐步形成。行政关系虽然各种各样,每种不同的行政关系虽然存在这样那样的差别,但它们既然同属行政

---

① 例如,应松年主编的《外国行政程序法汇编》(中国法制出版社 1999 年版)收集了 13 个国家和地区的行政程序法。行政立法研究组编译的《外国国家赔偿、行政程序、行政诉讼法规汇编》(中国政法大学出版社 1994 年版)收集了 10 个国家和地区的国家赔偿法、行政程序法和行政诉讼法。

关系，也就必然存在共性，从而存在为一般原则（从各领域具体规则中抽象出的原则）统一调整的可能性。现在世界上有的国家（尽管只是很少的或个别的国家），甚至已将此种可能性变成了现实性。例如，荷兰在20世纪90年代制定了《荷兰行政法通则》；德国普鲁士邦更是在19世纪80年代就制定了《普鲁士邦行政法通则》；20世纪二三十年代，德国威敦比克邦亦制定了《威敦比克邦行政法典》；苏联加盟共和国乌克兰也曾在20世纪前期制定过行政法典。[①] 当然，统一的行政法典只是将一国行政法的一般原则和基本规范编纂在一起，形成一个统一的、有内在逻辑联系的法律规范体系。而并非将一国所有的具体行政法规范汇集成一部行政法大全（这样的法律规范大全并非法典，而是法规汇编）。在统一的行政法典下，各具体领域的局部行政法典以及其他单行行政法律、法规仍有存在的余地。将行政法制定成一部包揽所有行政法规范的统一法典恐怕是永远不可能做到的，不仅行政法做不到，就是民法和刑法，在统一法典之外也存在某些单行法，只是民法、刑法的单行法比行政法要少得多。

在我国，行政法还处在不是很发达的阶段，不仅没有统一的行政法典，也没有统一的行政程序法典，就是在许多具体领域（行政征收、行政给付、行政收费、行政裁判、政府信息公开等）也缺乏局部性的法典或有关单行法律。[②] 因此，行政法的立法任务仍是很艰巨的。有的学者提出了以“两条腿走路”的方式加快我国行政法的立法：一方面抓紧制定各具体领域的单行法，另一方面

---

① 历史上其他国家或地区制定的行政法典有的只是草案，尚未得到立法机关通过，有的虽为立法机关通过，但未能得到实际施行。这些行政法典在世界上影响不大，很少或几乎没有为其他国家仿效，从而未能在欧洲和世界上形成行政法法典化的趋势。《荷兰行政法通则》的情况则不同，它不仅已为立法机关通过，并已付诸实施，而且在欧洲和世界其他地区产生了较大影响。目前欧亚许多国家和地区的行政程序法（德国、葡萄牙、韩国的行政程序法和我国澳门特区、台湾地区的行政程序法典）已纳入不少行政实体法的内容，出现了行政法法典化的趋势或萌芽。此外，值得特别引起我们注意的是，韩国国会于2021年3月23日制定了亚洲第一部综合性的行政法典——《韩国行政基本法》，该法包括总则、行政法基本原则、行政作用（含作为具体行政行为的行政处分、行政认可和许可、公法合同、作为行政处罚的罚款、行政强制和其他行政作用、对行政处分的异议申请与复议，共7节）以及行政立法，共4章和一个附则。

② 行政收费法曾列入国家立法规划，政府信息公开法虽未制定成法律，但国务院已于2007年颁布条例，作为行政法规于2008年5月1日实施。

同时研究和草拟统一的行政程序法典，以此建立我国完善的行政法体系架构。①

第五节　“新行政法”的创新和发展趋势

随着世界经济全球化的演进和我国社会转型的深度展开，一种脱胎于传统行政法，但其内涵和外延均有别于传统行政法的“新行政法”正在世界许多法治发达国家和我国形成。② 这种“新行政法”，相较于传统行政法，甚至相较于20世纪中、后期的行政法，从内容到形式，都发生了和还在发生着深刻的变化。

那么，这种“新行政法”究竟“新”在何处，有哪些新的形式和内容呢？“新行政法”究竟“新”因何在，其产生和发展的原因是什么，有哪些政治、经济、文化的背景？“新行政法”究竟“新”向何方，其未来继续发展的趋势是什么？

对这些问题，我们在下面加以简要阐释。

一、“新行政法”，新在何处？

新行政法的“新”主要有三：调整范围的新、调整方式的新和法源形式的新。

（一）调整范围的“新”

所谓调整范围的“新”，是指行政法从传统行政法仅调整公域到现代行政

---

① 行政程序法典的草拟工作已经在进行中，2002年，北京大学宪法与行政法研究中心已经草拟《中华人民共和国行政程序法（试拟稿）》，并召开了有全国行政法学者、专家及实际部门法律工作者60多人参加的研讨会进行了初步的研讨。该法律试拟稿和研讨会会议纪要参见罗豪才主编：《行政法论丛》（第6卷），法律出版社2003年版，第464-514页。之后，隶属于全国人大常委会法工委的行政立法研究组开始正式起草《中华人民共和国行政程序法（试拟稿）》，完成初稿，并提交全国人大常委会法工委。2015年，北京大学宪法与行政法研究中心又成立行政程序法专门课题组，草拟《中华人民共和国行政程序法（专家建议稿）》，该建议稿参见姜明安等：《行政程序法典化研究》，法律出版社2016年版，第396-397页。

② 1994年，笔者在澳大利亚悉尼大学做访问学者时，曾与澳行政法学者交流，他们在那时即提出了“新行政法”的概念。当然，20世纪八九十年代澳大利亚“新行政法”与我们今天全球化时代的“新行政法”仍有重大的区别，尽管我们今天的“新行政法”起始于20世纪八九十年代，是在那时的基础上发展而来的。参见姜明安：《澳大利亚“新行政法”的产生及其主要内容》，载《中外法学》1995年第2期。

法既调整公域,也调整某些私域;从传统行政法仅规范国家公权力(国家行政权)到现代行政法既规范国家公权力(国家行政权),也规范社会组织行使的公共职能。

这种"新"主要表现在下述八个方面:

其一,为解决"市场失灵",新行政法通过对经济进行宏观调控,对价格、利率、产业发展结构等进行规制,保证经济的平衡发展,防止经济危机。而为了解决"政府失灵",新行政法通过对政府调控、规制行为的权限、手段、程序进行规范(对规制的规制),保证行政权的正当行使,防止权力滥用。①

其二,新行政法有限度进入"私域",对私人财产权、经营权、契约权进行适当干预("私域"不再完全享有旧时"风能进,雨能进,公权力不能进"的绝对特权),如对就业、企业用工、劳动条件、工资、福利、保险等进行适当规制。为保障社会公正,政府可对私人从事的公益服务事业(教育、医疗、娱乐、体育等)进行一定干预,要求其对社会提供平等服务,实行反歧视原则。例如,私人开办学校或娱乐场所,法律规定其不得因种族、性别等禁止特定群体的人进入。同时,新行政法也对公权力这种干预私域行为进行规范,防止其非法和任意干预。②

其三,新行政法不仅调整人与人的关系,而且越来越多地调整人与自然、人与环境的关系。如环境生态保护法、环境影响评价法、野生动植物保护法、动物福利法等,这些法律都设置了公权力诸多的相应义务和职责。公权力不仅要更多地关注和保障人权,而且要更多地关注和保障环境、生态和动物福利(亦可称"特别权利")。③

---

① 如韩国国会于 1998 年制定的《行政规制基本法》和韩国政府随后通过总统令发布的《行政规制基本法施行令》,均既规范政府规制市场的行为,又规制政府本身的行为,既解决"市场失灵"的问题,又解决"政府失灵"的问题。

② 参见[新西兰]迈克尔·塔格特编:《行政法的范围》,金自宁译,中国人民大学出版社 2006 年版,第 1-26 页。

③ 我国于 1989 年制定《环境保护法》,2002 年制定《环境影响评价法》,2004 年修订《野生动物保护法》,目前,我国已经形成了以《环境保护法》为统领,以污染防治法、自然资源法、生态保护法为主干,以行政法规、部门规章和地方性立法为补充的环境法律体系。国家已经制定了《环境保护法》《水污染防治法》《大气污染防治法》《水法》《森林法》《环境影响评价法》《清洁生产促进法》等 30 余部法律。参见王峰:《适时推动条件成熟领域的法典编纂:生态环境法典先行一步?》,载 21 经济网,http://www.21jingji.com/2020/12-15/0NMDEzNzlfMTYxMzM0Ng.html。

其四,新行政法有限度进入“特别权力关系领域”。对于公务员与所在行政机关的关系、高等学校学生、老师与学校的关系,传统行政法都将之完全划入自治领域,法律,特别是司法,一般都不得介入。但是新行政法将“最低限度的正当法律程序”引入“特别权力关系领域”,对于行政机关、高等学校等特别权力主体违反“最低限度正当法律程序”的行为,公务员、大学学生或教员可诉诸司法审查,请求法院裁决某些“内部行政争议”。①

其五,为实现公民自治和建立“有限政府”,国家公权力逐步向社会转移,社会团体、基层自治组织等各种非政府组织、非营利组织纷纷建立,越来越广泛地提供过去由政府提供的“公共物品”。而社会公共职能的行使在缺乏必要的法律调控时,也可能对社会共同体成员的权利和自由构成侵犯。为了防止社会公共职能滥用、腐败和对社会共同体成员权利的侵犯,新行政法开始为社会公共职能行使设定界限、程序和责任,调整社会共同体组织和社会共同体成员的关系。②

其六,在国内法和国际法领域,新行政法对国家和政府的绝对权力(有人将之归入或称为“主权”)加以适当和必要的限制。传统公法理论认为,主权是绝对的和不可限制的。但在经济全球化的现代社会,各国要进行广泛的交往,共同解决环境、生态、反恐、限核和维护、保障人权等诸多人类面临的共同问题,就不能不对各自的主权进行适当的限制。为此,新行政法在诸如反倾销、反补贴、反非关税壁垒以及国际环境保护、国际反恐等领域对国家公权力进行必要和适当的限制。③

其七,新行政法有限度进入执政党执政行为领域。中共十六大提出中国共产党要“依法执政”的口号,从而规范国家公权力行为的某些法律,如国家今后将要制定的政务信息公开法、官员财产申报法、行政程序法等,也将同时适用于中国共产党的机关和组织,或通过转化为中国共产党党内法规而适用于中国共产党的机关和组织。中国共产党的机关和组织之所以要在适用党内

① 参见湛中乐主编:《高等教育与行政诉讼》,北京大学出版社 2003 年版,第 31－58、173－186 页。

② 参阅黎军:《行业组织的行政法问题研究》,北京大学出版社 2002 年版;沈岿编:《谁还在行使权力:准政府组织个案研究》,清华大学出版社 2003 年版。

③ 参阅袁曙宏、宋功德:《WTO 与行政法》,北京大学出版社 2002 年版。

法规的同时,有限度地适用国家法律,是因为我国宪法确立了中国共产党在我国国家生活中的领导地位,它能够在宪法和法律范围内直接行使国家公权力。从而必须以国家法律对这种直接行使国家公权力的行为进行规范。这乃是中国共产党依法治国、依法执政的中国特色。①

其八,新行政法进入互联网,调整"虚拟世界"中的社会关系。自 20 世纪 90 年代,互联网开始广泛进入人们的生活,现在我国有超过十亿网民,千家万户的网络运作已构成了区别于现实世界,但与现实世界又有密切联系的另一个世界——"虚拟世界"。我们不能完全用调整现实世界的法律去调整"虚拟世界",例如,我们不能完全用调整纸质媒体言论的法律去调整网络言论。在这一领域,新行政法刚开始进入,但拥有广阔的发展前景。②

(二)调整方式的"新"

所谓调整方式的"新",主要是指行政法所确立的行政管理方式从管理到治理,从管制到自治,从命令—服从到协商—参与,从刚性管理到柔性指导的转化。

这种"新"主要表现在下述八个方面:

其一,行政行为从单方性到广泛公众参与的转变。传统行政行为的重要特征之一是其单方性:行政主体无须与行政相对人协商,无须听取行政相对人的意见和取得行政相对人的同意,即可单方面作出影响行政相对人权利义务的行为。而根据新行政法,行政主体实施行政行为,无论是抽象行政行为,如行政立法、行政决策等,还是具体行政行为,如行政许可、行政处罚,都应通过一定途径、一定方式充分听取行政相对人的意见,在吸收行政相对人参与的前提下作出。虽然相对人的同意不是行政行为作出的必须条件,但与相对人协

---

① 笔者曾在一篇探讨正当法律程序的论文中指出:要在中国创建权利制约权力机制,首先应该在中国共产党的执政过程中推行正当法律程序,以正当法律程序规范中国共产党的执政行为。参见姜明安:《正当法律程序:扼制腐败的屏障》,载《中国法学》2008 年第 3 期。

② 参阅何精华:《网络空间的政府治理:电子治理前沿问题研究》,上海社会科学院出版社 2006 年版;王四新:《网络空间的表达自由》,社会科学文献出版社 2007 年版。

商却是行政行为作出的一般程序。①

其二,政府对行政相对人的管理从微观干预到宏观调控。传统行政管理,特别是计划经济条件下的行政管理,政府对企事业、社会组织的管理往往及于其内部事务的运作(企业内部的产、供、销、人、财、物等),进行全方位的干预。而根据新行政法,政府不得干预行政相对人的内部运作,凡是公民法人和其他组织能够自主决定的,市场竞争机制能够有效调节的,行业组织或者中介机构能够自律管理的,行政机关一般都不得涉足。政府对社会、经济事务的管理职能通常只限于进行宏观调控。②

其三,行政命令越来越多地被行政契约所取代。传统行政管理,行政命令是其主要方式。而根据新行政法,政府与行政相对人越来越具有伙伴关系的性质,不仅是一般公共服务,就是公权力色彩很浓的监狱管理,也有西方国家可通过契约的形式由私人承包。③

其四,行政强制越来越多地被行政指导所取代。强制性是传统行政的另一重要特征。而在新行政法机制下,行政的强制性越来越淡化,行政指导在行政行为的实施中得到广泛的应用。行政机关通过建议、劝告、鼓励、激励、引导等诸多柔性方式较传统行政强制手段更有效地实现行政的预定目的和任务。④

其五,政府越来越多地与非政府组织、非营利组织等社会自治组织合作,通过与社会自治组织互动而达成行政目标。⑤

其六,论证会、听证会、网上讨论、辩论和征询民意越来越成为行政决策、

---

① 美国、德国、日本、韩国等许多西方国家的行政程序法均规定了行政行为的公众参与程序(参阅应松年主编:《外国行政程序法汇编》,中国法制出版社 1999 年版)。我国自 20 世纪以来制定或修订的有关法律、法规,如《立法法》《行政法规制定程序条例》《规章制定程序条例》,特别是国务院 2004 年发布的《全面推进依法行政实施纲要》(以下简称《纲要》),也规定了行政立法、行政决策和行政处理行为的公众参与程序。

② 国务院 2004 年发布的《纲要》指出,建设法治政府的目标之一即是政企分开、政事分开,政府的基本职能是经济调节、市场监管、社会管理和公共服务。根据《行政许可法》第 13 条的规定,对于公民、法人或者其他组织能够自主决定的事项、市场竞争机制能够有效调节的事项、行业组织或者中介组织能够自律管理的事项,以及行政机关采用事后监督等其他行政管理方式能够解决的事项,国家可以不设行政许可,行政机关在这些事项上放松规制。

③ 参阅石佑启:《论公共行政与行政法学范式转换》,北京大学出版社 2003 年版。

④ 参阅莫于川等:《法治视野中的行政指导》,中国人民大学出版社 2005 年版。

⑤ 参阅任进:《政府组织与非政府组织》,山东人民出版社 2003 年版。

行政立法的必经前置程序。[①]

其七，公私互动、公私合作，公法私法化在行政管理中具有越来越发展的趋势。例如，公共工程建设中建设—经营—转让（BOT）、政府和社会资本合作（PPP）的广泛运用，行政处罚、行政赔偿中的和解程序，以及环境管理中的污染权交易的推行均是这种趋势的明显例子。[②]

其八，公权力主体更多地综合运用行政法、民法、商法、经济法、社会法乃至各种软法的手段解决公共治理中的各种复杂问题。多元化成为新行政法调整方式的重要特色之一。[③]

（三）法源形式的“新”

所谓法源形式的“新”，主要是指行政法法源从静态到静态动态结合，从硬法到硬法软法结合，从单一法源到多元法源的转化。

这种“新”主要表现在下述三个方面：

其一，传统行政法基本上由单一的国家法构成，而新行政法的构成除了国家法以外，还包括社会法、国际法，并且社会法和国际法的比重在新行政法中的比重有逐步增加的趋势。新行政法中的所谓“国家法”，是指国家制定或认可的规范国家公权力主体和国家共同体成员行为，调整二者相互关系及公权力主体之间相互关系和国家共同体成员相互关系的法规范。新行政法中的所谓“社会法”（社会公法），是指社会共同体制定或伴随社会共同体产生、形成、发展而逐步生长的规范行使社会公共职能的社会共同体组织和社会共同体成员行为，调整二者相互关系及行使社会公共职能的组织之间相互关系和社会共同体成员相互关系的法规范。新行政法中的所谓“国际法”（国际公法），是指国际共同体制定或伴随国际共同体产生、形成、发展而逐步生长的规范国际公权力主体和国际共同体成员行为，调整二者相互关系及国际公权力主体之

---

① 参阅王锡锌：《公众参与和行政过程——一个理念和制度分析的框架》，中国民主法制出版社2007年版。

② 参见姜明安：《新行政法：公中有私，私中有公》，载罗豪才等：《软法与协商民主》，北京大学出版社2007年版，第235-239页。

③ 参见罗豪才：《公共治理的崛起呼唤软法之治》（“一元多样混合法模式”一节），载《新华文摘》2009年第7期。

间相互关系和国际共同体成员相互关系的法规范。①

其二,传统行政法主要由“硬法”构成,而新行政法的构成除了硬法以外,“软法”在其法律规范中亦占有重要地位。新行政法中的所谓“硬法”亦可称“刚性法”,主要是指通过国家强制约束力实现的法,如行政规制法、行政强制法、行政处罚法等。新行政法中的所谓“软法”亦可称“柔性法”,主要是指通过社会约束力、人们的理性和道德约束力实现的法,如社会自治组织章程、行业组织自律规则、企事业组织内部规范,以及行政机关向社会发布的宣导性、倡导性、指导性或建议性的告示、纲要、指南等。②

其三,传统行政法通常指立法机关制定的静态的法,而新行政法除了指立法机关制定的静态的法以外,还指社会生活中不断产生和生长的“活的法”、动态的法。新行政法中的所谓“静态的法”(制定法),是指以法律文件表现的法,包括法律、法规、规章和制定成规范性文件的软法。新行政法中的所谓“动态的法”(运作中的法,亦可称“活法”),是指法律主体在实际生活和互动关系中所实际贯彻、遵循的法律规则、原则、法律精神和法治理念。软法更多地体现为动态的法,如公民在公共治理过程中的参与,与行政机关的合作、协作等实践中所体现的法。③

二、“新行政法”,新因何在?

“新行政法”为什么会形成、产生和发展?笔者认为,其主要原因有四:

其一,民主化、市场化、信息化、全球化的世界潮流推动“新行政法”的形成、产生和发展。现代民主的重要特色是民主形式由单纯的议会民主、票决民主向参与式民主和协商式民主转化。议会民主和票决民主要求政府主要扮演

---

① 笔者2003年在《论公法与政治文明》(载《法商研究》2003年第3期)一文中,曾提出公权力分为国家公权力和社会公权力的观点;之后,2004年在《公众参与与行政法治》(载《中国法学》2004年第2期)一文中提出公权力三分法,即国家公权力、社会公权力和国际公权力,以及公法三分法:国家公法、社会公法和国际公法;2005年,在《公法学研究的几个基本问题》(载《法商研究》2005年第3期)一文中,对行政法的三大法源(三种类型的公法)进行了较深入的阐述。

② 参阅罗豪才等:《软法与公共治理》,北京大学出版社2006年版。

③ 美国卡多佐法官将“动态的法”又称为“变动的法”“生长的法”“用或然性逻辑验证的法”“非国家创造和存在于国家之外的法”“扎根于现实社会关系中的和扎根于公平正义信仰中的法”。其有关论述参见[美]本杰明·内森·卡多佐:《法律的生长》,刘培峰等译,贵州人民出版社2004年版,第26-27页。

“传送带”角色，但现代政府行使越来越多的立法功能和决策功能，为了防止“行政专制”，将参与式民主和协商式民主引入行政领域就是必然的选择。①

市场竞争是与平等、自愿、等价和有偿的私法原则紧密相联的。市场经济的发展，必然推动政府管理方式的转变，而政府在市场经济条件下对社会的管理，不能不受市场规律的约束，规范市场的私法规则不能不影响，乃至“改造”传统的公法，即计划经济条件下形成的公法。②

信息化对于推动“新行政法”的生成和发展起了特别重要的作用。由于互联网的普及，传统行政的封闭性、单向性越来越被打破。在很多情形下，行政机关想不公开，想不让公众参与都不可能，想神秘都神秘不了。信息化为“阳光政府”提供了现实的条件。③

至于全球化，它不仅推动了世界各国经济贸易的交流互动，而且推动了世界各国政治和法制的相互影响和相互借鉴。在这种经济、政治和法制的互动过程中，法治发达国家的经验必然更多地影响法治较不发达国家的法治发展进程，从而推动“新行政法”在世界各国的生长和发展。④

其二，我国 40 多年的改革开放带来经济、政治体制的重大变革，而经济、政治体制的变革必然导致法制模式的改变。根据马克思主义关于经济基础决定上层建筑的原理，一个国家的经济基础因为经济体制改革而发生变化，其作为上层建筑的法制必然随之发生变化。与计划经济相适应的传统行政法不可能适应市场经济。传统行政法所体现的单方性、命令—服从性、强制性与市场经济要求的平等性、合作性、自主性是不相容的。市场经济体制的建立必然要求行政法模式的变革，而且必然导致此种变革，这在某种意义上是不以人的意

---

① 关于参与式民主，可参阅笔者所撰《公众参与与行政法治》一文（载《中国法学》2004 年第 2 期）；关于协商民主，可参阅笔者所撰《多些民主形式，少些形式民主》一文（载《法制日报》2007 年 7 月 8 日）。

② 关于公私法的融合和公法私法化，参阅金自宁：《公法/私法二元区分的反思》，北京大学出版社 2007 年版。

③ 关于政府信息公开制度对行政法的影响，参阅刘恒等：《政府信息公开制度》，中国社会科学出版社 2004 年版。

④ 关于全球化对法律（包括行政法）的影响，参阅笔者所撰《法律与全球化》一文（载《求是学刊》2002 年第 5 期）。

志为转移的。[①]

其三,宪制、人权、法治理念在整个国民意识中的生长和逐步普及是新行政法形成和发展的观念基础。观念是由物质决定的,观念又反作用于物质,观念反作用于物质在很大程度上是通过制度的中介作用实现的。改革开放40多年使国人的物质生活发生了翻天覆地的变化,国人物质生活的变化必然促使人们反思这种变化的原因。正是在这种反思中,宪制、人权、法治理念自然而然地在整个国民意识中逐步生长和逐步普及。而正是这种宪制、人权、法治理念,促使和推动着传统行政法的变革和"新行政法"的生长和发展。[②]

其四,我国"新行政法"的形成同时也是公法学者与法律实务界合作与互动、政府与社会公众合作与互动、中央政府与地方政府合作与互动、党和国家领导人与普通百姓合作与互动的结果。

在以上四个合作与互动中,公法学者与法律实务界合作与互动最为突出。中国新行政法的制定和运行,每一阶段,每一步骤都有这种合作与互动的图景。例如,1986年中国行政立法研究组的成立[③]和之后《行政诉讼法》《国家赔偿法》《行政处罚法》《行政复议法》《行政许可法》《行政强制法》等一系列行政法律的出台,行政合同、行政指导概念的提出和制度建立,私法公法化、公法私法化的试行和推动,无不是公法学者与法律实务界良好合作与互动的结果。

三、"新行政法",新向何方?

"新行政法"的发展趋势如何?在目前这样的转型时期,做完全准确的预测是困难的。但笔者认为,以下四点似乎是可以推断的:

其一,国家公权力向社会转移的速度会适当加快,政府的强制性权力会越来越缩减。但是,在很长的一个时期内,国家公权力和政府的强制性权力都不

---

① 关于市场经济对行政法和行政诉讼法的影响,参见姜明安:《行政诉讼法》,法律出版社2007年版("我国行政诉讼制度建立晚的原因"一节),第35-37页。

② 中国多部重要行政法律、法规的制定,如《行政处罚法》《行政许可法》《行政复议法》《行政诉讼法》《公务员法》《国家赔偿法》《政府信息公开条例》等,无不与宪制、人权、法治理念有密切的联系。

③ 关于中国行政立法研究组及其对推进中国行政法的作用,参见姜明安:《行政诉讼法》(第4版),法律出版社2021年版,第6-11页。

会消失。[1]

其二,法律对人与自然关系调整的比重相对于法律对人与人的关系调整的比重还会适当增加。但是,在任何时期,法律对人与人的关系调整总是法律的基本功能。而且,在很多时候,法律对人与自然关系的调整是通过法律对人与人的关系调整实现的。[2]

其三,私法公法化、公法私法化的趋势会越来越明显,越来越强劲。但是,公法与私法的区分在很长的历史时期内不会消失,甚至只要有人类共同体存在,有法律存在,其区分就不会消失。[3]

其四,世界各国的行政法和整个公法,各不同法系的行政法和整个公法会越来越相互借鉴,相互接近,从而相互融合(私法更是如此)。但是,各国和各不同法系的行政法和整个公法的特色在很长的历史时期内不会完全消失。[4]

---

① 关于国家公权力向社会转移的趋势,可参阅笔者所撰《行政国家与行政权的控制和转化》一文(载《法制日报》2000年2月13日)。

② 笔者在《行政法与行政诉讼法》一书论"行政机关的一般职责"中专门探讨了行政机关保护和改善人类生活环境与生态环境的职责。正是该职责决定了新行政法调整人与自然关系功能增长的趋势。参见姜明安:《行政法与行政诉讼法》,北京大学出版社2015年版,第94-96页。

③ 参阅金自宁:《公法/私法二元区分的反思》,北京大学出版社2007年版。

④ 参见姜明安:《法律与全球化》,载《求是学刊》2002年第5期。

第三章

我国行政法的历史发展

建国初期我们比较重视法制建设，制定了宪法和一系列法律、法令，也制定了许多行政管理法规，促进了我国社会主义改造和建设事业的发展。但是后来由于“左”的思想的影响，特别是十年“文化大革命”的破坏作用，我国的法制建设，包括行政法学的建设，遭到削弱，以至停滞不前和被破坏。

宪法（八二宪法）不但强调一九五四年宪法中的一些原则，而且又作出了许多新的规定。例如，……一切国家机关都必须遵守宪法和法律；公民对任何国家机关及其工作人员，有提出批评和建议的权利，对他们的违法失职行为，有向有关国家机关提出申诉、控告或者检举的权利……这些新规定为加速行政法建设以及研究行政法学指明了方向，奠定了理论基础和法律基础。①

——肖蔚云

本章节目

第一节　清末民初和国民政府时期行政诉讼制度的历史沿革

第二节　新中国行政法初创阶段（1949–1956年）

第三节　停滞和遭受摧残阶段（1957–1977年）

第四节　重建和发展阶段（1978–1989年）

第五节　发展和向新模式转化阶段（1990–2015年）

① 摘自肖蔚云教授为姜明安著作《行政法学》所撰之“序”。参见姜明安：《行政法学》，山西人民出版社1985年版，“序言”。

第一节 清末民初和国民政府时期行政诉讼制度的历史沿革

一、清末民初时期(1909-1928 年)

1909 年清政府曾草拟《行政裁判院官制草案》,共 21 条。该草案规定了行政诉讼的管辖事件、裁判方式、裁判程序等,但这个草案起草出来后,清政府就垮台了,所以并没有实施。

1910 年宪政编查馆大臣奕劻等曾拟呈“修正宪政逐年筹备事宜摺”,准备在宣统三年(1912 年)颁布《行政审判法》,设立行政审判院。但此事也因清政府垮台而没有做成。

1912 年孙中山的《中华民国临时约法》和 1914 年袁世凯的《中华民国约法》均规定了设立平政院(行政法院)。

1913-1916 年在立宪过程中宪法起草委员会和宪法会议就是否设立平政院受理行政诉讼进行过激烈的争论,反对派占上风。期间制定了《中华民国宪法》,宪法起草委员会表决宪法大纲中关于平政院条款的结果是:35 人反对,12 人赞成,没有通过。宪法会议在表决宪法草案第 86 条,“法院依法律受理民事、刑事、行政及其他一切诉讼”,即不设平政院条款的结果是:赞成票 371 票,反对票 149 票。虽然也有不少人主张设平政院,在宪法会议上讲了许多理由,如有利于保护人民权利、有利于限制行政权力、有利于防止司法权干预行政权等,还有人提出了对第 86 条的修正案,“法院依法受理民事、刑事及其他一切诉讼”,把“行政”两字去掉,即行政诉讼另设专门机构受理,但修正案一个也没有通过,最多的票数也只有 208 票,未过半数,没有通过。后来议会解散了,宪法也没有实施,这个事情自然不了了之。

虽然宪法起草委员会、宪法会议通过的宪法大纲和宪法草案都不认可设平政院,否定设平政院受理行政诉讼。但平政院还是在 1914 年设立起来了。

1914 年 3 月 31 日,北洋政府发布《平政院编制令》,平政院当天开院,1914 年 5 月 17 日颁布《行政诉讼条例》,7 月 20 日制定了《行政诉讼法》。

平政院运作到 1928 年 12 月闭院,共运作 15 年,受理过 407 件案件。这是我国行政诉讼制度的第一阶段。

二、国民政府时期(1928~1949年)

1928年4月,国民政府颁布了《司法院组织法》,规定设行政审判署(清政府时称为行政审判院,北洋政府时称为平政院),11月修改《司法院组织法》,改称行政法院,隶属司法院。司法院下设最高法院(管辖民事刑事诉讼)和行政法院(管辖行政诉讼),行政法院全国就设一级。

1931年中华民国《训政时期约法》规定了行政诉讼,但没有规定行政法院。1932年制定了《行政法院组织法》,还制定了专门的《行政诉讼法》,确定了行政法院体制。国民政府的《行政诉讼法》经过3次修改,1935年、1937年、1942年各修一次。1949年国民党政府被推翻后,台湾当局又对国民政府时期的《行政诉讼法》做了三次修改(分别为1959年、1975年和1998年)。

第二节　新中国行政法初创阶段(1949-1956年)

从1949年新中国成立到1999年的宪法修正案确立"实行依法治国,建设社会主义法治国家"的治国方略,从"五四宪法"颁布到2004年的宪法修正案确立"国家尊重和保障人权",以及2004年国务院发布的《纲要》确立建设法治政府的目标,中国为选择和探索公权力的运作模式,选择和探索权与法的关系模式,整整花费了50年,付出了沉重和痛苦的代价,当然也获得了弥足珍贵的经验和教训。

1949年新中国成立,中国共产党取得了执政地位。党执政后,如何行使公权力,有两条道路可以选择:第一条道路是,党和国家充分地、不受限制地运用手中掌握的公权力,以严密的计划和国家所有的资源,领导人民去实现党的预定目标:消灭剥削,消灭压迫,建设自立于世界民族之林的强盛的中国;第二条道路是,依法治国,以法规范和控制党与国家的权力,以人为本,而不是为发展而发展,为强国而强国,一切公权力的行使均受法律的约束,均以人民的自由、安宁、幸福为依归。

由于发展和强国心切,我们选择了第一条道路。原本设想,这条道路会是一条快速发展的道路:通过几年或十几年时间,彻底摧毁旧的上层建筑,废除旧的生产关系,建立全新的上层建筑和生产关系,即可以推动生产力突飞猛进的发展,超英赶美。但是,结果却事与愿违,生产力不仅没有能突飞猛进的发展,反而经“文革”而使经济接近崩溃的边缘。于是乎我们怀疑党外党内存在大批的阶级敌人,是党外党内的资产阶级破坏所致,因此必须大搞阶级斗争,一切以阶级斗争为纲……不断发起和推进各种政治运动。

我们选择第一条道路(人治的道路)的初衷,尽管主观上是为了国家强盛、人民幸福,但最终结果却给国家和人民带来那么大的苦难。这是为什么呢?当我们现在不得不走上了第二条道路(法治道路)的时候,不能不对第一次选择的错误加以回顾和总结:我们是怎么选择走上轻视法治、否定法治的道路的?轻视法治、否定法治的道路为什么是错误的?为什么选择走人治道路、以“阶级斗争为纲”的道路会导致事与愿违的结果?

我们有必要简要回顾一下我国60年多来从人治走向法治的进程,回顾一下中国行政法治发展的艰难历程,从中总结我们的经验和教训。

我国历史上不曾有过西方模式的行政法和行政法制度。旧中国国民政府实行的是专制和独裁,从未真正实行过西方式的“分权”和“法治”。它虽然颁布过大量的规定政府组织机构及其职权和活动的行政性法律文件,曾建立过像行政诉愿、行政诉讼一类的行政法制度①,但这些行政法律文件和这类行政法制度作用有限,而且因为没有与分权制约和法治相联系,所以它们并非现代民主意义上的行政法和行政法制度。

在我国,真正具有现代民主意义的行政法的产生和形成经历了一个非常曲折的过程。在新中国成立以前,中国共产党在革命根据地的建设中曾制定过一些行政法律性文件,建立过某些行政法制度。例如,对当时政府机构建设实行的“精兵简政”制度,对当时军政工作人员实行的奖惩制度等。为了监督行政工作人员遵纪守法和保护人民群众免受某些行政工作人员违法乱纪行为的侵犯,各根据地还曾建立过各种行政法制监督制度,如人民群众的申诉、控

---

① 参阅林莉红:《行政诉讼法学》,武汉大学出版社1999年版,第2章“行政诉讼制度的历史发展”;曾宪义主编:《中国法制史》,高等教育出版社、北京大学出版社2000年版,第12-14章“中华民国临时政府、北京政府、国民政府的法律制度”。

告、检举制度等。[①]

新中国成立以后，我国在总结革命根据地经验的基础上，开始创立系统的社会主义的行政法和行政法制度。当时行政法的主要目的是提高政府工作效率，保证和促进政府实现其担负的组织、管理、指挥社会主义革命和社会主义建设的任务，同时也有防止行政机关及其工作人员违法乱纪，保障公民权利和合法利益的作用。为了实现这一目的和作用，行政法着重调整行政机构和工作人员的职、权、责，使职、权、责明确和统一。同时，行政法也规定行政活动的程序和方法。为防止滥用权力、克服官僚主义和保护公民的合法权益，当时行政法还规定了各种形式的行政法制监督，规定受理和解决公民申诉、控告、检举的制度，规定劳动群众直接参加国家管理和对国家机关及其工作人员的直接监督。[②]

从新中国成立到 20 世纪 50 年代中期，是中国行政法制开始生长和发展的时期，是我国社会主义行政法的初创阶段。在这个时期，国家制定和颁布了大量的行政组织方面的法律、法规，规定各级国家行政机关的组织、职权、工作方式和责任。[③] 同时，国家还制定、颁布了大量的行政管理方面的法律、法规，规定国家机关对经济、政治、文化等事务以及人、财、物各个领域管理的权限及管理方式。1949 年 10 月至 1956 年 12 月，国家共颁布行政管理方面的法

---

① 参阅曾宪义主编：《中国法制史》，高等教育出版社、北京大学出版社 2000 年版，第 15 章“革命根据地新民主主义的法律制度”。

② 参阅中央人民政府法制委员会编：《中央人民政府法令汇编》（1949—1954 年），法律出版社 1982 年版。该汇编共有 5 卷。

③ 在当时制定的各种行政组织法中，关于中央人民政府的有《中华人民共和国中央人民政府组织法》《中华人民共和国国务院组织法》，关于中央人民政府各工作部门的有国家计委、国家体委、监察部、劳动部等部委的组织条例以及国务院秘书处、法制局、人事局、专家局、计量局、机关事务局等直属机构或办公机构的组织简则；关于地方人民政府的有《大行政区人民政府委员会组织通则》《省人民政府组织通则》《市人民政府组织通则》等。

律、法规共 829 项。[①] 这个时期,国家还建立了行政监察制度和公民控告国家机关及其工作人员违法失职行为的制度。当时起临时宪法作用的《共同纲领》第 19 条规定:在县市以上的各级人民政府内,设人民监察机关,以监督各级国家机关和各种公务人员是否履行其职责,并纠举其中违法失职的机关和人员。人民和人民团体有权向人民监察机关或人民司法机关控告任何国家机关和任何公务人员的违法失职行为。"五四宪法"第 97 条规定:中华人民共和国公民对于任何违法失职的国家机关工作人员,有向各级国家机关提出书面控告或者口头控告的权利。由于国家机关工作人员侵犯公民权利而受到损失的人,有取得赔偿的权利。1949 年 9 月 27 日第一届全国政治协商会议通过的《中央人民政府组织法》规定政务院设人民监察委员会,人民监察委员会负责监察政府机关和公务人员是否履行其职责。1954 年原《国务院组织法》规定,国务院设立监察部。监察部的任务是检查国务院各部门、地方各级国家行政机关、国营企业及其工作人员是否正确执行国务院的决议、命令;检查国务院各部门、地方各级国家行政机关、国营企业执行国民经济计划和国家预算中存在的重大问题,并对上述部门、机关、企业和公私合营企业、合作社的国家资财收支、使用、保管、核算情况进行监督;受理公民对违反纪律的国家行政机关、国营企业及其工作人员的控告和国家行政机关工作人员不服纪律处分的申诉,并审议国务院任命人员的纪律处分事项。新中国成立到 20 世纪 50 年代中期,在行政法制监督方面,除了确定行政监察机关的监督以外,宪法和法律还规定了检察机关对行政机关及其工作人员的一般监督。

---

① 在这 829 项法律、法规中,有关机构、人事编制管理方面的法律、法规 52 项;有关财政、金融、税收管理方面的法律、法规 98 项;有关公安、民政、司法行政管理方面的法律、法规 97 项;有关经济建设管理方面的法律、法规 261 项;有关教育、科学、文化、卫生管理方面的法律、法规 149 项。例如,关于机构、人事、编制管理方面的法律、法规有《中央人民政府政务院及其所属机关组织通则》《关于各省人民委员会设置工作部门和办公机构的决定》《中央人民政府任免国家机关工作人员暂行条例》《县级以上人民委员会任免国家机关工作人员条例》《国家机关工作人员退休处理暂行办法》等;关于财政、金融、税收管理方面的法规有《预算决算暂行条例》《货币管理实施办法》《中央金库条例》《全国税政实施要则》以及各种具体税收条例;关于公安、民政管理方面的法规有《治安保卫委员会组织条例》《保守国家机密暂行条例》《革命残废军人优抚暂行条例》《社会团体登记暂行办法》等;关于经济建设管理方面的法规有《公私合营工业企业暂行条例》《私营企业暂行条例》《基本建设管理暂行办法》《对外贸易管理暂行条例》《商标注册暂行条例》《商品检验暂行条例》等;关于教育、科学、文化、卫生管理方面的法规有《高等学校暂行规程》《保障发明权与专利权暂行条例》《管理书刊出版业、印刷业、发行业暂行条例》《电影新片颁发上演执照暂行办法》《医院诊所管理暂行条例》《传染病管理办法》等。

上述情况说明，新中国成立以后较长一段时间内，国家是比较重视行政法制的：既制定各种行政组织法，为政府实施行政管理确定权限，规定责任；又颁布各种行政管理法规，为政府实施行政管理确定准则、规范、标准、程序；同时设立行政法制监督机构，对政府机关及其工作人员行使职权的行为进行监督，保障政府机关及其工作人员合法地、准确地和有效地行使职权，保障公民的合法权益不被政府机关及其工作人员的违法失职行为侵犯。当然，新中国成立初期，国家虽然对行政法制比较重视，虽然开始了行政法制的初步建设，但是当时对行政法制的认识并不是很深刻，并没有把它与民主政治密切地联系起来，因而当时所建立的行政法制并不是很完善，并没有完全解决民主的法律化和制度化的问题。当时虽然制定了各种行政组织法，但由于在政治体制上存在"党政不分"的问题，从而在行政法上并不可能实行严格的权责统一原则和越权无效原则。当时虽然颁布了大量的行政管理法规，但由于在行政管理领域，领导人指示在传统习惯上占有最优地位和具有最佳效力，从而人治并不曾完全为法治所取代。当时虽然建立了对政府机关及其工作人员的监督制度，但是由于不承认权力制约原则和没有建立系统有效的监督机制，特别是在监督机制中缺少行政诉讼的环节，因此，公民对政府的机关及其工作人员的申诉、控告并非都能得到及时、公正的处理，公民因行政行为所受的损害并非都能得到适当的赔偿。公民尚不能到法院去控告政府机关的违法失职行为，使政府机关作为被告和公民一道接受法院对他们之间发生的争议的审理、裁决。

从整体上考察，新中国成立以后，行政法制这棵为民主"土壤"所孕育的"幼苗"已经在中国大地上出土生长。至 20 世纪 50 年代中期，它已经生出了"枝条"、长出了"绿叶"。只是由于当时中国土地上尚不具有供其蓬勃生长的足够的"肥料"和"水分"（中国经济、政治、文化适于行政法制发展的条件），其生长受到一定的限制，未能充分展示出它应有的生机。

第三节　停滞和遭受摧残阶段(1957–1977 年)

1957 年至 1977 年的 20 年，是中国行政法制发展缓慢、徘徊、停滞和倒退的时期。其中"文革"期间,行政法制更是历经磨难和备受摧残。

1957年"反右",开始批判"法律至上"。对"法律至上"的批判在某种意义上可以认为是对民主与行政法制的否定。因为民主要求政府以体现和反映人民意志和利益的法律为其最高准则。人民既然是主人,政府既然是人民的政府,政府公职人员既然是人民的公仆,他们就必须遵守和服从人民代表机关制定的法律。政府管理一切事务、解决任何问题,都必须以法律为依据。法律对于实行民主政治的政府,必须是"至上"的。即使是党的政策,也只有通过法定程序和以法律形式表现出来以后,才能在法律上获得"至上"的地位。我国只有一个最高权力机关,那就是全国人民代表大会,只有一种至上的行为规范,那就是法律。如果最高权力机关不是人民代表机关而是个人,如果至上的普遍行为规范不是法律而是个人的指示,那样,国家的民主政体性质就会发生变化。

1957年以后,整个立法工作的速度放慢了,以至近于完全停顿。不立法,政府依法办事、依法行政首先失去了前提。没有行政组织法,行政机关的组织结构和人员编制失去控制,导致机构臃肿、人浮于事、效率低下;行政机关的权力和责任没有限定,导致职权不清、责任不明、互相推诿、互相扯皮以及越权、失职和滥用权力。没有行政管理法,行政机关行使职权失去统一的规范和标准,导致"长官意志"和行政工作人员个人随意性以及偏私、不公正;行政机关办事没有统一的程序和时限要求,导致"拉关系""走后门"以及拖延耽搁。没有行政法制监督和行政救济法,行政机关及其工作人员行使职权不受约束,对其违法、失职、侵权行为,没有制约和追究责任的途径,导致法制、政纪和职业道德的废弛,权力和各种物质利益对政府官员的腐蚀以及公民权益被侵犯而求救无门。

1957年以后,国家很少制定调整行政关系的各种法律、法规。[①] 但是这以前制定的有关法律、法规,无论是有关行政组织方面的法律、法规,还是有关行

---

① 20世纪50年代后期至"文革"发生前一段时期,国家很少制定调整行政关系的法律、法规。但是,"很少"并不是没有。这个时期国家立法工作,特别是行政机关规范性文件的制定工作并没有中断,只是不受重视,人治越来越取代本来就很不完善的法治。此种情况可参阅《中华人民共和国法规汇编》(1954-1963年)的出版情况,该汇编共有13本,起初1年1本,后来两年1本,1963年以后就没有了。

政管理活动方面的法律、法规,或者是有关行政法制监督、行政救济方面的法律、法规,国家并没有宣布废止。20 世纪 50 年代初期和中期国家颁布的这些法律、法规在数量上应该说是不少的,即使其中有一部分因社会关系发生变化,已不能再适用和自动失去效力,也还有一部分可以继续适用和继续有效的。因此,1957 年以后的一个时期,在行政领域还不能说完全无法可依。当时与无法可依并行的另一个问题是有法不依。由于轻视法律、否认法治的“左”的思想对广大执法人员的影响,他们在行使职权中往往依言不依法,以领导人的指示而不是以法律作为办事的依据。有的执法人员在没有领导人明确指示的情况下,甚至看领导人的眼色行事,凭猜测揣摩领导人的意向行事。这样,在行政领域,自 1957 年以后,有法可依逐渐向有法不依、无法可依,以致向完全不依法而只依政策、依指示办事转化。行政法制逐步被取消。行政法制倒退的另一个重要表现是,取消对行政机关及其工作人员的监督与制约。在这方面,首先是批判权力制约,宣传过分的集中与统一;其次是批判检察机关的一般监督,取消检察机关对行政机关及其工作人员行政行为合法性的监督;最后是撤销监察部,取消监察机关对整个行政活动合法性、合理性以及对所有行政工作人员遵守法律和政纪的监督。监督与制约既是法治的体现,又是法制的保障。“法治”意味着政府守法和政府依法而治,要实现“法治”,就必须建立行政法律制度,即“行政法制”。要保障行政法制的运行,就必须有监督与制约。因此,取消监督与制约,就等于取消行政法制,否定法治。

对行政法制最严重的破坏、摧残和践踏是十年“文革”时期。这个时期,不仅是行政法制,整个国家法制都遭到空前的毁灭性的破坏,宪法被实际废除,公民的权利自由毫无保障;刑法无“法”可言,罪名可以随意设定,刑罚可以任意科加,“造反派”说某人该抓就抓,说某人该杀就杀;民法变得毫无作用,企业财产可以无偿调拨,个人的财产可以任意查抄罚没,商品经济、按劳分配作为“资产阶级法权”被限制或取消,“大锅饭”不需要民法。至于行政法,在“文革”中事实上它已失去了调整对象而无存在余地。因为行政法主要是调整政府和公民之间的关系,而当时人民代表机关产生的人民政府已被取消(在中央,国务院虽然保存,但中央文革小组攫取了中央政府的许多职能),取而代之的革命委员会并非由人民代表机关产生,并非由人民授权管理国家事务,它们的权力并不是人民所赋予的,自然它们也就不愿意受人民的监督和制约,其行为不可能遵守、服从反映和体现人民意志与利益的法律。“革委会”不是民主的产物,是与行政法制不能相容的,这一点决定了行政法制在“文革”中的厄运。

1957 年至 1977 年的 20 年,整个说来,是行政法制被忽视、被摧残的年代,但是这 20 年尚可以分为若干时期,各个时期的情况有所不同。例如,1957 年至 1961 年是行政法制首先遭到冲击和被否定的时期,但这个时期部分实际法律制度仍在运行,某些行政法制甚至仍在创立。如 1957 年 6 月,全国人大常委会颁布了《中华人民共和国监察条例》,10 月颁布了《中华人民共和国治安管理处罚条例》,11 月批准颁布了《消防监督条例》,1957 年 10 月国务院颁布了《关于国家行政机关工作人员的奖惩暂行规定》等。这些法律法规都是调整行政管理的重要的行政法,尽管在颁布以后,由于“左”的思想和路线的进一步发展,它们并没有得到严格的执行。而到 1958 年,由于“大跃进”的全面展开,行政法制在各个实际领域受到全面冲击,大量的行政法律、法规,因不适应“大跃进”的需要而被实际废止。1962 年至 1965 年是第二个时期。这个时期由于政治上对“左”的路线有所批判和纠正(当然并非全面的批判和纠正),经济上对国民经济进行调整,行政法制有所恢复。1966 年至 1976 年是第三个时期,这个时期的初期(1966 年至 1970 年),行政法制遭到“文革”急风暴雨般的摧残和破坏。之后,虽然有人民群众对“文革”不满和反对,有许多老一辈无产阶级革命家的斗争,但由于林彪、“四人帮”利用毛泽东同志晚年的错误,制造个人迷信,使民主和法制继续遭到蹂躏,行政法制建设处于一片萧条的状况。1976 年 10 月以后到 1978 年是第四个时期。这个时期,“四人帮”虽然被打倒了,“文革”虽然结束了,但是“左”的路线并没有完全结束,“两个凡是”束缚了人们的思想,行政领域仍然盛行着“长官意志”,行政法制仍然被冷落、被忽视。

总之,1957 年至 1977 年,是中国行政法制遭受磨难的时期。20 世纪 50 年代初期和中期在中国大地上刚刚出土生长的行政法制幼苗,经过 50 年代后期至 60 年代初期那场“冰冻”和 60 年代中期至 70 年代的那场“狂风暴雨”,已经完全萎谢了。

第四节　重建和发展阶段(1978-1989 年)

20 世纪 50 年代后期开始的极端的人治导致了国家和人民的深重灾难,我们开始反思:如何防止公权力滥用?如何避免悲剧重演?于是,我们重新选择了法治。

自 1978 年中共十一届三中全会至 1989 年《行政诉讼法》通过,是中国行政法制重建和走向发展阶段的新时期。

党的十一届三中全会第一次把民主和法制提到了重要的地位,会议公报指出:为了保障人民民主,必须加强社会主义法制,使民主制度化,使这种制度和法律具有稳定性、连续性和极大的权威,做到有法可依,有法必依,执法必严,违法必究……要忠实于法律和制度,忠实于人民利益,忠实于事实真相;要保证人民在自己的法律面前人人平等,不允许任何人有超于法律之上的特权。这段话是我国在民主和法治方面,对过去几十年经验教训,特别是对十年"文革"教训的最深刻的总结。它标志着我国对民主和法治真正含义认识的开始,展示着行政法制在中国大地上重新生长和发展的希望。

1978 年至 1989 年,中国为重建和发展行政法制做了一系列工作。其中最主要的有下述五项:

一、恢复原有法制,解决行政领域无法可依的问题

1979 年,全国人大常委会作出决议,确定从中华人民共和国成立以来国家制定的法律、法令,凡不与现行宪法、法律、法令相抵触者均继续有效。这样就恢复了一大批法律、法令,包括调整行政关系的法律、法令的效力,部分地解决了行政领域无法可依的问题,为重建行政法制做了第一步较容易做但却有较大效益和作用的工作。

重建行政法制的较困难的工作是需要制定一系列适应新的形势和情况的调整行政关系的新的法律、法规,建立各种有关的行政管理制度,使行政管理逐步走向法制化的道路。

20 世纪 80 年代初人大和人大常委会在这方面做了不少工作。一方

面,第五届全国人大第二次会议通过了《地方组织法》,将地方各级革命委员会改为地方各级人民政府,详细规定了地方各级人民政府的组织、职权和工作方式。之后,第六届全国人大第五次会议又通过《国务院组织法》,将国务院的组织和活动重新纳入法制的轨道。另一方面,这个时期还颁布了大量的有关行政管理方面的法律、法规①,解决有法可依的问题,为行政机关依法办事提供了前提条件。

二、修改“七八宪法”,确定行政法制的宗旨和发展方向

1978 年至 1989 年这个时期,行政法制发展中最具有重大意义的事件是“八二宪法”的颁布。“八二宪法”不仅重新恢复和确认了 20 世纪 50 年代初期和中期创建而在这之后相当长一个时期内中断了的行政法制,而且将之向前大大发展了一步。这主要表现在下述五个方面:

其一,重新确认和发展了作为行政法制基础的人民主权原则。宪法明确规定,国家的一切权力属于人民,行政机关由人民代表机关产生,对人民和人民代表机关负责,受人民和人民代表机关监督,人民可依法通过各种途径和形式直接管理国家事务,管理经济和文化事务,管理社会事务。

其二,重新确认和发展了以“法律至上”为核心的行政法制原则。一切国家机关必须遵守宪法和法律,任何国家机关的行为必须符合宪法和法律,一切违反宪法和法律的行为必须予以追究;任何国家机关和公职人员都不得有超越宪法和法律的特权。

其三,重新确认和发展了一定的职权划分与制约原则。政府成员不得担任人大常委会委员和兼任审判机关与检察机关的职务;行政机关不得干涉人民法院独立行使审判权和人民检察院独立行使检察权;人大常委会监督政府的工作,有权撤销政府制定的同宪法、法律相抵触的行政法规、规章、决定和命令;人民检察院是国家的法律监督机关,有权对行政机关及其工作人员遵守宪法和法律实行监督。

---

① 如《中华人民共和国文物保护法》《中华人民共和国食品卫生法(试行)》《中华人民共和国学位条例》《中华人民共和国律师暂行条例》《中华人民共和国逮捕拘留条例》《关于劳动教养问题的补充规定》《中华人民共和国商标法》《中华人民共和国森林法(试行)》《国家建设征用土地条例》《中华人民共和国环境保护法(试行)》《中华人民共和国海洋环境保护法》等。

其四，重新规定了工作责任制和效率原则。一切国家机关实行工作责任制，精简机构，对工作人员实行培训和考核制度，不断提高工作质量和工作效率，反对官僚主义。

其五，重新确定了国务院和地方各级人民政府的性质、地位，规定了中央和地方各级人民政府的基本职权。

三、改革政府机构，转变政府职能

长期以来，由于不重视行政法制，在政府机构设置和人员编制上以人治代替法治，结果导致机构臃肿，人浮于事，职责不清。机构之间、工作人员之间互相推诿、互相扯皮，工作效率极其低下。到20世纪80年代初，这种情况已经发展到“不能容忍”的地步。为了改变这种状况，使政府机构适应现代化建设的需要，1982年3月，第五届全国人大常委会第二十二次会议通过决议，决定对国务院和地方各级人民政府的机构进行全面改革。这次改革的主要目标是：精简机构、明确职责，实现领导班子“四化”（革命化、年轻化、知识化、专业化），克服官僚主义，提高工作效率。这次改革用了两年多时间，取得了一定的成效，特别是在领导班子年轻化、知识化方面取得了较明显的进展，但是在精简机构方面取得的成效却有限。1988年3月，第七届全国人大第一次会议通过决议，决定对政府机构进行新的全面性的改革。这次改革的目标是：根据党政分开、政企分开和精简、统一、效能的原则，逐步建立具有中国特色的功能齐全、结构合理、运转协调、灵活高效的行政管理体系。这次改革主要着眼于转变政府职能，按照加强宏观管理和减少直接控制的原则，重新确定政府机构的职能，确定每一机构的职责范围，做到定职能、定机构、定人员。这次改革虽然取得了较大成效，但也没有从根本上解决问题。一些机构在作了一定精简后，不久即重新膨胀，恢复到改革前的状态，甚至更甚于前。造成这种状况的原因主要有二：一是没有严格的行政法制保障，没有以法律严格规定政府的组织和编制以及违反编制规定，滥设机构、滥增人员的责任；二是市场经济体制尚未建立，政府仍然什么都管，什么都干预，结果只能是精简—膨胀，再精简—再膨胀。

四、确立行政立法制度，健全行政法制

在1982年现行宪法颁布以前，我国一直未明确确认行政立法（行政机关制定行政法规和规章），尽管行政机关也发布过大量的调整各种行政社会关系的规范性文件。1982年现行宪法正式确认行政立法，规定国务院有权制定行政法规，国务院各部委有权制定行政规章。之后《地方组织法》又规定省、直辖市、自治区人民政府，省、自治区人民政府所在地的市和经国务院批准的较大的市的人民政府亦有权制定行政规章。行政法规和规章是法律的具体化和补充。在现代社会，科技进步、经济发展、人们社会活动的频率加快，社会关系较以往大为复杂，光靠立法机关制定的法律已远远适应不了调整现代社会、经济、政治、文化生活的需要。因此，行政立法在世界各国均获得广泛发展。当然，为了保障人民主权和法制的统一，行政立法必须符合宪法和法律，不能与宪法和法律相抵触。而且，为了加强行政立法的民主性和科学性，行政立法的制定要保证人民群众的参与和专家学者提供咨询。我国宪法和组织法明确规定，全国人大常委会有权撤销国务院制定的同宪法和法律相抵触的行政法规，地方人大常委会有权撤销本级人民政府制定的不适当的决定和命令（含规章）。国务院于1987年4月颁布了《行政法规制定程序暂行条例》，各省市也于其后相继颁布了有关制定地方规章的程序规定，使整个行政立法逐步规范化。

五、建立行政裁决制度，保障公正行政

行政裁决，是指行政机关适用准司法程序裁决行政管理领域的争议、处理特定具体案件的活动。过去我们解决行政管理领域的争议和纠纷，通常都由行政机关依一般行政程序径行决定或由行政机关对争议双方进行调解，由双方在互让互谅的基础上达成解决争议的协议。这种解决问题的方法虽然程序简便，易于执行（行政决定可强制执行，调解协议则多能自愿执行），但它们在很多时候会背离法治和公正的要求。根据法治和公正的要求，行政领域的争议更多地应由相对独立的裁判机构根据一定的准司法程序解决。我国进入20世纪80年代以后，开始对行政裁决制度的尝试。例如，1982年全国人大常委会通过的《中华人民共和国商标法》规定，国务院工商行政管理部门设立商

标评审委员会负责处理商标争议事宜;1984 年全国人大常委会通过的《中华人民共和国专利法》规定,国家专利局设立专利复审委员会,负责处理专利争议事宜;1987 年,国务院发布的《国营企业劳动争议处理暂行规定》中规定,劳动行政管理机关设立劳动争议仲裁委员会,在其职权范围内处理因履行劳动合同而发生的争议案件和因开除、除名、辞退违纪职工而发生的争议案件。上述法律、法规规定的行政裁判机构或行政仲裁机构均是设在行政机关系统内专门处理特定争议案件的机构,它们处理争议案件,不是根据一般的行政程序,而是根据一定的准司法程序,如申请、答辩、调查、取证、当事人陈述、对质、辩论等,裁决必须严格根据法律和事实作出,当事人不服裁决,在法律有规定的情况下,还可向人民法院提起诉讼。目前,我国行政裁决制度虽已建立,但尚不完善,范围也很有限,特别是行政裁决程序很不规范。这些均有待于今后制定行政程序法加以具体规定。

第五节　发展和向新模式转化阶段(1990-2015 年)

自 20 世纪 80 年代以后,我们开始重建法制,从健全和完善法制出发,逐步从人治走向法治,从法制走向法治,建设责任政府、有限政府、诚信政府、透明政府、为民和便民政府,“法治政府建设工程”全面启动和正式施工。

1990 年至 2015 年的 25 年,是中国“法治政府建设工程”全面启动和进入系统施工的时期。这一时期,中国行政法开始由原来主要适应计划经济的模式向适应市场经济的模式转化,由过去主要执行“管理”职能的模式开始向既具“管理”职能,更具“规范和控权”的“治理”职能模式转化。由推进建设权威政府、万能政府、政策主导政府、保密政府、秩序本位政府的模式向推进建设责任政府、有限政府、诚信政府、透明政府、为民和便民政府的模式转化。我国行政法模式自 20 世纪 90 年代开始的这种发展和转化主要体现在下述五个方面:

一、确立依法行政原则和建设法治政府的目标

在我国,正式确立依法办事、依法行政原则是在 20 世纪 90 年代《行政诉

讼法》通过和实施以后。[①]《行政诉讼法》第1条规定,行政诉讼的基本目的之一即在于维护和监督行政机关依法行使职权。1993年,第八届全国人大第一次会议通过的政府工作报告正式以政府文件的形式确定了依法行政的原则。《政府工作报告》明确提出:“各级政府都要依法行政,严格依法办事。一切公职人员都要带头学法懂法,做执法守法的模范。”[②]1996年第八届全国人大第四次会议通过的《关于国民经济和社会发展“九五”计划和2010年远景目标纲要及关于〈纲要〉报告的决议》更进一步将依法行政,依法治国,建立法治国家作为国家的治国方针。报告指出:“要坚持和实行依法治国,积极推进社会主义法制建设的进程,加强立法,严格执法,不断提高广大干部和群众的法律意识和法制观念,努力建设社会主义法制国家。”[③]自此,依法行政原则在我国逐步形成并最终正式确立。与此相适应,我国行政管理各个领域、各个方面的法律、法规也逐步健全、完善,仅全国人大及其常委会在这个时期即通过了200多件法律,其中绝大多数涉及行政管理。[④] 正是在行政管理领域初步和基本解决了有法可依的问题以后,中央人民政府于2004年发布《纲要》提出了全面建设法治政府的总目标以及行政法治所要求的政府定位、行政立法、行政执法、行政决策、解纷机制、监督机制和法治观念等七个方面的具体目标。

二、制定《行政诉讼法》和《国家赔偿法》,建设责任政府

责任政府主要包括两个方面的内容:一是政府向人民和人民代表机关负责,政府要定期和不定期地向人民和人民代表机关报告工作,人民和人民代表

---

① 尽管在1984年,时任全国人大常委会委员长彭真即提出了国家管理“要从依政策办事逐步过渡到不仅依靠政策,还要建立、健全法制,依法办事”的原则(参见彭真:《在首都新闻界人士座谈会上的讲话》,载《人民日报》1984年4月8日,第1版)。但是,在实践中,依法行政原则那时尚未真正确立,在行政管理的许多领域,行政机关当时仍然是依政策办事而非依法办事。

② 李鹏:《政府工作报告》,载《中华人民共和国全国人民代表大会常务委员会公报》(1993年第2号),第20页。

③ 参见《第八届全国人大第四次会议关于国民经济和社会发展“九五”计划和2010年远景目标纲要及关于〈纲要〉报告的决议》,载《中华人民共和国全国人民代表大会常务委员会公报》(1996年第2号),第8页。

④ 如《土地管理法》《税收征收管理法》《城市房地产管理法》《道路交通安全法》《食品卫生法》《产品质量法》《公路法》《反不正当竞争法》《消费者权益保护法》《居民身份证法》《教育法》《人民银行法》《建筑法》《广告法》《审计法》《银行业监督管理法》《律师法》《警察法》等。

机关如果对政府的工作不满意，政府如果得不到人民和人民代表机关的信任，政府就应该辞职，人民和人民代表机关就可以选举产生新的政府，这是宪制的要求；二是政府向法律负责，政府应该依法行政，政府如果违法行使职权，侵犯行政相对人的权益，相对人可以提起行政诉讼，请求法院撤销政府的行为和责令政府赔偿其损失。

中国法制史有几千年，诉讼制度也有差不多同样长久的历史。但中国法制史主要是刑法史和刑事诉讼史。民法和民事诉讼在中国法制史中位置很低，行政法和行政诉讼则几乎没有地位。就"民告官"的行政诉讼而言，历代的法律虽然没有禁止"民告官"，但法律的运作实际上只允许"官告民"，而不允许"民告官"。不仅不允许民告官府，民告官员个人实际上也是非常困难的。我国在 20 世纪 40 年代末建立新的政权后，宪法虽然规定民可以告官[①]，但直到 20 世纪 80 年代以前并没有建立真正规范化的"民告官"制度（行政诉讼制度）。法律的实际运作仍然是只允许"官告民"，而不允许"民告官"。直到 1989 年，第七届全国人大第二次会议通过《行政诉讼法》，正式确定"民告官"的行政诉讼制度。[②] 该法于 1990 年 10 月 1 日起施行，到现在已有 32 年时间。这 32 年的运作虽然并不顺利，其实施曾有过而且现在仍然有各种各样

---

① "五四宪法"第 97 条和"七五宪法"第 27 条规定：中华人民共和国公民对于任何违法失职的国家机关工作人员，有向各级国家机关提出书面控告或者口头控告的权利。"七八宪法"亦有类似规定，这些规定所确立的"民告官"仍还只是告官员个人。现行《宪法》第 41 条规定："中华人民共和国公民……对于任何国家机关和国家工作人员的违法失职行为，有向有关国家机关提出申诉、控告或者检举的权利……"这里确立的"民告官"，则不仅包括告官员个人，而且包括告官府，从而为建立行政诉讼制度提供了宪法依据。

② 《行政诉讼法》由行政立法研究组起草。行政立法研究组成立于 1986 年，主要由行政法学者、专家组成。该研究组成立的宗旨是研究中国行政法制发展的方向、目标及发展途径，为健全、完善中国行政法制而向决策部门提出具体运作方案；其工作的主要方式是草拟各种重要的行政法试拟稿，提交立法机关正式起草和立法。该研究组成立之后先后草拟了《行政诉讼法》《国家赔偿法》《行政处罚法》《立法法》《行政许可法》《行政强制法》等法律试拟稿。

的障碍和困难，但是这个制度毕竟生存下来，并且每年都在发展。[①]

行政法治层面的责任政府除了要求建立“民告官”的行政诉讼制度外，另一项重要要求就是应建立行政侵权责任赔偿制度。自 20 世纪 50 年代以来，我国对于因政府违法或不当行为侵害，造成其人身或财产损害的公民一直实行一种政策性补偿制度。这种制度在不同的历史时期对于受害人虽然也起了积极的救济作用，但是其不足之处在于政策变化多，弹性大，标准不一，从而实行起来有失公正，导致很多应该得到救济的受害人得不到救济；同样的受害人有的能得到多种且较优厚的救济，有的却只能得到很微薄的救济或根本得不到救济。由于没有统一的救济标准，这种制度还可能导致执行政策的机关和工作人员的腐败。由于存在这些弊端，更由于 20 世纪 90 年代以来市场经济体制和“民告官”制度的推动，通过立法规范国家侵权责任，建立国家赔偿制度的呼声越来越高。正是在这种背景下，第八届全国人大常委会第七次会议于 1994 年通过了《国家赔偿法》。[②] 该法同时规定了行政赔偿和刑事赔偿（冤狱赔偿）两种国家赔偿。根据该法，公民不仅可以对行政机关及其工作人员的行政侵权行为造成的损害请求国家赔偿，而且可对司法机关及其工作人员在行使侦查、检察、审判、监狱管理职权时实施的侵权行为所造成的损害请求国家赔偿。国家赔偿制度的建立是我国在人权保障方面的一个重大进步，无疑体现了现代法治的精神。

---

① 这可以从人民法院受理行政案件数每年上升的情况得到说明。1990 年，13,006 件；1991 年，25,667 件；1992 年，27,125 件；1993 年，27,911 件；1994 年，35,083 件；1995 年，52,596 件；1996 年，79,966 件；1997 年，90,557 件；1998 年，98,463 件；1999 年，97,569 件；2000 年，83,533 件；2001 年，100,921 件；2002 年，80,728 件，2003 年，87,919 件；2004 年，92,613 件；2005 年，101,697 件；2006 年，95,617 件；2007 年，101,510 件；2008 年，108,398 件；2009 年，120,312 件；2010 年，129,133 件；2011 年，136,353 件；2012 年，129,583 件；2013 年，123,194 件；2014 年，141,880 件；2015 年，220,398 件；2016 年，225,485 件；2017 年，241,007 件（资料来源：中华人民共和国最高人民法院编：《中国法院的行政审判 1990-2017》，人民法院出版社 2018 年版，第 10-11 页）。

② 《国家赔偿法》于 1995 年 1 月 1 日起正式施行，法院当年即受理国家赔偿案件 197 件，审结 154 件，其中决定赔偿的 64 件。1998 年至 2002 年，5 年办理国家赔偿案件 11,321 件，其中决定赔偿 4013 件，平均每年办理 2264 件，决定赔偿 803 件。各级人民法院 2005 年至 2015 年历年办理国家赔偿案件数分别是：2005 年，4723 件；2006 年，3620 件；2007 年，3608 件；2007 年，3608 件；2008 年，5076 件；2009 年，4996 件；2010 年，6547 件；2011 年，4936 件；2012 年，6285 件；2013 年，7414 件；2014 年，8050 件；2015 年，19,347 件（参见马怀德、孔祥稳：《国家赔偿制度的历史，现状与未来》，载《北京行政学院学报》2018 年第 6 期）。

三、制定《行政处罚法》、《行政许可法》和《行政强制法》，建设有限政府和“三公”政府

有限政府和“三公”（公开、公正、公平）政府是法治政府的基本构成要件。有限政府，是指政府职能有限（主要限于经济调节、市场监管、社会管理、公共服务和生态环境保护），权力有限（主要限于制定规则和实施监督管理），政府不能无所不能、无所不为，要坚持政企分开、政事分开，理顺政府与市场、政府与社会的关系。第十届全国人大常委会第四次会议通过的《行政许可法》即最明确、最直接地体现了“有限政府”的原则。该法第12条规定国家许可规制的范围，政府不能在此范围之外实施许可规制。而且，即使是属于国家许可规制范围之内的事项，该法第13条还规定，对于其中行政相对人能够自主决定的，市场竞争机制能够有效调节的，行业组织或中介组织能够自律管理的，行政机关采用事后监督等其他行政管理方式能够解决的，法律也可以排除政府的许可规制。

“三公”政府，是指政府行使法定职能要遵循正当法律程序，即保证实体和程序正义的公开、公正、公平的程序。我国自20世纪80年代以后，开始注重对政府权力的控制和制约，建立了各种相应的监督制度，形成了较为严密的监督体系和机制。但当时这种监督和制约往往是只及于权力行使之前或权力行使之后，权力行使之前是通过法律确定行政机关权力的界限，使其不得无限行使权力；权力行使之后是通过各种监督途径追究行政机关及其工作人员违法行使权力的法律责任。但法律恰恰忽略了对行政权行使过程的规范，忽略了从程序上对行政行为的制约。现代社会，法律往往不得不赋予行政权较大的自由裁量空间，人们很难在实体上对其进行严密的规范。因此，在现代社会，程序控制是保障行政权合法、正确行使，防止其滥用和侵犯公民权利、自由的必不可少的条件。20世纪90年代以后，我们开始认识到正当法律程序对于控制政府权力，建设有限政府、“三公”政府和廉洁政府的重要意义，从而开始注重行政程序立法。我国行政程序最典型的立法是1996年3月第八届全国人大第四次会议通过的《行政处罚法》和2003年8月第十届全国人大常委会第四次会议通过的《行政许可法》以及2011年6月第十一届全国人大常委会第二十一次会议通过的《行政强制法》。这三部法律被学界称为“中国行政

程序立法三部曲”，它们较好地解决了对行政行为的程序制约问题，较好地体现了现代民主、法治的精神和原则，规定了各项行政程序制度：如出示身份证件，表明身份制度，告知制度、说明理由制度，调查和收集证据制度，听取当事人陈述和申辩制度，送达行政决定书、告知当事人救济权利、救济途径的制度，时效制度以及听证制度等。特别是听证制度，对于保障行政行为公正合理进行，防止行政执法人员滥用权力，保护公民法人或其他组织的合法权益具有特别重要的意义。《行政处罚法》和《行政许可法》为我国行政程序立法积累了很好的经验，目前，我国立法机关准备在这三部法律和其他规定行政行为程序的有关单行法律的基础上，制定统一的行政程序法[①]，以规范整个行政机关的行政行为，使体现现代民主、法治精神的公开、公正、公平原则贯穿整个行政的运作过程中。

四、制定《行政监察法》和《公务员法》，确立制约与激励机制，建设廉洁政府

现代法治既要求权力制约与监督，也要求激励。在现代社会，行政法治如果不同时确立制约与激励双重机制，就不可能建设高效政府和廉洁政府，滥权、腐败、官僚主义和效率低下就不可避免。

孟德斯鸠指出，“一切有权力的人都容易滥用权力，这是万古不易的一条经验”。因此，必须“以权力制约权力”，否则“公民生命，自由必然要成为滥用权力的牺牲品”。[②] 我国从“文革”的教训中已深刻认识到对政府权力加以监督和制约的必要性。因此，20 世纪 80 年代初期通过的宪法，加强了各级国家权力机关对政府的监督力度，如规定全国人大有权罢免国务院总理、副总理、国务委员、各部部长、各委员会主任、审计长、秘书长；全国人大常委会有权撤销国务院制定的同宪法、法律相抵触的行政法规、决定和命令；全国人大和全国人大常委会有权组织特定问题的调查委员会，对特定问题进行调查；全国人大代表在全国人大开会期间，全国人大常务委员在开会期间，有权依法定程序

---

① 进入 21 世纪以后，行政法学界即开始草拟《行政程序法（试拟稿）》，北京大学宪法与行政法研究中心于 2002 年和 2015 年两度草拟《行政程序法（试拟稿）》和《行政程序法（专家建议稿）》提交国家立法机关。

② 参见[法]孟德斯鸠：《论法的精神》，张雁深译，商务印书馆 1997 年版，第 154-156 页。

对国务院或国务院各部、委提出质询等。[1] 另外，也是非常重要的一项措施，即是建立和完善行政监察制度。1990年，国务院发布《行政监察条例》，1997年，第八届全国人大常委会第二十五次会议又通过《行政监察法》，将条例上升为法，从而确立了我国相对稳定和较为规范的，且有中国特色的行政监察制度：行政监察机关设于行政系统之内，便于监察机关了解行政系统内部的规章、制度、政策，熟悉和掌握监察对象的情况，从而有利于提高监督的效率；行政监察机关享有检查权、调查权、建议权、行政处分权和行政处理权等较广泛的监督权；与此同时，行政监察机关行使监察职权要受严格的程序制约，监察机关和监察人员实施监察行为违反法定程序要承担相应的法律责任。在我国行政法制监督中，除了行政监察机关的监督外，国家审计机关的监督亦具有重要的地位。1994年第八届全国人大第九次会议通过《审计法》，规定国家实行审计制度，由国家审计机关对国务院各部门和地方各级人民政府及其各部门的财政收支以及国有的金融机构和企业事业组织的财务收支进行审计监督。对于被审计单位，审计机关享有检查权、调查权，要求其作出某种行为或不作出某种行为权（要求提供有关文件、账册、材料或要求停止违法收支，制止严重损失、浪费等），以及一定的行政处罚权（没收非法所得、处以罚款、扣缴款项、停止银行贷款等）。

监察监督和审计监督制度所体现的主要是制约原则。在行政法治机制中，同时体现制约和激励原则的较典型制度是公务员制度。我国在对公职人员的人事管理上，过去长期实行与计划经济体制相适应的“干部制度”[2]。这种“干部制度”具有强烈的“人治”色彩：一个人能否进入公职机关任职，以及到何机关任何职，均完全取决于组织的分配，组织让干什么就干什么，没有个人的选择，也没有竞争。一个人在公职机关工作，当上“干部”以后，其晋升、提拔或调动工作也完全取决于组织（主要是组织的负责人），取决于国家的需

---

① 参见《宪法》第63、67、71、73条。

② 在我国，“干部”这个词没有确切的含义。有时指所有国家工作人员，有时则仅指一定行政级别（原行政24级以上）的国家工作人员，更多的时候指所有担负一定负责职务的各类人员，如企业干部、社团干部、原农村的生产队、生产大队干部、学校的学生干部等。“干部制度”亦有广义、狭义之分，狭义仅指对一定行政级别以上国家工作人员的管理制度，广义则指对所有国家工作人员，甚至指对所有担任社会负责职务的人员的管理制度。

要,个人的学识、才能和志趣都是次要的考虑因素。这种制度虽然在新政权建设的早期起过一定的积极作用,但长此以往,整个公职人员队伍的生机、活力被窒息,导致政府运转不灵,效率低下。特别是在计划经济体制向市场经济体制转轨时,原“干部制度”的各种弊端更充分地暴露出来,以至于不改革旧人事管理制度,新经济体制即难以正常运作。正是在这种情况下,国务院于1993年发布了《国家公务员暂行条例》,并于2005年由第十届全国人大第十五次会议上升为法律,即《公务员法》,从而在我国正式建立起公务员制度。这一制度所确立的具体制度主要包括:

(1)考试录用制度。公职系统录用担任主任科员以下及其他相当职务层次的非领导职务公务员,采用公开考试、严格考察、平等竞争、择优录取的办法。

(2)考核制度。对公务员的考核,按照管理权限,全面考核公务员的德、能、勤、绩、廉,重点考核工作实绩;考核确定四个等次,作为其晋升职务、级别和工资的依据。

(3)奖惩制度。公职机关根据公务员的表现,对工作表现突出,有显著成绩和贡献,或者有其他突出事迹的公务员或公务员集体予以奖励;对违法违纪,应当承担纪律责任的公务员给予处分;作为领导成员的公务员,因失误、失职造成重大损失或恶劣社会影响的,或对重大事故负有领导责任的应引咎辞职。

(4)职务升降制度。公务员晋升领导职务,要经过民主推荐、组织考察、主管机关讨论决定;公职机关选拔人才还可以采取竞争上岗、面向社会公开选拔的方式;公务员经考核不称职的,应降职使用。

(5)交流制度。对担任领导职务和某些工作性质特殊的非领导职务的公务员,实行交流与职位轮换制度。

(6)回避制度。公务员之间有某种法定亲属关系的,不得在同一机关担任双方直接隶属于同一领导人员的职务或有直接上下级领导关系的职务,也不得在其中一方担任领导职务的机关从事组织、人事、纪检、监察、审计和财务工作;公务员担任乡级机关、县级机关及其有关部门主要领导职务的,应当实行地域回避;公务员执行公务时,涉及本人或某种法定亲属关系人员的利害关系的,必须回避。

五、确立信赖保护原则和以人为本原则，建设诚信政府和为民、便民政府

信赖保护原则和以人为本原则是行政法治的重要原则。但是，长期以来，这两个原则一直不为我国行政法学界所重视，在我国行政管理实践中，背离这两项原则的现象非常普遍。例如，政府行为经常反复无常，往往给行政相对人造成重大的，有时甚至是倾家荡产的损失。如政府与相对人签订BOT合同，约定其借款贷款修路建桥，允诺其路桥修好后可建收费站收费30年，但3年不到，政府就以收费站影响交通顺畅为由，责令相对人拆除，从而使相对人破产或背上几十年也还不清的债务。又如，政府行为手续烦琐，且各政府部门之间互相推诿、互相扯皮，相对人找政府部门办一件事，往往要跑几十个部门，盖几十个图章，花上一年半载的时间，还不说要忍受每个部门的"门难进，脸难看，话难听"。

进入21世纪以来，我国行政法学界和国家立法机关终于开始重视信赖保护原则和以人为本原则，不仅在学者的各种行政法著述中开始详细阐述这两项原则的具体内涵和适用范围，而且在国家相应法律、法规中明确规定这两项原则的内容和具体要求。例如，第十届全国人大第四次会议通过的《行政许可法》第8条规定，公民、法人或者其他组织依法取得的行政许可受法律保护，行政机关不得擅自改变已经生效的行政许可。行政许可所依据的法律、法规、规章修改或者废止，或者准予行政许可所依据的客观情况发生重大变化的，为了公共利益的需要，行政机关可以依法变更或者撤回已经生效的行政许可。由此给公民、法人或者其他组织造成财产损失的，行政机关应当依法给予补偿。这一规定即是对信赖保护原则的明确宣示，对于建设诚信政府具有极为重要的意义。又如，《行政许可法》第6条规定，实施行政许可，应当遵循便民的原则，提高办事效率，提供优质服务。为此，该法还规定了一系列便民制度，如"一站式服务"制度（第25、26条）、"一个窗口对外"制度（第26条）、"政府超市"制度（第26条）、"一次性告知"制度（第32条）、期限制度（第42-45条）、听证制度（第46-48条）等。这些规定无疑都体现了以人为本的原则，对于建设为民和便民政府具有极为重要的意义。

六、制定《政府信息公开条例》,建设法治政府

法治政府不是机械依法办事的政府,法治政府除了必须遵循依法行政的要求外,法治政府同时应是服务政府、便民政府、有限政府、责任政府、廉洁政府、诚信政府、高效政府、公开政府、透明政府的统称,特别是公开、透明,这是法治政府的首要要求。[①] 长期以来,我国由于不重视政府的公开透明化建设,不重视政府职能的转变和行政管理理念的转变,虽然自 20 世纪 80 年代中期即开始提出政府法制的口号,20 世纪 90 年代初期即开始提出依法行政的要求,并且国家为此制定了大量的行政法律、法规,但我们的行政管理并未法治化,许多行政机关和行政管理人员在行政管理实践中仍然是重权不重法,依言不依法。为了从根本上改变这种状况,真正建设法治政府,2004 年 3 月,国务院发布《纲要》,提出以 10 年左右时间,基本实现建设法治政府的目标和要求。这些目标和要求包括转变政府职能、改革管理体制;在行政立法、行政执法、行政决策领域实现科学化、民主化、规范化;建立高效、便捷、成本低廉的防范、化解社会矛盾的机制和行政法制监督机制;提高公职人员,特别是领导干部的法治理念,使我们的整个行政机关和公职人员实施各种行政行为都能真正做到合法行政、合理行政、程序正当、高效便民、诚实守信和权责统一。正是基于建设法治政府的上述目标和要求,国务院于 2007 年制定和发布了《政府信息公开条例》。条例明确要求,为了保障国民的知情权,提高政府行政管理的透明度,各级行政机关应当主动向社会公众公开下列政府信息:(1)涉及公民、法人或者其他组织切身利益的信息;(2)需要社会公众广泛知晓或参与事项的信息;(3)有关行政机关的机构设置、职能、办事程序等事项的信息;(4)其他依照法律、法规和国家有关规定应当主动公开的信息。此外,条例对各级政府应重点主动公开的具体信息予以了列举规定,并要求行政机关除依规定主动公开政府信息外,还要应公民、法人或者其他组织的请求,公开与他们自身生产、生活、科研等特殊需要相关的政府信息。

---

① 参阅笔者所撰《迈向法治政府的重要里程碑》(姜明安主编:《行政许可法条文精释与案例解析》,人民法院出版社 2003 年版,"序言")、《建设法治国家,打造法治政府》(载《检察日报》2004 年 4 月 22 日)、《向法治政府迈出的重要一步》(载《法制日报》2005 年 3 月 2 日)等文。

《政府信息公开条例》正式实施已经 15 年。15 年来,由于政府自身的努力和各方面的推动,我国政务公开和透明化建设取得了重大进展,有力地促进了国务院 2004 年《纲要》所确定的法治政府目标和要求的实现。当然,《政府信息公开条例》还只是个行政法规,尚未正式制定为法律,加上各种主客观条件的限制,我国在政务公开和透明化建设方面还存在很多问题,法治政府目标和要求的较全面实现还有很长,甚至很艰巨的路要走。值得欣慰的是,我们已经上路了,并且已经迈出了扎实的第一步。

第四章

中国行政法学的历史发展和各国行政法学的主要流派

中国政治不上轨道,是尽人皆知的事。考其原因,自然很多,要以从事政治的人们,只知术而不知学,只任人而不任法,只重官而不重民三者为最。

中国过去老是说,宰相必用读书人,把学问与事功是打成一片的。现在从事政治的人们,得了一官半职,即将书本置之九霄云外,以好学问不迂腐,以事奔竞为能事,各立门户,揣摩风气,争取禄位,把持地盘,这就是人们只知术而不知学的罪过。……时代到了今天,要实行法治,是天经地义,用不着深论的。[①]

——张知本

本章节目

第一节　中国行政法学的历史发展

第二节　现阶段中国行政法学者对行政法学的认识和界定

第三节　各国行政法学主要流派形成及其历史背景

第四节　行政法学主要流派的基本观点

① 张知本为马君硕著《中国行政法总论》所撰之序。参见马君硕:《中国行政法总论》,商务印书馆 1947 年版,"序言"。

第一节　中国行政法学的历史发展

一、民国初年和国民政府时期的行政法学

民国初年最早开设行政法专业课程的大学是1906年创办的京师大学堂，其由日本学者冈田朝太郎主讲行政法，他的讲稿后经熊元翰教授整理于1912年由安徽法学社公开出版。在随后和国民政府时期兴办的各个大学法律系以及各个政法专门学校，均开设行政法课程，并作为其主干课。在课程设置中，国立北京大学、中央大学，行政法课程安排在第三学年讲授；私立东吴大学、朝阳大学，行政法课程安排在第四学年讲授；北京法政专门学校，行政法课程则安排在第二学年作为必修课讲授。①

国民政府时期，许多公法学者对行政法有比较深入的研究。笔者在20世纪80年代上大学本科时，曾在北京大学图书馆读过10多本国民政府时期出版的行政法专著或教科书。根据当年的读书笔记，较有影响的著作有五：

一是马君硕先生的《中国行政法总论》（商务印书馆1947年版）。该书设绪论本论两编，绪论三章：第一章　行政法之基础认识（共四节）；第二章　行政法之现代趋势（共三节）；第三章　行政法研究方法（共三节）。本论四章：第一章　行政上之法律支配（法治原则，共四节）；第二章　行政组织（共三节）；第三章　行政行为（共五节）；第四章　行政救济（设诉愿和行政诉讼两节）。

二是管欧先生的《行政法各论》（商务印书馆1936年版）。该书亦设绪论本论两编，绪论两章：第一章　行政法之意义；第二章　行政法各论之研究方法（共三节）。本论四部：第一部　内务行政，内务行政又分警察行政和保育行政，保育行政又分国籍行政、交通行政、农业行政、公水行政、林垦行政、渔牧行政、矿业行政、工业行政、商业行政、度量衡行政、文化行政等；第二部　财务行政；第三部　外交行政；第四部　军事行政。

三是白鹏飞先生的《行政法大纲》（北京好望书店1930年版）。该书设总

① 参见何勤华：《中国近代行政法学的诞生与成长》，载《政治与法律》2004年第2期。

论分论上下两卷,上卷总论三章:第一章　公法关系及行政行为导论;第二章　一般行政组织法;第三章　行政诉讼法。下卷分论五章:第一章　警察法;第二章　保育法;第三章　法政法;第四章　财政法;第五章　军政法。

四是范扬先生的《行政法总论》(商务印书馆 1938 年版)。该书设五编:第一编　行政法之基本法则;第二编　行政组织;第三编　行政作用;第四编　行政救济;第五编　自治行政。

五是陈体强先生的《英国行政法论》(商务印书馆 1945 年版)。该书设六章:第一章　行政法在英国法制中的地位;第二章　英国行政法的发生与发展;第三章　委任立法;第四章　行政司法;第五章　国家责任(行政侵权赔偿责任);第六章　结论。

除了上述著作外,国民政府时期的行政法著作还有张映南的《行政法泛论》、朱章宝的《行政法总论》、钟庚言的《行政法总论》、赵琛的《行政法总论》、林纪东的《行政法提要》等。

此外,国民政府时期一些公法学者还翻译了若干英美和日本的行政法学著作。如白作霖和谢晓石翻译的美国著名公法学者古德诺的《比较行政法》(民友社 1913 年版)、《美法英德比较行政法》(南昌普益友局 1931 年版);黄屈翻译的日本著名行政法学者美浓部达吉的《行政法总论》(上海民智书局 1933 年版)等。

二、新中国行政法学的“沉寂阶段”(1949–1978 年)

从 1949 年新中国成立到 1978 年中共十一届三中全会召开的 30 年,可称为我国行政法学的“沉寂阶段”。前已述及,在国民政府时期,曾有若干公法学者研究过行政法学,也出版过相关行政法学教科书或其他行政法学著作。在一些高等院校也曾有若干法律院系开设过行政法学的专门课程。但中华人民共和国成立后,就很少有学者专门研究行政法学了。直至 20 世纪 80 年代以前,全国几乎没有出版过一部行政法学教科书或行政法学专门著作①,也几乎没有一所高等学校的法律院系开设过中国行政法学专门课程。20 世纪 50

① 除中国人民大学出版社于 1956 年曾出版过一本《行政法总则参考资料》外,20 世纪 80 年代以前,全国没有出版过一部行政法学教科书或行政法学专门著作。

年代曾有几所高等学校的法律院系开设过"苏维埃行政法"课①,讲授苏联的行政法学。但几年以后,"左"的路线占据统治地位,法律虚无主义盛行,就连"苏维埃行政法"课程也不开了。这样,行政法学学科在我国就一直没有建立。中华人民共和国成立30年,行政法学在我国学科分类目录上一直处于空白状态。

三、创建阶段(1978-1985年)

中共十一届三中全会后,一些高等院校法律院系②的学者开始研究行政法学,并在大学本科和研究生中开设行政法课程,主要讲授外国行政法。同时也将当时我国零散的尚处于恢复和逐步建立的行政法制度加以整理归纳,抽象出若干原则,编写成中国行政法讲义向学生讲授。20世纪80年代初,司法部组建的法学教材编辑部约请部分高校行政法学者,编写出我国第一本行政法学教科书《行政法概要》③,之后,北京大学、北京政法学院(中国政法大学的前身)、吉林大学分别出版了自己本院系的行政法学教材④,各种法学刊物发表了一批行政法的论文、译文。⑤ 至20世纪80年代中期,行政法学的教学、科研活动已在我国全面展开,行政法学作为一门独立的法学分支学科在我国正式建立了起来。

关于这个阶段我国行政法学教学研究情况,何海波教授等编著的《法治的脚步声——中国行政法大事记》有相关记叙:

> 在20世纪50年代初,北京大学、中国人民大学等部分政法院系开设过行政法学课,主要讲授苏联行政法,到1956年被取消。1979

① 如北京大学法律系、中国人民大学法律系等。

② 如北京大学法律系、原北京政法学院(中国政法大学的前身)、西南政法学院(西南政法大学的前身)等。

③ 该书于1983年6月由法律出版社出版,主编王珉灿,副主编张尚鷟。

④ 这三个高校的行政法学教材分别为《行政法学》(姜明安著,山西人民出版社1985年版)、《行政法学总论》(应松年、朱维究编著,工人出版社1985年版)、《行政法概论》(韩国章等编,吉林大学出版社1985年版)。此外,这个时期,北京大学龚祥瑞教授还出版了《比较宪法与行政法》(法律出版社1985年版)。

⑤ 这个时期发表的行政法论文、译文约120篇。参见许崇德、皮纯协主编:《新中国行政法学研究综述(1949-1990)》,法律出版社1991年版,附录"行政法学资料索引"。

年3月在北京召开的全国法学规划会议,讨论制定了《全国法学研究(1979-1985年)发展规划纲要》,提出必须加强对行政法等法律学科的研究。1979年,北京大学法律系的龚祥瑞在"外国宪法"课程中开始讲授一部分外国行政法的内容。1980年,龚祥瑞在北京大学开设单独的"外国行政法"课程。北京大学法律系学生王绍光、王建平、陈兴良、姜明安、陶景洲和张来明等,也曾在一个较早时期关注过行政法学研究(这里的"关注"指他们协助龚祥瑞先生编著《比较宪法与行政法》一书——作者注)。此后几年,北京大学(姜明安)、安徽大学(陈安明)、北京政法学院(应松年、朱维究、方彦)、西南政法学院(贺善征、王连昌)、中南政法学院(廖晃龙、方世荣)、西北政法学院等院校陆续开设行政法课程。

当时,除了民国时期几本行政法著作、50年代翻译的几本苏维埃行政法以及配套的《行政法总则参考资料》(中国人民大学出版社1956年版),全国没有一部行政法学教科书或行政法学专门著作。出于教学的需要,各校纷纷自己编写讲义。1982年4月,西南政法学院国家与法理论教研室(后改为司法行政管理教研室)编印了141页的《中华人民共和国行政法概论》作为校内教学用书;同年6月,北京政法学院国家法教研室编印了《行政法概要教学参考资料选编》作为校内教学用书。此后,西南政法学院国家与法理论教研室从1983年8月开始编印《行政法教学参考资料》,截至1986年9月,前后共编印5辑(另外,北京大学宪法教研室行政法教员姜明安也曾于1984年3月编印《行政法》和《行政学》两辑,作为北大内部教学参考资料使用——笔者补充)。

除了高等法律院校,大学政治系、管理系、各种政法干校和党校也陆续开设行政法课程。80年代中期,各高校一般将行政法作为学生的选修课,到了80年代后期,许多学校将它改为必修课。①

① 何海波等编著:《法治的脚步声——中国行政法大事记(1978-2014)》,中国政法大学出版社2015年版,第11-12页。

四、全面发展阶段(1985-2015年)

1985年至2015年这30年是中国行政法学的全面发展阶段。1985年以前,法学界研究行政法学的学者人数很少,主要聚集在北京几所高校的法律院系;正式出版的行政法著作仅有可数的几本;正式开设行政法课程的高等学校亦只有可数的几所。行政法学作为一门学科虽已创建,但尚处在刚刚起步的阶段。1985年以后,行政法学迅速在全国发展起来,就行政法著述来说,已达几百种之多,既有教科书,又有专著①;既有研究中国行政法的著作,又有研究外国行政法的著作②;既有行政法的论著,又有译著③,更有大量的论文、译文。④

这个时期,全国各高等学校法律院系都开始陆续开设行政法课程,不仅讲授中国行政法,而且讲授外国行政法或比较行政法;不仅讲授行政法总论,而且讲授分论或专题。此外,除了高校法律院系以外,高校其他院系,如政治系、管理系等,以及其他高、中等学校,如各种干校、党校等也陆续开设行政法课程。20世纪80年代后期,许多高校都将行政法课程作为法学专业的核心课程,有的单独开设,有的与行政诉讼法作为一门课程统一开设,讲授一个学期或两个学期。这个时期,行政法学教学科研人员的队伍也迅速扩大,一大批年轻法律学者加入这个队伍,从20世纪80年代初期的几十人增加到几千人。

---

① 教材如罗豪才主编的《行政法论》(光明日报出版社1988年版),姜明安主编的全国高等学校法学专业核心课程教材《行政法与行政诉讼法》(北京大学出版社、高等教育出版社联合出版),现已出7版,印刷50多次,发行50多万册。专著如湛中乐的《现代行政过程论——法治理念、原则与制度》(北京大学出版社2005年版),王锡锌的《行政程序法理念与制度研究》(中国民主法制出版社2007年版),沈岿的《国家赔偿法——原理与案例》(北京大学出版社2011年版),关保英的《行政法分析学导论》(商务印书馆2011年版),余凌云的《行政自由裁量论》(中国人民公安大学出版社2009年版),叶必丰的《行政行为原理》(商务印书馆2014年版)等。

② 如王名扬的《英国行政法》《法国行政法》(中国政法大学出版社1987年版、1988年版)、杨建顺的《日本行政法通论》(中国法制出版社1998年版)。

③ 如徐炳译美国学者施瓦茨的《行政法》(群众出版社1986年版)和英国学者韦德的《行政法》(中国大百科全书出版社1997年版),姜明安等译苏联学者瓦西林科夫主编的《苏维埃行政法总论》(北京大学出版社1985年版),高家伟译德国学者毛雷尔的《行政法学总论》(法律出版社2000年版),杨建顺译日本学者盐野宏的《行政法》(法律出版社1999年版)。

④ 这个时期发表的行政法论文、译文参见许崇德、皮纯协主编:《新中国行政法学研究综述》,法律出版社1991年版,附录"行政法学资料索引";张尚鷟主编:《走出低谷的中国行政法学——中国行政法学综述与评价》,中国政法大学出版社1991年版,附录"中国行政法学论文分类目录"。

这些学者除了分布在高校和专门的学术研究机构以外，在立法、行政、司法等国家机关，也迅速成长起一批既具有实际工作经验、又具有行政法学理论素养的专家。

20世纪90年代以后，行政法学进一步深入发展。这特别表现在下述四个方面：

其一，行政法学从一般性研究进入到专题性研究，产生了一大批专题性研究成果。[①] 例如，在行政法学基本理论方面，出版了30多本专著[②]；在行政行为和行政行为法研究方面，出版了50本专著[③]；在行政诉讼和行政救济研究方面，出版了200多本专著[④]；在行政处罚、行政许可和行政程序方面，出版了100多本专著。[⑤]

其二，行政诉讼法的研究在行政法学中越来越占有特殊重要的地位，逐渐发展成行政法学中相对独立的一门分支学科。许多高校法律院系开出了独立的行政诉讼法课程，司法部法学教材编辑部约请若干高校的行政法学者编写了专门的《行政诉讼法学》教材[⑥]，许多高校也编写出了自己独立的行政诉讼

---

① 目前对行政法学研究的成果尚无准确统计，下面的数据只是笔者的粗略估计。

② 如罗豪才主编的《现代行政法的平衡理论》（第一辑、第二辑）（北京大学出版社1997年版、2003年版），沈岿的《平衡论：一种行政法认知模式》（北京大学出版社1999年版），李娟的《行政法的控权理论研究》（北京大学出版社2000年版），董炯的《国家、公民与行政法——一个国家—社会的角度》（北京大学出版社2001年版），黎军的《行业组织的行政法问题研究》（北京大学出版社2002年版），石佑启的《论公共行政与行政法学范式转换》（北京大学出版社2003年版），等等。

③ 如应松年主编的《行政行为法：中国行政法制建设的理论与实践》（人民出版社1993年版），方世荣的《论具体行政行为》（武汉大学出版社1996年版），郭志斌的《论政府激励性管制》（北京大学出版社1995年版），傅红伟的《行政奖励研究》（北京大学出版社2003年版），宋功德的《论经济行政法的制度结构——交易费用的视角》（北京大学出版社2003年版），余凌云的《行政契约论》（中国人民大学出版社2000年版），姜明安主编的《行政执法研究》《行政程序研究》《法规审查与法规评价研究》（北京大学出版社2004年版、2006年版、2014年版），等等。

④ 如杨解君、温晋锋的《行政救济法——基本内容及评析》（南京大学出版社1997年版），杨小君的《我国行政诉讼的受案范围理论研究》（西安交通大学出版社1998年版），高家伟的《行政诉讼证据的理论与实践》（工商出版社1998年版），刘恒的《行政救济制度研究》（法律出版社1998年版），杨小君的《我国行政复议制度研究》（法律出版社2002年版），湛中乐的《高等教育与行政诉讼》（北京大学出版社2003年版），等等。

⑤ 如袁曙宏的《行政处罚的创设、实施和救济》（中国法制出版社1994年版），江必新、周卫平编著的《行政程序法概论》（北京师范学院出版社1991年版），章剑生的《行政程序法学原理》（中国政法大学出版社1994年版），杨惠基的《听证程序概论》（上海大学出版社1998年版），应松年、杨解君主编的《行政许可法的理论与制度解读》（北京大学出版社2004年版），等等。

⑥ 如罗豪才、应松年主编：《行政诉讼法学》，中国政法大学出版社1990年版。

法学教材。[①]

其三,行政法学的研究比以前任何时期都更注重理论联系实际,注重运用理论解决行政法的立法、执法以及行政审判实践中的各种实际问题。20 世纪 80 年代后期,部分行政法学者就直接参与了《行政诉讼法》的起草。到 20 世纪 90 年代,行政法学者参与行政法的立法工作相对固定化[②],除直接参与《国家赔偿法》《行政处罚法》《行政许可法》等法律的草拟以外,还参与了大量的行政法律、法规的草拟论证工作。行政法学者除直接参与立法工作外,在执法和司法方面,还参与了许多行政执法重大疑难问题和重大疑难案件的研讨,运用行政法学理论解决执法和司法实践中的各种实际问题。行政法学者参与法律实践,使行政法学从大学的课堂和书本中进入我国的实际社会生活。

其四,行政法学研究的深入导致了若干种学术流派的出现,这些学术流派在学术争鸣中逐渐形成了各自比较成熟、比较完善的学术观点、理论、主张和学说。这些观点、理论、主张和学说既有国外行政法学相应流派的思想渊源,同时也是结合中国行政法制和法治实践的产物。

第二节　现阶段中国行政法学者对行政法学的认识和界定

现阶段中国行政法学者如何认识行政法学?笔者主编的行政法学教科书曾从三个方面予以界定:其一,行政法学是法学的分支学科;其二,行政法学是

---

① 如杭州大学法学院胡建淼主编的《行政诉讼法教程》(杭州大学出版社 1990 年版),北京大学法律系姜明安所著《行政诉讼法学》(北京大学出版社 1993 年版),中国人民大学法学院皮纯协、胡锦光主编的《行政诉讼法教程》(中国人民大学出版社 1993 年版),等等。

② 行政法学者参与行政立法的相对固定的组织形式是设置于全国人民代表大会常务委员会法制工作委员会之下的行政立法小组。该小组由 14 人组成,其成员主要为来自有关高等院校及科研机构(北京大学、中国人民大学、国家行政学院、中国政法大学、中国社会科学院法学研究所等)的行政法学者和实际部门(全国人大法工委、国务院法制办、最高人民法院、司法部等)的专家。他们是:江平、罗豪才、应松年、皮纯协、王向明、张焕光、朱维究、姜明安、肖峋、高帆、费宗祎、黄杰、张耀宗、郭阳(小组顾问是陶希晋、龚祥瑞、齐一飞、张尚鷟,小组秘书是高志新)。后来小组又陆续吸收了不少新人参加,如张春生、江必新、马怀德、湛中乐、刘莘、陈端洪等。

研究行政法现象的法学学科;其三,行政法学是一门正在发展中的法学学科。[①]

一、行政法学是研究行政法的科学

行政法学研究的是法现象中的一种特定现象——行政法现象。行政法学研究行政法产生和发展的规律,研究行政法的形式、内容和本质,研究行政法与其他法律部门、其他社会现象的关系,研究行政法对社会的影响和作用,研究人类利用行政法的方式、效果和价值等。

行政法学是法学的一门分支学科,因而法学的基本原理、原则也适用于行政法学。行政法学虽然与法学其他分支学科有着不完全相同的理论基础和历史发展背景[②],但既然同为法学的分支学科,亦有着共同的理论基础。法理学、法史学是行政法学和法学其他分支学科的共同的基础课程。

行政法学与其他法学分支学科的关系是平行的部门法关系。但是行政法学与宪法学的关系比较特殊:二者的研究对象有着密不可分的联系。有人认为,行政法是宪法的一部分,是动态的宪法[③];有人认为,宪法是行政法的母法,行政法是宪法原则的具体化,是执行宪法的部门法。[④] 可见两者关系的密切。虽然民法、刑法、诉讼法等部门法都可认为是执行宪法的部门法,都与宪法有密切的联系,但行政法与宪法的联系更为密切,因为宪法、行政法二者均属狭义的公法范畴。民法属于私法范畴,刑法、诉讼法虽属公法但属广义的公法范畴。此外,行政法的许多规范直接源于宪法,如有关国家行政机关的基本

① 参见姜明安主编:《行政法与行政诉讼法》,北京大学出版社、高等教育出版社 2015 年版,第 36-46 页。

② 行政法学与民法学、刑法学、诉讼法学等法学分支学科比较,与政治学的关系更密切一些。行政法学由于研究作为公权力之一的行政权与公民的关系以及与其他国家公权力、社会公权力的关系,具有一定的政治内涵,从而,其理论基础具有一定的政治学渊源。至于发展历史,行政法学比民法学等法学分支学科要晚得多。作为一个独立的法学分支学科,行政法学的产生只是 19 世纪末和 20 世纪初的事。

③ 龚祥瑞教授在其《比较宪法与行政法》一书中提出:"宪法是行政法的基础,而行政法则是宪法的实施。行政法是宪法的一部分,并且是宪法的动态部分。没有行政法,宪法每每是一些空洞、僵死的纲领和一般原则,而至少不能全部地付诸实践。反之,没有宪法作为基础,则行政法无从产生,或至多不过是一大堆零乱的细则,而缺乏指导思想。"参见龚祥瑞:《比较宪法与行政法》,法律出版社 1985 年版,第 5 页。

④ 参见应松年、朱维究编著:《行政法学总论》,工人出版社 1985 年版,第 58 页。

组织、主要职权、主要活动原则、主要管理制度等都是由宪法直接规定的。行政法的许多其他法源,如行政诉讼法、国家赔偿法、行政复议法等也直接以宪法为根据。[①] 行政法与宪法的这种密切关系,决定了以之为研究对象的两个法律学科的特殊密切关系:宪法学在广泛的领域为行政法学提供理论根据,行政法学也在广泛的领域为宪法学提供实证研究的素材。

行政法学与行政诉讼法学的关系在法学界是一个有争议的问题。主要有两种不同观点:有人认为,行政诉讼法学是一门独立于刑事诉讼法学、民事诉讼法学的法学学科[②],从而属于三大诉讼法学之一。由于刑事诉讼法学、民事诉讼法学是与行政法学并列的法学学科,因此,行政诉讼法学与行政法学亦是平行的法学学科。有人不同意这种观点,认为行政诉讼法与行政法的关系不完全同于刑事诉讼法与刑法、民事诉讼法与民法的关系。刑事诉讼法与刑法、民事诉讼法与民法都是并列的法律部门,但行政诉讼法却不是与行政法并列的法律部门。行政诉讼法在实质上应认为是行政法的一个组成部分,因而行政诉讼法学在实质上也只应作为行政法学的一个组成部分。[③] 本书同意并采用第二种观点,即主张行政诉讼法学是行政法学的分支学科[④],而不是与行政法学并行的法学分支学科。从总体上说,行政诉讼法学应认为是行政法学的一部分。广义的行政法学包括行政法学总论、行政法学分论、行政诉讼法学、比较行政法学等。狭义的行政法学仅指行政法学总论,但总论中通常也包含行政诉讼法学的内容。[⑤]

行政诉讼法与行政法是不可分的,它们之间的关系不完全同于民事诉讼法与民法、刑事诉讼法与刑法的关系。首先,行政法调整行政主体与行政相对人的行政关系,规范行政权的行使;行政诉讼法则调整行政相对人因不服行政主体的行政行为而向人民法院提起诉讼的行政诉讼关系,规范监督行政权的行为。而规范监督行政权行为的法律是规范行政权行使的法律的实施保障。其次,行政诉讼法调整的行政诉讼制度与行政法调整的行政复议、行政裁判制

---

① 参见《宪法》第 5、41 条等。

② 参见皮纯协、胡建淼主编:《中外行政诉讼词典》,东方出版社 1989 年版,第 562-566 页。

③ 参见杨海坤:《中国行政法基本理论》,南京大学出版社 1992 年版,第 562-566 页。

④ 行政法学属于二级学科,行政诉讼法学应属于三级学科。

⑤ 本书的内容即为狭义的行政法学的内容。

度是紧密相连的,行政诉讼往往以行政复议、行政裁判为前置程序。行政复议和行政裁判程序与行政诉讼程序通常是解决一个行政案件的前后两个阶段,二者紧密衔接和相互联系。再次,行政诉讼既是解决行政争议、处理行政纠纷的一种手段、一个途径,同时又是对行政行为实施司法监督和对行政相对人实施法律救济的一种手段、一个途径。对行政行为的司法监督与对行政行为的行政监察监督、审计监督等同为对行政权的监督机制,统称"行政法制监督";通过司法程序提供的司法救济与行政复议、申诉、控告等提供的救济,同为对行政相对人的法律救济机制,统称"行政法律救济"。最后,作为行政实体法的法律文件,同时载有行政诉讼法的规范,如规定相对人不服某种行政行为可提起行政诉讼的诉权、起诉条件、起诉时限的规范等。作为行政诉讼法的法律文件亦往往同时载有行政实体法的规范,如《行政诉讼法》第 12、13 条规定对行政行为司法审查范围的规范,第 56 条规定行政行为停止执行条件的规范,第 70 条规定行政行为合法性标准的规范等都应认为是行政实体法的内容。

行政诉讼法与行政法有着密不可分的关系,行政诉讼法实质上是行政法的一部分,但是行政诉讼法相对于行政法的其他部分来说,确实也有着相对的独立性:行政诉讼关系与行政实体关系在主体、客体、内容等各个方面均有较大的差异。特别是《行政诉讼法》作为一部独立的法律文件颁布,行政诉讼制度作为一项独立法律制度开始在我国运作,行政诉讼法更具有了独立的外在形式。为了专门研究行政法这一相对独立部门的法律规范及其适用过程中发生的大量的理论问题和实践问题,以保证行政诉讼的顺利进行,进一步发展和完善我国行政诉讼制度,将行政诉讼法作为行政法的独立分支部门研究,建立独立的行政诉讼法学分支学科(三级学科)也是有必要的。当然,行政诉讼法学对于行政法学的独立性只是相对的。无论如何,它仍然从属于行政法学,属于行政法学的分支学科,其普遍原理、基本原则均源于行政法学。

二、行政法学是研究行政法现象的法学学科

行政法学总的研究对象是行政法现象,具体包括下述内容:

(一)行政法的产生、发展及其规律

行政法不是自古就有的社会现象,也不是在任何历史条件下都能够生存

和发展的事物。在奴隶制和封建专制制度下,几乎没有行政法的存在;在法西斯制度下,行政法被废除,或形式上存在,实质上被废除;在计划经济体制下,行政法处于被冷落、被遗忘的境地,其作用基本为政策和行政命令所取代。只有在较为健全、完善的市场经济法制和民主政治制度下,行政法才能发展、兴盛。这是什么原因?有什么规律可循?行政法为什么在某种历史条件下不能产生、发展,而在另外的历史条件下却能发展、兴盛?这些问题自然应是行政法学研究的课题。行政法学通过研究、认识和找寻行政法产生、存在和发展的经济、政治、文化诸条件,认识行政法发展所需要的社会环境。

(二)行政法的价值与功能

行政法作为一种法社会现象,不同于自然现象,具有人为的因素。人创造这种社会现象,有其目的和动机。人们欲通过创建行政法这一法律部门解决什么社会问题,营造什么社会秩序和生存环境,行政法本身具有何种功能,能否解决人们所欲解决的问题,达成人们所欲达到的目的,这种主观性要素和客观性要素的统一即构成其价值。

价值是与时间、空间相联系的,它是一种相对的事物而非绝对的事物。在不同的历史时期,不同的国度,同一种法律制度可能具有不同的价值。在同一历史时期,同一国度,不同的人们对同一法律制度的价值也会有不同的看法。因此,行政法学对行政法价值、功能的分析应与具体的时空条件联系起来,并且要对不同的价值观进行比较、鉴别,探寻比较实际的结论。

(三)行政法的内容与形式

行政法主要包括三大类规范和制度:第一类为行政组织法的规范和制度;第二类为行政行为、行政程序法的规范和制度;第三类为行政法制监督、行政责任、行政救济法的规范和制度。

行政组织法的规范和制度又包括四小类:(1)调整行政组织和职能的狭义行政组织法;(2)调整行政机构和编制的行政编制法;(3)调整行政工作人员任用和管理的公务员法;(4)调整行政设施、国有资产等公物的公物法。

行政行为、行政程序法的规范和制度在理论上可分为行政实体法和行政程序法两大类,但在实践上,实体规范与程序规范往往紧密结合,很难划分。因此,这部分规范的制度通常根据另外两种标准进行分类研究:第一种分类标准是相应规范制度所调整的行政行为的种类,根据此种标准将行政行为、行政程序法分为行政立法法、行政许可法、行政征收法、行政裁决法、行政给付法、行政强制法、行政处罚法等;第二种分类标准是相应规范、制度所调整的管理领域,根据此种标准,将行政行为、行政程序法分为公安管理行政法、民政管理行政法、国防外交管理行政法、经济管理行政法、科教文卫管理行政法等。

行政法制监督、行政责任、行政救济法的规范和制度主要包括五小类:(1)行政诉讼法;(2)行政复议法;(3)行政赔偿和行政补偿法;(4)行政申诉、控告、检举法;(5)监察法和其他行政法制监督法。

行政法的形式主要指行政法的法源形式,如法律、行政法规、规章、判例、法理等,同时也指行政法的结构形式,如编、章、节、条、款、项等。

(四)行政法律关系

行政法的调整对象是行政关系,行政关系被行政法调整时即为行政法律关系。行政法学的基本研究对象是行政法,而行政法的基本任务之一即在于确立和维护一定的行政法律关系,离开了行政法律关系,行政法规范及其制度就失去了存在的意义。因此,行政法学研究行政法,必须同时研究行政法所确立和维护的行政法律关系,包括行政法律关系的主体、客体;行政法律关系的内容,即双方当事人的权利、义务及所构成的法律地位;行政法律关系的发生、变更和消灭等。

(五)行政法的理论基础

行政法学虽然属于应用法学,但应用法学同样有其理论基础。这种理论基础包括三大类别:第一类为行政法学与其他应用法学共同的基本原理,这些共同的基本原理通常由法理学、法史学研究;第二类为行政法学不同于其他应用法学的特有基本原理,这一类基本原理通常在行政法学的绪论部分研究,同时在宪法学、政治学和其他有关学科中也可以发掘相应的行政法学基本原理;第三类为行政法学的具体制度原理,这一类原理通常在行政法学各编、章研究具体规范、制度时同时研究。

行政法的规范、制度是客观存在的,但是人们说明、解释、论述这些规范、制度的理论却具有主观的因素,因而不同的学者有不同的行政法理论。因此,行政法学研究行政法的理论基础应研究各个国家、各种学术流派的各种不同学说,对各种不同学说加以比较、鉴别,去伪存真,以获得较为正确的理论。

三、行政法学是一门正在发展中的法学学科

行政法学无论在中国还是在外国，都是一门发展中的学科。这里所谓"发展中"，有三层意思：其一，它的历史很短，外国最早建立这门学科的国家，其历史不过100多年。我国在人民政权建立后，只是在中共十一届三中全会以后才开始有人研究这门学科，其历史不过40多年。其二，它很不发达，到目前尚未建立起完善的学科体系，其内容还不完全成熟，其理论范畴、基本概念甚至学术名词、术语都还有一些尚未固定，各国用法不尽统一。其三，它很有发展前途，因为行政法与民主、法治紧密相连，而民主、法治则是当今整个世界的发展潮流。自20世纪以来，行政法一直呈现蓬勃发展的趋势，而行政法的发展必然导致和推动行政法学的发展。第二次世界大战后，世界各国研究行政法的学者越来越多，行政法教科书和专著大量出版，大学生、政府官员、法官、律师中越来越多的人对行政法感兴趣，许多学者、研究人员选择行政法为自己主攻或专攻的方向。这些事实展示着行政法学的发展前景，预示着行政法学充满希望的未来。

行政法学作为一门发展中的学科，其体系和内容目前世界各国还很不统一。行政法学发展较早的欧洲大陆国家，行政法学通常研究行政组织、行政行为、行政救济三大内容，其教科书体系除导论或绪论外，通常分行政组织、行政行为、行政救济三编。[①] 而英美普通法国家的行政法学通常主要研究行政程序，包括委任立法和制定规章的程序，调查、听证、裁决的程序，司法审查的程序，其教科书体系通常包括委任立法、制定规章、行政调查、行政听证、行政裁决、司法审查以及立法控制、司法控制若干编章。[②] 苏联、东欧国家的行政法学通常主要研究行政管理，结合行政管理研究行政法，内容包括行政管理机关、行政管理人员、行政管理法规、行政管理活动以及保障行政管理中的法制等，其教科书体系分总则、分则两大部分，总则部分除阐述行政法一般原理的编章外，通常分行政管理机关、公职人员、行政管理法规、行政管理活动、保障

---

① 参阅[法]莫里斯·奥里乌：《行政法与公法精要》，龚觅等译，辽海出版社、春风文艺出版社1999年版；[德]哈特穆特·毛雷尔：《行政法学总论》，高家伟译，法律出版社2000年版。

② 参阅[美]伯纳德·施瓦茨：《行政法》，徐炳译，群众出版社1986年版；[英]威廉·韦德：《行政法》，徐炳等译，中国大百科全书出版社1997年版。

行政管理中的法制(有时还含行政责任、行政赔偿、行政诉讼的内容)等编章。[①]

我国行政法学的体系虽经过40多年的探索,目前也尚未完全定型,第一部行政法学统编教材《行政法概要》[②]分三编十五章。第一编:绪论,包括行政法的概念、调整对象、历史发展及行政法学的概念、研究对象、历史发展等章节。第二编:总论,包括管理原则、管理机关、管理人员、管理行为、法律监督等章节。第三编:分论,包括军事、外交、民政、公安、司法行政、国民经济、科教文卫的管理等章节。我国第二部行政法学统编教材《行政法学》[③]分十二章(不分编),分别为行政法基本概念、基本原则、行政法律关系主体、行政立法、行政执法、行政司法、行政监督、行政合同、行政程序法、行政责任与行政赔偿、监督行政行为、行政诉讼。我国第三部行政法学统编教材《行政法与行政诉讼法》的体系在前两部教材的基础上作了较大修改,确定为六编三十八章。第一编:绪论,设行政法学基本概念、法源、基本原则等三章;第二编:行政法主体,设行政主体概述、行政机关、其他行政主体、公务员、行政相对人、行政法制监督主体等六章;第三编:行政行为,设行政行为概述、行政立法、行政规范性文件、具体行政行为、行政处理(分依申请行为和依职权行为两章)、行政机关其他行为、行政程序等八章;第四编:行政复议,设行政救济概述、行政复议概述、行政复议范围、行政复议法律关系主体、行政复议的程序等五章;第五编:行政诉讼,设行政诉讼概述、受案范围、管辖、参加人、证据、诉讼程序、法律适用、裁判、涉外行政诉讼、附带民事诉讼等十章;第六编:行政赔偿,设行政赔偿与国家赔偿、行政赔偿范围、赔偿请求人和赔偿义务机关、赔偿方式和计算标准、赔偿程序、行政补偿等六章。[④]

---

① 参阅[苏联]瓦西林科夫主编:《苏维埃行政法总论》,姜明安等译,北京大学出版社1985年版;[苏联]马诺辛:《苏维埃行政法总论》,黄道秀译,群众出版社1983年版。

② 我国第一部行政法学统编教材《行政法概要》由王珉灿主编,张尚鷟副主编,法学教材编辑部审定,法律出版社1983年出版。

③ 我国第二部行政法学统编教材《行政法学》由罗豪才主编,应松年副主编,法学教材编辑部审定,中国政法大学出版社1989年出版。1996年修改再版,增加"行政指导"一章。

④ 我国第三部行政法学统编教材《行政法与行政诉讼法》由姜明安主编,北京大学出版社和高等教育出版社联合出版,现已出第7版。

第三节　各国行政法学主要流派形成及其历史背景

行政法最主要、最基本的调整对象是行政主体与行政相对人的关系。对于行政法应如何调整此种关系，如何配置双方当事人的权利、义务，从而构成怎样的法的秩序，行政法学者有不同的主张、观点、理论，这些主张、观点、理论通过较长时期的相互争论，在论争中不断完善、发展，逐渐形成了行政法学的各种流派。其中主要的、较有影响的流派有三个，即控权论学派、管理论学派和平衡论学派。控权论学派主张，行政法调整行政主体与行政相对人的关系，其重点是控制行政主体的权力，保护行政相对人权益免受行政主体滥用职权行为的侵害，以建立和维护自由、民主和人权保障的法的秩序，因此，行政法学是"控制政府权力的法"（the law relating to the control of governmental power）①。管理论学派主张，行政法调整行政主体与行政相对人的关系，其重点是规范行政相对人的行为，保障行政管理的顺利进行，以建立和维护有利于提高管理效率、实现管理任务的法的秩序。因此，行政法可以称为"管理法"（право управления）。② 平衡论学派主张，行政法调整行政主体与行政相对人的关系，应尽可能"在总体上平衡行政主体与相对方的权利义务关系，兼顾公共利益和个人利益"，以建立和维护民主和效率有机统一和协调发展的法的秩序，因此，行政法"应该是平衡法"。③

控权论学说主要在英美国家流行。在英国，科克（Coke）、戴雪（Dicey）、拉斯基（Laski）等著名法学家都是极力主张控权的。他们的"法治"思想的重要内容均是政府应严格受普通法和普通法院控制。戴雪甚至为此不承认英国存在行政法和需要行政法。他认为行政权应受统一的普通法和普通法院的控制，政府不能有任何特权，不能设想在普通法和普通法院之外还允许行政法和行政法院的存在。当然，戴雪这样认为是因为他误解了法国的行政法和行政

---

① H. W. R. Wade, *Administrative Law*, Clarendon Press, 1989, p. 4.

② в. и. поповой, советское административное право, издательство《юридическая литература》, 1981, c. 1.

③ 罗豪才主编：《现代行政法的平衡理论》，北京大学出版社 1997 年版，第 3、5 页。

法院,将法国行政法院与英国封建专制时代的特权法庭(如“星座法庭”等)混同起来。英国在封建专制时代的特权法庭是完全为专制统治者镇压人民、镇压政治上的反对派服务的,它们是专制、暴政的工具,英国人民曾经深受其害。① 英国资产阶级革命胜利后,一个重大举措就是废除这些特权法庭,使政府权力置于普通法和普通法院的控制之下,实行“法治”。这无疑是英国历史经验导致的法治模式。然而戴雪等人将法国行政法院与英国封建专制时代的特权法庭相提并论,认为是现代的“新专制”,是对法治的践踏,这种认识则是非常错误的。他们以为法治的模式只有英国一种,不符合英国法治的标准就是专制。这显然是一种偏见,但是如果撇开戴雪等人对法国行政法和行政法院的误解不论,他们主张法律控权的思想则是有其历史根据的。到后来,英国人通过长期的反思和探索,认识和纠正了戴雪等人对行政法和行政法院的误解,承认了行政法在英国的存在。但是,英国人仍然坚持戴雪等老一辈法学家的控权思想,并把这种思想贯彻到他们的行政法理论中,如英国现代著名行政法学家韦德就是如此,他和英国许多其他行政法学家都认为行政法是“控权法”。

美国在建国初期和之后很长一个时期,在法律上也主要沿用英国普通法,在行政法中也以控权思想为主导。在 1946 年《联邦行政程序法》(Administrative Procedure Act, APA)通过以前,对行政权的控制主要采用普通法令状的手段。APA 颁布以后,控权的手段主要是事前的程序控制和事后的司法审查控制。APA 本身即是控权思想的产物。第二次世界大战时期,罗斯福总统第一任期结束后,全国经济远未获得预期的成功。从而反对派加剧了对“新政”的批评,主张限制行政权的呼声增多了。1940 年国会通过了《洛根法案》,该法要求联邦行政机构采用标准化程序,法院要对行政机构的决定实行广泛的司法审查。这一法案为罗斯福所否决。他指出,这一法案是那些想使所有政府活动通过诉讼进行的律师们和那些企图逃避管理的人合作的作品。但是罗斯福并不排除为使行政行为公正、合理而以立法确定某些程序。为此,1939 年曾设立一个由著名律师、法官和学者组成的行政程序委员会。委员会通过广泛和长时间的调查研究,于 1941 年提出一个研究报告,报告反映

---

① 参见姜明安:《行政法学》,山西人民出版社 1985 年版,第 389-401 页。

了两种意见，多数委员主张制定行政程序标准法，要求行政机构实施行政行为应遵守标准程序；但同时为行政机构决定问题留有广泛的灵活性和自由裁量的余地；对于行政机构行使准司法职能，建议设立独立的听证审查官，由其独立进行审理活动。少数委员则要求立法规定更严格的行政程序、更广泛的司法审查。之后，委员会将 APA 草案提交国会，国会经过长时间的辩论，作为相互妥协的结果，法案终于在 1946 年被通过，即现在收入《美国法典》第五编第 551 节及其后的有关条款。

APA 颁布之后，法院一直坚持在极端程序控制者和反对程序制约者之间寻求妥协的立场。一方面法院要求行政机构按法定程序办事，努力促使行政机构保持政策的连贯性和保障公正，保护相对人的权益；另一方面法院对行政程序法的规定又予以较灵活的解释，保证行政机构在制定和执行政策上有较多的自由裁量余地，对于行政机构依非正式程序所实施的行为，法院在很大程度上不予干预。

从美国《联邦行政程序法》制定前后的发展情况看，美国行政法的主导思想是控权，但是控权并非绝对的，其控制、制约的度是随时空条件的变化而不断有所变化的，美国行政法学者的学说也反映了这种情况，他们关于行政法的基本思想是控权思想，但认为控权应有"度"，而非无限制。施瓦茨在其专著《行政法》中指出，行政法应回答以下问题："(1)行政机关可以被赋予什么权力？(2)这些权力有什么限度？用什么方法把行政机关限制在这个限度之内？"[①]盖尔霍恩和博耶在《行政法与行政程序》一书中指出："行政程序的基本政策问题是如何设计一种制约制度，既可最大限度地减少官僚专断和越权的危险，又可保持行政机关需要有效采取行动的灵活性。行政法即是用以控制和限制政府权力的法律制约器。"[②]

管理论学说主要在苏联、东欧国家和我国计划经济时代流行。社会主义国家在其建立之初和在其后一个时期，为了维持革命秩序，恢复国民经济，提高效率，解决国家和人民生存的种种迫切问题，强调和加强政府的集中管理是自然的、必要的。在这个时期，人们显然不会和不可能过多地考虑控制和制约

---

① [美]伯纳德·施瓦茨：《行政法》，徐炳译，群众出版社 1986 年版，第 2 页。

② E. Gellhorn, B. B. Boyer, *Administrative Law and Process*, West Publishing Co. 1981, p. 3.

行政权的问题,相反,人们主要关注的是如何运用行政权去进行管理,去高效地实现巩固政权和建设国家的目标。列宁在苏联十月社会主义革命胜利前夕撰写的《国家与革命》一书中写道:“如果不愿陷入空想主义,那就不能认为,在推翻资本主义之后,人们立即就能学会不要任何权利准则而为社会劳动,况且资本主义的废除不能立即为这种变更创造经济前提”;“在共产主义的‘高级’阶段到来以前,社会主义者要求社会和国家对劳动量和消费量实行极严格的监督”;“但是,无产阶级在战胜资本家和推翻剥削者以后在全社会推行的这种‘工厂’纪律,绝不是我们的理想,也绝不是我们的最终目的,而只是为了彻底肃清社会上资本主义剥削制造成的卑鄙丑恶现象和为了继续前进所必需的一个阶段”。[①] 毛泽东在中国革命胜利的前夕,所着重和反复考虑的问题之一也是学习管理、加强管理、建立和巩固政府权威的问题,而不是限制政府权力和监督政府的问题,尽管他也考虑过这方面的问题并有非常重要的论述。[②] 在党的七届二中全会上,他提出党的工作重心转移到城市,因此“必须用极大的努力去学会管理城市和建设城市”。此前在一个发给党内和军内的指示中他反复强调要学习管理和善于管理:“善于管理工业和商业,善于管理学校、报纸、通讯社和广播电台,善于处理外交事务,善于处理各民主党派、人民团体的问题,善于调剂城市和乡村的关系,解决粮食、煤炭和其他必需品的问题,善于处理金融和财政问题。”[③]由此可见,社会主义国家在建立之初,其执政党和领导人强调的是政府的权威、经济的恢复和发展、社会的秩序、纪律以及为此而强调管理、加强管理。而对于控制政府权力,保障人权,加强民主、自由等,则只能逐步创造条件,逐步发展。这样的政策考虑当然不能不反映到法律领域,不能不在立法、执法、司法上体现出来,不能不成为行政法和其他法律部门的指导思想。这种指导思想,一些行政法学者将之概括为“管理论”。[④] 管理论在其创立之初是有其合理的理论和事实根据的。问题在

---

① 《列宁全集》第31卷,人民出版社1985年版,第90、91、93、97页。

② 例如,毛泽东在七届二中全会上讲到防止“糖衣炮弹”的问题,在此之前讲到吸取李自成教训的问题和号召人民监督政府,防止腐败“周期率”的问题等。可见,这方面的考虑在毛泽东当时的思想中亦占有一定地位。

③ 《毛泽东选集》(第4卷),人民出版社1991年版,第1405、1406、1427页。

④ 参见罗豪才主编:《现代行政法的平衡理论》,北京大学出版社1997年版,第23、38、220页。

于，当社会主义国家政权相对巩固以后，当国家的社会、经济、政治诸项条件都发生变化以后，在政治和法律上是否还应过分地强调集权，强调政府的集中管理。具体在行政法领域，在行政法的指导思想上，在处理行政主体与行政相对人的关系上，是否还应过分强调命令和服从关系，强调二者的不平等地位，强调行政主体对行政相对人的优越的领导、管理和监督权力？对这些问题，学术界虽然存在不同的看法，但是，在整个计划经济时代，无论是苏联、东欧国家，还是改革开放前的我国，占主导地位的思想、理论、学说仍然是管理理论。

平衡论创立于20世纪90年代初期。我国在“文革”结束，实行改革开放政策以后，在政治、经济上曾有两种主要思潮：一种是全面自由化，政治上实行多党制和“三权分立”，经济上实行私有制和自由市场经济；另一种是开明专制化，政治上实行新权威主义，加强集中统一领导，经济上以计划经济为主，市场起辅助作用。这两种思潮在行政法学领域的反映和体现即是“新控权论”和“新管理论”。前者认为，行政法的作用就是控制行政权，防止其滥用和侵犯公民的权益，行政法的本质是控权法；①后者认为，行政法是一切“行政管理法规的总称”，其本质是“统治阶级意志和根本利益的体现”，“是为统治阶级管理国家和巩固阶级专政服务的重要手段之一”。② 在20世纪80年代，我国行政法学界既有新控权论存在，亦有新管理论存在，但新管理论占主导地位。当然，新管理论到20世纪80年代中期以后，其政治色彩（“阶级意志”体现，为“阶级专政”服务等）逐渐淡化，主要强调的是行政法对社会的管理作用、对行政管理关系的调整和保障作用。进入20世纪90年代后，我国《行政诉讼法》《行政复议法》《国家赔偿法》《行政处罚法》陆续出台，新管理论很难解释这些新的行政法的作用，这些法律调整的主要是一种监督关系，而非管理关系（虽然也包括管理关系）。而且，20世纪90年代，我国经济领域开始全面建立社会主义市场经济体制，政治领域开始进一步扩大社会主义民主。正是在这种形势下，新管理论发生危机，平衡论应运而生。平衡论学者在一定范围内和一定程度上承认行政法的控权作用，但不同意控权论学说过分的控权观

---

① 行政法学界提出控权论观点的学者并非在政治上主张“自由化”，只是主张在现行政治制度条件下加强法律对权力的控制和制约。

② 参见王珉灿主编：《行政法概要》，法律出版社1983年版，第1、10页。

点，他们主张："行政权既要受到控制，又要受到保障；公民权既要受到保护，又要受到约束；行政权与公民权之间也应既相互制约，又相互平衡"；"行政法可以表述为调整行政关系和基于行政关系而产生的监督行政关系的法律规范体系"。[①] 整个20世纪90年代，平衡论学说在中国一直在不断发展、完善，90年代中后期开始在行政法学界占主导地位。当然，到现在为止，并不是中国所有行政法学者都认同平衡论，还有相当一部分学者目前仍然对平衡论持有异议，有些学者仍然主张新控权论或新管理论。

第四节　行政法学主要流派的基本观点

一、控权论的基本观点

沈岿博士在其博士学位论文《平衡论：一种行政法认知模式》中将控权论的主要观点归纳为下述四点：(1)行政法的宗旨和作用在于最大限度地保障个人自由权利；(2)行政法最重要的内容是独立的司法权对行政行为予以司法审查，从而达到其最大可能地限制和控制行政权的目的；(3)行政机关权力的范围必须受到严格限制，其管理只限于国防、外交、财政、治安等少数领域，最大可能地排斥自由裁量权；(4)行政法治(依法行政)原则包括对一切行政活动的总括性要求，任何没有法律明确授权的行政行为，都不具有公民必须服从的正统性而归于无效。[②] 李娟博士在《行政法中的控权论》一书中将控权论的主导观点归结为六项：(1)限制行政权力的范围和防止滥用职权；(2)遵循规则主义的行政法治理想；(3)强调立法对于行政权的严格控制；(4)主张司法审查是行政法最重要的内容；(5)坚持公正优于效率的行政程序；(6)主张个人利益优先于公共利益的价值观。[③]

根据沈岿博士和李娟博士关于控权论基本观点的归纳与表述，控权论基本观点集中体现于对行政法目的、内容、基本原则、手段的认知和主张四个

---

① 罗豪才主编：《现代行政法的平衡理论》，北京大学出版社1997年版，第10、17页。

② 沈岿：《平衡论：一种行政法认知模式》，北京大学出版社1999年版，第68-78页。

③ 李娟：《行政法控权理论研究》，北京大学出版社2000年版，第42-114页。

方面：

1. 关于行政法的目的。控权论主张，行政法的基本目的在于保障私人的权利和自由。例如，美国行政法学者施瓦茨在其所著《行政法》中引述早期行政法学者古德诺关于行政法内涵的界定，行政法是"公法的下述部分：规定行政当局的组织及其权限，向个人指明他的权利受到侵害时的救济"。施瓦茨指出，行政法的目标是要纠正个人与国家的不平等，"要尽可能保障在法庭面前，把个人与国家放在平等的地位上"；"法院的任务是保障行政权力不能无限制地增长……制约权力的膨胀和滥用，以免其损害私人权利"。他引用另一学者伊革休·鲁特的话说，行政权力"本身就带有很多危险的可让其用于压迫和作恶的机会。如果我们要实行宪制的话，这些管理机关自身必须受到规制，它们管理公民的权力范围必须固定、明确。公民反抗它们的权利必须规定得清清楚楚。行政法体系必须建立起来"。[①] 关于行政法的目的主要是保障私人权利和自由的主张，多数英美行政法学者都予以认同。王名扬教授在其所著《美国行政法》和《英国行政法》中指出："很多美国学者认为行政法的目的是约束行政机关的权力，保障私人的权利。""英国行政法上的法治原则的重要要求是：政府遵守、尊重公民自由和权利的法律。"[②]

2. 关于行政法的内容。控权论认为，行政法的基本内容是控制和限制政府权力。例如，盖尔霍恩和博耶认为，在美国社会，"人们传统上一直对不受限制的政府权力抱有无可非议的极大的怀疑"，因此，行政法的基本任务"就是用来控制和限制政府权力"。[③] 施瓦茨指出，行政法就是用以解决行政机关应有什么权力，其权力的限度是什么和如何限制其权力的问题。[④] 韦德更是将行政法直接归结为"控制政府权力的法"。[⑤]

3. 关于行政法的基本原则。控权论特别强调严格的依法行政原则（源于规则主义或形式主义的法治观念），主张严格限制行政机关自由裁量权，"无

---

① ［美］伯纳德·施瓦茨：《行政法》，徐炳译，群众出版社1986年版，第2、25、27页。

② 王名扬：《美国行政法》，中国法制出版社1995年版，第44页；王名扬：《英国行政法》，中国政法大学出版社1987年版，第11页。

③ E. Gellhorn, B. B. Boyer, *Administrative Law and Process*, West Publishing Co., 1981, p. 3.

④ ［美］伯纳德·施瓦茨：《行政法》，徐炳译，群众出版社1986年版，第2页。

⑤ H. W. R. Wade, *Administrative Law*, Clarendon Press, 1989, p. 4.

法律即无行政”,政府只能在法律规定的范围内行事,不能有自由斟酌、自由选择的余地。英国著名宪法学家戴雪指出,法治的首要含意是,“与专断的权力相比,正式的法律具有绝对的至高性和主导性,排除政府中任何形式的专断的、特权的,或宽泛的自由裁量权的存在。英国公民受法律,而且只受法律的管理;我们中的每个人可以因触犯法律而受处罚,但不能因别的任何事情受处罚”;①“哪里有自由裁量,哪里就有专横,共和制与君主制国家一样,政府一方专横的自由裁量权,必然意味着公民一方的法律自由难以保障”。② 美国大法官道格拉斯说:“当法律使人们免受……无限制的自由裁量权统治时,法律就达到了最佳状态。……无限自由裁量权是残酷的统治,它比其他人为的统治手段对自由更具破坏性。”③

4. 关于行政法的手段。控权论认为,行政法的主要手段有两个:一是司法审查;二是行政程序。美国著名行政法学权威戴维斯教授指出,行政法是有关行政机关权力和程序的法律,其中特别包括有关对行政行为进行司法审查的法律。④ 英美行政法学教科书,绝大部分篇幅都是用于研究和阐述行政程序和司法审查。戴维斯的《行政法教程》共 30 章,其中 13 章论述司法审查,15 章论述行政程序;施瓦茨的《行政法》共 10 章,其中 3 章论述司法审查,5 章论述行政程序;韦德的《行政法》共 24 章,其中 17 章的内容涉及司法审查和行政程序。关于司法审查作为行政法控制手段的重要性,盖尔霍恩和博耶在《行政法与行政程序》一书中指出:“法院对行政机关作为或不作为的审查构成对行政行为的重要控制机制,行政法最直接关注的即是法院司法审查所产生的这套控制机制。”⑤关于行政程序作为行政法控制手段的重要性,施瓦茨指出:“现在的焦点是行政程序自身——是行政机关在行使它们的权力时必须遵循的程序。行政法更多的是关于程序和救济的法,而不是实体法。”⑥

---

① A. V. Diecy, *The Law of the Constitution*, Macmillan, 1885, p. 198.

② A. V. Diecy, *Introduction to the Study of the Law of the Constitution*, Macmillan, 1959, p. 188.

③ United States v. Wunderlich, 342 U. S. 98(1951), at 98, 101.

④ K. C. Davis, *Administrative Law Text*, West Publishing Co. 1972, p. 1.

⑤ E. Gallhorn, B. B. Boyer, *Administrative Law and Process*, West Publishing Co. , 1981, p. 56.

⑥ [美]伯纳德·施瓦茨:《行政法》,徐炳译,群众出版社 1986 年版,第 3 页。

二、管理论的基本观点

甘雯博士在其学位论文《行政法的平衡理论研究》中概括了管理论学说的四个基本特征:(1)强调行政权力的优越性;(2)忽视个人权利保障;(3)有关行政程序和司法审查的理论相对落后;(4)行政法理论体系和结构具有明显倾向性(以管理法为中心,监督法、救济法在行政法体系中处于很次要或被忽视的地位)。[①] 当然,甘雯博士上述关于管理论的基本特征只是对管理论基本观点的概括和抽象,而不是管理论基本观点本身。管理论的基本观点如同控权论的基本观点一样,我们可以从其关于行政法的目的、内容、基本原则和手段四个方面的认知和主张中获知。

1. 关于行政法的目的。管理论认为,行政法的主要目的在于保障国家和社会公共利益。苏联行政法学者马诺辛在其所著《苏维埃行政法》一书指出:"行政法规范的任务是调整苏维埃国家管理范围内的社会关系。这种调整的目的在于保证管理关系的参加者的行为符合苏联共产党和苏维埃国家的政策。"[②]瓦西林科夫认为,苏维埃行政法是"保证国家管理机关社会作用的实现,从而促进共产主义建设任务顺利解决的基本要素之一"。[③] 保加利亚行政法学者斯泰诺夫、安格洛夫提出:"行政法学像任何其他法律学一样,不能是不问政治的,它是为我国统治阶级——和劳动农民结成联盟的工人阶级——服务的。……作为基础的上层建筑,行政法本身又对基础产生影响,加速我们的发展速度,促进我国社会主义建设的迅速发展,保证国家的安全和独立。"[④]

2. 关于行政法的内容。管理论认为,行政法的基本内容是调整国家管理关系、规定国家管理的原则和制度。瓦西林科夫在其主编的行政法教科书中指出:"苏维埃行政法可以认为是调整国家管理范围内的社会关系——苏维埃国家机关在组织与实施执行和指挥活动过程中发生的社会关系——的一个

---

① 参见罗豪才主编:《行政法论丛》(第1卷),法律出版社1998年版,第24-29页。

② [苏联]马诺辛等:《苏维埃行政法》,黄道秀译,群众出版社1983年版,第33页。

③ [苏联]瓦西林科夫主编:《苏维埃行政法总论》,姜明安等译,北京大学出版社1985年版,第10页。

④ [保]斯泰诺夫、安格洛夫:《社会主义行政法的特征、渊源和范围》,姜明安译,载《国外法学》1982年第5期。

法律部门”;“行政法规定编制经济和社会发展计划、分配物资、制定价格、运用科学技术进步成果的程序;规定国家企业、事业单位、组织的建立、变更和撤销的程序以及确定和改变它们从属关系的程序。此外,对于产品的国家标准、对于各种税率,也通过行政法规范加以确定”;“行政法规定苏联武装力量的补充、结构,调整它们的活动。行政法还规定有关保证国家安全和社会秩序的专门规则(如国境规则,文件保密规则,枪支武器持有、保管和使用规则,公民证规则等等)”。① 马诺辛在《苏维埃行政法》中指出:“行政法作为一种概念范畴就是管理法,更确切一点说,就是国家管理法……行政法规范调整苏维埃国家管理范围内的社会关系,即在社会主义和共产主义建设中为完成国家任务和行使国家职能而进行实际组织工作的过程中产生的关系。”②

3. 关于行政法的基本原则。管理论通常将管理原则视为法的原则,并且以坚持共产党的领导、坚持社会主义、坚持民主集中制、坚持社会主义计划经济等作为最重要的管理原则。关于党的领导,瓦西林科夫指出,“党的领导没有行政的性质,党的机关的决议不具有强制性的纪律效力,只是共产党员对它有必须执行的义务。但是这些决议却给予整个国家管理系统以强大的影响”。关于民主集中制,瓦氏指出,“这一原则要求下级机关必须执行上级机关的决定,把统一领导和每一个机关及工作人员对本职工作的责任感结合起来”。③ 关于计划经济,瓦氏引用列宁的语录以说明其重要性,“没有一个使千百万人在产品的生产和分配中最严格遵守统一标准的有计划的国家组织,社会主义就无从设想”。④ 当然,苏联、东欧国家的行政法教科书在论述行政法基本原则时,通常也讲到吸收群众参与管理的原则、坚持社会主义法制的原则等,但这些原则在管理论的学说中并没有真正重要的地位。

4. 关于行政法的手段。管理论认为,行政法律关系主要是“命令—服从”关系,从而行政法的手段主要是强制和命令性的。瓦西林科夫在其主编的教

---

① [苏联]瓦西林科夫主编:《苏维埃行政法总论》,姜明安等译,北京大学出版社 1985 年版,第 1、10、11 页。

② [苏联]马诺辛等:《苏维埃行政法》,黄道秀译,群众出版社 1983 年版,第 29 页。

③ [苏联]瓦西林科夫主编:《苏维埃行政法总论》,姜明安等译,北京大学出版社 1985 年版,第 47、48 页。

④ 《列宁全集》(第 27 卷),人民出版社 1963 年版,第 314 页。

科书中指出："行政法调整方法是以多数人意志不平等为前提，一方当事人以自己的意志加于另一方当事人，使另一方的意志服从自己的意志。在国家管理机关和管理对象（企业、事业单位和组织）之间、国家管理机关和公民之间、上级管理机关和下级管理机关之间的相互关系上均属这种情况。在行政法律关系中，一方当事人常常被赋予国家政权权限：它可以作出管理决定，可以对另一方当事人的行动实行国家监督，在法律规定的场合，可以对另一方适用强制措施"；"管理过程的权力和组织性质自然也反映到行政法规范的内容上。这种规范大都是命令性的，即包含必须做一定行为的命令，违反这种规范的要求将直接导致适用国家责任措施，这种责任的一定形式也由行政法规范规定"。[①] 当然，管理论学者在强调行政法律关系的权力——服从性和管理手段的命令、强制性时，也提出要遵守法律规范，符合法律的有关要求。例如，保加利亚行政法学者斯泰诺夫和安格洛夫指出："在行政法律关系中'权力—服从'的界线仅仅在法律关系发生时具有意义。如果这种关系根据行政文件一经发生，那么它的各方就必须同样遵守相应的法律规范，履行由这些规范产生的义务并确切符合客观法律规则的要求……'权力—服从'关系，或者确切地说，命令关系，仅仅表现为国家机关不依赖另外一方（公民或社会组织）的同意而作出决定，国家机关直接根据法律的规定行动"。[②] 但是在苏联、东欧国家和我国计划经济时代，由于法律不健全、不完备、不受重视，甚至还经常受到破坏，行政法学者提出的行政管理的命令、强制手段应依法实施的要求仅仅只是纸面上的，实际社会生活中的命令、强制手段往往是任意的、专断的。

三、平衡论的基本观点

关于平衡论的基本观点，罗豪才教授和甘雯博士在1996年合写的一篇论文[③]中将之总结和归纳为八个方面，宣示了平衡论学者对行政法的目的、内容、基本原则及手段的基本看法和主张。

---

① [苏联]瓦西林科夫主编：《苏维埃行政法总论》，姜明安等译，北京大学出版社1985年版，第3、18页。

② [保]斯泰诺夫、安格洛夫：《社会主义行政法的特征、渊源和范围》，姜明安译，载《国外法学》1982年第5期。

③ 参见罗豪才、甘雯：《行政法的"平衡"及"平衡论"范畴》，载《中国法学》1996年第4期。

1. 关于行政法的目的。平衡论主张,行政法既要保障行政管理的有效实施,又要防止公民权利的滥用或违法行使。行政机关的权力和相对方的权利应保持总体平衡。行政法对行政权力与公民权利关系的处理之所以应取此种平衡模式,是因为行政权力直接或间接源于公民权利。权力是权利的一种特殊形式。行政权一旦形成,便同公民权利结成一种既相互依存又相互对立的关系。①

2. 关于行政法的内容。平衡论认为,行政法是调整行政关系和监督行政关系的法律规范和原则的总称。行政法的调整对象主要有两方面:行政关系和监督行政关系。行政关系和监督行政关系经行政法调整后,形成行政法律关系和监督行政法律关系。两者互相联系,共同构建统一、和谐的行政法律秩序。行政法的内容除了调整行政关系和监督行政关系的成文法律规范外,行政法的原则也是行政法不可或缺的重要内容。②

3. 关于行政法的基本原则。平衡论认为依法行政是行政法的一项重要的基本原则,但对依法行政的内涵应予以新的解释。依法行政原则对"消极行政"和"积极行政"应有不同的要求。平衡论认为,现代行政可以分为两类:一类对相对方的权利义务产生直接影响,如行政命令、行政处罚、行政强制措施等;另一类对相对方的权利义务不产生直接影响,如行政规划、行政指导、行政咨询、行政建议、行政政策等。前一类行政称为"消极行政",后一类行政称为"积极行政"。依法行政对消极行政的要求是"没有法律规范就没有行政",即受法律严格制约;依法行政对积极行政的要求是"法无明文禁止,即可作为"。当然,积极行政也应符合法定权限和程序的要求,不得同宪法、法律抵触。③

4. 关于行政法的手段。平衡论既不同意控权论过分强调行政程序、司法审查的作用,也不同意管理论过分强调命令、强制手段的作用,认为二者均具有片面性:前者忽视行政效率,不利于积极行政和维护国家社会公共利益;后者忽视相对方权利,不符合现代民主、法治发展的趋势。平衡论主张综合运用

---

① 参见罗豪才、甘雯:《行政法的"平衡"及"平衡论"范畴》,载《中国法学》1996年第4期。
② 参见罗豪才、甘雯:《行政法的"平衡"及"平衡论"范畴》,载《中国法学》1996年第4期。
③ 参见罗豪才、甘雯:《行政法的"平衡"及"平衡论"范畴》,载《中国法学》1996年第4期。

行政法的各种手段,即在必要的场合运用命令、强制手段,同时在大多数场合尽量避免采用行政命令、行政制裁、行政强制手段,淡化权力色彩。在依法行政的前提下,行政机关应进一步变革传统的管理模式,积极推行行政指导、公民参与管理和行政管理社会化等措施,以协调与行政相对方的关系,维持两者的平衡。① 平衡论虽不赞成过分强调行政程序和司法审查的作用,但主张对行政程序和司法审查予以充分的重视。"现代行政程序以民主和公正为宗旨,同时兼顾效率。了解程序、公开程序、取证程序、回避程序、听证程序、处理程序、告知程序等是其主要内容。行政程序的设立赋予了相对一方以了解权、要求回避权、辩论权、申请补救权等一系列重要的程序性权利。公民正是以这些程序上的权利,抗衡行政机关的执法权力,调和基于行政机关法律地位不对等造成的巨大反差,参与行政权的行使过程,从而使自己从单纯的行政行为的对象变成了可以通过行政程序制约行政行为的主体,从纯粹的被动者变成了一定条件下的主动者。"②司法审查"也是现代行政法的重心所在。立法虽然力图公平分派行政机关与相对一方的权利与义务,但却不能保证行政机关的执法活动完全符合法律。因此,为了纠正行政机关在执法阶段的违法行为,平衡执法阶段行政机关与相对一方因明显不对等的法律地位造成的巨大反差,保护相对一方的合法权益,行政诉讼(司法审查)制度遂为世界各国所普遍采用"。③

---

① 参见罗豪才、甘雯:《行政法的"平衡"及"平衡论"范畴》,载《中国法学》1996年第4期。

② 罗豪才主编:《现代行政法的平衡理论》,北京大学出版社1997版,第20-21页。

③ 罗豪才主编:《现代行政法的平衡理论》,北京大学出版社1997版,第20-23页。

第五章

行政法的法源

这法律的观念或概念，无论适用于何种主题，总是蕴含二种较简略的观念或概念，即"秩序"与"强制力"。二者之中，尤以后者为明显……可是法律——根源于人的法律——若只寄托于权力，决非有思想的人所认可的法律，充其量，不过是专权独断者的表示，除非此中具有我们所说的"秩序"。

照英吉利法律的现状，凡经国家施行的规则，不外两种方式，即法官的判例及公布的法。……制定法(statute)与议会法令(act of parliament)这两个术语，通常用起来，及甚至作法律用语时，都看作相等的名称。那是很不正确的。要知一切议会法令都可称为制定法，而一切制定法未必限于议会法令。虽然议会法令无疑地是制定法中最重要的一种。①

——[英]靳克斯

本章节目

第一节　行政法法源概述

第二节　行政法的制定法法源

第三节　行政法的非制定法法源

① [英]靳克斯：《英国法》，张季忻译，中国政法大学出版社2007年版，第4、24、38页(本书中译本将statute译成"条例"，将act of parliament译成"法案"或"国会法案"是不准确的。笔者认为，前者应译成"法"，后者应译成"法律"或"议会法律"，故笔者对译文上述表述有所修改)。

第一节　行政法法源概述

一、行政法法源的含义

关于法源，学术界有各种不同的解释。① 其主要观点有六种：

其一，法存在形式说。此说认为法源为法的存在形式。任何部门的法律规范，都必须以一定的法的形式存在，这些法的形式可能是成文法律，也可能是习惯、法理或判例。成文法又有国家法、联邦法、地方法之分，国家法、联邦法又有宪法、法律、法规、规章之别。此外，法的形式还包括国际条约、协定等。

其二，法原动力说。此说认为法源为产生法的原动力。至于原动力为何，则有各种不同说法。有的认为法的原动力为统治者的意志，有的认为是人民的意志，有的认为是社会的需求，还有的认为是上帝或神，等等。

其三，法原因说。此说认为法源为产生法的原因。一国的法律源于一国的历史文化、民族精神、社会意识、时代思想、政治制度、典章规范、风俗习惯、经济基础等。这些社会的、文化的、经济的、政治的环境即决定着法律的形成和变迁。

其四，法制定机关说。此说认为法源为法的制定机关。法的主要制定机关为代议机关，故其为主要法源。除代议机关外，法的制定机关还包括行政机关（制定授权立法和行政法规、规章等）、法院（形成和确立判例）等。

其五，法前规范说。此说认为法源为法制定前调整相应事项的原有规范，这些规范可能是某种习惯做法，可能是某种内部规则，也可能是判例或行政规章。立法机关在立法时，必须考虑这些规范，从这些规范出发，创制作为法规范的新的规范，故使法规范产生的前规范成为法源。

其六，法事实说。此说认为法源为导致法规范产生的各种事实，包括经济事实、社会事实、政治、哲学、伦理、道德观念以及各种社会科学和自然科学的

---

① 参见管欧：《中国行政法总论》（自刊），1981 年版，第 39-40 页；王名扬：《法国行政法》，中国政法大学出版社 1988 年版，第 14-16 页；杨建顺：《日本行政法通论》，中国法制出版社 1998 年版，第 150-158 页。

研究成果等。

以上关于法源的各种学说均有其道理,有其存在的根据。实际上各说之间亦有一定的相互联系,有些则有相互补充的作用,而非绝对相互排斥、非此即彼的关系。

本书主要采法存在形式说,即将法源界定为各法律部门法的表现形式,亦即各法律部门法律规范的来源、出处,行政法法源即指行政法的表现形式,亦即行政法法律规范的来源、出处。

二、国外行政法法源简介

各国法律制度和法律传统不同,行政法的法源亦存在差别。在大陆法系国家,法源主要限于制定法;在普通法系国家,非制定法(判例、习惯、法理等)在法源中占有重要地位。同一法系在不同历史传统和不同经济、政治制度的国家,其法源也不相同。例如,德国和法国同属大陆法系国家,英国和美国同属普通法系国家,其法源却有着不小的差别。在法国,行政法院的判例是行政法的重要法源,法国行政法的许多重要原则都是通过行政法院判例形成的。而德国却有更多的行政法制定法法源,如德国《行政程序法》是德国行政法的基本法。至于英美行政法法源的差别,则更为明显,美国非制定法法源的比重大大低于英国。在英国,连宪法在总体上都是不成文的,行政法的自然正义原则等也是通过法理、判例等不成文法形式确定的。而美国不仅有成文宪法,行政法也有大量的制定法文件,如《联邦行政程序法》、《阳光下的政府法》、《信息自由法》(又译《情报自由法》)、《隐私权法》等。①

下面我们分别介绍法国、德国、美国、日本等国家的行政法法源。

---

① 法国和美国行政法法源的反一般规律现象是值得人们注意的。法国是成文法国家,但行政法的重要原则,几乎全由行政法院的判例产生。如行政行为无效的理由、行政赔偿责任的条件、公产制度、行政合同制度、公务员的法律地位等极为重要的法律原则都由判例产生。判例中的原则有的后来已由成文法所接受,有的至今仍然处于判例状态。一位法国行政法学家用生动的语言说:"如果我们设想立法者大笔一挥,取消全部民法条文,法国将无民法存在……但是如果他们取消全部行政法条文,法国的行政法仍然存在,因为行政法的重要原则不在成文法中,而存在于判例之中。"参见王名扬:《法国行政法》,中国政法大学出版社 1988 年版,第 19-20 页。美国是不成文法国家,但美国国会却制定了许多成文的行政法律,在行政规章、行政裁判、行政许可、行政赔偿、司法审查等领域都有成文法法源,甚至美国行政法的重要原则——正当法律程序原则的法源也是成文法。参见《美国宪法修正案》第 5、14 条。

1. 法国

我国研究外国行政法的著名学者王名扬教授将法国行政法的形式渊源分为成文法渊源与不成文法渊源两类：前者包括宪法、法律、条约、行政法规和行政规章；后者包括法的一般原则、判例和习惯法。作为行政法渊源的宪法主要是指宪法中有关总统和政府的规定；法律主要是指议会制定的有关行政机关的组织和活动的法律；行政法规是指总统和总理制定的行政规范性文件；行政规章是指部长和地方政府制定的行政规范性文件。法的一般原则是指"某些传统思想，以及某些事项的立法精神，社会生活的需要，公平正义感觉的一种表现"；判例主要是指行政法院的判例，行政法上很多原则，在法律没有规定的情况下，由判例产生，即使在成文法有规定的时候，成文法的适用也由判例决定。习惯法较少作为法国行政法的形式渊源，过去法国行政法中曾有公产不能转让的习惯规则，之后被制定法吸收。"习惯作为法律渊源的最大缺点是这种规则的存在和范围都不确定，必须由法院认定，而且行政关系变更迅速，很少能够形成习惯规则。"①

2. 德国

德国行政法学者毛雷尔将德国行政法法源分为六类：(1)宪法、正式法律、法规命令和规章。宪法由专门的制宪会议制定，既包括联邦基本法，也包括各州宪法。"宪法不是严格意义上的行政法规范，而是行政和行政法的基础和标准，其中包含了许多对行政具有直接或间接意义的规则。"正式法律是指由宪法规定的立法机关按照宪法规定的立法程序制定的法律规范，包括联邦议会制定的法律和州议会制定的法律。法规命令是指行政机关（政府、部长和行政机关）颁布的规范性文件，其对公民和其他相对人的影响与正式法律相同，它"位于立法和行政的交界地带，既是法律的执行，又是立法"。规章是指公法人（主要指乡镇、县，另外还包括大学、工业和商业协会、医师协会、社会保险机构、广播电视机构等）为了管理自己的事务而制定的规范性文件。制定规章的主体具有独立性、自治性，其制定规章无须法律特别授权（而颁布法规命令必须有法律特别授权）。(2)习惯法。习惯法产生于长期的、同样的做法，且当事人确信这种习惯应成为法律。"习惯法填补漏洞的作用主要适

① 参见王名扬：《法国行政法》，中国政法大学出版社 1988 年版，第 15-16 页。

用于成文法缺位或者规定不全面的情况;习惯法不仅可以在法律之外实行,而且可以通过法律实行,尽管这在实践中少见。”(3)行政法的一般原则。行政法的一般原则主要是通过司法判决和学理形成和发展起来的。具体包括四种途径:其一,由实践中被长期遵守的习惯形成;其二,从宪法的规定和原则中引申出来,这些一般原则被称为“具体化了的宪法”;其三,通过对法律材料(法律、法规、判例等)进行系统、抽象、典型的整理而获得,“在浩如烟海的有关各行业的特别行政法规范,特别是联邦行政法院的判决之中,总是存在着适用于其他行业的而不是被限于被处理案件的规则”;其四,从所谓的法律原则中引申出来,“根据学理上一种代表性的观点,从正义原则中可以得出一些因其普遍性而适用于任何人的法律原则(基本法律规范),这种法律原则因其一般性而不能适用于具体案件,但它们可以构成有效的实在法律条款的法律基础,即成为一般行政法原则”。(4)法官法。“法官法”从法官适用法律过程中产生,“法官在依法裁判案件时,总是要查明:法律规定是否缺位,现有的法律规范是否存在着漏洞、不确定、多义甚至相互矛盾等,有的法律规范表面上科学而实际上并不切合本案实际情况。在所有的案件中,适用法律都不是单纯的涵摄过程,而是要求法官自行发现标准,并且在此范围内以法律创造者的方式活动”。法官以这种方式形成的一般原则被称为“法官法”。法官法主要服务于法律的解释、对法律的具体化和发展,它必须以现行法律为出发点。只有在现行法律出现漏洞和歧义的情况下,法官才能对法予以补充和具体化。(5)行政规则和特别命令。行政规则是指上级行政机关向下级行政机关、领导对下属行政工作人员,针对行政机关内部秩序或针对业务性的行政活动,发布的一般、抽象的命令。对于行政规则是否是行政法的渊源,学界存在争议。一般来说,认为法律渊源包括所有外部和内部规范的学者对此持肯定的态度,而认为法律渊源仅包括外部规范的学者则对行政规则作为行政法法源持否定态度。至于“特别命令”,则是学理上的一个创造,指行政机关为了调整特别法律关系(特别权力关系)而制定的规范。不过,根据德国现行宪法,特别命令必须符合基本法关于法规命令的范围和条件,否则,即不具有适法性。因此,现在的“特别命令”即可归入“法规命令”,没有作为独立法源的必要。(6)国际法和欧共体法。在德国,相较于其他国际条约和协定(国际法),欧共体法是更重要的行政法渊源。欧共体法分为原始共同体法和派生共同体法两类,原始共同体法主要指成立条约,它也包括后来的修改和扩展,特别是《马斯特里赫特条约》和《阿姆斯特丹条约》,这些条约相当于欧共体的宪法,欧洲法院在司法过程中发展的欧共体一般原则则是原始共同体法的补充。派生共同体法是指欧共体机关根据成立条约发布的法令,法令必须符合条约,否则无效。①

3. 美国

王名扬教授将美国行政法分为下述五类:(1)宪法。宪法包括联邦宪法和州宪法,美国联邦宪法条文不多,但却是美国行政法的重要渊源,美国法院在司法审查中经常加以引用,如宪法确立的分权原则、正当法律程序原则、言论自由和信仰自由原则、禁止非法搜查和禁止强迫公民自证其罪的原则都是行政机关活动必须遵守的基本原则。(2)立法。立法包括联邦国会的立法和州议会的立法。作为行政法的法源,联邦行政程序法在整个法律体系中具有最重要的地位。(3)总统的行政命令。美国总统根据宪法赋予和国会授予的权力,可以发布行政命令,规定行政机关的组织、权力和活动程序。总统行政命令大部分是内部行政法,但也有涉及外部行政行为的。(4)行政规章。行政机关根据国会的授权,可以制定规章,补充或解释国会的立法,规定行政机关和私人之间的关系。行政规章是美国行政法的重要渊源。(5)判例法。判例法是美国高级法院判决案件时所产生和适用的原则。法院在判案时,有时宪法、法律的条文意义不明确,法院的判决即要对宪法、法律的条文进行解释,确定它的意义和适用范围;有时还可能找不到明确的宪法和法律依据,这时,则需要由法官发挥创造性,通过判决创制原则和依据。判例法包括两种情况,既包括解释性原则,也包括创制性规则,以创制性规则为主。法院通过判例形成的这些原则、规则是普通法的基本构成,是英美法的重要渊源。②

---

① [德]哈特穆特·毛雷尔:《行政法学总论》,高家伟译,法律出版社 2000 年版,第 55-81 页。需要说明的是,现在的欧盟法是在欧共体法的基础上发展而来的。它除了包括原来的欧共体法以外,还包括后来《阿姆斯特丹条约》《尼斯条约》的修改。而《里斯本条约》则把《欧共体条约》改称为欧盟的工作方式条约。如果说以前的欧共体法还是具有国际条约的性质,那么,欧盟法则具有超国家法的性质。在欧盟法中,行政法具有特别重要的地位。

② 参见王名扬:《美国行政法》,中国法制出版社 1995 年版,第 46-47 页。

4. 日本

日本行政法学者盐野宏教授将日本行政法法源分为成文法源和不成文法源两种。他认为成文法源具有更重要的地位,“这是因为,行政,特别是其行使侵害性作用时,要求由法律(包括条例)明确规定其要件,即使在除此以外的领域,从我国民主统治构造来看,国会(地方议会)所制定的法广泛约束行政的组织及其作用也是适当的”。“但是从另一方面看,关于行政法,没有制定出像民法典、商法典、刑法典那样的一般法、通则性的法典。关于所谓的行政法通则,不成文的法占据重要的地位。此外,即使在成文法存在的领域,由于各种情形使人们不可能期待完全予以规范,因而不成文法也有发挥作用的余地。”盐野宏教授将成文法源概括为六种,将不成文法源概括为三种。成文法源分别是:(1)宪法。宪法主要是规定行政组织、作用等法律的基准,但有时也具有直接作为行政作用(如行政程序)的法源的功能。(2)条约。条约中关于国内行政的部分,具有作为行政法法源的作用。条约中有预定要制定国内法的,只有依据国内法的规定,才能成为拘束私人的规范;而有自动执行力的条约,则没有特别国内法的制定,亦具有国内拘束效力。(3)法律。法律是行政法最为重要的法源形式。行政法律通常是针对个别具体事项制定的,但在有关领域也制定了通则性的法律,如行政组织领域的《内阁法》《国家行政组织法》《地方自治法》《国家公务员法》;行政作用领域的《行政程序法》《行政代执行法》《国税征收法》《土地征用法》《个人信息保护法》;行政救济领域的《行政不服审查法》《行政案件诉讼法》《国家赔偿法》等。(4)命令。命令是由行政主体制定的法规,其形式有政令、省令、规则等。(5)条例与规则。条例是由地方公共团体的议会制定的,规则是由地方公共团体的首长制定的。条例限定在法律的范围之内,其效力具有地域的界限。(6)行政法解释。行政法解释的最终解释权在法院,但行政机关具有最初的解释和适用权。行政法解释虽然不能拘束法院,但在法的实际实施过程中有着极为重要的作用。日本行政法的不成文法源分别有:(1)习惯法。作为行政法上的习惯,主要有公物利用权的习惯、政令和以官方公报公布的习惯等,后一习惯曾得到最高法院判决的确认。(2)判例法。日本行政法虽然采取成文法主义,但判例亦发挥着重要的作用。特别是在尚未制定成文法的领域,法院的判决即形成法,具有法的拘束力。(3)行政法的一般原则。日本行政法的一般原则既源于行政法的法理(如法治国家原理),也源于民法的一般法原则,主要包括依法行政原则、平等对待原则、比例原则、禁反言原则、程序正义原则、信赖保护原则等。20世纪90年代以后,日本制定《行政程序法》,将行政法的许多一般原则加以明确规定,从而使之同时具有了成文法源的双重身份。当然,即使如此,日本现在仍然存在未被制定法吸收的行政法一般原则,它们仍然只是行政法的不成文法源。①

第二节　行政法的制定法法源②

作为行政法法源的制定法通常包括宪法、法律、地方性法规、行政立法等。宪法通常是成文的。英国宪法在总体上虽然是不成文的,但其中也有不少制定法文件,如《大宪章》《权利请愿书》《权利法案》《王位继承法》《议会法》等。宪法作为行政法的法源,主要确立行政法的基本原则和规定行政权的范围和行政权行使的一般要求等重大问题。法律是行政法(也是其他部门法)的最重要渊源。法律通常由国家最高立法机关制定,在联邦制国家,法律除由联邦立法机关制定外,联邦组成单位的立法机关亦可制定法律。地方性法规是从属于法律的规范性文件,通常由地方议会制定。行政立法作为法源,亦从属于法律,它通常由中央政府及其组成部门和地方政府制定。

制定法在行政法法源中所占地位虽然各国情况不同,但其作为法源之一是没有例外的。世界上没有哪一个国家的行政法完全没有制定法法源。

我国是成文法国家,行政法法源一般限于制定法。③ 作为行政法的制定

---

① [日]盐野宏:《行政法》,杨建顺译,法律出版社1999年版,第39-46页。

② 本书将行政法的法源分为制定法法源和非制定法法源两部分论述。从"新行政法"的角度,我们也可以将行政法的法源分为硬法法源和软法法源两部分讨论。这两种分类法互有交叉:制定法主要是硬法规范,但也包含一定的软法规范;非制定法主要是软法规范,但也包括一定的硬法规范。为减少篇幅,本书对第二种分类没有展开,留待读者自己研究。

③ 对我国人民法院法律文书和其他国家机关的正式法律文书中所引用的作为法的依据的法条进行分析,可以发现,我国法源以制定法为限,在实际的司法和行政执法实践中,法理和判例也有着重要的作用。法官和行政执法者在适用法律时,往往以法理为指导,以判例为参照,权威法学家的著作和经最高人民法院审判委员会审查、在《最高人民法院公报》上发布的指导性案例和其他典型判例具有准法源的作用。

法法源，大体包括下述四类：

一、宪法与法律

我国《宪法》规定，宪法是"国家的根本法，具有最高的法律效力"；"一切法律、行政法规和地方性法规都不得同宪法相抵触。一切国家机关和武装力量、各政党和各社会团体、各企业事业组织都必须遵守宪法和法律。一切违反宪法和法律的行为，必须予以追究。任何组织或者个人都不得有超越宪法和法律的特权"。由此可见，宪法是我国最高位阶的法源。但是在我国国家机关的法律适用中，很少直接适用宪法，人民法院在判决中一般不引用宪法，从而宪法在我国法源中尚未充分发挥应有的实际作用。随着我国建设社会主义法治国家进程的发展和深入，这种情形将会得到根本的改变。2001 年 7 月 24 日，最高人民法院公布了一项"关于以侵犯姓名权的手段侵犯宪法保护的公民受教育的基本权利是否应承担民事责任"的批复。该批复确定人民法院对于侵犯公民宪法基本权利的案件，可以直接适用宪法追究侵权人的法律责任。该项批复虽然后来被最高人民法院废止，[①]但这并不影响宪法作为我国法律的最高法源，在司法实践中具有应直接适用和可直接适用的地位和作用。

我国宪法作为行政法法源，其包含的行政法规范主要有：

1. 关于行政管理活动基本原则的规范。如关于依法治国、建设法治国家的原则、人民参与国家管理的原则、保障人权和保障公民权利自由的原则、法制统一的原则、工作责任制原则、民族原则、行政首长负责制原则、行政机关工作人员接受人民监督的原则等基本原则规范。[②]

2. 关于国家行政机关组织、基本工作制度和职权的规范。如关于国务院的组织、基本工作制度和职权的规范；关于国务院各部委和审计机关的基本职权规范；关于地方各级人民政府的组织、基本工作制度和基本职权的规范；关于民族自治地方人民政府的组织、基本工作制度和基本职权的规范等。[③]

---

① 参见《最高人民法院公报》2001 年第 5 期；2008 年 12 月《最高人民法院关于废止 2007 年底以前发布的有关司法解释（第七批）的决定》第 26 项。

② 参见《宪法》第 2-5、13、27、33、41 条。

③ 参见《宪法》第 85-92、105-110、112-122 条。

3. 关于国家行政区域划分和设立特别行政区的规范。①

4. 关于公民基本权利和义务的规范。如关于公民批评权，建议权，申诉权，私有财产权，获得赔偿、补偿权，言论、出版、集会、结社、游行、示威自由权，非经法定程序不受逮捕、拘留权，劳动权，受教育权，社会保障权以及服兵役的义务，纳税的义务，遵守法律、公共秩序、尊重社会公德的义务的规范。②

5. 关于保护外国人合法权益和关于外国人义务的规范。③

6. 关于国有经济组织、集体经济组织、外资或合资经济组织以及个体劳动者在行政法律关系中的权利、义务的规范。如关于国有企业在法律规定的范围内享有自主经营权的规范、关于集体经济组织在遵守有关法律的前提下享有独立进行经济活动自主权的规范、关于国家保护个体经济、私有经济等非公有制经济合法权益，对非公有制经济予以鼓励、支持和引导，并依法实行监督和管理的规范等。④

7. 关于国家发展教育、科学、医疗卫生、体育、文学艺术、新闻广播、出版发行等事业方针政策的规范；关于发挥知识分子的作用、建设社会主义精神文明、推行计划生育、保护生态环境、防止污染和其他公害的规范；关于加强国防、保卫国家安全和维护社会秩序的规范等。⑤ 法律作为行政法的渊源，包括由全国人大制定的基本法律，如《国务院组织法》《地方组织法》《统计法》《兵役法》《行政诉讼法》《行政处罚法》等，也包括由全国人大常委会制定的非基本法律，如《国家赔偿法》《行政许可法》《食品安全法》《药品管理法》《居民身份证法》《监察法》等。⑥

应该指出，现行《宪法》通过以前，立法权由全国人民代表大会行使，即只有全国人民代表大会才能制定法律，全国人大常委会制定通过的规范性文件

---

① 参见《宪法》第30、31条。

② 参见《宪法》第10、13、33-56条。

③ 参见《宪法》第32条。

④ 参见《宪法》第6-18条。

⑤ 参见《宪法》第19-29条。

⑥ 在我国，基本法律与非基本法律只是从制定机关上所作的形式上的区分，但在内容上，全国人大常委会制定的法律的重要性不一定低于全国人大制定的法律，如《国家赔偿法》《行政许可法》等法律的重要性并不低于《统计法》和《兵役法》。基本法律与非基本法律的这种区分很多情况下是名不副实的。其中很重要的原因之一是全国人大一年只开一次会议，许多重要的法律不可能由全国人大来通过。

不能称为法律，而叫作“法令”。法令同样是行政法的渊源。

法律既是行政法的渊源，自然也是刑法、民法和其他部门法的渊源。但单个的法律有些仅包含行政法规范，如《国务院组织法》《治安管理处罚法》《行政许可法》《行政处罚法》等；有些则不包含行政法规范，如《刑法》《刑事诉讼法》等；有些既包含行政法规范，又包含其他法律部门的法律规范。主要作为行政法渊源的法律不仅包含行政法规范，同时还可能或多或少地包含某些其他法律部门的法律规范，如许多行政法律中就包含有关刑法规范（行政法律中规定的刑罚又称“行政刑罚”[①]）。此外，主要作为其他法律部门渊源的法律也可能或多或少地同时包含某些行政法规范。如《民法典》中关于不动产物权登记的规范，关于土地、房屋和其他不动产、动产征收及其补偿的规范，关于严格限制农用地转建设用地、控制建设用地总量的规范等就属于行政法规范。[②]

二、地方性法规与自治条例、单行条例

这些法源的法律效力并不完全相同，并不完全处在同一位阶上。但是要严格区分它们的法律效力差别又很困难。一般来说，省、自治区、直辖市的地方性法规的效力要高于其他地方性法规和其他自治条例、单行条例。[③] 但自治条例、单行条例适应民族自治地区的特殊情况，可以依法对法律、行政法规、地方性法规作变通规定（限在本地区适用）。[④] 经济特区经授权，可根据法律、行政法规的原则而非具体规定制定经济特区法规（限在经济特区适用）。[⑤]

地方性法规在行政法法源中占有重要地位。根据宪法的规定，省、自治区、直辖市的人民代表大会和它们的常务委员会，在不同宪法、法律、行政法规

---

① 关于行政刑法，参阅张明楷主编：《行政刑法概论》，中国政法大学出版社 1991 年版；卢建平：《论行政刑法的性质》，载杨敦先、曹子丹主编：《改革开放与刑法发展》，中国检察出版社 1993 年版；[日]福田平：《行政刑法》（新版），有斐阁 1978 年版。

② 参见《民法典》第 209–223、243–245 条。

③ 参见《立法法》第 5 章。

④ 参见《立法法》第 75 条、《民族区域自治法》第三章“自治机关的自治权”。

⑤ 参见《立法法》第 74 条和全国人大常委会分别于 1992 年、1994 年、1996 年作出的关于授权深圳、珠海、厦门、汕头等经济特区制定地方性法规、规章的规定。

相抵触的前提下,可以制定地方性法规,报全国人民代表大会常务委员会备案。[①] 根据《立法法》的规定,设区的市(包括省、自治区的人民政府所在地的市、经济特区所在地的市,原经国务院批准的“较大的市”[②]以及其他设区的市)和自治州的人民代表大会及其常务委员会根据本市、州的具体情况和实际需要,在不同宪法、法律、行政法规和本省、自治区的地方性法规相抵触的前提下,可以对城乡建设与管理、环境保护、历史文化保护等方面的事项制定地方性法规(法律对设区的市制定地方性法规的事项另有规定的,从其规定)。设区的市的地方性法规须报省、自治区人大常委会批准后施行。省、自治区的人大常委会对报请批准的地方性法规,应当对其合法性进行审查,同宪法、法律、行政法规和本省、自治区的地方性法规不相抵触的,应当在4个月内予以批准。[③]

地方性法规调整着广泛的行政社会关系,是我国行政法的重要渊源之一,自“八二宪法”颁布以后,我国各省、市、自治区的人大常委会开始行使制定地方性法规的权限,陆续制定了一大批涉及地方行政管理事务的地方性法规。例如,北京市人大常委会在2010年即制定、修订了5项地方性法规,如《北京市实施〈中华人民共和国节约能源法〉办法》《北京市大型群众性活动安全管理条例》《北京市水污染防治条例》《中关村国家自主创新示范区条例》《北京市农业机械化促进条例》等。

自治条例、单行条例作为行政法法源,只限于民族自治地方适用。根据《宪法》的规定,民族自治地方的人民代表大会有权依照当地民族的政治、经济、文化的特点,制定自治条例和单行条例。自治区的自治条例和单行条例,报全国人大常委会批准后生效。自治州、自治县的自治条例和单行条

---

① 参见《宪法》第100条。

② 根据《立法法》第72条的规定,省、自治区的人民政府所在地的市、经济特区所在地的市和经国务院批准的较大的市统称“较大的市”。国务院批准的“较大的市”,是指国务院1984年12月5日、1988年3月5日、1992年7月25日先后发文,批准唐山市、大同市、包头市、大连市、鞍山市、抚顺市、吉林市、齐齐哈尔市、青岛市、无锡市、淮南市、洛阳市、重庆市(现已升格为直辖市)13市(第一批),宁波市(第二批),邯郸市、本溪市、淄博市3市(第三批)为“较大的市”。这些市的人大和人大常委会可以制定地方性法规,报省级人大常委会批准,可以根据法律和行政法规制定规章。

③ 参见《立法法》第72条。

例，报省或者自治区的人大常委会批准后生效，并报全国人大常委会备案。[①] 自治条例和单行条例不同于地方性法规。首先，地方性法规必须“不同宪法、法律、行政法规相抵触”，而自治条例、单行条例则可依照当地民族的政治、经济和文化特点制定，对某些法律和行政法规的规定作某些变通。其次，地方性法规只有省、自治区、直辖市人大及人大常委会，设区的市和自治州的人大和人大常委会有权制定，而自治条例、单行条例则可由省一级的自治区、省辖市一级的自治州及县一级的自治县的人民代表大会制定。最后，地方性法规报全国人大常委会备案，而自治区的自治条例和单行条例须报全国人大常委会批准，自治州、自治县的自治条例和单行条例须报省或自治区人大常委会批准和报全国人大常委会备案。[②]

自治条例和单行条例作为行政法的渊源，既可以规定民族自治地方的自治机关的组织和工作，也可规定地方行政管理事务，如一些自治地区人大制定的集市贸易管理条例、食品卫生管理条例、保护农村专业户合法权益的规定等。

三、行政立法

在现代社会，无论是东方国家还是西方国家，大陆法系国家还是英美法系国家，行政立法的数量都大大超过议会立法的数量，行政立法在整个法律体系中都占有举足轻重的地位。在我国，行政立法的数量同样远远超过人民代表机关立法的数量。因此，我们在研究行政法的法源时，不能不对行政立法予以特别的重视。

英国行政法学者韦德指出：“行政立法是一种具有立法特征的行政活动。仅就数量而言，大量的立法是由行政机关而非立法机关制定的。除少数英王仍保留原有特权的情形外，所有由部长、行政部门和其他机构发布的命令、规章和条例，其权力均源于议会。议会不得不将涉及各种具体事务的广泛立法权授予行政机关，而其自身仅限于提供一个或多或少具有永久性的法律框

① 参见《宪法》第 116 条。
② 参见《立法法》第 72 条。

架。"[①]美国行政法学者施瓦茨指出,"在20世纪,行政机关拥有立法权已经司空见惯了";"行政机关的独特性在于,它有权通过制定规章或裁决决定私人权利和义务。当代行政机关既有立法权,又有司法权。其立法权就是颁布具有法律效力的规章……没有这样的权力,这些机关就不能有效地完成它们所担负的各种任务";"从质上说,规章具有与法律相同的效力。它们的规定具有法律效力。它们有和法律同样的制裁措施做后盾。特别是它们具有用以强制服从法律的刑事制裁措施。行政立法也许仅仅是准立法或从属立法,因为它的条文必须服从立法机关的立法,但这并不能改变行政立法的效用与法律本身相同的事实"。[②] 日本行政法学者盐野宏指出:"行政机关有时以法条的形式来设置某种规定。日本行政法学过去将此分为两大类型。其分类基准是:相应规定是具有外部效果还是具有内部效果。具有外部效果的规定,即拘束相对人私人和行政主体双方,二者发生纠纷时,由法院予以适用的规定;除此以外的规定,即特别拘束行政机关相互关系,而对于私人无拘束力的,只有内部效果的规定。前者是法规命令,后者是行政规则。有人将此两者归纳为行政立法。但行政规则不具有外部效果,在这种意义上,不是法规的制定";"此外,地方公共团体的议会制定的条例,也不是国家的立法权所制定的,因而有人将其作为行政立法来说明。但是,除了基于法律的委任而制定的外,原则上,条例不是基于法律的委任,而是独立地具有宪法上的根据的法形式。所以,作为行政立法来把握是不妥帖的"。[③] 德国行政法学者毛雷尔指出,行政机关的法规命令既是法律规范,同时也是一种行政手段。"法规命令不仅在法律渊源方面与其他法律规范,而且与其他行政措施均不同:它与处理具体事件的行政行为的不同之处在于'抽象——一般'的特征,与只具有内部行政效果的行政规则的不同之处在于外部效果。"[④]

就我国的情况而言,行政立法一般是指特定国家行政机关依准立法程序制定行政法规和规章的活动。根据《立法法》的规定,国务院可以就下列事项制定行政法规:(1)为执行法律的规定需要制定行政法规的事项;(2)《宪法》

---

① H. W. R. Wade, *Administrative Law*, Clarendon Press, 1989, p. 847.

② [美]伯纳德·施瓦茨:《行政法》,徐炳译,群众出版社1986年版,第29、31、138页。

③ [日]盐野宏:《行政法》,杨建顺译,法律出版社1999年版,第67-68页。

④ [德]哈特穆特·毛雷尔:《行政法学总论》,高家伟译,法律出版社2000年版,第333-334页。

第89条规定的国务院行政管理职权的事项。国务院部门(包括部、委员会、中国人民银行、审计署和具有行政管理职能的直属机构)可以根据法律和国务院的行政法规、决定、命令,在本部门的权限范围内,制定规章。部门规章规定的事项限于有关执行法律和国务院的行政法规、决定、命令的事项。没有法律或者国务院的行政法规、决定、命令的依据,部门规章不得设定减损公民、法人和其他组织权利或者增加其义务的规范,不得增加本部门的权力或者减少本部门的法定职责。部门规章制定时如相应事项涉及两个以上国务院部门的职权范围,应提请国务院制定行政法规或由国务院有关部门联合制定规章。①

省、自治区、直辖市和设区的市、自治州的人民政府,可以根据法律、行政法规和本省、自治区、直辖市的地方性法规,制定规章。地方政府规章可以就下列事项作出规定:(1)为执行法律、行政法规、地方性法规的规定需要制定规章的事项;(2)属于本行政区域的具体行政管理事项。而设区的市、自治州的人民政府制定地方政府规章,限于城乡建设与管理、环境保护、历史文化保护等方面的事项。②

行政法规、部门规章和地方政府规章在法律效力上处于不同的位阶,行政法规的效力高于部门规章和地方政府规章;部门规章和地方政府规章的效力通常取决于制定主体的行政级别。③ 行政级别高的行政主体制定的规章的效力通常高于行政级别低的行政主体制定的规章的效力。行政立法是国家整个立法的一部分,故其效力位阶与整个立法的效力位阶是紧密联系在一起的。要明确我国行政立法在整个法律体系中的地位,必须考察我国整个立法的位阶系列:(1)宪法具有最高的法律效力,一切法律、行政法规、地方性法规、自治条例和单行条例、规章都不得同宪法相抵触;(2)法律的效力高于行政法规、地方性法规、规章,行政法规的效力高于地方性法规、规章;(3)地方性法规的效力高于本级和下级地方政府规章,省、自治区人民政府的规章的效力高于本行政区域内设区的市的政府规章;(4)自治条例和单行条例依法对法律、行政法规、地方性法规作变通规定的,在本自治地方适用自治条例和单行条例

① 参见《立法法》第80-81条。

② 参见《立法法》第82条。

③ 部门规章和省、自治区、直辖市政府规章具有同等效力;省级政府规章的效力高于设区的市的政府规章的效力。

的规定；(5)经济特区法规根据授权法和法律、行政法规原则作出特别规定的，在本经济特区适用经济特区法规的规定；(6)各部门规章之间、部门规章与地方政府规章之间具有同等效力，其调整范围与相应规章制定主体的权限范围一致。同一位阶或位阶不明确的法律规范如发生冲突，法律适用遵循下述规则：(1)同一机关制定的法律、行政法规、地方性法规、自治条例和单行条例、规章，特别规定与一般规定不一致的，适用特别规定；新的规定与旧的规定不一致的，适用新的规定。(2)法律之间对同一事项的新的一般规定与旧的特别规定不一致，不能确定如何适用时，由全国人大常委会裁决；行政法规之间对同一事项的新的一般规定与旧的特别规定不一致，不能确定如何适用时，由国务院裁决。(3)地方性法规、规章之间不一致时，其处理规则是：同一机关制定的新的一般规定与旧的特别规定不一致时，由制定机关裁决；地方性法规与部门规章之间对同一事项的规定不一致，不能确定如何适用时，由国务院提出意见，国务院认为应当适用地方性法规的，应当适用地方性法规的规定，认为应当适用部门规章的，应当提请全国人大常委会裁决；部门规章之间，部门规章与地方政府规章之间对同一事项的规定不一致时，由国务院裁决；根据授权制定的法规与法律规定不一致，不能确定如何适用时，由全国人大常委会裁决。[①]

四、条约与协定

条约与协定既是国际法的渊源，同样也是行政法的渊源。[②] 因为有的条约、协定涉及国内行政管理，成为调整国家行政机关与公民、法人或外国人之间行政关系的行为准则。例如，我国于 2001 年 11 月 1 日签署的《中华人民共和国加入世界贸易组织议定书》及其附件即规定了许多有关行政审批、许可以及反倾销、反补贴等行政行为的准则。又如，我国和世界上很多国家签订的领事条约，其中关于领事馆的设立，馆长的任命、承认，领事的职权，护照和签

---

① 参见《立法法》第 88－95 条。因本书之后已设专章阐释行政立法，为避免重复，故将关于行政立法性质、调整范围、效力和对行政立法异议处理的内容放在后面专章中论述。

② 至于条约与协定的效力，它们在国内如何实施，是直接适用还是需要通过国内立法再行适用，学者有不同观点，各国实践亦有不同做法。对此，参见邵津主编：《国际法》，北京大学出版社、高等教育出版社 2000 年版，第 22－28 页。

证的颁发,同派遣国国民的联系,公证和认证,监护托管等规定都涉及国家行政管理,调整着一定领域的行政关系。此外,我国和一些国家签订的引渡外逃腐败官员及追缴他们财产的条约和有关刑事、民事、商事等司法协助协定,其中很多规定涉及国家行政管理,调整一定领域的行政关系。很多其他条约、协定,也或多或少与国家行政管理有一定关系,如《万国邮政公约》《承认及执行外国仲裁裁决公约》《国际劳工公约》《核事故或辐射紧急援助公约》《国际热带木材协定》《邮政包裹协定》等。

第三节　行政法的非制定法法源

作为行政法的非制定法法源主要包括法律解释①、行政判例、行政习惯和惯例、行政法理以及行政法的基本原则。由于行政法的基本原则在行政法中占有极为重要的地位,需要详加阐述,故在后面设专章研究,本节只探讨法律解释、行政判例、行政习惯和惯例及行政法理四项非制定法法源。

这里需要说明的是,我国是成文法国家,无论是行政法还是其他法律部门,其正式法源一般都为制定法,在非制定法法源中,只承认法律解释的法律效力。其他非制定法法源虽然在司法、执法实践中有重要影响,但不能在法律文书中直接作为依据引用。

一、法律解释

作为行政法法源的法律解释,主要指行政执法机关和司法机关在执法、司法活动中对法律、法规、规章所作的解释。法律解释除了行政解释和司法解释以外,还存在立法解释和学理解释,但是这两种解释在法源中不占有重要地位。因为立法解释是由立法机关作出的,而立法机关的根本任务是立法而不

---

① 国内外许多学者将法律解释作为制定法法源论述,这虽然有一定道理,但笔者认为,除全国人大和全国人大常委会的立法解释外,将法律解释作为非制定法法源对待更为合适。因为法律解释可以是成文的,也可以是不成文的。特别是司法解释,它与判例没有大的区别。即使是成文的法律解释,其解释程序和形式与法律、法规也是很不相同的。当然,这对法源分类并不太重要,重要的是对其适用效力的阐释。

是解释。它在立法过程中应该尽可能把法律调整的事项规定明确,而不应有意留下模糊空间给自己今后去解释。法律解释的需要往往是在执法、司法过程中适用法律解决具体的实际问题而产生的。执法、司法机关适用法律、解释法律解决具体实际问题正是其职能所在。立法机关不参与执法、司法,不可能发现这些问题。如果执法、司法机关将其在执法、司法过程中遇到的法律解释问题都提交立法机关解释,立法机关规模再扩大十倍百倍也不可能胜任。即使能胜任,行政和司法也将无效率可言。因此,国外的法律解释中很少有立法解释。至于学理解释,虽然它对行政解释和司法解释有重要影响,行政机关和司法机关在执法和司法活动中解释法律时往往采纳学理解释,但学理解释本身并没有法律效力,而且不同学者因研究问题的角度不同和学术观点不同,对法律往往有不同的解释,从而在执法、司法实践中也无法直接适用。

在我国,作为行政法渊源的法律解释包括最高国家权力机关的解释、国家司法机关的解释、中央国家行政机关的解释、地方国家权力机关和行政机关的解释。1981 年 6 月 10 日第五届全国人大常委会第十九次会议通过的《关于加强法律解释工作的决议》对法律解释作出了如下决定:(1)凡关于法律、法令条文本身需要进一步明确界限或作补充规定的,由全国人大常委会进行解释或用法令加以规定。(2)凡属于法院审判工作中具体应用法律、法令的问题,由最高人民法院进行解释。凡属于检察院检察工作中具体应用法律、法令的问题,由最高人民检察院进行解释。"两高"解释如果有原则性的分歧,报请全国人大常委会解释或决定。(3)不属于审判和检察工作中的其他法律、法令如何具体应用的问题,由国务院及主管部门进行解释。(4)凡属于地方性法规条文中本身需要进一步明确界限或作补充规定的,由制定法规的省、自治区、直辖市人大常委会进行解释或作出规定。凡属于地方性法规如何具体应用的问题,由省、自治区、直辖市人民政府主管部门进行解释。在上述四种法律解释中,最高人民法院的司法解释具有特殊重要的地位。因为在法律解释实践中,最高国家权力机关对法律很少作出立法解释,很多法律都是在司法实践中由最高人民法院进行司法解释。行政解释和地方解释虽然也具有重要意义,但是这些解释是否符合法律原意,人民法院在审理具体案件时往往要附带对之进行适当的司法审查。人民法院认为相应解释不符合法律原意,虽然不能撤销和宣布其无效,但可不予适用,或者以司法解释取而代之。

关于司法解释，最高人民法院1997年6月23日曾发布《关于司法解释工作的若干规定》[①]（以下简称《若干规定》）。《若干规定》共17条，主要内容包括：(1)人民法院在审判工作中具体应用法律的问题，由最高人民法院作出司法解释。(2)最高人民法院发布的司法解释，必须经审判委员会讨论通过，司法解释具有法律效力。(3)司法解释的形式分为"解释""规定""批复"三种。对于如何应用某一法律或者对某一类案件、某一类问题如何适用法律所作的规定，采用"解释"的形式；根据审判工作需要，对于审判工作提出的规范、意见，采用"规定"的形式；对于高级人民法院、解放军军事法院就审判工作中具体应用法律问题的请示所作的答复，采用"批复"的形式。(4)司法解释经审判委员会讨论通过后，以最高人民法院公告的形式在《人民法院报》上公开发布，并下发各高级人民法院或地方各级人民法院、专门人民法院。(5)司法解释以在《人民法院报》上公开发布的日期为生效的时间，但司法解释专有规定的除外。司法解释在颁布了新的法律，或者在原法律修改、废止，或者制定了新的司法解释后，不再具有法律效力。(6)司法解释与有关法律规定一并作为人民法院判决或者裁定的依据时，应当在司法文书中援引。援引司法解释作为判决或者裁定的依据，应当先引用适用的法律条款，再引用适用的司法解释条款。最高人民法院的司法解释通常针对特定法律或特定法律的具体条文，非常具体，具有很强的操作性，例如，1999年最高人民法院对原《行政诉讼法》的解释包括8个部分共98条，2002年又专门就行政诉讼证据问题进行解释，包括6个部分共80条，二者合计共178条[②]，而原《行政诉讼法》本身仅有75条。可见，司法解释在法律渊源中具有重要地位。

当然，司法解释从广义上讲，不仅应包括最高人民法院的解释，还应包括地方各级人民法院和专门人民法院的解释；不仅应包括法院以专门解释性文件（"解释""规定""批复"等）对法律作出的普遍性解释，还应包括法官在审

---

① 此规定已由2007年4月1日起施行的《最高人民法院关于司法解释工作的规定》（法发〔2007〕12号）所取代。

② 参见《最高人民法院关于执行〈中华人民共和国行政诉讼法〉若干问题的解释》（法释〔2000〕8号，1999年11月24日最高人民法院审判委员会第1088次会议通过）、《最高人民法院关于行政诉讼证据若干问题的规定》（法释〔2002〕21号，2002年6月4日最高人民法院审判委员会第1224次会议通过）。

判具体案件中对法律作出的具体的个案解释。这种解释虽不具有判例法效力(因为我国不实行判例法制度),但对以后同类案件的处理有一定拘束力。否则,法院适用法律将失去连续性、稳定性,损害法院的公正和权威。

行政解释也如同司法解释一样,除了国务院和国务院部委所作的一般的普遍性解释("法律、法规实施细则""解释""批复"等)外,各级各类行政机关在实施具体行政行为时,也经常会对法律、法规、规章作出具体的个案解释。这种具体的个案解释对以后的行政管理并无明定的法律效力,但是根据行政法上的信赖保护原则,行政机关在以后处理同类事务时应受以前解释的一定拘束,否则即构成反复无常式地滥用职权。

英美法学家特别强调法律解释中具体个案解释的重要意义。美国行政法学者施瓦茨指出:"企图把解释法律与适用法律分开的人采用的是诡辩的区分法。一个法律术语只有在它适用于特定案件中的事实时才有意义。意义在适用中获得生命,意义很容易在适用中受到歪曲。抽象地确定法律术语的意义就是在学究活动中绕圈子。只有我们把如此确定的意义适用于手头的案件时,法律才真正得到了解释。"[①]因此,我们在研究法律渊源时,虽然不能把司法机关和行政执法机关的具体个案解释作为法源,但绝不能忽视它对法律适用的重要影响和对法源的实际补充作用。

行政法学对法律解释的法律效力研究,一般涉及以下三个问题:一是法律解释有无法律效力;二是法律解释如有法律效力,它有无前提条件,如有,其前提条件是什么;三是法律解释有无位阶,如有,怎么确定其位阶。

关于行政法的法律解释及其效力,日本行政法学者盐野宏指出:其一,行政法解释是必要的,它构成行政法的法源之一,作为行政法的法源,自然具有法律效力。"行政法的成文法源,是以具体条文的形式写出来的。在这种情况下,如果其语言是单义性的,法的适用就可以机械地进行。但是,在多数情况下法律的条文未必具有单义性,因此就有必要加以解释。"其二,法律解释发生法律效力是有条件的。首先,法律的"各个条文并不是孤立地存在着,个别条文形成了实现各个法律之目的的手段的一部分"。因此,法律解释"必须充分理解该法律整体的结构,作为该结构的一部分来解释该条文"。其次,

① [美]伯纳德·施瓦茨:《行政法》,徐炳译,群众出版社1986年版,第605页。

"个别行政法律的结构,仅仅靠条文相互的技术性操作还不能充分理解,还必须注意与该法律所服务的目的乃至价值之间的关系。此时,当然应该考虑宪法的价值"。此外,法律解释有文理解释、逻辑解释和目的论解释之分。无论采取何种解释方法,"应该首先明确该法律所服务的价值、目的,在此基础上,考虑关于具体条文采取什么样的解释方法才是适当的,以明确其结构。当解释方法的选择基准仅仅依存于解释者的主观意识时,其解释的普遍适用力便非常微弱"。其三,司法解释优于行政解释。"关于行政法的解释,其最终解释权也在法院。但是,对于行政法,行政机关具有首次性法的解释和适用权的情况较多。进而,先于个别事例的解释适用,行政机关对法规的解释以通知的形式进行的情况较多,以至从更加一般地表示政府的统一解释的观点出发,有时由内阁法制局作出解释意见。必须注意的是,这些所谓政府的公定解释,并不能拘束法院,但是,在实际的法实现过程中,它有着极其重要的作用。"①

美国行政法学者施瓦茨虽然认为行政机关的法律解释(解释性规章)不具有法律效力,但基于英美法系行政法上的禁反言原则(类似于大陆法系行政法上的信赖保护原则),仍认为解释性规章对行政机关具有约束力。他指出:"解释性规章不具有法律效力,它们只代表行政机关对法律的认识,它们自己并不影响任何人的法律权利和义务。但这并不是说,行政机关可以如同对待一堆废话那样对待它的解释性规章,行政机关可以不受在回答个人咨询请求时所作的解释性意见的约束。但是,由行政机关主持制定的正式颁布的解释性规章就不同了,行政机关应遵守它在没有法律授权的情形下制定的程序性规则,这同样适用于解释性规章。"对行政机关来说,此种解释性规章"没有法律授权仍可具有法律效力"。② 至于解释性规章对于法院的效力,施瓦茨认为,法院审理案件不受行政机关解释性规章的约束,完全可以自己的解释取代行政机关的解释,但法院对行政机关的解释要予以充分的尊重。他指出:"解释性规章是对现行法律的说明和解释,而不是对它们作实质性修改。解释性规章说明行政机关对一部法律或一部规章的看法,它们是用来告诉公

---

① [日]盐野宏:《行政法》,杨建顺译,法律出版社 1999 年版,第 43-44 页。

② [美]伯纳德·施瓦茨:《行政法》,徐炳译,群众出版社 1986 年版,第 148 页。

众,行政机关对其所执行的法律所作的理解。”“正如首席大法官伯格所说,解释性规章也许具有实用的价值。行政机关把解释性规章作为它对法律所作的恰当解释加以公布。与此有关的人通常都遵照执行,因为此规章提供了一个实际指南,表明了代表公众利益执法的机关应用法律的方法。在实践中,法院对这种规章的敬重也有助于扩大它的影响……虽然就它的权威性说对法院没有约束力,但是这种解释是经验和实际判断的产物,法院和诉讼当事人可以适当地用它作指南,法院没有重要原因绝不会找行政解释规章的麻烦。”①

就我国的情况而言,法律解释,无论是立法解释还是司法解释或行政解释,作为行政法的渊源之一,都应该是有法律效力的。当然,其法律效力自然也有前提条件的限制:首先,法律解释不应超出法律本身的范围,不能就法律本身没有规范的事项进行规范,不能设立法律本身没有设立的权利、义务;其次,法律解释的机关应享有解释的权限,没有宪法、组织法或具体法律的授权,任何机关所作的解释都不具有法律效力;最后,法律解释亦应遵守法定程序,如经过一定的会议讨论、审议,或经过一定机关批准、备案等。至于法律解释的效力位阶,一般来说,立法解释优于司法解释和行政解释,司法解释优于行政解释。行政机关在行政执法中适用法律需要对法律加以解释时,它所作的解释对行政相对人和行政机关本身均有拘束力;法院在审判中适用法律时对行政解释亦应予以足够的重视,但可不受之拘束,法院可以自己的解释代替行政解释。法院的司法解释不仅对法院本身有拘束力,对行政机关实施行政行为亦应有拘束力。但是,立法机关认为法院的司法解释违反立法原意或法律的原则、精神时,完全可以自己作出解释,以立法解释取代司法解释。法院和行政机关都必须服从立法解释。

二、判例

判例是指“可作为先例据以决案的法院判决”。② 作为判例的法院判决,它所确立的一般规则不仅拘束法院本身(本法院和下级法院),而且也拘束行政机关。行政机关在实施行政行为时,也必须遵循法院相关判例所确定

---

① [美]伯纳德·施瓦茨:《行政法》,徐炳译,群众出版社 1986 年版,第 148 页。
② 参见《中国大百科全书·法学》,中国大百科全书出版社 1984 年版,第 449 页。

的原则。否则,其行为在行政诉讼中就有被法院撤销的危险。由于法院判决对行政行为发生拘束力和执行力,故其成为行政法的法源之一。

判例不仅在英美法系国家普遍是行政法的法源,在部分大陆法系国家,如法国等,亦是行政法的重要法源。

在我国,判例不具有法的效力,但经最高人民法院审判委员会讨论决定,在《最高人民法院公报》和《人民法院报》上公开发布的指导性案例和典型案例,对审判实践有重要的指导作用,各级法院在审判类似案件时应予参照。

三、习惯和惯例

习惯和惯例的词义本身并无大的区别。在作为法源形式使用时,则指两种不同的法源形式,作为行政法法源的习惯主要指某种社会习惯,而惯例则指行政主体实施行政行为的某种习惯。习惯主要是调整私法关系的法源,它作为行政法法源则通常只作为实质渊源而不作为形式渊源。例如,在日本,公民长期持续使用某种公物即形成某种习惯性权利。如在公共河流里取水、漂木材,在公共原野上放牧等,一旦长期固定地使用,行政机关实施有关行政行为即应受之约束。惯例则主要为行政法的渊源(而较少作为私法渊源)。英美法系国家,特别是英国,行政惯例在其行政法渊源中占有较重要的地位;而法国、日本等,行政惯例作为其法源的情况较少,且在行政惯例相对固定后,往往以判例或制定法取而代之。例如,法国在 19 世纪,公产不能转让曾为一行政惯例,后为判例代之,而日本关于法令应以官方公报发布的惯例则沿用至今。①

四、行政法理

在许多西方国家(无论是英美法系国家,还是大陆法系国家),行政法不仅以制定法、判例和习惯、惯例为法源,而且以权威法学著作、学说确立的行政法基本原理、原则为法源。行政法学著作、学说确立的原理、原则经常为西方国家法院司法审查适用,甚至直接在其行政判决书中引用。当然,这些原则在

---

① 参见王名扬:《法国行政法》,中国政法大学出版社 1988 年版,第 322 页;杨建顺:《日本行政法通论》,中国法制出版社 1998 年版,第 156 页。

为法院适用后，往往转换成判例法规范，有的国家甚至通过制定法加以固定。行政法理在转换成判例法规范或制定法规范以后，就构成了判例法源或制定法法源。而且，行政法理是不断发展的，原有的法理转换成判例法规范或制定法规范以后，还会产生新的法理。新的法理被人们广泛认同、接受后，即转化成行政法的法源。

行政法的法源多种多样，非常广泛。它们之间的相互关系和各自的法律效力是一个较为复杂的问题，而且各国的法律制度不同，这种相互关系和效力位阶不存在一个统一的规则。一般来说，制定法法源优于判例法法源；判例法法源优于习惯、惯例和法理等形式的法源。而在制定法中，宪法具有最高的法律地位，法律的位阶次之，法规、规章的位阶又次之。但是法源效力的位阶不是绝对的，虽然制定法在位阶上优于非制定法，但制定法在立法时，往往是以法理和法的基本原则为根据；制定法在适用时，也必须考虑法理和法的基本原则。

第六章

行政法的基本原则

法治的基本含义是，任何事情都必须依法而行。将此原则适用于政府权力时，即要求每个政府当局必须能证实自己的行为是有法律授权的……法治的第二层含义是，政府应该根据公认的限制自由裁量权的一整套规则和原则行为……法治的第三层含义是，对政府行为是否合法的争议应当由完全独立于行政之外的法官裁决……法治的第四层含义是，法律应该平等地对待政府和公民。①

——[英]威廉·韦德

依法行政原则要求行政受立法机关规则的约束，同时处于行政法院的控制之下，行政法院应当在其主管权之内审查行政机关遵守法律的情况。依法行政原则包括两项内容，即法律优先原则和法律保留原则。②

——[德]哈特穆特·毛雷尔

本章节目

第一节　行政法基本原则概述

第二节　行政法的实体性基本原则

第三节　行政法的程序性基本原则

---

① H. W. R. Wade, *Administrative Law*, Clarendon Press, p. 23-25.

② [德]哈特穆特·毛雷尔：《行政法学总论》，高家伟译，法律出版社2000年版，第103页。

第一节　行政法基本原则概述

一、行政法基本原则的含义

法的规范依其对社会关系调整的确定性程度和细密程度,可分为规则、原则、基本原则三类。规则对社会关系的调整最为确定,规范最为具体;原则对社会关系的调整弹性相对较大,规范较抽象;基本原则对社会关系调整的弹性则更大些,规范更抽象。从调整范围来说,规则调整的范围较窄,通常只涉及某种具体的事务;原则调整的范围较广,可适用于较广范围的事务;基本原则调整的范围最广,可适用于一定领域的整个社会关系。从规范的对象来说,规则直接规范社会关系,而规则本身受原则规范,原则又受基本原则规范;基本原则首先通过原则、再通过规则规范社会关系。

法的基本原则是法的灵魂,任何国家的法,任何国家的行政法都不可能没有灵魂,从而不可能没有基本原则。但是基本原则不同于法的具体规则、原则,法的具体规则、原则是由成文法的具体条文加以确立和宣示的,基本原则通常首先以一种观念、一种法理思想存在于各国立法者和国民的法律意识中,然后由本国的学者、法官加以概括、归纳,在其学术著作或法律裁判文书中予以表述和阐释。在现代行政程序法典中,则有将行政法基本原则条文化的趋势。① 行政法基本原则是指导和规范行政法的立法、执法以及指导、规范行政行为的实施和行政争议的处理的基础性规范。它贯穿行政法具体规范之中,同时又高于行政法具体规范,体现行政法的基本价值观念。行政法基本原则是在行政法调控行政权的历史长时期中形成的,由行政法学者高度概括出的调整行政关系的普遍性规范。

---

① 如德国、荷兰、葡萄牙、韩国以及我国台湾地区和澳门特别行政区的行政程序法,均以法律条文明确规定行政法的基本原则。参阅应松年主编:《外国行政程序法汇编》,中国法制出版社 1999 年版。

二、行政法基本原则的性质和功能

行政法基本原则的性质和功能表现在下述五个方面：

其一，行政法基本原则是一种“基础性规范”，是产生其他具体规则和原则的规范。行政法的具体规则和原则以行政法基本原则为指导，反映和体现行政法的基本原则，而不能违反行政法基本原则或与之相抵触。

其二，行政法基本原则是一种高度抽象的并体现行政法的基本价值观念的规范。行政法的具体规范贯彻行政法基本原则的精神，该精神浸透着相应的基本价值观念。

其三，行政法基本原则是一种普遍性规范，它对行政关系进行整体的宏观的调整、规范。行政法执法者在适用行政法具体规范调整特定行政关系时，必须受行政法基本原则的指导，必须将基本原则的精神与具体规范所确立的具体行为结合起来。行政法通过这种法意与法则的结合适用使法的整体功能和目标得以实现。

其四，行政法的基本原则不仅指导、调整整个行政执法行为，而且指导和调整行政法的整个立法行为。国家权力机关制定行政法律，国家行政机关制定行政法规和规章，都需要受行政法基本原则的指导，行政法律、行政法规和规章都要体现和贯彻行政法的基本原则。行政法基本原则对立法的指导和调整是其在执法中得以实现的保证。

其五，行政法基本原则不仅对行政法的立法、执法起宏观指导作用，而且在一定的场合也直接规范行政行为的实施和行政争议的处理。一般来说，行政法基本原则不直接调整和规范行政行为的实施和行政争议的处理。但是在某些情况下，相应问题缺少行政法具体规则的调整，或者法律给行政主体或行政争议处理机关留下较广泛的自由裁量余地时，行政行为的实施或行政争议的处理就要直接受行政法基本原则的拘束，即直接根据行政法基本原则作出相应行为和裁决相应争议。

三、行政法基本原则的形成和确定

行政法基本原则是在行政法调控行政权的历史长时期中形成，并由行政法学者所概括归纳的。虽然有的行政法基本原则现在已在一些国家的宪法或行政法基本法中得以确立，但从整体上讲，行政法基本原则并非由某一个或某几个具体法律、法规所特别规定的。人类自从结成社会以后，就需要公权力，特别是需要行政权，因为这是维持社会安全和秩序所必不可少的。然而公权力，特别是行政权，又有产生腐败和滥用的趋势，从而导致对人民权利和自由的威胁。为此，人类一直在探索建立一种机制，使之既能有效地发挥行政权的积极作用，又能尽可能地防止和抑制其消极作用，避免它对人民权利、自由的危害。若干世纪以来，人类进行了很多种尝试和实验，确立过很多规范和制度，包括行政法的规范和制度。这些尝试、试验、规范、制度，有的是成功的，有的是失败的，有的是成败得失均有的。学者们总结这些成功的和失败的经验，从中抽象出一些较普遍适用的规则，以指导新的探索和实践。在行政法领域，这些较普遍适用的规则就是行政法的基本原则，它们是中外行政法学者通过长期的研究，总结、概括出来的。当然，不同学者因其概括、归纳方法不同，对基本原则的表述并不相同。[①] 而且由于各国行政法本身的差别很大（这种差别远大于各国民法、刑法的差别），因此，要从各国行政法基本原则中抽象、归纳出若干共同的一般原则是非常困难的。本书下面所阐述的行政法基本原则并非各国普遍共有和为所有行政法学者普遍认同的原则，而只是选择各国行政法基本原则中形成历史较长久、适用较普遍、为人们较广泛认同的若

---

① 有的行政法学者对基本原则高度抽象概括，将行政法基本原则归纳和表述为一项原则：依法行政原则。参见陈新民：《行政法学总论》，台北，三民书局 1995 年版，第 53-64 页。有的归纳为两项原则：合法性原则与合理性原则。参见罗豪才主编：《行政法学》，中国政法大学出版社 1996 年版，第 53-65 页。有的学者则稍加具体化，将行政法基本原则概括和表述为数项，如英国韦德教授将英国行政法的基本原则概括为：法治、议会主权、政府服从法律、越权无效四项。韦德在其名著《行政法》第二章中论述英国法院权力的宪法基础时既将这些原则视为行政法的宪法基础，又将之作为行政法基本原则阐释，如他称越权原则为行政法的"核心原则"（central principle）。参见 H. W. R. Wade, *Administrative Law*, Clarendon Press, 1989, p. 23-50。美国盖尔霍恩和博耶将美国行政法的基本原则概括为：公正性、准确性、效率、可接受性四项。盖尔霍恩和博耶在其《行政法和行政程序》一书中讲到行政程序法要体现四种公共价值（public values），这些公共价值亦可以理解为立法要考虑的法的基本原则。参见 E. Gellhorn, B. B. Boyer, *Administrative Law and Process*, West Publishing Co., 1981, p. 5-6。胡建淼将前南斯拉夫行政法基本原则归纳为：法制原则、独立原则、公开原则、效率原则四项。参见胡建淼：《十国行政法——比较研究》，中国政法大学出版社 1993 年版，第 427-429 页。杨海坤将我国行政法基本原则归纳为两类 12 项。第一类为社会政治原则，包括社会主义、党的领导、民主集中制、保障人民权利、社会主义法治、民族平等 6 项；第二类为行政法专门原则，包括行政法治、监督行政、行政公正、行政公开、行政合理、行政效能 6 项。参见杨海坤：《中国行政法基本理论》，南京大学出版社 1992 年版，第 145-155 页。

干原则,并将之分成两大类别,一类主要是调整行政实体关系的,称为“行政法的实体性基本原则”;另一类主要是调整行政程序关系的,称为“行政法的程序性基本原则”。①

第二节 行政法的实体性基本原则

一、依法行政原则

依法行政原则②是法治国家、法治政府的基本要求。法治(rule of law)要求政府在法律范围内活动,依法办事;政府和政府工作人员如果违反法律,超越法律活动,即要承担法律责任。法治的实质是人民高于政府,政府服从人民。因为法治的“法”反映和体现的是人民的意志和利益。

法治不等于“用法来治”(rule by law)。“用法来治”是把法单纯作为工具和手段,政府运用“法”这一工具和手段来治理国家,治理老百姓。单纯“用法来治”的实质是政府高于人民,人民服从政府,因为政府以治者居,人民被视为消极的被治者。

依法行政的基本含义是指政府的一切行政行为应依法而为,受法之拘束。德国行政法学者认为依法行政原则包括三项内容:(1)法律创制。指法律对行政权的运作产生绝对有效的拘束力,行政权不可逾越法律而行为。(2)法律优越。指法律位阶高于行政法规、行政规章和行政命令,一切行政法规、行政规章和行政命令皆不得与法律相抵触。(3)法律保留。指宪法关于人民基本权利限制等专属立法事项,必须由立法机关通过法律规定,行政机关不得代为规定,行政机关实施任何行政行为皆必须有法律授权,否则,其合法性将受到质疑。③

---

① 这种分类并不是很严格的:“行政法的实体性基本原则”主要调整行政实体关系,但并非完全不调整行政程序关系。如依法行政原则既要求实体依法,也要求程序依法。同样,“行政法的程序性基本原则”主要调整行政程序关系,但也并非完全不调整行政实体关系。这种分类只是突出相应原则所调整的重点领域。

② 这里论述的“依法行政”原则是广义的,相当于笔者在其他著作中使用的“行政法治”原则。狭义的“依法行政”原则仅指依法律规定行政,只是行政法治原则的要求之一。

③ 此观点出自德国行政法学者奥托·迈耶所著《德国行政法》一书。转引自陈新民:《行政法学总论》,台北,三民书局1995年版,第54页。

日本学者认为,依法行政在具体制度形式上体现为三项要求:(1)建立议院内阁制、议会制的民主主义,通过国会对行政进行政治限制;(2)在这一前提下,行政立法、行政处分和行政程序中,存在立法优先的要求或者立法的统制问题;(3)通过法院对行政进行司法方面的事后救济,而不限于行政监察之类的行政内部监督。①

在我国,依法行政原则主要包括下述要求:

首先,依法行政的"法",包括宪法、法律、法规、规章。但在所有这些法的形式中,宪法的效力最高,法律的效力高于法规,法规的效力高于规章。在下位阶法的原则、内容与上位阶法发生冲突时,执法机关应适用上位阶法而不应适用与上位阶法相抵触的下位阶法。依法行政首先要求依宪法、法律行政,法规和规章只有符合宪法、法律的规定时,才能作为行政行为的依据。

其次,依法行政要求政府依法的明文规定行政。政府不严格按法律规定办事,不严格依法律规定行政,就不是法治政府。但是,依法行政不仅仅要求政府依法的明文规定行政,还要求政府依法的原理、原则行政。这是因为:其一,法律的具体规定是有限的,而法律调整的社会关系和社会事务是无限的。特别是现代社会,需要法律调整的社会关系和社会事务越来越广泛、越来越复杂,法律不可能对每一项社会关系和社会事务都作出明确、具体的规定。从而,法律不能不给政府的行政留下大量的自由裁量空间。对于自由裁量行为,依法行政对政府的要求是依据和遵守法的原理、原则,如公开、公正、公平、诚信、信赖保护、考虑相关因素和不考虑不相关因素等。② 其二,法律规定是

---

① [日]和田英夫:《现代行政法》,倪健民等译,中国广播电视出版社1993年版,第27-28页。

② 第二次世界大战以前,人们讲"法治",讲"依法行政",其含义只是指或基本上是指依法律规定行政,依法律规定办事。但第二次世界大战以后,各国均在法治和依法行政原则的内涵中增加了控制滥用自由裁量权的内容。因为第二次世界大战以后,随着社会经济的发展,国家行政事务日益繁多和复杂,一国法律无论如何完备、严密,均不可能对所有政府行为的范围、幅度、方式等都作出规定,法律为大量的政府行为留下了自由裁量的余地。此外,政府行为不同于司法行为,政府需要每日每时处理不断出现和发生的新情况、新问题,为了保障政府适应新情况、灵活作出反应的能力,法律亦需要赋予政府在行使其职权时较广泛的自由裁量权。由此可见,在现代社会,政府行为中自由裁量比重增加不仅有其必然性,而且有其必要性,但是自由裁量权也最易于滥用,导致对国家、社会利益和公民、法人、组织合法权益的损害。因此,对自由裁量权必须加以控制。那么,怎么控制行政自由裁量权呢?根据许多法治国家的经验,对政府行政自由裁量权控制主要途径有二:一是法的目的、原则、精神,特别是法的基本原则;二是法律程序,特别是体现公开、公平、公正要求的正当法律程序。

受法的原理、原则支配的,法的原理、原则不仅指导立法,即指导法律的制定,而且也指导执法、司法,即指导法律的执行和法律争议的裁决。因此,政府实施行政行为,包括实施行政立法、行政执法、行政司法,都不仅要依据法的规定,而且要依据法的原理、原则。否则,如果行政只拘泥于法的文字,拘泥于法的具体规定,机械依法,其行为就可能背离法的目的,产生负面的社会效果。其三,法律规定适用于社会事实是需要解释的。在很多情况下,具体法律规定的含义并不是十分明确的和唯一的。在法律规定的含义不十分明确、人们对之存在多种理解的情况下,执法者如何确定相应法律规定在具体情境中的含义,就必须依据法的原理、原则。否则,政府如果可以脱离法的原理、原则而随心所欲地解释法律,它就不再是法治政府而是专制政府了。

再次,依法行政要求政府依法律规定行政,而依法律规定行政又首先要求依行政管理法的规定行政。政府不严格按照行政管理法规定的范围、条件、标准和限度办事,自然谈不上依法行政。但是,依法行政不仅要求政府依行政管理法的规定行政,还要求政府依行政组织法和行政程序法的规定行政。行政组织法规定政府的职责、职权。政府违反行政组织法的规定就会越位(政府内部越权)、错位(政府外部越权)、缺位(政府不作为)。行政程序法规定政府行为的方式、过程、步骤。政府违反行政组织法的规定就会导致专断和滥用权力。可见,依法行政既要求政府依法定行为规则行政,还要求依法定职权和依法定程序行政。

最后,依法行政要求政府对行政相对人依法实施管理。因为"行政"的基本含义就是管理,没有依法管理自然谈不上依法行政。但是,依法行政不仅要求政府对行政相对人依法管理,还要求政府自身守法,要求政府依法提供服务和依法接受监督。政府守法是法治政府的基本要求,因为法治首先是依法治官,依法规范政府和政府公职人员的行为,而不是首先或仅仅依法治民,只规范行政相对人的行为。至于政府依法提供服务和依法接受监督,乃是政府依法行政的题中应有之义,因为行政意味着管理,而管理在法治社会则意味着服务;依法行政意味着依人民的意志和利益执行公务,而依人民的意志和利益执行公务则意味着接受人民通过各种方式和途径实施的监督。政府脱离人民的监督,其权力就必然被滥用,人民的意志就必然被践踏,人民的利益就必然被侵犯。

二、尊重和保障人权原则

尊重和保障人权原则既是宪法的基本原则，也是行政法的基本原则。作为一个法治政府，自然应该尊重和保障人权，切实维护行政相对人的合法权益，使之不受侵犯，而不能在实施行政行为的过程中侵犯公民的人权，损害行政相对人的合法权益。

美国学者路易斯·亨金认为，人权并非政府赐予公民的礼物，人权先于政府而存在，政府有义务保护公民这些先在的权利。人权不受所有机关和所有政治权威的侵犯，不仅不受政府官员的侵犯，甚至不受多数人、不受民选代表的侵犯，即使他们出于为公共谋福利的善良愿望亦如此。即使在战争期间，人权虽然可以受到限制，但也不能取消，法院仍保护人权。①

德国学者毛雷尔认为，基本权利保护原则是法治国家的最重要的原则，是其他宪法原则（保护公民尊严的原则、民主原则、社会国家原则）的基础。这一原则要求全面保护公民的自由和财产。公民的基本权利以人的尊严为中心，主要包括自由权和平等权。自由权的主要内容有：人身自由、良心和信仰自由、婚姻和家庭自由、住宅不受侵犯、通信自由、集会自由、结社自由、科学研究自由、职业选择自由、经营自由、财产自由以及选举权、被选举权、担任公职权、受教育权、诉权等。平等权的主要内容有：禁止歧视，确保男女平等、担任公职机会均等、选举平等。②

我国《宪法》第 33 条确立了尊重和保障人权原则。在行政法领域，这一原则要求：

第一，行政主体及其工作人员在实施行政行为时，应充分尊重行政相对人的人格，这不仅要求行政主体及其工作人员遵守法的明文规定，不对相对人实施法律明文禁止的行为（殴打或采取其他侵害其身体的暴力行为等），不对相对人实施精神折磨或其他侮辱人格的行为（游街、示众、罚跪、罚站、辱骂、公布其隐私等），还要求行政主体及其工作人员在实施行政行为时文明和有礼

---

① 参见［美］路易斯·亨金等：《宪政与权利》，郑戈等译，生活·读书·新知三联书店 1996 年版，第 3-12 页。

② 参见［德］哈特穆特·毛雷尔：《行政法学总论》，高家伟译，法律出版社 2000 年版，第 105-107 页。

貌地对待相对人，无论是应相对人申请，还是依行政职权为相对人办事，都不得让相对人门难进、脸难看、话难听、事难办。

第二，行政机关应积极履行职权，切实保障公民的各项基本自由，包括人身自由、言论自由、信仰自由以及出版、集会、结社、游行、示威等自由。非出于国家和社会公共利益的特别需要，不得限制公民的自由。即使国家和社会公共利益特别需要，其限制也不能超过“必要”的限度。

第三，行政主体及其工作人员在实施行政行为时不得侵犯公民的各项政治权利，包括选举权、被选举权、担任国家公职权、参与国家管理权，对国家机关及其政府官员监督权、申诉权、控告权、检举权等。行政主体及其工作人员不仅不得自己侵犯公民的政治权利，在公民政治权利受到其他方面侵犯时，还应依法采取措施予以排除。

第四，行政主体及其工作人员应注重保护行政相对人的财产权，包括财产的所有权、使用权和继承权以及获得财产的资格与机会。这种保护包括四方面的内容：其一，积极采取保护措施，防止行政相对人的上述权利被侵犯。其二，自身在行使职权时，特别是在实施征收、征用等行政行为时，不得侵犯相对人的财产权。其三，如果其行政行为违法或越权，侵犯了公民、法人或其他组织的财产权益，应依法承担赔偿责任。政府对其违法行为是否承担法律责任，是区别法治政府和专制政府的一个重要标志。专制政府是不受法律约束的政府，它需要法，只是用法来治理老百姓，它本身并不需要（或者说并不必须）遵守法，其行为违法越权，损害相对人权益，亦不需要承担法律责任。相对人的权益受到政府行为的侵害，得不到任何赔偿。法治政府则不同，政府是人民代表机关的执行机关，由人民代表机关产生并受其监督，因此，它必须遵守人民代表机关制定的法律。如其行为违法，侵犯了相对人的合法权益，它就必须承担相应的法律责任，赔偿相对人的损失。其四，政府的合法行为，如政府依法实施的征收、征用行为，造成了相对人的财产损失，应对相对人的损失依法予以补偿。

三、越权无效原则

越权无效原则在行政法基本原则中有非常重要的地位，英国行政法学权威韦德教授对之有很高的评价，他认为该原则是行政法的“核心原则”（central principle)。[①]

越权无效原则的基本含义是行政机关必须在法定权限范围内行为,一切超越法定权限的行为无效,不具有公定力、确定力、拘束力和执行力。各国行政法虽然都承认越权无效原则,但各国对"越权"的具体解释和具体适用范围却有广有窄:有的国家将越权仅解释为违反法律明确规定的职权。例如,在比利时,越权仅指行政机关的下述两种违法情形:(1)行政机关作出某一种行政行为,侵越了另一机关的事权范围;(2)行政机关基于在时间上不再有或还没有的权力作出行政行为。前一种情形为事务越权,后一种情形为时间上越权。至于地域越权,即行政机关在自己管辖的地域范围以外实施行政行为,在比利时不称"越权",而称"无管辖权"。[②]

日本行政法对越权的解释和适用越权无效原则的范围较宽。日本行政机关的权限存在下述四种限度,超出其一均为越权:(1)事项上的限度(实质的限度),行政机关系统内上、下、左、右均不能越权,行使属于其他行政机关权限的事项;(2)地域上的限度,行政机关不得超越其管辖地域范围行使职权;(3)对人的限度,行政机关行使职权不能超出其权限涉及人的范围;(4)形式上的限度,行政机关行使职权不能超出规定的行为的形式。[③]

英国行政法对越权的解释更广泛,适用范围更宽,几乎包括了所有的违法情形。英国学者认为,违法即越权,因为法律只授予了行政机关依法行使职权的权限,而没有授予其违法行事的权限。英国法院将行政机关行为的下述八种情形均列入越权的范畴:(1)违反管辖条件(breach of jurisdictional conditions);(2)违反明确的法定程序(failure to follow expressly prescribed procedure);(3)不正当的委托(irregular delegation);(4)不合理(unreasonableness);(5)不相关的考虑(irrelevant consideration);(6)不适当的动机(improper motive);(7)违反自然正义(breach of natural justice);(8)案卷表面错误(error on the face of the record,这种情形过去不包括在越权范围之内,但现在

---

① See H. W. R. Wade, *Administrative Law*, Clarendon Press, 1989, p. 39.

② 参见胡建淼:《十国行政法——比较研究》,中国政法大学出版社 1993 年版,第 311 页。

③ 参见[日]室井力主编:《日本现代行政法》,吴微译,中国政法大学出版社 1995 年版,第 279-280 页。

有逐渐为“越权”所涵盖的趋势)。[①]

我国行政法对越权的解释较窄。《行政诉讼法》第70条和第72条规定了行政行为的六种违法情形,越权只是其中之一。行政行为的六种违法情形包括:(1)主要证据不足;(2)适用法律、法规错误;(3)违反法定程序;(4)超越职权;(5)滥用职权;(6)明显不当。其中,越权(超越职权)主要包括下述四种情形:

其一,无权限。即行政机关做了应由行政相对人自行解决的,或者应由市场调节解决的,或者应由社会团体、组织自律解决的事项。此种情形称行政“错位”。

其二,级别越权。即下级行政机关行使了应由上级行政机关行使的职权,或者行政机关的内部机构行使了应由行政机关本身行使的职权,或者行政机关的工作人员行使了应由行政机关负责人行使的职权。此种情形称行政“越位”。

其三,事务越权。即主管甲事务的行政机关行使了主管乙事务的行政机关的职权,如公安机关行使了工商机关的职权,或者行政机关行使了立法机关、司法机关的职权,如政府制定行政法规、规章规定应由法律规定的事项,政府裁决应由法院裁决的争议、纠纷。此种情形中前者可称行政“越位”,后者可称行政“错位”。

其四,地域越权。即甲地域的行政机关行使了乙地域的行政机关的职权,如北京市工商局处理了应由河北省工商局处理的相对人的不正当竞争行为。此种情形亦属“越位”。

根据越权无效原则,行政机关所有的越权行为都是无效的。但是,这种无效是广义的“无效”,包括狭义的无效和可撤销的行政行为。[②] 狭义的无效只适用于重大和明显的违法。[③]

---

① 参见姜明安主编:《外国行政法教程》,法律出版社1993年版,第158-160页。

② 关于狭义的无效和可撤销的区别,可参见本书后面章节关于行政行为效力的论述。

③ 《行政诉讼法》第75条规定,行政行为有实施主体不具有行政主体资格或者没有依据等重大且明显违法情形,原告申请确认行政行为无效的,人民法院判决确认无效。

四、信赖保护原则

随着现代法治文明的发展，信赖保护原则和比例原则在行政法基本原则中有了越来越重要的地位，其重要性甚至超过了越权无效原则。民法学家认为，民法上的诚信原则是民法中的“帝王条款”，是“君临全法域之基本原则”。[①] 那么，在行政法领域，信赖保护原则和比例原则似乎也越来越有成为本领域“帝王条款”和“君临全法域之基本原则”的趋势。

信赖保护原则[②]的基本含义是政府对自己作出的行为或承诺应守信用，不得随意变更，不得反复无常。德国学者毛雷尔认为，信赖保护原则部分源自在法治国家原则中得到确认的法律安定性，部分源自诚实信用原则，学理上还根据社会国家原则，并且越来越多地根据基本权利。其中最具有说服力的当属法的安定性，它是行政行为法律效果不受瑕疵影响和存续力的根据。他们认为，信赖保护原则在实践中可能发生冲突。在二者发生冲突时，应优先适用哪一原则，应进行利益衡量，具体情况具体对待。[③]

信赖保护原则的要求主要有四：

其一，行政行为一经作出，非有法定事由和经法定程序不得随意撤销、废止或改变，此源于行政行为的确定力。

其二，行政机关对行政相对人作出授益行政行为后，事后即使发现有违法情形，只要这种违法情形不是因相对人过错（行贿或提供虚假资料、信息等）

---

① 参见史尚宽：《民法总论》，台北，正大印书馆 1980 年版，第 300 页。

② 在英美普通法国家，信赖保护原则的另一种表述是“禁反言”（estoppel，也译“不准翻供”）。estoppel 的基本含义是，一个人提出或陈述了某种事实或意见后，别人以他提出或陈述的事实或意见为依据作出了某种对他不利的行为，他不能再否认或收回原已提出或陈述的事实或意见，即使这种事实或意见有误或不真实。estoppel 过去在普通法上是一项刑诉法原则，适用于被告对其犯罪事实的陈述。后来行政法引入这一原则并赋予这样的含义：行政机关一经作出某种行为，特别是赋予相对人一定权益的行为，其后不得任意变更，即使这种行为违法和对行政机关造成了某种不利。当然，estoppel 的适用不是绝对的，行政机关对于自己完全无权限或严重违法、越权作出的行为，对于严重损害社会公共利益的行为，事后是可以和应该撤销或变更的，但对这种撤销或变更给无过错的相对人造成的损失应给予赔偿或补偿。另外，行政机关因法律和政策的变化（法律和政策一般不溯及既往，但国家、社会公共利益特别需要时可例外）也可以撤销或变更原已作出的行为，同样，它应给因此对特定相对人造成的特别损失给予补偿。

③ 参见［德］哈特穆特·毛雷尔：《行政法学总论》，高家伟译，法律出版社 2000 年版，第 277-278 页。

造成的,行政机关亦不得轻易撤销或改变,除非不撤销或改变此种违法行政行为会严重损害国家、社会公共利益。

其三,行政行为作出后,如事后据以作出该行政行为的法律、法规、规章修改或废止,或者据以作出该行政行为的客观情况发生重大变化,为了公共利益的需要,行政机关可以撤回、废止或改变已经作出的行政行为。但是行政机关在作出撤回、废止或改变已经作出的行政行为的决定前,应进行利益衡量。只有通过利益衡量,认定撤回、废止或改变已经作出的行政行为所获得的利益确实大于行政相对人将因此损失的利益时,才能撤回、废止或改变相应行政行为。

其四,行政机关撤销或改变其违法作出的行政行为,如这种违法情形不是因相对人过错造成的,要对相对人因此受到的损失予以赔偿。行政机关因公共利益的需要撤回、废止或改变其合法作出的行政行为,如这种撤回、废止或改变导致相对人损失,则要对相对人的损失予以补偿。

五、比例原则

比例原则的基本含义是行政机关实施行政行为应兼顾行政目标的实现和适当性手段的选择,保障公共利益和行政相对人权益的均衡,如为实现行政目标可能对行政相对人权益造成某种不利影响时,应将这种不利影响限制在尽可能小的范围和限度内,保持二者处于适度的比例。有些国家将此基本原则以法律明定。例如,《荷兰行政法通则》第3章第4条规定:“某个(行政)命令对一个或更多的利害关系人产生不利后果,这不利后果须与命令的目的相当。”《葡萄牙行政程序法典》第5条规定:“行政当局的决定与私人权利或受法律保护的利益有冲突时,仅可在对拟达至的目标系属适当及适度的情况下,损害这些权利或利益。”①

比例原则有广义和狭义之分。广义比例原则主要有三项要求,即包括三项次级原则:

其一,适当性原则。行政机关拟实施行政行为,特别是实施对行政相对人权益不利的行政行为时,只有认定该行为有助于达到相应行政目的或目标

---

① 参阅应松年主编:《外国行政程序法汇编》,中国法制出版社1999年版。

时,才能实施。如果该行为无助于相应行政目的或目标的实现,行政机关则应终止相应行政行为的实施或选择另外的行政行为方案。

其二,必要性原则。行政机关拟实施行政行为,必须在多种方案、多种手段中进行选择,择其对行政相对人权益损害最小的方案、手段实施。这种对行政相对人权益最小的损害对于相应行政目的或目标的实现是必要的,故称"必要性原则",或称"最小损害原则"。

其三,均衡性原则。行政机关拟实施行政行为,必须先进行利益衡量,只有通过利益衡量,确认实施该行政行为不仅对于实现相应行政目的、目标是适当和必要的,而且可能取得的利益大于可能损害的利益,收益大于成本,才应实施。

狭义的比例原则即均衡性原则。行政机关实施行政行为,其目的和手段必须对称和相适应。行政机关不得采取超过目的需要的过度的措施,应尽可能使行政相对人的损失减少到最低限度。①

第三节 行政法的程序性基本原则

一、正当法律程序原则

正当法律程序(以下简称正当程序)原则也有广义和狭义之分。广义的正当程序原则指整个行政法的程序性基本原则,包括本节后面要阐述的行政公正、公开、公平原则,也包括本书后面专章研究行政程序制度时所要阐释的行政程序具体原则(非基本原则);狭义的正当程序原则仅指相当于英国行政法中"自然正义"(natural justice)②和美国行政法中"正当法律程序"(due

---

① 关于比例原则,参见[德]哈特穆特·毛雷尔:《行政法学总论》,高家伟译,法律出版社2000年版,第106-107页;陈新民:《行政法学总论》,台北,三民书局1995年版,第80-85页。

② 关于"natural justice",王名扬教授在其所著《英国行政法》一书中有详尽的阐释,参见王名扬:《英国行政法》,中国政法大学出版社1987年版,第151-160页。

process of law)[①]的原则。

在西方国家,对行政行为特别要求程序公正,因此,正当程序原则是它们的行政法的重要基本原则。正当程序原则的基本含义是行政机关作出影响行政相对人权益的行政行为,必须遵循正当法律程序,包括事先告知相对人,向相对人说明行为的根据、理由,听取相对人的陈述、申辩,事后为相对人提供相应的救济途径等。正当程序原则起源于英国古老的自然正义原则,该原则已存在3个世纪,它包含两条基本规则:(1)任何人不应成为自己案件的法官。根据这一规则,行政机关实施任何行政行为,参与行为的官员如果与该行为有利害关系,或被认为有成见或偏见,即应回避,否则,该行为无效。(2)任何人在受到惩罚或其他不利处分前,应为之提供公正的听证或其他听取其意见的机会。根据正当程序规则,公民在财产被征用、申请许可证照被拒绝,或受到吊销证照、罚款、开除公职等处罚或纪律制裁等不利处分前,行政机关均应事前给予其通知,告知处分根据、理由,听取其申辩意见。否则该处分将被司法审查确认无效。正当程序原则后来在美国宪法修正案中以成文法形式确定:任何人未经正当法律程序不得剥夺其生命、自由或财产。开始,这一宪法条款适用范围较窄,之后,特别是自20世纪以来,随着对生命、自由、财产的宽泛解释,这一条款适用的范围越来越广泛,甚至包括公民领取抚恤金、救济金和政府大量的福利行为,这些抚恤、救济等福利行为也被认为与公民的生命、自由、财产有关。因此,政府拒绝提供或取消继续提供福利行为亦要适用正当法律程序,如通知、说明理由、听取意见或举行听证等。

20世纪中期以后,随着各国行政程序立法的发展,正当程序原则在世界许多国家得到确立和广泛适用。许多欧洲大陆法系国家(德国、葡萄牙、西班牙、荷兰等),许多亚洲国家和地区(日本、韩国以及我国台湾地区、澳门特别行政区等)都纷纷进行行政程序立法,通过立法确立正当程序原则为行政法的基本原则。

本节所阐述的正当法律程序原则为狭义的正当程序原则,其要求主要有

---

① “正当法律程序”原则为美国宪法修正案第5条和第14条所规定。关于due process of law,王名扬教授在其所著《美国行政法》一书中有详尽的阐释,参见王名扬:《美国行政法》,中国法制出版社1995年版,第382-414页。

下述三项：

其一，自己不做自己的法官。所谓"自己不做自己的法官"，就是行政机关及其工作人员处理涉及与自己有利害关系的事务或裁决与自己有利害关系的争议时，应主动回避或应当事人的申请回避。在西方国家，"自己不做自己的法官"是正当法律程序原则的首要要求，根据这一要求，不仅行政官员在处理有关事务或裁决有关纠纷时，如涉及其本身或亲属利益要予以回避，而且行政机关还应设置相对独立的机构（行政裁判所、行政法官等）裁决涉及行政管理的有关争议；行政机关处理行政相对人的违法行为，进行调查和提出指控的机构不能直接作出处理裁决，而要提请与之有相对独立性的机构裁决。否则，亦构成行政违法，违反"自己不做自己的法官"的公正原则。我国《公务员法》明确规定了回避原则。[①] 虽然没有"自己不做自己法官"的表述，但其精神和要求是相同的。另外，《行政处罚法》规定，行政处罚的听证由行政机关指定的非本案调查人员主持，行政复议和行政诉讼更是由实施相应行政行为以外的机关处理行政争议，避免行为机关"自己做自己的法官"，所体现的即正当法律程序原则。

其二，说明理由。行政机关作出任何行政行为，特别是作出对行政相对人不利的行政行为，除非有法定保密的要求，都必须说明理由。对于抽象行政行为，如行政法规和规章，应通过政府公报或其他公开出版的刊物说明理由；对于具体行政行为，应通过法律文书（或口头）直接向行政行为的相对人说明理由。我国《行政处罚法》《行政许可法》《行政强制法》等法律、法规均明确规定了行政行为说明理由的要求。《行政处罚法》规定，行政机关在作出行政处罚决定之前，应当告知当事人作出行政处罚决定的事实、理由及依据，并告知当事人依法享有的权利。当事人有权进行陈述和申辩。行政机关必须充分听取当事人的意见、理由和证据，对当事人提出的事实、理由和证据，应当进行复核，当事人提出的事实、理由或者证据成立的，行政机关应当采纳。《行政许可法》规定，行政机关依法作出不予行政许可决定的，应当说明理由。《行政强制法》规定，行政机关实施行政强制措施，应当当场告知当事人采取行政强

① 参见《公务员法》第74-76条。

制措施的理由、依据以及当事人依法享有的权利、救济途径。①

其三，听取陈述和申辩。行政机关作出任何行政行为，特别是作出对行政相对人不利的行政行为，必须听取相对人的陈述和申辩。行政机关作出严重影响行政相对人合法权益的行政行为，还应依相对人的申请或依法主动举行听证，通过相对人与执法人员当庭质证、辩论，审查行政机关据以作出行政行为的事实、证据的真实性、相关性与合法性。我国《行政处罚法》《行政许可法》《行政强制法》等法律、法规均明确规定了行政机关作出行政行为听取相对人陈述和申辩以及听证的要求。②

二、行政公开原则

行政公开原则是20世纪中叶以后迅速发展和推广开的一项行政法基本原则。它的基本含义是：政府行为除依法应保密的以外，应一律公开进行；行政法规、规章、行政政策以及行政机关作出影响行政相对人权利、义务的行为的标准、条件、程序应依法公布，让相对人依法查阅、复制；有关行政会议、会议决议、决定以及行政机关及其工作人员的活动情况应允许新闻媒体依法采访、报道和评论。

第二次世界大战以后，人类从法西斯统治的教训中认识到社会公众、新闻媒体等对政府行为监督的极端重要性，提出了"政府公开""行政公开""信息自由""政府在阳光下""提高政府行为透明度"等口号，并陆续制定了各种相应的法律、法规，如《行政程序法》《政府会议公开法》《行政规章公布法》《信息自由法》《监察专员法》《阳光下的政府法》等。

新中国成立以来，我国党和政府一直比较重视让人民群众知政、参政和监督政府机关及其工作人员，历部宪法都规定政府要经常保持同人民群众的联系，倾听人民群众的意见，接受人民群众的监督。但是由于长期以来没有建立具体、完善的行政公开制度和对政府行为的广泛舆论监督制度，因此，即使我们有很好的国体和政体，也难以有效地防止政府权力滥用和政府官员的腐败现象。

---

① 参见《行政处罚法》第44-45条、《行政许可法》第38条、《行政强制法》第18条。

② 参见《行政处罚法》第44、63-65条；《行政许可法》第36、46-48条；《行政强制法》第8、36条。

为了促进政府机关及其工作人员的勤政、廉政,防止政府权力的滥用,保护行政相对人的合法权益,近十年来,我国先后颁布了《政府信息公开条例》和有关政务公开的一系列规范性文件。在行政管理领域认真实行行政公开原则是非常必要的。行政公开原则的要求主要有下述四项:

其一,行政立法和行政决策公开。这一要求主要包括两个方面的内容:一方面,制定行政法规、规章和进行行政决策的活动应公开。法规、规章、决策制定之前应广泛征求和充分听取相对人的意见,重要法规、规章、决策的草案应在正式制定之前予以全文公布(或公布要点),允许相对人提出异议,必要时还应举行有利害关系人的听证会,行政机关对有关问题的背景情况应予以说明、解释,当场答复相对人提出的询问、质疑等。另一方面,行政法规、规章应一律在政府公报或其他公开刊物上公布,行政决策除依法应予以保密的内容外,也应通过一定的形式予以公布。除此之外,对于特别涉及行政相对人权益的有关行政法规、规章、决策,政府还应印制成单行本,供公众购买。①

其二,行政执法和公共服务行为公开。这一要求主要包括三个方面内容:第一,行政执法行为和公共服务的标准、条件公开。行政机关实施涉及行政相对人权益的行为(批准、许可、征收、发放、免除等),对行为的标准、条件应一律公开(如张贴于办公地点),让所有公众知晓。第二,行政执法行为和公共服务的程序、手续公开。行政机关实施行政执法行为和公共服务,其程序、手续(申请、审批、鉴定、报送有关材料等)均应通过公开文件发布或在办公场所张贴等,使相对人事前了解。第三,某些涉及相对人重大权益的行政执法行为(如涉及人身权或重大财产权的行政处罚),应采取公开形式(如举行听证会)进行,允许一般公众旁听,甚至允许新闻记者采访、报道。②

其三,行政裁决和行政复议行为公开。行政裁决是行政机关裁决作为行政相对人的个人、组织相互之间所发生的特定民事争议,如土地、森林、矿产资源等所有权、使用权的权属争议,有关民事赔偿争议,知识产权争议等。行政复议是行政复议机关审查、裁决作为行政相对人的个人、组织不服作为行政主体的行政机关或法律、法规授权组织作出的行政行为的行政争议,如有关行政

---

① 这些要求已经在我国《立法法》《行政法规制定程序条例》《规章制定程序条例》中予以规定。
② 这些要求已经在我国《行政处罚法》《行政许可法》中予以规定。

处罚、行政强制措施、发放许可证照等的争议。行政机关无论是实施行政裁决行为还是行政复议行为，其裁决、复议的依据、标准、程序应予以公开，让当事人事先知晓。至于裁决、复议的形式，依法可书面进行，必要时亦可举行正式听证会，公开进行。对于作为裁决、复议结果的裁决书、复议决定书，除了应送达当事人双方、让其知晓外，其他个人、组织亦应允许其依法查阅，并可在保证个人隐私和商业秘密得到保护的前提下在网上公开。①

其四，其他行政信息公开。行政公开原则除了上述三项要求外，另外一项重要要求就是新闻媒体和网络依法对各种行政信息的公开发布。行政机关制定的法规、规章、政策，作出的行政决议、决定，发布的行政命令、指示，实施的行政执法、行政裁决、行政复议行为，除法律、法规明确规定应予保密的以外，均应允许新闻媒体和网络予以发布。另外，对于行政机关及其工作人员遵纪守法、廉政、勤政的情况，也应允许新闻媒体在真实、准确的前提下予以公开报道。许多外国的经验和我国自己的经验都表明，新闻舆论和网络监督对于保障政府机关及其工作人员依法行政、防止滥用权力和腐败是非常有效的武器。②

三、行政公正原则

行政公正原则是行政法的另一基本原则。它的基本精神是要求行政主体及其工作人员办事公道，不徇私情，平等对待不同身份、民族、性别和不同宗教信仰的行政相对人。而实现这种要求的重要保障则是公正的行政程序。

行政主体及其工作人员是人民的公仆，其行政权力是人民赋予的。因此，他们必须运用这种权力为人民服务，而不能利用此种权力为自身或与之有某种关系的个人、组织牟取私利。行政公正原则包括实体公正和程序公正两个方面的要求，因此，该原则既是行政法的程序性基本原则，也是行政法的实体性基本原则。这一原则实体公正的要求主要包括：依法办事，不偏私；合理考虑相关因素，不专断。程序公正的要求主要包括：自己不做自己的法官；不

---

① 这些要求已经在我国《行政复议法》等法律、法规中予以规定。

② 国务院已于 2007 年 1 月 17 日第 165 次常务会议通过《政府信息公开条例》。此前，广州市、上海市等地方政府已于国务院《政府信息公开条例》之前制定了《政府信息公开办法》，全国人大常委会也曾将《政务信息公开法》列入 5 年立法规划。

单方接触;不在事先未通知和听取相对人陈述、申辩意见的情况下作出对相对人不利的行政行为。自己不做自己的法官、听取相对人陈述、申辩,既是行政公正原则的要求,也是前述正当法律程序原则的要求。

其一,依法办事,不偏私。严格遵守法律规定、依法办事虽然是依法行政原则的要求,但同时也是行政公正原则的要求。因为法律不是确定某一个人的特殊利益,不是针对某一个人或某几个人的,而是针对人们整体,确定人们整体利益的。因此,它不会对处于同样情况的人们作出不同的规定。例如,在同样情况下,要求公民甲这样做而却要求公民乙那样做;赋予公民甲种种权利而只要求其尽很少的义务,却要求公民乙履行种种义务而仅赋予其很少的权利。法律是一视同仁的,行政机关如果离开法律办事,就可能因感情或其他因素而不一视同仁,就可能同样情况不同对待,不同情况相同对待,从而出现不公正。

不公正可以表现为明显的违法,但很多情况下则可能为形式合法的外衣所包裹。例如,行政机关实施行政许可行为,申请许可且符合法定许可条件的相对人有多个,而可许可的名额仅有一个或几个。行政机关无论给予其中哪一位或哪几位申请人许可,均是合法的。在这种情况下,行政机关如果办事公道,则应根据许可申请人的有关情况(技术、资金、人员素质、申请先后顺序①等)和对政策、社会公共利益的考虑等因素(这些具体标准和考虑因素应事先公布)来决定批准许可的人选。如果不是这样,行政机关工作人员凭申请人与自己的关系或申请人是否给予自己某种好处或给予好处的多少来决定许可人选,这种许可行为在表面上虽然是合法的,但实质上却是不公正的。

其二,合理考虑相关因素,不专断。行政公正原则首先要求不偏私,即行政主体实施行政行为不考虑不相关的因素。其次要求行政主体实施行政行为合理考虑相关因素,不专断。所谓"相关因素",包括法律、法规规定的条件、政策的要求、社会公正的准则、相对人的个人情况、行为可能产生的正面或负面效果等。② 所谓"专断",就是不考虑应考虑的相关因素,凭自己的主观认识、推理、判断,任意地、武断地作出决定和实施行政行为。例如,行政机关对

---

① 参见《行政许可法》第 57 条。

② 参见《行政处罚法》第 39-65 条。

一起殴打他人致轻微伤害的违反治安管理行为进行处罚,首先要考虑当事人的行为是否符合治安管理处罚规定的条件:是否为一方"殴打"另一方,是否造成了另一方的"轻微伤害";其次要考虑殴打行为发生的原因,造成轻微伤害的程度;再次还要适当考虑双方当事人的平时表现(打人者是否为屡教不改的流氓,被打者是否为老实守法的公民;或者被打者是否为民愤很大的地痞,打人者是否为屡受其侵犯的公民)等;最后才能公正地决定对实施了殴打行为的人给予何种处罚。行政机关依法对行为人给予法定范围内的任何处罚都是合法的,但是却不一定公正。行政机关只有在合理地考虑了各种相关因素(行为时间、地点、目的、动机、后果等)的基础上确定处罚种类和处罚幅度,才可能是公正的。

其三,自己不做自己的法官。这一要求已在前面的"正当法律程序"原则中予以阐释,这里不再赘述。

其四,不单方接触。这一要求是指行政机关就某一行政事项同时对两个或两个以上相对人作出行政决定或行政裁决,不能在一方当事人不在场的情况下单独与另一方当事人接触(接受一方当事人的宴请,在家接待一方当事人的求见等)和听取其陈述,接受其证据。为保证公正,有些行政行为必须通过招标、拍卖等完全公开、各方当事人均在场的程序实施。[①] 不单方接触也包括行政处罚裁决机构或听证主持人就相对人违法行为作出处罚决定的过程中,不能在被处罚人不在场的情况下,单独与调查违法行为和提出指控的行政机构或工作人员私下商量、交换意见和讨论处罚内容。不单方接触制度有利于防止行政腐败和偏见,防止行政机关对一方当事人偏听偏信而损害另一方当事人的权益。很显然,不单方接触对于保障行政公正原则的实现是非常重要的。

其五,不在事先未通知和听取相对人陈述、申辩意见的情况下作出对相对人不利的行政行为。这一要求与前述正当法律程序原则中的说明理由和听取陈述、申辩的要求是基本相同的,它是实现行政公正的重要保障。行政主体在作出对相对人不利的行政行为(行政处罚,要求相对人履行某种特别义务等)前,必须事先通知相对人,听取相对人对有关事实、理由的陈述、解释或申辩

---

① 参见《行政许可法》第 53-54 条。

（紧急情况下和法律规定的有关特殊情况除外）。行政主体之所以在行为前要通知相对人，是为了使相对人对相应行为有所了解、有所认识和理解，以为自觉履行相应行为为之确定的义务进行必要的准备。如行政主体责令相对人拆迁房屋，必须使相对人事先对拆迁的理由（国家某项公共建设的需要，或该房屋属违章建筑，应予拆除等）有所了解，并认识到拆迁的必要性，从而自觉做好相应的拆迁准备工作。否则，当即通知当即强行拆迁，就会造成很多不必要的损害，导致对相对人的不公正。行政主体之所以在行为前要听取相对人的陈述、解释、申辩，主要是为了防止和克服行政行为的片面性和可能的差错，尽量避免冤假错案。

四、行政公平原则

行政公平原则与行政公正原则既有联系，也有区别。没有公平，就没有公正；实现了公正，就必然能保障公平，这是二者的联系所在。但是，公平主要指平等对待，是相对于歧视而言，而公正主要指公道正派，是相对于偏私而言，这是二者的区别所在。

行政公平是民主国家的要求。民主国家意味着国家是全体人民的，因此，全体人民在自己的国家内应享有同等的权利和同等的机会，行政主体应平等地对待任何相对人，不能厚此薄彼，不能凭某种关系或自己的好恶赋予某些人以特别的权利，加予某些人以特别的义务。因此，行政公平原则的基本要求就是平等对待相对人，不歧视。

平等对待相对人、不歧视是公民在“法律面前一律平等”的宪法原则[①]在行政法领域的具体体现。行政机关实施行政行为，无论是抽象行为还是具体行为，无论是授予权益行为还是要求履行义务行为，无论是赋予某种资格的行为还是科处某种处罚的行为，都必须依法平等地对待任何相对人，不能因相对人的身份、民族、性别、宗教信仰等的不同而对之予以不平等的待遇。[②] 例如，行政机关通过考试、考核录用公务员，应以统一考试、考核成绩决定对考生

---

① 参见《宪法》第 33 条。

② 《行政许可法》第 5 条第 3 款规定，符合法定条件、标准的，申请人有依法取得行政许可的平等权利，行政机关不得歧视。该法第四章又规定了一系列程序保证这一原则的切实执行和实现。

的取舍，而不应对非农民出身的考生和农民出身的考生、汉族出身的考生和少数民族出身的考生、男性考生和女性考生、不信仰宗教的考生和信仰宗教的考生规定不同的录取线或其他录取条件。行政机关在实施行政行为时因身份、民族、性别、宗教信仰等而歧视对待社会上一部分处于弱势或处于少数地位或处于某种不利情形的相对人是与公正原则相违背的。根据公正原则，对少数民族、女性或社会上处于弱势地位的人（如残疾人等）不仅不应予以歧视，还应根据实际与可能，适当地对他（她）们予以优待和照顾。

当然，平等不是绝对的，行政行为也不可能绝对地、无条件地对相对人一律平等。就公职录用行为来说，有些职位必须对录用对象的性别、身高、视力等规定特别的条件，这些特别条件只要是相应职位工作的需要，就不是歧视。歧视是设定与相应职位工作需要无关的不合理的条件。

行政法的各项基本原则在总体上是一致的，但在具体场合、具体问题上，有时也会发生冲突和矛盾。例如，依法行政原则与信赖保护原则，比例原则与公正、公平原则，尊重、保障人权（如隐私权）原则与公开原则等，在具体场合、具体问题上，都可能会发生某些冲突和矛盾。因此，我们在运用行政法的基本原则处理具体问题时，一定要把行政法的所有基本原则当作一个整体来考虑，对各种目标和利益进行权衡、协调，以求得一个合理的和适当的中介点。当然，对于不同的目标和利益，要分清哪些是根本性的、目的性的，哪些是非根本性的和非目的性的。例如，就保障公民权益、增进人民的幸福与提高行政效率相比较而言，前者具有根本性、目的性，后者则具有手段性；提高行政效率的目的是更好地实现人民的权益和增进人民的幸福，如果忘记了人民的权益和幸福，把行政管理效率当作目的，为提高效率而提高效率，那么就有可能效率越高，对人民权益的损害越大。当然，我们也不能只讲公民局部的、暂时的权益保护而不讲依法行政，没有依法行政，经济不能发展，国家不能富强，人民的权利、自由和幸福也就无法实现。因此，我们对于行政法的各项基本原则，一定要全面加以适用，行政主体在实施各种行政行为时，要善于合理地、适当地协调不同的目标和利益，使各种行政关系得到最佳调整，使国家、社会的公益和个人、组织的私益得到最好的兼顾。

第二编

行政法主体

第七章

行政组织与法治政府建设

在所有现代民主国家,行政俱已受法律规范约束。……这便是所谓"合法性原则";合法性指的是全部法律准则。这意味着,行政机关必须依法行政。

组织法必须符合宪法,这是事实。有人仅仅依据这一点就试图把组织法并入"合宪准则群"中,且打算引出这样的结论:一个普通法律只要不符合某个组织法,就是违反宪法。似乎应当认真了解二者的细微差别。[①]

——[法]让·里韦罗

本章节目

第一节　行政组织与行政组织法

第二节　法治政府建设

第一节　行政组织与行政组织法

一、行政组织概述

在大陆法系,传统的行政法学著作通常都设"行政组织"或"行政组织法"

① [法]让·里韦罗、让·瓦利纳:《法国行政法》,鲁仁译,商务印书馆2008年版,第35、335页。

编(章)①,专门研究行政机关的性质、地位、职权、职责及组织体系问题,有的学者在“行政组织”或“行政组织法”编(章)中还同时研究公务员制度,包括公务员的性质、地位、任务,公务员的权利、义务和责任等。② 而英美法系的行政法著作,通常都不设“行政组织”或“行政组织法”的专门编(章),只是在有关编章中附带研究行政机关的问题。许多美国学者认为,行政组织问题(行政机关和公务员的有关问题)属于“公共行政”(行政学)研究而不属于行政法学研究的范畴。行政法学的研究对象应限于行政权力和对行政侵权的救济。③

我国行政法学研究主要受大陆法系的影响,学者通常在其教科书中单设“行政组织”或“行政组织法”编,该编一般在全书中占有重要位置和较大篇幅(行政法学体系结构除绪论外,通常由行政组织、行政行为、行政救济三编组成)。④ 进入 20 世纪 90 年代,在我国行政法学的体系和内容中,行政组织(法)的比重逐渐减少,并且往往不再以“行政组织”(法)设编,而对其内容加以修改增删,改设“行政法律关系主体”(“行政法主体”)编(章),有的行政法学著作则进一步缩小范围,仅以“行政主体”设编。⑤

本书设“行政法主体”编。行政法主体的概念、范围与行政法律关系主体的概念、范围是一致的⑥,但与行政组织、行政主体的概念、范围则有着重要区别,后者不包括行政相对人,不包括行政法制监督主体,甚至也不包括公务员。在现代行政法学中,不专门研究行政相对人和行政法制监督主体的地位和他

---

① 参见[日]室井力主编:《日本现代行政法》,吴微译,中国政法大学出版社 1995 年版,第四编“行政组织法”;[日]南博方:《日本行政法》,杨建顺、周作彩译,中国人民大学出版社 1988 年版,第二章“行政组织”;林纪东:《行政法》,台北,三民书局 1976 年版,第三章“行政组织法”。

② 参见陈新民:《行政法学总论》,台北,三民书局 1991 年版,第三章“行政组织法”(第十节“公务员法”)。

③ 参见[美]伯纳德·施瓦茨:《行政法》,徐炳译,群众出版社 1986 年版,第 2 页。

④ 如应松年主编的《行政法学教程》(中国政法大学出版社 1988 年版),共设 4 编,其中第二编为“组织编”;罗豪才主编的《行政法论》(光明日报出版社 1988 年版),共设 5 编,其中第二编为“行政组织编”。

⑤ 如罗豪才主编的行政法学教科书《行政法学》(中国政法大学出版社 1989 年版),共 12 章,其中第三章为“行政法律关系主体”;熊文钊的《行政法通论》(中国人事出版社 1995 年版),共 5 编,其中第二编为“行政法主体”;王连昌主编的《行政法学》教科书(四川人民出版社 1993 年版),共 4 编,其中第二编为“行政主体”。

⑥ 本书之所以使用“行政法主体”而没有使用“行政法律关系主体”,只是因为前者更简洁一些。

们的权利、义务,难以体现现代行政法的民主化趋势和现代行政法的参与、制约、监督原则。而不集中研究公务员的权利、义务和责任,则难以明确行政主体的地位,难以说明行政主体与行政相对人的关系。当然,本书使用行政主体而不使用行政组织的概念还有另外的理由:从法学的角度看,研究行政机关主要应研究其在法律关系中的地位,研究其权利(职权)、义务(职责)和责任,而不应过多地研究其组织问题,组织问题主要应放到行政学(公共行政)中去研究。在这个意义上,英美行政法学者的观点是有一定道理的。但行政法学不研究行政组织问题,应指不研究行政组织的技术问题,而不应将行政组织的法律问题也都摒弃于外。行政法学既然要研究行政权的运作,就不能不研究行政权的运作主体——行政机关,不能不研究行政机关的法律地位及其职权、职责等,而行政机关的法律地位、职权、职责等均是由行政组织法规定的。因此,行政法学在研究行政法主体过程中,仍应以适当的篇幅研究行政组织法问题。

二、行政组织法的主要内容

行政组织法有广义、狭义之分。广义的行政组织法包括行政机关组织法、行政编制法和公务员法,狭义的行政组织法仅指行政机关组织法。我们这里研究的为狭义的行政组织法。其通常包括下述内容:

(一)国家行政机关的性质和法律地位

国家设立一个行政机关,首先应确定它的性质和法律地位,确定它与上、下、左、右其他各种国家机关的关系,这是行政组织法首要解决的任务。例如,《地方组织法》对地方人民政府的性质和地位作出了下述规定:“地方各级人民政府是地方各级国家权力机关的执行机关,是地方各级国家行政机关。”[①]“地方各级人民政府对本级人民代表大会和上一级国家行政机关负责并报告工作。县级以上的地方各级人民政府在本级人民代表大会闭会期间,对本级人民代表大会常务委员会负责并报告工作。全国地方各级人民政府都是国务院统一领导下的国家行政机关,都服从国务院。”[②]《地方组织法》

① 参见《地方组织法》第2条第3款。
② 参见《地方组织法》第69条第1、2款。

的这两项规定中的第一项规定即明确了地方各级人民政府的性质——地方各级人大的执行机关和国家行政机关;第二项规定确定了地方各级人民政府与本级人大、本级人大常委会的关系,与国务院的关系以及上下级国家行政机关相互之间的关系——分别为向其负责和报告工作的关系、接受统一领导的关系以及领导与被领导、下级向上级负责并报告工作的关系。

(二)国家行政机关的组成及结构

行政组织法的第二项功能即确定国家行政机关的组成及结构。例如,《国务院组织法》规定:"国务院由总理、副总理、国务委员、各部部长、各委员会主任、审计长、秘书长组成。"国务院的基本工作部门为部、委员会,同时根据工作需要和精简的原则,设立直属机构及其下属司(局)、处等,即为国务院的组织结构。①

(三)国家行政机关的职权

规定国家行政机关的职权是行政组织法最重要的功能,行政机关权限法定是行政法治原则的最基本要求。因此,任何一部行政组织法,最主要的内容就是规定行政机关的职权。例如,《地方组织法》第 73 条规定了县级以上地方人民政府的职权(共 11 项);第 76 条规定了乡、民族乡、镇的人民政府的职权(共 7 项)。

(四)国家行政机关设立、变更、撤销的程序

行政组织法主要是实体法,但也规定有关程序问题,如行政机关会议程序,行政职权委托或代理程序以及行政机关设立、变更、撤销程序等。其中最重要的程序为行政机关设立、变更、撤销的程序。例如,《国务院组织法》第 8 条规定:"国务院各部、各委员会的设立、撤销或者合并,经总理提出,由全国人民代表大会决定;在全国人民代表大会闭会期间,由全国人民代表大会常务委员会决定。"《地方组织法》第 79 条第 3 款规定:"省、自治区、直辖市的人民政府的厅、局、委员会等工作部门和自治州、县、自治县、市、市辖区的人民政府的局、科等工作部门的设立、增加、减少或者合并,按照规定程序报请批准,并报本级人民代表大会常务委员会备案。"

---

① 参见《国务院组织法》第 2 条第 1 款,第 8、11 条。

(五)国家行政机关的基本活动原则和制度

行政组织法除了规定上述基本内容外,通常还规定行政机关的基本活动原则和制度,如民主集中制原则,首长负责制原则,工作责任制原则,全体会议制度,常务会议制度,委托、代理制度,文件签署、批准、备案制度,工作的请示、报告、批复制度等。

行政组织法有繁有简,但关于行政机关的性质、地位、组织、职权是其必备的内容。

三、行政组织法的体系

一国的行政组织法体系与一国的行政机关体系应是一致的。因此,就整体而言,行政组织法体系应包括中央行政组织法和地方行政组织法两大部分。中央行政组织法又包括中央人民政府(国务院)组织法和中央人民政府工作部门(部、委、直属机构、办公机构等)组织法(或组织条例)。地方人民政府组织法则包括省、自治区、直辖市、设区的市、自治州、县级市、县、自治县、乡、民族乡、镇等各级人民政府的组织法。

根据民主和法治的原则,任何行政机关的存在和运作,都必须有组织法的根据,有人民代表机关的授权。即使不是常设的和实体性机关,如协调性的委员会①、联合执法机构等,只要行使行政职权,均应有相应的组织法律、法规规范其组织职权和基本活动方式。

目前,我国行政组织法体系还很不健全,中央行政组织法只有一个《国务院组织法》,该法总共仅有 11 条,国务院的部、委、直属机构均无相应的组织条例;地方行政组织法只有一个共同规范地方各级人民代表大会和地方各级人民政府组织的统一的《地方组织法》,省、市、县、乡、镇等均无单独的行政组织法。这种情况不仅与民主、法治原则相悖,而且也是我国历次政府机构改革成效甚微,以致精简—膨胀,再精简—再膨胀,最后机构重叠、人浮于事、效率低下,政府财政变成"吃饭财政"的重要原因。② 因此,为了建设法治政府和高

---

① 国务院和地方政府均设有多种协调性的委员会、办公室,如主管防灾、绿化、科教、编制、精神文明建设以及打击各种违法行为(黄、赌、毒、走私等)的协调性机构。

② 1998 年 3 月 19 日,时任国务院总理朱镕基在会见中外记者讲到科教兴国资金困难时说,"钱到哪里去了呢? 政府机关庞大,'吃饭财政',把钱都吃光了"。

效政府,必须加强和完善我国的行政组织法。

第二节 法治政府建设

本章的主要任务是讨论行政组织和行政组织法制的问题,而行政组织法制的重要目标是建设法治政府。因此,我们在本章专设一节讨论法治政府建设的相关问题。

一、法治政府建设对于全面推进依法治国的作用

法治政府建设是全面推进依法治国整体工程中的一项子工程。全面推进依法治国总工程包括国家治理领域的多项子工程,如立法领域的依宪立法、科学立法、民主立法建设子工程;司法领域的公正司法、独立司法和权威司法建设子工程;执法领域的依法执法、文明执法和严格执法建设子工程;执政领域的保证执政党在宪法和法律范围内活动、依法执政、民主执政、科学执政建设子工程;守法领域的保证全民,特别是公职人员、领导干部信法、尊法、守法,加强法治社会建设子工程等。既然法治政府建设是全面推进依法治国整体工程中诸项子工程的一项,那么我们讨论法治政府建设对于全面推进依法治国的作用就可以从两个方面考察:一是法治政府建设对于全面推进依法治国总工程的作用;二是法治政府建设对于全面推进依法治国整体工程其他子工程的作用。第一个方面的作用我们在后面论述法治政府建设的目标、任务中会详细阐释。我们会从中感受到,没有法治政府这项子工程建设,全面推进依法治国总工程就是残缺不全的,法治政府这项子工程建设不成功,全面推进依法治国总工程就不可能成功。这里我们专门讨论法治政府建设第二个方面的作用:对于促进和保障全面推进依法治国整体工程其他子工程——立法、司法、执法、执政、守法——的作用。

第一,就立法而言,法治政府建设对于依宪立法、科学立法、民主立法的作用主要表现在两个方面:一是对于人大立法的作用;二是对于行政立法的作用。对于人大立法来说,人大的立法绝大部分要靠政府执行、实施。法院、检察院直接执行、实施的人大立法是很少的。政府如果不依法行政,有法不依、

执法不严，人大制定出再多再好的法律也没有意义。没有法治政府，即使人大制定出来的法都是“良法”，这种良法也只能停留在纸面上，而不可能在实践中实施；政府如果在执法过程中自觉或不自觉偏离立法的目的和宗旨，良法将变成仅仅给人民的“空头支票”，人民不可能从人大制定的良法中获得实际的利益。对于行政立法来说，法治政府建设的作用则更是直接的。在国家整个立法体系中，人大立法只是法的一个很小的部分（当然是最重要，效力最高的部分），行政立法（行政法规、部门规章、地方政府规章）的数量大大超过人大立法的数量。[①] 因此，如果不建设法治政府，不解决行政立法的民主性、科学性的问题，整个科学立法无从谈起，整个立法体系的良法亦无从谈起。

第二，就司法而言，法治政府建设是实现公正司法、独立司法和权威司法的保障。公正司法最重要的条件是司法机关不受行政机关、社会团体和个人的干涉，保证人民法院依法独立行使审判权，人民检察院依法独立行使检察权。司法机关要公正司法、独立司法就必须排除外部干预，而从现行法律规定应排除的三类主体[②]——行政机关、社会团体和个人——对司法的干预的情况看，行政机关干预的可能性最大，对司法可能的影响最大。因此，要排除司法的外部干预，保证司法公正，最重要的是建设法治政府，保证政府和政府部门尊重司法，不对司法施加各种影响。当然，要解决司法公正的问题，推进司法体制、机制、制度本身的改革，防止内部干预同样非常重要，但加强法治政府建设，解决公正司法外部环境的作用更加重要。[③]

第三，就执法而言，政府依法行政是保障执法严格、公正、文明的最关键和最基础的环节。广义的执法包括行政机关的执法和司法机关的执法（司法）；狭义的，一般意义的执法则仅指行政执法。中共十八大和十八届三中全会、四

---

① 关于行政立法产生和迅速发展，以致其数量大大超过人大立法、议会立法数量的原因，许多学者均有论述，参见应松年主编：《行政行为法：中国行政法制建设的理论与实践》，人民出版社 1993 年版，第 39-47 页。

② 关于干预司法的主体，现行宪法和三大诉讼法均规定为“行政机关、社会团体和个人”，但事实上，现实干预司法的外部主体除了行政机关、社会团体和个人外，还有可能是地方党委、政法委和人大机关。为了保障司法独立和公正，今后法律应规定排除一切国家机关、组织和个人对司法的干预。

③ 最高人民法院副院长江必新在论述人民法院独立审判的原则时曾提出独立审判的两个要义：法院系统外部独立是审判独立的第一要义；法院系统内部独立是审判独立的第二要义。参见江必新、梁凤云：《行政诉讼法理论与实务》（上卷），北京大学出版社 2009 年版，第 40-41 页。

中全会和中共十九大提到的“执法”，均指行政执法。因此，要解决依法执法、文明执法和严格执法的问题，必须推进法治政府建设。只有加强法治政府建设，特别是加强行政程序法制建设，才可能避免或防止“钓鱼执法”、“养鱼执法”、野蛮执法和暴力执法的现象屡禁不止。[①] 因为依法执法、严格执法和文明执法不只是确立执法规则的问题，而是要解决执法体制、机制、制度和执法理念、执法文化和执法环境等一系列与执法紧密相关的问题。

第四，就执政党依法执政而言，法治政府建设也是其重要条件。因为执政党对国家的领导必须通过国家机关，特别是通过政府实现。党的方针、政策，党在不同时期确立的治国理政目标、路线，都有赖政府去贯彻和实施。改革开放以后，特别是中共十八大和十八届三中全会、四中全会以后，党确立了依法治国，建设法治国家的治国方略，要实现这一方略，执政党自身必须依法执政，加快建设法治执政党，[②]同时也要求党领导的各级政府必须依法行政，建设法治政府。没有法治政府建设，没有各级政府的依法行政，执政党依法执政的目标和任务不可能靠党代替政府、代替国家机关去落实，去实现。同时，法治政府建设对于执政党依法执政还能构成一种制约性的保障：如果我们的政府、政府部门、政府公职人员具有牢固的法治思维、法治理念，即使执政党的某些组织、某些领导干部违法执政、违法决策、违法领导，他们在执行中也会以适当的方式予以抵制。很显然，有了法治政府，执政党依法执政就多了一道保障。

第五，就守法和法治社会建设而言，法治政府的作用也是多方面的。其一，政府是社会的管理者，社会建成什么样子，政府起关键性，甚至决定性的作用。政府和政府公职人员在社会中应是社会的表率，政府要求公民守法，政府

---

① 关于行政程序法制对于法治政府、法治国家建设的作用，从而对于改进行政执法和整个行政管理和公共治理的作用，王锡锌教授在其《行政程序法理念与制度研究》一书中有较详尽的论述。参见王锡锌：《行政程序法理念与制度研究》，中国民主法制出版社 2007 年版，第 40-68 页。

② 关于执政党依法执政和执政党在法治国家中的地位与作用，参见郭道晖：《论党在法治国家中的地位与作用》，载《中外法学》1998 年第 5 期。

和政府公职人员，特别是领导干部必须带头守法。① 实践一再证明，没有政府守法，就不可能有老百姓的守法，更不可能有全民守法。其二，政府是人民民主实现的工具，只有加强了法治政府建设，才能保障人民知情权、参与权、表达权、监督权的实现，才能让人民真正监督行政权力，让行政权力在阳光下运行。其三，社会的法治化有赖政府行为法治化的引导与推进。只有政府依法治标准建设，才有可能培植法治社会的环境。其四，法治社会建设有赖政府的指导和推动，而政府要指导和推进法治社会建设，就必须首先使自己的行为法治化。其五，作为法治社会基本要素的社会公平正义必须通过建设法治政府，由法治政府提供相应的“公共物品”（社会保险、社会救济、公共交通、义务教育等）而实现。没有法治政府建设，社会公平正义就难以保障，从而不可能有法治社会。

第六，法治政府建设对于依法治国，全面推进法治国家建设所要求的法治经济、法治文化和法治生态环境建设也有着重要的保障和促进作用。法治文化和法治生态环境建设包括两个方面的重要内容：一是经济、文化和生态环境建设管理、治理方面的法治；二是经济活动、文化活动和生态环境建设本身的法治。第一方面的法治——管理、治理的法治，实际就是对政府——或主要是对政府——的法治要求。例如，法治经济首先要求政府依法管理经济，依法治理市场；法治文化首先要求政府依法管理文化产业、文化产品和文化服务，依法治理文化市场；法治生态环境建设首先要求政府依法管理生态环境，依法治理环境污染和依法改善生态。第二方面的法治——经济活动、文化活动和生态环境建设本身的法治，也与政府的法治密切相关。例如，经济活动的法治，市场主体是否依法经营、公平交易、诚信履约在很大程度上取决于政府是否依法行政、公正办事、诚实守信。没有政府的依法行政、公正办事、诚实守信，要保障市场主体依法经营、公平交易、诚信履约几乎是不可能的。在某种意义上，我们可以断言，没有法治政府，就没有法治经济，就没有公平竞争的市场。至于文化活动和生态环境建设本身的法治，同样与法治政府建设密切相

① 中共十八大报告将“全民守法”作为全面推进依法治国十六字方针（科学立法、严格执法、公正司法、全民守法）的构成要素之一。但是，中共十八大报告在强调“增强全社会学法尊法守法用法意识”时更强调政府公职人员，特别是领导干部带头守法的意义，更强调提高领导干部法治思维、法治意识的意义。

关。如果政府和政府公职人员不崇尚法治,不以法治思维和法治方式取代人治思维和人治方式,要实现文化市场的法治化和环境生态保护、治理的法治化是不可能的。

二、法治政府建设的主要目标和任务

中共十八届四中全会《中共中央关于全面推进依法治国若干重大问题的决定》(以下简称《决定》)将法治政府建设的目标和任务概括为下述六项:职能科学、权责法定、执法严明、公开公正、廉洁高效、守法诚信。这六项目标和任务是对我国过去建设法治政府经验的总结、提炼、发展和创新。[①]

2004 年国务院曾发布《纲要》。《纲要》对法治政府建设提出了七项目标,这七项目标的内容可概括为:(1)转变政府职能,改革行政管理体制,规范行政行为;(2)改进行政法和行政规范性文件的制定机制,保障合宪、合法,且充分反映客观规律和民意的"良法"供给;(3)推进法的全面正确实施,维护法制统一和政令畅通;(4)形成民主、科学、规范的行政决策机制,促进行政公开、公正、公平和提高行政效率,方便民众办事;(5)建立有效和便捷的解纷机制,促进社会矛盾的化解;(6)健全行政监督机制,促进行政权力与责任挂钩,与行政主体利益脱钩;(7)提高行政机关工作人员特别是各级领导干部依法行政的观念,形成尊法、崇法、守法的氛围。

很显然,中共十八届四中全会《决定》提出的法治政府建设六项目标和任务对《纲要》提出的七项目标既有继承,又有发展,而且更概括、明确、精练,易于把握和推进实施。

下面我们特对这六项目标和任务分别予以解读和阐释:

(一)职能科学

法治政府首先要求职能科学设置。所谓"职能科学设置",主要有三个方面的要求:其一,简政放权,建设有限政府。"有限政府"应做到"三个凡是":凡是能由公民、法人或者其他组织自主决定的事项,保留给公民、法人和其他组织自己解决,政府不横加干预;凡是能由市场竞争机制有效调节的事项,保

---

① 职能科学、权责法定、执法严明、公开公正、廉洁高效、守法诚信这六项要求既是法治政府建设所要追求的目标,也是当下法治政府建设所要实施和完成的任务。

留给市场去灵活调节，政府不越俎代庖；凡是能由行业组织或者中介机构自律处理的事项，保留给社会自律去解决，政府尽量放权，推进政府公权力向社会公权力转移。①

其二，科学配置政府内部职权。在处理政府上下级的纵向关系上，应推进政府职权适当下移，以让"看得见的管得着"，防止"管得着的看不见，看得见的管不着"（有权管的管不了，管得了的无权管）；在处理政府部门之间的横向关系上，要尽量将相同和相近职能统一配置，适当推行"大部制"，避免和防止"九龙治水"，谁都有权管，但谁都不主动管（互相推诿、互相扯皮）的现象。

其三，根据时代的发展进步，随时调整增减政府职能。有些政府职能，如部分政府规制职能，随着公民、社会自治能力的加强，应逐步取消，而有些政府职能，如公共服务职能和某些政府规制职能，随着服务型政府和信息化社会的建立和发展，应予增加或加强，如政府信息公开服务和对网络信息的管理、规制等。

（二）权责法定

权责法定包括权力法定和责任法定。权力即职权，而责任除指职责以外，还指违法行使职权和履行职责以及不作为应承担的法律后果。职责与职权是紧密联系的。职责是政府和政府部门应该做和必须做的事项，其不履行或不认真履行即构成不作为。职权是政府和政府部门履行职责的手段、保障，其以达到履行职责的目的为限，不能超越，超越了就构成越权。例如，公安机关有维护公共安全和社会治安的职责，为保障公安机关履行此种职责，法律即授予其实施检查、调查、扣押、查封、带离现场、约束等行政强制和科处警告、罚款、没收、拘留等行政处罚的职权。职责职权法定特别要求完善行政组织法，只有完善行政组织法，才能明确政府和政府部门职责、权限的范围和边界，以此保证政府和政府部门依法行政，既不错位、越位，也不缺位。

至于"权责法定"中"责"的另一种含义：责任，即违法行使职权和履行职责以及不作为的法律后果，则应由行政法制监督法和行政责任法规定。目前，我国行政组织法和行政法制监督法、行政责任法均不完善。行政组织法大

① 关于"三个凡是"的要求，是从《行政许可法》第13条有关放松许可规制的规定演化而来的。

多由“三定方案”或“三定办法”[①]等内部控制性文件取代；部分行政法制监督法、行政责任法则由党政机关发布的规范性文件（如中共中央办公厅和国务院办公厅联合发布的有关“问责制”的规定）取代。因此，要实现权责法定的法治政府目标，迫切需要加快行政组织法、行政法制监督法和行政责任法的制定、完善。

（三）执法严明

执法严明是从法定规则和法定程序两个方面提出对政府依法行政的要求。执法严明既要求行政执法严格遵守法定范围、条件、处理措施、手段，又要严格遵守法定程序，包括法定方式、过程、步骤。这里“执法严明”的“严明”应作广义的解释，即不仅指严格执法，也包括依法执法和文明执法。

依法执法首先要求按法律明文规定执法。但是法律的明文规定往往包含一定的不确定用语，往往授予行政机关和行政机关工作人员一定的自由裁量空间。例如，法律规定对某种行政违法行为，情节轻微的处警告或200元以下罚款；情节较严重的处500元以下罚款或10日以下拘留；情节严重的处1000元以下罚款或15日以下拘留。但何为“情节轻微”“情节较严重”“情节严重”，法律并未明确，这些即为不确定法律用语。至于罚种、罚幅的选择，法律仅规定给予警告或200元以下罚款、500元以下罚款或10日以下拘留、1000元以下罚款或15日以下拘留等，200元以下有100元、50元、10元等无数个选择，15日以下亦有12日、10日、5日等诸多选择，这些选择是法律赋予行政机关和行政机关工作人员的自由裁量权。在这种情况下，行政机关和行政机关工作人员如何界定不确定法律用语和如何行使行政裁量权选择罚种、罚幅才是依法行政、依法处罚，这就要求行政机关和行政机关工作人员除了要熟悉法律、法规、规章的明文规定外，还必须把握相关法律原则（比例原则、平衡原则等）以及各种相应的执法基准（行政处罚执法基准、行政强制执法基准、行政给付执法基准）等。[②]

至于严格执法和文明执法，二者是从另外两个不同角度对执法者提出的

---

① “三定方案”或“三定办法”是国家编制部门用以规范各行政机关和其他国家机关的组织、职能、编制的内部控制性文件。所谓“三定”，即定机构、定职能、定编制。

② 关于在行政执法中如何规范行政自由裁量权，保障依法执法，参见姜明安：《论行政裁量权及其法律规制》，载《湖南社会科学》2009年第5期。

要求:严格执法是要求执法者不徇私情、不放纵、放任违法行为;文明执法是要求执法者善意、文明对待执法对象,不得野蛮执法、暴力执法或者“钓鱼执法”、“养鱼执法”。

(四)公开公正

法治政府要求行政行为“三公”,即公开、公正和公平。中共十八届四中全会《决定》只提了公开公正,但这里的“公正”实际包括“公平”。[①] 公开主要是法律对行政行为程序透明的要求,目的主要在于保护公民的知情权;公正主要是法律对行政行为实体正义的要求,目的主要在于防止行政机关和行政机关工作人员偏私;公平主要是法律对行政行为平等性的要求,目的主要在于防止行政机关和行政机关工作人员歧视。

当然,“三公”的价值是多方面的。例如,公开除了保护公民的知情权的价值以外,还有推进民主、防止腐败、辟谣维稳,以及信息资源的充分利用等其他价值;公正、公平除了防偏私、反歧视的价值以外,还有保障人权、维护人格尊严、提高政府公信力、改善官民关系等其他价值。至于“三公”的具体要求,法律、法规、规章有规定的应遵循其规定,如政府信息公开、公务回避、行政行为说明理由、听取申辩、平等对待行政相对人等;法律、法规、规章没有规定的应遵循正当法律程序的要求,如政务公开、政府会议公开、权力清单、责任清单、负面清单、重大决策听证、利害关系人、公平竞争人平等参加行政程序等。

(五)廉洁高效

廉洁高效是中共十八届四中全会提出的法治政府建设的第五项目标和任务。该项目标和任务实际包括两项要求:廉洁和高效。廉洁要求行政机关和行政机关工作人员为政清廉,不得利用职权为自己和自己的亲戚朋友牟取私利。廉洁的反面是腐败,因此,这项目标和任务从另一个角度讲就是反腐败。党的十八大以来,我国在反腐败方面采取了一系列重大措施,也取得了很大的

---

① 中共十八届四中全会《决定》有些表述为了突出重点、保证用语格式化(每4个字一组)和朗朗上口,便于人们记忆,故对内容有所省略,表述并不全面。如关于全面推进依法治国的16字方针:科学立法、严格执法、公正司法和全民守法。科学立法并不能完全概括民主立法;严格执法并不能完全概括依法执法、文明执法、公正执法;公正司法也不能完全取代独立司法、依法司法。这些提法应该说都是不全面的。至于法治政府的6项24字目标,同样有概括不全或表述不完善的问题,如公开公正不能完全包括公平;执法严明不能完全包括执法文明;高效廉洁不能完全包括为民便民;守法诚信也不能完全包括信赖保护与合理适当等要求。

成效，但目前反腐败的形势依然非常严峻。这就需要我们对之进行认真的反思，更多地从制度反腐、法治反腐上着力，在治本上下功夫，如建立和完善公职人员，特别是领导干部家庭财产和有关情况的申报、核查和公示制度，制定《行政程序法》《政务公开法》《公职人员职业道德法》《反腐败法》等。形成不想腐、不易腐、不能腐、不敢腐的法治环境。

高效则是要求行政机关和行政机关工作人员提高办事效率，不得推诿扯皮、拖延耽搁，更不得为官不为，不履责、不作为。为此，我们应特别注意从制度上解决"多做事不如少做事，少做事不如不做事"的问题和现象。今后，法律监督机关不仅要注重追究"乱作为"者的法律责任，也要注重追究"不作为"者的法律责任。

另外，作为"廉洁高效"目标的"高效"还包括"便民"的要求，①即行政机关和行政机关工作人员在履职过程中应尽量为行政相对人提供高效且方便当事人的服务。

（六）守法诚信

守法诚信是中共十八届四中全会提出的法治政府建设的第六项目标和任务。② 该项目标和任务同样包括两项要求：守法和诚信。守法要求行政机关和行政机关工作人员不仅要依法行政，依法实施行政行为，而且自身要遵守法律、法规规定的义务。凡是要求行政相对人做到的，行政机关和行政机关工作人员要首先做到；凡是禁止行政相对人实施的行为，行政机关和行政机关工作人员要带头不涉禁区，不踩红线。有些要求，是法律法规专门给行政机关和行政机关工作人员规定的，行政相对人可以做，但行政机关和行政机关工作人员不能做。例如，行政公职人员不能经商办企业，不能从事或参与营利性活动等。又如，《国务院组织法》第 9 条第 1 款规定，各部设部长 1 人，副部长 2 人至 4 人。各委员会设主任 1 人，副主任 2 人至 4 人，委员 5 人至 10 人。这种规定是法律专为国务院部委设置的，国务院部委必须遵循。但是现在国务院大多数部委均违反了这一规定，很少部委只设四个以下副职的。根据法治政

---

① 2004 年国务院《纲要》规定了"高效便民"的要求，中共十八届四中全会《决定》增加了"廉洁"的目标，为了格式化，仍保持 4 个字一句，就表述为"廉洁高效"，实际应为"廉洁高效便民"。

② 2004 年国务院《纲要》规定了"诚实守信"的要求，中共十八届四中全会《决定》增加了"守法"的目标，为了格式化，仍保持 4 个字一句，就表述为"守法诚信"。

府的要求，国务院部委应带头守法，自觉纠正违法行为。

诚信要求行政机关和行政机关工作人员对行政相对人要以诚相待，要讲信任，保护行政相对人的信赖利益。诚信又包含两个方面的具体要求：一是诚意；二是信任。前者的反面是欺诈、蒙骗，如“钓鱼执法”；后者的反面是朝令夕改，反复无常，如任意收回、撤销、变更行政相对人合法取得的行政许可、行政给付等。前者在主观上是恶意的，行政机关和行政机关工作人员作出相应行政行为不是为了公共利益，而是为了本身的经济利益或其他利益，如诱骗相对人违法而进行罚款、收费等；后者在主观上可能出于善意，可能是为了某种公共利益（建设公共交通、医院、学校等），但没有给予其信赖利益因公共利益受到损害的行政相对人以相应补偿。当然，后者在主观上也可能出于恶意，如为了自己或亲戚、朋友，或者给予了自己贿赂、好处的开发商等的利益而收回、撤销、变更已经颁发给行政相对人的行政许可、行政给付等。不管属于前述哪种情况，是出于恶意还是善意，上述行为均违反了法治政府的诚信要求。建设法治政府，确立守法诚信的目标和要求是非常重要的。一个国家，如果政府和政府公职人员带头违法，带头不讲诚信，怎么期望国民守法，怎么期望国民讲诚信？而一个官民均不守法，均不诚信的国度，还能叫“法治国家”吗？因此，建设法治国家、法治政府、法治社会，必须自要求政府和政府公职人员守法诚信开始。

三、法治政府建设的发展和创新

中共十八届四中全会《决定》用了近 1/5 的篇幅部署法治政府建设，对依法治国这一关键层面的问题作出了非常周密、非常细致的安排，为党的十八大确定的在 2020 年基本建成法治政府的宏伟目标设计了整体的施工图和具体的实施路径。《决定》对法治政府建设确定的六项目标和六项具体措施，将 2004 年国务院发布的《纲要》对法治政府建设确定的目标和基本要求大大向前推进了一步，在许多方面有重要的发展和创新。

《决定》确定的法治政府的目标和关于推进依法行政、建设法治政府的措施与 2004 年《纲要》规定的法治政府建设的目标和要求相比，有下述五个方面的重要发展、创新。

其一，明确提出要完善行政组织和行政程序法律制度，推进机构、职能、权限、程序、责任法定化，以保证各级政府和政府部门依法定职责、法定职权、法定程序行政，而不只是依行政机关自己制定的“三定方案”或“三定办法”以及自己拟定的“权力清单”和“权力运作流程”行政。做到“法定职责必须为，法无授权不可为，法定职权职责依法为”。

其二，确定了重大行政决策的五项基本程序：公众参与、专家论证、风险评估、合法性审查、集体讨论决定，以确保决策内容科学、程序正当、过程公开、责任明确，防止一些地方和部门“三拍式决策”[①]可能给社会公共利益及公民、法人和其他组织的合法权益造成重大损害和损失。

其三，提出了改革行政执法体制的五项具体措施：依事权与职能配置执法力量；推进综合执法；理顺行政强制执行和城管执法体制；严格执法人员持证上岗和资格管理制度；健全行政执法和刑事司法衔接机制。这些措施对于解决“钓鱼执法”“养鱼执法”“临时工执法”的问题无疑将发挥重要的作用。

其四，明确了对行政权力制约和监督的八种形式：党内监督、人大监督、民主监督、行政监督、司法监督、审计监督、社会监督和舆论监督，以及对政府内部权力制约的五种具体方式：分事行权、分岗设权、分级授权、定期轮岗和强化内部流程控制，严格防止行政权滥用。

其五，具体规定了政务公开的五个方面范围：决策公开、执行公开、管理公开、服务公开和结果公开，以及公开应包括的六项内容：政府职能、法律依据、实施主体、职责权限、管理流程和监督方式，以保证“公开为常态、不公开为例外”的这一民主和法治基本原则的实现。

在中共十八届四中全会以后，我国法治政府建设的创新主要体现在中共中央、国务院 2015 年发布的《法治政府建设实施纲要（2015—2020 年）》（以下简称 2015 年《纲要》）和 2021 年发布的《法治政府建设实施纲要（2021—2025 年）》（以下简称 2021 年《纲要》）中。党的十八大以来，我国法治政府建设取得了重大进展，已经初步创建了一个具有中国特色的法治政府建设的新模式，初步开辟了一条具有中国特色法治政府建设的新路径。尽管中国法治

---

① 所谓“三拍式决策”，指作出决策拍脑袋，不调查研究，不民主讨论，不科学论证；在有人质疑时，拍胸脯，赌咒发誓相应决策英明正确，不会出问题；当决策最后出问题，给国家和人民利益造成重大损失时，拍屁股走人，易地照样做官，对决策失误不承担任何责任。

政府建设的这一新模式和新路径也借鉴了世界其他国家法治政府建设的有关经验和做法,但其在整体上和根本上是中国式的,是区别于世界其他国家,特别是西方国家法治政府建设的模式和路径的。通过上述两个纲要可以发现,我国法治政府建设的模式和路径具有下述鲜明的中国特色:其一,坚持马克思主义中国化的指导思想;其二,坚持中国共产党对法治政府建设的全面领导;其三,坚持以人民为中心,政府为人民服务、对人民负责、受人民监督的基本原则;其四,坚持问题导向,始终注重通过建立完善制度,规范和制约行政权,有针对性地解决行政乱作为和不作为的各种实际问题;其五,坚持改革创新,不断探索和健全完善适应现代高科技社会与风险社会的政府治理体制机制。

上述两个纲要确定,在我国依法治国的总工程中,法治政府建设是重点任务和主体工程。之所以将法治政府建设定位为依法治国总工程中的"重点任务和主体工程",其根据和理由如下:其一,依法治国的总目标是建设中国特色社会主义法治体系和社会主义法治国家,其重要目的是推进国家治理体系和治理能力现代化,而法治政府建设乃是推进国家治理体系和治理能力现代化的"重要支撑"。没有各级政府和政府部门及政府公职人员的依法行政,国家治理现代化只能是空中楼阁。其二,政府是国家的主要组成部分。政府部门、政府公职人员、政府管辖范围在国家机关、国家公职人员、国家管理事务范围中都占有最大的比重,没有法治政府,法治国家只能是空中楼阁。其三,政府担负着管理市场和社会,为市场和社会提供公共服务、公共秩序等"公共物品"的重任。政府管理市场和社会的质量和效率均取决于政府依法行政,市场和社会的依法有序运作在很大程度上亦取决于政府的依法管理。因此,如果没有法治政府建设先行,法治社会亦将成为空中楼阁。正是源于上述因素,党中央和习近平总书记一再强调,法治政府建设是全面依法治国的重点任务和主体工程,要率先突破、全面突破。

2021 年《纲要》是在全面总结 2015 年《纲要》发布以来我国努力探索中国特色法治政府建设的模式和路径,不断推进中国特色法治政府建设的经验的基础上制定的。2021 年《纲要》既有对 2015 年《纲要》的衔接和继承,也有对 2015 年《纲要》的发展、深化和创新。其发展、深化和创新既体现在总体目标方面,也体现在具体任务方面。在总体目标上,2015 年《纲要》确定的是六项目标：职能科学、权责法定、执法严明、公开公正、廉洁高效、守法诚信。2021年《纲要》将总体目标（规定在“指导思想”之内）设置为七项，并对第五项和第六项的内容进行了修改。总体目标增加的第七项内容是“人民满意”。增加的该项内容反映和体现了党的十八大以来确立的中国特色法治政府建设的“以人民为中心”的理念。修改的两项内容则分别是将第五项“廉洁高效”修改为“智能高效”；将第六项“守法诚信”修改为“廉洁诚信”，即增加了“智能”（数字政府）的要求和去掉了“守法”的要求。增加“智能”的要求显然是回应现代社会高科技（互联网、大数据、人工智能等）发展对政府治理能力的挑战。至于去掉“守法”的要求则并不意味着政府守法对建设法治政府不重要了，而是“守法”对于新时代的政府来说是最低要求，不宜再作为整个法治政府建设总体目标规定。

在具体任务上，2021年《纲要》的发展、深化和创新主要有三个方面。一是内容第三部分：健全依法行政制度体系，加快推进政府治理规范化程序化法治化。在这方面，2021年《纲要》特别提出要“加强规范共同行政行为立法”和“完善行政程序法律制度”。对此，笔者近30年一直呼吁立法机关制定《行政程序法》或者编纂《行政程序法典》。2021年《纲要》对此作了明确规定，法治政府建设的这一项子工程应有望在较短期限内完成。二是内容第六部分：健全突发事件应对体系，依法预防处置重大突发事件。在这方面，2021年《纲要》特别要求“坚持运用法治思维和法治方式应对突发事件，着力实现越是工作重要、事情紧急越要坚持依法行政，严格依法实施应急举措”。对此，我们应认真研究和总结近年防控新冠肺炎疫情的经验，针对防控过程中存在的各种突出问题，抓紧修改和完善《突发事件应对法》，并单独制定《紧急状态法》。因为突发事件并不一定都构成紧急状态，只有特别严重的突发事件才构成紧急状态。只有单独制定专门的《紧急状态法》，才能保证在国家遇到特别重大疫情、重大自然灾害、重大恐怖袭击事件或发生社会动乱、暴乱、骚乱乃至战争状态时，政府应对和处置这些最严重的突发事件有法可依，既保障有效应对和处置，又切实保障公民的人权和其他合法权益。三是内容第九部分：健全法治政府建设科技保障体系，全面建设数字法治政府。在这方面，2021年《纲要》特别要求“着力实现政府治理信息化与法治化深度融合”；“推动数据共享和业务协同，形成高效运行的工作机制，构建全国一体化政务大数据体系，加强政务信息系统优化整合”;“善于运用大数据辅助行政决策、行政立法、行政执法工作”。在高科技迅猛发展的现代社会推进法治政府建设,有效解决好政府治理信息化与法治化深度融合的问题非常重要。信息化如果脱离法治化,互联网、大数据、人工智能(人脸识别、健康码、行程码等)不仅不能成为政府有效治理的手段,还可能成为侵犯公民权利和自由的工具。法治化如果脱离信息化,政府则不可能有效解决现代高科技社会和风险社会的各种复杂社会问题。就近年防控新冠肺炎疫情来说,如果没有互联网、大数据、人工智能的广泛和深度运用,其防控效果难以想象。

2021 年《纲要》在总体目标和具体内容上的发展、深化和创新,完全遵循了问题导向,充分体现了中国特色法治政府建设的模式和路径。从现在起到 2035 年乃至 2035 年以后,我国法治政府建设无疑将进一步探索并不断完善这一创新模式和路径。

四、目前法治政府建设存在的问题和解决途径

前已述及中共十八届四中全会《决定》和两个纲要为建设法治政府确立了明确的目标和要求。但在实践中,我们法治政府建设的现状与这些目标和要求还有相当的距离。对此,我们可以从近年来各级各类媒体和网络报道中看到一些地方和部门背离法治,违法行政的诸多事例,如相关公权力行使者无视法律,无视公民权益,专断、恣意、不作为或乱作为,为追求“政绩”任意侵害公民权益,最后导致社会矛盾激化,甚至引发群体性事件。

法治政府和国家治理现代化是紧密相连的。不推进法治政府建设,不可能有治理现代化,不可能有治理能力的提升。为此,笔者曾撰文提出法治政府建设迫切需要采取以下五项措施:①

其一,进一步推进政府治理的公开透明。政府治理的公开透明,不仅是民主国家政体性质的要求,而且是现代国家的治理不断适应社会经济和科学技术发展的必须。在当今的风险社会,没有公开透明,社会公众不可能有效应对随时可能发生的各种突发事件,如自然灾害、食品安全、环境污染事件,以及恐怖袭击等。没有公开透明,民众也不可能理解政府在常态条件下做出各种决

① 参见姜明安:《推进法治,改善改进国家治理》,载《法制日报》2014 年 10 月 18 日,第 7 版。

策和执行行为的根据、理由,从而不可能给予政府治理以有效的合作,有时甚至还会造成官民对立,导致群体性事件的爆发。现代法治要求,政府不仅对于重大决策行为应公开透明,对于具体的行政执法行为,其行为的根据理由也应公开透明。《人民日报》2014 年 8 月 3 日第一版“今日谈”《光说“不行”怎么行》的作者讲了他亲历的一件小事,即很有说服力,“前不久,到某地调研城市管理执法。这里执法人员不多,但街区管理井然有序,城管小贩相处和谐。‘执法困境’为什么在这里不存在?答曰:执法管理时,不是冷冰冰扔给群众一句‘不行’,而是讲清楚‘为什么不行’,提供‘怎么做才行’,群众理解了,也就配合了,工作自然就顺利了”。

其二,进一步推进政府治理的公众参与。现代政府治理的重要特征是公众参与和治理主体的多元化。传统行政管理的特征是治民而非民治,管理主体是单一的,其理念是政府万能,其管理风格是政府“包打天下”。在这样的管理体制和管理模式下,政府即使为民众办好事,为民众提供服务,民众往往也不领情。好事和服务不仅得不到民众的拥护和赞誉,反而可能招致人民群众怨声载道。比如,政府进行旧城区改造,拆迁棚户区,应该认为是为民众办好事,但这一好事却曾引发出民众多少血与泪的悲剧,这种悲剧甚至现在还在某些地方一而再,再而三地上演。为什么?原因可能是多方面的。但其中一个很重要的原因就是政府没有发动和推进广大公众,特别是利害关系人的广泛参与。而也有些地方采取另外的方式做这件事:吸收旧城区、棚户区的居民讨论拆迁计划和方案,参与拆迁计划和方案的执行,效果就好得多,“钉子户”大为减少,因强拆死人伤人的悲剧很少发生。例如,据媒体报道,安徽省合肥市自 2006 年以后改造旧城区,拆迁总面积达 960 万平方米,拆迁总户数 45,746 户,没有发生一起强拆事件和群体性事件,其中即有这方面的经验。

其三,进一步推进政府治理中的人权保障。现代政府治理与传统行政管理的另一重要区别是:现代政府治理以人为本,将保障人权、保护公民合法权益放在首位,而传统行政管理的主要目标是追求效率和秩序。前几年,一些地方政府为了所谓“跨越式发展”,增加 GDP 或为了所谓“维稳”,竟不惜侵害和践踏人权,不择手段(如将有异议和上访的公民送劳教、办学习班、抓入训诫中心,乃至关进“黑牢狱”等)肆无忌惮地侵犯公民的权利和自由。这是为现代法治所绝不相容的。现代法治要求国家治理必须以保障公民人权为基本底线。政府作出任何重大决策，推出任何重大项目，实施任何重大工程，都要首先精心组织调查和论证：确定这些决策、项目、工程将对公民权益产生何种影响。如果影响是负面的，可能损害公民的生命、财产和自由，即使这些决策、项目、工程将增加 GDP，提升政府"政绩"，也必须坚决放弃。政府绝不能因公民对这些决策、项目、工程提出异议或公民在其合法权益受到这些决策、项目、工程的损害后寻求救济时，限制、剥夺公民的人身自由和言论自由。法律要为公民的生命、健康和人身自由、言论自由提供刚性保护。

其四，进一步推进政府治理的规范化和科学化。国家治理的现代化意味着政府治理规范化和科学化。当下许多治理"失灵"，乃源于公权力执掌者专断、恣意和权力滥用：一些涉及巨大公共财政资金和广大公民重要权益的决策往往由"一把手"拍脑袋决定。公众质疑时，他们拍胸脯保证自己的决策英明正确。但最后结果往往与其意愿相反，巨大的财政投入不仅没有带来任何收益，反而造成国家利益、公共利益和社会公众利益的重大损失，此时他们则拍屁股走人，换一个地方再继续做官。这种被人们称为"三拍式决策"管理模式至今仍在许多地方存在。据《中华时报》2014 年 6 月 21 日报道，云南省红河州河口县三年前花费 2.7 亿人民币兴建的一个旅游商业项目，三年后面临被拆除命运，拆迁费用比修建费用还多，高达 3 亿元。因此，我国必须从根本上改变这种专断、恣意的决策管理模式，推进治理规范化和科学化。为此，国家应抓紧制定行政程序法和行政决策程序条例，明确要求行政行为、行政决策非经正当法律程序（举行听证会、论证会、审议会，组织公开讨论、辩论等），不得通过和实施。

其五，进一步推进政府治理问责制。国家治理的现代化必须和必然要求政府行为法治化。而政府行为法治化必须和必然要求问责制。过去我们一些地方和部门治理水平低下，导致许多重特大事故和群体性事件发生，重要原因之一是我们没有建立严格和有效的问责制。例如，2014 年 8 月 2 日，江苏省昆山市开发区中荣金属制品有限公司汽车轮毂抛光车间发生爆炸，事故造成 70 人死亡，近 200 人受伤。事故的直接责任当然是厂家，但我们的监管机关对此难道就没有责任吗？就在当年 4 月 16 日，与昆山一江之隔的南通，刚刚发生过一起粉尘爆炸事故，其他地方亦曾发生过多起同样的事故。《新京报》对此评论道："粉尘爆炸惨剧一而再，再而三发生，但是每次至多都是相关企业负责人被追究责任，公众几乎从未听闻有地方监管官员同样因此被追究法律责任。这恐怕是一些监管部门长期消极怠惰的原因所在。”可见，推进对政府和政府监管机关及其他国家机关的治理问责制对于改进国家治理，防止因治理不作为、乱作为导致公民生命财产和国家利益的重大损失有着极为重要的意义。为此，全国各级人大和人大常委会作为问责的基本主体应该切实履行其质询问责职责。笔者设想，如果今后自哪一天始，我们每天打开电视，即能看到有一个频道在转播某一省或市或县的人大常委会，甚或全国人大常委会在质询问责我们的政府官员治理不作为、乱作为的画面，我们老百姓对国家治理现代化、政府行为法治化无疑会多一份真实感，多一份信心。

第八章 行政法主体与行政机关

除立法和法院以外的任何政府机构都是行政机关。这个定义也许包括太广了。行政法学家并不把每个行使行政权力的机关都作为自己的研究对象,他们主要研究那些影响私人权利和义务的行政权力的机关。

现在的行政机关有权一般地规定在特定情形下什么应当做,什么不应当做,正如立法机关所做的那样;有权判定特定案件中有无违法现象,有权依照程序处理违法者,就像公诉人和法院所做的一样;有权允许某些人享受一般人所不能享受的特权,正如国王曾经有权所做的那样;甚至有权罚款,决定金钱债务的判决。具有这些权力的行政机关,一般被称为"制定和执行法规的机关"。……另外还有一种行政机关,它们有权为促进社会和经济福利而分配利益,如分配养老金、伤残人救济金和福利救济金、政府保险费。①

——[美]伯纳德·施瓦茨

本章节目

第一节　行政法主体概述

第二节　行政机关的概念与特征

第三节　行政机关的职责与职权

第四节　建设现代服务型政府对行政机关的要求

第五节　我国现行行政机关的体系

① [美]伯纳德·施瓦茨:《行政法》,徐炳译,群众出版社1986年版,第3-5页。

第一节　行政法主体概述

一、行政法主体的含义

行政法主体指行政法调整的各种行政关系的参加人——机关、组织和个人。作为行政法主体的机关、组织首先指国家行政机关。除了国家行政机关以外，也包括作为行政法制监督主体的其他国家机关，可与行政机关一道作为行政主体的法律、法规、规章授权的组织[①]和其他社会公权力组织（行业协会、社会团体、基层群众性自治组织等），作为行政相对人的企事业组织和其他组织。作为行政法主体的个人包括在行政机关和其他公权力组织中行使行政职权的国家公务员，其他行使国家公权力和社会公权力的人员以及作为行政相对人的公民、外国人、无国籍人等。[②]

行政法主体是行政关系的参加人（行政关系的主体）。不是行政关系参加人的个人、组织、机关，不能成为行政法主体。无论是公民、企事业组织，还是公务员、行政机关，只有参加到实际的、具体的行政关系中去，作为相应行政关系的实际参加人，才具有相应行政法主体的实际资格。当然，这里讲的"参加"，不一定是相应个人、组织主动参加。有时，个人、组织的权利、义务被动地受到某种行政关系的影响，此种影响也能使其具有行政法主体资格。当然，从理论上讲，行政关系的参加人还不等于行政法主体，行政关系只有被行

① 在1989年第七届全国人大第二次会议通过的《行政诉讼法》关于行政诉讼被告的规定中，对可被诉的非行政机关的组织的表述是"法律、法规授权的组织"（见该法第25条第4款）。而在2014年第十二届全国人大常委会第十一次会议通过的修订后的《行政诉讼法》关于行政诉讼被告的规定中，对可被诉的非行政机关的组织的表述是"法律、法规、规章授权的组织"（见该法第2条第2款）。这一变化既是适应行政诉讼便利的需要，也是在行政管理中适当扩大行政主体范围的需要。

② 关于行政法主体，学界存在不同的认识。许崇德、皮纯协主编的《新中国行政法学研究综述》给行政法主体所下的定义是：行政法主体，也即行政法律关系主体，包括国家行政机关、国家公务员、被授权人、被委托人，以及其他国家机关、社会团体、企事业单位和公民个人。在我国境内，依照我国法律规定享有行政权利、承担行政义务的外国组织和公民、无国籍人也是我国行政法的主体。同时，该书对学界关于行政法主体的争论意见，从概念、种类到各类主体的资格，进行了综合性和概括性的介绍。参见许崇德、皮纯协主编：《新中国行政法学研究综述》，法律出版社1991年版，第63-67、133页。

政法调整时，其参加人才是行政法主体。因为行政关系被行政法调整时方为行政法律关系，行政法律关系的参加人方为行政法主体。因此，行政法主体等于行政法律关系主体，而不等于行政关系主体，尽管行政法律关系主体均源于行政关系主体。

广义的行政法主体包括两种情形：其一，行政法就一定范围，一定领域，处于一定情形下的组织、个人的行为予以规范，赋予其相应的权利（权力），加予其相应的义务（职责）时，作为行政法调整对象的相应组织、个人成为该行政法的主体。其二，某一（些）组织、个人实施某种行为，与其他组织、个人发生实际行政关系，在相应关系中，双方分别行使行政法赋予的权利（权力），履行行政法加予的义务（职责），这时，关系双方均成为相应行政法的主体。第一种情形的行政法主体是静态的主体、潜在的主体；第二种情形的行政法主体是动态的主体、现实的主体。人们通常研究的行政法主体和本书论述的行政法主体，一般指第二种情形的行政法主体——处在实际行政法律关系中的主体。在实际行政法律关系中，双方主体既可以是机关、组织，亦可以是个人。有时，某一方的主体可以同时包括机关、组织和个人。例如，在行政处罚法律关系中，行政机关对实施了某种违法行为的组织予以行政处罚，同时对该组织的负责人和直接责任人亦予以相应处罚。这时，该组织和该组织的负责人、直接责任人均为相应法律关系中的主体。①

行政法主体，是指在行政法律关系中权利义务的承受者，不包括所有行政法律关系的参与人。例如，在行政管理关系中，公务员代表行政机关实施各种行政行为，但公务员不是行政管理关系的行政法主体，只有行政机关才是主体。又如，法人申请行政许可，代表法人申请手续的人不是行政法主体，主体只是法人。当然，上述法律关系中的公务员、代理人，只是不构成相应行政法律关系的主体，但他们并非不能转化成另一种法律关系的主体。例如，公务员在行政管理行为中违法，行政机关或监察机关在事后追究该公务员的行政处分责任或政务处分责任，这时，公务员即成为行政处分或政务处分关系中的主体。同样，代理人在实施代理行为中违法，侵犯被代理法人的权益或国家社会利益，他可能被追究民事责任或行政处罚责任。这时，他即成为民事关系的法

---

① 参见我国《民办教育法》《农业法》等法律中关于法律责任的规定。

律主体或行政处罚关系的行政法主体。

行政法主体是行政法关系的第一要素。要解决任何行政法问题,首先要弄清其所涉及的行政法律关系主体,否则只能使问题陷入混乱而不能把握问题的脉络和发展线索,以求得解决的方案。例如,在行政诉讼关系中,不弄清原告是谁、被告是谁,行政审判即无从进行。因此,研究行政法律关系,首先应从研究行政法主体入手。

二、行政法主体与行政主体

人们往往容易混淆行政法主体与行政主体的概念。实际上,这是两个相互联系、但又有重要区别的概念。

行政主体是行政法主体的一种。行政主体可能在各种行政法律关系中存在,但在各种行政法律关系中,它只是关系的一方当事人(一方主体),与另一方当事人(对方主体)共同构成相应关系的双方。例如,在行政管理关系中,行政主体与行政相对人构成关系双方主体;在行政法制监督关系中,行政主体与行政法制监督主体构成关系双方主体;在内部行政关系中,行政机关与公务员等构成关系双方主体。严格地说,行政主体只有在行政管理法律关系中,才具有真正的行政主体地位。在行政法制监督关系中,行政主体处于监督对象地位;在内部行政关系中,它们有时与对方主体处于平等协商的地位(两个平行行政机关之间发生的关系)等。之所以在各种行政法律关系中均称为"行政主体",是因为它们是同一当事人,并且它们在其他法律关系中的不同法律地位均是因为其在行政管理法律关系中的法律地位而产生的,有"行政主体"的因素在其中起作用。

行政主体虽然只是行政法主体的一种,但它是行政法主体中最重要的一种。首先,行政主体在行政管理关系中占主导地位,而行政管理关系在整个行政关系中又占有主导地位,其他行政关系均是因行政管理关系的发生、存在而发生和存在的。其次,行政主体在各种行政法律关系中均可构成一方主体,而其他行政法主体只可能在一种或两种行政法律关系中出现,不可能在所有行政法律关系中出现。例如,行政相对人一般只在行政管理关系中作为行政法主体,公务员一般只在内部行政关系中作为行政法主体。当然,行政相对人和公务员有时会在行政法制监督关系中作为主体(监督主体和监督对象),但行政相对人不可能在内部行政关系中作为主体,公务员不可能在行政管理关系中作为主体(除非有法律的特别规定)。此外,行政主体,特别是行政机关,作为行政法主体具有相对恒定性。尽管行政机关有时也会以民事主体的身份参与民事关系,但在绝大多数时候和场合,行政机关均是以行政法主体的身份参与行政法律关系。而其他行政法主体,如公民、法人和其他组织等,则常常以民法主体的身份参与民事关系,或以其他身份参与其他社会关系和其他法律关系。正是因为上述原因,行政法学研究行政法主体,往往将行政主体的研究置于最重要的位置。

三、行政主体与行政机关

行政主体与行政机关两个概念的关系极为密切。行政机关是行政主体的一种,而且是行政主体中最重要的一种。在行政主体中,法律、法规、规章授权的组织和其他社会公权力组织只占较小的比重,国家基本的主要行政职权都是由行政机关行使的,以至于在很多情况下,人们将"行政机关"作为行政主体的代名词。①

但是行政机关与行政主体仍然是有重要区别的。首先,行政主体是行政法律关系一方当事人的总称,在行政管理法律关系中,它与行政相对人相对,是行政相对人的对称;在行政法制监督关系中,它与行政法制监督主体相对,是监督主体的对称。而行政机关只是行政法律关系具体当事人的称谓,与法律、法规、规章授权的组织和其他社会公权力组织,以及法律关系对方当事人的公民、法人和其他组织等并列。其次,行政主体主要是一种行政法学的概念,它是行政法学为研究行政法律关系而对关系参加人进行抽象而创制的概念。而行政机关主要是一个具体法律概念,用以指称享有某种法律地位,具有某种权利(权力)、义务(职责)的法律组织。最后,行政主体与行政机关具有包容关系,前者包容后者。尽管行政机关在行政主体中占有极大比重,但毕竟行政机关不是行政主体的全部,行政主体除了行政机关外,还包括法律、法规、规章授权的组织和其他社会公权力组织。

---

① 例如,我国的《行政诉讼法》《行政许可法》《行政复议法》等法律所使用的"行政机关",均相当于行政主体,实际包括法律、法规、规章授权行使行政职权的组织。

有些行政法学教科书或专著不使用“行政主体”而只使用“行政机关”。但它们在使用“行政机关”这一概念时，其含义有时包括法律、法规、规章授权的组织和其他社会公权力组织，有时又不包括。这样，由于概念上的不统一，往往导致逻辑思维和学术理论的混乱。因此，在行政法学中引入“行政主体”的概念，使之与“行政机关”的概念加以区分是必要的和有益的。

我国行政法学使用“行政主体”概念，与外国一些国家的行政法学者使用的“行政主体”概念有一定区别。他们使用的行政主体概念，往往指整个政府或分别指中央政府、有自治权的地方政府（地方公共团体）以及其他公法人。它必须具有以自己名义行使权利（职权）和承担义务（责任）的能力，通常应具有独立的法人地位（独立的财政地位）。[①] 我国行政法学使用“行政主体”概念则通常有两种用法：其一，指行政机关和法律、法规、规章授权的组织及其他社会公权力组织；其二，具体指能独立以自己名义对外行使行政职权和承担法律责任的某一行政机关或法律、法规、规章授权的组织及其他社会公权力组织。这里的“行政机关”不仅可以是具有独立财政地位的各级人民政府，也可以是所属各级人民政府的工作部门，如公安、市场监管、海关、税务等部门行政机关。这些部门行政机关虽不具有独立的财政地位，如其实施了行政侵权行为而承担赔偿责任时，其赔偿金不是由其本身，而是由各级政府财政支付。但部门行政机关是以本身名义对外行使职权和承担责任，就承担赔偿责任来说，它们在名义上仍是承担责任的主体（义务赔偿机关）。[②] 行政相对人的权益受到部门行政机关侵犯后，不是直接向政府，而是向侵权机关求偿，与行政侵权机关发生行政赔偿法律关系。所以，我国行政法学研究“行政主体”，其范围不仅包括各级人民政府，而且包括以自己名义实际行使行政职权的各级政府的工作部门。

有学者对我国现行行政主体理论提出了批评，认为行政机关不是行政主体。行政机关代表国家行为，国家才是行政主体。作为主体，应该是有独立意志，可以独立行动并独立承担责任的人。[③] 这种观点应该说是有一定道理的。

---

① 参见[日]室井力主编：《日本现代行政法》，吴微译，中国政法大学出版社 1995 年版，第 27 页。

② 参见《国家赔偿法》第二章第二节（第 6-8 条）。

③ 参见应松年、薛刚凌：《行政组织法研究》，法律出版社 2002 年版，第 106-131 页。

在行政法律关系中，国家当然是公权力的最终主体，或者说是真正的行政主体。但是，在实际的行政法律关系中，行政相对人直接打交道的只能是行政机关而不是国家，行政机关是行政相对人直接面对的看得见、摸得着的对方当事人。因此，我国学者研究行政法学，一般都是将行政机关作为行政主体，至少是作为拟制的行政主体，而不是直接将国家作为行政主体。

第二节　行政机关的概念与特征

一、行政机关的含义

行政机关，是指依宪法或行政组织法的规定而设置的行使国家行政职能的国家机关。

首先，行政机关是国家机关，是由国家设置，代表国家行使国家职能的机关。这一点使它与政党、社会组织、团体相区别。政党，特别是执政党，虽然能对国家政治、经济的发展起重要的甚至是决定性的影响作用，但它不是国家机关。社会组织、团体虽然经法律、法规授权，也可以行使一定的国家行政职能，但它们不是由国家设置的专门代表国家行使国家行政职能的主体，从而也不属于国家行政机关。

其次，行政机关是行使国家行政职能的国家机关。这一点使它与立法机关、监察机关、司法机关相区别。立法机关、监察机关、司法机关虽然也都是国家机关，但立法机关行使的是国家立法职能，监察机关行使的是国家监察职能，司法机关行使的是国家司法职能(审判职能和检察职能)。而行政机关行使的是国家行政职能，即执行法律、管理国家内政外交事务的职能。

最后，行政机关是依宪法或行政组织法的规定而设置的行使国家行政职能的国家机关。这一点使它与法律、法规、规章授权的组织和其他社会公权力组织区别开来。法律、法规、规章授权的组织和其他社会公权力组织不是依宪法或行政组织法设置的，它们行使一定的行政职能是基于具体法律、法规的授权或社会自治原则。因此，行政机关是固定的、基本的行政主体，而法律、法规授权的组织和其他社会公权力组织只有在行使相应行政职能时才具有行政主体的地位。

二、行政机关的性质和特征

行政机关具有双重性质,相对于国家权力机关——人民代表大会,它是执行机关;相对于行政相对人——公民、法人或者其他组织,它是行政主体。

行政机关首先是执行机关,其基本职能是执行最高国家权力机关制定的法律,享有立法权的国家权力机关制定的法规(地方性法规、自治条例和单行条例)以及各级国家权力机关作出的决议、决定。法律是全国人民意志和利益的体现,法规、决议、决定是相应地域范围内人民意志和利益的体现。行政机关是由人民代表机关产生的为人民服务的机关,它必须完全服从和全面执行体现人民意志、利益的法律、法规以及人民代表机关的其他决议、决定。行政机关作为权力机关的执行机关的性质是由国家的民主性质决定的。在专制国家,行政机关就不是人民代表机关的执行机关,而是专制统治者——皇帝、国王及其专制统治集团——的执行机关,它的使命是听命于专制统治者,为专制统治者镇压人民、压迫人民、统治人民服务。①

当然,无论是民主国家,还是专制国家,行政机关都是执行机关,必须服从决策机关的意志,并忠实地执行决策机关的意志。区别在于:在民主国家,决策机关是人民代表机关;在专制国家,决策机关是专制统治者。

行政机关相对于权力机关、决策机关,是执行机关;相对于行政相对人,行政机关是行政主体。它代表国家行使行政权,管理国家内政外交事务,它有权向行政相对人发布行政命令,实施行政行为,在必要时,它还可以向行政相对人采取行政强制措施、科处行政处罚。行政相对人必须服从行政机关的管理。行政相对人对行政机关的管理不服,只能通过法定途径寻求救济,一般不能直接加以抵制。② 行政机关作为行政主体对于行政相对人的优越权是由行政权作

---

① 专制国家通常不存在人民代表机关。即使某些专制国家有形式上的议会、国会一类机构,它也不可能真正由人民选举产生,不可能真正代表民意,而只能是专制统治者用以欺骗人民,以维护其统治的工具。

② 根据行政法原理,行政相对人对于行政机关明显、重大的违法行为,可以抵制,如拒绝完全没有法律根据的和严重违反法定程序的收费和罚款。但在大多数情况下,行政相对人对于行政机关的行政行为,即使认为其违法、不当,也应先予执行,然后再寻求救济,或边执行边寻求救济。

为国家权力的性质决定的。国家权力和秩序是以国民的相对服从为前提的,没有国民对国家权力的一定服从,就没有秩序,没有秩序就没有权利和自由可言。

行政机关在行政管理关系中是行政主体,在其他法律关系、其他社会关系中则具有其他法律地位,如在民事关系中可作为民事主体,在诉讼关系中可作为诉讼当事人等。但是行政机关的基本角色是执行机关和行政主体。

行政机关相对于其他国家机关,一般具有下述特征:

1. 行使国家行政职权,管理国家行政事务。其是行政机关区别于其他国家机关的实质特征。根据宪法,人民代表机关行使立法权和对其他国家机关的监督权;监察机关行使对所有公职人员的监察权;人民法院行使国家审判权;人民检察院行使国家检察权;行政机关则行使行政权。国家权力机关立法,行政机关执法,二者的区别是显然的。行政机关执法,司法机关也执法(司法也属于执法范畴),二者似乎难以区别,但实际上,二者的执法存在重要区别:行政机关的执法是通过对国家内政外交事务进行管理实现的,包括对未来的规划、计划和对现行事务的处理;而司法机关的执法是通过裁决法律争议和进行法律监督实现的,通常是对过去已发生的事项、纠纷的处理。

2. 行政机关在组织体系上实行领导—从属制。行政机关由于行使的是行政管理职能,特别要求速度和效率,故在组织体系上一般实行领导—从属制,即上级行政机关领导下级行政机关,下级行政机关从属于上级行政机关,向上级行政机关负责和报告工作。这一特征是国家权力机关和国家审判机关均不具备的。上级国家权力机关不对下级国家权力机关实施领导,不能对下级国家权力机关发号施令。上级国家权力机关对于下级国家权力机关制定的同宪法、法律、行政法规相抵触的地方性法规和决议,只能通过法律程序予以撤销。上级人民法院亦不对下级人民法院实施领导,不能对下级人民法院发号施令。上级人民法院对于下级人民法院作出的错误的判决、裁定,只能通过审判监督程序予以纠正。

3. 行政机关在决策体制上一般实行首长负责制。行政机关由于代表国家直接对公民、法人和其他组织实施管理,特别要求权限清楚、责任明确,故在决策体制上一般实行首长负责制。而国家权力机关和国家审判机关行使职能通常都采取合议制的形式。因为国家权力机关行使的是国家立法权和国家基本政策的决定权,人民法院行使的是国家审判权。前者是为人们确定行为规范,涉及全体国民权利义务;后者是为人们判别是非曲直,惩罚犯罪和解决争议,涉及的是对过去事件的评价,且此种评价将直接影响国民的生命、自由、财产及其他权益,故均必须特别慎重。且立法和司法不具有行政那样的急迫性,可以有较多的时间进行集体讨论和作出决定,而行政机关则不同,对许多问题,特别是对某些紧急的问题,往往要在短时间内,有时甚至要在几小时、几分钟内作出决定,不可能有时间都进行从容的集体讨论后再作出决定。当然,行政机关中的行政立法、行政决策、行政裁决机关,一般也实行合议制。有的国家的行政决策机关决定问题还有实行票决制的,如以色列的内阁和美国的部分独立规制机构均实行合议票决制。

4. 行政机关行使职能通常是主动的、经常的和不间断的。行政机关由于行使的是公共管理和公共服务职能,包括保障国家安全、维护社会秩序、发展社会经济和福利等,故其职能行使必须连续而不间断,主动行使而不必待人请求。虽然行政机关有些职能的行使是应请求进行的,如颁发证照等,但这只是行政职能中的一部分。这一点不同于法院,法院行使审判职能是不告不理,当事人不起诉,法院不主动立案;也不同于立法机关,立法机关行使职能虽然是主动的,但却不是经常的和不间断的。立法机关通常是定期召开会议,通过有限期的会议行使职能。

5. 行政机关最经常、最直接、最广泛地与个人、组织打交道。行政机关行使的各项职能由于与个人、组织有着最密切的联系,无论是征集兵役、收税、维持社会秩序、颁发证照或是管理商标、专利和广告,还是规定产品质量标准、确定利率,进行环境监测,都直接涉及个人、组织的权益。行政机关为了实施管理,必须与个人、组织发生广泛的联系。司法机关在行使职能过程中虽然也直接与个人、组织打交道,但其联系主要只限于诉讼过程中,远不及行政机关与相对人的联系经常、广泛。立法机关与个人、组织的联系则既不及行政机关与相对人的联系经常、广泛,也不及其直接。法律对个人、组织行为的调整往往要通过行政执法或司法的途径实现。[①]

① 当然,现代立法机关立法,也要通过听证会等形式直接听取公民、法人和其他组织的意见。尽管如此,其经常性、广泛性和直接性仍然不如行政机关。

第三节　行政机关的职责与职权

本节所论述的行政机关的职责与职权,是指行政机关乃至行政主体的一般职责、职权,而不是指某一具体单个的行政机关的职责、职权。例如,非行政机关的法律、法规授权组织同样可以行使行政机关享有的某些职权,履行为行政机关所履行的某些职责。正因如此,一些行政法学教科书不单独设立章节研究行政机关的职责、职权,而是统一研究行政主体的“行政职权”和“行政职责”①,或统一研究行政法上的国家的“公权力”及“公义务”。②

本书考虑行政职权和行政职责主要由行政机关所具有,法律、法规、规章授权的组织和其他社会公权力组织只能部分(而不能全部)地行使行政职权和履行行政职责,行政机关与其他行政主体的职责存在较大区别,故对二者分别加以探讨。本节只研究行政机关的职权、职责,法律、法规、规章授权组织和其他社会公权力组织的公权力和职责将在后面的章节讨论。

此外,职权、职责是两个既相互联系又相互区别的概念,许多教科书在研究职权、职责时,通常先研究职权,后研究职责。③ 本书将职责置前,职权置后。这样似乎更符合逻辑:职权因职责而产生。法律首先赋予了行政机关各

---

① 罗豪才教授主编的《行政法学》对行政主体的行政职权和行政职责进行统一研究,该书将行政职权归为七类:(1)制定行政规范权;(2)行政命令权;(3)行政处置权;(4)行政决定权;(5)行政强制执行权;(6)行政救济权;(7)行政司法权。该书将行政职责归为五类:(1)履行职务,不失职;(2)遵守权限,不越权;(3)符合法定目的,不滥用职权;(4)遵循程序,避免瑕疵;(5)行政合理,避免失当。参见罗豪才主编:《行政法学》,中国政法大学出版社 1996 年版,第 72、75 页。

② 林纪东所著《行政法》对行政法关系上的国家公权力及公义务进行了统一研究。该书将行政关系上国家的公权力归为四类:(1)下命权;(2)强制权;(3)形成权;(4)公法上的物权。至于公义务,该书认为,其相对于个人的公权利而存在,个人有哪些公权利,国家即有相应的公义务,以满足和实现这些权利。参见林纪东:《行政法》,台北,三民书局 1980 年版,第 108、116 页。管欧在《中国行政法总论》中将国家行政法上之公权力归为六类:(1)命令权;(2)制裁权;(3)形成权;(4)公法上的债权;(5)公法上之物权(又分所有权、地上权、担保物权三项);(6)公法上的经营权。至于国家的公义务,该书将之归为三类:(1)概括之义务(一般的、广泛的、不特定的义务,如维持公共秩序的义务);(2)对待之义务(对人民享有权利而产生的义务,如对人民征税权而产生的依法、依程序征税之义务);(3)特定之义务(对于特定事项的义务,如对人民申请的受理义务等)。参见管欧:《中国行政法总论》,蓝星打字排版有限公司 1981 年版,第 83-87、94-95 页。

③ 参见管欧:《中国行政法总论》,蓝星打字排版有限公司 1981 年版,第 83-87、94-95 页。

种职责,为保证这些职责的完成,法律方授予行政机关相应的职权和各种管理手段。离开了职责,职权和管理手段就失去了存在的根据。

一、行政机关的一般职责

宪法和行政组织法规定了不同层级、不同种类、不同管理领域的各种行政机关的不同具体职责。将行政机关的所有这些具体职责加以归纳、抽象,可以概括为下述一般职责:

(一)保障国家安全

保障国家安全是行政机关的传统职责。人们设立政府,以缴纳税费和限制自己一定的自由为代价,所追求的重要目标之一即国家安全与和平生活。因此,任何政府均要将加强和巩固国防、防止外敌入侵作为自己的重要职责之一。在发生外敌入侵时,政府即应组织和指挥国家的武装力量进行有效的抵抗和反击,打败侵略者,以恢复人民的和平生活。

(二)维护社会秩序

维护社会秩序也是行政机关的传统职责。为了履行这一职责,行政机关设有专门的公安和安全机构,建立警察队伍。在平时,行政机关运用这些机构、设施,防止和打击违法、犯罪行为,保障人们生产、生活的正常秩序,让人民过上安宁的生活;在发生动乱、骚乱或暴乱时,行政机关运用这些机构、设施,甚至动用武装力量,镇压骚乱、暴乱,以恢复和重建秩序。

(三)保障和促进经济发展

保障和促进经济发展是现代社会行政机关的职责。在19世纪以前,政府对经济通常不积极干预,直至自由资本主义时代,政府还只是主要起“看门犬”(维护国家安全和社会秩序)的作用,人们的社会经济活动主要靠“看不见的手”价值规律和市场机制进行调节。但是进入现代社会以后,由于各种社会关系、社会矛盾的复杂化,人们不能再单纯依赖“看不见的手”发挥作用,市场的各种缺陷必须以“看得见的手”予以弥补,故适当发挥政府对市场的宏观调控作用。否则,整个社会经济可能因无序和恶性竞争而陷入瘫痪和崩溃。

然而,政府对经济的干预只是对市场机制缺陷的补充,政府干预绝不可过头。否则,就可能扼杀市场的活力,妨碍甚至破坏经济的发展。在这方面,法律对行政机关的此种职责一定要确定适当的度,保证市场在资源配置中起决定性的作用,绝不可以“看得见的手”取代“看不见的手”。

(四)保障和促进文化进步

行政机关对文化建设的职责如同对经济建设的职责,是现代社会的要求。现代政府不能只是消极地保障国家安全和社会秩序,为人民提供和平与秩序,而且要积极地保障和促进物质文明、精神文明的发展,增进人民的幸福和福利。当然,这种“积极”亦不能过度,应在尊重公民个人、组织的自由和自主权的前提下有所作为。

这里“保障和促进文化进步”职责中的“文化”是广义的文化,包括教、科、文、卫、体等精神文明建设的内容。行政机关对于“文化”的职责相对地重于对经济的职责,因为经济应更多地借助于市场机制的作用,更多地发挥市场经济主体自主权的作用。

(五)健全和发展社会保障与社会福利

行政机关的这一职责是随着其管理、干预经济的职责的发展而发展起来的。这一职责有着多方面的意义:首先,它对于解决现代经济发展所带来的各种社会问题(失业、环境污染、各种生产事故及工业化导致的其他损害等)是必要的;其次,它对于防止社会动荡、保持社会稳定是必要的;最后,它对于保障社会公正,消除社会过分两极分化,救济因灾、因病、因年老无助等而失去生活来源的人们也是不可缺少的制度。目前,许多发达国家和发展中国家的政府运用国家财政和其他经费来源,举办各种社会救济和社会福利事业,如失业补助、养老金、退伍军优抚、残疾人救助、流浪乞讨人员收容安置和灾民、难民救济,以及举办各种社会公益和服务事业,如幼儿园、托儿所、养老院、文化馆、体育馆、博物馆、图书馆以及公共交通和其他公用事业等。

在现代社会,行政机关对社会保障和社会福利必须予以足够的重视,但是对此也不能热心过度,过多、过分的救济和福利不利于激发人们工作的积极性和创造精神,而且因此增加财政税收负担可能打击企业家的竞争和进取精神,妨碍经济的发展。在这方面,国外某些“福利国家”(welfare state)已经有了教训,开始调整它们的政策,使社会保障和社会福利的水平和经济的发展相适应,并有利于(而不是不利于)经济的发展。

(六)保护和改善人类生活环境与生态环境

相对于以上其他职责,行政机关对保护和改善环境的职责认识较晚,履行得较不力,从而效果不尽如人意。然而行政机关的这一职责具有极为重要的意义。首先,环境关系到经济、社会和人类本身的可持续发展。环境破坏了,水、大气、土地污染了,动植物不能生存,人类本身也无存身之地。其次,环境不同于经济,不易于为企业、组织、个人所重视和关注。对于经济,即使行政机关不过问,企业、组织、个人为自己的生计,也会努力去发展,但是对于环境,行政机关如果不干预,企业、组织、个人往往有"搭便车"的心理,听之任之,很少会有人花钱去治理污染,改善自己和他人共享的环境,导致"公地悲剧"。最后,治理和改善环境有时需要多方面的合作和大量的财政支出,个别企业、组织、个人也往往难以胜任,必须由行政机关加以组织、协调或由行政机关直接出资进行相关工程建设。

我国《宪法》第 26 条第 1 款规定:"国家保护和改善生活环境和生态环境,防治污染和其他公害。"所谓"生活环境",是指与人类生活密切相关的各种自然条件和社会条件,包括自然环境和社会环境中的生活环境。所谓"生态环境",是指影响生态系统发展的各种生态因素,即环境条件(气候条件、土壤条件、生物条件、地理条件等)的总体。生态环境也包括自然环境和社会环境,如作为自然环境的森林生态环境、海洋生态环境等,作为社会环境的城市生态环境、工厂生态环境等。生活环境与生态环境有着极为密切的关系,二者都是人类存在和发展的基本条件。

过去由于人们环境意识差,为了发展经济而掠夺性、破坏性地开发资源,导致了严重的污染和其他公害(雾霾、酸雨、沙尘暴等),给人类的生活环境和生态环境造成了极大损害。20 世纪中叶以来,一些国家意识到环境问题的严重性,开始进行治理,但是,目前地球整个环境恶化的势头尚没有完全遏制住。因此,保护和改善环境今后应作为世界各国行政机关共同的重要职责。我国是社会主义国家,是发展中国家,也是环境污染较严重的国家,我国行政机关更应该把保护、改善环境的职责放在最重要的位置或最重要的位置之一。

行政机关的职责涉及政府与公民、政府与市场、政府与社会的关系。正确界定行政机关的职责对于正确处理上述三种关系是至关重要的。我国自 20 世纪 80 年代改革开放以来,政界和学界都一直在探讨政府的正确定位和行政机关职能的适当范围。直至 21 世纪初,各方初步达成共识,将行政机关的主要职能归纳为四项:经济调节、市场监管、社会管理和公共服务。中共十八大和其后的三中全会、四中全会又强调经济调节主要限于宏观调控,社会管理改为社会治理。在这些职能中,其中经济宏观调控、市场监管是对前述第三项职责的确定和限制:行政机关有责任保障和促进经济发展,但只能通过经济宏观调控、市场监管的方式来实现,政府不能直接干预企业的生产经营活动。至于社会治理和公共服务,即包括前述第一、二、四、五、六项职责,亦即向社会提供"公共物品",保障公民的安全、秩序、生活生态环境和社会福利。

二、行政机关的主要职权

行政机关为履行其职责,必须具有相应的职权。职权是职责的保障。根据宪法和组织法的有关规定,行政机关的主要职权一般有下述七项[①]:

(一)行政立法权

行政立法权是行政机关制定行政法规和规章的权力。立法权本来是国家立法机关的权力,行政机关只享有执行权而无立法权。但在现代社会,行政机关因具有广泛的职责,单靠立法机关的立法远远满足不了行政机关履行其职责对法的需要。于是,法律便赋予行政机关以准立法权,即允许行政机关根据法律的原则、精神和法律的有关规定,制定相应的实施规范、解释性规范或者某些创制性与补充性规范,用以调整各种行政关系,规范行政相对人的行为。行政机关的行政立法权为准立法权,它必须根据法律行使,其内容不能与宪法、法律相抵触。[②]

(二)行政命令权

行政命令权是行政机关向行政相对人发布命令,要求行政相对人作出某种行为或不作出某种行为的权力。行政命令的形式是各种各样的,如通告、通令、布告、规定、通知、决定、命令和对特定相对人发出的各种"责令"等。针对不特定相对人的行政命令与行政立法相似,往往以规范性文件发布。行政命令与行政立法的区别主要在于发布主体和内容:行政立法(行政法规、规章)的发布主体是法律授权的特定行政机关,行政命令的发布主体是一般行政

---

① 这些职权是对整个行政机关职权的概括,不是每个具体行政机关都享有所有这些职权。各个具体行政机关通常只享有其中的若干项,如县级以下行政机关即不享有行政立法权。

② 参见《立法法》第二章至第四章。

机关;行政立法的内容具有普遍性和反复适用性,且针对不特定相对人,而行政命令的内容大多是一次性的,既可针对不特定相对人,也可针对特定相对人。

(三)行政处理权

行政处理权是行政机关实施行政管理,对涉及特定行政相对人权利、义务的事项作出处理的权力。① 行政处理的范围很广泛,包括行政许可、行政征收、征用和行政给付等。行政机关大量职责的履行,是通过行政处理实现的。因此,行政处理权是行政机关实施行政管理、履行行政职责中最经常、最广泛使用的一种行政权力。

(四)行政监督权

行政监督权是行政机关为保证行政管理目标的实现而对行政相对人遵守法律、法规,履行义务情况进行检查监督的权力。行政监督的形式多种多样,主要有检查、审查、统计、审计、检验、查验,要求相对人提交报告、报表等。行政监督权既是一种独立的权力,同时又是行政立法权、行政命令权、行政处理权实现的保障。

(五)行政裁决权

行政裁决权(亦称行政司法权)是行政机关裁决争议、处理纠纷的权力。裁决争议、处理纠纷本来是法院的固有权力。但在现代社会,由于社会经济的发展和科技的进步,行政管理涉及的问题越来越专门化,越来越具有专业技术性的因素。这样,普通法院在处理与此有关的争议和纠纷方面越来越困难和感到不适应。而行政机关因为长期管理这方面的事务,具有处理这类争议、纠纷的专门知识、专门经验和专门技能。于是,法律赋予行政机关以准司法权,即允许行政机关在行政管理过程中裁决和处理与其管理有关的民事、行政争议和纠纷,如有关商标、专利、医疗事故、交通事故、运输、劳动就业以及资源权属等方面的争议和纠纷。行政机关在行政管理中,直接裁决和处理与此有关的争议、纠纷,显然有利于相应行政管理目标的实现。当然,为了保障公正

---

① “行政处理”一词相当于德国、日本等国行政法和我国台湾地区行政法中的“行政处分”。由于我国“行政处分”特指行政机关对公务员的纪律处分,故对行政机关处理特定相对人权利义务事项的行为称“行政处理”。广义的“行政处理”包括行政裁决、行政强制、行政处罚。这里的行政处理权指狭义的“行政处理”。

和法治,行政机关的行政裁决行为通常不是终局的,如当事人不服,还可请求法院对之进行司法审查和作出最终裁决。

（六）行政强制权

行政强制权是行政机关在实施行政管理过程中,对不依法履行行政义务的行政相对人采取人身的或财产的强制措施,迫使其履行相应义务的权力。① 行政机关是国家机关,为了保证行政管理目标的实现,制止违法行为和维护社会、经济秩序,法律赋予其行政强制权是必需的。但是,行政强制权因涉及行政相对人的人身和财产权利,法律必须对之加以严格的限制和规范,行政机关行使时也必须非常慎重,非必要时不行使,必须行使时亦应限制在必要的限度之内。② 否则,将导致行政专制和对相对人权益的侵犯。

（七）行政处罚权

行政处罚权是行政机关在实施行政管理过程中,为了维护公共利益和社会秩序,保护其他公民、法人和其他组织的合法权益,对违反行政管理秩序的行政相对人依法给予制裁的权力。行政处罚权与行政强制权一样,是行政机关必须拥有的权力,但同时又是必须严格加以限制、规范和慎重行使的权力。行政处罚权和行政强制权的主要区别在于二者的目的和形式不同:行政处罚权的目的主要在于制裁违反行政管理秩序者,行政强制权的目的主要在于迫使不履行行政义务的人履行义务;行政处罚的形式主要为罚款、拘留、没收、吊扣证照等,行政强制的形式主要为查封、扣押、冻结、划拨及对人身的强制措施,如扣留、约束等。③

第四节　建设现代服务型政府对行政机关的要求

2004 年,国务院在《纲要》中提出,转变政府职能,建设服务型政府是全面

---

① 行政强制包括预防性强制和制止性强制（直接的人身强制和财产强制）,这种强制多是即时性的;也包括执行性强制（强制拆迁、强制划拨等）,这种强制多由行政机关作出决定,申请人民法院执行。

② 参见《行政强制法》和本书以后章节的专门论述。

③ 关于行政处罚,本书后面有专门章节论述。

推进依法行政的首要目标："进一步转变经济调节和市场监管的方式，切实把政府经济管理职能转到主要为市场主体服务和创造良好发展环境上来。在继续加强经济调节和市场监管职能的同时，完善政府的社会管理和公共服务职能。建立健全各种预警和应急机制，提高政府应对突发事件和风险的能力，妥善处理各种突发事件，维持正常的社会秩序，保护国家、集体和个人利益不受侵犯；完善劳动、就业和社会保障制度；强化公共服务职能和公共服务意识，简化公共服务程序，降低公共服务成本，逐步建立统一、公开、公平、公正的现代公共服务体制。"①中共十八大和十八届三中全会更是直接提出了深化行政体制改革，建设人民满意的服务型政府的目标和任务，此前中共十七大报告也曾明确要求各级政府不断推进和深化改革，进一步"健全政府职责体系，完善公共服务体系，推行电子政务，强化社会管理和公共服务"。②

建设现代服务型政府，对行政机关提出了更高的要求。行政机关履行本章上一节所述各项职责和各项职权均必须符合为社会公众服务和为行政相对人服务的宗旨，并正确处理下述四个方面的关系。

一、服务型政府与有限政府的关系

服务型政府与有限政府的关系可以这样表述：政府为民服务既是无限的，又是有限的。何谓"无限"？"无限"主要体现在两个方面：其一，政府和政府工作人员不是"天使"③，但其应不断向"天使"转化和向"天使"接近，其向"天使"转化和接近的过程是无限的。这里的所谓"天使"，是指没有个人利益，只具"公心"和为民服务理念及服务本领的公职人员。人民建立政府，目的在于为自己提供公共服务。而这种为公众提供公共服务的政府和政府公职人员，本应是只具"公心"和为民服务理念及服务本领的"天使"。但在现实生活中，我们的政府工作人员却都是父母所生的"私人"，由"私"的人去履行

① 参见国务院：《全面推进依法行政实施纲要》，中国法制出版社2004年版，第8-9页。

② 胡锦涛：《高举中国特色社会主义伟大旗帜，为夺取全面建设小康社会新胜利而奋斗》，人民出版社2007年版，第32页。

③ 美国宪政学家詹姆斯·麦迪逊在《联邦党人文集》中指出："如果人人都是天使，就不需要政府了。如果是天使统治人，就不需要对政府有任何外来的或内在的控制了。"参见[美]汉密尔顿等：《联邦党人文集》，程逢如、在汉等译，商务印书馆1980年版，第264页。

“公”的职责,其矛盾和冲突即不可避免。服务型政府就是要通过制度和教育,使其工作人员的“私”尽量不影响履行职责的“公”,以消除二者的矛盾和冲突。但这个过程是无限的,制度和教育只能使公职人员日益向“天使”转化和向“天使”接近,却永远不可能使公职人员完全变成“天使”。其二,公民的物质和精神需求的增长是无止境的,无限的:从追求温饱到追求小康,再到追求快乐与尊严,因而政府满足公民的需求是无限的,从“楼上楼下,电灯电话”,“耕田不用牛,点灯不用油”到“学有所教、劳有所得、病有所医、老有所养、住有所居”①以及“幼有所育、弱有所扶”。② 服务型政府就是要通过良政和善治,不断去满足公民的需求。当然,这个“满足”的过程是无限的,人们已有的需求满足了,新的需求又会产生。

政府服务何谓“有限”?是指政府的机构、编制、职能及行使职能的权力、手段的“有限”。为什么要“有限”?理由有四点:其一,人民的政府应减轻人民的负担,故政府必须“有限”;其二,因为政府公职人员既是“公”的,又是“私”的,政府职能、权力“无限”必然会导致滥用和以权谋私,从而必须“有限”;其三,政府有限是效率的要求:“一个和尚挑水吃,两个和尚抬水吃,三个和尚没水吃”,不是人越多,政府越大,服务就会越多越好,大政府提供的服务可能更少更差;其四,政府的根本职能是服务,但政府无权垄断服务。

“服务型政府”与“有限政府”本来是统一的:服务型政府是为民服务的政府,政府为民服务就应该精简机构、转变职能,减少人民的负担,不干预或少干预人民的私人事务,不干预或少干预人民的自由。但是我们如果对“服务型政府”缺乏正确的认识,以为“服务型政府”就是政府要把所有公共服务职能包下来,由政府作为社会保障、社会救济、公共交通、邮电、殡葬、保险,以及医

---

① 胡锦涛:《高举中国特色社会主义伟大旗帜,为夺取全面建设小康社会新胜利而奋斗》,人民出版社2007年版,第37页。

② 习近平总书记所作党的十九大报告《决胜全面建成小康社会,夺取新时代中国特色社会主义伟大胜利》在胡锦涛所作党的十七大报告提出的“学有所教、劳有所得、病有所医、老有所养、住有所居”五项愿景的基础上又增加了“幼有所育、弱有所扶”两项愿景。

疗、托儿所、幼儿园等所有“公共物品”的唯一提供者，不许民间染指[①]，那么这实质上是与民争利，而不是建设服务型政府。对于很多社会事务和公共服务，完全可以放手由民间去做，民间也有能力和意愿做。国外的经验证明，适当由民间承担社会事务和提供公共服务的做法是成功的。邓小平同志很早就说过，“我们的各级领导机关，都管了很多不该管、管不好、管不了的事，这些事只要有一定的规章，放在下面，放在企业、事业、社会单位，让他们真正按民主集中制自行处理，本来可以很好办”。[②] 因此，只有民间做不了或不愿做的社会事务和公共服务，才应由政府直接提供。建设服务型政府，最重要的是应解决为民服务的理念问题，保障政府的行为一切从人民的利益出发。公共服务能由民间提供的，政府不要插手，更不能垄断。当然，对民间从事的公共服务，政府应加以指导、规制、监管，包括制定标准和进行监督检查；对于某些公益事业，政府还应予以财政资助，以防止公益事业举办者向相对人收费过高。对于某些必须由政府直接提供的公共服务，政府则应完全以服务人民为目的，而不能以营利为目的，即使收费，也应以工本费为限。行政管理体制改革的历史经验证明，服务型政府如果不以有限政府加以限制，其服务必然异化。

“服务型政府”相对于传统的“管制型政府”而言，是一种完全新型的政府。二者有着根本的区别：在管理理念上，服务型政府是以人为本，以追求公民的最大福祉为宗旨，管制型政府是以权为本，以追求治权稳固和社会、经济秩序为宗旨；在管理职能上，服务型政府以向公民、社会提供服务（公共物品）或组织支持非政府非营利组织提供服务为基本内容，管制型政府以规制公民行为，监控社会、经济主体活动为基本内容；在管理方式上，服务型政府以公民参与、公民合作以及说服、指导、协商等为基本方式，管制型政府以命令、审批、许可、强制、处罚为基本手段。[③] “服务型政府”与“管制型政府”的上述区别

---

① 在《邮电法》修订过程中，政府邮政管理部门和社会各界曾就邮政服务应不应由国有邮政企业垄断，是否允许民营快递存在和运作，如允许它们存在和运作，它们经营的业务是否应限制不涉足500克或250克或100克以下的邮件（最后确定同城50克以下，异地100克以下，但实践中并未严格执行）等问题争论达数年之久。殡葬服务业是否允许民营同样存在广泛和长时期的争论。

② 参见《邓小平文选》（第2卷），人民出版社1993年版，第328页。

③ 关于管制型政府状态下作为行政主体的政府与作为行政相对人的公民、法人和其他组织的关系，参见［苏联］瓦西林科夫：《苏维埃行政法总论》，姜明安等译，北京大学出版社1985年版，第3页；王珉灿：《行政法概要》，法律出版社1983年版，第5-6页。

中,管理理念的区别应该说是最重要的,管理理念决定管理职能的内容和管理方式的型式。不过,就“服务型政府”与“管制型政府”的外在区别而言,管理职能和管理方式乃是二者区别的最明显标志,因为管理理念是内在的,它必须通过管理职能和管理方式体现。所以,我们判断一个政府是“服务型政府”还是“管制型政府”,首先要看该政府管理职能的内容和管理方式的型式,最重要的是看管理职能的内容。

政府应有哪些管理职能?人民创立政府,究竟需要政府干什么?不同时代的学者和政治家曾有各种不同的观点和主张:有人认为,政府的功能应限于或主要限于提供安全和秩序,保护公民的和平生活和免受他人的侵犯,行政相对人私人的事应尽量少管或不管;①有人则认为,政府除了提供安全和秩序外,其最重要的功能应是提供公共服务,如交通、邮政、电力、自来水、煤气等,政府对行政相对人提供的服务越多越好。②

对于政府应该干什么、管什么,新中国成立以后的历届人民政府对此亦曾有过很多探索,但走过很多弯路。20 世纪六七十年代,当时党和国家的最高领导人认为政府主要职能是领导人民搞阶级斗争,“阶级斗争,一抓就灵”;到 80 年代改革开放以后,党和国家第二代领导人认为政府主要职能是领导人民搞经济建设,“发展是硬道理”,提高 GDP 是最重要的任务;20 世纪末至 21 世纪初以来,党和国家领导人的认识又有所发展,开始认为政府主要职能是经济调节、市场监管、社会管理和公共服务③;党的十八大以后的新一届党中央则进一步提出,政府的职能主要是“加强发展战略、规划、政策、标准等制定和实施,加强市场活动监管,加强各类公共服务提供。加强中央政府宏观调控职责和能力,加强地方政府公共服务、市场监管、社会管理、环境保护等职责。推广

---

① 古典自由主义学者认为,政府相当于一个“守夜人”的角色,其功能仅限于保护公民免遭暴力、偷窃、欺骗之害,并强制实行契约等。他们提倡所谓“最弱意义的国家”“管事最少的国家”“最低限度的国家”,即除了保护性功能之外再无其他功能的国家。参见[法]莫里斯·奥里乌:《行政法与公法精要》,龚觅译,辽海出版社、春风文艺出版社 1999 年版,第 4-6 页;[美]罗伯特·诺齐克:《无政府、国家与乌托邦》,何怀宏等译,中国社会科学出版社 1991 年版,第 35 页。

② 狄骥认为,19 世纪下半叶以后,政府的功能已由战争、治安与司法向公共服务转化,政府必须使用它们所拥有的力量服务于公众需要和公民的生活需求(邮政、铁路、交通、照明等),公共服务是现代国家的基础。参见[法]莱昂·狄骥:《公法的变迁,法律与国家》,郑戈、冷静译,辽海出版社、春风文艺出版社 1999 年版,第 12-13 页。

③ 国务院:《全面推进依法行政实施纲要》,中国法制出版社 2004 年版,第 5 页。

政府购买服务，凡属事务性管理服务，原则上都要引入竞争机制，通过合同、委托等方式向社会购买”。[①] 显然，这是一个认识不断深化、不断校正的过程。今天我们进行服务型政府建设，要特别注重同时与“有限政府”的建设联系起来。服务型政府不是“万能政府”，而是“有限政府”。

二、服务型政府与公民社会的关系

服务型政府与公民社会的关系可以这样表述：公民社会是服务型政府的基础，服务型政府是公民社会的条件。公民社会即社会共同体，相对于国家共同体而言，其通过各种自治组织而非政府对社会进行治理和提供“公共物品”。我国目前公民社会的组织形式主要有社会团体（工、青、妇等），行业组织（律协、注协、医协等），基层群众自治性组织（村委会、居委会等），其他非政府组织、非营利组织（从事促进政务公开、司法改革、弱势群体权益保障、环境生态保护的各种组织等）。公民社会是服务型政府的基础。公民社会不同于臣民社会，臣民社会是专制型政府或管制型政府的基础，因为臣民没有主体意识，没有权利意识，他们不要求当家作主，而只希望有一个“好”的统治者对社会提供威权统治。而公民社会则不一样，公民是有主人翁地位和主体意识的人，他们通过选举产生政府和通过纳税维持政府，即在于让政府为他们提供公共服务。公民社会的成长必然导致管制型政府向服务型政府转型。

服务型政府则是公民社会的条件。公民社会的发育、生长必须以服务型政府建设为基本条件，管制型政府必然限制非政府组织、非营利组织的发展，阻碍公民社会的成长。[②] 服务型政府与公民社会是合作的关系，非政府组织、非营利组织协助政府实现其职能、目标，政府自然也就鼓励和促进非政府组织、非营利组织（如志愿者组织）等社会组织的发展。2016 年 8 月 21 日，中

---

① 参见党的十八届三中全会《中共中央关于全面深化改革若干重大问题的决定》第四节“加快转变政府职能”。

② 我国现行《社团登记管理条例》（第 9、11 条）仍在一定程度上限制社团的发展：公民成立社团，必须要找一个“婆婆”（业务主管单位）担保，出具批准文件，方可获得民政管理部门的登记。不要说目前很多“社会人”没有“婆婆”（单位），就是有“婆婆”（单位）的公民，“婆婆”（单位）为避免承担责任，很多也不愿意给想成立社团的公民担保和出具批准书。因此，我国公民社会的成长还存在诸多障碍。不过，近年来，很多地方（北京、广东、深圳等）已通过地方性法规废除对经济、科技类社团的业务主管单位限制。2016 年 8 月中办、国办专门发文，支持和鼓励社会组织的发展。

共中央办公厅、国务院办公厅发布《关于改革社会组织管理制度促进社会组织健康有序发展的意见》(以下简称《意见》)。《意见》要求大力培育发展社区社会组织,具体措施包括降低准入门槛,积极扶持发展,增强服务功能等。《意见》同时提出一系列扶持社会组织发展的政策措施,包括支持社会组织提供公共服务,完善财政税收支持政策,完善人才政策,发挥社会组织积极作用等。

我们在前面讨论"服务型政府与有限政府的关系"时,即明确了两个问题:其一,服务型政府不同于管制型政府,前者的职能主要是服务,而后者的职能主要是管制;其二,公共服务是服务型政府的基本职能,但政府不是公共服务的唯一提供者。前一问题是解决政府做什么、管什么的问题,后一问题是解决政府职能与民间、与社会的界限问题,而该问题是与公民社会紧密联系的。在公民社会不发达的时代,在传统的行政管理体制下,政府是公共事务的唯一的或几乎唯一的主体,是公共物品唯一的或几乎唯一的提供者。人们几乎把政府与公权力等同,很少有人想象政府之外还有其他公权力——社会公权力——的存在。[①] 在计划经济时代,虽然也有工、青、妇和数量很少的协会、商会和其他社会组织存在,但它们基本依附于政府,很少能独立行使管理社会公共事务的职能。[②] 但是,随着市场经济的发展,各种行业协会和商会开始大量出现。人们逐步认识到,社会公共事务并非只有政府能够管理,社会同样可以具有管理公共事务的功能。公权力不一定都必须由国家、政府垄断,广义的公权力除了国家公权力以外,还包括国际公权力和社会公权力。有些社会公共事务,由非政府组织、非营利组织等社会组织、团体管理可能比政府管理更好,更有效。因为社会公权力组织处在其成员的直接参与和直接监督之下,较少可能滋生官僚主义和腐败。正因如此,我们确定的政府与社会关系的改革方向应该是政府职能更多地向社会转移。许多行政管理领域的公共物品,虽然必须由公权力组织提供,但不一定非要由政府提供,完全可以由民间的社会组织、团体提供。

---

① 关于"社会公权力"的理论,参见本书后面的章节。同时参见姜明安:《宏观公法学导论》,法律出版社 2021 年版,第二章"公权力概述",第 20-25、41-42 页。

② 关于中国公民社会组织的历史发展情况,参见王建芹:《第三种力量——中国后市场经济论》,中国政法大学出版社 2003 年版,第 163-240 页。

2003年第十届全国人大常委会第四次会议通过的《行政许可法》明确规定，凡是行业组织或者中介组织能够自律管理的事项，法律可以不设行政许可，政府应逐步从这些领域退出。[①] 第十一届全国人大第一次会议的《政府工作报告》也明确指出，要重视发挥行业协会、商会和其他社会组织的作用。[②] 然而，在我们现行的行政管理体制下，许多事项、许多领域还是政府管得太多，社会公共组织自律管理的范围太小、太窄。因此，建设服务型政府下一步进程应加快发展非政府组织、非营利组织，推进政府公权力向社会转移的速度。应该明确，建设服务型政府与促进公民社会的成长是相辅相成的：只有在服务型政府的条件下，公民社会才能茁壮成长；同时，也只有公民社会成长起来，服务型政府才能真正建成和正常运作。

三、服务与规制的关系

服务与规制的关系可以这样表述：从理念和本质上讲，规制是手段，服务是目的；从"公共物品"提供的方式上讲，规制与服务都是政府的职能。规制（regulation）是公权力主体对社会、市场和相对人活动的规范、调节、监管和控制。规制的主要形式和手段有：审批与许可、限制相对人准入资格、税收控制、利率控制、价格控制、强制披露信息、设定环境标准和质量标准、监督检查、行政处罚、行政强制等。

服务型政府之所以允许规制存在，其正当性理由主要有五点：其一，防止过度竞争、垄断；其二，保证产品的安全和价格合理；其三，保障交易的公平，防止欺诈；其四，保护消费者，防止和避免对消费者人身权、财产权的侵犯；其五，加强生产经营者的责任和保障社会和谐。[③]

很显然，服务型政府的主要职能是公共服务，但公共服务却不是服务型政府的唯一职能，尽管服务型政府所做的一切，其最终目的是为民服务。2004

① 参见《行政许可法》第13条第3项。

② 参见《温家宝在十一届人大一次会议上作政府工作报告》，载共产党员网，https://www.12371.cn/2013/02/20/ARTI1361328623353666_all.shtml。

③ 参见[英]安东尼·奥格斯：《规制：法律形式与经济学理论》，骆梅英译，中国人民大学出版社2008年版，第1-77页；[美]肯尼思·F.沃伦：《政治体制中的行政法》（第3版），王丛虎等译，中国人民大学出版社2005年版，第128-142页。

年国务院《纲要》将政府职能归结为四项，除了“公共服务”的职能以外，服务型政府还有其他职能，这些其他职能可以统称为“规制”。广义的规制分为“社会性规制”和“经济性规制”。“社会性规制”涉及的是“安全与健康、环境保护、消费者保护等领域的规制”；“经济性规制”涉及的则主要是对“具有垄断倾向的产业”领域的规制。[①] “社会性规制”主要有三种形式：其一，信息规制，强制要求商品或服务提供方披露商品或服务的质量信息的细节；其二，“私的”规制，设定仅仅只能由从中受益的个人才能执行的义务；其三，经济工具，通过财政激励来引导合意的行为；或采取干预程度最强的事前批准，没有行政机关的许可或授权，某一行为就是禁止的；或者采用此两者之间的中间手段——被称为“指令与控制”的标准，其以刑事惩罚为后盾，被施加于产品提供者之上。“经济性规制”基本任务是为“自然垄断”提供一种替代性竞争。从广义上说，其有三种替代形式：其一是公有制，即通过政治指令和责任机制来满足公共利益的目标；其二是对公司施加价格或质量的外部控制；其三是通过招投标来确定具有垄断经营权的公司，作为竞标的一部分，这些公司必须保证按照事先拟定的条件来提供产品，尤其是关于价格和质量方面的条件。然后，这些条件便会成为许可或特许中的条款，作为对它们获得的垄断权的限制。[②]

服务型政府虽然允许规制存在，但服务型政府下的规制与管制型政府下的规制存在重要区别：其一，目的不同。服务型政府实施规制的间接目的是秩序，最终目的是服务：为公民服务，为行政相对人服务。即使是通过许可、标准、监控、处罚、强制等手段实施的规制，其最终目的仍然很明确：为社会公众服务。而管制型政府实施规制的目的是控制社会，维持统治秩序，其最终目的可能是服务于 GDP 的增长或追求某种“政绩”。其二，服务职能的比例不同。服务型政府规制职能在其整个职能中所占比重较小，公共服务职能所占比重较大。而管制型政府正好相反，规制职能在其整个职能中所占比重最大，公共服务职能所占比重很小，而且这种服务职能还是直接或间接为控制社会和维持统治秩序服务的。其三，适用的方式、程序不同。服务型政府下规制职能的

---

① [英]安东尼·奥格斯：《规制：法律形式与经济学理论》，骆梅英译，中国人民大学出版社 2008 年版，第 5 页。

② [英]安东尼·奥格斯：《规制：法律形式与经济学理论》，骆梅英译，中国人民大学出版社 2008 年版，第 6 页。

实施往往会采取相对人参与和与相对人协商、合作的方式、程序,特别强调比例原则,能采用柔性或强制性较轻的规制手段(要求披露信息、事后监控和价格、标准控制等)解决问题,达到目的,尽量不采用高权的、高强制性的规制手段(许可、审批、处罚、强制等)。而管制型政府下规制职能的实施往往采取高权与强制的方式、程序,其行为往往从效率出发,选择能在短时间内产生效果的措施、手段。

我们在实践中处理服务与规制的关系时,要特别防止两种偏向:其一,将规制与服务截然区分,认为服务型政府的职能就是服务,不重视发挥规制的积极作用,过分放松规制或取消规制。我们在强调服务型政府的公共服务职能时,绝不能忘记或忽视规制手段的运用。在很多情况下,为实现服务的目的,政府可以而且应当采用必要的规制手段。如果该审批、许可的不审批、许可,该强制的不强制,该处罚的不处罚,放任市场主体的不正当竞争行为、垄断行为、欺诈行为、损害消费者权益行为的泛滥,那我们建设的就既不是"管制型政府",也不是"服务型政府",而是"非政府型政府""不作为的政府",这样的政府根本就谈不上为民服务。其二,将规制等同于服务,认为规制即服务,加强规制就是加强服务。有的地方甚至在其制定的规范性文件中将政府的所有职能(审批、许可、征收、征用、处罚、强制等)都不加区分地列为服务职能。这样,政府无论做什么,即使是对公民实施拘留、处罚,对企业(主要指国有企业)实施关、停、并、转,都是服务,那服务型政府与管制型政府就没有任何区别了,我们的政府早已经是服务型政府了。因此,建设服务型政府,必须对政府的规制职能与服务职能加以区分,强调减少规制,增加服务,在实施规制时强调服务宗旨,并辅之以相应的服务措施。例如,政府对企业(主要指国有企业)实施关、停、并、转时注重解决企业职工的生活困难和对下岗职工进行适当安置。这种解决企业职工生活困难和对下岗职工进行安置的辅助措施属于"服务",但关、停、并、转本身不是"服务"而是"规制"。

四、服务与法治的关系

服务与法治的关系可以这样表述:服务是法治的必然要求,法治是服务的保障。法治(rule of law),是指以反映和体现人民意志和利益的法(法的主要渊源包括宪法、法律、法规、规章及各种软法形式)治理国家、治理社会,控制国家和社会公权力主体的权力,保障公权力相对人的权利的一种公共治理方式。服务相对于法治来说,服务是法治的必然要求。法治政府有多种要素和特质,如有限政府(权力受制约)、责任政府(向人民和人民代表机关负责)、透明政府、廉洁政府等,但最本质的要素和特质是服务政府,即为人民服务,为行政相对人服务。法治则是服务的保障。政府为人民服务,为行政相对人服务本应是天经地义的,但因为构成政府的公职人员不是"天使",故必须以法治加以制约和通过法治加以保障。

服务型政府必然是法治政府,必然实行法治,但法治对服务型政府的规制职能与服务职能的要求是有所差别的。政府行使规制与服务职能均要依法、守法,但法对规制与服务职能规范的度不完全相同:就行政组织法而言,规制与服务职能的行使均要有组织法的依据,即使是行政指导,行政机关也只能就其职权范围内的事项实施指导,市场监管机关不能就自然资源和规划事项进行指导,公安机关不能就大学招生和设置课程的事项进行指导,但法治对服务职能的法定要求显然不应像对规制职能一样严格。在行政行为法领域,任何规制行为(如审批、许可、处罚、强制)都必须有行为法根据,但部分服务行为(如行政救助、向相对人提供市场信息或政务信息等)可以没有行为法根据。当然,有些服务行为也需要一定的行为法根据,如行政给付、行政救济。政府不能随便拿着纳税人的钱做好人,随便给特定人补助、救济、"送温暖"①等,这种行为应该有一定的法律、法规根据,遵守法定的条件和标准。至于行政程序法领域,法律对规制行为通常有严格的程序要求,如事前告知、说明理由、听取申辩或举行听证等,行政机关必须严格遵循;而法律对服务行为的程序要求则较为宽松,如在紧急情况下对行政相对人,特别是对弱势群体提供特定服务,可省略某些事前程序。当然,法律对服务行为也不是绝对无程序要求,许多服务行为也应遵守最低限度的正当法律程序。如行政机关向经济困难的家庭提供经济适用房、廉租房等,就必须遵循公开、公平、公正的正当法律程序。

罗豪才教授认为,依法行政原则适用所有的行政行为,但是对服务行政和规制行政应该有不同的要求。他指出:"依法行政对行政行为的要求,大体可

---

① "送温暖"一般指党政机关领导人在节假日走访生活困难的公民家庭,给他们送去金钱或实物救济。

以分为两种:第一种要求行政行为必须有严格的法律依据。这主要是针对行政机关作出的可能直接影响公民权利义务的行政行为而言。限制公民的人身自由、剥夺公民的权利、科以公民义务的行为,直接涉及公民、法人和其他组织的权利义务。就这类行为而言,一定要有法律、法规的依据,要受法律的严格制约。我们说,'没有法律就没有行政',这句话,用在这里是合适的。行政机关要处罚一个人,要吊销企业的营业执照,要注销企业的登记,等等,必须要有法律根据。要做到主体合格,适用法律、法规正确,程序合法,不滥用职权和超越职权。我们称这类行为为消极行政。第二种要求是在职权范围内作出的行政行为,与法律及法律的精神没有抵触就可以实施。比如,增进公共利益,保护公民、法人的合法权益,为公众提供各种服务的行政措施等。这些行为有利于社会,只要在行政机关的职权范围内,与法律及法律的精神、原则不抵触,就可以作为。这类行政行为非常广泛,包括行政指导、行政政策等,我们称之为积极行政。"[①]尽管"积极行政"和"消极行政"并不与"服务行政"和"规制行政"完全对应,但大体是对应的。服务行政大多属于积极行政,规制行政则大多属于消极行政。在依法行政原则的适用上,服务行政与规制行政的区别应基本同于"积极行政"和"消极行政"的区别。

第五节 我国现行行政机关的体系

一、中央行政机关

我国中央行政机关由国务院和国务院的工作部门(部、委、行、署、局等)组成。

国务院即中央人民政府,是最高国家权力机关的执行机关,是最高国家行政机关。国务院由全国人民代表大会产生,对全国人民代表大会负责,受全国人民代表大会及其常务委员会监督。国务院由总理、副总理、国务委员、各部部长、各委员会主任、审计长、秘书长组成,实行总理负责制。国务院设有全体

① 罗豪才主编:《现代行政法的平衡理论》,北京大学出版社 2003 年版,第 18-19 页。

会议和常务会议两种会议。国务院全体会议由国务院全体成员组成,国务院常务会议由总理、副总理、国务委员、秘书长组成。总理召集和主持国务院全体会议和国务院常务会议。国务院工作中的重大问题,必须经国务院常务会议或国务院全体会议讨论决定。国务院发布的决定、命令和行政法规,向全国人大或全国人大常委会提出的议案,任免人员,由总理签署。①

国务院各部委(含行、署,下同)是国务院的工作部门,部委的设立经总理提出,由全国人民代表大会决定,在全国人民代表大会闭会期间,由全国人民代表大会常务委员会决定。部、委实行部长、主任负责制,部长、主任领导本部门的工作,召集、主持部务会议、委务会议和委员会会议。部、委工作中的方针、政策、计划和重大行政措施,应向国务院请示、报告,由国务院决定。部、委上报国务院的重要请示、报告和下达的命令、指示,由部长、主任签署。

根据第十三届全国人大第一次会议《关于国务院机构改革方案的决定》,国务院除办公厅外,现设组成部门 26 个。② 除组成部门外,国务院还设有 1 个直属特设机构、③12 个直属机构、④6 个办事机构⑤和 10 个直属事业单位⑥。国务院直属特设机构和直属机构是国务院主管各项专门业务的机

---

① 参见《国务院组织法》第 2、4、5 条。

② 国务院 26 个组成部门分别为:外交部、国防部、国家发展和改革委员会、教育部、科学技术部、工业和信息化部、国家民族事务委员会、公安部、国家安全部、民政部、司法部、财政部、人力资源和社会保障部、自然资源部、生态环境部、住房和城乡建设部、交通运输部、水利部、农业农村部、商务部、文化和旅游部、国家卫生健康委员会、退役军人事务部、应急管理部、中国人民银行、审计署。

③ 国务院直属特设机构是国务院国有资产监督管理委员会。

④ 国务院 12 个直属机构分别为:海关总署、国家税务总局、国家市场监督管理总局、国家广播电视总局、国家体育总局、国家统计局、国家国际发展合作署、国家医疗保障局、国务院参事室、国家机关事务管理局、国家新闻出版署、国家宗教事务局[国家市场监督管理总局对外保留国家认证认可监督管理委员会、国家标准化管理委员会牌子。国家新闻出版署(国家版权局)在中央宣传部加挂牌子,由中央宣传部承担相关职责。国家宗教事务局在中央统战部加挂牌子,由中央统战部承担相关职责]。

⑤ 国务院 6 个办事机构分别为:国务院侨务办公室、国务院港澳事务办公室、国务院研究室、国务院台湾事务办公室、国家互联网信息办公室、国务院新闻办公室(国务院侨务办公室在中央统战部加挂牌子,由中央统战部承担相关职责。国务院台湾事务办公室与中共中央台湾工作办公室、国家互联网信息办公室与中央网络安全和信息化委员会办公室,一个机构两块牌子,列入中共中央直属机构序列。国务院新闻办公室在中央宣传部加挂牌子)。

⑥ 国务院 10 个直属事业单位分别为:新华通讯社、中国科学院、中国社会科学院、中国工程院、国务院发展研究中心、中央广播电视总台、中国气象局、中国银行保险监督管理委员会、中国证券监督管理委员会、国家行政学院(国家行政学院与中央党校,一个机构两块牌子,作为党中央直属事业单位)。

构，由国务院根据工作需要和精简的原则设立，无须全国人大或全国人大常委会批准。除这些机构外，国务院还设有多个主管有关行业或领域行政事务的国家局。这些国家局由国务院部、委管理，它们大都由国务院机构改革前的专业主管部或国务院直属机构演变而来。①

二、一般地方行政机关

一般地方行政机关包括地方各级人民政府及其工作部门。一般地方行政机关通常分为三级：省、直辖市人民政府，县、县级市人民政府，乡、镇人民政府。在某些地方，省级地方行政机关与县级地方行政机关之间还设有一级人民政府，即设区的市的人民政府，这些地方的行政机关是四级而不是三级。至于在省级人民政府之下设立的地区行署，在县级人民政府之下设立的区公所，在市、市辖区人民政府之下设立的街道办事处，它们均不是一级地方行政机关，而只是相应地方人民政府的派出机关。

地方各级人民政府是地方各级人民代表大会的执行机关，同时是地方各级国家行政机关。地方各级人民政府实行双重从属制：既从属于本级人民代表大会，对本级人民代表大会负责和报告工作，同时又从属于上一级国家行政机关，对上一级国家行政机关负责和报告工作。并且接受国务院的统一领导和服从国务院。②

地方各级人民政府由正副职政府首长和各政府工作部门负责人组成。省、市级人民政府组成人员还包括秘书长，乡镇人民政府则只设乡长、副乡长、镇长、副镇长，而不再设专门工作部门。地方各级人民政府均实行首长负责制。县级以上地方人民政府同时也设全体会议和常务会议两种会议。全体会议由本级人民政府全体成员组成，常务会议由正副职政府首长组成，省、市级政府常务会议的组成人员还包括秘书长。政府正职行政首长主持本级人民政

---

① 如国家信访局、国家粮食和物资储备局、国家能源局、国家国防科技工业局、国家烟草专卖局、国家外国专家局、国家公务员局、国家海洋局、国家测绘局、中国民用航空局、国家邮政局、国家文物局、国家食品药品监督管理总局、国家中医药管理局、国家外汇管理局、国家煤矿安全监察局（此外，国家保密局与中央保密委员会办公室，国家密码管理局与中央密码工作领导小组办公室，一个机构，两块牌子，列入中共中央直属机关的下属机构；工业和信息化部对外保留国家航天局、国家原子能机构牌子；教育部对外保留国家语言文字工作委员会牌子；生态环境部对外保留国家核安全局牌子）。

② 参见《地方组织法》第69条。

府的全体会议和常务会议。政府工作中的重大问题，必须经政府常务会议或全体会议讨论决定。[①]

地方人民政府工作部门的设立由本级人民政府决定，报上一级人民政府批准。地方人民政府各工作部门通常既受本级人民政府统一领导，同时受上一级人民政府主管部门的领导或业务指导。

三、民族自治地方行政机关

民族自治地方行政机关，是指自治区、自治州、自治县、民族乡的人民政府及其工作部门（民族乡不设专门工作部门）。民族自治地方的人民政府既是民族自治地方人民代表大会的执行机关，也是民族自治地方的行政机关。同时，自治区、自治州、自治县的人民政府与其相应人民代表大会同为民族自治地方的自治机关。[②]

民族自治地方行政机关的组织同于一般地方行政机关的组织，只是自治区、自治州、自治县人民政府的正职行政首长必须由实行民族区域自治的民族的公民担任。民族自治地方的行政机关除行使宪法和法律规定的一般地方行政机关的职权外，同时依照宪法、民族区域自治法和其他有关法律的规范行使自治权，根据本地方实际情况贯彻执行国家的法律、政策。[③]

四、特别行政区行政机关

我国《宪法》第 31 条规定："国家在必要时得设立特别行政区。在特别行政区内实行的制度按照具体情况由全国人民代表大会以法律规定。"根据宪法的上述规定，我国已于 1997 年 7 月 1 日设立香港特别行政区，1999 年 12 月 20 日设立澳门特别行政区，全国人民代表大会先后为此专门制定了《香港特别行政区基本法》（于 1990 年 4 月 4 日由第七届全国人大第三次会议通过）和《澳门特别行政区基本法》（于 1993 年 3 月 31 日由第八届全国人大第一次会议通过）。

---

① 参见《地方组织法》第 77、78 条。

② 参见《民族区域自治法》第 2、12、15 条。

③ 参见《民族区域自治法》第 4、15、17 条。

根据《香港特别行政区基本法》的规定，香港特别行政区的政府是香港特别行政区行政机关。特别行政区政府的首长是特别行政区行政长官。特别行政区政府对特别行政区立法委员会负责，执行立法会通过并已生效的法律，定期向立法会作施政报告，答复立法会议员的质询。特别行政区征税和公共开支须经立法会批准。特别行政区政府设政务司、财政司、律政司和若干局、处、署作为其工作部门。特别行政区的主要官员由在香港通常居住连续满 15 年并在外国无居留权的香港特别行政区永久性居民中的中国公民担任。

根据《澳门特别行政区基本法》的规定，澳门特别行政区政府是澳门特别行政区的行政机关。特别行政区的首长是特别行政区的行政长官。特别行政区政府对特别行政区立法会负责，执行立法会通过并已生效的法律，定期向立法会作施政报告，答复立法会议员的质询。特别行政区政府设若干司、局、厅、处作为其工作部门。特别行政区政府主要官员由在澳门通常居住连续满 15 年的澳门特别行政区永久性居民中的中国公民担任。

第九章

其他行政主体

第一,公立公益机构①是一种法人。它具备法人的全部特征:它是权利主体,拥有可支配的资产,财务自理,在业务经营中有一定独立性;第二,这是一种公法法人……跟一个公立公益机构即一个公法人打交道,原则上须受公法和行政机关管辖……第三,这是一种经管公用事业的法人。这一特征将公立公益机构与地方行政区这种公法人区别开来,后者的活动领域扩及全部地方事务。公立公益机构则相反,它是一种专门性法人,其职权局限于经管指定给它的公用事业,须特别严格地服从专门性原则。②

——[法]让·里韦罗　让·瓦利纳

本章节目

第一节　其他行政主体概述

第二节　法律、法规、规章授权的组织

第三节　其他社会公权力组织

第四节　行政委托情形下的行政主体

---

① 法国的"公立公益机构"相当于我们在本书中研究的"法律、法规、规章授权的组织和其他社会公权力组织"。

② [法]让·里韦罗、让·瓦利纳:《法国行政法》,鲁仁译,商务印书馆 2008 年版,第 238-240 页。

第一节 其他行政主体概述

一、其他行政主体的含义

所谓“其他行政主体”,是指行政机关以外的行使一定行政职能的法律、法规、规章授权的组织和其他社会公权力组织。①

在传统的“国家—臣民”或“国家—公民”的二元化社会里,公权力通常由国家垄断,行政权一般只能由国家行政机关行使。从而行政主体只有国家行政机关一家。但在现代社会,在国家共同体之外,还存在大量的社会共同体和国际共同体,从而公权力除国家享有外,社会共同体和国际共同体也享有一定的公权力——社会公权力和国际公权力。尽管三种公权力有着量和质的重大区别,但其同为权力,必然对权力相对人——个人或组织——的权利义务产生或多或少的影响。因为本书研究的是国内行政法,故不讨论国际公权力的问题。就社会公权力而言,现代社会大量的社会团体和其他非政府、非营利组织因行使公共管理或公共服务职能而成为国家行政机关之外的另一种行政主体。国家公权力越来越多地向社会公权力组织转移。虽然在很长的一个历史时期内,国家仍然会是公权力的主要享有者,但公权力不可能再为国家所垄断。相应地,国家行政机关虽然是行政职能的主要行使者,但它也不可能再作为行使行政权的唯一主体。在现代社会,行政主体除了国家行政机关以外,各国法律、法规不断授权非行政机关组织(主要是公法人,有时也授权私法人)行使一定行政职能,使之成为行政主体。另外,有些社会公权力组织,虽然没有法律、法规的明确授权,但根据社会自治原则及相应组织的章程(依相应组织成员的授权),也对其组织成员甚至对组织外相对人行使一定公权力,作出

---

① 社会公权力是相对于国家公权力的另一种公权力形式。国家公权力是国家机关根据宪法或相关组织法授权行使的管理国家内政外交事务,能普遍影响一国全体国民权利义务的权力;社会公权力则是非国家机关的社会组织根据法律、法规的特别授权,管理某种特定事务,或者根据其组织章程行使的能影响其组织成员相应权利义务的权力。社会公权力不具有国家公权力那样的强制约束力,它在很多情况下是通过行使社会公共服务职能实现的。参见姜明安:《宏观公法学导论》,法律出版社 2021 年版,第二章“公权力概述”,第 20-25、41-42 页。

影响内外行政相对人一定权益的行政行为(行使公共管理或公共服务职能的行为),成为一定领域、一定事项的行政主体。

二、其他行政主体的种类

如前所述,其他行政主体主要有两大类别:一类为法律、法规、规章授权的组织;另一类为其他社会公权力组织。

法律、法规、规章授权的组织又包括几种不同情形:一是法律、法规、规章授权的社会公权力组织。如行业协会、基层群众性自治组织和工、青、妇一类社会团体等。二是法律、法规、规章授权的国有企事业单位,随着经济体制改革的深化,法律、法规授权企业行使公权力情况越来越少,一般仅授权管理公共事务的事业组织行使某些行政职能。三是民办非法人组织、民间社团组织等。四是行政机关的内设机构、派出机构等。

其他社会公权力组织则是指法律、法规、规章未明确授权其行使特定公权力,其依相应组织的章程或组织的性质、功能行使一定公共管理或公共服务职能的社会组织。其他社会公权力组织包括行业协会、基层群众性自治组织和工、青、妇一类社会团体等。这些组织在有法律、法规、规章授权的情况下则为“法律、法规、规章授权的组织”;在没有法律、法规、规章授权而依组织章程或组织的性质、功能行使公共职能的情况下则为“其他社会公权力组织”。

第二节　法律、法规、规章授权的组织

一、法律、法规、规章授权的组织的含义

法律、法规、规章授权的组织,是指依具体法律、法规、规章授权而行使特定行政职能[①]的非国家行政机关组织。

---

① “职能”有作用和功能的含义,职能决定职责、职权和管理手段。某一机关或组织一旦被赋予了某种行政职能,法律、法规、规章就必然同时会赋予其相应的行政职责、职权和管理手段,否则,它被赋予的行政职能就无法实现。有时,“职能”与“职权”、“职责”通用,如“授权”既指授予“职能”,也指授予“职权”“职责”。

首先,法律、法规、规章授权的组织即非国家行政机关的组织。它们不同于国家行政机关,不具有国家机关的地位。它们只有在行使法律、法规、规章所授行政职能时,才享有国家行政权力和承担行政法律责任,在非行使法律、法规、规章授权时,它们只是一般的社会公权力组织或一般的民事主体,仅享有一般社会公权力或仅享有一般民事权利和承担一般民事义务。

其次,法律、法规、规章授权的组织行使的是特定行政职能而非一般行政职能。所谓"特定职能",即限于相应法律、法规明确规定的某项具体职能或某种具体事项,其范围通常是很窄的、有限的。国家行政机关则行使国家的一般行政职能,不限于某种具体领域或某种具体事项。

最后,法律、法规、规章授权的组织行使的职能为具体法律、法规、规章所授,而非行政组织法所授。且具体法律、法规、规章对相应组织的授权通常是有期限的和限于办理某一具体行政事务(一次性的),该行政事务完成,相应授权即告结束。而行政组织法对国家行政机关的授权则具有相对稳定性,只要该行政机关存在,它就一直行使所授职能。

在现代社会,法律、法规、规章授权国家行政机关以外的组织行使职能有其必然性和重要意义:首先,根据民主发展的趋势,国家职能将不断向社会转移。因为,国家只是一定历史发展阶段的产物,它将随着民主的发展而逐步消亡①,在国家消亡以前,国家的职能将通过法律、法规、规章不断转移给社会。其次,社会进入"行政国家"阶段以后,行政职能大量增加,这些职能如果都由国家行政机关集中行使,势必助长官僚主义、腐败和权力的滥用。② 因此,国家应尽可能将一部分可能社会化的行政职能社会化。再次,有些行政职能由社会组织行使比行政机关行使更适合。因为社会组织更接近行政相对人,对相应领域行政相对人的情况更熟悉,其管理行为更易于为相对人所接受。

---

① 关于国家消亡,马克思、恩格斯曾经多次论述过其必然性。在《法兰西内战》一书中,马克思指出:"实际上,国家无非是一个阶级镇压另一个阶级的机器,这一点即使在民主共和制下也丝毫不比在君主制下差。国家最多也不过是无产阶级在争取阶级统治的斗争胜利以后所继承下来的一个祸害;胜利了的无产阶级也将同公社一样,不得不立即尽量除去这个祸害的最坏方面,直到在新的自由的社会条件下成长起来的一代能够把这全部国家废物完全抛掉为止。"参见《马克思恩格斯选集》(第2卷),人民出版社1972年版,第336页。

② 邓小平同志曾经指出,党政机关什么都管,"这可以说是目前我们所特有的官僚主义的一个总病根"。参见《邓小平文选》(第2卷),人民出版社1994年版,第328页。

邓小平同志曾经指出,过去“我们的各级领导机关,都管了很多不该管、管不好、管不了的事,这些事只要有一定的规章,放在下面,放在企业、事业、社会单位,让他们真正按民主集中制自行处理,本来可以很好办”①。最后,某些公共事业单位和其他社会组织所行使的职能,除了其本身的职能和社会事务、社会活动的性质外,同时又具有一定的公行政性质。如公立学校向社会招生,开除学生学籍,注册会计师协会、律师协会、医生协会颁发或吊销其协会成员的执业执照等行为②,均具有公行政性质,这些具有公行政性质的职能因与相应公共事业单位、社会组织的其他职能紧密联系,故法律、法规、规章通常将这些职能授予相应公共事业单位或社会组织行使,或者法律、法规、规章在调整公共事业单位、社会组织的其他行为时一并调整这些公行政行为。

二、被授权组织的条件和范围

目前法律没有明确规定被授权组织的条件。根据行政法的基本原则和一般法理,相应组织应具备下述条件,法律、法规、规章才能授权其行使一定的行政职能:其一,相应组织应与所授权行使的行政职能无利害关系。例如,法律、法规、规章不能授权参与市场竞争的企业管理与市场竞争有关的行政事务,否则,即违反行政法的公正原则。其二,相应组织应具有了解和掌握与所行使行政职能有关的法律、法规、规章和有关技术知识的工作人员。其三,相应组织应具备所授行政职能行使所需要的基本设备和条件。其四,对于某些特别行

---

① 参见《邓小平文选》(第2卷),人民出版社1993年版,第328页。

② 颁发和吊销相对人执业执照的职能目前在我国和其他一些国家大多或部分仍由行政机关行使,但也有一些国家可由行业协会行使。我国注册会计师协会即享有注册会计师注册、发证和撤销注册,收回注册会计师证书的权力。《注册会计师法》第9条第1款规定,参加注册会计师全国统一考试成绩合格,并从事审计业务工作2年以上的,可以向省、自治区、直辖市注册会计师协会申请注册。第12条规定,准予注册的申请人,由注册会计师协会发给国务院财政部门统一制定的注册会计师证书。第10条规定,有下列情形之一的,受理申请的注册会计师协会不予注册:(1)不具有完全民事行为能力的;(2)因受刑事处罚,自刑罚执行完毕之日起至申请注册之日止不满5年的;(3)因在财务、会计、审计、企业管理或者其他经济管理工作中犯有严重错误受行政处罚、撤职以上处分,自处罚、处分决定之日起至申请注册之日止不满2年的;(4)受吊销注册会计师证书的处罚,自处罚决定之日起至申请注册之日止不满5年的;(5)国务院财政部门规定的其他不予注册的情形的。第14条规定,已取得注册会计师证书的人员,有下列情形之一的,由准予注册的注册会计师协会撤销注册,收回注册会计师证书:(1)完全丧失民事行为能力的;(2)受刑事处罚的;(3)因在财务、会计、审计、企业管理或者其他经济管理工作中犯有严重错误受行政处罚、撤职以上处分的;(4)自行停止执行注册会计师业务满1年的。

政职能,被授权组织还应具备某些特别的条件,如保密、安全、技术、经验以及工作人员的特殊素质要求等。

至于被授权组织的范围,在实践中是相当广泛的。根据我国现行法律、法规、规章授权的实践,可大致归纳为下述几类。

（一）基层群众性自治组织

基层群众性自治组织,是指城市和农村按居民居住的地区设立的居民委员会和村民委员会。基层群众性自治组织与国家基层政权有着极密切的联系。基层群众性自治组织的工作受基层人民政府或其派出机构指导:城市居民委员会受市或市辖区的派出机关——街道办事处的指导①,村民委员会受乡、民族乡、镇的人民政府的指导。居民委员会、村民委员会根据相应组织法的授权行使多种行政职能。例如,《村民委员会组织法》授权村民委员会办理本村的公共事务和公益事业,调解民间纠纷,协助维护社会治安,协助乡、民族乡、镇的人民政府开展工作②,维护村民的合法权益等。③《城市居民委员会组织法》授权居民委员会办理本居住地区的公共事务和公益事业;调解民间纠纷,协助维护社会治安;协助人民政府或它的派出机关做好与居民利益有关的公共卫生、计划生育、优抚救济、青少年教育等项工作。④

（二）行业组织

行业组织是现代社会发展最快、最广泛的社会公权力组织。这些组织既可以根据组织章程行使各种相应的社会公权力,同时亦可接受法律、法规、规章授权行使特定职能。例如,《注册会计师法》授权注册会计师协会制定和组织实施注册会计师统一考试办法;受理和办理注册会计师的注册;对具有法定情形的申请人不予注册,对具有法定情形的持证人撤销注册,收回注册会计师证书等。⑤《律师法》授予律协多项行政性职能,包括保障律师依法执业,维护

① 参见《城市居民委员会组织法》第2条。

② 根据2000年4月29日第九届全国人大常委会第十五次会议通过的立法解释,村民委员会可协助政府从事下述七项行政管理工作:(1)救灾、抢险、防汛、优抚、扶贫、移民、救济款物的管理;(2)社会捐助公益事业款物的管理;(3)国有土地的经营和管理;(4)土地征收、征用补偿费用的管理;(5)代征、代缴税款;(6)有关计划生育、户籍、征兵工作;(7)其他行政管理工作。

③ 参见《村民委员会组织法》第2-5条。

④ 参见《城市居民委员会组织法》第3-4条。

⑤ 参见《注册会计师法》第7-14条。

律师合法权益；制定行业规范和惩戒规则；组织律师业务培训和职业道德、执业纪律教育，对律师的执业活动进行考核；对律师、律师事务所实施奖励和惩戒；调解律师执业活动中发生的纠纷；等等。[①]

（三）工、青、妇等社会团体

法律、法规、规章授权工、青、妇等社会团体行使某种行政职能，办理一定行政事务的情况是大量的、常见的。如《工会法》授权工会保障职工合法权益，对企事业单位、机关侵犯职工合法权益的问题可以派出代表进行调查；对职工伤亡事故和其他严重危害职工健康的问题，亦有权参加调查，向有关部门提出处理意见。[②]《企业劳动争议处理条例》授权企业职工代表大会和工会参与劳动争议的处理，企业劳动争议调解委员会由职工代表大会推举的职工代表、企业行政代表、工会委员会代表三方组成，且在职工代表大会领导下工作，其办事机构设在工会委员会。劳动争议仲裁委员会的组成必须包括同级工会的代表。[③] 此外，新中国成立初期由政务院于 1951 年 2 月 26 日发布的《劳动保险条例》还授权工会主管劳动保险事业。现行法律则授权工会协助行政管理。[④]《妇女权益保障法》授权各级妇联维护各族各界妇女的利益，做好保障妇女权益的工作，在妇女权益受到侵害时，接受被侵害人的投诉，有权要求并协助有关部门或单位查处。[⑤]

（四）事业与企业组织

法律、法规、规章授权事业组织行使特定行政职能的情况是较多的。例如，《教育法》授权公立学校及其他公立教育机构招收学生或者其他受教育者，对受教育者进行处分（包括开除学籍的处分），对受教育者颁发学业证书，聘任教师、职工以及对之实施处分等。[⑥] 很显然，这些职能大多具有行政性。又如，国务院颁发的《城市生活无着的流浪乞讨人员救助管理办法》授权作为事业单位的救助站负责对城市生活无着的流浪乞讨人员的救助管理

---

① 参见《律师法》第 46 条。
② 参见《工会法》第 19-34 条。
③ 参见《企业劳动争议处理条例》第 6-36 条。
④ 参见《工会法》第 26 条。
⑤ 参见《妇女权益保障法》第 7、53 条。
⑥ 参见《教育法》第 28 条。

工作。①

相对于事业组织来说,法律、法规较少授权企业组织行使行政职能。因为企业组织主要以营利为目的,从而往往与一定的行政职能行使具有利害关系。但这种情况也不是绝对的,对某些企业可能不适于授权行使某类行政职能,但并非不能授权行使其他行政职能。我国在体制转轨时期,一些由过去的专业主管行政机关转制而建立的大型全国性专业公司或行业集团,法律、法规、规章往往授权其行使原行政机关行使的某种管理性行政职能。这在一定时期、一定阶段是不可避免的。例如,《烟草专卖法》授权全国烟草总公司和省级烟草公司行使下达卷烟产量指标的行政职能,全国烟草总公司根据国务院计划部门下达的年度总产量计划向省级烟草公司下达分等级、分种类的卷烟产量指标。省级烟草公司根据全国烟草总公司下达的分等级、分种类的卷烟产量指标,结合市场销售情况,向烟草制品生产企业下达分等级、分种类的卷烟产量指标。② 又如,我国盐业管理也存在这种情况,许多省级盐业公司被授权行使盐业管理的某些行政职能。1982 年 3 月 16 日发布的《国务院关于全国性专业公司管理体制的暂行规定》指出,全国性专业公司是企业的一种组织形式,是生产经营的经济实体,但有些实际上带有相当程度的行政性质,一套机构两块牌子,经营开支由政府和企业分摊。1989 年 8 月 27 日,国务院批转发布的《关于国务院有关部门与国家专业投资公司职责划分的意见》更是明确授权投资公司行使多种行政性职能。③ 由此可见,在我国体制转轨时期,法律、法规授权企业(行政性公司)行使一定行政职能的情况是不可避免地存在的。④

---

① 参见《城市生活无着的流浪乞讨人员救助管理办法》第 2、6-15 条。

② 参见《烟草专卖法》第 14 条。

③ 这些职能包括:(1)各投资公司根据国家计委分配的分行业投资,就其资金运用编制中长期和年度投资计划;(2)国家林业投资公司管理森工的经营性投资;(3)港口建设费中纳入国家经营性固定资产投资规模的部分,归投资公司管理;(4)投资公司参照托管银行和国家控股公司的做法,对建设项目的工程质量、工程进度、资金使用及合同执行等情况进行监督;(5)投资公司对限额以上的技术改造项目参照基本建设管理办法管理。

④ 2016 年 4 月 22 日《国务院关于印发盐业体制改革方案的通知》明确,“研究剥离食盐批发企业承担的行政管理职能,创造条件将食盐质量安全管理与监督职能移交食品药品监管部门或市场监管部门负责”。虽然当前政企尚未分离,但已经有改革的趋势。

(五)行政机关的内设机构和派出机构

根据行政组织法的一般原理,行政机关的内设机构和派出机构不能以自己的名义独立对外作出行政行为和承担法律责任,从而不能成为独立的行政主体。但是,在某些特殊情况下,为行使行政职能的方便,法律、法规也会授权行政机关的内设机构或派出机构独立作出某种特定行政行为,并赋予其行政主体的资格。例如,《税收征收管理法》第 14 条规定,本法所称税务机关是指各级税务局、税务分局、税务所和按照国务院规定设立的并向社会公告的税务机构。这里的“税务所”,即税务局、税务分局的派出机构;这里的“按照国务院规定设立的并向社会公告的税务机构”可以是税务局、税务分局的内设机构,如税务稽查分局。这些派出机构和内设机构如果经法律、法规专门授权,可能独立实施税务行政行为,成为税务行政主体。又如,公安派出所是公安局的派出机构,《治安管理处罚法》第 91 条授权其直接行使一定的行政处罚权(警告和 500 元以下的罚款)。这样,公安派出所在此有限的范围内即取得了行政主体的地位。

三、被授权组织的法律地位

被授权组织的法律地位体现在下述三个方面:

(一)被授权组织在行使法律、法规、规章所授行政职能时,是行政主体,具有与行政机关基本相同的法律地位

被授权组织与行政机关同属行政主体,在行使被授权职能时,具有与行政机关基本相同的地位,可以依授权发布行政命令,采取行政措施,实施行政行为,对违法不履行其义务或违反行政管理秩序的相对人依法采取行政强制措施或实施行政处罚。当然,被授权组织和行政机关的地位仍有一定区别:行政机关是一般行政主体,被授权组织只有在行使被授职能时,才成为行政主体;行政机关享有的某些职权和管理手段是被授权组织不能享有的,如行政立法权,行政处罚权中的行政拘留权,行政复议受理、裁决权等。

(二)被授权组织以自己名义行使法律、法规、规章所授职能,并由其本身就行使所授职能的行为对外承担法律责任

被授权组织是独立的行政主体,它行使行政职能直接以授权法为根据,故其行为以自己名义作出。正因为被授权组织是以自己的名义作出行政行为,从

而对其行为的责任也只能由其本身承担。此外,被授权组织通常是具有法人地位的社会团体或公共事业组织,其本身也具有对外承担法律责任的能力。

(三)被授权组织在非行使行政职能的场合,不享有行政权,不具有行政主体的地位

被授权组织的基本性质是法人或非法人组织,它只有在行使行政职能时才具有行政主体的地位。在执行它作为社会团体、公共事业单位等本身的职能时,它与其他法人或其他组织一样,享有民事主体或行政相对人的地位,而不具有行政主体的地位。

第三节 其他社会公权力组织

一、其他社会公权力组织的含义

其他社会公权力组织,是指法律、法规、规章未授权其行使特定公权力,而是根据社会自治原则及相应组织的章程(依相应组织成员的授权),对其组织成员甚至对组织外相对人行使一定公权力,作出影响内外行政相对人一定权益的行政行为(行使公共管理或公共服务职能的行为)的社会公共组织。

社会公权力组织不仅可以因法律、法规、规章授权(作为法律、法规、规章授权的组织)而成为行政主体,而且可以因其依社会自治原则和依组织章程行使某些行政职能而成为行政主体。本节探讨的"其他社会公权力组织"即属于后一种情况,即法律、法规对之没有明确授权,但它却可以根据社会自治原则和本组织章程,对内对外行使一定的公共职能,取得行政主体的资格。

二、其他社会公权力组织的行政主体资格

社会公权力组织对内行使行政职权,取得内部行政主体资格的法理根据是比较容易予以证明的。因为社会公权力组织(社会共同体)是社会一定范围的人们为生产和获取某种"公共物品"而自愿进行的组合。当这些人——该组织的成员——组合在一起时,他们即自愿让渡了自己的某些权利和自由,而使相应组织形成和具有了一定的公权力。在此公权力范围内,该组织的

领导机构和负责人可对组织成员实施管理和提供服务,确定一定行为规则,给予奖励处罚等。没有这种内部公权力,相应组织就不可能存在,即使存在,它也不可能为其成员生产和提供任何“公共物品”,从而失去其存在的意义。

但是,社会公权力组织为什么能对外行使一定行政职权,其公权力为什么能及于外部相对人?这在法理上很难证明。如果有法律、法规、规章的授权,这自然不成问题,法律、法规、规章可以认为是全体人民意志的体现。如果没有法律、法规、规章的授权,社会公共组织能否对外行使公权力呢?一般情况下应该是不行的,是不能取得“合法性”根据的。然而,在某些特定情况下,在内部关系与外部关系相互交织,内部相对人与外部相对人相互联系或者存在某种特定公共利益的情况下,社会公共组织的权力行使是可以及于外部相对人的。例如,律师协会处理代理律师和被代理人的争议、纠纷;消费者权益保护协会受理消费者的投诉,处理消费者和商品销售者、生产者的争议、纠纷;环境保护组织、野生动物保护协会制止社会一般公众破坏环境,捕杀野生动物的行为;等等。社会公权力组织这种对外权力的权源在哪里?形式上是其组织章程,但其实质是现代公法法理,即国家权力向社会转移,二元化社会向多元化社会过渡。一方面社会公共组织可以依本组织章程对外部相对人行使某些公权力,另一方面这种公权力的行使又要受到国家公权力的制约,即社会公共组织的章程要报国家行政机关备案审查,社会公共组织对外行使公权力的行为要接受国家机关审查监督。

三、其他社会公权力组织的范围

在“法律、法规、规章授权的组织”一节里,我们已经介绍了社会公权力组织的范围。这里的“其他社会公权力组织”的范围即相当于前述范围,因为从理论上说,社会公共组织都可以被法律、法规、规章授权行使行政职能,成为法律、法规、规章授权的组织。当然,在实践中,社会公共组织被法律、法规、规章授权的情况并不是普遍的和经常的。有些社会公共组织可能会被法律、法规、规章授权行使国家行政职能,有的可能没有被授权行使国家行政职能;被授权行使国家行政职能的社会公共组织,有的可能被授权行使某种较长期性的职能,有的可能仅被授权行使某种临时性的职能。即今天是法律、法规、规章授权的组织,明天就回到了“其他社会公权力组织”的行列中。因此,就实际情况而言,“其他社会公权力组织”的范围要大于被法律、法规、规章授权的社会公权力组织的范围。

至于“其他社会公权力组织”的种类、形式,与被法律、法规、规章授权的社会公权力组织的种类、形式是相同的。因为任何社会公共组织都可能被法律、法规、规章授权,因此,其种类、形式同样包括基层群众性自治组织、行业协会和工、青、妇一类社会团体等。

当然,其他社会公权力组织作为行政主体,其条件和领域都是有很大限制的。在一般情况下,它只能作为其组织内部公行政的主体,对于外部相对人,其行为只限于相应组织内外关系交织的范畴,以及行为为社会公共利益所特别需要,且相应组织章程对之有明确的规定。否则,受相应行为影响的外部相对人可请求法院确认其行为无效。

第四节　行政委托情形下的行政主体

一、行政委托概述

本节研究的“行政委托”,不是行政机关的相互委托——上级行政机关委托下级行政机关,或甲地行政机关委托乙地行政机关,或甲部门行政机关委托乙部门行政机关行使某种职能,而是指行政机关委托行政机关系统以外的社会公权力组织或私权利组织行使某种行政职能、办理某种行政事务。

行政机关为什么要委托非行政机关的社会组织行使行政职能、办理行政事务呢?这是因为:

首先,在现代社会,由于经济和社会的发展,行政事务增加,行政职能扩张,行政机关由于受编制、经费等的限制,依靠本身的力量有时难以完成既定行政任务和实现预定行政目标,从而使行政委托成为必要。

其次,行政不同于立法和司法,其预期性弱,变动性强,实践中随时可能有新的、不可预料的情况出现(2003 年的“非典”、2020 年至今尚未消退的新冠肺炎疫情和其他各种突发事件),从而行政有时会增加许多临时性的任务。对于新的、临时性的任务,行政不可能、也没有必要新设机构、新增编制。对此，行政委托更符合节约和效益原则。

最后，行政有时会遇到某些技术性很强的事务要处理。这些事务由于不是经常性的，行政机关没有必要设置专门的机构和人员来从事相应业务。对于这种情况，行政委托显然也是必要的。

行政委托不同于法律、法规、规章授权。法律、法规、规章授权，被授权组织是以自己的名义行使职权，并由自己对行使被授权行为负责，从而自己就是行政主体；而对于行政委托来说，受委托组织是以委托行政机关的名义行使职权，并由委托行政机关对受委托组织的行为负责，受委托组织不是行政主体，行政主体是委托行政机关。

二、受委托组织的含义

受委托组织，是指受行政机关委托行使一定行政职能的非国家行政机关的组织。

首先，受委托的组织不是行政机关，也不是其他国家机关。它们的基本职能不是行使行政职能或其他国家职能，而是从事其他非国家职能性质的活动。它们经常性的工作不是执行国家公务，而是从事非国家公务的其他工作。

其次，受委托的组织仅能根据委托行使一定的行政职能，而不能行使一般的行政职能。所谓"一定的行政职能"，是指委托行政机关委托其行使的，并且依据法理是行政机关可以委托其他组织行使的某种行政职能。有些行政职能及其职权，依据法理只能由行政机关自己行使而不得委托他人行使，如行政立法权、对行政相对人实施涉及其人身自由的行政处罚或行政强制措施权、颁发营业执照或其他许可证权等。

再次，受委托的组织行使一定的行政职能是基于行政机关的委托，而非基于法律、法规、规章的授权。因此，它行使职能是以委托行政机关的名义，而不是以受委托组织自己的名义进行。其行为对外的法律责任也不是由其本身承担，而是由委托行政机关承担。

最后，受委托组织与委托行政机关的关系不同于行政机关内部的委托、代理关系。行政机关内部的委托有平行行政机关之间的相互委托，也有上下行政机关之间的委托，通常是上级行政机关委托下级行政机关履行某种职责。在这种委托关系中，委托者和受委托者均是行政机关，受委托者本身即具有行政主体的地位。只是受委托者实施被委托的职能不是以自己的名义,而是以委托主体的名义进行,并且其责任亦归属于委托主体。至于行政机关内部的代理,通常是指国家公务员相互之间一定行政职务的代理,如某行政机关正职首长出国或因病不能行使职务,由副职首长代理;或某职位暂缺,一时尚不能任命适当人选正式担任此职,行政首长可指定一公务员临时代理该职。在这种代理关系中,代理者是以自己的名义行为,并由其本身对其代理行为负责。

三、受委托组织的条件和范围

在现行法律、法规中,《行政处罚法》第一次明确规定了受委托(行使行政处罚职权的)组织的下述条件[①]:

(一)受委托组织应依法成立并具有管理公共事务职能

这一条件意味着:其一,受委托组织只能是依法成立的组织,而不能是行政机关临时决定成立的组织;其二,受委托组织只能是具有管理公共事务职能的组织,而不能是一般企业组织或其他社会组织;其三,受委托组织行使管理公共事务职能只能以公共利益为目的,而不能以营利为目的。

(二)受委托组织有熟悉有关法律、法规、规章和业务并取得行政执法资格的工作人员

这一条件意味着:其一,受委托组织必须有了解和掌握与受委托行使的行政职能有关的法律知识和业务知识的工作人员。其二,这些工作人员还必须取得行政执法资格。[②] 其三,这些工作人员需了解和掌握有关法律知识和业务知识。所谓"有关",是指与相应受托行政职能有关,而不是指与委托机关所在的整个管理领域职能有关,更不是与整个行政职能有关。因为受委托机关的工作人员与行政机关的工作人员——公务员——毕竟有所区别,法律不可能要求前者完全达到后者的标准。其四,受委托组织内应具有熟悉相应法律知识和业务知识的人员,这是法定条件。至于这些人员在整个受委托组织工作人员中应占多大比例,则应以满足履行相应职能的需要为原则。

---

① 参见《行政处罚法》第21条。

② 这一条件是经2021年修正的《行政处罚法》增加的,1996年最初通过的《行政处罚法》并无这一条件。

（三）受委托组织履行受委托职能需要进行检查或者技术鉴定的，它应有条件组织进行相应的技术检查或者技术鉴定

这一条件与前一条件（关于“人”的要求）相比较，是关于“物”的要求，包括技术、设备和其他有关物质条件。

上述条件只是法律对受委托行使行政处罚职权的组织的要求。对于受委托行使其他行政职能及其职权的组织，法律尚未规定统一的条件。从法理上分析，上述条件的后两项条件一般也适用于其他受委托组织。但第一项条件，即受委托组织必须是“依法成立并具有管理公共事务职能”则不完全适用于其他受委托组织，这个条件实际上涉及受委托组织的范围。行政处罚因可能对相对人权益造成严重不利影响，故对委托行使此种职权的对象要予以严格限制。而其他行政职能的委托就没有必要加以如此严格的限制，否则，就会使行政机关选择委托对象的范围过于狭小，从而不利于行政机关借助必要的外部资源履行行政职能和有效实现行政管理目标。事实上，其他法律、法规对受委托组织的条件并没有予以如同《行政处罚法》那样严格的限制。例如，《税收征收管理法实施细则》对税收委托对象就没有限定严格的范围。该实施细则第 44 条规定：“税务机关根据有利于税收控管和方便纳税的原则，可以按照国家有关规定委托有关单位和人员代征零星分散和异地缴纳的税收，并发给委托代征证书。受托单位和人员按照代征证书的要求，以税务机关的名义依法征收税款……”

从现行法律、法规的规定和行政管理实践来看，受委托组织的范围大致同于本章第二节所阐述的法律、法规、规章授权组织的范围，至于具体行政事务可委托的对象，亦如同具体行政事务可授权的对象一样，取决于具体法律、法规、规章的规定。如具体法律、法规、规章没有规定时，则由行政机关根据行政法的一般原理自行确定。

四、受委托组织的法律地位

受委托组织不是行政主体，它行使一定行政职能必须以委托行政机关的名义，且由委托行政机关对其行为向外部承担法律责任。

受委托组织在内部行政法律关系上，是作为与委托行政机关相对的独立一方当事人，即内部行政法律关系主体，它享有相应的法定权利和负有相应的

法定义务。

受委托组织的主要权利有：(1)取得履行职责所应有的权力、管理手段和工作条件；(2)依法行使被委托的职权和办理被委托的事项；(3)取得履行职责所需要的经费和报酬；(4)请求有关行政机关协助排除其在履行职责中所遇到的障碍；(5)向委托行政机关提出变更委托范围和改进相应领域行政管理的建议。

受委托组织的主要义务有：(1)在委托行政机关委托的范围内行使职权，不超越委托权限；(2)依法办事，不徇私舞弊、以权谋私；(3)接受委托行政机关的监督、指导，向委托行政机关请示、汇报和报告工作；(4)认真履行被委托的职责，热情为行政相对人服务，听取相对人的意见，接受相对人的监督。

第十章

公务员

所谓文官制度（公务员制度）就是把文官队伍当作一个整体来看待。……资本主义国家有一套精细的人事管理体系，其中以英国最为典型，它不但以这个制度治理了整个国家，还曾以这个制度统治过占世界四分之一地域的帝国。西文国家，如美国从1880年起，法国和日本从第二次世界大战结束时起，效法英国，各自建立了职业化的文官队伍，形成了各具特点的文官制度。

文官制度有哪些基本特征呢？（一）统一管理；（二）职位分类；（三）择优录用（公开竞争、平等对待、同工同酬、保持公德、发挥人力、符合标准、提高效率、保持中立、提供保障）；（四）职务常任；（五）职业道德。①

——龚祥瑞

本章节目

第一节　公务员概述

第二节　公职关系

第三节　行政执法类公务员的管理

第四节　专业技术类公务员的管理

① 龚祥瑞：《比较宪法与行政法》，法律出版社2003年版，第385-392页。

第一节　公务员概述

一、公务员的概念

公务员一般是指国家依法定方式任用的，在中央和地方各级国家行政机关中工作的，依法行使国家行政权、执行国家公务的人员。

我国是中国共产党执政，各民主党派参政的社会主义国家，公务员的概念和范围与一般西方国家有所不同。《公务员法》规定，“本法所称公务员，是指依法履行公职、纳入国家行政编制、由国家财政负担工资福利的工作人员”①。另外，法律、法规授权的具有公共事务管理职能的事业单位中除工勤人员以外的工作人员经批准也参照《公务员法》管理，可视为“准公务员”。

下面我们分别对一般公务员的概念和我国现行《公务员法》确定的公务员的概念予以阐述。关于一般公务员的概念，我们可以从三个方面阐述其内涵和外延：

其一，公务员是经法定方式和程序任用的人员。所谓“法定方式”，是指宪法、组织法、公务员法和其他有关法律规定的方式。我国现行法律规定公务员任用的主要方式有考任、选任、聘任、调任四种方式。② 所谓“法定程序”，是指宪法、组织法、公务员法和其他有关公务员任用的法律、法规、规章规定的程序。例如，考试任用公务员的程序包括公告、报名、资格审查、笔试、面试、身体检查、确定正式录用对象和送达录用通知书等步骤。考任公务员的任用必须经过上述法定方式和法定程序。否则，就不能取得公务员资格。用人单位未经法定方式和程序任用公务员是非法的，所授予的公务员资格是无效的。

---

① 国务院1993年发布的《国家公务员暂行条例》适用的是一般公务员的概念。该暂行条例第3条规定：本条例适用于各级国家行政机关中除工勤人员以外的工作人员。2005年第十届全国人大常委会第十五次会议通过的《公务员法》第2条确定了我国公务员目前的概念和范围。

② 目前在实践中还有一种任用公务员的方式，即通过签订雇用合同的方式建立公职关系，通过此种方式产生的公职人员叫作“政府雇员”。此种方式目前在我国只适用于政府高科技人才的任用，范围很小。现行《公务员法》已将此种公务员任用方式归入聘任制的范围，在该法第16章中予以专门规定。

其二,公务员是在中央和地方各级国家机关中工作的人员。在国外,公务员一般不包括国有企事业组织的负责人,不包括社会团体的工作人员,也不包括议会议员和法院法官等①。

其三,公务员是在国家机关中依法行使国家行政权、执行国家公务的人员。公务员虽然是在国家行政机关中工作的人员,但在国家行政机关中工作的人员不都是公务员。只有在国家行政机关中依法行使国家行政权、执行国家公务的人员才是公务员。公务员不包括国家机关中的工勤人员。②

关于我国现行《公务员法》确定的公务员的概念,我们同样可以从三个方面予以阐述:

其一,我国公务员是依法履行公职的人员。所谓"公职",是指提供公共管理、公共服务等公共物品,以实现公共利益的职务,这种职务是通过法定方式设立,并须通过法定程序取得的。

其二,我国公务员是纳入国家行政编制、由国家财政负担工资福利的人员。这意味着我国公务员不包括国有企业和一般事业单位的职工。③ 但是,法律、法规授权的具有公共事务管理职能的事业单位中除工勤人员以外的工作人员,经批准可参照《公务员法》进行管理。④

其三,我国公务员包括执政党和参政党机关以及公共社会团体中履行公职、纳入国家行政编制、由国家财政负担工资福利的人员。这一点是由我国社会主义国家性质决定的。过去,《国家公务员暂行条例》没有将这一部分人员纳入公务员的范围,但在实践中亦是将他们作为公务员对待,并参照适用《国家公务员暂行条例》的。

二、公务员的分类

在西方国家,公务员通常分为政务类公务员和业务类公务员两大类。政务类公务员通常是通过选举或任命产生,与相应政党共进退的政府组成人员

① 但不少国家的公务员包括议会和法院中行使行政职能的人员。

② 参见 1993 年《国家公务员暂行条例》第 3 条和现行《公务员法》第 112 条。

③ 在国外,有的国家将国有企业职工和公立学校的教师纳入公务员管理的范围。当然,这些国家的国有企业和公立学校的数量较少,在整个社会中占比很小。

④ 参见《公务员法》第 112 条。

以及其他政治性较强的职位的行政人员；业务类公务员通常是通过竞争考试任职，政治上保持中立，无重大过错即在政府中长期任职，并受一般公务员法规调整的公职人员。

我国不实行政党轮流执政的多党制度，故公务员亦没有政务类和业务类的划分。根据《公务员法》的规定，我国公务员职位类别按照公务员职位的性质、特点和管理需要，划分为综合管理类、专业技术类和行政执法类等类别。对于具有职位特殊性，需要单独管理的，可以增设其他职位类别。各职位类别的适用范围由国家另行规定。[①]《公务员法》第 3 条第 2 款规定，法律对公务员中的领导成员的产生、任免、监督以及监察官、法官、检察官等的义务、权利和管理另有规定的，从其规定。这就是说，此类公务员除适用《公务员法》外，还要适用特别法的规定，例如，监察官适用《监察官法》，法官适用《法官法》，检察官适用《检察官法》等。

《公务员法》将我国公务员划分为综合管理类、专业技术类和行政执法类三个类别。综合管理类公务员中的领导职务层次分为国家级正职、国家级副职、省部级正职、省部级副职、厅局级正职、厅局级副职、县处级正职、县处级副职、乡科级正职、乡科级副职。综合管理类公务员中的非领导职务层次在厅局级以下设置，其职级序列分为一级巡视员、二级巡视员、一级调研员、二级调研员、三级调研员、四级调研员、一级主任科员、二级主任科员、三级主任科员、四级主任科员、一级科员、二级科员。

《公务员法》对专业技术类和行政执法类公务员的职务系列未作规定，而由国家另行规定。

《公务员法》要求，各机关依照确定的职能、规格、编制限额、职数以及结构比例，设置本机关公务员的具体职位，并确定各职位的工作职责和任职资格条件。

公务员的领导职务、职级应当对应相应的级别。公务员领导职务、职级与级别的对应关系，由国家规定。

根据工作需要和领导职务与职级的对应关系，公务员担任的领导职务和职级可以互相转任、兼任；符合规定资格条件的，可以晋升领导职务或者职级。

---

① 参见《公务员法》第 16 条。

公务员的级别根据所任领导职务、职级及其德才表现、工作实绩和资历确定。公务员在同一领导职务、职级上，可以按照国家规定晋升级别。

公务员的领导职务、职级与级别是确定公务员工资以及其他待遇的依据。

另外，国家根据人民警察、消防救援人员以及海关、驻外外交机构等公务员的工作特点，设置与其领导职务、职级相对应的衔级。

三、公务员的法律地位

公务员的法律地位在不同的法律关系中是不一样的。下面仅阐述国家行政机关的公务员在各种行政法律关系中的不同地位。

在外部行政管理法律关系中，公务员代表行政机关，以所在行政机关的名义行使国家行政权，其行为的结果属于相应行政机关。外部行政管理法律关系是作为行政主体的行政机关或法律、法规、规章授权的组织与作为行政相对人的个人、组织发生的关系，而不是公务员与相对人发生的关系。公务员在行政管理法律关系中并非作为一方当事人出现，不具有一方当事人(行政主体)的资格。

在行政诉讼法律关系中，公务员既不能作原告，也不能作被告，不具有诉讼当事人的地位。根据《行政诉讼法》的规定，只有公民、法人和其他组织认为行政机关的行政行为侵犯其合法权益时，才能提起行政诉讼(检察机关提起行政公益诉讼——属于客观诉讼——只是我国行政诉讼基本制度——主观诉讼的例外)，取得行政诉讼的原告资格。只有作出相应行政行为的行政机关和行政复议机关才能被诉和取得行政诉讼被告的资格。[①]

当然，公务员在非处于公务员地位(为公民身份)时，可以成为行政相对人，作为外部行政法律关系一方主体与行政机关发生关系，对行政机关的行政行为不服，可以提起行政诉讼，成为行政诉讼的原告。

在内部行政法律关系中，公务员则可以公务员的名义作为一方当事人与行政机关发生法律关系。例如，行政机关对公务员进行考核、奖惩、晋升、确定工资福利待遇；公务员要求改善工作条件、工资待遇，对考核、奖惩、晋升结果不服，向行政机关提出申诉等。这些行为所引起的行政法律关系都是以公务

---

① 参见《行政诉讼法》第 2、25-26 条。

员为一方当事人、国家行政机关为另一方当事人的内部行政法律关系。对于因内部行政法律关系发生的争议，一般由行政机关本系统处理，不能提起行政诉讼。①

在行政法制监督法律关系中，公务员可以作为监督对象与监督主体发生关系，成为关系的一方当事人。例如，监察机关可以对所有公务员进行监督；国家权力机关可以通过质询、特别调查、罢免等形式对作为政府组成人员的公务员进行监督；人民法院在对行政行为进行司法审查过程中，亦可通过司法建议等形式间接对公务员进行监督。

公务员在内外行政法律关系中的法律地位主要由其法定权利和法定义务决定。

根据《公务员法》第 15 条的规定，公务员享有下列权利：(1) 执行职务权：公务员有权依法执行职务，获得履行职责所应当具有的工作条件；(2) 职位保障权：公务员非因法定事由和非经法定程序不得被免职、降职、辞退或受到行政处分；(3) 工资福利权：公务员有权获得工资报酬和享受福利、保险待遇；(4) 参加培训权：公务员有权参加业务知识和技能的培训；(5) 批评建议权：公务员有权对机关和领导人员提出批评和建议；(6) 申诉、控告权：公务员合法权益被侵犯或受到不公平待遇，有权向有关机关提出申诉或控告；(7) 辞职权：公务员有权根据法定条件和法定程序辞职；(8) 法律规定的公务员的其他权利。

根据《公务员法》第 14 条的规定，公务员应当履行下列义务：(1) 忠于宪法和守法的义务：公务员应当模范遵守、自觉维护宪法和法律，自觉接受中国共产党领导；(2) 忠于国家的义务：公务员应当忠于国家，维护国家的安全、荣誉和利益；(3) 忠于人民和为人民服务的义务：公务员应当忠于人民，全心全意为人民服务，接受人民监督；(4) 忠于职守和认真履行职责的义务：公务员

---

① 参见《行政诉讼法》第 13 条。

应当忠于职守,勤勉尽责,服从和执行上级依法作出的决定和命令,[1]按照规定的权限和程序认真履行职责,努力提高工作质量和效率;(5)保守秘密的义务:公务员必须随时注意保守国家秘密和工作秘密,防止泄密;(6)带头践行社会主义核心价值观的义务:公务员应当坚守法治,遵守纪律,恪守职业道德,模范遵守社会公德、家庭美德;(7)廉洁奉公的义务:公务员应清正廉洁,公道正派,不得以权谋私;(8)法律规定的公务员的其他义务。

第二节 公职关系[2]

一、公职关系的概念

公职关系,是指公务员因担任公职、执行公务而与作为公权力主体的机关或组织发生的法律关系。

公职关系属于内部行政法律关系,是内部行政法律关系的一种。内部行政法律关系除了公职关系以外,还有机关、组织相互之间的关系,机关、组织与内部机构或委托的组织之间的关系等。

公职关系从属于外部行政关系,是因外部行政关系而产生的关系。然而外部行政关系也离不开公职关系,二者密不可分。机关对外行使职权,履行职责,一般都要通过公务员,直接与外部相对人打交道的是公务员。因此,公务员如何产生,如何代表机关行使职权,履行职责,以及机关怎样管理他们,怎样激励他们积极执行公务,控制他们滥用职权,就是机关实现对外管理目标首先要解决的问题,解决此种问题形成的关系亦是公职关系。

公职关系的双方主体从理论上讲分别是公务员和国家。但国家的主体地

---

① 公务员执行上级命令的义务不是绝对的。《公务员法》第60条规定:"公务员执行公务时,认为上级的决定或者命令有错误的,可以向上级提出改正或者撤销该决定或者命令的意见;上级不改变该决定或者命令,或者要求立即执行的,公务员应当执行该决定或者命令,执行的后果由上级负责,公务员不承担责任;但是,公务员执行明显违法的决定或者命令的,应当依法承担相应的责任。"这一规定实际意味着,公务员对上级明显违法的决定或者命令有抵制的权利和义务。

② 本节讨论的公职关系的主要内容是综合管理类公务员的公职关系,行政执法类公务员和专业技术类公务员的公职关系有许多特殊性,下面将设专节讨论。

位是由公务员所在的机关、组织所代表的。因此，与公务员直接发生关系，作为公职关系的一方直接主体的是公务员所在的机关、组织，而不是国家本身。从形式上分析，公职关系是公务员与其所任职的机关、组织之间的关系。

在某种意义上，公职关系也可视为一种特殊的劳动关系。担任公职、执行公务也是一种“劳动”。公务员通过此种劳动，从其所任职的机关、组织处领取工资报酬，享受各种保险、福利待遇，使其本身和家人能获得维系生活的物质条件。当然，公职关系不是一般的劳动关系，公务员不是一般的工人和农民，仅为某一企业、组织劳动，公务员是全体人民的公仆，其职责是为全体人民服务。因此，公职关系的发生、变更、消灭以及公职关系的内容都不完全同于一般的劳动关系，这种特殊性将在后面详细阐述。

二、公职关系的发生

公职关系自公民被任用为公务员，担任公职，履行公务员职责时发生。

根据《公务员法》的规定和人事管理实践中的做法，我国公务员的任用目前主要有四种方式，从而公职关系主要通过此四种途径发生。

(一)考任

考任指国家通过竞争考试的方式录用公务员。《公务员法》第 23 条规定：“录用担任一级主任科员以下及其他相当层次的公务员，采取公开考试、严格考察、平等竞争、择优录取的办法。”①

竞争考试是法治国家录用公务员最基本的方式。这种方式有利于国家选择优秀人才担任公职，防止平庸无能之辈进入国家公职系统；有利于国家在用人上的公正与公平，防止吏治腐败；有利于激励国人重视知识和引导青年一代刻苦学习；树立“凭知识，凭德才从政”，而不是“凭关系，凭权钱做官”的意识。我国目前实行的考试、考察任用公务员的制度既是我们对过去长期以来(从民主革命根据地时期到改革开放的 20 世纪 80 年代)实行的干部制度经验教训的总结、反思和改革的产物，也是我们借鉴西方国家的文官制度和我国古代

---

① 《公务员法》第 23 条第 2 款同时规定，民族自治地方录用上述公务员时，依照法律和有关规定对少数民族报考者予以适当照顾。

科举考试制度的积极、合理要素的产物。[①] 考任现在已成为我国公职关系发生的最主要途径。

（二）选任

选任指国家通过选举（公民直接选举和通过人民代表大会间接选举）的方式产生公务员。这种方式在我国目前只适用于对作为各级政府组成人员的领导职公务员的任用，在国外，一般也只适用于政务类公务员的任用。选任是一种传统的公职任用方式（可追溯到人类社会的原始时期），具有广泛的和高度的民主性。这种公职任用制度相对于封建专制的恩赐制任官方式是重大的进步。在西方资产阶级民主国家建立之初，公职的产生在很大范围和很大程度上采用选任制，但由于政党制度的演进和政党私利的影响，选任制及与之结合适用的委任制在后来逐步演变成“政党分赃制”，导致严重的腐败，使国家公职系统素质大为下降，行政效率低下，以致使国家机器接近难以运转的程度，最后不得不进行改革：最大限度地限制政党分赃制，对公职系统的绝大部分公职任用实行考任制。选任只适用于部分政务类公务员[②]，即国家和各级政府决策层的公务员。对这部分公务员实行选任制是必要的，因为它是民主制度的必然要求。

（三）聘任

聘任指机关通过与拟任公务员的公民签订聘任合同的方式任用公务员。机关以聘任合同方式任用公务员通常要事前对合同对方当事人进行审查、考试（非竞争考试）或考核，如认为其符合条件，才与之签订合同。聘用方式只适用于公务员任用的较小范围，《公务员法》第 100 条至第 105 条规定了公务员聘任的下述规则：

1. 机关根据工作需要，经省级以上公务员主管部门批准，可以对专业性较强的职位和辅助性职位实行聘任制。但涉及国家秘密的职位除外。

2. 聘任可参照公务员考试录用的程序进行公开招聘，也可以从符合条件的人员中直接选聘。机关聘任公务员应当在规定的编制限额和工资经费限额

---

① 对此可参阅龚祥瑞：《文官制度》，人民出版社 1985 年版。

② 西方国家还有一小部分公务员实行委任制，即由总统、首相和其他通过选举产生的政务类公务员直接任命，具有分赃制的遗迹。但这部分公务员在整个公职系统中比例很小，并且呈逐步减少的趋势。

内进行。

3. 聘任公务员合同应当按照平等自愿、协商一致的原则，签订书面的聘任合同，确定机关与所聘公务员双方的权利、义务。聘任合同经双方协商一致可变更或解除。

4. 聘任合同应当具备合同期限，职位及其职责要求，工资、福利、保险待遇，违约责任等条款。聘任合同期限为 1－5 年。聘任合同可以约定试用期，试用期为 1－12 个月。聘任制公务员实行协议工资制。

5. 机关依照《公务员法》和聘任合同对所聘公务员进行管理。

6. 聘任制公务员与所在机关之间因履行聘任合同发生争议的，可以自争议发生之日起 60 日内申请仲裁。省级以上公务员主管部门根据需要设立人事争议仲裁委员会，受理仲裁申请。人事争议仲裁委员会由公务员主管部门的代表、聘用机关的代表、聘任制公务员的代表以及法律专家组成。当事人对仲裁裁决不服的，可以自接到仲裁裁决书之日起 15 日内向人民法院提起诉讼。仲裁裁决生效后，一方当事人不履行的，另一方当事人可以申请人民法院执行。

（四）调任

调任指行政机关将行政系统外部（国有企业事业单位、人民团体和群众团体等）的人员直接调入行政机关任职。根据《公务员法》第 70 条的规定，国有企业、高等院校和科研院所以及其他不参照《公务员法》管理的事业单位中从事公务的人员可以调入机关担任领导职务或者四级调研员以上及其他相当层次的职级。调任人选应当具备《公务员法》规定公务员的条件和拟任职位所要求的资格条件。调任机关应当根据《公务员法》的规定，对调任人选进行严格考察，并按照管理权限审批，必要时可以对调任人选进行考试。

三、公职关系的内容

公职关系的范围非常广泛，大致可以分为两个方面：一是行政机关对公务员管理而产生的关系，即人事管理关系；二是公务员从行政机关获取工资福利待遇而产生的关系，即具有一定特殊性的劳动关系。

（一）人事管理关系

公务员主管部门对公务员的管理主要有下述五项制度[①]：

1. 考核

考核是公务员主管部门对公务员品行、才能和实际表现进行考察、审核，以确定其是否胜任现职和决定是否对其任用以及相关待遇等。根据《公务员法》，我国对公务员的考核制度包括下述内容：

（1）考核种类

考核分平时考核、专项考核和定期考核等方式，定期考核以平时考核、专项考核为基础。[②]

（2）考核内容

考核内容包括德、能、勤、绩、廉五个方面，重点考核政治素质和工作实绩。考核指标根据不同职位类别、不同层级机关分别设置。[③]

（3）考核程序

非领导成员公务员的定期考核采取年度考核的方式。先由个人按照职位职责和有关要求进行总结，主管领导在听取群众意见后，提出考核等次建议，由本机关负责人或者授权的考核委员会确定考核等次。领导成员的考核由主管机关按照有关规定办理。[④]

（4）考核结果

定期考核结果分为优秀、称职、基本称职和不称职四个等次。考核结果应当以书面形式通知公务员本人。公务员主管部门以考核结果作为调整公务员职位、职务、职级、级别、工资以及公务员奖励、培训、辞退的依据。[⑤]

2. 奖励

（1）奖励形式

公务员主管部门对工作表现突出，有显著成绩和贡献，或者有其他突出事

---

① 公务员管理制度除以下五项制度外，其他制度还有职位分类、职务任免、培训、交流、申诉控告等（参见《公务员法》相应章节）。

② 参见《公务员法》第36条。

③ 参见《公务员法》第35条。

④ 参见《公务员法》第37条。

⑤ 参见《公务员法》第38-39条。

迹的公务员或者公务员集体给予奖励。奖励坚持定期奖励与及时奖励相结合,精神奖励与物质奖励相结合、以精神奖励为主的原则。公务员集体的奖励适用于按照编制序列设置的机构或者为完成专项任务组成的工作集体。①

(2)奖励条件(具备条件之一者可予奖励)

①忠于职守,积极工作,勇于担当,工作实绩显著的;

②遵纪守法,廉洁奉公,作风正派,办事公道,模范作用突出的;

③在工作中有发明创造或者提出合理化建议,取得显著经济效益或者社会效益的;

④为增进民族团结,维护社会稳定作出突出贡献的;

⑤爱护公共财产,节约国家资财有突出成绩的;

⑥防止或者消除事故有功,使国家和人民群众利益免受或者减少损失的;

⑦在抢险、救灾等特定环境中作出突出贡献的;

⑧同违纪违法行为作斗争有功绩的;

⑨在对外交往中为国家争得荣誉和利益的;

⑩有其他突出功绩的。②

(3)奖励种类

奖励分为嘉奖、记三等功、记二等功、记一等功、授予称号。

对受奖励的公务员或者公务员集体予以表彰,并给予一次性奖金或者其他待遇。

按照国家规定,可以向参与特定时期、特定领域重大工作的公务员颁发纪念证书或者纪念章。③

(4)奖励程序

给予公务员或者公务员集体奖励,按照规定的权限和程序决定或者审批。

(5)撤销奖励的情形

公务员或者公务员集体有下列情形之一的,撤销奖励:

①弄虚作假,骗取奖励的;

---

① 参见《公务员法》第 51 条。

② 参见《公务员法》第 52 条。

③ 参见《公务员法》第 53、55 条。

②申报奖励时隐瞒严重错误或者严重违反规定程序的；

③有严重违纪违法等行为，影响称号声誉的；

④有法律、法规规定应当撤销奖励的其他情形的。

3. 监督与惩戒

(1)监督规则

①机关应当对公务员的思想政治、履行职责、作风表现、遵纪守法等情况进行监督，开展勤政廉政教育，建立日常管理监督制度。

②对公务员监督发现问题的，应当区分不同情况，予以谈话提醒、批评教育、责令检查、诫勉、组织调整、处分。对公务员涉嫌职务违法和职务犯罪的，应当依法移送监察机关处理。

③公务员应当自觉接受监督，按照规定请示报告工作、报告个人有关事项。

④公务员和所有其他公职人员均接受国家监察机关的监察监督。

(2)惩戒条件(有条件之一者可予惩戒)

惩戒公务员所在机关或者监察机关对违纪违法的公务员通过给予纪律处分或政务处分以示警戒的制度。①

公务员因违纪违法应当承担纪律责任的，依照《公务员法》给予处分或者由监察机关依法给予政务处分；违纪违法行为情节轻微，经批评教育后改正的，可以免予处分。对同一违纪违法行为，监察机关已经作出政务处分决定的，公务员所在机关不再给予处分。②

公务员有下列违纪违法行为，即应受到纪律处分或政务处分：

①散布有损宪法权威、中国共产党和国家声誉的言论，组织或者参加旨在反对宪法、中国共产党领导和国家的集会、游行、示威等活动；

②组织或者参加非法组织，组织或者参加罢工；

---

① 对于公务员的惩戒，国务院于2007年发布了专门的《行政机关公务员处分条例》。该条例共7章，第一章总则规定行政处分的适用范围和适用原则；第二章规定处分的种类及适用规则；第三章规定违法违纪行为及其适用的处分；第四章规定处分的权限；第五章规定处分的程序；第六章规定被处分人不服处分的申诉；第七章为附则。《行政机关公务员处分条例》是对《公务员法》有关惩戒规定的具体化和补充性规定。另外，2020年6月20日第十三届全国人大常委会第十九次会议通过了《中华人民共和国公职人员政务处分法》。该法适用于公务员和其他所有公职人员。

② 参见《公务员法》第61条。

③挑拨、破坏民族关系，参加民族分裂活动或者组织、利用宗教活动破坏民族团结和社会稳定；

④不担当，不作为，玩忽职守，贻误工作；

⑤拒绝执行上级依法作出的决定和命令；

⑥对批评、申诉、控告、检举进行压制或者打击报复；

⑦弄虚作假，误导、欺骗领导和公众；

⑧贪污贿赂，利用职务之便为自己或者他人谋取私利；

⑨违反财经纪律，浪费国家资财；

⑩滥用职权，侵害公民、法人或者其他组织的合法权益；

⑪泄露国家秘密或者工作秘密；

⑫在对外交往中损害国家荣誉和利益；

⑬参与或者支持色情、吸毒、赌博、迷信等活动；

⑭违反职业道德、社会公德和家庭美德；

⑮违反有关规定参与禁止的网络传播行为或者网络活动；

⑯违反有关规定从事或者参与营利性活动，在企业或者其他营利性组织中兼任职务；

⑰旷工或者因公外出、请假期满无正当理由逾期不归；

⑱违纪违法的其他行为。[①]

(3)处分种类

处分分为：警告、记过、记大过、降级、撤职、开除六种。

公务员在受处分期间不得晋升职务、职级和级别，其中受记过、记大过、降级、撤职处分的，不得晋升工资档次。

受处分的期间为：警告，6 个月；记过，12 个月；记大过，18 个月；降级、撤职，24 个月。

受撤职处分的，按照规定降低级别。[②]

(4)处分规则和处分程序

对公务员的处分，应当事实清楚、证据确凿、定性准确、处理恰当、程序合

① 参见《公务员法》第 59、61 条。

② 参见《公务员法》第 62、64 条，《公职人员政务处分法》第 7 条。

法、手续完备。

公务员违纪违法的,应当由处分决定机关对公务员违纪违法的情况进行调查,并将调查认定的事实以及拟给予处分的依据告知公务员本人。公务员有权进行陈述和申辩;处分决定机关不得因公务员申辩而加重处分。

处分决定机关认为对公务员应当给予处分的,应当在规定的期限内,按照管理权限和规定的程序作出处分决定。处分决定应当以书面形式通知公务员本人。

(5)处分解除

公务员受开除以外的处分,在受处分期间有悔改表现,并且没有再发生违纪违法行为的,处分期满后自动解除。

解除处分后,晋升工资档次、级别和职务、职级不再受原处分的影响。但是,解除降级、撤职处分的,不视为恢复原级别、原职务、原职级。[①]

4. 职务、职级升降

(1)公务员晋升领导职务规则

公务员晋升领导职务,应当具备拟任职务所要求的政治素质、工作能力、文化程度和任职经历等方面的条件和资格。公务员领导职务应当逐级晋升。特别优秀的或者工作特殊需要的,可以按照规定破格或者越级晋升。[②]

(2)晋升领导职务程序

公务员晋升领导职务,按照下列程序办理:

①动议;

②民主推荐;

③确定考察对象,组织考察;

④按照管理权限讨论决定;

⑤履行任职手续。

厅局级正职以下领导职务出现空缺且本机关没有合适人选的,可以通过适当方式面向社会选拔任职人选。

公务员晋升领导职务的,应当按照有关规定实行任职前公示制度和任职

① 参见《公务员法》第65条。
② 参见《公务员法》第45条。

试用期制度。

公务员职级应当逐级晋升，根据个人德才表现、工作实绩和任职资历，参考民主推荐或者民主测评结果确定人选，经公示后，按照管理权限审批。①

(3)公务员降职

公务员的职务、职级实行能上能下。对不适宜或者不胜任现任职务、职级的，应当进行调整。公务员在年度考核中被确定为不称职的，按照规定程序降低一个职务或者职级层次任职。②

5. 回避

回避是公务员主管部门为保障公务员公正执行公务和树立机关的公正形象而对具有某种法定情形的公务员进行特殊任职安排，使其避开某种地区、某种岗位任职或避开参与某种公务处理的制度。我国公务员回避制度主要包括下述内容：

(1)亲属回避

公务员之间有夫妻关系、直系血亲关系、三代以内旁系血亲以及近姻亲关系的，不得在同一机关担任双方直接隶属于同一领导人员的职务或者有直接上下级领导关系的职务，也不得在其中一方担任领导职务的机关从事组织、人事、纪检、监察、审计和财务工作。

公务员不得在其配偶、子女及其配偶经营的企业、营利性组织的行业监管或者主管部门担任领导成员。③

(2)地域回避

除法律另有规定外，公务员担任乡级机关、县级机关、设区的市级机关及其有关部门主要领导职务的，应当按照有关规定实行地域回避。④

(3)公务回避

公务员执行公务时，有下列情形之一的，应当回避：

①涉及本人利害关系的；

②涉及与本人有《公务员法》第74条第1款所列亲属关系人员的利害关

---

① 参见《公务员法》第46-49条。
② 参见《公务员法》第50条。
③ 参见《公务员法》第74条。
④ 参见《公务员法》第75条。

系的;

③其他可能影响公正执行公务的。[①]

(4)回避程序

公务员有应当回避情形的,本人应当申请回避;利害关系人有权申请公务员回避。其他人员可以向机关提供公务员需要回避的情况。机关根据公务员本人或者利害关系人的申请,经审查后作出是否回避的决定,也可以不经申请直接作出回避决定。

法律对公务员回避另有规定的,从其规定。[②]

(二)特别劳动关系

公务员在所在机关任职也是一种"劳动",公务员以此劳动获取报酬和其他有关待遇,作为本人和家庭的基本物质生活来源。公务员与所在机关的特别劳动关系主要体现为下述三项制度:

1.工资

公务员工资制度包含以下八项规则:

(1)公务员实行国家统一规定的工资制度。公务员工资制度贯彻按劳分配的原则,体现工作职责、工作能力、工作实绩、资历等因素,保持不同领导职务、职级、级别之间的合理工资差距。

(2)国家建立公务员工资的正常增长机制。

(3)公务员工资包括基本工资、津贴、补贴和奖金。

(4)公务员按照国家规定享受地区附加津贴、艰苦边远地区津贴、岗位津贴等津贴。公务员按照国家规定享受住房、医疗等补贴、补助。

(5)公务员在定期考核中被确定为优秀、称职的,按照国家规定享受年终奖金。

(6)公务员工资应当按时足额发放。

(7)公务员的工资水平应当与国民经济发展相协调、与社会进步相适应。

(8)国家实行工资调查制度,定期进行公务员和企业相当人员工资水平

① 参见《公务员法》第76条。
② 参见《公务员法》第77-78条。

的调查比较,并将工资调查比较结果作为调整公务员工资水平的依据。①

2. 福利

公务员福利制度包含以下两项规则:

(1)公务员按照国家规定享受福利待遇。国家根据经济社会发展水平提高公务员的福利待遇。

(2)公务员执行国家规定的工时制度,按照国家规定享受休假。公务员在法定工作日之外加班的,应当给予相应的补休,不能补休的按照国家规定给予补助。②

3. 保险

公务员保险制度包含以下三项规则:

(1)公务员依法参加社会保险,按照国家规定享受保险待遇。

(2)公务员因公牺牲或者病故的,其亲属享受国家规定的抚恤和优待。

(3)任何机关不得违反国家规定自行更改公务员工资、福利、保险政策,擅自提高或者降低公务员的工资、福利、保险待遇。任何机关不得扣减或者拖欠公务员的工资。③

四、公职关系的消灭

公职关系依一定的法律事实发生而消灭。导致公职关系消灭的法律事实主要有下述五项:

(一)公务员退休

公务员达到国家规定的退休年龄或者完全丧失工作能力的,应当退休。退休即导致公务员和所在机关的公职关系消灭。

公务员符合下列条件之一的,本人自愿提出申请,经任免机关批准,可以提前退休:

(1)工作年限满30年的;

(2)距国家规定的退休年龄不足5年,且工作年限满20年的;

---

① 参见《公务员法》第79-81条。

② 参见《公务员法》第82条。

③ 参见《公务员法》第83-84条。

(3)符合国家规定的可以提前退休的其他情形的。

公务员退休后,享受国家规定的养老金和其他待遇,国家为其生活和健康提供必要的服务和帮助,鼓励发挥个人专长,参与社会发展。①

(二)公务员辞职

公务员辞职也是导致公职关系消灭的法律事实之一。② 根据《公务员法》的规定,我国公务员享有辞职权,公务员辞去公职,应当向任免机关提出书面申请,任免机关应自接到申请之日起30日内予以审批,其中对领导成员辞去公职的申请,应自接到申请之日起90日内予以审批。

公务员辞职,离职前应当办理公务交接手续,必要时还应按照规定接受审计。

公务员辞职因涉及国家社会公益,从而不同于企事业职员或社会团体工作人员的辞职,法律、法规对之有若干限制。公务员有下列情形之一的,不得辞去公职:

(1)未满国家规定的最低服务年限的;

(2)在涉及国家秘密等特殊职位任职或者离开上述职位不满国家规定的脱密期限的;

(3)重要公务尚未处理完毕,且须本人继续处理的;

(4)正在接受审计、纪律审查,监察调查,或者涉嫌犯罪,司法程序尚未终结的;

(5)法律、行政法规规定的其他不得辞去公职的情形。

需要说明的是,担任领导职务的公务员因工作变动或因个人或者其他原因辞去领导职务但仍保留公务员身份的,不属于公职关系消灭而属于公职关系变更的情形。至于领导成员因工作严重失误、失职造成重大损失或者恶劣社会影响的,或者对重大事故负有领导责任而引咎辞职的,则可能(但不必然)同时导致公职关系消灭。《公务员法》规定,领导成员因其他原因不再适合担任现任领导职务的,或者应当引咎辞职本人不提出辞职的,应当责令其辞

---

① 参见《公务员法》第92-94条。

② 这里的"辞职"指公务员辞去公职,终止与行政机关的公职关系,而不包括担任一定领导职务的公务员辞去领导职务,但仍留在公职系统内,担任其他公职。后一种"辞职"并不终结公职关系。

去领导职务。[1]

(三)公务员辞退

公务员具有某种法定情形,所在机关可予以辞退,单方面终止公职关系。我国公务员辞退的法定情形包括:

(1)公务员在年度考核中,连续2年被确定为“不称职”的;

(2)不胜任现职工作,又不接受其他安排的;

(3)因所在机关调整、撤销、合并或缩减编制员额需要调整其工作,本人拒绝对其合理安排的;

(4)不履行公务员义务,不遵守法律和公务员纪律,经教育仍无转变,不适合继续在机关工作,又不宜给予开除处分的;

(5)旷工或因公外出、请假期满无正当理由逾期不归连续超过15日,或者1年内累计超过30日的。

机关辞退公务员,按照管理权限决定。辞退决定应当以书面形式通知被辞退的公务员,并应当告知辞退依据和理由。被辞退的公务员,可以领取辞退费或者根据国家有关规定享受失业保险。

公务员被辞退,离职前应当办理公务交接手续,必要时还应按照规定接受审计。

此外,现行《公务员法》还规定了机关不得辞退公务员的若干情形:

(1)因公致残,被确认丧失或部分丧失工作能力的;

(2)患病或者负伤,在规定的医疗期内的;

(3)女性公务员在孕期、产假、哺乳期内的;

(4)法律、行政法规规定的其他不得辞退的情形。[2]

(四)公务员死亡

公务员死亡自然导致其与行政机关的公职关系终结。公务员死亡后,其所扶养的直系亲属可依据国家的有关规定享受抚恤和有关优待。[3]

(五)开除

公务员因违反政纪受到开除处分意味着所在机关强制其退出公职系

---

① 参见《公务员法》第85-87、91条。

② 参见《公务员法》第88-91条。

③ 参见《公务员法》第83条。

统,自然终止其公职关系。至于机关开除公务员的条件,即为前述惩戒制度中的惩戒条件,公务员严重违反纪律,丧失了作为公务员的基本资格,机关即可给予其开除处分。机关给予公务员开除处分的具体程序和要求,适用第十三届全国人大常委会第十九次会议通过的《公职人员政务处分法》。

第三节　行政执法类公务员的管理

一、公务员分类管理的意义和原则

2016 年 7 月,中共中央办公厅和国务院办公厅印发了《行政执法类公务员管理规定(试行)》《专业技术类公务员管理规定(试行)》,对这两类公务员的管理确立了有别于综合类公务员管理的特殊规则。

分类管理是公务员管理的重要原则。《公务员法》第 16 条规定,国家实行公务员职位分类制度,将公务员划分为综合管理类、专业技术类和行政执法类等类别。党的十八届三中全会明确深化公务员分类改革,加快建立专业技术类、行政执法类公务员管理制度。此前,我国公务员均按照综合管理类进行管理,随着经济社会的发展,党和国家各项事业对公务员队伍建设提出了新的要求,需要深化公务员分类改革,加强和改进公务员管理工作。对专业技术类和行政执法类公务员管理作出特别规定是贯彻落实中央关于深化公务员分类改革任务的重要举措,有利于进一步健全完善中国特色公务员制度,提高公务员管理效能和科学化水平,有利于解决专业技术类公务员"引不进、留不住、干不好"、行政执法类公务员基层机关压职压级等突出问题,充分调动广大公务员干事创业的积极性,对打造高素质专业化的公务员队伍,提供更高质量的公共服务,建设职能科学、结构优化、廉洁高效、人民满意的服务型政府具有重要意义。

公务员分类管理坚持以下原则:

1. 与我国政治体制、文化传统、干部制度以及党和国家对各项事业发展的要求相适应。

2. 坚持党管干部原则,贯彻党的干部路线方针政策,立足于我国公务员队伍的特点和现状，着眼于经济社会发展的需求，吸收干部人事制度改革的成果，体现分类管理的理念。

3. 坚持依法分类原则，在公务员法确立的制度框架下将机关中履行专业技术职责和行政执法职责的公务员划分出来，实现综合管理类、专业技术类、行政执法类各类别公务员的分渠道发展。

4. 体现职位特点，分别建立专业技术类和行政执法类公务员职务序列，形成科学的职位分类体系。根据各类别公务员的管理特点，实行分类招录、分类培训、分类考核等，提高管理效能和科学化水平，促进专业化建设。

5. 注重平衡衔接，在实行分类管理的基础上，三类公务员在职业发展空间上大体平衡。三类公务员主要立足本类别发展，因工作需要也可以相互交流，有利于干部资源优化配置。

二、行政执法类公务员的范围和管理原则

行政执法类公务员，是指依照法律、法规对行政相对人直接履行行政许可、行政处罚、行政强制、行政征收、行政收费、行政检查等执法职责的公务员，其职责具有执行性、强制性。

对行政执法类公务员的管理坚持下述原则：

1. 党管干部原则；

2. 坚持德才兼备、以德为先，坚持注重实绩、群众公认的原则；

3. 坚持监督约束与激励保障并重，注重提高执法效能的原则；

4. 坚持公开、平等、竞争、择优的原则，依照法定权限、条件、标准和程序进行管理；

5. 行政执法类公务员应当模范遵守宪法和法律，按照规定的权限和程序认真履行职责，坚持依法行政，做到严格规范公正文明执法。

三、行政执法类公务员的职位设置、职务与级别

行政执法类公务员的职位、职务与级别设置遵循下述规则：

1. 行政执法类公务员职位根据工作性质、执法职能和管理需要，在以行政执法工作为主要职责的机关或者内设机构设置。行政执法类公务员职位设置范围由中央公务员主管部门确定。

2. 机关依照职能、国家行政编制和中央公务员主管部门确定的职位设置范围等，制定本机关行政执法类公务员职位设置方案，并确定职位的具体工作职责和任职资格条件。

3. 中央和国家机关直属机构行政执法类公务员职位设置方案，报中央公务员主管部门审批；省级以下机关及其直属机构行政执法类公务员职位设置方案，由省级公务员主管部门审批后报中央公务员主管部门备案。

4. 行政执法类公务员按照行政执法类公务员职务序列进行管理。行政执法类公务员职务，分为十一个层次。通用职务名称由高至低依次为：督办、一级高级主办、二级高级主办、三级高级主办、四级高级主办、一级主办、二级主办、三级主办、四级主办、一级行政执法员、二级行政执法员。具体职务名称由中央公务员主管部门以通用职务名称为基础确定。

5. 行政执法类公务员职务与级别的对应关系是：

(1)督办：十五级至十级；

(2)一级高级主办：十七级至十一级；

(3)二级高级主办：十八级至十二级；

(4)三级高级主办：十九级至十三级；

(5)四级高级主办：二十级至十四级；

(6)一级主办：二十一级至十五级；

(7)二级主办：二十二级至十六级；

(8)三级主办：二十三级至十七级；

(9)四级主办：二十四级至十八级；

(10)一级行政执法员：二十六级至十八级；

(11)二级行政执法员：二十七级至十九级。

6. 行政执法类公务员职务职数一般应当按照行政执法类公务员职位数量的一定比例核定。

四、行政执法类公务员的职务任免与升降

行政执法类公务员职务任免与升降遵循下述规则：

1. 行政执法类公务员职务任免与升降工作，由各级党委(党组)及其组织(人事)部门按照干部管理权限，依照法定的条件和程序进行。

2. 行政执法类公务员任职，应当按照行政执法类公务员职务序列，在规定的职位设置范围和职数内进行。

3. 行政执法类公务员晋升职务，应当具备拟任职务所要求的思想政治素质、工作能力、文化程度、任职年限和任职经历等方面的基本条件，并在规定任职年限内的年度考核结果均为称职以上等次。晋升行政执法类公务员职务的任职年限，由中央公务员主管部门规定。

4. 行政执法类公务员在年度考核中被确定为不称职的，按照有关规定降低一个职务层次任职。

5. 行政执法类公务员转任其他职位类别职务的，应当予以免职。

6. 试用期满考核合格的新录用行政执法类公务员，应当按照规定在一级主办以下职务层次范围内任职定级。

五、行政执法类公务员管理与监督

行政执法类公务员管理与监督遵循下述规则：

1. 一级主办以下职务层次行政执法类公务员的录用，采取公开考试、严格考察、平等竞争、择优录取的办法。考试内容根据行政执法类公务员应当具备的思想政治素质、法律知识、工作能力和不同职位要求分类分级设置。

2. 行政执法类公务员的考核，以职位职责和所承担的行政执法工作为基本依据，全面考核德、能、勤、绩、廉，重点考核履行行政执法职责、完成行政执法工作的情况，必要时可听取行政相对人的意见。

3. 行政执法类公务员录用后要接受初任培训、专门业务培训、在职培训，培训内容侧重职业道德、工作所必需的法律知识、执法技能和应对突发事件能力等。

4. 行政执法类公务员交流的方式包括调任、转任、挂职锻炼。行政执法类公务员在同一职位工作时间较长的，应当交流。

5. 国有企业事业单位、人民团体和群众团体的工作人员，可以按照公务员调任有关规定调入机关，担任四级高级主办以上职务。

6. 行政执法类公务员转任，一般在行政执法类公务员职位范围内进行。因工作需要，也可以在不同职位类别之间进行。行政执法类公务员转任其他职位类别职务的，一般应当在行政执法类公务员职位工作满 5 年，并按照干部管理权限，综合考虑其任职经历、工作经历等条件，比照确定职务层次。其他职位类别公务员转任行政执法类公务员职务的，应当具备拟转任职务所要求的条件。

7. 行政执法类公务员执行国家规定的工资和津贴补贴政策。

8. 机关对行政执法类公务员进行监督，全面落实行政执法责任制。行政执法类公务员在履行职责中有违纪违法行为以及违反机关的决定和命令的，依照有关规定给予批评教育、组织处理或者纪律处分；构成犯罪的，依法追究刑事责任。

9. 行政执法类公务员在执行公务中有应当回避情形的，本人应当申请回避，行政相对人可以提出回避申请，主管领导可以提出回避要求，由所在机关作出回避决定。

10. 行政执法类公务员有下列情形的，由县级以上领导机关或者公务员主管部门按照管理权限，区别不同情况，分别予以责令纠正或者宣布其行为或取得的资格、待遇无效；对负有责任的领导人员和直接责任人员，根据情节轻重，给予批评教育、组织处理或者纪律处分；构成犯罪的，依法追究刑事责任：

（1）擅自扩大行政执法类公务员职位设置范围的；

（2）超职数设置行政执法类公务员职务的；

（3）随意放宽任职资格条件的；

（4）违反规定的条件和程序进行录用、调任、转任的；

（5）违反国家规定，更改行政执法类公务员工资、福利、保险待遇标准的；

（6）其他违反规定的行为。

11. 对担任领导职务的行政执法类公务员的选拔任用、管理监督等，法律、法规另有规定的，按照有关规定执行。

12. 行政执法类公务员管理不具有特殊性的事项，适用《公务员法》及其配套法规的普遍性规定。

第四节　专业技术类公务员的管理

一、专业技术类公务员的范围和管理原则

专业技术类公务员，是指专门从事专业技术工作，为机关履行职责提供技术支持和保障的公务员，其职责具有强技术性、低替代性。

对专业技术类公务员的管理坚持下述原则：

1. 党管干部原则；

2. 坚持德才兼备、以德为先，坚持注重实绩、业内认可的原则；

3. 坚持分渠道发展、专业化建设的原则；

4. 坚持监督约束与激励保障并重的原则；

5. 坚持公开、平等、竞争、择优的原则，依照法定权限、条件、标准和程序进行管理。

二、专业类公务员的职位设置、职务与级别

专业技术类公务员的职位、职务与级别设置遵循下述规则：

1. 专业技术类公务员职位根据工作性质、专业特点和管理需要，在以专业技术工作为主要职责的机关内设机构或者岗位设置。专业技术类公务员职位设置范围由中央公务员主管部门确定。

2. 机关依照职能、国家行政编制和中央公务员主管部门确定的职位设置范围等，制定本机关专业技术类公务员职位设置方案，并确定职位的具体工作职责和任职资格条件。

3. 中央和国家机关及其直属机构专业技术类公务员职位设置方案，报中央公务员主管部门审批；省级以下机关及其直属机构专业技术类公务员职位设置方案，由省级公务员主管部门审批后报中央公务员主管部门备案。

4. 专业技术类公务员按照专业技术类公务员职务序列进行管理。专业技术类公务员职务，分为十一个层次。通用职务名称由高至低依次为：一级总监、二级总监、一级高级主管、二级高级主管、三级高级主管、四级高级主管、一

级主管、二级主管、三级主管、四级主管、专业技术员。具体职务名称由中央公务员主管部门以通用职务名称为基础确定。

5. 专业技术类公务员职务与级别的对应关系是：

(1)一级总监：十三级至八级；

(2)二级总监：十五级至十级；

(3)一级高级主管：十七级至十一级；

(4)二级高级主管：十八级至十二级；

(5)三级高级主管：十九级至十三级；

(6)四级高级主管：二十级至十四级；

(7)一级主管：二十一级至十五级；

(8)二级主管：二十二级至十六级；

(9)三级主管：二十三级至十七级；

(10)四级主管：二十四级至十八级；

(11)专业技术员：二十六级至十八级。

6. 专业技术类公务员职务职数一般应当按照专业技术类公务员职位数量的一定比例核定。

三、专业技术类公务员的职务任免与升降

专业技术类公务员职务任免与升降遵循下述规则：

1. 专业技术类公务员职务任免与升降工作，由各级党委(党组)及其组织(人事)部门按照干部管理权限，依照法定的条件和程序进行。

2. 专业技术类公务员任职，应当具备相应的专业技术任职资格，符合拟任职务所要求的其他条件，按照专业技术类公务员职务序列，在规定的职位设置范围和职数内进行。

3. 专业技术任职资格由高至低依次为高级、中级、初级。高级包括正高级和副高级。任一级、二级总监和一级高级主管，应当具备正高级专业技术任职资格；任二级、三级、四级高级主管，应当具备副高级以上专业技术任职资格；任一级、二级主管，应当具备中级以上专业技术任职资格；任三级、四级主管和专业技术员，应当具备初级以上专业技术任职资格。

4. 专业技术类公务员晋升职务，应当具备拟任职务所要求的思想政治素

质、工作能力、文化程度、专业技术任职资格、任职年限和任职经历等方面的基本条件,并在规定任职年限内的年度考核结果均为称职以上等次。晋升专业技术类公务员职务的任职年限,由中央公务员主管部门规定。

5. 专业技术类公务员在年度考核中被确定为不称职的,按照有关规定降低一个职务层次任职。

6. 专业技术类公务员转任其他职位类别职务或者专业技术任职资格被取消的,应当予以免职。

7. 试用期满考核合格并取得相应专业技术任职资格的新录用专业技术类公务员,应当按照规定在一级主管以下职务层次范围内任职定级。

四、专业技术类公务员的管理与监督

专业技术类公务员的管理与监督遵循下述规则:

1. 一级主管以下职务层次专业技术类公务员的录用,应当采取公开考试、严格考察、平等竞争、择优录取的办法。考试内容根据专业技术类公务员应当具备的思想政治素质、专业能力和不同职位要求设置,重点考察报考者的专业技术基础知识和运用专业技术处理实际问题的能力。因专业特殊难以形成竞争的专业技术类公务员职位,可以采用其他测评办法录用公务员。

2. 根据工作需要,机关可以按照公务员聘任有关规定,对部分专业技术类公务员职位实行聘任制。

3. 专业技术类公务员的考核,以职位职责和所承担的专业技术工作为基本依据,全面考核德、能、勤、绩、廉,重点考核工作实绩。考核结果作为专业技术任职资格评定的重要依据。

4. 专业技术类公务员录用后应接受初任培训、专门业务培训、在职培训,培训内容侧重工作所必需的专业技术知识和技能等。专业技术类公务员应当按照继续教育的要求和知识更新的需要,接受专业技术培训。

5. 国有企业事业单位、人民团体和群众团体中从事专业技术工作、担任副高级专业技术职务两年以上或者已担任正高级专业技术职务的人员,可以按照公务员调任有关规定调入机关,并根据认定的专业技术任职资格担任四级高级主管以上职务。

6. 专业技术类公务员转任,一般在专业技术类公务员职位范围内进行。

因工作需要,也可以在不同职位类别之间进行。专业技术类公务员在专业技术类公务员职位范围内转任的,一般转任相同专业的职位。因工作需要,也可以转任到相关、相近专业的职位。

7. 对因工作需要转任其他职位类别公务员的,一般应当在专业技术类公务员职位工作满 5 年,并按照干部管理权限,综合考虑其任职经历、工作经历等条件,比照确定职务层次。其他职位类别公务员转任专业技术类公务员职务的,应当具备拟转任职务所要求的专业技术任职资格等条件。

8. 专业技术类公务员实行国家统一的职务与级别相结合的工资制度,按照国家有关规定执行体现工作职责特点的津贴补贴政策。

9. 国家鼓励专业技术类公务员在工作中进行发明创造,对取得显著经济效益或者社会效益的给予奖励。作出杰出贡献的,可以纳入国务院和地方政府特殊津贴的评定范围。符合条件的专业技术类公务员,经批准可以参加中央和地方各级重大人才工程和科研项目评选。

10. 专业技术类公务员在履行职责中有弄虚作假、玩忽职守、徇私舞弊等违纪违法行为的,依照有关规定给予批评教育、组织处理或者纪律处分;构成犯罪的,依法追究刑事责任。

11. 专业技术类公务员有下列情形的,由县级以上领导机关或者公务员主管部门按照管理权限,区别不同情况,分别予以责令纠正或者宣布其行为或取得的资格、待遇无效;对负有责任的领导人员和直接责任人员,根据情节轻重,给予批评教育、组织处理或者纪律处分;构成犯罪的,依法追究刑事责任:

(1)擅自扩大专业技术类公务员职位设置范围的;

(2)超职数设置专业技术类公务员职务的;

(3)随意放宽任职资格条件或者改变专业技术任职资格评定标准的;

(4)违反规定的条件和程序进行录用、调任、转任和聘任的;

(5)违反国家规定,更改专业技术类公务员工资、福利、保险待遇标准的;

(6)其他违反规定的行为。

12. 对担任领导职务的专业技术类公务员的选拔任用、管理监督等,法律、法规另有规定的,按照有关规定执行。

13. 专业技术类公务员管理不具有特殊性的事项,适用《公务员法》及其配套法规的普遍性规定。

第十一章

行政相对人

当国家成为行政主体时，公共团体和一般私人成为相对人；当公共团体或者私人（被授权）成为行政主体时，一般私人成为相对人。

所谓公法上的个人公权利指的是公法赋予个人的，为了自身的利益，能够向国家等要求实施一定的行为（作为、不作为、给付、容忍）的法的力量。这种个人的公权利在现代实质法治主义中具有十分重要的意义。因为基于这种公权利，个人不仅仅是单纯的行政客体，而是提升到了能够对行政权要求作为、不作为等的权利主体地位。①

——［韩］金东熙

本章节目

第一节　行政相对人概述

第二节　行政相对人的法律地位与权利、义务

第一节　行政相对人概述

一、行政相对人的概念

行政相对人，是指行政管理法律关系中与行政主体相对应的另一方当事

① ［韩］金东熙：《行政法》，赵峰译，中国人民大学出版社 2008 年版，第 60、65 页。

人,即行政主体行政行为影响其权益的个人、组织。①

首先,行政相对人是处在行政管理法律关系中的个人、组织。任何个人、组织如果不处在行政管理法律关系中而处在其他法律关系中,就不具有行政相对人的地位,不能赋予其"行政相对人"的称谓。行政管理法律关系包括整体行政管理法律关系和单个具体的行政管理法律关系。在整体行政管理法律关系中,所有处于国家行政管理之下的个人、组织均为行政相对人。② 而在单个的具体行政管理法律关系中,只有其权益受到行政主体相应行政行为影响的个人、组织,才在该行政管理法律关系中具有行政相对人的地位。

其次,行政相对人是行政管理法律关系中与行政主体相对应的另一方当事人的个人、组织。行政管理法律关系不同于民事法律关系,双方当事人的法律地位是不平等的,一方享有国家行政权,能依法对对方当事人实施管理,作出影响对方当事人权益的行政行为;而另一方当事人则有服从管理、依法履行相应行政行为确定的义务。有权实施行政管理行为的一方当事人在行政法学中谓之"行政主体",而接受行政主体行政管理的一方当事人在行政法学中则谓之"行政相对人"。作为行政主体的一方当事人是行政机关、法律法规授权的组织或其他社会公权力组织,作为行政相对人的一方当事人是个人、组织。行政机关、法律法规授权的组织和其他社会公权力组织在整体行政管理法律关系中虽然恒定地作为行政主体,但在具体的法律关系中,有时也会处于被其他行政主体管理的地位,成为行政相对人。③

最后,行政相对人是在行政管理法律关系中,其权益受到行政主体行政行为影响的个人、组织。行政主体行政行为对相对人权益的影响有时是直接的,如行政处罚、行政强制措施、行政许可、行政征收等;有时可能是间接的,如

---

①　"行政相对人"与"行政主体"一样,是行政法学上的概念,而非制定法上的概念。在制定法上,"行政相对人"一般称为"公民、法人和其他组织","行政主体"一般称为"行政机关""法律、法规授权的组织""其他社会公权力组织"等。但是,2014 年第十二届全国人民代表大会第十一次会议通过修正的《行政诉讼法》使用了"行政行为的相对人"的概念(参见《行政诉讼法》第 25 条),使"行政相对人"开始变成制定法上的概念。

②　这只是一种抽象的或潜在的"行政相对人"。

③　法律、法规授权的组织和其他社会公权力组织作为行政相对人的情形是比较常见的,因为这些组织只有在行使行政职权时才具有行政主体的地位,它们在大多数时候并非行使行政职权,而是执行一般社会组织的职能。在这种情况下,它们要接受行政机关的行政管理,从而具有行政相对人的地位。

行政主体批准公民甲在依法由公民乙承包或租赁经营的土地上盖房，该批准行为对公民甲权益的影响是直接的，而对公民乙权益的影响是间接的。作为个人、组织，无论其权益受到行政主体行政行为的直接影响还是间接影响，都是行政相对人。那种把行政相对人仅仅界定为行政主体行政行为的直接对象的观点是不适当的，不利于行政法对公民个人、组织合法权益的保护目的的最佳实现。①

二、行政相对人的分类

依据不同的标准，可以对行政相对人进行不同的分类。

（一）个人相对人与组织相对人

行政相对人以其是否有一定的组织体为标准，可以分为个人相对人和组织相对人。个人相对人不一定是单个的个人，在一定的具体行政法律关系中，行政主体的行为可能涉及多个个人。只要这些个人不构成一定的组织体，相互之间无组织上的联系，即使这些个人数量再多，他们仍为个人相对人，而非组织相对人。

作为行政相对人的个人主要指公民。在绝大多数行政管理领域，与行政主体发生法律关系的对方当事人都可能是公民，如行政许可、行政征收、行政给付、行政强制、行政处罚、行政裁决，公民都可以成为这些行政行为的直接或间接对象，从而成为行政管理法律关系的行政相对人。

国家公务员在执行国家公务时是行政主体的代表，不具有行政相对人的地位。但他在非执行公务时则具有公民的身份，同样要接受各种有关的行政管理，成为行政管理法律关系的行政相对人。

非中国公民的外国人和无国籍人处在中国境内时，必须服从中国的法律，接受中国的行政管理，从而要与作为行政主体的行政机关和法律、法规授

---

① 在以往的行政诉讼实践中，一些法院往往将合法权益受到行政行为间接侵害的公民、法人和其他组织拒之于法院门外，其理由就是他们不是行政相对人。鉴于此，2014 年第十二届全国人民代表大会第十一次会议通过修正的《行政诉讼法》将行政诉讼原告确定为“行政行为的相对人以及其他与行政行为有利害关系的公民、法人或者其他组织”。但是，这样规定似乎解决了原告的范围问题，却把“行政相对人”的概念限缩了，将间接相对人排除在行政相对人的概念之外。

权的组织发生各种行政法律关系，成为行政管理法律关系中的行政相对人。[①]

作为行政相对人的组织，主要是指各种具有法人地位的企业组织、事业组织和社会团体，包括在我国取得法人资格的外国企、事业组织。行政主体对社会、经济、文化等各项事业进行管理，其主要对象是各种法人组织。行政主体为实现行政管理目标，经常要对各种法人组织实施各种行政行为，如批准、许可、授予、免除、征收、给付、确认、裁决、处罚等。在这些行政行为所引起的行政管理法律关系中，法人组织都处于行政相对人的地位。

除了法人外，非法人组织也可成为行政管理法律关系中的行政相对人。所谓"非法人组织"，是指经有关主管部门认可，准许其成立和进行某种业务活动，但不具备法人条件，没有取得法人资格的社会团体或经济组织。这些组织主要包括：经国家有关部门认可的从事一定生产或经营活动的经济实体（合伙组织、联营组织等）；经一定主管机关认可的，处于筹备阶段的企业、事业组织或群众团体；经国家有关部门批准，在我国设立经营一定业务或从事一定社会活动但未取得我国法人资格的外国组织（外国公司设立于我国的产品修理服务机构、商务代办处等）。这些组织虽然不具有法人资格，但同样必须接受国家行政管理，行政主体同样可以对它们实施各种行政管理行为，包括对它们发布行政命令、采取行政措施、科处行政处罚等。因此，非法人组织与法人组织一样，在行政管理法律关系中也处于行政相对人的地位。

国家机关（包括国家行政机关）在行使相应国家职权时，是国家职权行为的主体，不能成为行政相对人。但国家机关实施非职权行为或处在非行使职权的场合、领域，如处在治安、交通、卫生、环境、规划、文化、体育等领域，则同样要接受相应行政主体的管理，相应行政主体同样可以依法对之实施有关的行政行为。[②] 在这种场合，国家机关处于与一般法人或非法人组织基本相同的地位，是作为行政相对人而不是作为相应国家职权行为主体与行政主体打交道。

组织作为行政相对人与行政主体打交道时，应由其法定代表人代表。组

---

① 享有外交豁免权的外国人在一般情况下不具有行政相对人的地位。

② 如公安机关盖办公楼，要经过规划、土地、环境等部门的相应审批、许可，而规划、土地、环境等部门在社会治安方面，必须接受公安机关的管理。任何一个行政机关都不能只管理别人而不受别人管理。从而任何一个行政机关都不能只作绝对的行政主体，而无成为行政相对人的机会。

织的其他成员未取得组织法定代表人的授权,不能以组织的名义与行政主体发生行政法律关系。

(二)直接相对人与间接相对人

行政相对人以与行政主体行政行为的关系为标准,可以分为直接相对人和间接相对人。直接相对人是行政主体行政行为的直接对象,其权益受到行政行为的直接影响,如行政许可、行政给付的申请人,行政征收、征用的被征收、被征用人,行政处罚的被处罚人,等等;间接相对人是行政主体行政行为的间接对象,其权益受到行政行为的间接影响,如治安处罚关系中受到被处罚人行为侵害的人,行政许可关系中其权益可能受到许可行为不利影响的与申请人有利害关系的人(公平竞争人或相邻人),行政给付关系中依靠给付对象抚养或扶养的直系亲属,等等。直接相对人和间接相对人都是行政相对人,其权益受到行政行为侵害后可以依法申请行政救济,但法律规定的救济途径、方式可能会有所区别。例如,同一个行政行为(对销售假药劣药的行为实施行政处罚行为),直接相对人(被处罚人)不服,可以直接依行政诉讼法提起行政诉讼;而间接相对人(购买假药劣药的人)对行政处罚不服(认为处罚太轻),则通常需要有特别法(规定特定诉讼条件、程序的法律、法规)的规定才能提起行政诉讼。

(三)作为行为的相对人与不作为行为的相对人

行政相对人以影响其权益的行政行为的方式为标准,可分为作为行为的相对人与不作为行为的相对人。行政相对人权益受到行政行为作为方式影响的称为"作为行为的相对人",如行政征收、行政强制、行政裁决、行政许可、行政处罚的相对人均为作为行为的相对人。行政相对人的权益受到行政行为不作为方式影响的称为"不作为行为的相对人",如行政机关不履行法定职责导致其人身权或财产权被侵害的相对人、行政机关不依法发给其抚恤金或者对其申请许可证照的请求不予答复的相对人,等等。作为行为的相对人的对方行政主体容易识别和确认,其权益受到侵犯较易于获得行政救济;不作为行为的相对人的对方行政主体有时较难识别和确认,某种法定职责究竟应归属于哪一行政主体,相对人可能一时难以了解,甚至有时法律对之规定的就不太明确,从而导致不作为行为的相对人权益受到侵犯时寻求法律救济出现困难。当然,不作为行为的相对人对应负责任的行政主体不明确时,可以请求同级政府确认,同级政府不予确认时,该政府即构成不作为行为的主体。与直接相对人和间接相对人一样,法律对其权益受到行政行为侵害的作为行为的相对人与不作为行为的相对人规定的救济途径、方式可能会有所区别。作为行为的相对人对行政行为不服,可以直接依行政诉讼法提起行政诉讼;而不作为行为的相对人对行政不作为行为不服(如购买了假冒伪劣商品的人认为自己受害与工商、质监行政机关疏于监督的不作为有关),则通常需要有特别法(规定对相应不作为可以起诉的条件、程序的法律、法规)的规定,且经过向相应行政机关申请作为的前置程序,才能提起行政诉讼。

(四)抽象相对人与具体相对人

行政相对人以行政主体行政行为影响其权益是否产生实际效果为标准,可以分为抽象相对人与具体相对人。行政行为对其权益尚未产生实际影响而仅仅具有潜在影响的相对人是抽象相对人,行政行为对其权益已产生实际影响的相对人是具体相对人。一般来说,抽象行政行为的相对人是抽象相对人,具体行政行为的相对人是具体相对人。但某些抽象行政行为不经过具体行政行为也会对相对人权益产生实际影响,如行政机关规定某种产品质量标准或包装标准的行为是抽象行政行为,这种行为将直接影响相对人的市场销售,从而对其权益产生实际影响。因此,某些抽象行政行为也可能产生和形成具体相对人。

(五)授益相对人与侵益相对人

行政相对人以行政主体行政行为对其权益影响的性质为标准,可以分为授益相对人与侵益相对人。行政行为对其权益产生有利影响,即通过行政行为获取某种权益的相对人为授益相对人;行政行为对其权益产生不利影响,即因为行政行为而失去某种利益或使其利益受到损害的相对人,为侵益相对人。一般来说,行政许可、行政给付行为的相对人为授益相对人;行政处罚、行政强制的相对人为侵益相对人。但是行政许可、行政给付对于某些间接相对人来说,有时并非授益而是侵益;行政处罚、行政强制对于某些间接相对人来说,对其权益并非产生不利影响,而是产生有利影响。因此,区分授益相对人与侵益相对人不能只看行政主体行政行为的种类,而主要应看行政行为对相对人权益影响的性质,即取决于行政行为对具体当事人的实际影响——有利还是不利。

第二节 行政相对人的法律地位与权利、义务

一、行政相对人的法律地位

行政相对人的法律地位主要表现在下述三个方面：首先，行政相对人是行政主体行政管理的对象。行政相对人必须服从行政主体的管理，履行行政主体行政行为为之确定的义务，遵守行政管理秩序。否则，行政主体可以依法对之实施行政强制或行政制裁。其次，行政相对人也是行政管理的参与人。在现代社会，行政相对人不只是被动的管理对象，同时也要通过各种途径、各种形式，积极地参与行政管理，如通过批评、建议、信访、听证会、意见征求会等形式参与行政立法和其他各种行政规范性文件的制定；通过获取告知、陈述意见、提出申辩、提供证据、参加听证、辩论等行政程序参与具体行政行为的实施。行政相对人对行政管理的参与是现代民主的重要体现。最后，行政相对人在行政救济法律关系和行政法制监督关系中可以转化为救济对象和监督主体。行政相对人在其合法权益受到行政主体侵犯后，可以依法申请法律救济，成为行政救济法律关系的一方主体。同时，作为行政相对人的个人、组织，绝大多数在国家政治关系中具有国家主人的地位，在宪法关系中是国家权力的归属者，从而对行政主体行使国家行政权的行为可以实施监督，成为行政法制监督的主体。①

二、行政相对人的权利

行政相对人的法律地位具体体现为相对人的权利、义务。根据我国有关法律、法规的规定和行政法理，行政相对人在行政法律关系中主要享有下述权利：

（一）申请权

行政相对人有权依法向行政主体提出实现其法定权利的各种申请，如申

① 关于行政相对人的这三种地位，本书将在后面有关行政行为、行政程序、行政救济和行政法制监督的相应编章中详加论述。

请办理许可证照，申请取得抚恤金、补助金、救济金，在合法权益受到侵犯时，申请获得法律保护，等等。①

（二）参与权

行政相对人有权依法参与行政管理。如通过信函、电子邮件、网上讨论以及座谈会、听证会、论证会等形式和途径参与行政法规、规章及行政政策的制定；参与国民经济和社会发展计划的讨论和提供建议、意见；参与与自身有利害关系的具体行政行为的决定的形成和作出等。②

（三）知情权

行政相对人有权依法了解和获取行政主体的各种行政信息，包括各种规范性法律文件、会议决议、决定、制度、标准、程序规则以及与行政相对人本人有关的各种档案材料。除法律、法规规定应予保密的外，相对人均有权查阅、复制和要求行政主体主动提供。③

（四）正当程序权

行政相对人在行政主体作出与其自身权益有关，特别是不利的行政行为时，有权要求行政主体告知行为的根据，说明理由；有权陈述自己的意见、看法，提供有关证据材料，进行说明和申辩，必要时可要求为之举行听证。④

（五）批评、建议权

行政相对人对行政主体及其工作人员实施的违法、不当的行政行为有权提出批评，并有权就如何改善行政主体的工作和提高行政管理质量提出建议、意见。⑤

（六）申诉、控告、检举权

行政相对人对行政主体及其工作人员作出的对自己不公正的行政行为有

---

① 参见《宪法》第 41 条和《行政许可法》等有关法律。

② 参见《宪法》第 2 条和《立法法》、《行政法规制定程序条例》、《规章制定程序条例》等法律、法规。

③ 为保障公民的知情权，国家立法机关将制定信息公开法和行政程序法，国务院已于 2007 年出台《政府信息公开条例》（自 2008 年 5 月 1 日起施行）。广州、上海等地更早出台了地方性的《政府信息公开办法》。

④ 参见《行政处罚法》第 7、44、45、63 条和《行政许可法》第 7、36、46-48 条。

⑤ 参见《宪法》第 41 条。

权申诉,对行政主体及其工作人员的违法、失职的行为有权控告或检举。[1]

(七)申请复议权

行政相对人对行政主体作出的行政行为及其所依据的有关规定不服,认为侵犯其合法权益时,有权依法申请复议。[2]

(八)提起行政诉讼权

行政相对人对行政主体作出的行政行为不服,认为侵犯其合法权益时,有权依法提起行政诉讼。[3]

(九)请求国家赔偿、补偿权

行政相对人在其合法权益被国家机关及其工作人员行使职权行为侵犯并造成损失时,有权依法请求国家赔偿。行政相对人财产因公共利益需要而被国家征收、征用,或其合法权益因国家机关及其工作人员合法行使职权行为而受到损害、损失时,有权依法请求补偿。[4]

(十)抵制违法行政行为权

行政相对人对于行政主体实施的明显或重大违法的行政行为有权依法予以抵制,如抵制违法或没有明确法律依据的集资、摊派、罚款和收费等。[5]

三、行政相对人的义务

根据我国有关法律、法规的规定和行政法理,行政相对人在行政关系中主要应履行下述义务:

(一)服从行政管理的义务

在行政管理法律关系中,行政相对人的首要义务是服从行政管理,如遵守行政机关发布的行政法规、规章和其他规范性文件;执行行政命令、行政决定;履行行政法上的各项义务。[6]

---

① 参见《宪法》第41条。

② 参见《行政复议法》第2、7条。

③ 参见《行政诉讼法》第2条。

④ 参见《宪法》第10、13、41条,《行政许可法》第8条。

⑤ 如《行政处罚法》第70条规定,行政机关及其执法人员当场收缴罚款的,必须向当事人出具国务院财政部门或者省、自治区、直辖市人民政府财政部门统一制发的专用票据;不出具财政部门统一制发的专用票据的,当事人有权拒绝缴纳罚款。

⑥ 参见《宪法》第53条、《行政许可法》第66-67条、《行政处罚法》第66条。

（二）协助公务的义务

行政相对人对行政主体及其工作人员执行公务的行为，有主动或应请求予以协助的义务，如配合公安机关维持社会秩序，协助人民警察追捕违法犯罪分子或抢救交通事故致伤人员，必要时为公务人员提供交通工具或执行公务所需的其他设施，如防洪、灭火器材等。①

（三）维护公益的义务

行政相对人有义务维护国家和社会公共利益。在国家和社会公共利益正受到或可能受到损害或威胁时，行政相对人应采取措施，尽可能防止或减少损害的发生。行政相对人因维护公益致使本人财产或人身受到损失或伤害的，事后可请求国家予以补偿。②

（四）接受行政监督的义务

行政相对人在行政管理法律关系中，要接受行政主体依法实施的监督，包括检查、审查、检验、鉴定、登记、统计、审计，依法向行政主体提供情况、说明和报表、账册等有关材料。③

（五）提供真实信息的义务

行政相对人在向行政主体申请提供行政服务（如申请许可证照）或接受行政主体监督时，向行政主体提供的各种信息资料应真实、准确，如其故意提供虚假信息，要为之承担相应的法律责任。④

---

① 如《人民警察法》第 34 条规定，人民警察依法执行职务，公民和组织应当给予支持和协助……公民和组织因协助人民警察执行职务，造成人身伤亡或者财产损失的，应当按照国家有关规定给予抚恤或者补偿。《消防法》第 5 条规定，任何单位和个人都有维护消防安全、保护消防设施、预防火灾、报告火警的义务，任何单位和成年人都有参加有组织的灭火工作的义务。

② 如《防洪法》第 6 条规定，任何单位和个人都有保护防洪工程设施和依法参加防汛抗洪的义务。《传染病防治法》第 31 条规定，任何单位和个人发现传染病病人或者疑似传染病病人时，应当及时向附近的疾病预防控制机构或者医疗机构报告。

③ 参见《行政许可法》第 61-62 条。

④ 如《行政许可法》第 31 条第 1 款规定，行政许可申请人申请行政许可，应当如实向行政机关提交有关材料和反映真实情况，并对其申请材料实质内容的真实性负责。第 78 条规定，行政许可申请人隐瞒有关情况或者提供虚假材料申请行政许可的，行政机关不予受理或者不予行政许可，并给予警告；行政许可申请属于直接关系公共安全、人身健康、生命财产安全事项的，申请人在 1 年内不得再次申请该行政许可。第 79 条规定，被许可人以欺骗、贿赂等不正当手段取得行政许可的，行政机关应当依法给予行政处罚；取得的行政许可属于直接关系公共安全、人身健康、生命财产安全事项的，申请人在 3 年内不得再次申请该行政许可；构成犯罪的，依法追究刑事责任。

（六）遵守法定程序的义务

行政相对人无论是请求行政主体实施某种行政行为（如申请办理营业执照、申请行政复议等），还是应行政主体要求作出某种行为（如纳税、征用财产等），均应遵守法律、法规规定的程序、手续、时限。否则可能导致自己提出的相应请求不能实现，甚至要为之承担相应的法律责任。如不按时纳税，可能要受到被科处滞纳金或其他形式的行政处罚。[①]

① 参见《税收征收管理法》第15-27、60-62条。

第三编

行政行为

第十二章 行政行为概述

与以往的发展阶段不同，法治国不只是通过法律对大量丰富的行政活动加以限制，而是还要使行政活动在其内部也逐渐形成一些确定的内容，以保证个人权利及个人对行政活动的可预测性。产生这个作用的法律制度就是行政行为……行政行为在具体情况中决定公民的权利和义务。……同法院判决一样，行政行为也受法律约束。①

——[德]奥托·迈耶

"行政行为"并非法律上的用语。行政行为是着眼于行政活动中具有区别于其他活动的特征，且服从特殊规范调整的行为之存在，而架构的学术上的概念。在法律上，根据不同情况，通常使用"许可""禁止""命令"等表示具体措施的用语。②

——[日]南博方

本章节目

第一节 行政行为的概念与分类

第二节 行政行为的合法要件

第三节 行政行为的效力

---

① [德]奥托·迈耶：《德国行政法》，刘飞译，商务印书馆2002年版，第97-102页。

② [日]南博方：《行政法》(第6版)，杨建顺译，中国人民大学出版社2009年版，第34页。

第一节　行政行为的概念与分类

一、行政行为的概念

（一）行政行为的含义

行政行为，是指行政主体及其工作人员或者行政主体委托的组织或个人实施的产生行政法律效果的行为。①

首先，行政行为的主体是行政主体。根据《行政诉讼法》第2条的规定，行政行为包括行政机关和行政机关工作人员作出的行政行为以及法律、法规、规章授权的组织作出的行政行为。这里的行政机关和法律、法规、规章授权的组织均是行政主体，行政行为均以其名义作出，并由其对该行为负责。这里的行政机关工作人员并非行政行为的主体而只是行政行为的实施者，行政机关工作人员是以行政机关的名义作出行政行为，并由行政机关对其行为负责。行政行为的实施者除了行政机关工作人员以外，还包括法律、法规、规章授权组织的工作人员以及行政机关委托的组织及其工作人员。

其次，行政行为是行政主体作出的产生法律效果的行为。即行政主体的行政行为能对作为行政相对人的个人、组织的权利、义务产生相应影响，这种影响可能对行政相对人是有利的，如颁发证照、发给抚恤金等；也可能对行政相对人是不利的，如行政处罚、行政强制等。行政主体对相对人实施的某些行为并不直接产生法律效果，也不具有强制执行力，如行政事实行为。行政事实行为在行政管理中具有重要意义，行政法学也需要加以研究，但它们不属于本书"行政行为"的范畴。本书中如涉及行政事实行为，将加以特别说明。

① 在行政法学教科书和其他著作中，学者们对"行政行为"有多种不同的界定，其定义有最广义、广义、较广义、较狭义、狭义、最狭义之分。最广义的"行政行为"指行政主体实施的所有行为，包括法律行为和事实行为；广义的"行政行为"指行政主体实施的所有法律行为，包括行政主体实施的行政法律行为和民事法律行为；较广义的"行政行为"仅指行政主体实施的所有行政法律行为；较狭义的"行政行为"则指行政主体实施的外部行政法律行为；狭义的"行政行为"只包括行政主体实施的外部单方行政法律行为；最狭义的"行政行为"只包括行政主体实施的具体行政行为。本书使用狭义的"行政行为"，即包括抽象行政行为和具体行政行为。

再次,行政行为是行政主体实施的产生行政法律效果的行为。即行政主体的行为所引起的关系是行政法律关系而非民事法律关系或其他法律关系。行政主体实施的大多数行为是行政性的,是依行政职权实施的,故其产生的关系属于行政法律关系。但是行政主体实施的某些行为并不具有行政性质,也非依行政职权而为,如行政机关购买办公用品的行为、雇用外部人员修理办公设备的行为等。这些行为虽然也会产生法律效果,引起相应的权利、义务关系,但是此种法律效果和权利、义务关系均是民事性质的,属于民法调整的范畴,不是行政行为。

最后,行政行为一般是行政主体对外实施的产生行政法律效果的行为。即行政主体对外部行政相对人实施的,影响其权利、义务的行为;不包括行政主体的内部行为,如上级行政机关对下级行政机关的命令、指示行为,行政机关对其工作人员的任免、工作分配、调动等行为。行政行为是行政主体实施的产生行政法律效果的行为,但并不意味着行政行为都是合法的行为。行政主体对行政相对人实施的违法侵权行为同样产生行政法律效果——侵犯相对人的合法权益,相对人从而可对之依法申请行政复议和提起行政诉讼。因此,行政违法侵权行为同样是行政行为。

(二)行政行为的特征

行政行为相对于民事行为和其他国家机关的行为,主要具有下述特征:

1. 公务性。行政行为是不同于企业和其他经济组织的行为。后者的行为以营利为目的。行政行为是公务行为,是为社会提供"公共物品",为全体国民提供公共服务的行为,具有公共利益的性质。这种行为对相对人通常是无偿的。因为行政机关的运作费用和行政工作人员的工资、福利都是国家财政开支的,而国家财政是由全体纳税人纳税维持的。当然,行政机关实施的某些行政行为要收取一定费用,如行政机关颁发有关自然资源开发、利用等许可证即要收取一定费用。这一方面是出于管理保护资源的目的,另一方面是出于保障国家资源共享的目的,而非营利的目的。从整体上说,行政行为的公务性决定了其公益性和无偿性。

2. 从属法律性。行政行为是执行法律的行为,从而必须依据法律,从属于法律。任何行政行为的作出都必须有法律根据,依法行政是民主和法治的基本要求。行政机关及其工作人员是人民的公仆,必须根据体现人民意志和利益的法律行事。行政行为不同于立法行为,立法行为是创制法律规范,行政行为是执行法律规范。行政机关虽然也可以创制行政规范(行政立法),但行政规范(无论是行政规章,还是行政法规)只是从属性规范,是为执行法律规范而制定的规范。行政立法不是严格意义上的立法行为,它只是一种准立法行为,一种从属性的立法行为。行政行为也不同于公民个人、组织的行为,公民个人、组织的行为不是每一项都要有法律根据,法治对公民个人、组织的要求是不违法,不做法律禁止其做的事情,"法无禁止则可为"。而行政机关则不同,法治对行政机关的要求是依法行政:"法无授权不可为""法定职责必须为""法定职权职责依法为"。

3. 裁量性。行政行为虽然必须依法而行,必须有法律根据,但法律并未也不可能将行政行为的具体内容都予以严密地规范。行政机关不能只是机械地按照法律预先设计的具体路线、途径、方式行事,不能有任何自己的主动性参与其间,而是应有一定自行选择、裁量的余地。行政行为的裁量性是相对于司法行为而言的。司法行为虽然也有一定的自由裁量因素,但其裁量的范围、幅度不及行政行为。因为司法行为主要是针对过去,裁决的是当事人之间已经发生的争议案件,法律应该并且可以对其裁判标准、方式等规定得明确、具体、详尽,不给法官留下过于宽泛的裁量余地。行政行为则不同,其行为不仅针对过去,很多时候还针对未来,特别是行政机关发布行政规范性文件的行为,更多的是就未来的事项作出规定,因而不能不具有更多的自由裁量因素。

行政行为的自由裁量性与从属法律性不是截然对立的,而是矛盾的对立统一。自由裁量不是无限制地自由裁量,而是在法律、法规范围内的裁量;从属于法律也不是机械地执行法律和适用法律,而是充分运用其主观能动性,紧紧把握相应法律、法规的立法目的,积极地、灵活地执行法律、适用法律,使立法目的得到最佳实现。

4. 权力性。[①] 行政行为是行政主体代表国家,以国家名义实施的执法行

---

① 传统行政法学阐述行政行为的特征时,都认为"强制性"是行政行为区别于民事行为的重要特征。但在现代社会,行政行为中规制性行为比重降低,公共服务性行为比重增加。另外,即使是规制性行为,大多也不通过强制手段,而是通过说服、协商手段实施,从而"强制性"可以不再认为是行政行为的一般特征。故本书以"权力性"(有的国外学者称"高权性")取代"强制性"作为行政行为的特征。

为。根据行政法的原则,行政主体为行使其管理职能,享有相应的管理权力和管理手段。行政主体行使职能的行为如遇到障碍,在没有其他途径克服障碍时,可以运用其行政权力和手段,包括运用行政强制手段,以消除障碍,保障其行政执法目标的实现。在现代社会,行政主体执法行为的实施大多不需要借助行政强制手段,通过行政强制手段执法的数量是很少的。在中国特色社会主义背景下的行政执法行为尤其如此。根据现代民主的要求,行政主体实施行政执法,要尽可能减少强制性,尽可能取得相对人的配合和协作,对相对人的人格尊严予以充分的尊重。行政执法的强制在大多数时候只是行政执法目标实现的一种潜在的保障。

二、行政行为的分类

行政行为根据不同的标准可以作不同的分类,其中有些分类在行政管理技术中具有重要意义,有些分类则在法律上具有重要意义。行政法学只研究具有法律意义的行政行为分类,从行政管理技术角度对行政行为的分类则由行政管理学研究。

在行政法学上,对行政行为一般作如下划分:

(一)行政立法行为、行政执法行为与行政司法行为

行政行为以其内容是制定普遍性规范,还是执行法律、法规,实施行政管理,或者是裁决争议、解决纠纷为标准,分为行政立法行为、行政执法行为和行政司法行为。行政立法行为是行政主体依准立法程序制定行政法规、规章的行为;①行政执法行为是行政主体为执行法律、法规依法定行政程序实施的各种行政管理行为,如行政许可、行政征收、行政调查、行政监管、行政处罚、行政强制等;行政司法行为是行政主体依准司法程序裁决争议、解决纠纷的各种行为,如行政调解、行政仲裁、行政裁决等。

行政执法行为在行政行为中占最大的比重,与公民、法人和其他组织的关系最为密切,是行政法规范的最重要的对象。正因如此,中共十八届四中全会《决定》对行政执法的体制、机制和制度提出了诸多改革的要求。例如,推进

---

① 行政机关制定、发布规章以下规范性文件的行为属于广义的行政立法行为,故在本书第十三章“行政立法”中设专节论述。

综合执法、理顺行政强制执行体制、理顺城管执法体制、实行行政执法人员持证上岗和资格管理制度、建立健全行政裁量权基准制度、实行行政执法责任制、严格规范公正文明执法、完善执法程序、建立执法全过程记录制度、实行重大执法决定法制审核制度等。在行政行为中,行政立法行为和行政司法行为虽然也很重要,但行政立法行为不是严格意义(狭义)上的行政行为,行政司法行为在行政行为中占比较小,从而不是本书重点研究的对象。本书重点研究的对象是行政执法行为。

(二)抽象行政行为与具体行政行为

行政行为以其对象是否特定为标准分为抽象行政行为与具体行政行为。[①] 抽象行政行为是行政主体针对不特定行政管理对象实施的行政行为。其行为形式体现为行政立法(行政法规和规章)和行政规范性文件(具有普遍约束力的决定、命令)。[②]

具体行政行为是行政主体针对特定行政管理对象实施的行政行为。其行为形式主要体现为具体行政决定,如行政处罚决定、行政强制执行决定、授予相对人某种权益或剥夺其某种权益的决定,以及拒绝相对人某种申请、请求的决定等,也包括执行和实施这些决定的行为。[③] 具体行政行为的形式主要体现为书面行政决定,有时也以非书面决定的形式表现,如口头通知、当面训诫等,特别是违法的具体行政行为,有些行政主体往往采取非书面的形式,以逃避司法审查。

具体行政行为与抽象行政行为的分界在一般情况下是清楚的,人们对二者进行区分并不困难。人们很容易认定行政法规、规章是抽象行政行为,也很容易认定行政处罚、行政强制措施是具体行政行为。但在某些情况下,具体行

---

① 有一种观点以相应行为是一次适用还是多次反复适用,以及能否直接进入执行过程作为区分抽象行政行为与具体行政行为的补充标准,如 2000 年《最高人民法院关于执行〈中华人民共和国行政诉讼法〉若干问题的解释》对"具有普遍约束力的决定、命令"(抽象行政行为之一)的释义中即有"针对不特定对象"和"能反复适用"两条标准。

② 由于《立法法》仅对行政法规和规章进行了规定,而没有对规章以下的规范性文件进行规定,因此本书特以"行政规范性文件"的概念区别于"行政立法"。但二者同属"抽象行政行为"。

③ 执行和实施行政决定的行为一般不是独立的具体行政行为,而是属于事实行为。但是,如果执行和实施行政决定的过程中增加了行政决定以外的内容或违反法定权限、法定程序实施执行行为,则可构成独立的具体行政行为,行政相对人可对之申请行政复议和执行政诉讼。

政行为与抽象行政行为的分界并不很清楚，人们对二者的区分有时会遇到困难。例如，行政机关发布一个通知、通告或会议纪要，有时在外在形式上是针对不特定的个人、组织，但实际上针对的是特定的相对人，涉及的是特定行政相对人的权益。①

（三）羁束行政行为与裁量行政行为

行政行为以受法律规范拘束的程度为标准，分为羁束行政行为和裁量行政行为。羁束行政行为是法律规范对其范围、条件、标准、形式、程序等作了较详细、具体、明确规定的行政行为。行政主体实施羁束行政行为，必须严格依法定范围、条件、标准、形式、程序等办事，很少有自行斟酌、选择、裁量的余地，很少能将自己的评价、判断、权衡参与其间。如税务机关征税，只能根据法律、法规规定的税种、税率和征税对象进行，在这些方面，税务机关没有或很少能有选择、判断、裁量的余地。至于减、免税，税务机关虽有一定裁量权，但减、免税的条件、范围、标准，法律、法规通常也有较严格的规定，税务机关裁量的余地很小。

裁量行政行为则是法律规范仅对行为目的、行为范围等作一原则性规定，而将行为的具体条件、标准、幅度、方式等留给行政机关自行选择、决定的行政行为。例如，我国《教育法》第 24 条规定，各级人民政府应当采取各种措施，开展扫除文盲的教育工作。《教育法》的这一规定，只对行政主体的行为目标、内容作了一个原则性的规定，至于如何运作，具体采取何种措施扫除文盲则留给了行政主体裁量决定。

当然，羁束行政行为和裁量行政行为的划分并不是绝对的。前者通常也存在一定的裁量成分。例如，我国《治安管理处罚法》规定：对违反治安管理的人可根据其违法情节处以警告、罚款、拘留处罚，罚款数额有 200-500 元的、500-1000 元的，还有 2000 元以下、5000 元以下的，拘留时间有 1-5 日的、5-10 日的、10-15 日的。这些都给行政机关留下了或多或少的裁量空间和余

① 1990 年《行政诉讼法》施行以来，人民法院一直以行政行为划分为抽象行政行为和具体行政行为作为行政行为可诉性的标准，即人民法院只受理相对人对具体行政行为的起诉，而不受理对抽象行政行为的起诉。2014 年第十二届全国人大常委会第十一次会议修订通过的《行政诉讼法》在形式上废除了“具体行政行为”的起诉标准，但仍保留对抽象行政行为起诉的排除，从而实际上仍体现了对行政行为作抽象行政行为和具体行政行为分类的理论。

地。法律将处罚种类和处罚幅度的选择留给行政主体根据案件的具体情况裁量。但行政主体实施裁量并不是无限制地自由裁量,其裁量行为也存在一定的羁束因素。法律授权行政主体实施某种行为,即使没有为之规定任何一种具体方式、程序、限度,一般也会规定明确的授权目的,且通常会为之规定裁量的范围,行政主体在实施相应裁量行为时,不能违反授权法的目的和超越法律规定的裁量范围。

(四)依职权行政行为与应请求行政行为

行政行为以其启动是否需要行政相对人先行申请为标准,分为依职权行政行为与应请求行政行为。依职权行政行为是行政主体直接依法律、法规规定的行政职权,而无须以行政相对人先行申请作为启动条件而实施的行政行为。例如:公安机关依法维持社会秩序;海关依法检查出入境人员的行李物品;市场监管行政机关依法检查进入市场流通的各种商品的质量,打击生产、销售假冒伪劣商品的行为;税务机关依法向纳税义务人收税等。这些都是依职权主动实施的行政行为,无须相对人事先申请。当然,行政主体实施依职权行政行为也并非没有任何启动要素,如有关个人、组织的举报,新闻媒体的披露、曝光,行政机关自行调查或监督检查中获取的有关信息、情报等,都可以成为行政机关实施依职权行政行为的启动要素,但排除了以相对人申请为启动的前提条件。

应请求行政行为则是指行政行为的启动要以行政相对人的申请为前提条件。相对人不提出申请,行政主体即不能实施相应行为。例如,工商行政机关颁发营业执照,公安机关颁发特种行业许可证,民政部门发放抚恤金,新闻出版管理部门批准杂志刊号,广播、电影、电视管理部门批准电影或电视剧的公开上映等,都是要以相对人先行申请为前提条件的。当然,相对人申请只是应请求行政行为的前提条件而不是唯一条件。如果相对人的申请不符合法定要求,行政主体完全可以依法不予受理。申请受理以后,行政主体通过审查,如果确认申请人不具备实现其请求事项的法定条件,也可以作出拒绝其请求的答复。

某种行政行为是依职权直接实施还是应相对人请求实施,通常都由法律、法规预先规定。一般来说,行政主体保护国家社会公益,维护社会经济秩序,要求行政相对人履行一定义务的行为,法律、法规多确定为依职权行政行为,而行政主体授予特定相对人某种权益,批准、许可其实施一定行为或免除其某种义务,法律、法规多确定为应请求行政行为。

(五)授益行政行为与负担行政行为

行政行为以其对行政相对人利益的不同影响为标准,分为授益行政行为与负担行政行为。授益行政行为是行政主体依法授予行政相对人权利或免除相对人义务的行为,如行政许可、行政给付等;负担行政行为是行政主体加予行政相对人义务或对相对人进行处罚、制裁的行为,如行政征收、行政强制、行政处罚等。行政行为的授益与负担的区分不是绝对的而是相对的,某些行政行为对甲相对人是授益,可能对乙相对人是负担;反之,对甲相对人为负担可能对乙相对人是授益。行政裁决行为、行政处罚行为往往可能构成这种局面。如行政机关对侵害他人人身权、财产权的违法者进行处罚和责令赔偿,对受害者是授益行政行为,对致害者是负担行政行为。

(六)附款行政行为与无附款行政行为

行政行为以有无限制条件为标准,分为附款行政行为与无附款行政行为。附款行政行为是其效力附有一定条件限制的行政行为。限制条件通常包括时间条件、期限条件、作为条件、不作为条件等。

时间条件包括始期条件、终期条件。始期条件是行政主体规定行政相对人只能从某一时间起方能作出某种行为;终期条件是行政主体规定相对人至某一时间必须终止某种行为。

期限条件是行政主体规定相对人只能在某一期限内作出某种行为。这种期限可能同时附有一定始期、终期的规定,也可能无始期、终期而仅有期限规定。在后者的情况下,相对人何时开始行为,何时结束行为均可自行决定,只要行为不超过行政主体规定的期限即可。

作为条件是行政主体规定相对人必须作出某种行为,相应行政行为(批准、许可、授予、免除等)才能生效。例如,行政主体批准某企业建设某一工程项目,但规定其必须同时建造相应防治污染设施,并且该设施必须与相应工程同时启用、运作。若防污设施未建好或不能投入使用,该工程就不能启用、运作。或者规定该工程建造好以后,可以先行运作,但某些附属工程不得迟于工程运作以后一年建好和投入使用,否则,已运作的工程必须下马。这两种情况都是附作为条件的行政行为,但二者也略有区别。前者在行政法学上称“附停止条件的行政行为”(防污设施未建好,相应工程即使建好也要停止使用);后者称“附解除条件的行政行为”(附属设施到期仍未建好,未满足原批准相应工程“上马”行为的条件,即解除原批准行为,相应工程必须“下马”)。

不作为条件是行政主体规定相对人不得作出某种行为,否则相应行政行为(批准、许可、授予、免除等)即失效。例如,行政主体向某一夜总会(内设舞厅、电子游戏厅、卡拉 OK 厅等)发放经营许可证,但附有不得向 16 岁以下少年儿童开放的不作为条件;该夜总会如违反这一条件,向 16 岁以下少年儿童出售入场券,行政主体即吊销该许可证。

无附款行政行为是其效力不附有条件限制的行政行为。即行政主体作出相应行政行为不附加其他条件,相应行政行为只要符合法定标准和要求即生效,并且在相应行政行为延续过程中,只要行政相对人不违反法定标准、要求,该行政行为即一直有效而不终止。例如,男女公民双方登记结婚,只要其符合法定年龄和其他法定条件,行政机关即应发给其结婚证而不能对之附加其他条件。之后,该公民双方在婚姻存续过程中,行政机关亦不得对之附加任何条件,不得以相对人未满足其附加的条件而撤销原婚姻登记行为。

附款与无附款是行政主体在作出行政行为时附加或不附加有关条件,而不是法律、法规设定的条件。无论是附款行政行为还是无附款行政行为,行政主体和行政相对人都要遵守法定条件。例如,行政主体给相对人颁发许可证,法律、法规通常会规定相对人取得相应许可证必须具备何种条件(资金条件、技术条件、人才条件等)。相对人只有具备相应法定条件,行政主体才能给其发放许可证。在此基础上,行政主体方可在法律范围内附加有关非法律、法规明定的条件。当然,行政主体附加的条件尽管不是法律、法规明确规定的,但也必须合法、合理,不违反法律的有关规定和公平正义的原则。无附款行政行为虽然在行政主体作出行政行为时不附加任何条件,但不意味着相应行政行为没有任何法定条件。例如,婚姻登记行为虽然是无附款行政行为,但《民法典》规定了结婚的年龄条件和其他条件,男女公民双方如果不符合法定条件,行政机关就不能发给其结婚证。

(七)要式行政行为与非要式行政行为

行政行为以有无法定形式要求为标准,分为要式行政行为与非要式行政行为。要式行政行为指法律、法规规定必须以某种方式或形式进行的行政行为。例如,《国家行政机关公文处理办法》要求行政机关发送公文必须遵循该办法规定的公文格式,行政机关发送公文的行为即一种要式行政行为。非要式行政行为是法律、法规未规定一定具体方式或形式,而允许行政机关根据情况自行选择适当方式或形式进行的行政行为。例如,行政机关的通知行为、指示行为等。对于这些行为,行政机关可在不同情况下选择采用书面形式、口头形式或电话、传真、电子邮件、微信等各种其认为适当的形式。

在行政法学上,对行政行为还可以作其他分类,如单方行政行为与双方行政行为、一般行政行为与准行政行为、独立行政行为与附属行政行为、最终行政行为与过程行政行为,等等。由于篇幅所限,本书不展开论述。

第二节　行政行为的合法要件

行政行为的合法要件,是指评价、判断和认定行政行为合法性的条件或标准。具备这些要件的行政行为具有实质的法律效力,在行政复议和行政诉讼中不致被撤销或确认无效。而不具备这些要件的行政行为即使成立,也仅具形式上的法律效力,行政相对人通过行政复议或行政诉讼等法定途径可请求有关国家机关确认该行政行为违法和撤销该违法行为,或者确认该行政行为无效。

行政行为的成立只是法律对行政行为合法性的一种设定,即行政行为一经正式作出,即假定它合法,行政相对人应当服从,履行相应行为赋予的义务。但已经成立的行政行为并不一定具备合法要件。对是否具备合法要件有疑义的行政行为,法律赋予行政相对人提出异议的权利,赋予有关国家机关应相对人请求作出有法律效力的判断和裁决的权力。

有关国家机关确认行政行为合法所遵循的标准即行政行为合法要件。这些合法要件在实践中是分散的、不统一的,不好把握和应用。于是行政法学将这些标准综合、归纳、抽象,使之具有相对的统一性。这些统一的合法要件是从各种行政行为的具体合法要件中抽象出来的,它适用于各种行政行为,但又不能包含和完全取代各种行政行为所特有的具体合法要件。因此,在审查各种具体行政行为的合法性时,既要考虑这些统一的要件,也要兼顾具体法律、法规、规章对相应行政行为所设定的具体要求,即相应的具体合法要件。

一、行政行为主体合法

行政行为合法首先要求主体合法。主体合法具体有三项要求:

(一)行为主体是行政主体

行政行为必须由行政主体作出,无论是其他国家机关还是社会组织、团体、企事业单位,没有法律、法规、规章的授权,都无权作出行政行为。有时,国家行政机关可能会联合其他社会组织、团体共同作出某一种行为,如联合发布某一规范或非规范性文件,联合采取某一措施,实施某一具体行为等。这种行为如果有法律根据,且符合行为机关的职权范围,应视为行政行为,但该行为的行政主体仍是行政机关。如果行政相对人对此行为不服,申请复议或提起行政诉讼,只能以行政机关作为行政复议的被申请人和行政诉讼的被告,与行政机关共同作出行政行为的组织只能作为第三人。

(二)行政行为的实施者以行政主体的名义实施行政行为

虽然行政行为的主体是行政主体,但行政行为的实施者却不一定是行政主体本身,他们可能是行政主体的工作人员或行政主体委托的组织或其工作人员。因此,要确定行政行为的主体是否合法,必须审查行政行为的实施者是谁。如果是行政机关,只要审查相应行政机关是否依法设置,是否有相应组织法根据;如果是法律、法规、规章授权的组织,则要审查法律、法规、规章是否授予了该组织以相应权限;如果是行政机关和法律、法规、规章授权组织的工作人员,则要审查这些人员是否确定为相应机关、组织的工作人员,是否受该机关、组织所派遣实施相应行为;如果是行政机关委托的组织,则要审查行政机关是否确实有此委托,有无委托书或其他证据,被委托者的行为是否超出了委托范围。总之,要确定行政行为的主体合法,首先必须确定行为是否确实为行政主体所为,行为实施者是否根据行政主体指派或委托,代表行政主体,以行政主体名义实施相应行为。

(三)合议制机关的行为通过合议程序作出

合议制机关的行为应通过相应会议的讨论、审议,并且相应会议有法定人数出席,相应决定有法定票数通过。法律、法规规定有些行政行为依法必须通过一定的会议讨论、审议和投票通过,才能对外发生法律效力。相应行政行为只有依法而为才能保证其主体合法。否则,既构成行政主体不合法,还可能同时构成行政程序违法。

二、行政行为权限合法

行政行为权限合法有三项具体要求:

(一)行为在行政主体的行政权范围内

行政行为合法除了要求行为主体必须是行政主体以外,还要求行为必须在行政主体的行政权范围以内。行政主体不能行使在法律上根本不属行政权的权限,其既不能越位行使法律赋予各级人大和人大常委会行使的立法权以及越位行使法律赋予各级人民法院、人民检察院行使的司法权,也不能越位干预法律授予企事业单位、社会团体行使的自治权利。否则,即构成"无权限"违法。

(二)行为不侵越其他行政部门的权限

行政行为权限合法除了要求行政主体的行为必须属于行政权外,还要求行政主体的行为不超出本部门的职权而侵越其他行政部门的权限。例如,公安机关不能行使市场监管行政机关的职权,自然资源管理机关不能行使生态环境管理机关的职权,法律法规授权的组织不能行使法律法规规定应由有关行政机关行使的职权,等等。否则,即构成"横向越权"违法。

(三)行为不侵越上级行政部门的权限

行政行为权限合法除了要求行政主体的行为不得"横向越权"外,还不得"纵向越权"。一般来说,"纵向越权"主要指下级行政部门侵越上级行政部门的权限。如公安派出所行使本应由县级以上公安机关行使的拘留和500元以上的罚款的处罚权限,乡镇人民政府行使本应由县级以上人民政府行使的裁决单位之间土地所有权、使用权争议的权限。至于上级行政部门行使下级部门的权限,由于行政权的性质,在一般情况下并不构成越权。但是,如果法律有特别的规定,上级也可能构成对下级的越权。

三、行政行为内容合法

行政行为内容合法要符合三项要求：

(一)行政行为有事实根据且证据确凿

行政行为内容合法必须以有事实根据为前提。例如，行政主体实施行政处罚行为，必须有行政相对人实施了违法行为的事实根据；行政主体向行政相对人征收个人所得税，必须有相对人已获得了某种个人收入的事实根据；行政主体拒绝给申请许可证的相对人颁发许可证，必须有相对人不符合取得相应许可证法定条件的事实根据等。行政主体作出相应行政行为，不仅要有事实根据，而且此种事实必须证据确凿，而不能根据道听途说或想象推理。否则，该行政行为就会因缺乏可靠的证据而受到行政相对人的指控，最终可能被撤销。当然，法律对行政行为的证据标准在总体上低于刑事司法的证据标准。各种行政行为因其内容不同，证据标准的要求也有所区别。

(二)行政行为正确适用依据

行政行为的依据包括法律、法规、规章和其他规范性文件。正确适用依据首先是指正确把握法律规范的效力位阶。先适用高位阶的法律规范，再适用低位阶的法律规范；低位阶法律规范与高位阶法律规范相冲突的，则只适用高位阶规范而不适用低位阶规范。其次是指正确选择与相应行政行为相适应的法律规范。适用法律规范应该是有针对性的，行政主体应在大量的法律规范中选择与解决相应问题相适应的，同时又是现行有效的法律规范。最后是指全面适用法律规范。对某一个行政行为，同时由几个法律规范（既有相应法律总则的规范，又有相应法律分则的规范）进行调整的，行政主体应同时适用所有有关的规范。否则，就构成不正确适用。

(三)行政行为合乎立法目的

行政行为内容合法，除了要求行政行为须有事实根据、证据确凿和正确适用依据外，还要求行政行为须合乎立法目的。前两项要求属于客观性要求，后一项要求则是主观性要求，即对行为者主观动机、目的的要求。行政主体实施行政行为，应是为了实现相应立法所欲达到的目的，而不应以权谋私，通过行政职权的行使去实现自己的某种私利，如打击报复、为自己或亲朋好友谋取某种好处、为本机关本单位谋取经济利益等。行政主体实施行政行为如果不是为了实现相应立法目的，而是出于某种个人动机，其行为就构成滥用职权。滥用职权的行为在外在形式上可能是合法的，但其实质内容是违法的。例如，某行政机关通过颁发许可证而获取许可证申请人的好处，尽管取得许可证的申请人符合法定条件，行政机关给其颁发许可证也遵循了法律规定的程序、手续，但其他申请人比该申请人条件更为优越，行政机关却将许可证颁发给了该申请人而不颁发给其他申请人，这种行为同样是违法的，同样应追究有关责任人员的法纪或政纪责任。当然，滥用职权的行为不仅包括外在形式合法、目的不合法的行为，更包括目的不合法、外在形式也不合法的行为。例如，行政机关为了从许可证申请人处获取好处，给明显不符合法定条件的企业发放许可证，或者不遵循法定程序给申请人颁发许可证，等等。

四、行政行为程序合法

行政行为程序与行政行为实体有着密切的联系。行政行为程序合法，不仅是行为实体合法的保障，也是行为实体合理、公正的保障。虽然行政行为实体合法、合理、公正不完全取决于行为程序的合法，但行为程序是否合法对行为实体合法、合理、公正确实有着极为重要的影响。现代行政法极为重视程序，将法定行政程序作为控制行政权滥用，防止行政专制，保障行政民主，保护行政相对人合法权益不被违法行政行为侵犯的屏障。行政程序规范现已成为行政法的重要内容，成为与行政实体规范共同调整行政主体行使行政职权行为的法律规范系统的组成部分。因此，现代行政行为合法的要件不仅包括实体要件，也包括程序要件。

（一）行为符合法定方式

行政行为是各种各样的，法律、法规对不同的行政行为规定了各种不同的方式，但也有一些行为方式是法律、法规要求所有行政行为或某一类行政行为共同遵循的。在国家统一的行政程序法中通常规定了行政行为共有的行政程序规则和制度，在具体的行政管理法律文件中则规定了各种不同行政行为的具体程序、规则和制度。行政行为符合法定方式也就包括了符合这两个方面的法律规则、制度，特别是符合一般行政程序法确定的基本规则、制度，如行政行为公开的规则、制度，公众参与的规则、制度，公民获取政府信息的规则、制度以及有关行政听证、职能分离、不单方接触等的规则、制度。行政行为违反这些法定规则、制度,均构成程序违法,属于可撤销的行政行为。

当然,我国行政程序法尚不完善,目前尚未制定统一的行政程序法,行政行为的方式主要由具体法律、法规规定。因此,行政行为符合法定方式主要指符合单行具体法律、法规规定的方式。在今后有了统一的行政程序法以后,行为方式合法则主要是依据统一的行政程序法确定的标准,同时参考单行具体法律、法规的规定。

(二)行为符合法定步骤、顺序

行政行为的方式合法是行政行为程序合法的横向要求,而行政行为程序合法的纵向要求则是行为步骤、顺序合法。行为步骤指行政行为应该经过的过程、阶段、手续。例如,行政主体实施行政处罚行为,一般首先要调查、取证,查明事实之后,要告知相对人拟作出处罚决定的事实、理由、依据;接着应听取相对人的陈述、申辩或举行听证;再之后作出正式处罚决定;最后将处罚决定书送达被处罚人等(简易程序可省略某些步骤)。行政行为如果没有遵循法定步骤,少进行一道或几道"工序",即构成程序违法。行为顺序指行政行为各步骤的先后顺序,即先进行哪一步骤,再实施哪一步骤。法律对行政行为的有些步骤没有规定严格的顺序、要求,行政主体可以根据自己的裁量,自行确定。但是有些行政行为的步骤,法律规定了严格的顺序要求。例如,行政处罚的先调查取证,后裁决;行政许可的先受理申请,后审查,再发证等。行政主体必须严格遵循这种法定顺序,违反了此种顺序即构成程序违法,相应行政行为即构成可撤销的行政行为。

(三)行为符合法定时限

法律规定行政行为的时限,其主要目的在于保障行政效率,行政行为如没有法定时限,就可能造成拖延耽搁,给国家、社会利益造成严重损害,也会给公民个人、组织的权益造成损害。因此,对行政行为坚持法定时限要求是非常必要的。违反法定时限要求的行政行为是违法行政行为,行政相对人对行政主体违反法定时限,拖延履行法定职责的行为,可请求法院判决其限期履行职责。如相应行为已造成行政相对人的损失,行政相对人还可请求法院确认行政行为违法,责令行政主体赔偿损失。

第三节　行政行为的效力

一、行政行为效力的内容

行政行为的效力,是指行政行为成立后,对行政相对人,行政主体以及其他组织、个人所具有的法律上的效力,主要包括公定力、确定力、拘束力和执行力。

(一)行政行为的公定力

行政行为的公定力,是指行政行为一经作出,除非有重大、明显的违法情形,即假定其合法有效,任何机关、组织和个人未经法定程序,均不得否定其法律效力。行政行为的公定力是对世的,即此种效力不仅及于行政相对人和行政主体本身,而且及于其他任何机关、组织、个人。其他任何机关、组织、个人在其行为或活动中,都要尊重相应的行政行为,不得违反,也不得作出与之相抵触的行为。国家权力机关可以对行政行为进行监督,可以依法撤销违法的抽象行政行为;人民法院在行政诉讼中也可对行政行为进行监督,可以依法撤销违法的具体行政行为;上级行政机关可以对下级行政机关的行政行为进行监督,可以撤销下级行政机关任何违法的、不当的抽象或具体行政行为。但是,无论国家权力机关还是人民法院,或者上级行政机关,对于未依法定程序撤销(包括废止、宣布无效)的行政行为,都不得否定其效力,作出与相应行政行为内容相冲突的行为。

(二)行政行为的确定力

行政行为的确定力,是指行政行为作出后,除非有重大、明显的违法情形,即发生法律效力。只有行政行为据以作出的法律、法规、规章修改或废止,或者客观情况发生重大变化,为了公共利益的需要行政主体经法定程序才能变更、撤销或废止已经作出的行政行为。行政相对人在复议、诉讼期间,非具法定情形和经法定程序,亦不得停止对该行为确定的义务的履行。行政行为的确定力主要是针对行政主体而言,目的主要在于防止行政主体反复无常,任意变更、撤销、废止其已作出的行政行为(特别是授益行政行为),导致对行政相对人权益的损害。行政行为的确定力对于维护相对人对行政行为的信赖也是很重要的。如果行政主体作出行政行为后又随时变更,相对人的权利、义务就会时时处于不稳定状态,从而会对其合法权益失去安全感,这对于国家和社会利益也是很不利的。

当然,行政行为的确定力是一种相对的确定力,而不是绝对的确定力。虽然行政行为作出后,除非有重大、明显的违法情形,在法律上假定其合法,但是这种假定在法定的期限内是可以依一定事实和证据推翻的。行政相对人如在法定期限内认为相应行政行为违法,可以通过行政复议和行政诉讼途径要求撤销或改变。行政主体或行政主体的上级行政机关如发现相应行政行为违法或不当,任何时候都可依法定程序撤销或改变。不过,相应行为的违法或不当如果不是行政相对人的过错造成的,行政主体对撤销、改变原行为给相对人造成的损失应予以赔偿或补偿,原行为已赋予相对人的权益一般不得再收回。在某些情况下,行政行为的违法或不当如不是很严重,撤销或改变相应行为又可能给相对人造成重大损失的,根据信赖保护原则,行政主体可以(或应该)不撤销、不改变原行政行为。当然,相应行为的违法或不当如果是行政相对人的过错(提供虚假材料等)造成的,那么,行政主体不仅应撤销、改变相应行为,而且要收回行政相对人因相应行为已获得的利益、好处。原行为如给国家或社会利益造成损失,行政相对人还要对此种损失予以赔偿。

(三)行政行为的拘束力

行政行为的拘束力,是指行政行为生效后,作为行政相对人的个人、组织都要受该行为的约束,履行该行为确定的义务,不得作出与该行为相抵触的行为。

首先,行政行为的拘束力及于行为的直接对象。例如,行政主体命令某公司停业整顿,该公司即不得再行开工营业;行政主体禁止某组织举行集会、游行,该组织即不得再组织集会、游行;行政主体查封某个人的财产,该个人即不得拆封启用该财产;等等。

其次,行政行为的拘束力也及于行政行为非直接对象的个人、组织。例如,行政主体发给某饮食店营业执照和有关许可证,批准其从事饮食业,其他任何个人、组织即不得阻止、妨碍或破坏其进行营业;行政主体依法冻结、划拨某公司的存款、账户,有关金融机构就应予以配合,不得让该公司再支取相应款项,并将应划拨的款项划拨给指定的组织或个人;等等。

最后,行政行为的拘束力不仅及于作为行政相对人的个人、组织,同时及于行政主体本身。行政主体对自己作出的行政行为,无论是规定相对人义务的行为,还是授予相对人权益的行为,都要保证其实现。特别是授益行政行为,行政主体更应受其拘束。此外,行政行为的拘束力也及于处在行政相对人地位的国家机关及其工作人员。任何国家机关及其工作人员,无论其地位和职位多高,当其处在相应行政领域时,都要受相应领域行政行为的约束,除非其依法享有相应的豁免。例如,交通运输部部长或公安部部长骑自行车或驾驶机动车在公路上、街道上行驶,要同其他骑车人或司机一样服从交通民警的指挥;在北京市的中央国家机关在市内进行有关活动时,同样要遵守北京市的有关规定,北京市的有关行政管理行为同样对其有拘束力。在这些场合,任何国家机关或国家机关领导人实际上都处于行政相对人的地位。当然,有关国家机关根据法律授权,依法撤销、改变有关行政主体作出的行政行为时,相应国家机关是处于行使国家权力的地位,而不再是处于行政相对人的地位。

（四）行政行为的执行力

行政行为的执行力,是指行政行为生效后,行政相对人必须自觉履行相应行为确定的义务,如其拒绝履行或拖延履行,相应行政主体可以依法采取强制措施,强制相对人履行;如果相应行政主体不具有采取某种强制措施的法定权力,该行政主体可以依法申请人民法院强制执行。

行政行为的执行力不仅及于行政相对人,也及于行政主体本身。行政主体作出某种行政行为,行政相对人可能直接或间接从中取得某种利益,如果行政主体在之后不采取措施保障相对人的利益得以实现,行政相对人既可以申请行政主体履行自己的行政行为,也可以通过行政复议或行政诉讼途径,请求行政复议机关或人民法院责令行政主体履行自己的行政行为。

行政行为的执行力是与拘束力紧密相连。一方面,拘束力是执行力的前提,行政主体作出的没有拘束力的行为不可能强制执行。只有其行为具有了拘束力,相对人才必须履行相应行为所确定的义务;在相对人不履行时,行政主体才能对之予以强制执行。另一方面,执行力是拘束力的保障,行政行为如果没有强制执行力,其拘束力就是一句空话。诚然,绝大多数行政相对人不是因行政行为具有强制执行力才履行行政行为确定的义务,而是出于理性和道德自觉去履行义务。但是,行政行为如果没有强制执行力,确会有一些个人、组织拒不履行其义务,使相应行政行为所欲达到的行政管理目标落空。很显然,行政行为的拘束力必须以执行力为保障,行政行为的执行力始终潜在于行政行为之中。

行政行为的执行力不同于民事行为的执行力。民事行为虽然也有拘束力和执行力,即民事关系双方当事人通过合同行为确定双方的义务,双方也必须履行。但是,如一方不履行,对方当事人不能像行政机关一样,对不履行义务的一方当事人采取强制执行措施,而只能诉诸法院,请求法院追究不履行义务方当事人的违约责任;或请求法院采取司法强制执行措施,迫使不履行义务的当事人履行义务。行政行为的执行力与其公定力、确定力、拘束力构成一体,使行政行为的法律效力得以体现和实现。

二、行政行为的生效

行政行为的生效,是指行政主体实施的法律行为在完成其法定程序、具备相应法定要件后正式对外发生法律效力。法律对不同的行政行为设定了不同的生效要件。

(一)一般抽象行政行为的生效要件

前已述及,行政行为分为具体行政行为与抽象行政行为。具体行政行为包括行政许可行为、行政处罚行为、行政强制行为等;抽象行政行为包括制定行政法规、规章的行为和制定其他行政规范性文件的行为。行政法规、规章称为"行政立法",即特殊抽象行政行为;不属于行政法规、规章的其他所有行政规范性文件统称为一般抽象行政行为。"一般抽象行政行为"的生效要件有下述三项:

1. 经相应行政机关会议讨论决定。根据抽象行政行为的不同等级,有些抽象行政行为(如制定规章的行为),必须经过相应机关的正式会议(如政府常务会议或全体会议)讨论决定;有些抽象行政行为,可经相应机关的非正式会议(如办公会议)讨论决定。当然在实践中,也有一些抽象行政行为,无须相应机关的会议讨论决定,而直接由行政首长签署发布。

2. 经相应行政机关行政首长签署。首长签署是所有抽象行政行为生效的必备要件。但一般抽象行政行为与行政立法略有区别:行政立法的签署必须由相应行政机关的正职行政首长为之。例如,部委规章必须由部长、主任签署;省级人民政府规章必须由省长、自治区主席、直辖市市长签署。但是,一般抽象行政行为既可由正职行政首长签署,也可由主管相应行政事务的副职行政首长签署。

3. 公开发布。公开发布也是所有抽象行政行为生效的必备要件。一般抽象行政行为既可在正式政府刊物上登载,也可以布告、公告、通告等形式在一定的公共场合或行政办公场所张贴,或者通过当地广播、电视等播放。要求一般抽象行政行为公开发布,是为了让所有受相应抽象行政行为拘束的人知晓该抽象行政行为。至于行政主体以什么载体、采取什么形式公布,并让相对人知晓,目前法律尚未作统一要求。

4. 行为确定的生效日期已到。抽象行政行为一般自公布之日起生效,但有的抽象行政行为的实施需事前做一定准备工作,或者行政相对人对之要有一个了解、熟悉和适应的时间,故抽象行政行为在公布时并不立即生效,而是另定一个生效日期(如自公布之日起 30 日或 60 日生效)。在这种情况下,抽象行政行为在公布时确定的生效日期到达时方生效。

(二)具体行政行为的生效要件

1. 行政主体作出行政决定。具体行政行为一般以行政决定的形式作出,无论是行政主体实施行政处罚,采取行政强制措施,还是颁发或拒绝颁发许可证照,要求相对人履行某种义务,都应作出行政决定。这种行政决定在名称上有时可能不叫作"行政决定"。如颁发许可证照,许可证照本身就应该被视为准予颁发的行政决定;拒绝颁发许可证照,其拒绝的通知应视为拒绝颁发的行政决定。行政决定无论采取何种形式,都是行政主体正式向行政相对人作出的一种产生法律效力的意思表示。行政主体的这种正式意思表示是具体行政行为生效的必要要件。行政主体为作出某种具体行政行为而实施准备行为,如正在为作出某种具体行为准备材料,进行调查、鉴定,召开有关会议研究、征求意见等,此时相应具体行政行为尚未生效。只有行政主体就相应具体行政行为已形成了确定的意见和对外作出正式意思表示(行政决定),并在其他有关要件具备后,相应具体行政行为才能正式生效。

作出行政决定是具体行政行为生效要件之一,但在某些特殊情况下会有例外,如行政主体在紧急情况下,为了保障社会公共秩序和人民生命财产的安全,可以对行政相对人即时采取某种行政强制措施(如对新冠肺炎疫情的防控措施),行政主体作出这种行为可能事前来不及作出任何行政决定。对于这种行为,法律不要求以事前作出行政决定为其生效要件。

2. 行政决定已送达行政相对人。具体行政行为的成立不仅要求行政主体作出正式行政决定,而且要求行政主体在法定期限内将行政决定文书送达行政相对人。送达的方式有四种:当面送达、留置送达、邮寄送达、公告送达。当面送达是行政主体将行政决定文书直接送交受送达人(送达场所可以是行政机关所在地,也可以是受送达人住所地或其他场所),由受送达人在送达回证上记明收到的日期,并签名或盖章。受送达人是个人,本人不在的,可交他的同住成年家属签收;受送达人是组织的,应交其法定代表人或该组织负责收件的人签收。留置送达指受送达人或他的同住成年家属拒绝接收行政决定文书,行政主体邀请有关基层组织或所在单位的代表到场,说明情况,在送达回证上记明拒收事由和日期,由送达人、见证人签名或盖章,把行政决定文书留在受送达人的住所,即视为已送达。邮寄送达指行政主体向行政相对人直接送达行政决定文书有困难,通过邮局邮寄送达。邮寄送达回执上注明的收件日期为送达日期。公告送达指受送达人下落不明,或采用当面送达、留置送达、邮寄送达均无法送达的,行政主体将行政决定有关内容予以公告。公告送达通常确定一个期限,期限一到即视为送达。

3. 附款行为所附条件成熟。具体行政行为分为附款行为与无附款行为。无附款行为自行政决定送达相对人即生效。附款行为则要待行为所附条件成熟时方生效。例如,附起始条件的行为只有在行为确定的起始时间已到时才生效;附作为条件的行为只有在相对人作出某种行为、实现行政主体的某种要求后才生效。

行政行为必须具备相应的生效要件,才能正式对外发生法律效力。否则,该行政行为即因未生效而不成立。行政行为不成立意味着:第一,行政相对人可以不受该行为的约束,行政主体也不能因相对人不履行该行为确定的义务而对相对人采取强制执行措施或给予相对人行政处罚;第二,行政相对人不能对该行为申请行政复议或提起行政诉讼,行政救济主体可以不受理相对人就相应行政行为提起的行政救济请求;第三,不具备生效要件或生效要件缺损的行政行为对行政相对人合法权益产生实际不利影响,相对人可以请求行政救济主体确认相应行为无效,并请求赔偿相应行为造成的损失。

三、行政行为的失效

行政行为可能因撤销、废止和确认无效而失效，也可因行政行为期限届满而失效。

(一)行政行为的撤销

行政行为的撤销，是指行政行为在具备可撤销情形时，由有权国家机关作出撤销决定后而失去法律效力。行政行为撤销不同于行政行为的无效，无效的行政行为自始无效，而可撤销的行政行为只在撤销之后才失去效力，尽管这种失效也可一直追溯到行为作出之日。行政相对人在撤销决定作出之前一般要受该行为拘束；而且，可撤销的行为不一定必然被撤销。行政相对人申请行政复议或提起行政诉讼均有一定时限，超过此时限即不能申请撤销相应行为，除非行为机关主动撤销(主动撤销又须受信赖保护原则的限制)或有权机关通过其他法定监督途径撤销。

1. 行政行为撤销的条件

(1)行政行为合法要件缺损。合法的行政行为必须具备四个要件：主体合法、权限合法、内容合法、程序合法。某种行政行为如果缺损其中一个或一个以上要件，该行政行为就是可撤销的行政行为。

(2)行政行为不适当。不适当的行政行为也是可撤销的行政行为。所谓“不适当”，是指相应行为具有不合理、不公正、不符合现行政策、不合时宜、不合乎公序良俗等情形。“不适当”的行政行为在很多情形下同时是不合法的行为，从而应以“违法”为由予以撤销。但在某些情况下，不适当的行政行为并不违法。因此，“不适当”亦可成为撤销行政行为的条件之一。但人民法院一般不能以“不适当”为由(除非“明显不当”)撤销行政行为。

2. 行政行为撤销的法律后果

(1)相应行政行为通常自撤销之日起失去法律效力，撤销之前仍有效。在没有被撤销之前，行政相对人仍应履行相应行为设定的义务，其对相应行为没有直接抵制权。但对于为相对人设定义务或对相对人作出不利处理的行政行为，只要相应行为不是相对人过错造成的，撤销的效力应追溯到行政行为作出之日。

(2)如果行政行为的撤销是因行政主体过错引起的，且相应行政行为是授益行政行为,撤销的效力可不追溯到行政行为作出之日。但是,如因社会公益的需要必须使行政行为的撤销效力追溯到行为作出之日,由此给相对人造成的一切实际损失则应由行政主体予以赔偿。例如,行政主体违法批地给某企业盖房建厂,后违法批准行为被有权机关撤销,已盖好的厂房因不符合城市建设规划而必须拆迁。为此,违法批地的行政机关应赔偿拆迁企业因此受到的损失。

(3)如果行政行为的撤销是由行政相对人的过错或行政主体与相对人的共同过错所引起的,那么行政行为撤销的效力应追溯到行为作出之日。如行政相对人通过虚报、瞒报有关材料,向行政主体提供虚假信息而获取行政主体的某种批准、许可行为,或者行政行为是在相对人行贿、行政主体工作人员受贿的情况下作出等。在这些情形下,行政主体通过相应行为已给予相对人的利益、好处均要收回;行政相对人因行政行为撤销而遭受到的损失均由其本身负责;其他个人、组织因已撤销的行政行为所受到的损失,则应由行政主体和行政相对人依其过错程度共同赔偿;行政主体及其工作人员因导致行政行为撤销的过错还应对国家承担行政法律责任(接受政务处分等)。

(二)行政行为的废止

1. 行政行为废止的条件

行政行为具有确定力,一经作出即不得随意废止,只有在具有某些法定情形的条件下,才能依法定程序废止。行政行为废止的条件通常有下述三项:

(1)行政行为所依据的法律、法规、规章、政策经有权机关依法修改、废止或撤销,相应行为如继续存在,则与新的法律、法规、规章、政策相抵触,故行政主体必须废止原行政行为。

(2)行政行为所依据的客观情况发生重大变化,原行政行为继续存在将不利于或损害国家、社会公共利益。为了公共利益的需要,行政主体必须废止原行政行为。

(3)行政行为已完成原定目标、任务,实现其历史使命,从而没有继续存在的必要,行政行为自然终止。

2. 行政行为废止的法律后果

(1)行政行为自废止之日起失效,行政主体在行为废止之前通过相应行为已给予行政相对人的利益、好处不再收回;行政相对人依原行为已履行的义务不能要求行政主体予以赔偿或补偿。

(2)行政行为的废止如果是因法律、法规、规章、政策的废、改、撤或客观情况的变化,为了公共利益的需要而实施的,那么对此种废止给行政相对人的合法利益造成的损失,行政主体应予以补偿。

(三)行政行为的无效

1. 行政行为无效的条件

《行政诉讼法》第 75 条规定:"行政行为有实施主体不具有行政主体资格或者没有依据等重大且明显违法情形,原告申请确认行政行为无效的,人民法院判决确认无效。"如何理解"等重大且明显违法情形"呢? 我们必须借助行政法的一般原理。

根据行政法的一般原理,行政行为如具备下述情形之一,可视为无效行政行为,有权国家机关可确认和宣布该行为无效:

(1)行政行为具有特别重大的违法情形。例如,某市政府命令一个因有爆炸危险而停止向外供气的煤气供应站立即恢复向外供气,此行政命令如果执行,将给公民生命财产造成重大的无可挽回的损失。对此行政命令,相应煤气供应站就可以而且应该视为一个无效行政行为,不予执行。政府如果事后对该煤气供应站及其负责人给予行政处罚,该煤气供应站及其负责人即可向人民法院提起行政诉讼,确认相应行政命令无效,并撤销该行政处罚。

(2)行政行为具有明显的违法情形。例如,某地方政府作出一个行政决定,要求该地所有机关、企事业组织只能购买、使用该地生产的某种产品,而不能购买、使用外地生产的同类型产品。该决定显然属于限制竞争的地方保护主义,明显违法,故对相对人不产生拘束力。如果该地方政府进一步规定其所作出的相应行政决定属终局行政行为,不准行政相对人提起行政诉讼,则此行政决定更明显违法(根据《行政诉讼法》的规定,只有法律才能规定终局行政行为,法规、规章和任何行政规范性或非规范性文件均无权作此种规定),更应视为无效行政行为,自始不发生法律效力。

(3)行政行为的实施将导致犯罪。例如,某乡政府为了吸引外商在该地投资,命令村民捕杀若干国家保护的珍稀动物为招待外商的宴席所用。因捕杀珍稀动物的行为属犯罪行为,故该乡政府命令他人实施此种将导致犯罪的行为的行政命令是无效行政行为,行政相对人有权抵制而不予执行。

(4)没有可能实施的行政行为。例如,某市政府为了发展旅游事业,改善游客住宿条件,以吸引游客,命令该市所有宾馆、旅馆、饭店在5日内修建好残疾人通道和设施。这项改建工程即使具备其他所有条件,其劳务工作量也至少需要30日才能完成。因此,该行政命令是根本不可行的,从而属于无效行政行为。

(5)行政主体受胁迫作出的行政行为。例如,行政机关工作人员在行政相对人武力威胁或其他方式胁迫下作出某种行政行为,如颁发许可证、执照等。行政主体在这种情形下作出的行政行为均是无效行政行为,自始不具备法律效力。

(6)行政主体不明确或明显超越相应行政主体职权的行政行为。例如,行政主体实施行政行为不表明身份,在行政决定上不署相应行政主体的名称,不盖印章,使行政相对人不能确定该行政行为的行政主体是谁,在该行为侵犯其合法权益时亦无法申请复议或提起行政诉讼。因此,此类行为应该认定为无效行政行为。至于超越职权的行政行为,如果不是很明显的越权,一般不宜认定为无效行政行为,而应该归为可撤销的行政行为。只有明显的无权限或越权行为,才应该认定为无效行政行为。例如,乡镇政府对不执行其征收、拆迁决定的村民进行拘留,公安派出所对违反计生政策的公民进行罚款等。这些行为都是显而易见的越权行为,因而属于无效行政行为,自始即不具有法律效力。

2. 行政行为无效的法律后果

(1)行政相对人可不受该行为拘束,不履行该行为确定的任何义务,即具有抵制权,并且对此种不履行不承担法律责任。这一点不同于可撤销的行政行为。可撤销的行为只是在撤销之后失去法律效力,在此之前仍然对相对人有拘束力,相对人如在撤销前不履行相应行为确定的义务,仍要承担法律责任。

(2)行政相对人可在任何时候请求有权国家机关(行为机关的上级机关、权力机关、人民法院)宣布该行为无效。这也不同于可撤销行政行为。对于可撤销行政行为,行政相对人只能在法定时限内申请复议或提起行政诉讼。

(3)有权国家机关可在任何时候宣布相应行政行为无效,因为无效行政行为不具有公定力和确定力。

(4)行政行为被宣布无效后,行政主体通过相应行为从行政相对人处所获取的一切(罚没款物等)均应返还相对人;所加予相对人的一切义务均应取消;对相对人所造成的一切实际损失,均应赔偿。至于行政相对人通过无效行政行为从行政主体处获得的利益、好处是否均应收回,则应视相对人对行政主体作出无效行为是否具有过错。如果相对人有过错,其所获得的利益、好处无疑应全部收回;如果相对人并无过错,根据信赖保护原则,对其获得的利益、好处,亦可不予收回;如果为了公共利益必须收回,行政主体对因此给善意的相对人造成的损害应予以赔偿。一般来说,行政行为被宣布无效后,无效行政行为改变的状态应尽可能恢复到行为以前的状态。

行政行为的撤销、废止与无效是行政法学上三个相互联系但又有重要区别的概念。虽然三者都导致行政行为效力的终止,但引发三者的原因不同,效力终止的时间和情形也不一样。对于行政行为的撤销、废止、无效的条件和法律后果,本应在行政程序法中统一规定,但由于我国目前尚未制定统一的行政程序法,故本章论述的内容所根据的只能是行政法的一般原理和我国行政法的有关单行法律,并且参考了外国行政程序法的有关规定。

第十三章

行政立法

传统的观点认为,行政立法是一个不得不予以容忍的祸害,它对于分权是一种不幸而又不可避免的破坏。然而,这是个过时的观点。因为,实际上,问题的关键在于行政立法在实践中是不可缺少的,而不在于理论上难以使其合理化。

各种规则、规章的一个根本性的优越性就在于它的灵活性,同议会立法的修改相比,其变化要快得多也容易得多。……行政立法所提出的真正的宪法发展难题已经不再是其存在是否合理,而是由于行政立法的激增已经使得议会难以对其进行监督。①

——[英]威廉·韦德

本章节目

第一节　行政立法的概念与分类

第二节　行政立法的程序

第三节　行政立法的效力

第四节　其他行政规范性文件

---

① [英]威廉·韦德:《行政法》,徐炳等译,中国大百科全书出版社 1997 年版,第 558-559 页。

第一节　行政立法概述与分类

一、行政立法的概念

行政立法,是指国家行政机关依法定权限和法定程序制定行政法规和规章的活动。这里所说"行政立法"的"行政"是指此种立法的主体为行政机关,"行政立法"的"法"是指行政法规和规章。①

行政立法是从属性立法,而不是制定源法律规范的立法,不是宪法立法权意义上的"立法"。"法"与"法律"的含义不同:"法"指国家制定或认可并以国家强制力保证实施的调整人们社会关系的所有规范,包括宪法、法律、法规、规章等;而"法律"仅指由全国人民代表大会和全国人民代表大会常务委员会制定的调整人们社会关系的基本规范。"立法"如果仅指制定"法律",则立法权仅在全国人大和全国人大常委会。但是,如果赋予"立法"以制定所有"法"规范的含义,则立法权不仅全国人大和全国人大常委会享有,地方人大和地方人大常委会也享有;不仅国家权力机关享有,国家行政机关也享有。不过地方立法和行政立法均为从属性立法。

"行政立法"不等于"行政法",行政法也不等于行政机关制定的法。行政机关虽然可以制定行政法,但并非行政法都由行政机关制定。行政机关只制定行政法规和规章,行政法律由最高国家权力机关制定,作为行政法法源之一的地方性法规由特定地方国家权力机关制定。此外,行政机关制定的行政法规和规章也并非都是行政法,行政法规和规章也有调整经济关系、劳动关系、商事贸易关系和其他社会关系的。

本章使用"行政立法"这个词,有动态和静态两重意义:动态意义的"行政立法"指行政机关制定行政法规和规章的活动;静态意义的"行政立法"指行

---

① 人们使用"行政立法",有时是指全国人大和全国人大常委会制定行政法律的活动。这是从宪法立法权意义上界定"行政立法"。而有时则是指所有有权制定法律、法规、规章的国家权力机关和国家行政机关制定调整行政关系的法律、法规、规章的活动。这是从法的内容的意义上界定"行政立法",即所谓"实质意义的行政立法"。而行政法学研究的"行政立法"通常只限于"形式意义的行政立法",即从形式上、制定机关上界定的"行政立法",即行政机关制定行政法规和规章的活动。

政机关通过行政立法程序所制定的行政法规和规章。本章所研究的“行政立法”主要是动态意义上的,但有时也在静态意义上使用。

行政立法既具有立法的性质,是一种从属性立法行为(准立法行为),又具有行政的性质,是一种抽象行政行为。行政立法的“立法”性表现在:其一,代表国家,以国家名义制定要求人们遵守的行为规则。行政机关制定行政法规和规章,不是代表某一团体、某一部分人或以行政机关自己的名义进行,而是代表国家,以国家的名义进行,行政法规和规章是人们必须遵守的行为规则。其二,行政立法所立之“法”属于法的范畴,具有法的基本特征,即普遍性、规范性和强制性。普遍性指行政立法的内容不是针对某一特定个人、某一特定事件和一次性适用,而是针对非特定人、非特定事且能够多次反复适用;规范性指行政立法对人们行为的规范作用;强制性指一般行政立法(除指导性规范外)对于个人、组织具有强制执行力,个人、组织不遵守行政法规和规章的规定,行政机关可以依法采取一定措施强制其执行,或者对其给予行政处罚。其三,行政立法必须遵循准立法程序。行政机关制定行政法规和规章必须经过起草、征求社会公众意见、政府或政府部门相应会议审议通过、行政首长签署、公布等准立法程序。行政首长或行政机关工作人员个人不能进行行政立法。

行政立法的“行政”性主要表现在:其一,行政立法的主体是行政机关;其二,行政立法的客体是有关行政管理的事项;其三,行政立法的目的主要是执行法律、实现行政管理职能。

行政立法虽然具有立法的某些属性,但它不同于法律制定,二者有着重要的区别:第一,主体不同。法律的立法主体是全国人大和全国人大常委会;而行政立法的主体是特定国家行政机关。第二,立法调整的对象不同。法律所调整的对象通常是有关国家社会、经济、政治、文化和生态环境等的重要问题;而行政法规和规章调整的对象通常是有关经济调节、市场监管、社会治理、公共服务和环境保护等方面的管理问题。第三,所立之“法”的效力不同。法律具有仅次于宪法的效力;而行政法规和规章的效力低于法律,行政法规和规章的内容不得与法律相抵触,否则无效。第四,立法的程序不同。法律的立法程序比行政立法程序正式、严格,更注重民主;行政立法的程序较为简便、灵活,更注重效率。第五,立法的形式也有区别。法律通常以“法”(《行政许可法》《行政处罚法》《行政强制法》等)的形式颁布;而行政立法通常以条例、规定、办法(《行政法规制定程序条例》《规章制定程序条例》等)的形式颁布。

行政立法虽然具有“行政”性质,但它不同于具体行政行为,二者也有着重要区别:第一,主体不完全相同。行政立法的主体是《立法法》特别授权的行政机关;而具体行政行为的主体为一般行政机关。第二,调整对象不同。行政立法调整的对象是普遍的、不特定的人和事;而具体行政行为的对象所针对的通常是特定的人和事。第三,效力不同。行政立法的时间效力一般长于具体行政行为,行政立法通常能多次反复适用;而具体行政行为的效力则通常是一次性的。第四,程序不同。行政立法的程序较具体行政行为的程序正式、严格;而具体行政行为的程序较行政立法程序简单、灵活。第五,形式不同。行政立法必须以正式法律文件的形式向社会公开发布;而具体行政行为则可以采取一般的书面决定形式直接送达相对人,有时甚至可以采取口头形式告知相对人。

二、行政立法的分类

按照不同的标准,对行政立法可以作不同的分类。依据行政立法权的来源不同,行政立法可以分为职权立法和授权立法;依据立法权行使主体的不同,行政立法可以分为中央行政立法和地方行政立法;依据立法的内容不同,行政立法可以分为执行性立法和创制性立法。行政立法的这些不同分类分别具有不同的意义和作用。

(一)职权立法和授权立法

行政立法根据其权力来源的不同,可分为职权立法与授权立法。职权立法是行政机关直接根据宪法和组织法的授权,为执行相应法律、法规或为行使相应行政管理职权而进行的行政立法。授权立法则是行政机关根据国家权力机关的特别授权,就本应由国家权力机关制定法律或地方性法规的事项而进行的行政立法。《立法法》第 8、65、73、80 条和第 82 条分别就应由法律、行政法规、地方性法规、规章规定的事项作出了具体规定。因此,行政机关对根据《立法法》规定应由行政法规、规章规定的事项进行的行政立法即职权立法;而行政机关根据国家权力机关的特别授权,对依《立法法》规定应由法律或地方性法规规定的事项而进行的行政立法即授权立法。《立法法》第 9 条规定,“本法第八条规定的事项尚未制定法律的,全国人民代表大会及其常务委员会有权作出决定,授权国务院可以根据实际需要,对其中的部分事项先制定行政法规,但是有关犯罪和刑罚、对公民政治权利的剥夺和限制人身自由的强制措施和处罚、司法制度等事项除外”。《立法法》是全国人大于2000年3月制定颁布,2015年3月修订并重新公布的。在《立法法》制定和颁布之前,我国实际上已存在职权立法和授权立法的区分。例如,1983年,国务院根据《全国人大常委会关于授权国务院对职工退职退休办法进行部分修改和补充的决定》所进行的行政立法;1984年,国务院根据《全国人大常委会关于授权国务院改革工商税制发布有关税收条例草案试行的决定》所进行的行政立法;1985年以后,国务院根据《全国人大常委会关于授权国务院在经济体制改革和对外开放方面可以制定暂行的规定或者条例的决定》所进行的行政立法。以上均是授权立法的例子。

(二)中央行政立法和地方行政立法

行政立法依据行使行政立法权主体的不同,可分为中央行政立法和地方行政立法。在我国,国务院制定行政法规和国务院各部、委、中国人民银行、审计署和具有行政管理职能的直属机构制定的部门规章为中央行政立法;省、自治区、直辖市和设区的市、自治州的人民政府制定的地方政府规章为地方行政立法。

中央行政立法调整全国范围内的普遍性问题和必须由中央统一作出规定的重大问题,如全国性的治安管理问题、生态环境保护问题、交通问题、自然资源问题、国家安全问题,等等。而地方行政立法的调整范围限于执行性事务、地方性事务以及城乡建设与管理、环境保护、历史文化保护等方面的事项。

(三)执行性立法和创制性立法

行政立法依其内容不同可分为执行性立法和创制性立法。国务院和国务院部门制定行政法规和规章,就全国人大或全国人大常委会制定的法律规定实施办法、实施细则,明确具体法律规范的含义和适用范围,都不属于创制新的权利义务规范,而是“执行性立法”。享有行政立法权的地方人民政府根据当地的实际情况,就国务院行政法规或地方性法规规定实施办法、实施细则,明确其法律规范的确切含义和适用范围,亦称“执行性立法”。国务院和国务院部门依据法律或根据全国人大、全国人大常委会的授权制定行政法规和规章,为公民、法人或其他组织创制新的权利义务规范,称“创制性立法”。同样,享有行政立法权的地方人民政府依据法律、法规或根据授权制定行政规章,为公民、法人或其他组织创制新的权利义务规范,亦称“创制性立法”。

执行性立法的立法根据是特定法律、行政法规或上级行政规章,如果没有具体的特定法律文件作为根据,行政机关不能任意进行执行性立法。执行性立法的法律文件名称通常即明确指出该行政立法的具体法律根据。创制性立法的立法根据是特定法律、法规或权力机关决议的授权。没有特定法律、法规或权力机关的特别授权,行政机关不能任意进行创制性立法。而且,创制性立法所调整的事项应在相应的法律、法规或权力机关决议的授权范围之内。

第二节　行政立法的程序

关于行政立法的程序,《立法法》和国务院《行政法规制定程序条例》《规章制定程序条例》①作了较详细的规定。下面我们根据这些法律、法规以及现行行政立法的实践,对行政立法的程序作概括性的阐释。

一、编制立法工作计划

行政立法和国家社会、经济、文化的发展一样,要适应民主、法治、市场经济运作和发展的需要,有计划地进行。这是因为:第一,行政立法必须为改革和发展服务,必须适应社会、经济、文化发展的需要;第二,行政立法调整的社会关系是广泛的、复杂的,行政立法的任务是艰巨和繁重的,立法不能一哄而上,必须分别轻重缓急,分阶段、分步骤地进行;第三,行政立法主体多而分散,为防止行政立法之间的重复、矛盾,以及使地方、部门的行政立法能及时补充国务院行政立法的不足,均需编制行政立法计划,先立项,后立法。

---

① 《行政法规制定程序条例》《规章制定程序条例》为国务院 2001 年 11 月 16 日制定和公布,2017 年 12 月 22 日进行了全面修订。

(一)行政法规的立法计划

《立法法》第 66 条规定,国务院法制机构[①]应当根据国家总体工作部署拟订国务院年度立法计划,报国务院审批。国务院年度立法计划中的法律项目应当与全国人民代表大会常务委员会的立法计划和年度立法计划相衔接。国务院法制机构应当及时跟踪了解国务院各部门落实立法计划的情况,加强组织协调和督促指导。

国务院编制年度行政法规立法计划的程序是:(1)国务院有关部门认为需要制定行政法规的,于每年年初编制国务院年度立法计划前,向国务院报请立项;(2)国务院法制机构根据国家总体工作部署和全国人大常委会的立法规划,对部门报送的行政法规立项申请汇总研究,突出重点,统筹兼顾,拟订国务院年度立法计划;(3)报国务院审批。国务院年度立法计划在执行中可以根据实际情况予以调整。

(二)规章制定工作计划

规章制定工作计划的编制程序是:

1. 国务院部门内设机构或者其他机构认为需要制定部门规章的,向该部门报请立项;享有行政立法权的地方人民政府所属工作部门或者其下级人民政府认为需要制定地方政府规章的,向该地方人民政府报请立项。

2. 国务院部门和享有行政立法权的地方人民政府的法制机构(现为司法行政部门)对制定规章的立项申请汇总研究,拟订本部门、本级人民政府规章制定计划。

3. 报本部门、本级人民政府批准。国务院部门和地方人民政府年度规章制定计划在执行中可以根据实际情况予以调整。

二、起草

(一)行政法规的起草

《立法法》第 67 条第 1 款规定,行政法规由国务院有关部门或者国务院

① 根据第十三届全国人民代表大会第一次会议关于国务院机构改革方案的决定,国务院法制机构已不再保留,其职能已归入重新组建的司法部。本章以下凡提到“国务院法制机构”现在均应为“司法部”,不再一一说明。

法制机构具体负责起草，重要行政管理的法律、行政法规草案应由国务院法制机构组织起草。

起草行政法规，除应当遵循《立法法》确定的立法原则，并符合宪法和法律的规定外，还应当符合下列要求：

1. 制定行政法规，应当贯彻落实党的路线方针政策和决策部署，符合宪法和法律的规定，遵循《立法法》确定的立法原则。

2. 制定政治方面法律的配套行政法规，应当按照有关规定及时报告党中央。制定经济、文化、社会、生态文明等方面重大体制和重大政策调整的重要行政法规，应当将行政法规草案或者行政法规草案涉及的重大问题按照有关规定及时报告党中央。

3. 弘扬社会主义核心价值观。

4. 体现全面深化改革精神，科学规范行政行为，促进政府职能向宏观调控、市场监管、社会管理、公共服务、环境保护等方面转变。

5. 符合精简、统一、效能的原则，相同或者相近的职能规定由一个行政机关承担，简化行政管理手续。

6. 切实保障公民、法人和其他组织的合法权益，在规定其应当履行的义务的同时，应当规定其相应的权利和保障权利实现的途径。

7. 体现行政机关的职权与责任相统一的原则，在赋予有关行政机关必要的职权的同时，应当规定其行使职权的条件、程序和应承担的责任。

（二）规章的起草

部门规章由国务院部门组织起草，国务院部门可以确定由其一个或几个内设机构具体负责起草工作，也可以确定由其法制机构起草或组织起草；地方政府规章由享有行政立法权的地方人民政府组织起草，相应地方人民政府可以确定由其一个或几个部门具体负责起草工作，也可以确定由其法制机构起草或组织起草。此外，起草规章可以邀请有关专家、组织参加，也可以委托有关专家、教学科研单位、社会组织起草。

起草部门规章，涉及国务院其他部门的职责或者与国务院其他部门关系紧密的，起草单位应充分征求其他部门的意见；起草地方政府规章，涉及本级人民政府其他部门的职责或者与其他部门关系紧密的，起草单位应充分征求其他部门的意见。意见不同的，应当充分协商；经过充分协商，不能取得一致意见的,起草单位应当在上报送审稿时说明情况和理由。

三、征求和听取意见

行政立法是行政机关行使准立法权的行为。为了使行政立法体现人民的意志和利益,必须在立法过程中征求和充分听取各方面的意见,特别是人大代表、政协委员、社会公众和利害关系人的意见。涉及全体公民权益的行政法规和规章,立法草案应通过新闻传播媒介公布,然后通过一定形式征询和听取各方面公众的建议、意见或异议;涉及一定地区、一定阶层公民的权益的,立法草案应在相应地区、相应阶层公众中公布,并组织讨论。根据《立法法》第 67 条的规定,行政法规在起草过程中,应当广泛听取有关机关、组织、人民代表大会代表和社会公众的意见。听取意见可以采取座谈会、论证会、听证会等多种形式。行政法规草案应当向社会公布,征求意见,但是经国务院决定不公布的除外。《行政法规制定程序条例》第 13 条规定,起草行政法规,起草部门应当深入调查研究,总结实践经验,广泛听取有关机关、组织和公民的意见。涉及社会公众普遍关注的热点难点问题和经济社会发展遇到的突出矛盾,减损公民、法人和其他组织权利或者增加其义务,对社会公众有重要影响等重大利益调整事项的,应当进行论证咨询。听取意见可以采取召开座谈会、论证会、听证会等多种形式。

《规章制定程序条例》第 15 条第 1 款规定,听取意见可采用书面征求意见、座谈会、论证会、听证会等多种形式。第 16 条规定,起草规章,涉及社会公众普遍关注的热点难点问题和经济社会发展遇到的突出矛盾,减损公民、法人和其他组织权利或者增加其义务,对社会公众有重要影响等重大利益调整事项的,起草单位应当进行论证咨询,广泛听取有关方面的意见。起草的规章涉及重大利益调整或者存在重大意见分歧,对公民、法人或者其他组织的权利义务有较大影响,人民群众普遍关注,需要进行听证的,起草单位应当举行听证会听取意见。听证会依照下列程序组织:

1. 听证会公开举行,起草单位应当在举行听证会的 30 日前公布听证会的时间、地点和内容;

2. 参加听证会的有关机关、组织和公民对起草的规章,有权提问和发表意见;

3. 听证会应当制作笔录，如实记录发言人的主要观点和理由；

4. 起草单位应当认真研究听证会反映的各种意见，起草的规章在报送审查时，应当说明对听证会意见的处理情况及其理由。

《行政法规制定程序条例》和《规章制定程序条例》除规定了在行政立法起草过程中听取公众意见的严格程序外，还规定了在审查过程中进一步听取公众意见的程序：

1. 行政法规起草完毕后，国务院法制机构应将行政法规送审稿或送审稿中涉及的主要问题发送国务院有关部门、地方人民政府、有关组织和专家等各方面征求意见。国务院法制机构还可以将行政法规送审稿或者修改稿及其说明等向社会公布，征求意见。规章起草完毕后，规章制定机关的法制机构应将规章送审稿或送审稿中涉及的主要问题发送有关机关、组织和专家征求意见。

2. 国务院法制机构和规章制定机关的法制机构应分别就行政法规和规章送审稿中涉及的主要问题，深入基层进行实地调查研究，听取基层有关机关、组织和公民的意见。

3. 行政法规和规章送审稿中涉及重大利益调整的，国务院法制机构和规章制定机关的法制机构应当进行论证咨询，广泛听取有关方面的意见。论证咨询可以采取座谈会、论证会、听证会、委托研究等多种形式。

4. 行政法规送审稿涉及重大利益调整或者存在重大意见分歧，对公民、法人或者其他组织的权利义务有较大影响，人民群众普遍关注的，国务院法制机构可以举行听证会，听取有关机关、组织和公民的意见。规章送审稿涉及重大利益调整或者存在重大意见分歧，对公民、法人或者其他组织的权利义务有较大影响，人民群众普遍关注，起草单位在起草过程中未举行听证会的，法制机构经本部门或者本级人民政府批准，可以举行听证会，听取有关机关、组织和公民的意见。

四、审查

行政立法经起草部门起草、征求意见，并与有关部门协商完毕后，即由起草部门或起草单位主要负责人签署（几个部门、单位共同起草的，由相应负责人共同签署）送审稿并报送相应行政立法机关审查。起草部门在报送送审稿时，应同时报送下述材料：

1. 送审稿的说明,包括立法的必要性、主要思路、确立的主要制度,各方面对送审稿主要问题的不同意见及其协调处理情况,征求有关机关、组织和公民意见的情况,对拟设定、取消或者调整行政许可、行政强制的情况等作出的说明;

2. 国内外的有关立法资料;

3. 调研报告、考察报告等。

行政立法送审稿由行政立法机关法制机构负责审查,审查的范围通常包括:

1. 送审稿是否严格贯彻落实党的路线方针政策和决策部署,是否符合宪法和法律的规定以及国家的方针、政策;

2. 是否符合《立法法》确立的立法原则和《行政法规制定程序条例》《规章制定程序条例》对行政法规、规章的要求;

3. 是否与有关行政立法协调、衔接;

4. 是否正确处理了有关机关、组织和公民对送审稿主要问题的意见;

5. 是否符合行政立法技术的要求;

6. 其他需要审查的内容。

法制机构对审查不合格的行政立法送审稿,可以缓办或退回起草部门、起草单位。对送审稿涉及的主要制度、主要措施、方针政策、管理体制、权限分工等问题有不同意见的,法制机构应进行协调,力求达成一致意见;不能达成一致意见的,应将争议的主要问题以及有关部门、有关机构和法制机构的意见上报行政立法机关决定。法制机构应当认真研究各方面的意见,与起草部门、起草单位协商后,对送审稿进行修改,形成行政法规、规章的草案及其说明。

五、决定与公布

行政立法草案及其说明形成后,由法制机构主要负责人提出提请行政立法机关审议的建议。行政法规草案由国务院常务会议审议或者由国务院审批,部门规章由部务会议或委员会会议审议决定,地方政府规章由地方人民政府的常务会议或全体会议审议决定。

经行政立法机关审议、决定(或审批)的行政法规和规章,应经行政首长签署发布令,在政府公报上或通过新闻媒介发布。《立法法》第 70 条和第 71

条规定,行政法规由总理签署国务院令公布。有关国防建设的行政法规,可以由国务院总理、中央军事委员会主席共同签署,国务院、中央军事委员会令公布。行政法规签署公布后,及时在国务院公报和中国政府法制信息网以及在全国范围内发行的报纸上刊载。在国务院公报上刊登的行政法规文本为标准文本。《立法法》第85条和第86条规定,部门规章由部门首长签署命令予以公布,地方政府规章由省长、自治区主席、市长或者自治州州长签署命令予以公布。部门规章签署公布后,及时在国务院公报或者部门公报和中国政府法制信息网以及在全国范围内发行的报纸上刊载。地方政府规章签署公布后,及时在本级人民政府公报和中国政府法制信息网以及在本行政区域范围内发行的报纸上刊载。在国务院公报或者部门公报和地方人民政府公报上刊登的规章文本为标准文本。

行政立法自公布之日起30日后施行,但涉及国家安全、外汇汇率、货币政策的确定以及公布后不立即施行将有碍行政立法施行的,可以自公布之日起施行。

第三节 行政立法的效力

一、行政立法的效力范围

行政立法的效力,是指行政立法对于行政相对人的拘束力、执行力以及对于行政机关实施行政管理和对人民法院审判活动的适用力。

行政立法属于法的范畴,行政机关是执法机关,实施行政管理应予遵循和适用。公民、法人和其他组织的行为应受行政立法的约束。行政相对人不遵守行政立法、不履行行政立法规定的义务的,行政机关可以依法采取行政强制措施或给予行政处罚。人民法院审理行政案件应以行政法规为依据,规章亦应参照适用。当然,行政立法的上述效力是以行政立法合法有效为前提的。行政立法合法有效的基本要求是:(1)符合宪法、法律和上位阶行政立法,其内容与宪法、法律和上位阶行政立法不相抵触。(2)未超越行政立法机关享有的行政立法权限,所立之法在其职权管辖范围之内,或者有合法的授权。

(3)遵循法定程序。立法的起草、征求意见、审议、发布等都遵守了法律、法规的要求、规则。

行政立法的效力范围具体体现在四个方面:

(一)行政立法的空间效力

行政立法是多层次的,其空间效力范围(效力的地域范围)是不一样的。国务院的行政法规和国务院部门规章效力的范围及于全国,而省、自治区、直辖市和设区的市、自治州的人民政府的规章的空间效力一般仅及于相应行政管辖区域。所谓"一般仅及于",就是说,在某些特定情况下也可能有例外:行政机关对非本行政区域的公民、法人或者其他组织执法,法院审理非本行政区域的公民、法人或者其他组织的案件,有时依法需要适用或参照相应公民、法人或者其他组织所在行政区域的行政立法。在这种情况下,行政立法的空间效力范围会超出行政立法机关管辖的行政区域。

(二)行政立法对于行政机关的效力

行政法规和规章一经发布,对行政机关本身亦发生拘束力:下级行政机关必须执行上级行政机关的法规、规章,不得作出与上级行政立法不同的规定;上级行政机关及行政首长认为下级行政机关的行政立法不妥,应通过法定程序撤销或责令下级行政机关自行撤销,而不得任意改变、撤销或否定下级行政立法的效力;制定法规、规章的行政机关自己也不得任意改变、撤销、废止自己制定的法规、规章(具备法定条件或因公共利益的需要可依法定程序改变、撤销或废止),其行为应受信赖保护原则的约束,否则,反复无常即构成滥用权力。对于合法有效的行政立法,任何行政机关在实施相应具体行政行为时都必须予以遵循和适用,而不得违反。

(三)行政立法对于其他国家机关的效力

对于行政机关就行政管理发布的行政法规和规章,其他国家机关也有遵守的义务。如关于城市建设、城市管理、环境保护以及交通、卫生、安全、消防乃至节假日安排等方面的行政立法,无论是立法机关,还是法院、检察院等司法机关,都必须遵守。当然,人民代表机关可以根据宪法和法律,撤销违法的行政立法。人民法院在行政诉讼中也有审查和不适用违法行政规章的权力。但是对于合法的行政法规和规章,人民法院在审理行政案件中还应予以适用和作为裁判案件的依据或参照。

(四)行政立法对于公民、法人和其他组织的效力

行政立法的效力范围及于全国公民,而不论其在境内还是在境外;也及于处在本国境内的外国人和无国籍人,但依照国际惯例或法律明确规定不适用的或享有豁免权的除外。就每一个具体的行政法规、规章来说,其效力决定于颁布机关的管辖权限和立法内容。例如,省人民政府规章的效力及于该省的个人、组织;市人民政府规章的效力及于该市的个人、组织。又如,规定国家公务员事项的行政法规只适用于国家公务员;规定个体经营者问题的部门规章只适用于个体经营者等。

任何社会团体和企事业组织,包括外资、合资企业,无论是法人组织还是非法人组织,只要在中国境内,都必须遵守中国的行政立法,行政立法具有普遍的拘束力。当然,就某一具体行政法规或规章来说,它是否对某一企业、组织、团体具有拘束力,则应通过具体分析该法规、规章的内容和调整范围而定。

二、行政立法的生效与失效

(一)行政立法的生效要件

1. 经享有相应行政立法权的行政机关审议通过。例如,行政法规依法应经国务院常务会议审议决定或经国务院审批①;国务院部门规章,应经部务会议或者委员会会议决定②;地方人民政府规章,应经地方政府常务会议或者全体会议决定③。可见,经相应行政立法机关会议审议、决定是行政立法生效的必需要件。未经相应会议讨论、审议、决定的行政立法,应认为不具备生效要件,不能发生法律效力。

行政立法因为具有立法性,为了保证民主,法律规定须经相应会议讨论、审议是必要的。但是行政立法同时又具有行政性,为了保障行政首长负责制原则的实现,法律并未规定行政立法应实行票决通过程序。在相应行政机关

① 参见《立法法》第69条和《国务院组织法》第4条。根据国务院2017年12月22日修订发布的《行政法规制定程序条例》规定,行政法规草案由国务院法制机构主要负责人提请国务院常务会议审议,或者由国务院审批。不经国务院常务会议审议,仅由国务院审批的行政法规草案限于“调整范围单一、各方面意见一致或者依据法律制定的配套行政法规草案”。这些法规草案可以“采取传批方式,由国务院法制机构直接提请国务院审批”。

② 参见《立法法》第84条。

③ 参见《立法法》第84条。

对行政立法的讨论会议上,会议成员可充分发表意见,但不一定进行票决。只要行政首长认为相应行政立法适当、可行,即可签署发布;若认为不当或不可行,即予以搁置。签署发布或不签署发布以行政首长自己的权衡、裁量为依据。尽管这种权衡、裁量必然要受到会议成员所发表的意见的影响,但并不以会议成员持赞成或反对意见的人数为依据。

2. 经行政首长签署。例如,国务院公布行政法规,要由总理签署发布的国务院令①;国务院部门规章由部门首长签署发布的命令;地方人民政府规章由省长或者自治区主席或者市长签署发布的命令②。行政首长签署发布令是行政立法生效的重要要件,没有行政首长的签署,行政法规、规章就不能对外发生法律效力。

3. 公开发布。行政立法生效的最后一个要件是公开发布。例如,行政法规经总理签署后,应在国务院公报和在全国范围内发行的报纸上刊登公布。部门规章经部门行政首长签署后,应在国务院公报或者部门公报和在全国范围内发行的报纸上刊登公布。地方政府规章经地方行政首长签署后,应在本级人民政府公报和在本行政区域范围内发行的报纸上刊登公布。总之,行政立法都必须公开发布,让所有受该行政立法拘束的人知晓。否则,作为行政相对人的公民、法人和其他组织不知晓相应行政立法,行政机关就不能要求其遵守和履行相应行政立法规定的义务。

(二)行政立法的生效时间

行政立法的生效时间通常有两种情况:

1. 行政立法在公布一段时间后生效(通常自公布之日起 30 日后施行)。行政立法之所以通常在公布一段时间后施行,是因为有些行政法规和规章不能在公布之日为有关的组织、个人知晓,公布后不可能要求有关的个人、组织立即作出某种行为,否则会造成不公正;有些行政法规和规章在实施前需要做一些宣传解释工作,使有关人员理解它的意义、精神实质和内容;还有一些行政法规和规章,在生效前需要做某些准备工作。对于这些行政法规和规章,自发布之日起生效和施行是不适宜的,故规定一个准备期,过此期限后再生效。

---

① 参见《立法法》第 70 条。

② 参见《立法法》第 85 条。

2. 自公布之日起生效。涉及国家安全、外汇汇率、货币政策的确定以及公布后不立即施行将有碍行政立法施行的行政立法,可以自公布之日起施行。

行政立法除了自公布之日起生效或在公布之日以后另定一个日期生效外,是否能对公布之日以前的事实发生效力,即行政立法是否有溯及力,在《立法法》制定颁布之前一直是一个有争议的问题。多数学者认为,行政立法一般不应有溯及既往的效力。即使在某些特殊情况下需要溯及既往,也以不对相对方权益造成不利影响为原则。现在,《立法法》第 93 条明确规定:"法律、行政法规、地方性法规、自治条例和单行条例、规章不溯及既往,但为了更好地保护公民、法人和其他组织的权利和利益而作的特别规定除外。"

(三)行政立法的失效

行政立法失效大致有下述五种情况:

1. 授权法规定的授权时效届满。权力机关通过特别法律或专门决定授权行政机关就一定事项立法时,一般要明确规定授权的时间限制。授权法如有此种规定,时限一到,依此授权法制定的行政法规、规章即失效。

2. 新法废除旧法。根据一般规则,调整同一问题的新法颁布以后,旧法即自然失去效力。过去,新法取代旧法,并不在新法中明确规定废止旧法,而只是一般地规定,"过去有关法规与本法规不一致的,一律以本法规为准","过去有关规定与本办法有抵触的,均按本办法执行"等。但现在新法代替旧法,应在新法中明确规定废止旧法。

3. 行政立法因规定的社会事实已消灭或效果已完成而失效。如规定预防某一流行病的行政立法因流行病的消灭而失效,规定某一救灾工作的行政立法因救灾工作的结束而失效等。

4. 在法规清理中宣布相关行政法规和规章的废止。

5. 行政立法被有权机关撤销。

三、对行政立法的监督

行政立法因具有对公民、法人和其他组织的普遍约束力和执行力,所以一旦出现违法或不当,将对个人、组织权益造成广泛和严重的损害。因此,在行政法上,应特别强调对行政立法的监督。关于对行政立法监督的途径、方式和程序,在宪法和组织法的基础上,《立法法》作了进一步具体化的规定。

(一)法规、规章的备案

《立法法》对法规、规章备案的要求包括:(1)法规、规章应在公布后 30 日内备案;(2)行政法规报全国人大常委会备案;(3)部门规章和地方政府规章报国务院备案,地方政府规章应当同时报本级人大常委会备案,省级以下地方政府规章应当同时报省级人大常委会和人民政府备案;(4)根据授权制定的法规应当报授权决定的机关备案。①

(二)改变或撤销法规、规章的条件

法规、规章有下列情形之一的,有权机关可予以改变或撤销:

(1)超越权限的;

(2)下位法违反上位法规定的;

(3)规章之间对同一事项的规定不一致,经裁决应当改变或撤销一方的规定的;

(4)规章的规定被认为不适当,应当予以改变或撤销的;

(5)违背法定程序的。②

(三)改变或撤销法规、规章的权限

根据《宪法》《地方组织法》《立法法》的规定,有权机关改变或撤销法规、规章的权限划分如下:

(1)全国人大常委会有权撤销同宪法和法律相抵触的行政法规;

(2)国务院有权改变或者撤销不适当的部门规章和地方政府规章;

(3)地方人大常委会有权撤销本级人民政府制定的不适当规章;

(4)省级人民政府有权改变或撤销下一级人民政府制定的不适当规章;

(5)授权机关有权撤销被授权机关制定的超越授权范围或违背授权目的的法规、规章,必要时还可撤销授权。③

(四)对法规、规章进行监督审查的程序

全国人大常委会对法规、规章进行监督审查的程序主要包括:

---

① 参见《立法法》第 98 条。

② 参见《立法法》第 96 条。

③ 参见《宪法》第 67 条和第 89 条,《地方组织法》第 50 条,《立法法》第 97 条。

1. 提出审查要求或建议

国务院、中央军委、最高人民法院、最高人民检察院和省级人大常委会认为行政法规同宪法和法律相抵触的，可以向全国人大常委会书面提出审查要求；其他国家机关和社会团体、企事业组织以及公民认为行政法规同宪法和法律相抵触的，可以向全国人大常委会书面提出审查建议。

2. 专门委员会和常委会工作机构审查

对国务院、中央军委、最高人民法院、最高人民检察院和省级人大常委会提出的审查要求，由全国人大常委会工作机构分送有关的专门委员会进行审查和提出意见；对其他国家机关和社会团体、企事业组织以及公民提出的审查建议，由全国人大常委会工作机构进行研究，必要时送有关的专门委员会进行审查和提出意见；有关的专门委员会和常委会工作机构也可以对报送备案的法规进行主动审查。

3. 向制定机关提出审查意见、研究意见

全国人大专门委员会、常委会工作机构经审查，认为行政法规同宪法和法律相抵触的，可以向制定机关提出书面审查意见、研究意见；也可以由宪法和法律委员会与有关的专门委员会、常委会工作机构召开联合审查会议，要求制定机关到会说明情况，再向制定机关提出书面审查意见。制定机关应在两个月内研究提出是否修改的意见，并向全国人大宪法和法律委员会和有关的专门委员会或常委会工作机构反馈；全国人大宪法和法律委员会、有关的专门委员会、常委会工作机构向制定机关提出书面审查意见、研究意见，制定机关按照所提意见对行政法规进行修改或废止的，即终结审查。

4. 全国人大常委会委员长会议和常委会会议审议

全国人大宪法和法律委员会、有关的专门委员会、常委会工作机构经审查、研究，认为行政法规同宪法和法律相抵触而向制定机关提出意见，制定机关不予修改的，应向委员长会议提出予以撤销的议案、建议，由委员长会议决定提请常委会会议审议决定。

5. 全国人大有关的专门委员会、常委会工作机构对审查、研究情况进行反馈与公开

全国人大有关的专门委员会、常委会工作机构在审查终结后，应当将审查、研究情况向提出审查建议的国家机关、社会团体、企事业组织以及公民反

馈,并可以向社会公开。[①]

《立法法》对其他接受法规、规章备案的机关的监督审查程序未作统一规定,但要求它们各自就报送备案的法规、规章的审查程序按照维护法制统一的原则分别作出规定。[②]

第四节　其他行政规范性文件

一、行政规范性文件的含义

行政规范性文件,是指行政法规、规章以外的行政机关发布的规范性文件。[③] 行政规范性文件虽然不属于行政立法的范畴,但在我国行政管理中具有非常重要的地位。我国国家行政机关中有权发布行政法规、规章的只占很小的比例,而有权发布行政规范性文件的则为绝大多数,包括各级人民政府和政府的所有工作部门。行政机关的大量行政行为是直接根据行政规范性文件作出的。

行政规范性文件是国家行政机关为执行法律、法规和规章,对社会实施行政管理,依法定权限和法定程序发布的规范公民、法人和其他组织行为的具有普遍约束力的政令。

第一,行政规范性文件是一种特殊政令。《宪法》第 89 条规定,国务院可以规定行政措施,制定行政法规,发布决定和命令;第 90 条规定,各部委可以发布命令、指示和规章。根据《地方组织法》第 59 条规定,县级以上地方各级人民政府可以规定行政措施、发布决定和命令;第 61 条规定,乡镇人民政府可

① 参见《立法法》第 99-101 条。

② 参见《立法法》第 102 条。

③ 行政规范性文件不属于行政立法的范畴,因此在“行政立法”一章进行探讨似不太适当。然而,行政规范性文件又不属于行政执法或其他具体行政行为的范畴,放在其他章节中探讨更不适当。相对而言,行政规范性文件更接近行政立法,而且,行政规范性文件与行政立法不存在实质性分界。即随着行政法制的发展,享有规章制定权的行政机关的数量不断在增加,从而,现在的许多行政规范性文件将来有可能上升为规章而成为行政立法。因此,在“行政立法”一章中附带研究行政规范性文件也有其合理性。当然,这只是体系结构安排的问题。行政规范性文件不论放在哪一章节或独立设章研究,其在行政法学中的地位都是重要的,行政法学都不能不进行研究。

以发布决定和命令。宪法和组织法中规定的“行政措施”“决定”“命令”等大多都以行政规范性文件的形式发布。

第二,行政规范性文件不是一般政令,它具有普遍约束力。行政机关发布的决定、命令,有一些是针对特定人和特定事项的,有些则是针对不特定的人和事项的。只有后者才是行政规范性文件,它的特点是具有“普遍约束力”,即它对于相应规范性文件制定主体所管辖的整个行政区域的公民、法人、其他组织均具有约束力。

第三,行政规范性文件是行政机关为执行法律、法规、规章,对社会进行行政管理而实施的一种抽象行政行为。行政规范性文件是抽象行政行为的一种,在这个范畴内,它与行政法规、规章具有相同的性质。行政法规、规章也属于抽象行政行为。二者的区别在于:行政法规、规章同时属于行政立法;而行政规范性文件只是一般抽象行政行为,它的制定应以法律、法规、规章为依据,没有法律、法规、规章依据的行政规范性文件是无效的。

第四,行政规范性文件是行政机关发布的用以对社会进行行政管理,规范公民、法人和其他组织行为的政令。在社会管理功能方面,行政规范性文件与具体行政行为有某些相同的作用,二者的区别在于:具体行政行为的管理功能通常是直接实现的;而行政规范性文件的管理功能通常是间接实现的;行政规范性文件确定的规则、要求,大多要通过具体行政行为实现。行政规范性文件不仅规范公民、法人和其他组织的行为,而且也规范行政机关本身的行为。行政机关依据行政规范性文件实施具体行政行为,实现对社会的管理,保障法律、法规、规章在相应行政区域内的执行。

二、行政规范性文件的种类

根据行政规范性文件发布的主体,行政规范性文件可以分为三类:(1)享有行政立法权的行政机关发布的行政规范性文件;(2)不享有行政立法权的国务院的工作机构发布的行政规范性文件;(3)不享有行政立法权的地方人民政府及其工作部门发布的行政规范性文件。

第一类行政规范性文件有时与行政立法难以区分,主要区别在制定程序上:行政立法必须经相应行政立法机关的正式会议(通常是常务会议)审议通过,由行政首长签署发布;而行政规范性文件则没有这样的程序要求。

第二类行政规范性文件是由不享有行政立法权的国务院的工作机构发布的。国务院的某些机构(办公机构、没有一般行政管理职能的直属机构和部委归口管理的国家局等),宪法、组织法和《立法法》未赋予其规章制定权,但它们也直接或间接行使着某些行政管理职权。特别是许多部委归口管理局,它们的主要职能就是行政管理,要对作为行政相对人的企事业组织、个人的行为进行规制,因工作需要,它们往往要发布大量的行政规范性文件。

第三类行政规范性文件制定的主体最为广泛。在2015年《立法法》修改以前,地方各级人民政府中只有省级人民政府、省级人民政府所在地的市的人民政府、国务院批准的"较大的市"和经济特区所在地的市的人民政府享有规章制定权。在2015年《立法法》修改以后,地方各级人民政府中也只有省、自治区、直辖市和设区的市、自治州的人民政府才享有规章制定权,其他数以千计的县级市、县和数以万计的乡、镇人民政府均只能发布行政规范性文件。这些行政规范性文件调整着广泛的社会关系,对于保障和维护社会经济秩序,促进国家政治、经济、文化等各项事业的发展具有重要的作用。

三、行政规范性文件的法律效力

行政规范性文件的法律效力主要体现在行政管理和行政诉讼两个领域。在行政管理领域,行政规范性文件的法律效力主要表现在下述几个方面:其一,对作为行政相对人的公民、法人和其他组织具有拘束力和执行力。行政规范性文件一经颁布,相应文件所调整的个人、组织必须服从、遵守,对相应规范性文件所确定的义务必须履行。行政相对人违反规范性文件的规定,不履行相应义务,行政执法机关可以依法对其采取强制执行措施,或依法对其科处行政处罚,追究其行政法律责任。其二,对行政机关本身具有公定力和确定力。行政规范性文件一经发布,行政机关非经法定程序不得任意撤销、改变、废止。发布规范性文件的行政机关及所属的下级行政执行机关在实施具体行政行为时必须遵循相应文件的规定,在作出有关行政决定时必须适用相应文件的规定。行政机关在实施有关具体行政行为,作出有关行政决定时,如果违反相应行政规范性文件的规定,或者不适用相应规范性文件,或者适用错误,都可能导致相应行为、决定的违法乃至被撤销。其三,行政规范性文件既是行政复议机关审理复议案件的依据,又是行政复议的客体。根据我国《行政复议法》的规定，复议机关审理复议案件，不仅要以法律、法规、规章为依据，还要以行政机关依法制定和发布的具有普遍约束力的决定、命令，即行政规范性文件为依据。根据《行政复议法》第7、26条和第27条的规定，行政相对人如认为行政机关的具体行政行为所依据的行政规范性文件不合法，在对具体行政行为申请复议时可一并申请复议。复议机关在复议时，如认为相应行政规范性文件与法律、法规、规章或高位阶的行政规范性文件相抵触，可在其职权范围内依法予以撤销或改变。如相应复议机关无权撤销或改变，则提请上级行政机关或其他有权机关依法处理。

在行政诉讼领域，行政规范性文件的法律效力主要表现在下述几个方面：其一，行政诉讼当事人可以行政规范性文件作为论证相应具体行政行为违法或合法的根据。原告提起行政诉讼，指控具体行政行为违法，可以相应具体行政行为违反、未适用或错误适用有关行政规范性文件的规定为理由；也可以具体行政行为所适用的行政规范性文件违法为理由。同样，被告应诉也可以相应具体行政行为是根据有关行政规范性文件作出的，且相应行政规范性文件符合法律、法规、规章的规定为理由，反驳原告的指控。其二，公民、法人或者其他组织认为行政行为所依据的行政规范性文件不合法，在对行政行为提起行政诉讼时，可以一并请求对该规范性文件进行审查。① 其三，人民法院在审理行政案件中，经审查（审查行政规范性文件发布的主体、发布的程序以及该文件的内容是否合法），如认为行政行为所依据的行政规范性文件合法，可以在裁判文书中引用；如认为不合法，则不作为认定行政行为合法的依据，并向制定机关提出处理建议。②

总之，行政规范性文件是具有法律效力的国家政令。公民、法人和其他组织在进行各种活动时必须遵守相应行政规范性文件的规定；行政机关在实施具体行政行为时必须依据相应行政规范性文件的规定；人民法院在审查具体行政行为的合法性时，亦应参照合法有效的行政规范性文件的规定。

---

① 参见《行政诉讼法》第53条。
② 参见《行政诉讼法》第64条。

第十四章

行政执法

一个国家选择什么样的治理体系,是由这个国家的历史传承、文化传统、经济社会发展水平决定的,是由这个国家的人民决定的。我国今天的国家治理体系,是在我国历史传承、文化传统、经济社会发展的基础上长期发展、渐进改进、内生性演化的结果。我国国家治理体系需要改进和完善,但怎么改,怎么完善,我们要有主张、有定力。①

——习近平

本章节目

第一节　行政执法概念的提出与发展

第二节　行政执法改革

第二节　行政执法的功能与作用

第一节　行政执法概念的提出与发展

一、从“行政管理”到“行政执法”的转变——行政执法的意义

长期以来,人们一直将行政等同于管理。我国古书中所谓“召公、周公行

① 《习近平谈治国理政》,外文出版社有限责任公司2014年版,第105页。

政”，即指国家政务管理。[①]《汉语大词典》对“行政”的释义有二：其一，“执掌国家政权，管理国家事务”；其二，“机关、企业、团体等内部的管理工作”。[②] 可见，无论古今，行政均指管理；管理无论内外，均可谓之“行政”。在许多外国学者的著述和词典或辞典中，[③]通常也将行政与管理等同，如德国学者平纳特在其所著《德国普通行政法》一书中说，“行政”一词常用于超出公法的其他地方，如“家务管理”“财产管理”等形式。这里提到的行政（作为行政法依归的行政），乃是国家机器及其组织的“公共行政”（公共管理）。[④] 苏联行政法学者更是不仅将行政等同于管理，而且将行政法定义为“管理法”。[⑤]

行政虽然长期以来一直被人们视同管理，或谓公共管理、国家管理。但在西方资产阶级革命以前，行政通常指国家整个政务管理，是指管理整个国家事务；而在西方资产阶级革命以后，立法、行政、司法“三权分立”，行政则仅指除立法、司法以外的国家管理。西方许多传统的行政法学家都曾这样给行政下定义：所谓行政，乃除立法、司法以外的一类国家（及其他公权力主体）职能（作用、活动、行为）[⑥]。至于作为行政的国家职能（作用、活动、行为）的实质和内容，则可归结为执行与管理。所谓执行，可包括执行法律、政策、命令、指示、决议、决定等。所谓管理，可包括组织、指挥、发布命令、禁令、实施许可、征收、进行监督、检查、对违规者给予处罚、强制等。

执行并不等于执法。执法在执行中的比重决定行政的性质。古代的行政虽然可界定为国家整个政务管理，但这是就广义的行政而言。在古代，同样存在狭义的行政。狭义行政不包括宏观决策，宏观决策是作为最高统治者国王（皇帝）的行为，而狭义行政则是国王之下的官僚机构执行国王的命令、指示，下级官僚机构执行上级官僚机构的命令、指示，对国家具体事务进行管理

---

① 参见夏书章主编：《行政管理学》，山西人民出版社 1985 年版，第 1 页。

② 参见罗竹风主编：《汉语大词典》，汉语大词典出版社 2000 年版，第 915 页。

③ 参见《新英汉词典》（增补本），上海译文出版社 1985 年版，第 15 页；《俄华大辞典》（修订本），时代出版社 1956 年版，第 11 页。

④ 参见［德］平纳特：《德国普通行政法》，朱林译，中国政法大学出版社 1999 年版，第 15 页。

⑤ 参见［苏联］瓦西林科夫主编：《苏维埃行政法总论》，姜明安等译，北京大学出版社 1985 年版，第 1-4 页。

⑥ 参见美国学者古德诺的《政治与行政》，德国学者奥托·迈耶、萨尔魏、阿恩特文、弗莱纳等人所著德国行政法著作以及日本学者南博方、室井力、盐野宏等人所著日本行政法著作。

的活动。古代社会虽然也存在某些法律(一些国家的法律可能多一些,一些国家的法律可能少一些,却不可能存在完全无法律的国家),但是,数量无疑很少(主要是刑法),而且,古代一般没有由人民选举产生的、反映人民意志的专门立法机关(像我国这样的东方国家更是如此)。因此,古代官僚机构的行政主要是(或基本上是)执行最高统治者和上级官僚机构的命令、指示,而不是执行法律。即使其中有一星半点的执法因素,它也完全不能影响古代行政的整体性质。古代行政整体上只能是行政管理,而不可能是“行政执法”。

在现代,国家事务有了立法、行政、司法等的分权或分工。从理论上说,行政作为执行和管理,其执行主要应该是执行法律,其管理主要应该是依法实施法律。当然,除了法律以外,行政还要执行中央政府和上级政府制定的政策,执行本级行政机关所作的决议、决定,执行行政首长的命令、指示等。行政的职能和任务是多方面的。但不管有多少职能和任务,执法应该是现代行政的基本要素。但是,从事实层面说,由于各国的国情不同,民主法治的水平不同,执法在各国行政中所占的比重仍然是很不一样的。有的国家执政者重视法治,在各个方面、各个领域都制定了比较完善的法律。因此,这些国家的行政主要是执法,其行政管理实质即是行政执法。而在另外一些国家,执政者轻视法律,他们习惯于以政策代法、以命令代法、以言代法。这些国家虽有立法机关之设,但多只重其形式而并不寄希望于它发挥多大作用。这些国家自然不可能有完备的法律,即使有一些这样那样的法律,也并不准备真正付诸实施。因此,这些国家的行政主要不是执法,而是执行领导人的命令、指示,执行执政者的政策。其行政的实质是依领导人、执政者随心所欲且往往是反复无常的意志管理社会,管理相对人,而不可能是行政执法。

我国在计划经济时代,国家机关也有立法机关、行政机关和司法机关之设,但作为立法机关的人民代表大会很少立法,甚至很少开会,很少制定和发布决议、决定。从而行政的基本职能和任务不是执法,不是执行人民代表机关的决议、决定,而是执行党的政策,执行政府的计划,执行领导人的指示,执行上级的命令等。行政的依据主要是红头文件和行政长官的指示、命令。直至20世纪70年代末80年代初,我国行政各领域(公安、工商、交通、城建、税务、海关、贸易、质监、环保、计量、医药、卫生、文化、教育、科技、体育等)尚处于基本无法,甚至完全无法的状态,此时的行政还只是“管理”(行政管理),而不是

“执法”(行政执法)。[①] 尽管这个时期的行政管理与半个世纪或一个世纪以前的行政管理在内容和范围上已经有了很大的变化,但性质上并没有根本转变。我国行政从“管理”到“执法”的转变(性质上的根本转变)是从20世纪80年代中期开始的。1984年,时任全国人大常委会委员长彭真在一次与新闻界人士的座谈会上明确提出我们国家要开始一个历史性的转变:“要从依靠政策办事逐步过渡到不仅依靠政策,还要建立、健全法制,依法办事”。[②] 此后,国家立法,特别是行政领域的立法,明显加快了步伐。1984年至1990年制定的法律和重要行政法规就达几百件。其中:

涉及公安管理的有:《公民出入境管理法》《外国人入境出境管理法》《集会游行示威法》《保守国家秘密法》《治安管理处罚条例》《消防条例》《居民身份证条例》《道路交通管理条例》《民用爆炸物品管理条例》等;

涉及工商、税务管理的有:《企业法人登记管理条例》《广告管理条例》《工商企业名称登记管理暂行规定》《城乡个体工商户管理暂行条例》《私营企业暂行条例》《投机倒把行政处罚暂行条例》《农业税条例》《工商统一税条例》《产品税条例》《增值税条例》《营业税条例(草案)实施细则》《资源税条例》《盐税条例》《国营企业所得税条例》等;

涉及外经、外贸管理的有:《外资企业法》《中外合作经营企业法》《涉外经济合同法》《进出口商品检验法》《进口货物许可制度暂行条例》《边境小额贸易暂行管理办法》《技术引进合同管理条例》等;

涉及医药、卫生管理的有:《国境卫生检疫法》《传染病防治法》《药品管理法》《公共场所卫生管理条例》《医疗事故处理办法》《学校卫生工作条例》《化妆品卫生监督条例》《麻醉药品管理办法》《医疗用毒性药品管理办法》《精神药品管理办法》《放射性药品管理办法》等;

涉及海关管理的有:《海关法》《关税条例》《海关法行政处罚实施细则》《海关工作人员使用武器和警械的规定》等;

---

① “行政管理”与“行政执法”在字面含义上并非对立的,在现代,行政管理应该和必须通过行政执法实现,行政执法就是实施行政管理。但是这里使用“行政管理”与“行政执法”是将二者作为行政的两种模式,赋予了二者某种对立的含义:“行政管理”指人治状态下的行政,此种行政以长官意志为依归;“行政执法”指法治状态下的行政,此种行政以体现人民意志和利益的法律为依归。

② 参见彭真:《在首都新闻界人士座谈会上的讲话》,载《人民日报》1984年4月8日,第1版。

涉及农业、林业管理的有:《草原法》《森林法》《渔业法》《野生动物保护法》《种子管理条例》《家畜家禽防疫条例》《兽药管理条例》《森林防火条例》《森林病虫害防治条例》等;

涉及土地、水、矿产资源管理的有:《土地管理法》《水法》《矿产资源法》《河道管理条例》《土地复垦规定》《矿产资源勘查登记管理暂行办法》《矿产资源监督管理暂行办法》等;

涉及城建、环保管理的有:《城市规划法》《地名管理条例》《环境保护法》《水污染防治法》《大气污染防治法》《风景名胜区管理暂行条例》《环境噪声污染防治条例》等;

涉及交通、邮电管理的有:《邮政法》《水路运输管理条例》《航道管理条例》《公路管理条例》《渔港水域交通安全管理条例》《铁路运输安全保护条例》《铁路交通检疫管理办法》《民用机场管理暂行规定》《国内航空运输旅客身体损害赔偿暂行规定》等;

涉及教育、科技、文化、体育管理的有:《教育法》《高等教育管理职责暂行规定》《普通高等学校设置暂行条例》《扫除文盲工作条例》《高等教育自学考试暂行条例》《学校体育工作条例》《幼儿园管理条例》《广播电视设施保护条例》《水下文物保护管理条例》《关于严禁淫秽物品的规定》《专利法》《技术合同法》《科学技术进步奖励条例》《关于技术转让的暂行规定》《关于进一步推进科技体制改革的若干规定》《实验动物管理规定》《国家体育锻炼标准施行办法》等;

涉及国防、外事管理的有:《兵役法》《中国人民解放军军官军衔条例》《中国人民解放军现役军官服役条例》《军事设施保护条例》《征兵工作条例》《中国人民解放军现役士兵服役条例》《外交特权与豁免条例》《外国记者和外国常驻新闻机构管理条例》等。

至20世纪90年代以后,我国进一步加快了行政法的立法步伐,不仅部门行政法逐步趋于完善,而且开始逐步制定和健全作为行政法基本体系架构支柱的基本法,如《行政诉讼法》《行政复议法》《行政处罚法》《国家赔偿法》《行政监察法》《立法法》《国务院组织法》《地方组织法》《行政许可法》《行政强制法》等。

作为行政法基本体系架构支柱的基本法不完全同于部门行政法。首先,部门行政法只适用于相应行政管理部门或领域;而行政基本法适用于所有或多个行政管理部门。如作为部门行政法的《治安管理处罚条例》(现为《治安管理处罚法》)只适用于公安管理的治安管理领域;而作为行政法基本法的《行政处罚法》则适用于所有行政管理部门(公安、工商、海关、税务、文化、教育、科技等)的行政处罚。作为行政法基本法的《行政程序法》(我国目前尚未制定)更是不仅适用于所有行政管理部门的行政处罚,而且适用于所有行政管理部门的所有行政行为。其次,部门行政法通常只为各行政部门的行政管理提供法律依据;而行政基本法同时为整个行政法制监督、行政责任和行政救济提供法律依据。例如,《行政诉讼法》《行政复议法》《国家赔偿法》《监察法》①即为对行政行为的监督,对行政机关及其工作人员违法、失职行为责任的追究,对合法权益受到侵犯的行政相对人的救济提供法律依据。最后,部门行政法为行政从"管理"转化为"执法"提供了直接的动力和条件,没有部门行政法,执法即失去了前提:相应部门,相应行政领域没有法,无法可执,则只能按政策办事,按长官指示办事,"管理"不可能转化成"执法";而行政基本法则为部门行政法的健全、完善提供了动力和条件,因为行政复议、行政诉讼、国家赔偿启动了对各部门行政行为的合法性审查,如果某部门行政法不健全、不完善,败诉乃至赔偿的压力就会促使该部门尽快去健全、完善该部门行政法。而行政程序法一类的行政基本法亦可以指导部门行政法的健全、完善。

改革开放 40 多年来,我国各个行政管理部门和领域都已陆续出台了不少法律、法规和规章,虽然尚未达到健全、完善的程度,某些部门(新闻、出版、结社等)可能还很不完善,但整体上应认为已初步实现了有法可依。就行政基本法而言,作为构成行政法体系的支柱的基干法律,现在大多数也已制定出来了,并且由这些法律设计的制度(行政复议制度、行政诉讼制度等)也已陆续开始运作。因此,我国的行政在整体上应认为已初步实现了由"管理型"到"执法型",由"人治型"到"法治型"的转变,"行政管理"在很大程度上已转化成了"行政执法"。

行政由"管理"到"执法"的转变是一项具有重大历史意义的转变。首

① 监察法可认为是广义的行政法,即调整行政领域的法律监督关系,也调整其他领域的法律监督关系。

先,这一转变反映了民主政治对行政的要求。民主,意味着人民当家作主,政府和政府机关工作人员是人民的公仆。政府执行行政职能不应是以“主人”的身份“管理”人民,而是受人民的委托,根据人民的意志办理国家内政外交事务。因此,在民主制度下,行政的实质是执行人民的意志,而人民意志的集中体现是法律,故民主制度下的行政的实质即是执法。其次,这一转变反映了现代科学对行政的要求。科学行政,意味着行政要尊重和遵循事物的客观规律性,避免主观武断,随心所欲;而法律则通常是通过严格的立法程序,通过慎重讨论,广泛听取各方面意见,尽量反映民意,尽量反映客观规律的产物。因此,政府和政府机关工作人员依法行政,即能使其行为较好地符合客观规律,防止重大失误,并避免因主观随意性造成重大失误而给国家和人民生命、财产和利益造成重大损失。再次,这一转变反映了市场经济对行政的要求。市场经济是法治经济,政府与市场主体的关系是法律关系,政府必须依法对市场进行干预和调节,政府不能像在计划经济时代一样,随意给企业发号施令,随意命令企业做什么,不做什么。在市场经济体制下,政府要求市场主体做什么和不做什么都必须有法律根据。从而它向市场主体提出这些要求即是“执法”,而不同于计划经济体制下“命令——服从”式的“管理”。最后,这一转变反映了现代文明(政治文明和精神文明)观念对行政的要求。一国行政的模式——“管理”模式还是“执法”模式,或者说“人治”模式还是“法治”模式——首先决定于一国的国体和政体,决定于一国的政治制度和经济制度,但它同时也决定执政者的文明(政治文明和精神文明)观念。执政者具有专制、独裁的观念,必然极力推行人治,推行“管理”型、“统治”型行政;执政者具有现代民主观念,必然努力实行法治,实行“执法”型、“服务”型行政。我国行政逐步由“管理”到“执法”的转变可以认为正是我们的执政者观念逐步转变的体现。

二、行政执法的含义和范围

关于行政执法,目前我国法律实务界和学术界对之内涵和外延有不同的界定。有的将之等同于行政行为,谓行政执法乃行政行为之全部;有的将之区别于行政行为,谓行政执法仅为行政行为之一部。至于一部之大小,又有各种说法,有仅指行政行为中的行政处罚的,有指行政监督检查加行政处罚的,有指行政监督检查加行政处罚再加行政执行(主要指强制执行)的,还有认为行政审批亦应属行政执法范畴的。总之,有关行政执法的概念,存在广义、较广义、狭义、较狭义的不同认识和主张。

许崇德、皮纯协教授主编的《新中国行政法学研究综述》归纳了行政执法广义论的观点:“行政执法是就国家行政机关执行宪法和法律的总体而言的。因此,它包括了全部的执行宪法和法律的行为,既包括中央政府的所有活动,也包括地方政府的所有活动,其中有行政决策行为,行政立法行为以及执行法律和实施国家行政管理的行政执行行为。”①

罗豪才、应松年教授主编的行政法教科书《行政法学》提出了行政执法较广义的观点:“行政执法是行政机关执行法律的行为,是主管行政机关依法采取的具体的直接影响相对一方权力义务的行为;或者对个人、组织的权力义务的行使和履行情况进行监督检查的行为。”②

杨惠基博士所著《行政执法概论》一书对“行政执法”的界定则是较狭义的:“行政执法是指行政机关及其行政执法人员为了实现国家行政管理目的,依照法定职权和法定程序,执行法律法规和规章,直接对特定的行政相对人和特定的行政事务采取措施并影响其权利义务的行为。”行政执法不包括“行政机关制定行政法规和规章等行政立法行为”以及“解决和处理争议和与行政管理密切相关的民事争议的行政司法行为”,“行政执法是与行政立法、行政司法相对应的”。③

国务院办公厅2002年10月11日转发中央编办的《关于清理整顿行政执法队伍,实行综合行政执法试点工作的意见》中使用的“行政执法”显然是狭义的含义,即仅指政府部门监督检查、实施行政处罚等职能。该文件提出,要“将制定政策、审查审批等职能与监督检查、实施处罚等职能(即行政执法)相对分开”,“将监督处罚职能(即行政执法)与技术检验职能相对分开”。也就是说,行政执法不包括制定政策、审查审批和技术检验,而仅指监督检查和实

① 许崇德、皮纯协主编:《新中国行政法学研究综述(1949—1990)》,法律出版社1991年版,第293页。

② 罗豪才、应松年主编:《行政法学》,中国政法大学出版社1989年版,第133页。

③ 杨惠基:《行政执法概论》,上海大学出版社1998年版,第1-3页。

施处罚。[①]

原国家经贸委法规司[②] 2002 年 7 月 23 日完成的《关于国家经贸委行政执法职责调查情况的报告》中使用的“行政执法”则属较广义的范畴，“具体包括行政许可、行政处罚、行政确认、行政裁决和行政强制等职责”。[③]

交通部[④]科技教育司、体改法规司和上海海运学院 2002 年 12 月 20 日完成的《交通行政执法综合实施模式研究报告》中使用的“行政执法”概念的内涵似乎更丰富些，外延似乎更广泛一些：“行政执法是行政机关为实现行政管理职能，依据法律、法规、规章以及其他规范性文件的规定，通过发布命令、许可、提供指导、订立合同等方式，针对特定事物所作的影响相对人权利义务的行为。”[⑤]

北京市海淀区人民政府 2003 年 1 月 16 日提出的《综合执法改革思路》（以下简称《思路》）中使用的“行政执法”概念则主要指行政处罚及与之相关职能，原则上不包括行政审批。《思路》中有一节专门阐述执法与审批的关系，提出处理二者关系遵循下述五项要求：(1) 凡按照权限实行层级管理的审批事项，原则上谁审批谁负责；(2) 如果是审批与执法（处罚）相分离的，执法部门对审批事项有知情权，审批机关要通过正常的工作机制通报执法部门；(3) 凡涉及海淀区域内有关事项的市级审批，区政府有知情权；(4) 对已知审批项目，执法部门要及时行使监管职权，审批不当，执法部门有监督反馈建议权；(5) 在审批与管理和执法的关系上，区政府与街乡（镇）的关系和处理原则同上述要求。[⑥] 可见，《思路》是将审批与执法并列，而不是将审批纳入“执法”范畴之内的。

以上关于行政执法概念的理解、认识、界定和实际使用，何者正确，何者是错误的呢？我们能否在其中找出或归纳出一个关于行政执法的唯一正确

---

① 参见《关于清理整顿行政执法队伍，实行综合行政执法试点工作的意见》第二、三项。

② 2003 年 3 月 10 日，第十届全国人民代表大会第一次会议通过了国务院机构改革方案，撤销外经贸部和国家经贸委，设立商务部。

③ 参见《关于国家经贸委行政执法职责调查情况的报告》第一部分。

④ 根据 2008 年国务院机构改革方案，在原交通部的基础上组建交通运输部，国家民用航空局、国家邮政局等部门均在此次“大部制”改革中划归交通运输部管理。

⑤ 参见《交通行政执法综合实施模式研究报告》中“主报告”部分的“引言”。

⑥ 参见《思路》第五部分第三节第四项。

的,能为学界和实务界普遍接受,并能适用于任何时间、任何地点的普遍性的定义呢?恐怕不能。因为社会科学不同于自然科学,人们研究的许多问题往往不是或不只是“是什么”的问题,而是或主要是“应该是什么”的问题。对“应该是什么”的问题往往难以有唯一正确的和普适的答案。人们对这类问题虽然也能达成共识,但这种共识往往是以特定时间、地点和条件为前提的;离开了特定时间、地点和条件,其共识就可能不再存在。就“行政执法”这一概念来说,在不同的场合,针对不同的事物,人们对它的内涵和外延会有不完全相同的界定。这种不完全相同的界定在社会科学中,在法学中应该是允许的。当然,在特定的场合,我们使用任何概念必须确定。否则,就会出现形式逻辑混乱,人们之间就无法进行思想上的或学术上的交流,说话者就不可能说清楚任何问题,不可能让别人明白你所说的任何问题。

人们通常在下述三种场合使用“行政执法”,并赋予其以相应的含义:

其一,为说明现代行政的性质和功能而使用“行政执法”。此种场合使用这一术语,旨在强调:(1)行政是执法,是执行法律,而不是创制法律,因此,行政从属于法律;(2)行政是执法,是依法办事,而不是和不能唯长官意志是从;(3)行政是执法,是基于法定职权和法定职责对社会进行管理,依法作出影响行政相对人权利义务的行为,而不能对相对人任意发号施令,对相对人实施没有法律根据的行为。在这种场合,在这个意义上,“行政执法”即等于“行政”。

其二,为区别行政的不同内容而使用“行政执法”。在行政法学研究中,许多学者习惯将行政的内容一分为二或一分为三。一分为二即将行政的内容分为两类:一类为制定规范行为(行政机关制定规范的行为在性质上不同于立法机关的立法行为,在实质上仍属行政而不属立法);另一类为直接实施法律和行政规范(行政法规、规章和其他规范性文件)的行为。前者谓之“行政立法”,后者谓之“行政执法”。一分为三即将行政的内容分为三类:一类仍为制定规范行为,另两类即将前述“行政执法”行为再一分为二:一类为直接处理涉及行政相对人权利义务的各种事务的行为;另一类为裁决行政相对人与行政主体之间或行政相对人相互之间的与行政管理有关的纠纷的行为。在这两类行为中,前者仍谓之“行政执法”,后者则谓之“行政司法”。在这种场合,在这个意义上,行政执法只是行政行为的一类。

其三,作为行政行为的一种特定方式而使用“行政执法”。行政行为有各种各样的方式,如许可、审批、征收、给付、确认、裁决、检查、奖励、处罚、强制等。在行政实务界,人们一般习惯将监督检查、实施行政处罚和采取行政强制措施一类行为方式称为"行政执法"。某种行政行为方式被确定为"行政执法"并无完全统一的标准,大致的依据有:(1)法律、法规或规章对这类行为的条件、标准、程序以及相对人的权利、义务和违法责任通常有比较明确的规定,便于理解和适用。从而实施这类行为一般较为快捷,许多情况下是当场发现问题,当场处理。而行政机关实施许可、审批、征收、给付行为,往往需要较多时间:几天、十几天、几十天,甚至更长时间。(2)这类行为的目的通常是直接维持某一行政管理领域(治安、交通、城建、环境、卫生、文化等)的秩序;而行政征收、行政给付等行为的目的并不直接与秩序相关,更多的是为了保障公正,协调国家、社会公共利益与私人利益的关系。(3)这类行为通常由相应行政机关中一个相对独立、相对专门的机构(行政执法局、执法处、执法大队等)行使;而行政审批、许可等行为通常由相应行政机关内的一般业务主管机构办理。(4)这类行为通常在行政机关办公室之外进行,执行公务的地点往往是流动的和不固定的,而且实施此类公务的人员一般统一着装(穿制服,戴"大盖帽"等)和佩戴专门标志;而行政机关公职人员办理其他公务通常在固定的办公地点进行,一般也不要求统一着装。(5)这类行政行为与行政相对人关系最为密切,最经常、最广泛地涉及相对人权益,也最易于侵害相对人权益。因而这类行为的实施最直接影响人民对政府的评价,对政府的信任。也正因如此,政府对这类行为特别重视,通过制定很多规范性文件(如中央编办《关于清理整顿行政执法队伍,实行综合行政执法试点工作的意见》及国务院办公厅 2002 年 10 月 11 日转发此意见的通知)对之加以规范。根据各级政府规范性文件的规定和实践中的做法,归入"行政执法"的行政行为方式大致包括:检查、巡查、查验、勘验、给予行政处罚、即时强制、查封、扣押及采取其他强制执行措施等。可见,在这种意义上,行政执法只是行政主体采取特定方式实施的部分行政行为,其范围不仅小于第一种场合使用的行政执法,而且也小于第二种场合使用的行政执法。

因此,我们在探求"行政执法"的含义时,一定要明确使用者是在什么场合使用这一概念。只有明确了使用者使用该概念的场合,我们才能比较准确地把握其所使用概念的内涵和外延。同样,我们自己在使用"行政执法"这一概念时,也应首先明确自己使用的场合,然后再决定自己在何种意义上使用这一概念,以不至于发生逻辑混乱。

本书多在第一种意义上使用"行政执法",但有时也会在第二、三种意义上使用。各种场合具体使用赋予该概念的含义,作者将在上下文中予以明确。

第二节 行政执法改革

一、行政执法改革的背景

自20世纪70年代末以来,中国进入了改革的时代:经济改革、政治改革、行政改革,以及文化改革、教育改革、科技改革等。改革席卷了中国社会的各个领域,改革使中国社会发生了翻天覆地的变化。

什么是行政执法改革,行政执法改革与其他改革是什么关系,行政执法改革包括哪些内容,是管理方式、方法的变革,还是行政管理体制、机制的转换?从"管理型""人治型"行政到"执法型""法治型"行政的转变显然不只是一个单纯管理方式、方法变革的问题,尽管其中包含管理方式、方法的变革,并且,管理方式、方法变革在整个行政执法改革中也占有重要地位。

中国在20世纪末开始,21世纪仍方兴未艾的行政改革是涉及行政目标、行政体制机制、行政职能、行政作用方式、行政程序等的全方位的改革。在这种全方位的改革过程中,整个行政执法机制在逐步转换。

中国的改革是从经济领域开始的,经济体制改革孕育和催生了政治体制、行政体制和中国整个社会的改革。就行政体制来说,其与经济体制有着极为密切的关系:与计划经济体制相适应的必然是"管理型""人治型"行政,而与市场经济体制相适应的只能是"服务型""法治型"行政。

在计划经济体制下,行政的中心任务和目标是保证国家计划的实现。计划就是政治,计划就是法律,行政必须以计划为出发点和归宿。根据这种计划逻辑,人的权利、自由和幸福只是第二位,是从属性的。因为计划是党和人民政府制定的,党和人民政府天然代表了人民的最根本利益,人民无疑应该相信党和人民政府,相信、服从、执行党和人民政府制订的计划。行政的中心任务自然应是领导和组织人民在各个领域、各个部门、各个单位实现国家计划,如企业实现生产计划,学校实现教学计划,科研机构实现教学计划。至于这些计划是否科学,是否符合客观规律,是否能产生预期的经济和社会效益,是否能增进人民的福祉,行政是无须过问的,行政也没有法律责任采取相应形式、途径、程序(论证会、听证会等)保证相对人对计划的参与,从而保证计划的民主性和科学性。总之,行政就是一层一层、一级一级地贯彻和执行上级指示,一层一层、一级一级地贯彻和执行上级的计划。

在计划经济体制下,行政的范围几乎是无边无际的,政府几乎无所不管;一切企业、事业组织、社会团体和公民个人的一切活动、一切行为几乎都直接或间接地被置于政府和单位(单位实质是“小政府”)的管辖之下。政府管企业的人、财、物、产、供、销;管学校、医院、研究所的吃、喝、拉、撒、睡;管公民个人穿什么衣服(不准穿喇叭裤),留什么发型(不准烫发),恋爱谈什么对象(干预党员和积极分子青年与“四类分子”子女谈恋爱)等。政府和单位如同一个传统家庭的家长,个人的一切都要过问,都要干预。邓小平同志曾经说,在那种体制下,各级领导机关“管了很多不该管、管不好、管不了的事”①。政府无所不能、无所不管,结果导致整个社会失去活力,经济停滞,政府失灵。

在计划经济体制下,行政主体与行政相对人的一般关系是命令—服从的关系,行政更多的具有管理、命令、强制的色彩,而较少有服务、指导、合作的理念融入其中。政府通常直接向企业、事业组织、社会团体,乃至公民个人发号施令。个人附属于单位,单位附属于政府。政府不仅通过计划对国家实行宏观管理,而且通过各种红头文件、命令、指示对单位实行微观管理,单位对个人实行直接控制。这种管理体制对于保障和维护“秩序”也许是有效的(那时很少需要现时这种狭义的“行政执法”来维持秩序),但是那种“秩序”是以牺牲人的个性、权利、自由,抑制人的主动性、积极性、创造性,从而窒息社会的活力,扼制经济发展的潜力,阻碍生产力的发展为代价的。

很显然,计划经济体制下形成的,且适应计划经济体制的上述行政管理机制不可能适应市场经济。要建立和发展市场经济体制,就必须改革和转换整个行政管理机制,即不仅要改革行政管理的方式、方法,而且要改革行政管理

---

① 参见《邓小平文选》(第2卷),人民出版社1993年版,第328页。

的体制，转换行政管理的职能，乃至改变行政对社会、经济、文化作用的目标、范围和方式。

二、行政执法改革的主要内容

1. 市场经济体制要求政企分开，企业对自己的生产、经营必须享有自主权，政府不能直接干预企业的人、财、物、产、供、销。为此，行政必须变以直接管理为主为以间接管理为主，尽可能以宏观调控代替微观干预。政府更多地需要运用法律手段，而不是运用红头文件、行政命令对相对人发号施令。市场经济体制下的行政管理方式具有以下特征：

其一，以法律规定行政主体和行政相对人各自的权利义务，使二者的关系由纯行政上的命令—服从关系转化为法律上的权利义务关系。

其二，既然双方权利义务是法定的，行政主体对相对人的管理就应当依法进行，依法行政、依法执法是市场经济体制对行政的必然要求。

其三，行政相对人有权通过多种途径和形式参与行政管理，行政主体实施任何涉及行政相对人权益的行政行为，都必须事前通知相对人，听取相对人的意见，除非法律、法规有相反的规定。

其四，行政执法要遵循正当法律程序，即公开、公正、公平的程序。行政主体实施行政执法，事前要向相对人公开相应执法行为的标准、条件和其他有关资讯，执法过程中要遵循回避、不单方接触、平等对待（如通过招标、投票、拍卖等实施有关行政执法行为）和信赖保护、比例原则等要求。

其五，为行政相对人提供有效的救济途径，任何行政执法行为，无论事前设定了多么严格的程序要求，仍难免发生这样那样的偏差和瑕疵，给行政相对人的权益造成这样那样的损害。因此，法律为相对人提供各种有效的救济途径（行政申诉、行政复议、行政诉讼、行政赔偿等）是必要的。市场经济体制下的行政管理与计划经济体制下的行政管理的区别不仅在于法律是否为行政主体实施行政执法行为设定了事前、事中的严格的正当法律程序；而且还在于法律是否为权益受到行政主体行政行为侵犯的行政相对人提供了有效的救济途径。

2. 市场经济体制对计划经济体制下政府的地位和目标提出了挑战。在市场经济体制下，政府不仅是管理者，更是服务者。管理相对于服务只是手段,服务相对于管理乃是目的。政府管理的目的不仅是秩序,而且更是企业、组织的效益,个人的自由、幸福。管理相对于效益、自由、幸福只是手段,效益、自由、幸福相对于管理乃是目的。政府的此种地位、目标是由市场经济体制所决定的,而政府的此种地位、目标又决定着政府行政执法的整个模式:政府对于行政相对人不再是高高在上的,不再被神化为人民利益的天然代表,不再能随意向相对人发号施令。政府对于市场来说,其作用只是为了弥补市场的缺陷、失灵而对市场提供一定规制,为了克服市场的“信息不对称”和“外部性”而向社会提供某种“公共物品”。政府对于公民来说,政府只是公民为了获得秩序和保障其权利、自由而创造的一种设施,一项工具。政府的创设是为公民、为市场服务的。政府为了实现公民和市场主体创设政府的目的,在执法过程中有时要对特定市场主体、特定公民个人采取强制措施,实施行政处罚等,但这种强制、处罚不是目的,而是手段。行政主体如果为强制而强制,为处罚而处罚,甚至为了自己的利益而实施行政执法行为,或为了实现某种“秩序”而无视和侵犯行政相对人的权益,那就是政府“异化”。事实上,在健全的市场经济体制下,这种“异化”现象虽然难以避免,但难于形成“气候”。因为市场主体有强大的财力支持,公民(分别构成不同的利益团体)有强大的代表机关支持。他们在认为自己的权益受到行政主体违法侵犯时,会随时向行政主体讨“说法”,甚至直接“抵制”其侵犯;而不像在计划经济体制下那样,人微言轻,个人只能服从集体,服从单位,服从政府,服从国家。集体,单位,政府、国家的利益就是个人的利益,个人是为了集体,单位,政府、国家而活着,而不是集体,单位,政府、国家为了个人而存在。

3. 市场经济体制下行政管理的范围和权限发生了重大的转变。前已述及,行政由“管理”转变为执法,这主要是行政方式的转变。行政由主要追求“秩序”,主要追求集体,单位,政府、国家利益转变为主要追求效益、权益,主要追求为相对人服务,这主要是行政目标的转变。就整个行政执法机制而言,除了目标、方式以外,还有一个重要因素就是其作用的范围:行政究竟管哪些事,不管哪些事,其权限的界限在哪里。市场经济体制下行政的范围和行政权的界限与计划经济体制下是很不相同的。计划经济体制下,政府万能,行政无所不管。而市场经济体制下的政府是“小政府”“有限政府”,政府只行使为消除“外部性”和“信息不对称”等而提供“公共物品”等必要的和有限的公共职能。那么,政府在计划经济体制下原有的那些职能到哪里去了呢,是不是完全废除或全部被送进了“历史博物馆”了呢?显然不是。传统行政管理体制(或称“行政国家”体制)下政府的职能有许多确实是不必要的,是属于行政相对人自由、自主、自治的范畴。这些事政府就不该管,不仅政府不该管,其他公共组织、社会团体也不应该管。对于这些政府职能,当然只能废除,只能送进“历史博物馆”。但是,传统行政管理体制下政府的某些职能,对于现代市场经济体制下的政府来说,可能是不必要的,但对于社会来说,却仍然是必要的。如果社会没有一定的组织来管理这些事务,社会的某一领域可能会出现“无序”,市场和社会的运转可能会出现“失灵”。在这些方面,政府职能和行政权不是完全消失,而是向社会转移,或与社会分享。例如,农村村民的公共事务、公益事业管理、民间纠纷调解、村民生产的服务和协调、村民集体所有土地和其他财产的管理等职能就转移给农村基层自治组织——村民委员会行使;而有关农村社会治安维护等职能,则由政府和农村基层自治组织共管,政府为主,村民委员会协助。① 城市社区居民的公共事务、公益事业管理、民间纠纷调解、社区服务活动、服务事业的兴办、相应财产的管理等职能就转移给城市基层自治组织——城市居民委员会行使;而有关城市社区内社会治安维护、公共卫生、计划生育、优抚救济等职能,则由政府和城市基层自治组织共管,政府为主,居民委员会协助。② 又如,在行业管理方面,政府将传统上由政府主管的许多行业管理职能转移给行业自治组织(律师协会、医师协会、注册会计师协会等),如市场准入、职业资格确认、监督检查、投诉受理与处理、纠纷裁决乃至对组织成员的处罚制裁,都可能逐步转移给行业组织行使,或在完全转移之前先由政府与行业自治组织共同行使。另外,在资源和环境保护领域,在社会救济领域,许多社会团体、组织(绿色和平组织、慈善组织、工会组织等)分享了政府的相应职能。总之,在现代市场经济体制下,政府传统行政职能中的许多职能(全部或部分)已经或正在转移给社会。这些职能并没有废除,这些事还得有人做,但不能再由政府做,至少不能再全部由政府做。因为实践已经证明,政府做这些事不仅做不好、效率低下,而且容易滋生腐败。

---

① 参见《村民委员会组织法》第2、5条。

② 参见《城市居民委员会组织法》第3、4条。

综上可见,我国自 20 世纪后期开始,现在仍方兴未艾的行政执法改革(广义的行政执法改革即相当于行政改革)是一次全方位的改革,其不仅涉及行政管理的方式、方法,而且涉及行政的范围、国家行政与社会公共行政的关系,进而涉及行政的目标、宗旨,是机制的整体转换。当然,这种转换不是一天两天、一年两年能完成的,而是需要一个长时期的过程,我们现在的改革正处在这个过程中。

行政执法在改革的探索过程中,相应改革的成果不断成熟。对于已经成熟和比较成熟的改革成果,法律即随时加以固定,使之进一步推进改革和指导下一步的改革。例如,《行政处罚法》和《行政许可法》的许多规定即是对此前全国各地执法改革成果的确立。这种确立是多方面的。其中主要有:

为执法便民,在执法方式上确立联合执法、综合执法、“一个窗口对外”“一站式服务”“政府超市”等。联合执法指几个执法部门联合组织执法机构,统一对相对人进行监督检查,但分别以各自的名义对相对人实施处理或处罚行为;综合执法指经有权机关批准,根据统一、精简、效能的原则,由一个执法部门以该部门的名义统一行使几个执法部门的执法职权(主要是行政处罚权);“一个窗口对外”指行政机关办理审批、许可事项,一项审批、许可无论需要几个内设机构审查,均只由一个机构统一与相对人打交道,均由其受理审批、许可申请,由其送达审批、许可决定;“一站式服务”指一项审批、许可事项需要几个行政机关办理的,只由其中一个机关受理,由该机关转告有关机关分别提出意见后统一办理;“政府超市”指政府将具有相应审批、许可权的有关行政机关集中在一个政府大厅内,统一、集中办理相应审批、许可事项。

为解决执法程序过繁、效率低下的问题,简化某些行政行为的执法程序,在保证公正的前提下尽量减少不必要的环节,方便当事人和提高行政效率,建立当场执法制度。如《行政处罚法》规定,行政机关在实施行政处罚时,如相对人违法事实确凿,对之处罚有明确的法定依据,且应给予的处罚较轻(警告或数额较小的罚款:对自然人处 50 元以下、对单位处 1000 元以下罚款),可以当场作出处罚决定。[①] 对于当场作出20元以下罚款或不当场收缴罚款事后难以执行的,行政执法人员可以当场收缴罚款。[②] 此外,行政机关及其执法人员在边远、水上、交通不便地区执法时作出罚款决定,如当事人向指定银行缴纳罚款确有困难,经当事人提出,也可以当场收缴罚款。[③]《行政许可法》规定,行政机关在实施行政许可时,如申请人提交的材料齐全,符合法定形式,行政机关能够当场作出决定的,应当当场作出书面行政许可决定。如申请人申请事项依法不需要行政许可的,应当告知当事人不受理;如申请人申请事项依法不属于本行政机关职权范围的,应当即作出不予受理的决定,并告知当事人向有关行政机关申请;如申请人申请材料存在可以当场更正的错误的,应当允许申请人当场更正;如申请人申请材料不齐全或者不符合法定形式的,应当当场或者在5日内一次告知申请人需要补正的全部内容。[④]

为解决多头执法扰民的问题,建立由一个行政机关行使几个有关行政机关的执法权的制度。例如,《行政处罚法》规定,经国务院或国务院授权的省级政府决定,一个行政机关可行使几个有关行政机关的行政处罚权(但限制人身自由的行政处罚只能由公安机关行使)[⑤];《行政许可法》规定,经国务院批准,省级政府可决定一个行政机关行使几个有关行政机关的行政许可权。[⑥] 一个行政机关行使几个有关行政机关的执法权,这既是行政执法方式的改革,也是行政执法体制的改革。

---

① 这是2021年修法前《行政处罚法》(第33条)的规定,2021年修法后《行政处罚法》第51条规定,相对人违法事实确凿并有法定依据,对公民处以200元以下,对单位3000元以下罚款或者警告的行政处罚的,可以适用简易程序,当场作出行政处罚决定。

② 这是2021年修法前《行政处罚法》(第47条)的规定,2021年修法后《行政处罚法》第68条规定,行政执法人员当场作出行政处罚决定,有下列情形的,执法人员可以当场收缴罚款:(1)依法给予100元以下罚款的;(2)不当场收缴事后难以执行的。

③ 这是2021年修法前《行政处罚法》(第48条)的规定,2021年修法后《行政处罚法》第69条规定,行政机关及其执法人员在边远、水上、交通不便地区执法时作出罚款决定,如当事人向指定银行或者通过电子支付系统缴纳罚款确有困难,经当事人提出,也可以当场收缴罚款。

④ 参见《行政许可法》第32、34条。

⑤ 这是2021年修法前《行政处罚法》(第16条)的规定,2021年修法后《行政处罚法》第18条规定,国家在城市管理、市场监管、生态环境、文化市场、交通运输、应急管理、农业等领域推行建立综合行政执法制度,相对集中行政处罚权。国务院或者省、自治区、直辖市人民政府可以决定一个行政机关行使有关行政机关的行政处罚权。限制人身自由的行政处罚权只能由公安机关和法律规定的其他机关行使。

⑥ 参见《行政许可法》第25条。

为解决执法中互相推诿、互相扯皮、官僚主义和拖延耽搁的问题,确立严格的执法时效制度。例如,《行政许可法》规定,行政机关实施行政许可,除可以当场作出决定的以外,应当自受理许可申请之日起 20 日内作出许可决定;20 日内不能作出许可决定的,经本行政机关负责人批准,可以延长 10 日,并应当将延长期限的理由告知申请人(除非特别法有另外的规定)。行政许可采取统一办理或者联合办理、集中办理的,办理的时间不得超过 45 日;45 日内不能办结的,经本级人民政府负责人批准,可以延长 15 日,并应当将延长期限的理由告知申请人。《行政处罚法》规定,行政机关实施行政处罚的时效为两年,相对人违法行为两年内未被发现的,行政机关不得再给予行政处罚(除非特别法有另外的规定)。[①]

第三节　行政执法的功能与作用

行政执法的功能与作用是多方面的。我们可以主要从以下三个方面分析:

第一,从执法与立法的关系分析。立法是执法的前提,是执法的基础。没有立法,无法可执,无从谈执法。执法则是立法实现的途径和保障。没有执法,立法在很大程度上只能等于废纸一堆,立法调控社会关系的目的无从实现。

第二,从执法与公民权利、自由的关系分析。实现、保障和维护公民权利、自由是执法的目的,离开了公民权利、自由,执法就失去了意义。而执法是公民权利、自由实现的手段,没有执法,公民权利、自由在很多情况下就可能成为"画饼",而且随时可能被侵犯、被蚕食、被践踏。

第三,从执法与社会秩序和市场经济秩序的关系分析。保障和维护社会秩序、市场经济秩序是执法的重要任务,离开了保障和维护社会秩序、市场经

① 这是 2021 年修法前《行政处罚法》(第 29 条)的规定,2021 年修法后《行政处罚法》第 36 条规定,行政机关实施行政处罚的时效为 2 年,相对人违法行为 2 年内未被发现的,行政机关不得再给予行政处罚。涉及公民身体健康安全、金融安全且有危害后果的,上述期限延长至 5 年,法律另有规定的除外。

济秩序的任务,执法在很大程度上就失去了社会需要和存在的理由。而执法则是保障和维护社会秩序、市场经济秩序的重要条件,没有执法,社会秩序和市场经济秩序将不可避免会出现混乱,人们将可能不得不恐惧地生活于某种"无序状态"中。

此外,我们还可以从执法与物质文明、政治文明、精神文明的关系来分析行政执法的作用。物质文明、政治文明、精神文明是执法追求的理想目标,不讲物质文明、政治文明、精神文明,执法将失去灵魂,失去方向。而执法是建设物质文明、政治文明、精神文明的保障,没有执法,文明不仅不可能推进,而且还可能向野蛮倒退,回归野蛮。当然,执法本身亦应是文明执法。

一、执法:使法从文本规定转化为人们的实际行为规范

立法和执法均是法治的基本要素:立法解决有法可依的问题,为执法提供前提,提供准则,提供依据,为执法主体和执法相对人的行为提供规范,为社会关系的调整提供基准、规则;执法解决法的实施问题,即将立法确立的准则、规范、基准、规则适用于人们的实际社会生活,适用于实际的社会关系调整,使法律文本的规定在人们的实际行为中得到遵守、执行,在各种相应社会关系的发生、进行、变更和消灭的过程中得到贯彻、实现。

执法将法律文本规定转化为人们的实际行为规范是通过多种途径实现的。这些途径主要包括:制定行政规范性文件、进行法律解释、实施行政处理(处理形式主要有行政许可、行政征收、行政给付、行政确认和裁决)、进行行政监督检查、实施行政强制和科处行政处罚。

(一)制定行政规范性文件

制定行政规范性文件,将文本规定的原则性条款具体化,然后通过直接实施行政规范性文件而使法律文本的规定得到实际贯彻、执行。这是执法的第一途径。

广义的行政规范性文件包括行政法规、规章和其他具有普遍约束力的规范性文件,其形式有决议、决定、规定、规程、公告、通告、布告、命令、办法等。行政法规和规章相对于法律来说是执行性的,是为执行法律而将法律的原则性条款具体化。因此,制定行政法规和规章的行为属于广义执法的范畴。但是,行政法规和规章相对于其他规范性文件和具体行政行为,乃是立法性

的,是为其他规范性文件和具体行政行为确立准则、规范、基准、规则。因此,制定行政法规和规章的行为又属于广义立法的范畴,谓之"行政立法"。其他规范性文件则主要是为执行法规(行政法规和地方性法规)、规章和最终执行法律而将法规、规章,或直接将法律的原则性条款具体化;具体行政行为则是直接执行法律、法规、规章和其他规范性文件所确立的准则、规范、基准、规则,使这些准则、规范、基准、规则在实际社会生活中得到实现。因此,制定其他规范性文件的行为既可归入广义的"行政立法"范畴,也可和具体行政行为一道归入"行政执法"范畴;具体行政行为则属于较狭义的行政执法范畴。

立法是有位阶的,执法是有层级的。要将具有高度普遍性、抽象性、原则性的法律规范适用于特定时间、特定场合的特定人、特定事,必须有一个将法律规范具体化、特定化的过程。这个过程可能是在实施具体行政行为的过程中直接进行的,没有任何中间环节。即执法人员根据自己对法律规范的理解,凭借自己对法律规范的解释,直接执行法律。这种情况是极少的,即使是这种情况,执法的上述过程,即将法律规范具体化、特定化的过程仍然是存在的,只是该过程的行为是由直接执法人员通过自己内心理解、口头表述和书面说明理由等解释法律的非严格程序完成的。在大多数情况下,将法律规范具体化、特定化的过程是通过制定多层级的规范性文件实现的:一个法律出台后,国务院可能制定实施条例;国务院的部委、直属机构可能根据国务院的实施条例和法律本身,以及本部门的实际情况制定实施细则;省级人民政府及其工作部门可能根据国务院的实施条例和省级人大根据本地实际情况制定的实施条例来制定实施细则;市级、县级人民政府及其工作部门,甚至乡镇人民政府都可能根据上级政府和本级人大的规范性文件以及本地、本部门的实际情况制定各种实施性、解释性的规范性文件。当然,为执行某一个法律,各级政府和各相应部门都制定规范性文件是不可能的。对于下级行政机关来说,如果上级的规范性文件已经很具体,本地、本部门又没有什么特殊的问题要加以特别规定,就没有必要另行制定新的规范性文件。否则,规范性文件过多、过滥,不仅不能使法律规范具体化、明确化,反而可能使某些本来有比较清晰含义,比较明确界限的问题复杂化、模糊化了,使直接执法人员适用法律时感到困惑,无所适从,甚至使法律规范在层层批转过程中被曲解,被改变立法原意,导致执法违法和执违法之法。

（二）进行法律解释

进行法律解释作为执法途径之一，与制定行政规范性文件既有联系，又有区别。法律解释虽可以通过制定行政规范性文件进行，但实际执法过程中的法律解释大多是通过个案，以执法行为说明理由（书面或口头）形式进行的；至于行政规范性文件，其虽有法律解释的功能，但亦有保障法律实现的许多其他功能，如发布行政命令，制定行政规范、规定行政措施等。因此，进行法律解释是执法的一项独立的手段和途径，不能与制定行政规范性文件混为一谈。

作为行政执法手段与途径的法律解释不同于《立法法》规定的“法律解释”。《立法法》规定的“法律解释”具有立法性质，它只适用于下述两种情形：其一，法律的规定需要进一步明确具体含义的；其二，法律制定后出现新的情况，需要明确适用法律依据的。《立法法》规定的“法律解释”权仅属于全国人大常委会。在其他国家机关中，只有国务院、中央军委、最高人民法院、最高人民检察院、全国人大各专门委员会以及省级人大常委会有权提出法律解释的要求。[①] 一般行政执法机关，别说能直接进行法律解释，就是提出法律解释要求的权力也是不存在的。行政执法机关在行政执法中进行的所谓“法律解释”，只是适用法律的个案解释。即在将法律条文适用于个案的具体事实时对相应法律条文的含义和适用范围（适用于何人、何事、何时、何地、何种情形及可能的例外）的阐释。这是一种广义的法律解释，这种法律解释几乎存在于所有行政执法行为之中。任何行政机关，只要实施行政执法行为，就必须进行一定的法律解释。任何行政机关和行政机关工作人员，只要实施行政执法行为，就必然享有一定的法律解释权。

行政执法机关和行政执法人员在执法过程中进行的法律解释不只是对狭义法律的解释，而是包括对所有其所执行的规范性文件——法律、行政法规、地方性法规、自治条例和单行条例、部门规章、地方政府规章，以及规章以下的规范性文件——的解释。执法者在执法时适用什么法律文件，就必须解释什么法律文件。这种解释可能是书面的，以行政决定法律文书作为其载体；但更多情况下是口头的：在告知相对人执法行为法律根据的同时，向其说明和解释相应法律规定的含义和适用相应行为的理由。执法者进行的这种法律解释实

① 参见《立法法》第45-50条。

际上是在做一种“说服”工作:一方面是说服行政相对人,使相对人相信相应法律规定是适应其实施的行政执法行为所处理的事实的,相应事实是应受该法律规定调整的;另一方面也是在说服执法者自己,使自己确信自己在依法行政,自己在按立法者的意志处理相应事务,立法意图在自己的执法行为中得到了实现。

执法者进行这种解释或说服工作是非常必要的,因为法律无论如何周密、如何具体,它总会与事实有差距。产生这种差距主要有两方面的原因:其一,立法具有普遍性,法是针对某一领域、某一类别的普遍现象,而不是针对特定事实而制定的。普遍性是对各种特定事实的抽象,但却不能包括各种特定事实的各种特定情形。其二,立法具有连续性、稳定性,是能长时间多次和反复适用的,而不是一时一事一法,不是一法一对象一场合一次性适用。法的连续性、稳定性是建立在对事物未来发展充分的研究和预测的基础上,但事物未来的发展不可能完全根据立法者在立法时的设想和设计展开。正是由于这两个方面的原因,使执法者适用法律必须以解释法律为前提。他们不能简单地“照单下菜”或“对号入席”。他们在适用法律前必须研究法律的普遍性是什么,该普遍性有多大的空间,他们目前所处理的特定事项是否能为该普遍性所包容;他们必须发现立法者作出某项规定的原意是什么,其原意有多长远的考虑,他们现在要采取的措施是否属立法原意的范围。适用法律实际是一个复杂的发现法律的过程:首先要寻找文字形式的法律条文,然后要发掘解决执法者面临的实际问题的法律条文所蕴含的原则、精神,这种发掘即是通过法律解释实现的。

执法者对法律的解释,即发现和发掘法律,是必要的,同时又是有限制的。之所以必要,是因为法律在文字规定的后面有一个空间和时间的范围,且这个范围不是特别确定的,它往往会有一定的张力。之所以有限制,是因为其张力是有限度的,超过了其限度,就是对法律的修改(如果不是篡改的话)。至于法律规定空间和时间范围的张力,则取决于多种因素,主要包括立法目的、法律语言在文字解释上可能的包容度、立法者立法时考虑的空间和时间范围、立法者立法时未能考虑但能为立法目的所包容的空间和时间范围等。例如,法律制定后,由于某种新事物的出现,对原法律条文必须作某种限制性或扩张性解释,而这种限制性或扩张性解释乃是实现原法律确定的目标和任务所必须的,则属立法者未能考虑但能为立法目的所包容的时间范围。如果不属于这种情况:由于新事物的出现,原法律确定的目标和任务已显出不适当,需要重新确定立法的目标和任务,就不是执法者进行法律解释所能解决的问题,而是必须由立法者修改法律方能解决的问题了。

(三)实施行政处理

行政执法的主要方式和基本途径之一是实施行政处理。没有行政处理,仅仅制定行政规范性文件或进行法律解释,法律规定不可能在人们的现实社会生活中得到实现。没有行政处理,行政监督检查、行政强制和行政处罚在很多情况(不是所有情况)下会失去前提,失去目的和意义。因为行政监督检查、行政强制和行政处罚在很多情况(不是所有情况)下是行政处理实现的直接保障;而行政处理乃是立法实现的直接保障。

行政处理的主要形式有行政许可、行政征收、行政给付、行政确认和行政裁决等。[①] 行政许可是立法者为了保障人民生命安全和健康,保障社会经济的正常秩序和人民生活的正常秩序,保障国家安全和利益,为自然人、法人和其他组织进入一定行业,从事一定职业,生产、经营一定产品或提供一定服务等确定一定条件(实体条件和程序条件),规定只有符合条件者才能进入相应行业,从事相应职业,生产、经营相应产品或提供相应服务,不符合条件者则不被准入的制度。如何保证立法确立的准入条件的实现呢?显然必须通过行政执法者的审批行为(行政许可行为)。对于立法确立的实体条件,必须通过行政执法者的审查、审核、考试、考核等方式核实、认定;对于立法确立的程序条件,必须通过行政执法者的审批过程、步骤和顺序实现。由此可见,行政许可执法行为是实现立法的安全、秩序、权利、自由的目的、价值的保障。不过,行政许可行为对于实现立法的这些目的、价值也存在风险:如果行政许可权被执法者滥用,不仅不能保障立法的上述目的、价值的实现,而且可能危及人民生命安全、健康和国家利益,破坏社会经济的正常秩序和人民生活的正常秩序,阻碍经济的发展。因此,加强法律对行政许可行为的规范是非常必要的。

行政征收在广义上是指立法者为了维系国家的存在和发展,向国民提供“公共物品”,或为了保障应对社会公共利益的某种特别需要,而规定自然人、

① 行政确认和行政裁决也可认为同时属于“行政司法”范畴。

法人和其他组织无偿向国家缴纳一定数额金钱(税或费)或者一定数量财产(动产或不动产)的制度。行政征收立法与行政许可立法一样,不可能自动实现,必须通过行政执法机关(税收征收机关等)的行政征收执法行为实现。行政征收除征收税款外,还包括各种规费和各种相当于税的费的征收(国有土地有偿使用费、道路保养费、教育附加费等),以及土地、房屋等各种不动产或动产的征收。实际上,后一种征收(狭义的征收)——土地、房屋等财产的征收,在绝大多数情况下是有偿的(应依法予以补偿)。在我国,所有土地都属国家所有或集体所有,任何私人都没有土地所有权。因此,土地征收仅指国家征收农村集体土地所有权和城市国有土地使用权,房屋征收则是指国家征收城市国有土地上的房屋所有权和农村集体土地上的房屋所有权。

行政给付是立法者为了保障社会公正,增进国民福利所设立的对社会上的困难群体、弱势群体提供救济、帮助和给予一般公民以生育、年老、疾病、死亡等补贴、补助的制度。如对因战、因公死亡和伤残人员抚恤的制度、城市最低生活保障制度、流浪乞讨人员救助制度、失业人员救济制度、农村灾害救济和困难救济制度、国家对老、少、边、穷地区的补助制度等。行政给付不同于行政征收:行政征收对于行政机关是职权,对于相对人是义务;而行政给付对于行政机关是职责,对于相对人是权利。行政给付也不同于行政许可:行政许可是行政机关对相对人的行为进行规制,以维护秩序;行政给付是行政机关对相对人的困难予以救济和为相对人提供福利,以保障公平。行政给付立法目的的实现一方面取决于立法本身的公允和平衡:给付对象和给付范围是否相同情况相同对待,不同情况不同对待,给付标准是否与国家社会经济发展水平相适应等;另一方面取决于执法的合法与合理:执法者是否严格按立法确定的给付对象、给付范围和给付标准实施给付,在行使法定自由裁量权的情况下,是否考虑相关因素和不考虑不相关因素,是否坚持公开、公正、公平的原则等。

行政确认和行政裁决同样属于行政处理的范畴(同时也属于“行政司法”的范畴),同样是保证立法实现的重要执法手段。在法律机制中,立法者通过授予和确定各种社会主体、市场主体的权利、义务,调整和规范各种社会关系与市场经济关系。从理论上讲,只要立法授予和确定各种不同利益团体和个人的权利、义务是合理的、平衡的、明确的,人们又都能自觉依法行使法定权利和履行法定义务,相应社会关系和市场经济关系就会处于顺畅、有序的进行状态。然而,在实践中,理论上的假设条件是很难全部存在的,且不说人人并非君子,都会自觉地依法行使法定权利和履行法定义务,即便是立法者,也并非都是圣贤,能将各种不同利益团体和个人的权利、义务都规定得那么合理、平衡和明确。正因如此,人们在现实生活中经常会相互就其权利、义务归属或界限发生争议和纠纷,从而使相应法律关系处于不稳定或失序状态。为了明确争议、纠纷各方的权利义务,使相应法律关系恢复到立法者所欲设定的状态,国家除了建立司法机关,为争议、纠纷各方提供司法裁判机制以外,另一重要措施就是建立行政确认和行政裁决制度,为相对人提供较司法裁判机制更为廉价的、程序简便的解纷机制。作为准司法性质的行政确认和行政裁决,相对于司法的另一个重要优势是其专业知识和专门经验,以及由此形成的高效率。由于行政确认和行政裁决的这些优势,故其在现代法律机制中是不可替代的。

(四)进行行政监督检查、行政强制和行政处罚

行政监督检查、行政强制和行政处罚是立法者为了保证法律的实现而设定的保障机制。在很多情况下,这种保障机制是通过直接保障行政机关依法实施的执法行为而保证立法目标的实现的。[①] 例如,行政许可领域的监督检查、行政强制和行政处罚首先是保障行政机关依法实施的行政许可行为为被许可人确立的条件、要求及相应权利、义务的实现。其通过保障被许可人在实施被许可行为过程中对行政许可机关确立的条件、要求及相应义务的执行,从而保障行政许可法的相应立法目标得以实现。在这种情形下,没有对依法执法行为的保障,也就谈不上法律实现的保障,因为执法行为是法律实现的中介。当然,行政监督检查、行政强制和行政处罚也是执法,但是这种作为法律保障机制的执法与行政许可、行政征收等作为行政处理机制的执法是不同的,作为行政处理机制的执法处于立法与作为法律保障机制的执法的中间环节。

不过,在某些情况下,行政处理这个中间环节是不存在的:法律直接设定相对人的行为规范,相对人进行相应活动直接依法而为,而不是先经过行政机关审批或其他某种行政程序后再为。例如,《城市市容和环境卫生管理条例》

① 行政监督检查、行政强制和行政处罚也属于广义的“行政处理”的范畴。

规定人们在公共场所不得随地吐痰,交通法规规定人们出行不得在非人行道处横穿马路。显然,人们去公共场所或在马路边行走无须先经过行政许可或先履行其他某种行政程序,其实施相应行为应直接遵守相关法律规定,而不是遵守通过行政执法行为将相关法律规定具体化、特定化的行政行为要求。在这种情况下,行政监督检查、行政强制和行政处罚就是直接保障法律规范的实现,而不通过任何中间环节,实施行政监督检查、行政强制和行政处罚的行政机关即直接适用法律规定,对相对人作出相应的行政行为。

行政监督检查、行政强制和行政处罚作为法律实现的保障机制,其功能、作用既相互联系,又相互区别。行政监督检查是行政主体对行政相对人履行法律规定的义务和遵守行政行为确定的要求的情况的了解、掌握;行政强制是行政主体对不履行法律规定的义务和遵守行政行为确定的要求的行政相对人采取某种措施,迫使其履行法律规定的义务和遵守行政行为确定的要求,或达到与其履行法律规定的义务和遵守行政行为确定的要求相同或基本相同的状态;行政处罚则是行政主体对违反法律规定的义务和行政行为确定的要求的行政相对人予以法律制裁,使之今后不再违反,也使其他有相应违法意向的相对人以此为戒,不致再实施相应违法行为。行政监督检查、行政强制和行政处罚虽然具体功能、作用不同,但其基本功能和作用是相同的:三者均是保障法律实现,使法从文本规定化为人们实际行为规范的手段和途径。

二、执法:使权利从“应然”转变成“实然”

法的根本目的(至少是根本目的之一)是保障和实现人的权利。立法是确认人的权利,界定、明确处在不同利益集团、不同社会阶层的不同人们的权利的性质、类别、范围和实现途径;执法则是使立法所确立的人的权利,或虽未为立法所确立,但属于人作为人或作为社会成员所自然应具有的权利得以实现,包括提供权利实现的途径、条件,排除权利实现的障碍,防止权利滥用和制止侵权,追究侵权者的责任和给予被侵权者以救济等。可见,权利是执法的核心。一切执法行为,如果离开了对相对人权利的辨认、尊重和保障,就会异化成权力滥用,其所执之“法”在形式上可能是“法”,但此种“法”的灵魂已被扭曲或偷换。

在行政执法过程中,执法所涉及的相对人的权利是各种各样的,有法定实体权利，有法定程序权利，也有非法定的实体与程序权利（人的自然权利），如生命、自由、财产权和正当程序权，既可以是法定的，也可以是非法定的。在特定情况下，即使没有法律的明文规定，执法机关对人作为人或作为社会成员所自然应具有的这些权利，也不能予以否认和拒绝保护。

（一）执法与相对人的法定实体权利

行政执法涉及行政相对人法定实体权利是多种多样的，如人身权、财产权、受教育权、劳动权、自主经营权、自主管理权、接受救济权、领取抚恤金权、获得资助权、申请许可证权、商标权、专利权、著作权等。这些权利的性质、内容和范围都是很不相同的：有些权利具有政治性，有些权利具有经济性；有些权利具有物质内涵，有些权利具有精神内涵；有些权利是概括性的，包括很多具体权利，如人身权可包括人身自由权、生命权、健康权、名誉权、荣誉权、肖像权……财产权包括物权、债权、知识产权……而物权又包括所有权（又可细分为占有、使用、收益、处分等项权利）、用益物权（又可细分为地上权、地役权、典权等）、担保物权（又可细分为抵押权、留置权、质权）等；有些权利则是很具体的，如领取抚恤金权、申请许可证权、因权利被侵犯而获得赔偿权等。在行政执法过程中，执法者首先应根据实际案情，分清相对人享有的是什么性质、何种内容和何种范围的权利，然后再决定采取什么行政执法行为以因应之。

西方学者往往根据相对人权利的来源，将权利分为自然权利（“天赋人权”）和政府特授权利，前者如生命、自由、财产等权利，谓之 right，后者如获得抚恤金、养老金、失业补助、最低生活补助等权利，谓之 privilege。① 对于自然权利，政府的职责主要是加以保护，防止其被侵犯，排除其行使障碍，以保证其有效实现；对于政府特授权利，政府的职责主要是根据国民的需要和国家的社会、政治、经济发展水平，积极和适当地创设（政府特授权利除了可以法律创设外，也可以行政法规，甚至规章和其他规范性文件创设）、授予（授予的形式可以是行政许可、行政给付、行政确认等）和保护（与保护自然权利一样，要防止其被侵犯，排除其行使障碍和保证其有效实现）。将权利分为 right 和 privilege，在理论上可能比较明确，但在实践中有时是很难区分的。例如，对于

---

① 关于 right 和 privilege 的区分，参见 Ernest Gellhorn & Barry B. Boyer, *Administrative Law and Process* (1981) West Pubishing Co., p. 139-179。

一个人通过生产、经营、受赠、继承等获得的财产与通过行政给付从政府获得的抚恤金、救济金、失业补助等财产的权利性质有时就很难区分,也难以对二者截然区别对待:对于前者往往不只是一个消极保护问题,很多时候也需要审查、许可、登记、确认等行政执法行为介入;对于后者,相应权利虽然是政府授予,但却不是政府的恩赐。在现代社会,privilege 与人的生命、自由、财产等自然权利紧密联系,如依靠抚恤金、救济金、失业补助等生活的人,失去此种生活来源,其生命、自由即难以维系。因此,政府不能任意决定赋予或取消相对人的 privilege。在美国,自 20 世纪中期以后,取消或剥夺相对人的 privilege 如同剥夺公民的生命、自由、财产等 right 一样,要适用 Due Process of Law(正当法律程序),从而在行政执法中,行政主体对待 privilege 与对待 right 就没有太多的区分了,尽管某些必要的区分仍然存在。

行政机关在行政执法中虽然不能对相对人的权利做绝对化的区分,但是进行相对的区分则是必要的。因为法律要求对不同的权利提供不同的保护度,在两种或两种以上权利相互发生冲突时,行政执法机关应根据不同权利的性质,协调各个方面的不同利益,使不同权利均得到公正的、平衡的、与其权利性质相适应的保护。实践中对相对人权利大致可作以下四种主要分类:(1)特定相对人的权利与一般相对人(社会公众)的权利。例如,在环保执法中,作为特定相对人的企业有生产的权利,作为一般相对人的社会公众有享受优质环境的权利。这两种权利虽然不是对立的,但却可能存在一定的潜在冲突。因为生产往往不可避免地会产生一定的废物、废气、噪声等污染。虽然我们可以要求企业治理污染,将污染降到最低,但是在很多情况下我们不可能要求企业完全消除污染。要求企业完全消除污染可能等于要求其停止生产。在这种情况下,就必须根据这两种权利的性质进行协调,正确地选择和确定二者的适当的保护度:环境权通常应优于生产权,但优于的度可能要根据个案的具体情况确定。(2)直接相对人的权利与间接相对人的权利。行政执法机关实施执法行为,往往不仅涉及直接相对人的权利,同时也涉及间接相对人的权利。间接相对人包括相邻人、竞争人、合作人、监护人、被监护人等。例如,在治安管理执法中,公安机关拘留一位违法行为人,该被拘留人有一依赖其生活的未成年人,该未成年人享有间接相对人的权利:公安机关在拘留相应违法行为人后,应通知该未成年人其他亲属(如有其他亲属的话)或有关组织(如没有其他亲属的话)照顾他(她),以保护其生命权和健康权,避免其因无人照顾而饿死、冻死或发生其他事故。又如,在城建、规划管理执法中,城建、规划行政机关批准申请人建筑高层楼房,可能影响与其相邻的居民的采光权。对于这种间接相对人的权利,行政执法机关在执法中显然应加以考虑、协调。(3)相对人的消极权利与积极权利。行政相对人的这两种权利实际上是依法律对行政执法机关的不同要求而加以区分的:对于相对人的某种权利,法律仅要求行政执法机关予以保护、自己不得侵犯和防止他人对之加以侵犯,此种权利谓之"消极权利";对于相对人另外一些权利,法律不仅要求行政执法机关加以保护和不得侵犯,而且要求行政执法机关积极实施相应行为,促成其实现,此种权利即谓之"积极权利"。例如,相对人在行政执法机关对其实施行政监督检查、行政强制、行政处罚时,其享有的人身、财产不受非法侵犯的权利即是消极权利;而相对人申请行政执法机关实施行政许可、行政给付的权利即属积极权利。当然,这里的"消极"和"积极"只是相对而不是绝对的:对于"消极"权利,行政执法机关有时也需要采取积极措施排除障碍,保障其权利得以实现,如相对人取得土地使用权后,行政执法机关积极采取措施,保障其交通和水电供应;对于"积极"权利,行政执法机关更是不仅具有积极行为,促其实现的义务,而且具有消极不予侵犯和加以保护的义务。(4)相对人的人身、财产权利与非人身、财产权利。在行政执法中,对相对人权利作这种区分也是具有重要意义的。因为许多法律规定对人的权利的保护首先是对人身权、财产权的保护。如《行政诉讼法》《行政复议法》《国家赔偿法》都把对相对人人身权、财产权的保护放在首要的位置。虽然相对人的其他权利也非常重要,如受教育权、劳动权、选举和被选举权、出版、结社、集会、游行、示威等政治权利对于国民均是必不可少的,某些法律对之未予以足够重视并不适当,但是,这不能否定对人身、财产权利与非人身、财产权利区分的意义。因为这两类权利虽然都同样重要,但其性质和内容毕竟存在区别。因此,在行政执法中对其保护的方式和途径无疑也应有所区别。

(二)执法与相对人的法定程序权利

行政主体在行政执法中尊重和保障行政相对人的程序权利,使法律规定的相对人的程序权利得以实现既有与保障相对人实体权利实现的同样重要的意义,还有与保障相对人实体权利实现不同的特别意义。这是因为相对人的程序权利具有双重价值:一是保障实体权利实现的价值;二是程序权利自身独立的价值。相对人程序权利的第一种价值是比较明显和易于为人们所了解的,如相对人的知情权、参与权、陈述权、申辩权等程序权利对于保障相对人实体权利实现的意义是显而易见的。但相对人程序权利的第二种价值却不那么明显,不那么为人们所了解。人们只有逐渐消除了在封建专制时代,在计划经济时代长时期形成的对政府、官吏及其权力的畏惧、崇拜和绝对服从的心理,逐渐摆脱了旧的“臣民意识”,逐渐培育起现代公民人格和较强的人权意识和法治观念,才会对程序权利的独立价值有较深入的理解和把握:行政相对人作为与行政主体平等的权利主体,作为国民,作为国家的主人,在行政管理中自然应享有知情权、参与权、陈述权、申辩权等程序权利。行政主体及其行政执法人员执法,向相对人说明根据、理由,听取相对人的陈述、申辩,其意义首先是对相对人人格的尊重。行政主体及其行政执法人员实施行政执法行为,如果可以不向相对人说明根据、理由,可以不听取相对人的意见,可以径行决定、径行执行,其行为在实体上即使是向相对人赋予利益,给予好处,但在法律上却是对相对人平等地位的剥夺和对相对人人格的蔑视,是以一种居高临下的、恩赐式的态度对待相对人。如果其行为在实体上是给相对人处罚、强制或对其作出其他不利处理,行政主体及其行政执法人员不向相对人说明根据、理由,不听取相对人的陈述、申辩而径行决定、径行执行,则更是对相对人平等法律地位的否定,把相对人作为单纯的行政管理客体:我管你服从,我决定你执行。在相对人程序权利被否定、被剥夺的情况下,行政主体及其行政执法人员作出的行政决定在实体上显然较易于和很可能出现错误,尽管不一定绝对和肯定出现错误,然而,这种行政决定的方式对相对人人格权和法律主体资格的侵犯却是绝对和肯定的。由此可见,只要我们从人权和人格的角度分析和看待相对人的程序权利,程序权利的独立价值就是显而易见的了。

在行政执法实践中,由于我国国民长期以来有重实体、轻程序的传统和习惯,行政主体及其执法人员往往忽视和不尊重相对人的程序权利,认为行政行为只要实体没错,走什么程序没关系。相对人对程序权利往往也不看重,认为只要实体利益上不吃亏,行政主体及其行政执法人员是否听取自己的意见和向自己说明理由无所谓。至于行政法制监督主体(行政复议机关和人民法院),在对行政行为进行审查监督时,虽然一般都既审查行为实体的合法性,也审查行为程序的合法性,但是在最后处理时,对于程序违法的行政行为,往往只有在导致实体错误时才予以撤销或确认违法;而对仅程序违法,实体正确的行政行为,则大多予以维持。当然,程序权利的价值也不是绝对的,行政主体及其执法人员在实施一项执法行为时,当然既要考虑相对人的程序权利,也要考虑程序的成本和相应执法事项的重要程度和紧急程度,需要在权衡各种相关因素后于法定自由裁量权范围内选择行为应采取的适当程序。对于行政法制监督主体来说,对于程序违法或程序有瑕疵的行政行为,也不能一概予以撤销或确认违法,而应视相应法律规定的程序是强制性的程序还是指导性的程序,是涉及相对人基本权利(如人格权)的程序还是仅涉及行政行为方式、步骤而对相对人权利没有影响或基本没有影响的程序。如属后者,行政法制监督主体没有必要一定要撤销相应行政行为或确认该行为违法,而只需提请行政主体及其执法人员补正即可。

(三)执法与相对人的非法定权利

依法行政,如果我们仅理解为依法的明文规定行政,那么,依法行政对于行政执法主体及其执法人员来说,乃是最基本的,或者说最低的要求。就执法与相对人权利的关系而言,尊重相对人为法律所明定的权利,亦是执法者最基本的、最起码的义务。然而,依法行政,从广义上理解,还包括依法的原则行政,依法的规定所蕴含的道德精神和理性行政。如果我们从这个基点理解执法与相对人权利的关系,那么,执法者在行政执法中仅尊重和维护相对人的法定权利(法所明文规定的权利)是不够的,执法者还必须尊重和维护虽非为法律所明定,但依据法的原则和精神,相对人所应享有的权利。

相对人的非法定权利是多方面的,其中最主要的包括以下三类:其一,相对人某些最基本的人权,如生存权、健康权等。例如,行政执法机关在执法时对相对人罚款,没收违法所得,没收非法财物,即使法律没有明文规定,也应该给相对人留下维持其基本生活的财物;在对相对人行政拘留时,如相对人突发疾病,即使法律没有明文规定,也应该送其去医院就诊。这是相对人生存权、健康权对执法机关必然生发的义务。相对人违法行为无论如何严重,执法机关都必须尊重和保障相对人的生存权、健康权。否则,将导致相应法律责任。又如,国家制定了野生动物保护法,规定人们不得捕杀野生动物,但在特定情况下,某一野生动物威胁到某人的生命,不杀死该野生动物就不能保住该人的生命,在这种情况下,相对人杀死野生动物,执法机关就不能追究其法律责任。因为相对人的生命权高于野生动物保护的价值。其二,相对人在遇到困难时获得国家帮助、国家救助的权利。人们在社会中生活,结成一定的群体(包括国家),均享有相应的权利和义务。人在有劳动能力、有经济收入时,即有通过纳税等途径为社会作出贡献,帮助他人、救助他人的义务;而在尚无劳动能力或失去劳动能力时,如年幼、年老、失业或遇天灾人祸,生活无着时,即应享有接受国家、政府的帮助、救助的权利。由于国家、政府是通过公民税收得以维系的,所以相对人获得的国家、政府的帮助、救助,实际上是相对人生活于其中的社会群体中的人们对他的帮助、救助,就像他在生活顺利时通过纳税等途径帮助他人、救助他人一样。相对人的这种权利,有时是由国家法律加以明确规定的,有时法律虽尚未加以规定,政府亦应根据其财政状况,为相对人提供适当的帮助和救助,使其困难得到一定的缓解或克服。政府对社会上的困难和弱势群体提供帮助、救助的职责正是源于相对人的相应权利,无论这种权利有无法律的明确规定。当然,政府在履行帮助、救助职责时,如有法律的明确规定,必须依法律规定履行;如无法律明确规定,则应依其自由裁量权履行。其三,相对人在行政执法过程中享有正当程序保障的权利。正当程序权利过去一直是人们的一项非法定权利,最早源于英国的“自然正义”(natural justice)原则。该原则有两项基本规则:一是任何人自己不得做自己的法官;二是任何人做出对他人不利的行为时,应当事先告知他人,听取他人的意见。这项原则后经各国沿用、发展,生发出很多具体规则,确立了公民对于政府,相对人对于行政主体的各种正当程序权利,如申请回避权、要求说明理由权、陈述权、申辩权、听证权、要求信息公开权、申诉权、复议权等。对于这些权利,许多国家在20世纪中期以后通过制定行政程序法尽可能将之法定化。当然,法律规范的范围总是有限的,法制发达国家虽然通过制定行政程序法规定了相对人的大量的程序权利,但相对人的正当程序权却不可能为法律所包容。在行政执法过程中,相对人根据正当程序原则仍享有许多非法定的程序权利,如聘请代理人参与行政程序,代表自己向行政执法主体陈述、申辩和提出建议的权利,申请行政执法主体调查、鉴定、勘验和及时查阅调查、鉴定结论和勘验笔录的权利等。至于像我国和其他尚未制定行政程序法的国家,相对人的正当程序权在大多数情况下都还处在非法定的状况,仅有少数领域,国家通过制定单行法,将相对人的正当程序权法定化了。如我国的《行政处罚法》,即规定被处罚人在行政处罚程序中享有要求行政主体说明处罚根据、理由权和陈述权、申辩权,对于特定处罚案件还享有听证权等。在其他领域(行政征收、行政给付、行政确认、行政裁决等),我国尚未制定专门的单行程序法。在这些领域,相对人是否存在正当程序权呢?当然是存在的。行政执法主体在执法过程中,当然同样应尊重和保障相对人必要的正当程序权利,如申请回避权、要求说明理由权、陈述权、申辩权等。否则,其执法行为的效力可能受到质疑。在我国行政复议和行政诉讼实践中,曾有行政主体行为因未遵守正当程序,侵犯相对人非法定正当程序权而被撤销的例子。[①] 不过,我国目前正准备推进制定各行政领域的单行程序法和统一的行政程序法典,行政相对人的正当程序权利将日益法定化。但是,即使如此,即使今后程序法完善了,行政相对人仍然会存在某些非法定的正当程序权利,行政执法机关及其执法人员在行政执法中仍应尊重和保障相对人的这些非法定的正当程序权利。

三、执法:使秩序从静态设计转化成动态建构

行政执法的目的既在于保护人权,保护行政相对人的权利和自由,同时也在于维护秩序,维护人们生产、生活和从事与生产、生活有关的各种活动所必须的秩序。人权和秩序是相互联系、相互统一的。一方面,人权的实现要求秩序保障。在社会生活中,没有秩序,人的权利和自由随时有被侵犯的危险,人们将失去预期,失去安全感;一切都可能发生,个人无法控制,人们将不得不在担心和恐惧中生活。另一方面,秩序也依赖于人权而存在。离开了人的权利和自由,秩序将失去任何意义;无论是立法设计的秩序,还是执法维持、建构的秩序,其宗旨都在于保护和发展人权,保护和发展国民的权利和自由。

当然,人权和秩序尽管在基本关系和整体上是相互联系、相互统一的,但在一定时间、一定场合也会发生局部相互冲突的情形。例如,人们如果过分强调个人权利与自由,不顾及他人的权利与自由,社会公共秩序就可能受到负面

---

① 如 1999 年北京市海淀区人民法院判决的“田永案”(载《最高人民法院公报》1999 年第 4 期)和 2000 年北京市海淀区人民法院判决的“刘燕文案”(载《中外法学》2000 年第 4 期)。

影响或被破坏;人们如果过分强调秩序,个人权利与自由就可能被忽视。特别是某些行政主体及其行政执法人员,有时会为秩序而秩序,因各种理由(应付检查、保证领导安全、争创先进等)搞形式主义,而不惜牺牲行政相对人的权利和自由。由此可见,人权和秩序的统一不是绝对的、无条件的,可以不通过人们的主动协调而可以自然而然地实现。因此,立法和执法,特别是执法,作为行政关系主导者的行政执法机关和执法人员,应主动地把握和协调好二者的关系,使二者保持平衡和统一。关于执法与相对人权利的关系,我们在前面已进行了专门讨论,这一节,我们主要探讨执法与秩序的关系,执法在维护秩序,使秩序从静态设计转化成动态建构方面的功能和作用。当然,我们在讨论秩序时,不能不同时涉及权利,因为秩序的最终目的是保护权利。

(一)执法行为与秩序

执法对秩序的建构和维护首先是通过执法行为直接实现的。执法行为是多种多样的,如人们最常见的审批、许可行为、规划行为、监督检查行为、行政处罚行为、行政强制行为(即时强制和强制执行)等。[①] 无论是社会生活秩序,还是经济与市场秩序,没有行政执法行为的保障,都可能陷入混乱无序的状态。在这种社会秩序状态下,人们将难以正常地生产、工作、生活和进行社会交往。

行政执法行为对秩序的作用:一是建构,二是维护。秩序建构主要是通过审批、许可行为、规划行为、征收行为、给付行为等实现的。审批、许可通过对市场准入,相对人从事一定职业、行业的资格、资质,以及与人们生产、生活紧密相关的设备、设施、产品、物品的质量的审查,发放许可证,确立一定的市场秩序和社会交往秩序;规划通过对自然资源开发利用、公共资源配置、城市和乡镇建设、环境和生态保护等予以科学设计和统一规划,确立不同利益群体在这些领域的相互关系以及人与自然关系的秩序;征收、给付行为通过对社会财富的分配和再分配,确立社会"公共物品"提供的秩序和社会保障、社会救济领域的秩序。

---

① 这里使用的"执法"(行政执法)较广义为窄,不包括行政立法行为和行政机关制定行政规范性文件的行为;较狭义为宽,包括行政审批、行政规划和行政强制执行,而不是只限于监督检查和行政处罚行为。

秩序维护主要是通过监督检查行为、行政处罚行为、行政强制行为(即时强制和强制执行)等实现的。监督检查对秩序的维护作用体现在三个方面:一是督促和鞭策,使相应领域的所有相对人感受到秩序的约束,促其自觉将其行为纳入秩序的范畴;二是发现违反秩序的行为,及时加以纠正和处理,防止其恶化和蔓延;三是发现秩序本身的缺陷和漏洞,及时加以完善、修补或对某种秩序加以重构,防止形成“恶序”,即侵害人民利益和不利于社会经济发展的秩序。行政处罚对秩序的维护作用则主要表现在两个方面:一是对特定相对人特定违反秩序行为予以制裁、处理,使被损害的特定秩序得到恢复,并使被处罚人得到教训,不致重犯;二是对一般相对人的警示、教育作用,特别是对有同样或类似违反秩序行为倾向的相对人,行政处罚能对之产生一定的震慑作用,使之抑制自己的行为,避免重蹈他人被处罚的覆辙,从而实现维护和保障秩序的目的。行政强制对秩序的维护作用主要表现在三个方面:一是直接采取措施,及时纠正违反秩序的行为(之后再实施行政处罚或不再实施行政处罚);二是在可能出现违反秩序的情形或状态之前采取措施,防止违反秩序的情形或状态实际发生;三是在行政处罚或行政机关实施其他行政处理行为之后,行政相对人不履行行政处罚或行政处理行为为之确定的义务,行政机关对之采取行政强制执行措施,保障行政行为构建的行政秩序得以实现。

(二)执法体制、执法方式、执法程序与秩序

如前所述,行政执法行为具有建构、维护和保障秩序的重要作用。但是,执法行为对秩序作用的实际发挥乃取决于执法体制、执法方式和执法程序的优劣:好的(民主的、科学的、文明的)执法体制、执法方式和执法程序可以促进执法行为积极作用的发挥,从而有利于构建、维护和保障秩序;不好的(计划经济时代形成的高度集权的、漠视相对人权益的,乃至野蛮的)执法方式、执法体制和执法程序可能妨碍执法行为积极作用的发挥,对秩序产生消极的影响。当然,有时在高度集权的执法体制下,运用野蛮的执法方式,漠视相对人权益的简单快捷的执法程序实施的执法行为也可能构建、维护和保障某种有条不紊的“秩序”。但是,这种“秩序”是以牺牲相对人人权,牺牲相对人积极性、创造性,牺牲社会、经济发展的活力和效率为代价的。从而这种“秩序”只能是暂时性的,最终将因相对人的不满和怨气爆发而终结,使社会经济秩序重新陷入混乱。

执法体制对秩序的影响虽然不是直接的,但却是重大的和根本性的。如前些年在许多领域实行的多头执法体制,对经济管理秩序、市场秩序和社会秩序的消极影响即是显而易见的。一个企业,一天之内可能要接待七八个行政执法部门(工商、质监、税务、环境、卫生、城建、劳动、市容等)的监督检查,接待往往还要求企业负责人出面。负责人要应付这么多执法检查,要牵扯他(她)多少时间、精力?相对人一个违法行为,有时可能面临好几个执法部门的查处、处罚(所谓"几个戴大盖帽的追一个戴草帽的"),行政机关和行政相对人均要耗费多少成本?至于相对人要申请行政机关许可办一个企业或做一件需经审批的什么事,更是要跑几个,甚至几十个部门,"求爷爷,告奶奶",有时一年半载还办不下来。这种体制能保证什么秩序,社会经济生活岂能不乱。正是基于这种乱象,这几年国务院一直将治理和整顿经济秩序作为一项重大任务在抓。在治理和整顿经济秩序中,改革执法体制即是其中非常重要的一环。为此,全国各地陆续推出了许多改革措施,如联合执法、综合执法、"一个窗口对外"、"一站式服务"、"政府超市"等。

行政执法体制的这些改革措施虽然大多尚在实验之中,但其对于市场经济秩序的正面作用已经开始显露,其中部分措施已得到法律的确认。例如,第十届全国人大常委会第四次会议通过的《行政许可法》即规定,行政许可需行政机关内设多个机构办理的,该机关应确定一个机构统一对外:统一受理相对人申请和统一向相对人送达许可决定("一个窗口对外");行政许可由地方人民政府两个以上部门办理的,相应政府可确定由其中一个部门受理申请,之后转其他有关部门分别提出意见后由其统一办理("一站式服务");或由政府组织有关部门在一个办公大厅内联合、集中办理有关行政许可("政府超市")①。

执法方式、执法程序与执法行为有着极为密切的联系:任何执法行为,无论是审批、许可,还是监督检查,或者是行政处罚、行政强制,都必须通过一定的方式,遵循一定的程序进行。因此,执法行为对秩序的建构、保障作用在很大程度上取决于行为的方式和程序。过去,我们在市场经济秩序、社会秩序混乱,违法行为猖獗时,往往想到的只是加强行政执法行为的力度,严查重罚,而很少想到如何改革我们的行政执法行为的方式和程序,使之保证公开、公正、

---

① 参见《行政许可法》第 26 条。

公平,结果自然是收效甚微。试想,执法行为不公开,“暗箱操作”,执法者以权谋私,权钱交易;执法行为不公正,不公平,偏私、歧视,厚此薄彼,不讲信用、反复无常,怎么能令行政相对人信服?怎么去纠正相对人的违法行为?怎么能建构起市场和社会所需要的秩序?自20世纪90年代以来,我们开始认识到执法方式、执法程序对于保证正确实施执法程序的作用,各级政府开始重视对执法方式、执法程序进行改革,注重建立民主、科学、文明的执法方式和执法程序。《行政处罚法》和《行政许可法》确立了实践中有关改革的成果,进一步推动了改革的进程。

(三)执法人员的素质与秩序

如前所述,建构和维护秩序是行政执法的重要功能和作用之一。首先,行政执法对秩序的建构和维护依靠行政执法行为,行政执法行为对秩序的作用是最直接的;其次,行政执法对秩序的建构和维护还取决于行政执法体制、方式与程序,行政执法体制、方式与程序对秩序的作用较间接些,它通常要通过行政执法行为影响秩序;最后,行政执法对秩序的建构和维护还取决于行政执法人员的素质。当然,行政执法人员的素质对秩序的作用较行政执法行为和行政执法体制、行政执法方式与程序对秩序的作用更间接些,它同样要通过行政执法行为,或既通过行政执法行为,也通过行政执法体制、行政执法方式与程序影响秩序。这里需要特别说明的是,行政执法各种因素对于建构和维护秩序作用的直接性、间接性并不等于其重要性程度,不是说某种因素作用越直接,该因素就越重要;某种因素作用越间接,该因素就越不重要。实际上,这里讲的作用的直接、间接是就相应因素对秩序作用关系的层次而言,间接作用因素较直接作用因素居于更深层次,从而其对直接作用因素具有一定程度的决定性作用:行政执法行为在一定程度上受行政执法体制、行政执法方式与程序制约,更受行政执法人员素质制约;行政执法人员的素质不仅一定程度地决定行政执法行为,也一定程度地决定行政执法体制、行政执法方式与程序。

决定行政执法质量,影响行政执法作用发挥的行政执法人员素质主要包括三类素质:一是政治思想品质素质;二是文化知识和业务能力素质;三是法律知识、法律意识和法治观念方面的素质。

行政执法人员政治思想品质素质对行政管理秩序的影响是显然的。首先,执法人员的品行对社会有表率作用。“民以吏为师”,执法者品行不正、行为不端,会给行政相对人作出坏的榜样,形成不好的民风。其次,执法人员的品行影响执法的权威。“身不正而令不行”,执法者自己违法乱纪,要求行政相对人严格遵纪守法是很难,甚至是不可能的;执法者执法语言粗野、行为恶劣,要求行政相对人严格服从管理、令行禁止是很难,甚至是不可能的。最后,执法人员品行不佳,会给违法犯罪分子提供施放“糖衣炮弹”,将其击倒和拉下水的机会。违法犯罪分子、社会黑恶势力如认定、看准某执法人员是见钱眼开、见利忘义、见色忘乎所以的货色,即会通过“钱权交易”“色权交易”将其收买,让这些腐败分子充当他们违法犯罪活动的“保护伞”。至于某些执法人员不待他人拉下水,自己主动往水里跳:以权入股,参与违法犯罪活动,这种情况对于社会、经济秩序的危害则更自不待言。

行政执法人员的文化知识和业务能力素质影响执法质量,从而影响行政管理秩序同样是显然的。在现代社会,随着科学技术发展,人们从事的各种社会、经济活动中,科技的含量越来越高。行政执法人员是社会、经济活动的管理者和社会、经济活动秩序的维护者,如果其文化知识和业务能力素质不高,他就无法对相对人依法实施管理和提供服务,也无法对相对人从事的社会、经济活动实施监督检查,发现违法、违规行为,发现对社会、经济秩序和国家安全和人民生命、财产安全的可能的隐患,从而迅速、及时采取措施,制止、制裁违法、违规行为,消除隐患。同时,在现代社会,法律是很复杂的,执法者如果没有很好的文化素质,不可能正确理解所执法律的内容,从而在执法中将不可避免地导致适用法律错误,甚至完全背离法律的目的和宗旨的情况发生。

另外,行政执法人员的法律知识、法律意识和法治观念方面的素质对于保证行政执法质量,实现行政执法建构、维护秩序的功能和作用也是至关重要的。法律知识自不用说,执法者没有法律知识的功底,怎么理解法律?怎么适用法律?这就如同一个医生,没有医学知识,怎么给人看病、开处方、动手术?一个医生,其医学知识的深浅高低直接决定他从医的质量;一个行政执法人员,其法律知识的深浅高低直接决定他执法的质量,这应该是没有疑义的。至于行政执法人员的法律意识和法治观念怎样影响其执法,怎样通过其执法行为影响行政管理秩序,则不是那么明显、那么直接、那么不证自明。但是,其影响却是客观存在,而且是很重大,有时甚至是关键性和决定性的。这是因为:

其一,法律不是僵死的教条,法律是有灵魂的,法律的灵魂即是法律的目的、原则、精神,而执法者要真正正确理解法律的目的、原则、精神,必须依赖其法律意识和法治观念。例如,《行政处罚法》的目的是规范行政机关的行政处罚行为,保障和监督行政机关有效实施行政管理,维护公共利益和社会秩序,保护公民、法人或者其他组织的合法权益。行政机关在实施行政处罚时,如果不把握这一立法目的,就可能为惩罚而处罚(不是处罚与教育相结合),为财政目的而处罚(不是为维护公共利益而实施处罚),为建构、维护"一潭死水"的管理秩序而处罚(不是为建构和维护有利于促进社会经济发展的生机勃勃的秩序而实施处罚)。

其二,法律不是法律条文的堆积,法律是一个由各种相互联系、相互依赖的法律规范构成的有机整体。执法者在适用某一法律的某一具体条文时,不仅要正确理解该条文的内涵和外延,而且必须同时考虑相应法律的相关条文,甚至要考虑其他法律的相关条文。例如,行政执法人员在适用《治安管理处罚法》第三章的有关条文时,必须同时考虑或适用该条例第一章总则的规定与第二章处罚的种类和运用的规定;还必须同时考虑或适用《行政处罚法》的规定;在今后《行政程序法》出台后,还必须同时考虑或适用《行政程序法》的规定。而要做到这一点,行政执法人员没有很强的法律意识和法治观念是不可能的。

其三,法律适用不是简单地、机械地、对号入座地将法条适用于立法者事先设计好的某种确定的情境的活动,法律适用完全是一种创造性的复杂劳动。首先,法律条文既是确定的,又是不确定的,特别是许多弹性法律概念,如"公共利益"、"社会安全"、"人身健康"以及"情节严重"、"情节轻微"、"重大损失"、"危害不大"等不确定法律用语,执法者在适用这些概念、用语于具体情境时,有相当大的斟酌、裁量空间。至于法律适用的具体情境,更不是立法者完全能事先设计和确定的。即使立法者能对之事先预测,此种预测也只能是大致的和粗略的。客观世界的变化是无穷尽的,尤其是现代社会,科技和经济发展的速度简直超乎人们的想象。在这种情况下,执法者如果没有很强的现代法律意识和法治观念,而只知机械地、死板地适用法律条文,其在执法实践中可能会处处陷于迷茫。其要么会埋怨立法不完善,以至于对相应问题、相应事务以法无明确规定为由推托不管,实施行政不作为;要么随意地胡乱解释法律,曲解或者完全背离法律的目的、原则、精神,滥用职权,侵害相对人的合法权益。其这样做,最终显然不是维护,而是进一步损害社会、经济秩序。由此可见,行政执法人员的法律素质对于保证执法目标、任务的实现有着极为重要的作用。我们要推进行政法治,充分发挥行政执法的功能和作用,无疑必须下大力气提高行政执法人员的法律素质。

第十五章

行政司法

裁判所制度是行政司法机制的一个重要组成部分。裁判所越理想，所需的司法审查也就越少。……设立各种特别裁判所的目的是为了一种比诉诸普通法院更加简单、迅速、经济、便捷、可得的救济。①

——[英]威廉·韦德

在整个20世纪，特别是第二次世界大战以来，为应对行政的具体运作，许多立法都确立了裁判所制度。其结果是，当今公民不是诉诸法院，而更可能是在某一裁判所获得了救济。而且，除了单纯满足解决争议的需要外，这些机构也为公权力的行使提供了重要的正当化的功能，并为行政整体运作确立了良好标准。②

——[英]彼得·莱兰、戈登·安东尼

本章节目

第一节　行政司法概述

第二节　行政司法的主要种类和形式

第三节　专门行政裁判制度

---

① H. W. R. Wade, *Administrative Law*, Oxford University Press, p. 895.

② Peter Leyland & Gordon Anthony, *Textbook on Administrative Law*, Oxford University Press, p. 175.

第一节　行政司法概述

一、行政司法的概念与特征

行政司法，是指法律、法规授权的特定的行政机关按照准司法程序审理特定具体案件，裁决或处理特定争议的活动。[①] 行政司法具有以下特征：

首先，行政司法的主体是法律、法规授权的特定行政机关。没有法律、法规的特别授权，一般行政机关不能实施行政司法行为。在被授权的行政机关中，为了准确、公正地行使行政司法权，通常设立专门的对主管行政机关有一定独立性的裁判机构，专司行政裁判职能。不过，这种专司行政裁判职能的机构仍然属于行政机关系统，在组织上和业务上对主管行政机关仍具有从属性。

其次，行政司法的客体是某些特定的争议、纠纷，即在行政管理过程中发生的或与行政管理有关的争议、纠纷。一般争议、纠纷不能成为行政机关裁决的对象。所谓"特定具体案件"和"特定争议"，是指法律、法规规定由行政机关审理和裁决的具体案件和争议，而非公民、法人和其他组织与行政机关之间或公民、法人和其他组织相互之间发生的一般行政、民事案件和争议。例如，商标评审机构只受理和裁决商标争议案件，专利复审机构只受理和裁决专利争议案件。它们均不受理和裁决一般行政、民事争议案件。

最后，行政司法的程序是准司法程序。所谓"准司法程序"，是指此种程序具有司法程序的某些形式（开庭审理、相对人当庭陈述、对质、辩论等），贯彻司法程序的某些原则（裁决者中立原则、不单方接触原则、回避原则、合议原则、公开原则等），而非完全的行政程序，亦非完全的司法程序。

"行政司法"的"行政"虽然是指此种司法的主体是行政机关，但是，人们在这里把"司法"置于"行政"之后，与"行政"构成一体，即源于司法客体的特殊性。现代社会的司法原本是法院的事，由法院来实施，现在为什么要由行政

---

① 人们有时使用"行政司法"一词，是相对于"民事司法""刑事司法"而言的，指法院审理行政案件、裁决行政争议的活动。本书不在这个意义上使用"行政司法"，而将这种意义的行政司法称为"行政诉讼"或"司法审查"，此为二者的区别。

机关来实施呢？这是因为司法的客体在这里具有特殊性，它适于行政机关处理而不适于法院处理。

广义的行政司法的客体主要包括三类案件。第一类案件是传统的民事性质的案件。双方当事人是平等的民事关系主体，但由于这些案件与行政管理有关，或处理这些案件需要一定的专门技术和专门知识，故将这类案件由法院处理转为行政机关处理。第二类案件是行政案件。双方当事人处于不平等地位：一方当事人是行政机关，另一方当事人是公民、法人或其他组织。在行政机关行使行政管理职能过程中，可能因公民、法人或其他组织不服行政机关实施的行政行为和作出的行政决定而发生争议。由于这些争议案件涉及行政管理的政策和有关行政规则、标准等，同时为了适应行政机关内部监督的需要，这些案件大多交由行政机关先行审理、裁决，或者由当事人选择请求行政机关审理、裁决或向法院提起诉讼。第三类案件是行政机关以准司法程序实施某些行政行为（行政处罚等）的案件。由于现代民主、法治的发展，行政机关过去适用一般行政程序实施的这类行政行为，现在改为采用准司法形式的程序来进行。例如，行政机关对公民、法人或其他组织实施行政处罚，过去仅由行政机关单方决定即可，现在则要通过开庭审理、当事人当庭陈述、对质、辩论等听证程序，由行使调查处理职能的机构以外的第三者机构作出裁决。本书研究的“行政司法”主要指对第一类案件和某些第二类案件的行政裁决活动，而不包括对第三类案件的行政裁决活动。

行政司法是行政机关实施的准司法行为，这种准司法行为不同于行政机关实施的一般行政行为，二者有重要的区别：首先，一般行政行为是行政机关行使行政管理职能的行为。在这种行为中，行政机关与个人、组织的关系是管理者与被管理者的关系。而行政司法行为是行政机关行使行政裁判权的行为。行政机关与被裁决者的关系是一种近似于法院与当事人之间的关系，是一种三方关系。其次，一般行政行为是行政机关向个人、组织发布行政命令、采取行政措施，或应个人、组织的申请作出某种行政处理，如许可、免除、批准、发放抚恤金、发放救济金等行为，适用的是一般行政程序。而行政司法行为是行政机关处理特定具体案件，裁决特定争议的活动，适用的是具有一定司法因素的准司法程序。

当然，行政司法因为是行政机关实施的准司法行为，自然也不同于法院的普通司法行为。首先,普通司法是法院行使完全司法权的行为;而行政司法的司法权是不完全的,行政机关仅有权管辖法律规定的某些特定种类的争议案件。其次,普通司法适用的是完全的司法程序;而行政司法适用的是准司法程序,即不完全的司法程序。再次,普通司法作出的裁决(通常经过两审)是最终裁决,当事人即使不服,裁决也发生法律效力;而行政司法作出的裁决通常不是最终裁决,当事人不服,在很多情况下还可向人民法院起诉。最后,普通司法具有统一的组织体系,全国各级法院组成统一的司法系统;而行政司法是分散的,各行政司法机构分别设在相应的行政管理机关之下,互不隶属,自身无统一的体系。行政司法不存在也不可能存在统一的体系。行政领域发生的争议案件通常都涉及各种不同的专门技术、知识、规则等,分别由不同的行政机关处理相应的行政争议案件,方能得心应手,及时结案。如果由一个统一的机关来处理各种各样的争议案件,即会因其不懂各种相应的专门技术、知识、规则,或不了解相应管理领域的情况而难以准确、及时地作出裁决,使案件久拖不决,从而失去行政司法的优越性。如果这样,行政司法也就失去了存在的意义。

二、国外行政司法的历史发展

20 世纪以前,西方国家一般都实行比较严格的“三权分立”制度:议会行使立法权,内阁及其政府机构行使行政权,法院行使司法权。一个机关不能同时行使两种或两种以上的权力。但当历史进入 20 世纪以后,甚至在 19 世纪后期,“三权分立”体制的严格性就已开始降低,至第二次世界大战后,行政机关不仅通过授权立法,分享了议会的一部分立法权,而且通过设立各种行政裁判所和行政法官、听证官、审议官,分享了法院的一部分司法权。

很多人认为,行政司法起始于法国。法国革命后,司法权曾一度仍然掌握在封建时代的旧法官手中。这些旧法官把持的法院对革命政府的政策和各种革命措施极为敌视,常常以各种理由宣布革命政府的革命政策和措施违法、无效,以维护旧的封建制度和封建特权,阻碍改革的进行。对此,革命政府非常恼火,决定要排除法院的这种干扰。于是,国民议会于 1790 年 8 月通过一项法律,规定司法权今后将永远与行政权分离,普通法院法官不得以任何方式干扰行政机关行使职权,亦不得对执行职务的行政官员进行讯问,违者应予弹劾。1790 年 10 月，国民议会又通过另一项法律，规定在任何情况下，普通法院不得管辖要求废除行政机关颁布的行政法规的案件，从而剥夺了普通法院对行政争议和行政案件的审理权。于是，法国设立了隶属于行政首脑之下的平政院，由平政院来裁决行政争议案件。法国当时这样做的理论根据是其特别的“三权分立”原则：法院不能审理因行政权行使而发生的争议案件，司法不能干预行政。法国平政院真正成为“法院”（行政法院）是 1872 年以后的事情。1872 年 5 月，法兰西第三共和国国民议会通过一项法律，规定行政法院有权裁决所有关于要求宣告各级行政机关的违法行为无效的请求，授予它以正式的司法权。此后，它才得以真正脱离行政首脑独立地作出有约束力的裁决。正因为 1872 年以后的法国行政法院有了正式、完全的司法权，所以它不完全等同于我们现在所探讨的行政司法：第一，行政法院有统一的裁判系统，而我们现在所探讨的行政司法是分散的，无统一的组织体系。第二，行政法院对行政机关的独立性大，虽然现在担任法国行政法院院长的仍然是行政首脑，但行政法院实际的院长是行政法官出身的副院长，行政法院基本上独立办案，不受行政干预。地方行政法院不按行政区划设置，更不隶属于地方行政机关。而我们现在所探讨的行政司法机构均隶属于相应行政机构，独立性相对较小。第三，行政法院只审理行政案件，一般不审理民、刑事案件，而我们现在所探讨的行政司法则主要是裁决民事性质的争议纠纷案件。第四，行政法院司法性强，其司法程序几乎和普通法院无异；而且它作出的裁决是最终的，普通法院不能再进行审查。而行政司法的司法性较弱，当事人不服从行政司法裁决，通常还可诉诸普通法院，请求审查和撤销行政司法裁决。

真正现代行政司法制度的形成始于英国的行政裁判所制度。本来，英国人最反对行政司法，以戴雪为代表的英国早期法学精英认为，司法只能是普通法院的事，一国之内，无论何人，无论何事，均应受治于国家统一的法院和统一的法律，即普通法院和普通法。如果在普通法院外还设置隶属于行政系统的裁判机构，普通法外还有行政法，那就无法治可言，就会导致专制。他们指斥法国的行政法院和行政法为“专制物”，是对“法治”的破坏。

然而，19 世纪末和 20 世纪初，随着资本主义社会经济的发展以及随之而来的大量社会矛盾和社会问题，如经济危机、通货膨胀、企业破产、工人失业、环境污染、生态灾难等，资本主义国家不能不由早期对社会经济生活采取不干预政策转为实行积极干预的政策,由“管事最少的政府是最好的政府”向“多管事的规制型政府”转化。由于国家和政府对社会经济生活的干预,行政管理领域开始出现大量的、各种各样的争议案件。这些争议案件数量多,涉及范围及领域广泛,包括贸易、金融、证券、交通运输、劳资关系、环境保护、消费者保护等。解决这些新型争议案件需要具有各种专门技术、专门知识,还特别需要熟悉行政管理的有关规则、标准等。由谁来承担解决这些新型争议案件的任务呢?普通法院日益显示出力不胜任的一面:大量案件一拖再拖、一搁再搁,当事人的争议长期得不到解决。这给经济和社会的发展带来了严重影响,给社会秩序和社会稳定也带来了威胁。于是,英国人不能不放弃他们原来对行政法的偏见,修改戴雪等人的“法治”理论,提出法治并非排斥行政法,并非排斥行政机关行使准司法权。法治要求的是依法行政,行政机关的行为,无论是行政执法行为还是行政司法行为,只要不超越议会的授权,符合法定程序和“自然公正”原则,就不与“法治”冲突。基于现实的迫切需要和对“法治”理论的修改,设置于普通法院之外,行使行政司法职能的行政裁判所通过议会授权的方式在英国一个一个出现了,且越来越多。1908 年,英国根据国家退休法,建立了退休金委员会,解决有关退休金方面的争议。1911 年,根据国家保险法,建立了国家保险仲裁法庭,解决有关保险方面的争议。之后,根据各种有关法律,大量的行政裁判所相继建立,如土地裁判所、租金裁判所、工业伤害裁判所、医疗上诉裁判所、交通运输裁判所、矿山纠纷裁判所、劳资关系裁判所、专利裁判所、商标裁判所,等等。至 20 世纪 50 年代,英国行政裁判所种类超过 50 种,总数超过 2000 个。21 世纪,英国对行政裁判所制度进行改革,大大减少裁判所数量,以保障法制的统一性。

英国行政裁判所虽然从属于行政系统,但其成员并不是政府官员。裁判所主席一般由受过法律教育的人担任,裁判所的成员通常由对立利益双方的代表担任。例如,工业伤害裁判所成员分别为雇主组织和工会组织的代表,农用土地裁判所的成员分别为土地所有者组织和承租者组织的代表。某些裁判所的成员由专家组成,如医疗上诉裁判所、税收裁判所、专利裁判所等。在裁判所里,虽有一个政府文官担任秘书,但其职责是帮助当事人、向当事人说明裁决程序和解答当事人的一些问题,而不能参与对案件的裁判或对裁决施加影响。行政裁判所裁定案件适用三条基本原则:公开、公平、公正。“公开”指程序公开，当事人有权了解案卷材料、证据及裁判所作出裁决的依据、理由；"公平"指公平地听取当事人双方各自的陈述，审查他们各自提出的证据；"公正"指不受政府部门和其他外部组织、个人的影响，根据法律和事实作出裁决。

美国是实行较严格的"三权分立"制度的典型国家，但是自1887年州际商业委员会成立以后，特别是自20世纪40年代罗斯福实行"新政"以后，"三权分立"的严格性逐渐降低：行政规制机构不仅行使行政权，而且开始大量制定规章，裁决争议和具体案件，广泛行使行政立法和行政司法权。如州际商业委员会等独立规制机构，它们管理国家各种特定的社会经济事务，如运输、煤气、电信、投资市场、劳资关系、公用事业等。为了实现其管理职能，它们既制定有关这些社会经济事务管理的规章，又裁决因这些社会经济事务管理而发生的争议案件。独立规制机构每年审理的争议案件的数量大大超过法院每年审理案件的数量，是美国行使行政司法权的主要机构。20世纪以前，美国联邦仅有10多个独立规制机构，但到了20世纪80年代，则发展到60多个，如联邦贸易委员会、联邦电信委员会、联邦动力委员会、原子能委员会、劳资关系委员会、环境保护局、国内税收局等。除了独立规制机构以外，美国很多政府的部也行使一定的行政司法职能，如农业部、劳工部、内务部等。有些部则设立相对独立的局、所，承担行政司法职能。美国行政机关行使行政司法权，审理争议案件，过去通常是由行政首长临时指定行政工作人员主持，后来审理人员相对固定，由行政首长加以委任，称"审查官""主审官""仲裁官"等。一个案件由三个审查官组成的审理庭审理，或者由一个审查官独任审理。在《联邦行政程序法》制定之前，联邦审查官完全隶属行政首长，他们由行政首长随意任命和撤免，因此其裁决案件（只能作建议性裁决）不能不服从行政首长。1946年制定的《联邦行政程序法》规定，各行政机关根据行政裁判的需要委任"主审官"，主审官轮流审讯案件，不得履行与之不相干的职责，非有正当理由并经文官委员会审理决定，主审官不得被免职。后来文官委员会解释，《联邦行政程序法》的保护不仅适用于主审官的免职，还适用于对主审官的降级、停职或主审官不自愿的其他地位变更。这样，主审官主持行政争议案件审理时基本上不受行政首长意志影响。1972年，文官委员会又颁布一项规章，将主审官这一名称改为"行政法官"，使之具有更大的独立性地位。1978年，美国国会修改《联邦行政程序法》,正式在法律上确立了行政法官的地位,规定行政法官的专门职责是审理案件,非有文官功绩制保护委员会规定的正当理由并经其审理决定,行政法官不得被免职、停职、降级、降薪和临时解雇。而且,行政法官的薪俸由法律规定,行政首长不得任意变更。根据 1978 年修正的《联邦行政程序法》,行政法官应独立、不受外部影响、不偏不倚地行使职权。在行政裁判中,他可以签发传票、接受证据、掌握审讯进程、主持辩论、依法作出初审裁决或提出建议性裁决(对于初审裁决,如果当事人未提出异议或行政首长未予复审变更,初审裁决即为终审裁决;对于建议性裁决,行政首长须作出最终裁决,但行政首长一般会确认、维持行政法官作出的建议性裁决,很少变更)以及采取《联邦行政程序法》规定的其他行为。作为独立规制机构的各种委员会,除了行政法官主持审理外,很多时候还由一个或几个委员主持审理。

英国的行政裁判所和美国的行政法官可以说是现代行政司法制度形成和发展的典型例子。20 世纪以后,具有各国特色的各种不同形式的行政司法制度在世界许多国家发展起来,这主要基于社会、经济和政治等多方面的原因:

第一,在现代社会,随着科技和社会经济的迅速发展,各种社会矛盾、争议、纠纷不断出现和增多,普通法院不具有处理大量新出现的、反映这些新的社会矛盾的争议案件的能力,为了保障和维持社会经济的发展和社会秩序,国家行政机关不得不分担、执行一部分司法职能。

第二,国家对社会经济生活干预的增加导致了行政机关职能的扩大,而行政机关为了有效地行使社会经济管理职能,就不仅要求具有发布行政命令、采取行政措施的权力,而且要求具有自己裁决因行政管理而发生的纠纷和争议案件的权力。

第三,因行政管理而发生的各种争议案件大都具有较强的技术性,而普通法院的法官通常不具有处理这些争议案件所需要的相应的专门知识。为了不造成办案的困难和案件的积压,普通法院也乐于将这些争议案件交由行政机关裁决或交行政机关先行审理。

第四,行政司法较普通司法办案迅速、费用低、手续简便,且办案人员对处理一定种类的争议案件具有专门知识或专门经验,当事人对于处理相应争议案件通常也乐于选择行政司法的途径。

三、发展和完善中国特色社会主义行政司法制度的意义

行政司法制度是和行政领域的公正、效率相联系的。在我国,建立中国特色社会主义行政司法制度有着特别重要的意义。

首先,行政司法为公民、法人和其他组织提供一系列保障其权利和利益的程序,防止其权益受到行政恣意、滥权的侵犯。例如,行政机关实施涉及相对人权益的行政行为,特别是就双方当事人之间的争议、纠纷作出裁决,依行政司法程序,要告知当事人实施相应行为,作出相应裁决的理由、依据,听取当事人的陈述、申辩,在法律规定的特定情况下,还要给予当事人听证、辩论、对质的机会等。这些程序相对于一般的行政处理,显然有利于保障公正,防止行政机关专断和偏私。

其次,行政司法为行政机关及其工作人员行使职权提供了一种程序监督和制约机制,有利于避免行政违法、越权和滥用权力的行为发生。因为行政司法往往要以公开的程序进行,直接接受当事人和社会公众的监督、制约,有时还要接受媒体的监督、制约;这样,行政机关及其工作人员就难以违法、滥权,即使违法、滥权,相应行为也容易得到揭露和纠正。事实上,行政司法程序本身即可以促使和鞭策行政机关及其工作人员实施相应行为时更加谨慎,更加注意遵守法律和尊重公民、法人和其他组织的权益。

再次,行政司法有利于提高效率,节约当事人的时间和金钱。行政司法的一个重要特点是严格的时限要求:裁决争议请求的提起、争议的裁决和裁决的执行都必须根据法律规定的时限进行,这种时限通常比法院普通司法程序的时限要短得多。这样,就可以避免相应争议、纠纷久拖不决,浪费当事人时间。另外,行政司法大多不收费或收费很低廉,有利于减少当事人的经济负担。

最后,行政司法有利于及时、快捷解决争议,保障和促进社会稳定。随着全面深化改革的推进,各种改革措施、制度越来越影响和触及不同阶层、不同群体的不同利益,从而引起各种社会矛盾多发、频发。对于这些社会矛盾,如果单纯依靠传统的行政手段处理,越来越具有现代权利和法治意识的当事人肯定接受不了,从而可能引发更多、更激烈的社会矛盾。对此,完全期望由法院解决现代社会生活中的这些新型社会矛盾、争议、纠纷也是不实际、不现实的。在这方面,较有效和较可行的办法就是发展和完善中国特色社会主义行

政司法制度,通过行政司法先行处理和化解现代社会生活中新出现的大量矛盾、争议和纠纷,以维护改革、发展所必需的社会稳定。

第二节 行政司法的主要种类和形式

广义的行政司法,包括行政机关运用准司法程序解决行政争议的制度(如行政复议)和解决民事争议的制度,甚至包括行政机关运用准司法程序实施行政行为(如行政处罚)的制度。狭义的行政司法,仅指或主要指行政机关运用准司法程序解决民事争议的制度。本书研究的行政司法主要指行政机关运用准司法程序解决民事争议的制度和部分解决行政争议的制度①,其主要形式包括行政裁决、行政仲裁和行政调解。

一、行政裁决

行政裁决,是指行政机关适用准司法程序裁决法律、法规授权行政机关处理的特定争议案件的制度,是中国特色社会主义行政司法最基本的形式。

行政裁决的主要客体是民事争议,如有关自然资源所有权或使用权的争议、知识产权争议、侵权赔偿争议等。但行政裁决的客体也包括某些行政争议,如商标评审委员会裁决商标注册申请人不服商标局驳回商标注册申请、不予公告的争议;专利复审委员会裁决专利申请人不服国务院专利行政部门驳回专利申请的争议。关于商标、专利民事争议和行政争议的裁决,作为一种专门行政裁判制度,我们将在本章单设一节作更细致一些的探讨。

我国现行法律对自然资源所有权、使用权争议的行政裁决作了较明确的规定。例如,2019 年 8 月 29 日第十三届全国人大常委会第十二次会议新修订的《土地管理法》第 14 条第 1 款和第 2 款规定:"土地所有权和使用权争议,由当事人协商解决;协商不成的,由人民政府处理。单位之间的争议,由县级以上人民政府处理;个人之间、个人与单位之间的争议,由乡级人民政府或

---

① 行政复议是行政机关解决行政争议的重要制度。由于行政复议既具有解决行政争议的性质,也具有行政救济和行政法制监督的性质,故本书设专章研究,在"行政司法"一章不再赘述。

者县级以上人民政府处理。"这里的"处理"即裁决。又如,《水法》第 56 条规定:"不同行政区域之间发生水事纠纷的,应当协商处理;协商不成的,由上一级人民政府裁决……"

在现代,民事争议既由法院管辖,又由行政机关裁决。但哪些争议由法院管辖、哪些争议由行政机关裁决,各国没有统一的标准,通常由法律具体规定。行政机关裁决的民事争议一般由法律列举规定,法律未明确规定由行政机关裁决的争议则统一由法院管辖。行政机关对于民事争议的管辖,大多属于不完全管辖权,行政机关作出裁决后,当事人不服,还可向法院提起诉讼。但也有个别争议,法律授予行政机关完全管辖权,即可对之作出终局裁决,当事人即使不服,也不能再诉诸法院,而只能通过向行政机关内部申诉的途径解决。至于当事人对行政机关不具完全管辖权的民事争议裁决不服而向法院起诉的,如果以行政机关为被告,请求法院对行政机关的裁决进行司法审查,则该争议转化为行政争议(争讼性质转化为行政诉讼或行政附带民事诉讼)。但如果不服裁决的一方当事人不以行政机关为被告,将行政机关的裁决搁置一旁,而仍以原争议的对方当事人为被告,请求法院裁决,那么该争议则仍属民事争议,案件应由民事法院或民事审判庭受理。但民事法院或民事审判庭不能对行政裁决决定进行审查和作出裁决,故当事人还得先通过行政诉讼推翻行政裁决决定,在行政诉讼后再提起民事诉讼。为了提高司法效率,减少当事人讼累,我国 2014 年修订的《行政诉讼法》规定,人民法院在审理行政机关对民事争议所作的裁决的行政诉讼中,可对民事争议和行政争议一并审理。①

二、行政仲裁

仲裁有民间仲裁和行政仲裁之分。民间仲裁是非国家机关的民间团体主持的仲裁;行政仲裁则是国家行政机关主持或国家行政机关与社会团体共同主持的仲裁。行政仲裁不同于民间仲裁:民间仲裁以双方当事人自愿为前提,当事人之间的纠纷是否提交仲裁、交予谁仲裁、仲裁庭如何组成、由谁组成,以及仲裁的审理方式、开庭形式等,都是在当事人自愿的基础上,由双方当事人协商确定的;行政仲裁一般仅以争议一方当事人申请为条件,争议双方当

---

① 参见《行政诉讼法》第 61 条。

事人一方申请仲裁,被申请的另一方当事人依仲裁机构的通知参加仲裁。

行政仲裁也不同于行政裁决。相对于行政裁决,行政仲裁更具灵活性和快捷性:行政仲裁的诸多具体程序一般可由当事人协商确定与选择,从而更加灵活,更具有弹性;而行政裁决的程序相对确定,当事人选择余地很小或没有选择余地。行政仲裁一般实行一裁终局制,仲裁裁决一经仲裁机构作出即发生法律效力,有利于案结事了;而行政裁决通常不是终局的,只要一方当事人不服,即可提起诉讼。

我国现行法律规定的行政仲裁主要有以下四种:其一,劳动争议仲裁。根据《劳动法》第 77 条的规定,用人单位与劳动者发生劳动争议,当事人可以依法申请仲裁(也可申请调解、提起诉讼,还可以协商解决)。其二,社会保险仲裁。根据《社会保险法》第 83 条第 3 款的规定,个人与所在用人单位发生社会保险争议的,可以依法申请仲裁(也可申请调解、提起诉讼)。其三,农村土地承包经营纠纷仲裁。根据《农村土地承包法》第 55 条第 2 款的规定,农村土地承包人因承包经营发生纠纷,双方当事人不愿协商、调解解决或者协商、调解不成的,可以向农村土地承包仲裁机构申请仲裁(也可以直接向法院起诉)。其四,人事争议仲裁。根据《公务员法》第 105 条第 1 款的规定,国家建立人事争议仲裁制度,聘任制公务员与所在机关之间因履行聘任合同发生争议的,可以自争议发生之日起 60 日内向人事争议仲裁委员会申请仲裁。

行政仲裁机构从属于行政机关,是行政机关设置的处理和裁决特定争议案件的专门机构。例如,劳动争议仲裁委员会从属于劳动行政管理机关,是劳动行政管理机关设置的处理和裁决劳动争议的专门机构。劳动争议仲裁委员会由劳动行政部门代表、同级工会代表、用人单位方面的代表组成。劳动争议仲裁委员会主任由劳动行政部门代表担任。① 人事争议仲裁委员会从属于公务员主管机关,是公务员主管机关设置的处理和裁决人事争议的专门机构。人事争议仲裁委员会由公务员主管部门代表、聘用机关的代表、聘任制公务员的代表及法律专家组成。②

① 参见《劳动法》第 81 条。

② 参见 2017 年修订的《公务员法》第 100 条第 3 款。

行政仲裁的程序大致如下：

1. 当事人提起行政仲裁的申请。当事人申请行政仲裁，应当先在法律规定的期限（一般为 60 日）内提交仲裁申请书。当事人在申请行政仲裁前，有的可能经过非行政机关进行的社会调解，但社会调解不是提起行政仲裁申请的先决条件，社会调解不是行政仲裁的必经程序。

2. 行政仲裁申请的初步审查和受理。仲裁机关收到当事人的仲裁申请后，应予初步审查，确定相应申请是否符合法律、法规规定的申请仲裁条件，是否属其管辖，并在规定期限（通常为 7 日）内作出受理或不予受理的决定。如申请符合条件，并在其管辖范围内，则应受理、立案。行政仲裁申请受理、立案后，仲裁机关应自立案之日起的规定期限（通常为 5 日）内将申请书副本送达申请人的对方当事人，并要求限期提出答辩书和有关证据。

3. 仲裁前的准备。仲裁机关在正式仲裁前，要认真审阅申请书、答辩书，进行调查，收集证据。为了调查取证，仲裁机关可向有关单位查阅与案件有关的档案、资料和原始凭证；有关单位有义务如实提供材料、协助进行调查，需要时，应出具证明。此外，为了彻底弄清案情，仲裁机关有时还需要组织现场勘察或者对物证进行技术鉴定；为避免作出仲裁前造成严重的财产损失，仲裁机关应当事人的申请，可作出采取保全措施的裁定。

4. 调解。先行调解是行政仲裁的原则之一。行政仲裁机关处理任何仲裁案件，在仲裁前都必须先行调解。调解应当在查明事实、分清责任的基础上进行。仲裁机关通过向双方当事人摆事实、讲道理，促使双方当事人相互谅解、达成协议。调解达成协议必须双方自愿，不得强迫，而且协议内容不得违法，不得损害社会公益和他人利益。调解达成协议的应制作调解书，由双方当事人签字，仲裁员、书记员署名，并加盖仲裁机构的印章。调解书送达后即发生法律效力，双方当事人必须履行。

5. 作出仲裁裁决。调解未达成协议或者调解书送达前一方或双方反悔的，仲裁机构即应进行裁决。仲裁机构开庭仲裁前，应将开庭时间、地点以书面方式通知当事人。当事人经两次通知，无正当理由拒不到庭的，可作缺席仲裁。仲裁机构开庭仲裁时，应告知当事人在仲裁中的各项权利。仲裁人员如与案件有利害关系，应自行回避或应当事人要求回避。仲裁机构在仲裁中应认真听取当事人的陈述和辩论，以全面把握案情，弄清事实真相。仲裁机构在开庭仲裁后应举行评议，作出仲裁裁决。

三、行政调解

行政调解是行政机关为解决争议而主持的调解，是行政司法中运用最多、最普遍的方式。行政裁决、行政仲裁大多以调解为前置程序，调解不成方进行行政裁决或行政仲裁。而行政调解却不一定以行政裁决、行政仲裁为后续程序，有些争议、纠纷，只能进行调解，调解不成则进行诉讼，而不能再进行行政裁决或行政仲裁。例如，根据《道路交通安全法》第 74 条的规定，对交通事故损害赔偿的争议，当事人可以请求公安机关交通管理部门调解，也可直接向法院起诉。调解不成，当事人未达成协议或者调解书生效后不履行的，当事人可以向人民法院提起民事诉讼。

行政调解虽然和企事业组织、基层群众性自治组织中的民间调解有着密切联系，但并不包括或等于民间调解。行政机关有的设置专门调解机构并配置专门调解人员，但大多不设置专门调解机构、不配置专门调解人员，而是在争议发生后，根据情况和需要组织临时的调解机构；其组成人员除了行政机关的工作人员外，通常还包括争议双方单位的人员以及有关专家。例如，调解版权纠纷，通常邀请法律专家参加；调解环境污染纠纷，通常要邀请化学、生物等自然科学专家参加；调解医疗事故纠纷，通常要邀请医学专家参加等。在基层人民政府设立的司法助理员和民政助理员，虽然不是专职行政调解人员，但他们具有调解民间纠纷的职责。行政调解是在争议双方当事人自愿的基础上进行的。行政机关只有在接到一方当事人申请并且另一方当事人同意接受调解的情况下才能进行调解。行政机关进行调解，要对当事人进行法律政策教育，要弄清事实、分清是非，对当事人的错误应进行适当的批评。在是非分明的基础上，促成争议双方互谅互让，达成解决问题的协议。行政调解达成协议后，应制作调解协议书，调解协议书应有当事人双方的签字，并盖上行政机关的印章。调解书送达当事人后，一般即发生法律效力，当事人应当执行（如行政赔偿调解书）；一方当事人不执行，对方当事人可申请法院强制执行。但有的行政调解书（如交通事故损害赔偿调解书）送达后并不发生终局法律效力，一方当事人不执行，对方当事人不能直接申请法院强制执行，而只能向法院提起诉讼，通过诉讼解决争议。

第三节　专门行政裁判制度

专门行政裁判制度,是指在行政机关内设置专门行政裁判机构,受理和裁决特定争议案件的制度。专门行政裁判的客体可以是特定行政争议案件,即公民、法人或者其他组织不服行政机关所实施的具体行政行为的争议案件;也可以是特定的民事争议案件,即双方当事人均为平等的民事主体的争议案件,如工伤事故争议案件、运输争议案件、环境争议案件、物价争议案件、产品质量争议案件、版权争议案件、医疗事故争议案件等。目前我国特定的行政争议案件绝大多数是通过行政复议途径解决的,但也有一些特定的行政争议案件,如商标、专利行政争议案件等是通过专门行政裁判制度解决的。

我国目前最典型、最具代表性的专门行政裁判机构是商标评审委员会和专利复审委员会。① 它们既受理特定行政争议案件,也受理特定民事性质的争议案件。下面主要以这两个委员会为例探讨专门行政裁判制度。

一、专门行政裁判机构

专门行政裁判机构,是指专门行使某种特定争议案件的裁决职能的机构。专门行政裁判机构的设立由相应法律、法规规定。例如,《商标法》第 2 条第 2 款规定:"国务院工商行政管理部门设立商标评审委员会,负责处理商标争议事宜。"商标评审委员会由主任委员、副主任委员、委员组成,均由国家工商行政管理总局任命。其任职条件有三:其一,熟悉商标法律;其二,从事商标审查工作满 3 年或者从事其他法律事务工作满 5 年;其三,系国家工商行政管理局的公务员。2008 年《专利法》第 41 条第 1 款规定,"国务院专利行政部门设立专利复审委员会",负责处理专利复审事宜。根据 2020 年第十三届全国人大

---

① 根据第十三届全国人大第一次会议关于国务院机构改革方案的决定。由国家工商行政管理总局、国家质量监督检验检疫总局、国家食品药品监督管理总局整合组建国家市场监督管理总局,不再保留国家工商行政管理总局。根据中央机构改革部署,国家知识产权局原专利复审委员会并入国家知识产权局专利局,原国家工商行政管理总局商标局、商标评审委员会、商标审查协作中心整合为国家知识产权局商标局,不再保留专利复审委员会、商标评审委员会、商标审查协作中心。

常委会第二十二次会议新修订的《专利法》第 41 条规定，专利申请人对国务院专利行政部门驳回其专利申请不服的案件由国务院专利行政部门复审。第 70 条规定，"国务院专利行政部门可以应专利权人或者利害关系人的请求处理在全国有重大影响的专利侵权纠纷。地方人民政府管理专利工作的部门应专利权人或者利害关系人请求处理专利侵权纠纷，对在本行政区域内侵犯其同一专利权的案件可以合并处理；对跨区域侵犯其同一专利权的案件可以请求上级地方人民政府管理专利工作的部门处理"。《专利法实施细则》第 59 条规定："专利复审委员会①由国务院专利行政部门指定的技术专家和法律专家组成，主任委员由国务院专利行政部门负责人兼任。"根据国外的经验，专门行政裁判机构对于相应行政机关应有一定的独立性，其委员会主任和委员可由行政机关首长任命，但无法定理由不得任意撤免；委员会处理案件、裁决争议依法律、法规进行，不受行政首长任意干预。

二、专门行政裁判的受案范围

专门行政裁判机构只能管辖法律、法规规定的特定领域的争议案件，而无一般司法管辖权。例如，根据《商标法》的规定，商标评审委员会管辖下述六类案件：

(1) 商标注册申请人对商标局驳回商标注册申请、不予公告不服的案件(《商标法》第 34 条)；

(2) 异议人对商标局准予注册决定不服的案件(《商标法》第 35 条第 2 款)；

(3) 被异议人对商标局不予注册决定不服的案件(《商标法》第 35 条第 3 款)；

(4) 其他单位或者个人请求宣告已注册商标无效的案件(《商标法》第 44 条第 1 款)；

(5) 当事人对商标局宣告已注册商标无效不服的案件(《商标法》第 44 条第 2 款)；

---

① 新修正的《专利法》未规定相对独立的"专利复审委员会"，故此处应修改为"国务院专利行政部门的专利复审机构"。

(6)在先权利人或利害关系人请求宣告已注册商标无效的案件(《商标法》第45条第1款)。

根据《专利法》的规定,专利复审委员会管辖下述六类争议案件:

(1)专利申请人不服国务院专利行政部门作出的驳回其专利申请决定的案件(《专利法》第41条第1款);

(2)任何单位或者个人请求国务院专利行政部门宣告已授予的专利权无效的案件(《专利法》第45条);

(3)当事人就实施专利开放许可发生纠纷,双方不愿协商解决或者协商不成,请求国务院专利行政部门调解(也可向人民法院起诉)的案件(《专利法》第52条);

(4)取得实施专利强制许可的单位或者个人与专利权人就专利使用费数额协商不能达成协议,请求国务院专利行政部门裁决的案件(《专利法》第62条);

(5)因未经专利权人许可而实施其专利的人与专利权人发生纠纷,双方不愿协商解决或者协商不成,专利权人或者利害关系人(除可向人民法院起诉外)请求管理专利的工作部门处理和调解的案件(《专利法》第65条);

(6)药品上市许可申请人与有关专利权人或者利害关系人因申请注册的药品专利权发生纠纷(除可向人民法院起诉外),纠纷各方请求国务院专利行政部门裁决的案件(《专利法》第76条第2款)。

三、专门行政裁判的程序

专门行政裁判的具体程序通常由相应法律、法规规定,一般程序如下:

(一)裁决争议申请的提出

当事人向专门行政裁判机构提出裁决争议的申请一般须具备下述条件:其一,须有法律、法规的根据;其二,争议属于相应专门行政裁判机构的主管范围;其三,申请须在法定期限内提出。根据《商标法》的规定,提起上述商标评审委员会主管的第一类争议案件的法定期限是30日;提起第二、三、四类争议案件的法定期限是15日;提起第五、六类争议案件的法定期限是5年;对恶意注册驰名商标的,驰名商标所有人不受5年时间的限制。根据《专利法》,提起上述专利纠纷裁决(或调解)的第一类案件的法定期限是3个月,《专利法》

对其他专利纠纷裁决(或调解)案件的提起未规定期限。

向专门行政裁判机构提出裁决争议的申请,须递交申请书。有时申请书还须附有关材料、证据。例如,对驳回申请的商标申请复审的,申请人应附送原《商标注册申请书》、原商标图样、黑白墨稿和驳回通知等。根据《专利法实施细则》第60条第1款的规定,“依照专利法第四十一条的规定向专利复审机构请求复审的,应当提交复审请求书,说明理由,必要时还应当附具有关证据”。

(二)初步审查

专门行政裁判机构收到当事人的争议裁判申请书后,应当对申请书进行初步审查,确定是否符合专门行政裁判的条件,决定是否受理。争议裁判申请受理后,裁判机构即应将申请书副本送达争议的对方当事人,要求其在规定期限内提出答辩书以及必要的有关材料。之后,裁判机构即对申请书和所附材料以及答辩书和所附材料进行详细审查。在审查中,裁判机构根据需要,还可要求当事人补充提供有关材料和证据,以便弄清事实的真相。

(三)作出裁决

专门行政裁判机构通过上述书面审理,如果相应案件已经事实清楚,是非明确,即可依据有关法律、法规作出裁决;如果事实仍有疑点,或当事人要求公开辩论和对质,或者案情重大,裁判机构认为有必要公开审理时,案件的审理和裁决应公开进行。允许当事人在公开审理中陈述意见、提供证据、进行辩论。裁决机构在公开审理和当事人辩论基础上作出裁决。

专门行政裁判机构作出的裁决一般是非终局的,当事人不服还可向人民法院提起行政诉讼。此外,专门行政裁判机构对争议案件的审查、裁决,实行回避制度。裁判人员如果与案件有利害关系,应自行回避或应当事人的要求回避。例如,《专利法实施细则》第37条规定,实施审查和审理的人员有下列情形之一的,应当自行回避,当事人或者其他利害关系人也可以要求其回避:其一,是当事人或者其代理人的近亲属的;其二,与专利申请或者专利权有利害关系的;其三,与当事人或者其代理人有其他关系,可能影响公正审查和审理的;其四,专利复审委员会成员曾参与原申请的审查的。

第十六章

行政处理

行政作用之内容，虽甚繁多，然其中最常见之行政作用，厥为行政处分（行政处理）。故学者于研究行政作用时，就行政处分之研究独详。行政处分之法理，如其效力、无效及撤销等，亦可应用于他种行政作用。①

——林纪东

行政行为，依行为对相对人的法效果，可以分为授益行政处分和侵益行政处分。营业的许可、补助金交付决定等是授益处分，违法建筑物拆除命令、税金的更正决定等是侵益处分。②

——［日］盐野宏

本章节目

第一节　行政许可
第二节　行政处罚
第三节　行政强制
第四节　行政征收
第五节　行政给付
第六节　行政确认

① 林纪东：《行政法》，台北，三民书局1980年版，第300页。

② ［日］盐野宏：《行政法》，杨建顺译，法律出版社1999年版，第83页。

第七节　行政奖励

本章分别研究若干主要的行政处理行为，包括我国目前已有专门法律统一规范的行政许可行为、行政处罚行为和行政强制行为，以及目前我国尚没有专门法律统一规范的行政征收行为、行政给付行为、行政确认行为和行政奖励行为。[①]

第一节　行政许可

一、行政许可的概念与特征

行政许可，是指行政主体根据行政相对人的申请，通过颁发许可证或者执照等形式，解除法律的一般禁止，依法赋予特定行政相对人从事某种活动的权利或者资格的行政处理行为。我国《行政许可法》第 2 条规定："本法所称行政许可，是指行政机关根据公民、法人或者其他组织的申请，经依法审查，准予其从事特定活动的行为。"

行政许可具有下列特征：

（一）行政许可是法律对一般禁止的解除

行政相对人的某些行为或者行为方式虽然在本质上不属于国家法律或政策予以否定评价的事项，但法律为了维护国家、社会公共利益或预防在个案中发生违法的情况，也会对该行为预先进行一般性的禁止，相对人只有通过主管机关对其是否符合法定条件、资格、资质的事先审查，才可以进行该行为或者选择该行为方式。例如，驾驶机动车本来是人人都可以从事的活动，但是，为了该领域的管理和安全，国家设定了一整套驾驶执照管理制度，只有依法取得驾驶执照，并履行了相应手续的人，才可以驾驶机动车。这种须经许可的规定，其实质是禁止不经许可而进行某种行为。这种预防性质的禁止，目的在于确保审查程序的实施，自始即保有许可的可能性，因此，这种预防性质的禁止

---

① 本章参考了笔者和李洪雷教授为中共中央党校函授教材《行政法学》合作撰写的第 7 章"行政处理制度"的有关内容。参见姜明安、皮纯协主编：《行政法学》，中共中央党校出版社 2002 年版，第 140－220 页。

也被称为“附许可保留的禁止”。它与那种国家绝对禁止的事项不同，例如，在我国从事色情、赌博等行业就属于法律绝对禁止而非一般禁止的事项，不属于行政许可的范围。

（二）行政许可是依申请性质的行政处理

行政许可不同于行政主体依职权主动作出的行政行为，如行政处罚和行政强制行为，行政许可必须经行政相对人提出申请，行政主体才可以进行行政许可。如建筑主管部门发放建筑许可证，文旅行政管理部门发放文物出口许可证，海洋局发放废弃物倾倒许可证，民航局发放机场使用许可证等，都必须以有关相对人的申请为前提。

由于行政许可的事项在本质上不属于在法律政策上予以否定评价的事项，故行政相对人对相应事项具有许可请求权，主管机关对之审查后，如果不能证明相对人的申请在法律上有应当拒绝的理由，则应予以许可。

（三）行政许可是一种形成性行政处理

行政许可是行政主体应行政相对人申请，使之获得从事某种特定活动的自由与权利，是一种形成处理。它与下命处理不同。行政主体一般不对相对人设定必须作出或者不作出某种行为的义务，因而不涉及强制执行问题；它也与确认性行政处理不同，它的目的不是对现有法律状态的单纯确认，而是涉及权利义务关系的实质性设定。

（四）行政许可的性质具有形式和实质的双重性

行政许可的核发在形式上属于授益处理，但实质上只是恢复申请人原有的自由权与财产权等基本权利。此不同于行政给付，后者扩大了相对人的自由、权利范围；行政许可的拒绝在形式上则为负担处理，实质上使原来仅为保留审查机会而设定的禁止成为终局的禁止，限制了相对人的自由权与财产权。

行政相对人如果未经许可从事须经许可的行为，则构成违法，行政机关可以对之取缔和给予行政处罚。

（五）行政许可是要式行政处理行为

行政许可应遵循一定的法定程序，并应以正规的文书、格式、确定日期、加盖印章等形式予以批准、认可和证明，必要时还应附加相应的辅助性文件。这种明示的书面许可是行政许可在形式上的特点。

行政许可的概念在实践中运用得非常广泛，但有些在实务上被称为许可或类似许可的行为，与我们这里研究的行政许可存在较大的差别，并不适用《行政许可法》的规定。这些行政处理行为主要有：

1. 行政免除。行政免除可称“例外准许”，是指国家出于维护社会公共秩序和善良风俗等方面的考虑，为一般相对人设定了一定的义务（服兵役和纳税的义务、不得从事博彩业的义务等），一般相对人对这种义务必须履行。但在特殊情形下，法律规定行政主体可免除特定相对人的这种义务。如免除特定相对人服兵役或纳税的义务，允许福利组织发行福利彩票等。

2. 行政认可。行政认可指行政主体对行政相对人从事的某些私法上的法律行为，确定其效力的发生以行政主体的同意为前提。即先由相对人提出申请，然后行政主体予以同意，该私法行为方发生效力。但是，相应私法行为如果因为欠缺其他要件而属无效的，如属民法上的无效法律行为，并不因行政认可而有效，有利害关系的民事主体可依据私法规定申请撤销。

3. 行政检查检定行为。行政检查检定指行政主体根据一定标准，确定相对人的能力、性格或物的构造、性质等状况，判断其是否符合该标准的行为。如进行有关职业资格考试；对某种产品的质量检测、鉴定。检查检定行为可能是行政许可行为的前置行为，如对相对人经资格、资质考试后给其颁发资格、资质证，颁发资格、资质证的行为属于行政许可行为；对有关设备、设施、产品、物品进行检验、检测后审定、核准其销售、使用，审定、核准行为也属于行政许可行为。但考试、检验、检测等行为不是行政许可行为，不适用《行政许可法》。

二、行政许可的分类

（一）一般许可与特别许可

行政许可以许可的范围为标准，可分为一般许可和特别许可。一般许可是只要符合法定的条件，行政相对人就可向主管行政机关提出申请，法律对申请人并无特殊限制的许可。如驾驶许可、营业许可等。特别许可是行政相对人除必须符合一般条件外，法律对申请人还予以特别限制的许可。如持枪许可、烟草专卖许可等。

（二）排他性许可与非排他性许可

行政许可以许可事项享有的程度为标准，可分为排他性许可和非排他性许可。排他性许可是特定个人或组织获得该项许可后,其他人或组织不能再申请获得相应许可,如专利许可和商标许可等。非排他性许可又称共存许可,是指可以为所有具备法定条件的任何个人或组织申请获得的许可,如驾驶执照和营业执照等。大部分行政许可都是非排他性许可。但当某一领域中的许可存在数量方面的限制时,在一定条件下,一般许可也会转化为排他性许可。

(三)独立证书许可与附文件许可

行政许可以许可能否单独使用为标准,可分为独立证书许可和附文件许可。独立证书许可是被许可人凭单独的许可证,无须其他文件加以补充说明便可表明被许可的活动范围、方式、时间等的行政许可。如入境检疫证、持枪证、特种工具购买证、驾驶执照、护照等。附文件许可是被许可人必须在许可证外另附文件说明被许可的活动内容、范围、方式、时间等的行政许可。如专利许可、商标许可、建设许可、对动植物及其产品入境的海关许可等,附加文件是该类行政许可中一个不可或缺的组成部分。

(四)权利性行政许可与附义务的行政许可

行政许可以许可是否附加必须履行的义务为标准,可以分为权利性行政许可和附义务的行政许可。权利性行政许可是行政许可获得者可以根据自己的意志来决定是否行使该许可所赋予的权利和资格的行政许可。如持枪证、护照、驾驶证、工商企业营业执照等。附义务的行政许可是行政许可获得者必须同时承担一定时期内从事该项活动的义务,否则要承担一定法律责任的行政许可。如专利许可、建设用地许可、商标许可等。

(五)行为许可与资格许可

行政许可以许可的目的形式为标准,可以分为行为许可和资格许可。行为许可是允许符合法定条件的被许可人从事某种行为、活动的许可。例如,开业、生产和经营许可等。这类许可在内容上仅限于被许可人进行某种活动,不包含资格权能的证明内容,也无须对许可人的资格能力进行考核。资格许可是行政主体应申请人的请求,经过一定的考核程序后,给合格的申请人办理证明文书,使其享有某种资格或者某种能力的许可。如律师、医师、注册会计师资格证等。有些资格许可也包含了对被许可人的相关行为许可,如驾驶执照等。

（六）根据其他标准对行政许可进行的分类

按照许可的目的，行政许可可分为下述种类：保障公共安全的许可；保证公民健康的许可；维护社会良好风尚的许可；维护交通安全的许可；保护重要资源和生态环境的许可；调控进出口贸易的许可；加强城市管理的许可；等等。

根据许可管控的内容，行政许可可分为下述种类：公安行政许可；市场活动行政许可；卫生行政许可；环保行政许可；农业行政许可；资源行政许可；交通行政许可；文化行政许可；城建行政许可；等等。

三、制定《行政许可法》，以法律规范行政许可的意义

《行政许可法》是一部涉及绝大多数政府部门职能行使和涉及千千万万公民、法人和其他组织切身利益（一个公民在其一生中，从出生到死亡可能要办理无数次行政许可）的法律。制定《行政许可法》有很多方面的意义，其最重要的有下述三点：

（一）行政许可是市场经济条件下政府管理经济、社会和文化的重要手段，对于建立社会主义市场经济有着极为重要的和不可替代的作用

《行政许可法》颁布以后，人们在宣传《行政许可法》作用的同时，一些人却把行政许可说得劣迹斑斑，数落其许多不是和种种弊端（限制人们的自由、给市场主体制造麻烦，增加成本、为贪官提供寻租机会等）。但这些说法是片面的，如果行政许可真的是一种“恶”制的话，我们为什么还需要立法加以确立和规范呢？事实上，行政许可是对人们生产、生活和社会秩序很有用处、很有益处的一种制度。实践中出现种种问题，产生种种弊端，是人们没有用好这种制度，或者说，是这种制度以及与之有关的制度在设计上存在问题。所以，我们今天要以立法规范人们的许可行为，规范人们设立行政许可、实施行政许可的行政许可行为。

行政许可的用处和益处主要有：

1. 实行行政许可制度是转变政府职能，使政府回归政府角色的需要。计划经济体制下的政府不需要或者较少需要行政许可，因为企业、事业单位、社会团体直接依附于政府，政企不分、政事不分、政社不分，政府直接经营企业，直接管理事业单位，直接干预社会。在这种体制下，政府直接向管理对象发号施令，从而无须通过行政许可规范相对人的行为。而在市场经济体制

下，企业有了经营自主权，事业单位和社会团体有了活动自主权，政府不能"越位""错位"，不能直接经营企业，直接管理事业单位和直接干预社会，政府必须回归政府的角色，行使政府应行使的经济调节、市场监管、社会管理和公共服务的职能。为此，政府即必须运用行政许可等间接管理手段管理经济、社会、文化，规范行政相对人的行为，以既保障市场自由，又维护市场秩序。

2. 实行行政许可制度是保障人的生命、健康和财产安全的需要。市场具有双重作用，既能促进经济发展，给社会带来财富，为人类提供文明幸福生活的基础；同时市场由于具有"外部性"和"信息不对称"的特点，又可能给社会带来风险、危害，如生产假冒伪劣产品，制造出侵害人们健康，甚至危及人们生命的各种事故、事件，如我国曾经多次发生的假酒案、假医案及各地不时发生的特大交通事故、火灾事故、矿难事故、化工厂爆炸事故等。因此，在市场经济下，必须对涉及人们生命、健康的行业、产品、行为实行市场准入，建立行政许可制度。试想，如果没有行政许可，什么人都可以行医，什么人都可以制药，什么人都可以从事化工生产，人们的生命、健康和财产的安全还能有保障吗?

3. 实行行政许可制度是建构和维护市场经济秩序，保证市场有序运作的需要。市场经济秩序的建构必须具备三项基本要件：一是规则；二是许可；三是监管。这三个基本要件是相互联系的：规则确定市场主体的资格、条件、行为规范及生产场地、生产产品等的质量和技术标准、要求等；许可则依据规则确定的资格、条件、行为规范、质量和技术标准、要求等把住市场入口关，让不符合法定资格、条件、标准的个人、组织及其产品不能进入市场；监管则是在市场主体进行市场活动过程中对市场主体的行为进行监督检查，纠正和查处违反规则的行为。由此可见，行政许可与规则、监管一样，对于市场秩序均是不可或缺的。试想，如果没有行政许可把住市场准入关，让各种不具备基本资格、条件的个人、组织及其产品任意进入市场，市场秩序还能不大乱吗? 市场还可正常运作吗?

4. 实行行政许可制度是维护社会公共安全、国家安全和利益的需要。社会公共安全和国家安全的维护、保障取决于多种因素，其中很重要的一个因素是对可能危及社会公共安全和国家安全的人和物的事前控制，如通过入出境许可防止国内外恐怖分子进行恐袭活动，防止国外、境外间谍入境进行间谍或破坏活动；通过对有关武器、爆炸物及其他危险物品的生产、运输、保管、销售的许可,防止这些危险物品对公共安全和国家安全可能的危害。试想,一个国家,如果没有入出境许可,任凭恐怖分子和国外、境外间谍入出国境;没有危险物品管制许可,任凭人们生产、运输、保管、销售武器和炸药及其他危险物品,社会公共安全和国家安全还能有保障吗?人们还能安宁地生产、生活吗?

另外,实行行政许可制度还有助于加强国家经济的宏观调控和适时地调整国家进出口贸易,维护国内、国外经济贸易秩序,保障国家的经济利益。在实践中,世界各国,特别是发展中国家,在货物贸易和服务贸易方面实行一定的有限制的许可制度,是国际通例。试想,如果没有此种行政许可,完全敞开国门,一些关系国计民生的民族产业、行业任其受到冲击,国家经济利益无疑就可能受到冲击。

5. 实行行政许可制度是保护环境和生态,保证人与自然、经济与社会的平衡、协调和可持续发展的需要。价值规律和经济利益是刺激经济发展的强大动力,但这种强大动力如果没有一定的规制,可能导致对社会平衡和自然平衡的破坏,威胁经济和社会的可持续发展。例如,一些企业、组织、个人对土地、森林、草原、水资源等进行掠夺性开采,造成对环境和生态的严重破坏。为此,在人口、资源、环境方面实行一定的有限制的许可制度是必须的。否则,人类自己将摧毁、破坏自己的生存条件,导致经济、社会可持续发展的困难或障碍,进而危及子孙后代的生存发展。

(二)行政许可是现代政府经常和广泛运用的一种强制性行政权力。此种权力如不加以控制和规范,极易被滥用,而行政许可的滥用对于公民、社会和国家均具有极大的危害性

1. 行政许可不规范,将导致规制过度,窒息市场的生机与活力。市场需要规制和监管,没有规制和监管的市场必然失灵,这是为市场经济发展的历史经验,特别是为20世纪前期西方国家所发生的经济危机的历史经验所证明了的。但是,规制过度,政府对市场管得过多、过死,则会窒息市场的生机与活力,不利于市场的发展。这一点可以从我国市场经济发展的历史经验得到证明:凡是政府规制过多的时期、政府规制过多的地区、政府规制过多的领域,市场活力就不够,发展速度就慢;反之,市场就会充满生机,发展就展现希望。例如,我们比较一下《行政许可法》颁布之后与之前的时期,比较一下经济特区、东部地区、沿海地区与中西部地区,比较一下商品市场与劳务市场、资金市

场，即可看出这种差别。行政许可是规制的重要手段，而此种手段的利用可以给行政机关带来权力和利益。因此，行政机关有尽量多用、滥用许可的倾向，如不加以规范和限制，则必然导致行政规制过度，窒息市场的生机与活力。

2. 行政许可不规范，将导致垄断盛行，妨碍公平竞争。行政许可的重要功能之一是为市场提供秩序，保障市场运作的顺畅。但是，行政许可如果缺乏规范，此种功能将被异化：即它不再为市场提供秩序，保障市场运作的顺畅，而是被人们用于制造地方垄断和部门垄断，阻碍市场主体的公平竞争，人为地分割市场和妨碍市场流通。如《行政许可法》颁布前一些地方利用行政许可阻止外地啤酒、汽车等商品到本地销售，阻止外地商人到本地收购羊毛、棉花等；一些部门利用行政许可搞行业垄断、行政垄断，不许民营企业、个体企业涉足其世袭领域等（这些现象现在一些地方仍然或多或少地存在）。地方垄断和部门垄断的结果是保护落后，维护效率低下、价格昂贵、质量恶劣的生产、经营和服务。

3. 行政许可不规范，将导致权力滥用、滋生腐败。行政许可是一种“公共物品”，本是应为社会、为公众服务的。但是，在其缺乏规范的条件下，它可能异化成为某些政府机关和政府工作人员牟取私利的工具。例如，一些政府机关利用行政许可乱收费（如 10 多年前某市曾设立“馒头许可”，要求馒头经营、销售者必须去政府“馒头办”办理“馒头许可证”后才能经营、销售馒头，而办证需交办证费）；一些政府机关工作人员，甚至是领导干部（成克杰、胡长清、王怀忠等）等更是利用行政许可受贿、索贿，将行政许可作为一种“设租”“寻租”，获取暴利的途径和工具。行政许可权力被滥用，一些政府机关和政府工作人员利用行政许可搞腐败是导致行政许可为世人诟病，以致许多人否定行政许可正面的积极作用的重要原因。

4. 行政许可不规范，导致官僚主义盛行，效率低下，市场交易成本增加，影响经济效益和社会效益。这方面的例子很多，举不胜举，老百姓对之意见最多，怨气最大。《人民日报》2002 年 9 月 23 日报道，在连云港，以前办一个房地产开发项目，相对人要跑 18 个部门，经过 69 个环节，盖 67 个公章，办理时间要 8 个月。在浙江，珠光集团办理 2 项国家机电产品出口许可，其中一个项目（墨西哥项目）的许可办了 2 年多；另一项目（巴西项目）的许可办了 3 年多。《南方周末》2001 年 10 月 11 日报道，武汉一家企业申请审批一个危房改造扩建项目,花了2年多时间,跑了市区70多个单位,盖了800多个(次)图章。像这样的行政效率,哪个投资者能忍受?一个项目的审批、许可要花上一两年时间,与之合作的伙伴可能等不及,走了,市场可能被人家占了,你投下几千万、上亿元资金,很可能就泡汤了。

5. 行政许可不规范,导致公民与政府主仆关系颠倒,为行政权力侵犯公民权益提供了机会和条件。在一个民主国家,人民是国家的主人,政府和政府工作人员应该是人民的公仆。但是一些政府机关和政府机关工作人员由于受传统官民关系思想的影响,总是把自己当成主人,把人民当成管理客体。在行政许可领域,由于长期以来缺乏法律对行政许可行为的规范,更使这种颠倒了的政府和人民的关系明显化:行政相对人要想申请一项行政许可,往往要向政府工作人员请客、送礼,通过求人、托人找关系才能办理。有时即使请客、送礼、求人、托人,政府办事人员也不一定热情给你办,还要面对和忍受“门难进、脸难看、话难听、事难办”的境遇。公民在这些政府工作人员面前,哪还有半点“主人”的气势,主仆关系完全给颠倒了。

(三)我国行政许可实践中出现的种种问题,已经发展到不立法加以规范不足以阻止行政许可功能进一步异化的势头,不立法加以规范不足以保障我国社会主义市场经济的正常秩序,从而影响我国经济和社会正常发展的程度

国务院原法制办主任杨景宇在《关于行政许可法(草案)的说明》中指出,目前我国行政许可存在过多、过滥的问题,究其原因有六:设定权和设定主体不明确;设定事项不规范;实施程序繁、环节多、时限长;重许可,轻监管或只许可,不监管;利用许可“寻租”;许可机关有权无监督,有权无责。在这六项原因中,很显然隐含一个最重要的原因,就是行政许可缺乏立法规范。无论是行政许可设定过程中发生的种种问题,还是行政许可实施过程中发生的种种问题,很大程度上都源于法律对行政许可范围、条件、程序等缺乏完善和严密的规定。

也许有人会问,在国外,一般都没有统一的行政许可法,行政许可领域为什么没有产生我国这样多的问题呢?这有两个原因:其一,在国外,许多国家制定了统一的行政程序法,行政许可行为受统一的行政程序法规范和调整;其二,国外许多国家在各种单行的行政管理法中,对相应的具体行政许可通常都规定了较详细的实体规则和程序,从而没有像我国一样制定专门行政许可法

的必要性。

在我国,由于单行行政管理法对行政许可的规范很不完善,行政程序法在短时期内又制定不出来,行政许可领域出现的问题又这么多,以致对市场经济和社会发展均产生了严重的消极影响。再加之我国在 21 世纪初已加入 WTO,就行政许可规范问题已向各成员作了承诺。因此,我国制定和出台《行政许可法》,不仅具有极大的必要性,而且具有极大的迫切性。

四、行政许可的主要原则

《行政许可法》为行政许可行为确立了一系列原则,其中最主要的原则有下述五项:

(一)行政法治原则

行政法治原则是整个行政法的基本原则,所有行政行为都必须遵守行政法治原则。在行政许可领域,行政法治原则体现为许可法治原则,其具体内容有三:

其一,行政许可依法设定,依法实施。《行政许可法》第 4 条规定:设定和实施行政许可,应当依照法定的权限、范围、条件和程序。

其二,行政许可权受法律控制。控权包括事前限权、事中制约和事后监督三个环节。事前限权主要体现在《行政许可法》第 12-17 条的规定,这些规定反映了有限政府的要求。事中制约主要体现在《行政许可法》第 19-57 条的规定,这些规定反映了正当法律程序和透明政府的要求。事后监督主要体现在《行政许可法》第 60、71-77 条的规定,这些规定反映了权责统一和责任政府的要求。

其三,行政许可相对人权益受法律保障。权益保障包括人格尊重、权益保护和侵权救济三个方面。对行政许可相对人(许可申请人、持证人和其他利害关系人)的人格尊重主要体现在《行政许可法》第 1、11、26、29-59 条的规定,这些规定反映了基本人权的要求。对行政许可相对人的权益保护主要体现在《行政许可法》第 8、26-59 条的规定,这些规定反映了程序正义的要求。对行政许可相对人的侵权救济主要体现在《行政许可法》第 7、60、71-77 条的规定,这些规定反映了有权利必有救济的要求。

（二）“三公”原则

“三公”原则包括公开、公平、公正三项基本内容。《行政许可法》第 5 条确立了该原则和该原则的基本内容：设定和实施行政许可，应当遵循公开、公平、公正的原则。

公开主要是针对“暗箱操作”而规定的。内容包括许可规定公开、许可实施公开、许可结果公开。

公平主要是针对“歧视”（身份歧视、性别歧视、民族歧视等）而规定的，内容是要求在行政许可中，同样情况同样对待，不同情况不同对待，不厚此薄彼，对行政许可相对人一视同仁。

公正主要是针对“偏私”（地方保护主义、部门保护主义、以权谋私等）而规定的，内容是要求在行政许可中，不考虑不相关因素和应考虑相关因素。所谓“不相关因素”，是指超越法律的地方利益、部门利益、个人利益和各种“关系”等；所谓“相关因素”，是指法定条件、政策要求和社会正义等。

（三）便民原则

行政许可便民是执法为民、执法以人为本的要求。行政许可便民原则主要体现于《行政许可法》关于办理行政许可的管辖和程序的规定。《行政许可法》第 25-26 条确立的管辖规则设定了“相对集中管辖权”“一个窗口对外”“一站式服务”“政府超市”等应采行或可采行的便民措施；《行政许可法》第 29-50 条就行政许可的申请、受理、审查、决定以及变更、延续等全过程确立了一系列便民的程序。

（四）效率原则

行政许可是政府调控市场的重要手段，而对于市场来说，时间就是金钱，效率就是生命。有时，一个企业正是因为一项许可，审批久办不下，生意被他人抢去或市场被他人占领而破产。因此，行政许可办理的效率对于市场经济的发展有极为重要的意义。也正因如此，效率原则成为《行政许可法》的基本原则之一。行政许可效率原则主要通过《行政许可法》规定的期限制度和程序制度得以体现。就期限而言，《行政许可法》第 42-45 条分别规定了 20 日、45 日两种基本期限；此两种基本期限即使延长，也分别不能超过 30 日和 60 日。就程序而言，《行政许可法》第 29-41 条确立的程序规则无疑是效率原则得以实现的保障。这里需要指出的是，效率原则和便民原则二者有密切的联系:在很多情况下,高效即是为了便民,便民则必须高效。

(五)信赖保护原则

信赖保护原则是现代行政法的一项非常重要的基本原则。其重要性首先在于保障行政相对人的权益不受政府反复无常、滥用职权行为的侵犯;其次在于维护政府的信用,维护人民对政府诚信的信心。诚信是市场经济运作的基本条件,而政府诚信是市场诚信、社会诚信的基础。《行政许可法》第一次在我国法律中明确确立了信赖保护原则,即政府诚信原则。该法第 8 条规定,公民、法人或者其他组织依法取得的行政许可受法律保护,行政机关不得擅自改变已经生效的行政许可。行政许可所依据的法律、法规、规章修改或者废止,或者准予行政许可所依据的客观情况发生重大变化的,为了公共利益的需要,行政机关可以依法变更或者撤回已经生效的行政许可。由此给公民、法人或者其他组织造成财产损失的,行政机关应当依法给予补偿。

五、行政许可的重要制度

《行政许可法》为行政许可行为确立了以下九项重要制度:

(一)行政许可事项范围设界制度

《行政许可法》第 12-13 条为行政许可的事项范围设定了两条界限:一是外限;二是内限。"外限"是可设定行政许可事项的范围(共六类);"内限"是在可设定行政许可事项的范围内排除(非绝对排除,法律的表述是,这些事项"可以不设行政许可")可通过其他方式予以规范的部分(共四种情形)。当然,这两条界限都不是很明晰的,都具有较大的"弹性",如"外限"中的"直接涉及国家安全、公共安全、经济宏观调控、生态环境保护以及直接关系人身健康、生命财产安全等特定活动",这类事项中的每一项(直接涉及国家安全的事项、直接涉及公共安全的事项、直接关系人身健康的事项等)几乎都具有一定"弹性"。"内限"中的条件更是如此,如"公民、法人或者其他组织能够自主决定的""市场竞争机制能够有效调节的"等。

我国《行政许可法》为什么要对行政许可事项设定这种不甚明晰,有相当弹性的界限呢?因为这种界限在法律上是很难完全明确的。在国外,法律一般不会设定这种普遍性的界限。我国立法之所以要设定这种界限,是为了解决我国行政许可设定实践中较为严重的乱、滥现象。尽管所设定的界限并不是很明确的，但它宣示的立法目的或立法意向却是很明确的：尽量减少行政许可，放松政府规制，建立有限政府。

（二）行政许可设定权限相对集中制度

《行政许可法》第14-17条规定了行政许可的设定权的分配，确立了行政许可设定权限相对集中的制度，即行政许可一般由法律设定；尚未立法的，行政法规方可设定行政许可；尚未制定法律和行政法规的，地方性法规方可设定行政许可；除此以外，仅有省级政府规章可设定一年期限的临时性许可，其他地方政府规章、所有部门规章、所有其他规范性文件都无权设定行政许可。《行政许可法》之所以要确立这种许可设定权相对集中的制度，目的无疑在于统一法制、统一市场，消除各种形式的部门保护和地方封锁。

（三）许可实施方式多样化制度

《行政许可法》在第25条和第26条规定了行政许可实施的多种方式，如一个行政机关行使有关行政机关的行政许可权、一个窗口对外、统一办理、集中办理、联合办理等。《行政许可法》为什么要规定行政许可实施的多种方式，理由有三：其一，我国地域辽阔，各地发展不平衡，许可方式不宜"一刀切"；其二，各部门、各领域的行政许可有很多特殊性，许可方式不宜"一刀切"；其三，我国行政管理体制和管理方式尚处在改革和探索时期，有关许可方式尚处于试验阶段，其利弊尚未充分显现，不能和不宜作出统一的法律强制性规定。

（四）许可告知与说明理由制度

《行政许可法》在第30、32-33、36、38、40、42、45-47、53-55条等诸多条款里均规定了许可告知与说明理由制度。告知与说明理由制度是行政法的基本制度，是正当法律程序的基本要求。行政主体作出涉及行政相对人权益的行为，特别是作出对其权益不利的行为（拒绝许可申请人的申请等），必须告知相对人其所作出的决定、相应决定所基于的事实根据和法律根据、相对人不服决定的申辩和救济途径。行政主体违反此种告知与说明理由义务，将导致相应决定的无效或可撤销。

（五）许可听证制度

《行政许可法》第46-48条规定了许可听证制度。许可听证不完全同于行政处罚听证。许可听证包括两种类型：行政机关主动进行的听证和应行政相对人申请举行的听证(《行政处罚法》仅规定了后一种听证)。前一种听证适用的条件是:法律、法规、规章对相应许可事项规定了应当听证的要求;相应许可事项为涉及公共利益的重大事项,且行政机关认为需要听证。后一种听证适用的条件是:相应许可事项直接涉及申请人与他人之间重大利益关系,且申请人或利害关系人提出了听证申请。听证制度的目的主要在于保障行政许可申请人和利害关系人的权益以及保证行政许可行为的合法性、合理性,实现行政许可的"三公"原则。

(六)许可期限制度

《行政许可法》第42-45条规定了许可期限制度(一般期限为20日,即行政机关应当自受理行政许可申请之日起20日内作出行政许可决定)。许可期限制度的意义主要有三:其一,保障行政效率,防止出现"一个审批半年难见音讯,一个许可两年不见回复"的现象;其二,保障申请人的权益,防止无限期的许可把市场主体拖垮、拖死;其三,减少许可成本。无限期的许可可能加大行政机关和行政相对人两方面的成本,特别是相对人的成本,除了时间、精力和正常费用的成本外,相对人往往还要支出各种"活动"成本。因此,《行政许可法》设定许可期限制度对于实现行政许可立法目的具有极为重要的意义。

(七)监督检查制度

《行政许可法》第60-69条规定了行政许可的监督检查制度。行政许可的监督包括三类:对许可机关的监督;对被许可人(持证人)的监督;对其他公民、法人和其他组织的监督。监督的方式包括核查(通过报表和计算机联网方式等)、抽查、实地检查、定期检查和要求被监督人自查等。监督主体通过对被监督人的监督,发现其有违法行为,可以对其采取责令改正、撤销许可、注销许可等监督措施。很显然,《行政许可法》设定许可监督检查制度对于纠正我国行政许可领域目前存在的重许可、轻监管甚至只许可、不监管的现象,保证行政许可真正发挥其应发挥的作用有着极为重要的意义。

(八)法律责任制度

《行政许可法》第71-81条规定了行政许可法律责任制度。行政许可法律责任分为六类:一是许可设定机关(有权设定机关和无权设定机关)违法设定许可的责任;二是许可实施机关违法实施许可的责任;三是行政机关工作人员违法办理行政许可的责任;四是行政许可申请人申请许可时隐瞒情况或提供虚假材料的责任；五是被许可人违法取得许可或违法实施被许可行为的责任；六是其他公民、法人或者组织未经许可，违法从事应经许可方能从事的活动的责任。行政许可法律责任的形式包括责令改正、撤销许可、行政处罚（对于行政相对人）、行政处分（对于行政机关工作人员）、行政赔偿（对于行政机关）和刑事责任（对于违法行为构成犯罪的行政相对人和行政机关工作人员）。《行政许可法》确立许可法律责任制度对于行政许可法治原则的实现和整个《行政许可法》的实施无疑均具有重要意义。

（九）权利救济制度

《行政许可法》第7条规定："公民、法人或者其他组织对行政机关实施行政许可，享有陈述权、申辩权；有权依法申请行政复议或者提起行政诉讼；其合法权益因行政机关违法实施行政许可受到损害的，有权依法要求赔偿。"这一规定确立了行政许可的权利救济制度。该救济制度分事中救济和事后救济两个部分：事中救济的主要形式是行政相对人在行政许可过程中行使陈述权和申辩权；事后救济的主要形式是行政相对人在行政许可实施程序后行使申请复议权、提起行政诉讼权和申请国家赔偿权。《行政许可法》确立相对人权利救济制度是非常重要的。因为权利和救济是紧密联系的：有权利必有救济，没有救济就没有权利。如果《行政许可法》不确立完善的和有效的救济制度，《行政许可法》规定的行政相对人的种种权利在很大程度上就只能是虚设，难以保障其真正得以实现。

六、行政许可的程序

（一）申请程序

公民、法人或者其他组织从事特定活动，依法需要取得行政许可的，应当先向行政机关提出申请。申请书需要采用格式文本的，行政机关应当向申请人提供行政许可申请书格式文本。申请书格式文本中不得包含与申请行政许可事项没有直接关系的内容。申请人可以委托代理人提出行政许可申请。但是，依法应当由申请人到行政机关办公场所提出行政许可申请的除外。行政许可申请可以通过信函、电报、电传、传真、电子数据交换和电子邮件等方式提出。

申请人申请行政许可，应当如实向行政机关提交有关材料和反映真实情况，并对其申请材料实质内容的真实性负责。但行政机关不得要求申请人提交与其申请的行政许可事项无关的技术资料和其他材料。行政许可申请人提交材料，如隐瞒有关情况或者提供虚假材料申请行政许可的，行政机关不予受理或者不予行政许可，并给予警告；行政许可申请属于直接关系公共安全、人身健康、生命财产安全事项的，申请人在 1 年内不得再次申请该行政许可。

(二)受理程序

行政机关对申请人提出的行政许可申请，应当根据下列情况分别作出处理：

1. 申请事项依法不需要取得行政许可的，应当即时告知申请人不受理其申请；

2. 申请事项依法不属于本行政机关职权范围的，应当即时作出不予受理的决定，并告知申请人向有关行政机关申请；

3. 申请材料存在可以当场更正的错误的，应当允许申请人当场更正；

4. 申请材料不齐全或者不符合法定形式的，应当当场或者在 5 日内一次告知申请人需要补正的全部内容，逾期不告知的，自收到申请材料之日起即为受理；

5. 申请事项属于本行政机关职权范围，申请材料齐全、符合法定形式，或者申请人按照本行政机关的要求提交全部补正申请材料的，行政机关应当受理行政许可申请。

行政机关受理或者不予受理行政许可申请，应当出具加盖本行政机关专用印章和注明日期的书面凭证。

(三)审查程序

1. 一般程序。

行政机关应当对申请人提交的申请材料进行审查。申请人提交的申请材料齐全，符合法定形式，行政机关能够当场作出决定的，应当当场作出书面的行政许可决定。根据法定条件和程序，需要对申请材料的实质内容进行核实的，行政机关应当指派两名以上工作人员进行核查。

依法应当先经下级行政机关审查后报上级行政机关决定的行政许可，下级行政机关应当在法定期限内将初步审查意见和全部申请材料直接报送上级行政机关。上级行政机关不得要求申请人重复提供申请材料。

行政机关对行政许可申请进行审查时,发现行政许可事项直接关系他人重大利益的,应当告知该利害关系人。申请人、利害关系人有权进行陈述和申辩。行政机关应当听取申请人、利害关系人的意见。

2. 听证程序。

(1)听证程序适用的范围。①行政机关主动举行听证的范围。法律、法规、规章规定实施行政许可应当听证的事项,或者行政机关认为需要听证的其他涉及公共利益的重大行政许可事项,行政机关应当向社会公告,并举行听证。②行政机关应申请举行听证的范围。行政许可直接涉及申请人与他人之间重大利益关系的,行政机关在作出行政许可决定前,应当告知申请人、利害关系人享有要求听证的权利;申请人、利害关系人在被告知听证权利之日起5日内提出听证申请的,行政机关应当在20日内组织听证。

(2)听证程序的进行。听证按照下列程序进行:①行政机关应当于举行听证的7日前将举行听证的时间、地点通知申请人、利害关系人,必要时予以公告;②听证应当公开举行;③行政机关应当指定审查该行政许可申请的工作人员以外的人员为听证主持人,申请人、利害关系人认为主持人与该行政许可事项有直接利害关系的,有权申请回避;④举行听证时,审查该行政许可申请的工作人员应当提供审查意见的证据、理由,申请人、利害关系人可以提出证据,并进行申辩和质证;⑤听证应当制作笔录,听证笔录应当交听证参加人确认无误后签字或者盖章。

(3)听证笔录的效力。《行政许可法》规定,行政机关应当根据听证笔录,作出行政许可决定。这实际上确立了"听证记录排他性规则",即听证笔录是行政机关作出行政许可决定的唯一依据。这一规定对于防止听证笔录变成可有可无的会议记录从而使听证流于形式具有重要意义。

(4)听证费用的承担。申请人、利害关系人不承担行政机关组织听证的费用。

(四)决定程序

1. 决定期限。除可以当场作出行政许可决定的外,行政机关应当自受理行政许可申请之日起20日内作出行政许可决定。20日内不能作出决定的,经本行政机关负责人批准,可以延长10日,并应当将延长期限的理由告知申请人。但是,法律、法规另有规定的,依照其规定。

依照《行政许可法》第 26 条的规定，行政许可采取统一办理或者联合办理、集中办理的，办理的时间不得超过 45 日；45 日内不能办结的，经本级人民政府负责人批准，可以延长 15 日，并应当将延长期限的理由告知申请人。

依法应当先经下级行政机关审查后报上级行政机关决定的行政许可，下级行政机关应当自其受理行政许可申请之日起 20 日内审查完毕。但是，法律、法规另有规定的，依照其规定。

行政机关作出行政许可决定，依法需要听证、招标、拍卖、检验、检测、检疫、鉴定和专家评审的，所需时间不计算在行政许可法规定的期限内。行政机关应当将所需时间书面告知申请人。

2. 决定种类。申请人的申请符合法定条件、标准的，行政机关应当依法作出准予行政许可的书面决定。行政机关作出准予行政许可的决定，需要颁发行政许可证件的，应当自作出决定之日起 10 日内向申请人颁发加盖本行政机关印章的下列相应行政许可证件：(1)许可证、执照或者其他许可证书；(2)资格证、资质证或者其他合格证书；(3)行政机关的批准文件或者证明文件；(4)法律、法规规定的其他行政许可证件。

行政机关依法作出不予行政许可的书面决定的，应当说明理由，并告知申请人享有依法申请行政复议或者提起行政诉讼的权利。

行政机关实施检验、检测、检疫的，应当自作出决定之日起 10 日内在检验、检测、检疫合格的设备、设施、产品、物品上加贴标签或者加盖检验、检测、检疫印章。

3. 行政许可决定的效力。法律、行政法规设定的行政许可，其适用范围没有地域限制的，申请人取得的行政许可在全国范围内有效。

公民、法人或者其他组织依法取得的行政许可受法律保护，行政机关不得擅自改变已经生效的行政许可。行政许可所依据的法律、法规、规章修改或者废止，或者准予行政许可所依据的客观情况发生重大变化的，为了公共利益的需要，行政机关可以依法变更或者撤回已经生效的行政许可。由此给公民、法人或者其他组织造成财产损失的，行政机关应当依法给予补偿。

(五)特别的审查与决定程序

1. 国务院实施行政许可的程序，适用有关法律、行政法规的规定，不适用《行政许可法》所规定的行政许可的实施程序。

2. 有关特许的事项,即有限自然资源开发利用、公共资源配置以及直接关系公共利益的特定行业的市场准入等,需要赋予特定权利的事项,行政机关应当通过招标、拍卖等公平竞争的方式作出决定。但是,法律、行政法规另有规定的,依照其规定。行政机关通过招标、拍卖等方式作出行政许可决定的具体程序,依照有关法律、行政法规的规定。

行政机关按照招标、拍卖程序确定中标人、买受人后,应当作出准予行政许可的决定,并依法向中标人、买受人颁发行政许可证件。行政机关违反这一规定,不采用招标、拍卖方式,或者违反招标、拍卖程序,损害申请人合法权益的,申请人可以依法申请行政复议或者提起行政诉讼。

3. 赋予公民特定资格,依法应当举行国家考试的,行政机关根据考试成绩和其他法定条件作出行政许可决定;赋予法人或者其他组织特定的资格、资质的,行政机关根据申请人的专业人员构成、技术条件、经营业绩和管理水平等的考核结果作出行政许可决定。但是,法律、行政法规另有规定的,依照其规定。

公民特定资格的考试依法由行政机关或者行业组织实施,公开举行。行政机关或者行业组织应当事先公布资格考试的报名条件、报考办法、考试科目以及考试大纲。但是,不得组织强制性的资格考试的考前培训,不得指定教材或者其他助考材料。

4. 对于需要通过检验、检测、检疫等方式进行审定的行政许可事项,应当按照技术标准、技术规范依法进行检验、检测、检疫,行政机关根据检验、检测、检疫的结果作出行政许可决定。

行政机关实施检验、检测、检疫,应当自受理申请之日起 5 日内指派两名以上工作人员按照技术标准、技术规范进行检验、检测、检疫。不需要对检验、检测、检疫结果作进一步技术分析即可认定设备、设施、产品、物品是否符合技术标准、技术规范的,行政机关应当当场作出行政许可决定。

行政机关根据检验、检测、检疫结果,作出不予行政许可决定的,应当书面说明不予行政许可所依据的技术标准、技术规范。

5. 对于企业或者其他组织的设立等需要确定主体资格的行政许可事项,申请人提交的申请材料齐全、符合法定形式的,行政机关应当当场予以登记。需要对申请材料的实质内容进行核实的,行政机关应当指派两名以上工作人员进行核查。

6. 有数量限制的行政许可，两个或者两个以上申请人的申请均符合法定条件、标准的，行政机关应当根据受理行政许可申请的先后顺序作出准予行政许可的决定。但是，法律、行政法规另有规定的，依照其规定。

(六)变更与延续程序

1. 变更程序。被许可人要求变更行政许可事项的，应当向作出行政许可决定的行政机关提出申请；符合法定条件、标准的，行政机关应当依法办理变更手续。

2. 延续程序。被许可人需要延续依法取得的行政许可的有效期的，应当在该行政许可有效期届满30日前向作出行政许可决定的行政机关提出申请。但是，法律、法规、规章另有规定的，依照其规定。行政机关应当根据被许可人的申请，在该行政许可有效期届满前作出是否准予延续的决定；逾期未作决定的，视为准予延续。

(七)行政许可的注销

有下列情形之一的，行政机关应当依法办理有关行政许可的注销手续：(1)行政许可有效期届满未延续的；(2)赋予公民特定资格的行政许可，该公民死亡或者丧失行为能力的；(3)法人或者其他组织依法终止的；(4)行政许可依法被撤销、撤回，或者行政许可证件依法被吊销的；(5)因不可抗力导致行政许可事项无法实施的；(6)法律、法规规定的应当注销行政许可的其他情形。

(八)行政许可的撤销

1. 行政许可撤销的一般情形。有下列情形之一的，作出行政许可决定的行政机关或者其上级行政机关，根据利害关系人的请求或者依据职权，可以撤销行政许可：(1)行政机关工作人员滥用职权、玩忽职守作出准予行政许可决定的；(2)超越法定职权作出准予行政许可决定的；(3)违反法定程序作出准予行政许可决定的；(4)对不具备申请资格或者不符合法定条件的申请人准予行政许可的；(5)依法可以撤销行政许可的其他情形。

依照以上规定撤销行政许可，被许可人的合法权益受到损害的，行政机关应当依法给予赔偿。《行政许可法》的这一规定体现了行政法上信赖保护原则的要求。信赖保护原则的基本含义是公民因为信赖既存的法律秩序而安排其生活或处置其财产,则不能因为后来的法规或行政行为的变动而使其遭受不能预见的损害,其目的在于保障私人的既得权,并维护法律安定性以及私人对其的确信。

2. 行政许可因被许可人过错而撤销的情形。行政许可如果因被许可人以欺骗、贿赂等不正当手段取得行政许可而撤销,被许可人基于行政许可取得的利益不受保护。

3. 行政许可不予撤销的情形。因为前述情形依法应撤销的行政许可,如果可能对公共利益造成重大损害的,不予撤销。

(九)行政许可与收费

一些行政机关和中介组织利用许可乱收费是《行政许可法》制定前行政领域存在的主要问题之一。由于当时的法律对许可收费没有明确限制,利用许可收费现象日益严重,而且也因此不适当地扩大了审批许可的范围。有的行政机关履行正常管理职能要收费;有的凭借手中权力变无偿服务为有偿服务或者"搭车"收费;有的通过中介组织把本应由企业和其他组织自愿选择的服务变成强制服务;有的部门和地方越权设定收费项目。这些收费,大部分与审批许可有关,"审批就是收费"的现象相当突出,人民群众反映强烈。这即是《行政许可法》对收费作出明确规定的重要原因。

根据《行政许可法》的规定,行政机关实施行政许可和对行政许可事项进行监督检查,不得收取任何费用。但是,法律、行政法规另有规定的,依照其规定。行政机关提供行政许可申请书格式文本,不得收费。行政机关实施行政许可所需经费应当列入本行政机关的预算,由本级财政予以保障,按照批准的预算予以核拨。

行政机关实施行政许可,依照法律、行政法规收取费用的,应当按照公布的法定项目和标准收费;所收取的费用必须全部上缴国库,任何机关或者个人不得以任何形式截留、挪用、私分或者变相私分。财政部门不得以任何形式向行政机关返还或者变相返还实施行政许可所收取的费用。

第二节 行政处罚

一、行政处罚的概念与特征

行政处罚，是指行政主体依照法定权限和程序，对违反行政管理秩序，尚未构成犯罪，依法应当给予行政处罚的行政相对人，以减损权利或者增加义务的方式予以惩戒的行政处理行为。[①]

行政处罚具有下列特征：

1. 行政处罚的主体是行政主体。拥有行政处罚权的是行政机关或法律、法规授权的组织。对此应当注意两点。其一，某一特定行政机关是否享有行政处罚权以及享有何种行政处罚权、在多大范围内享有行政处罚权，均由法律、法规、规章予以明确的规定。其二，虽然拥有行政处罚权的主要是行政机关，但如果经过法律、法规的授权或行政机关的委托，行政处罚权也可以由行政机关以外的其他组织行使。

2. 行政处罚的对象是行政相对人。行政处罚是对违反行政管理秩序的行政相对人——公民、法人或者其他组织——的惩戒。这种惩戒是通过对行政相对人以减损权利或者增加义务的方式实现的，包括对违反行政管理秩序者人身自由、财产、名誉或其他权益的限制或剥夺，或者对其科以新的义务，体现对其所实施的违法行为的制裁。

3. 行政处罚的客体是违反行政管理秩序，依法应予惩戒的行为。受行政处罚的违反行政管理秩序的行为是依法应受惩戒但尚未构成犯罪的行为。这一特征意味着，对违反行政管理秩序情形严重、构成犯罪的行政相对人，行政机关应移交司法机关追究刑事责任，不能以罚代刑。这一特征还意味着，对违反行政管理秩序的行政相对人，不是一律给予行政处罚。行政处罚坚持法定原则，对于那些违法行为轻微并及时改正、没有造成危害后果的，或者具有法定免予行政处罚事由的行政相对人，行政机关不应予以处罚。只有对法律规

---

① 参见《行政处罚法》第 2 条。

定应当给予行政处罚的违反行政管理秩序的行为，行政机关才能科处处罚。

4. 行政处罚与行政处分、政务处分既有相似之处，也有重要区别。其一，实施行政处罚、行政处分、政务处分的主体不同。行政处罚是由享有行政处罚权的行政主体作出的，这些行政主体具有对外管理职能，其行政处罚权已为法律、法规或规章明确规定；[①]而行政处分是由受处分的公务员所在机关（任免机关）作出的；[②]政务处分是由国家监察机关实施的。[③] 其二，行政处罚、行政处分、政务处分的对象不同。行政处罚的对象是作为外部行政相对人的公民、法人或其他组织；[④]而行政处分的对象是国家行政机关系统内部的公务员[⑤]；政务处分的对象则是整个行使公权力机关或组织的公职人员。[⑥] 其三，行政处罚、行政处分、政务处分的形式不同。行政处罚的形式种类很多，主要有警告、通报批评、罚款、没收违法所得、没收非法财物、暂扣许可证件、吊销许可证件、限制开展生产经营活动、责令停产停业、责令关闭、限制从业、行政拘留，以及法律、行政法规规定的其他形式；[⑦]而行政处分和政务处分的形式只有警告、记过、记大过、降级、撤职和开除六种形式。[⑧] 其四，行政处罚、行政处分、政务处分所依据的法律、法规不同。行政处罚的法律依据除《行政处罚法》外，还包括大量的各种有关行政管理的法律法规，如《治安管理处罚法》、《土地管理法》、《环境保护法》、《食品安全法》、《海关法》以及各种税法等；而行政处分的法律依据主要是《公务员法》和《行政机关公务员处分条例》；政务处分的法律依据主要是《监察法》和《公职人员政务处分法》。其五，行政处罚、行政处分、政务处分的救济途径不同。行政处罚被处罚人对行政处罚不服的，除法律、法规另有规定外，相对人可申请行政复议或提起行政诉讼；[⑨]而行政处分的被处分人对行政处分决定不服的，只能向原处理机关申请复核，对复

---

① 参见《行政处罚法》第 17 条。
② 参见《公务员法》第 61 条、《行政机关公务员处分条例》第 34 条。
③ 参见《监察法》第 45 条、《公职人员政务处分法》第 44 条。
④ 参见《行政处罚法》第 4 条。
⑤ 参见《行政机关公务员处分条例》第 2 条。
⑥ 参见《公职人员政务处分法》第 2 条。
⑦ 参见《行政处罚法》第 9 条。
⑧ 参见《公务员法》第 62 条、《公职人员政务处分法》第 7 条。
⑨ 参见《行政处罚法》第 7 条、《行政复议法》第 6 条第 1 项、《行政诉讼法》第 12 条第 1 项。

核结果不服的，向同级公务员主管部门或者作出处分决定机关的上一级机关或监察机关申诉；[①]政务处分的被处分人对政务处分决定不服的，只能向作出决定的监察机关申请复审，对复审决定不服的，只能向其上一级监察机关申请复核。[②]

5. 行政处罚与行政强制既有联系也有区别。行政强制，是指行政机关在行政管理过程中，为制止违法行为、防止证据损毁、避免危害发生、控制危险扩大等情形，依法对公民的人身自由实施暂时性限制，或对行政相对人的财物实施暂时性控制的行为（行政强制措施）；以及行政机关或者行政机关申请人民法院对不履行行政决定的行政相对人依法强制其履行义务的行为（行政强制执行）。[③]

行政处罚与行政强制具有一定的联系：首先，二者起因具有相同之处。行政处罚和行政强制都可能源于行政相对人不履行行政义务。其次，行政处罚有时需要以行政强制为实施保障。如行政处罚为相对人确定的义务，当相对人不自觉履行时，其实现往往需要采取行政强制执行措施。[④]

但是，行政处罚与行政强制具有重要区别[⑤]：其一，二者法律性质不同。行政处罚是行政机关对行政相对人违反行政管理秩序但未构成犯罪的违法行为实施行政惩戒；[⑥]而行政强制的性质是维护社会安全秩序和强制行政相对人履行特定义务，本身并非一种惩戒行为，尽管很多行政强制措施也具有一定的惩戒性。其二，二者的目的不同。行政处罚的目的主要在于对违法的相对人进行惩戒，以维护行政管理秩序；而行政强制的目的主要在于制止违法行为、防止证据损毁、避免危害发生、控制危险扩大等或强制相对人履行特定的义务。其三，二者作出的时间不同。行政处罚是在行政行为终了，案件调查审查结束，对违法行为有了结论后作出的，处罚决定是对违法行为的最终处理结

---

① 参见《公务员法》第 95 条。

② 参见《公职人员政务处分法》第 55 条。

③ 参见《行政强制法》第 2 条。

④ 参见《行政强制法》第 34 条。

⑤ 实践中常常发生行政机关或者人民法院混淆行政处罚与行政强制措施的区别，导致将相应行政行为性质认定错误的情形。故笔者在这里详细列举二者的差别，特别是其中第二点和第三点区别：目的不同和作出时间不同，这点较好把握。

⑥ 参见《行政处罚法》第 2 条。

果;而行政强制措施是在行为过程中作出,在行政行为过程中甚至在行政行为正式启动之前,为制止违法行为、避免危害发生或危险扩大即可作出;行政强制执行则是在行政行为(包括行政处罚行为)之后,为保证行政行为确定的义务得以发生而作出。其四,二者的起因不完全相同。行政处罚的起因在于相对人违反行政管理秩序,通常表现为直接违反法定义务或行政主体依法所设定的义务;而行政强制的起因往往是行政相对人不履行法定义务或行政主体在行政处理中为其所依法设定的义务,或者行政相对人的行为已经导致或可能导致某种危害或危险。其五,二者适用的规则不同。行政处罚适用"一事不再罚"的规则(主要指不得重复罚款);[①]而行政强制为实现强制目的,可对行政相对人多次实施强制,直到其履行义务为止。法律没有规定不得加处两次以上罚款或滞纳金,而只规定"加处罚款或者滞纳金的数额不得超出金钱给付义务的数额"。[②] 其六,二者实施的主体不完全一致。行政处罚的实施主体只能是行政主体;而行政强制的实施主体可以是行政机关,也可以是人民法院(由行政机关申请人民法院强制执行)。[③]

二、行政处罚的主要原则

根据《行政处罚法》的规定和行政管理的实践,行政处罚主要遵循下述原则:

(一)处罚法定原则

处罚法定原则是行政法治原则在行政处罚领域的具体体现和要求。《行政处罚法》第 4 条规定,行政处罚"由法律、法规、规章规定,并由行政机关依照本法规定的程序实施"。这一原则包含下述内容:(1)处罚依据法定。即实施处罚必须具有法律、法规或规章的明确规定。根据《行政处罚法》的规定,法律可以设定各种类型的行政处罚;行政法规、地方性法规的行政处罚设定权受到一定限制;行政规章的行政处罚设定权受到更大的限制(仅能设定警告和罚款处罚)。处罚法定原则对于行政相对人来说,意味着法无明文规

① 参见《行政处罚法》第 29 条。
② 参见《行政强制法》第 45 条。
③ 参见《行政强制法》第 53 条。

定不受罚,凡法律、法规或者规章未规定应予以行政处罚的行为,任何行政主体不得对之科处行政处罚。(2)处罚主体法定。除法律、法规、规章规定有处罚权的行政机关以及法律、法规授权的组织外,其他任何机关、组织和个人均不享有行政处罚权。(3)处罚种类和处罚幅度法定。行政处罚的种类,如罚款、行政拘留、没收违法所得、没收非法财物、责令停产停业等,以及处罚的幅度,如罚款的数额、拘留的天数,均必须由法律、法规或规章规定。行政机关只能通过执法基准对处罚的种类和处罚幅度具体化,即根据违法行为的情节将处罚的种类和处罚幅度划分若干档次,而不能设定罚种、罚幅。(4)处罚程序法定。实施行政处罚,不仅要求有实体法律依据,而且还必须程序合法,行政机关必须遵守法定的处罚方式、步骤、顺序和时限等。

(二)处罚与教育相结合原则

行政处罚不仅是制裁行政违法行为的手段,而且也具有教育的作用。应当通过实施行政处罚,纠正违法行为,教育作为被处罚人的公民、法人或者其他组织认识到违法行为的危害,今后不再违法;也教育其他行政相对人培养自觉守法的意识。《行政处罚法》第 6 条规定:"实施行政处罚,纠正违法行为,应当坚持处罚与教育相结合,教育公民、法人或者其他组织自觉守法。"此外,《行政处罚法》的其他有关规定也体现了教育的精神,而不是对违法者的一味惩罚。如行政处罚种类中的"警告""通报批评"的处罚形式;《行政处罚法》第 30 条和第 32 条中关于已满 14 周岁不满 18 周岁的未成年人违法、其他违法行为人主动消除或减轻违法行为危害后果或配合行政机关查处违法行为有立功表现的,应当从轻或者减轻行政处罚的规定,均体现了处罚与教育相结合的原则。

(三)处罚公正、公开原则

《行政处罚法》第 5 条第 1 款规定,行政处罚遵循公正、公开原则。所谓"公正",就是公平、合理,没有偏私。公正原则要求行政处罚的实施不仅应当在形式上合法,而且要符合立法的目的和精神,不得滥用行政裁量权。所谓"公开",就是处罚过程要公开,要有行政相对人的参与,要依法向社会公开,以提高公民对行政机关及其实施的行政处罚的信任度,同时监督行政机关及其公务员依法、公正地行使职权,保障相对人的合法权益。处罚公正、公开原则要求:(1)过罚相当。"设定和实施行政处罚必须以事实为依据,与违法行为的事实、性质、情节以及社会危害程度相当。”[①]这一要求不仅涉及行政处罚的实施,也涉及行政处罚的设定:立法机关(行政立法机关)在设定行政处罚时,即应考虑其所要处罚的违法行为的特点,以及给社会造成的危害的大小,从而设定适当种类和幅度的处罚。(2)实施处罚的动因符合行政目的。处罚决定要建立在正当考虑的基础上,即应当考虑所有相关的因素,不考虑不相关的因素。(3)处罚必须合乎理性,不能违背常理、常规,不能违背社会共同的道德准则。(4)处罚依据公开。“对违法行为给予行政处罚的规定必须公布;未经公布的,不得作为行政处罚的依据。”[②](5)处罚过程和结果要公开。坚持《行政处罚法》规定的各项公开制度,如表明身份制度、告知制度、听取意见制度、听证制度等。

(四)处罚救济原则

处罚救济原则是保证行政处罚合法、公正行使的事后补救措施,也称法律救济原则。在设定、实施行政处罚时,必须同时保证相对人获得有效的救济途径。《行政处罚法》第 7 条规定,公民、法人或者其他组织对行政机关所给予的行政处罚,享有陈述权、申辩权;对行政处罚不服的,有权依法申请行政复议或者提起行政诉讼。公民、法人或者其他组织因行政机关违法给予行政处罚受到损害的,有权依法提出赔偿要求。

(五)处罚职能分离原则

处罚职能分离,是指对行政处罚的创设权、调查权和决定权进行适当的分离。根据我国《行政处罚法》的规定,这一原则体现在如下几个方面:(1)行政处罚的设定机关和实施机关分离。(2)在行政处罚听证程序中,应由非本案调查人员担任听证主持人。[③] (3)作出罚款决定的机关和收缴罚款的机构分离。除依法当场收缴的罚款外,作出行政处罚决定的行政机关及其执法人员不得自行收缴罚款,应告知当事人到指定的银行或者通过电子支付系统缴纳罚款。银行将罚款直接上缴国库。[④]

---

① 参见《行政处罚法》第 5 条第 2 款。
② 参见《行政处罚法》第 5 条第 3 款。
③ 参见《行政处罚法》第 64 条第 4 项。
④ 参见《行政处罚法》第 67 条。

（六）一事不再罚原则

一事不再罚原则解决的是行政实践中多头处罚与重复处罚的问题。《行政处罚法》第 29 条规定，"对当事人的同一个违法行为，不得给予两次以上罚款的行政处罚"，就是一事不再罚原则的具体体现。这一原则包括如下几方面的内涵：(1)行为人的一个行为同时违反了两个以上法律、法规的规定，可以给予两次以上的处罚；但如果是罚款，则只能处罚一次。(2)行为人的一个行为，违反一个法律、法规的规定，该法律、法规同时规定处罚机关可以并处两种处罚，如可以没收并处罚款或罚款并处吊销营业执照等，这种并处并不违背一事不再罚原则。(3)违法行为构成犯罪的，在依法追究刑事责任的同时，依法应予行政处罚的仍应处罚。如科处刑罚不影响行政机关实施吊销营业执照的行政处罚，但人民法院对自然人判处拘役或者有期徒刑时，行政机关已经给予当事人行政拘留的，应当依法折抵相应刑期；人民法院判处罚金时，行政机关已经给予当事人罚款处罚的，应当折抵相应罚金。①

三、行政处罚的种类与形式

（一）人身罚

人身罚，亦称自由罚，是在短期内限制或剥夺违法者人身自由的行政处罚。人身权是宪法规定的公民各种权利得以存在的基础，人身权受到限制或剥夺，意味着其他任何权利都将难以行使，因此，这是最为严重的一种行政处罚形式。《行政处罚法》第 10 条第 2 款规定："限制人身自由的行政处罚，只能由法律设定。"

我国目前人身罚的主要形式是行政拘留。行政拘留是公安机关依法对违反治安管理法律规范的人，在短期内限制其人身自由的一种处罚。根据《治安管理处罚法》《外国人入境出境管理法》《公民出境入境管理法》等法律规范的规定，行政拘留的期限为 1 日以上 15 日以下。除县级以上公安机关外，其他任何行政机关都没有决定行政拘留的权力。行政拘留一般适用于严重违反治安管理规范的行为人，并且只有使用警告、罚款处罚不足以惩戒违法者时才适用。

---

① 参见《行政处罚法》第 35 条。

另外,驱逐出境、禁止入境或出境、限期出境可认为是一种既具人身罚性质,又具行政强制措施性质的行政处理形式。驱逐出境、禁止入境或出境、限期出境是公安、边防、安全机关对违反我国行政法律规范的外国人、无国籍人采取的强令其离开或禁止其进入中国国境的行政处理措施。《外国人入境出境管理法》《治安管理处罚法》《出境入境边防检查条例》分别对这些措施作出了规定。①

在 2013 年以前,人身罚中还有一种特别严重的处罚形式——劳动教养。这是行政机关对习惯性违法或有轻微犯罪行为,但尚不够刑事处罚条件且有劳动能力的人实行强制性教育改造的处罚措施。根据国务院 1957 年《关于劳动教养问题的决定》和 1980 年《关于劳动教养的补充协议》的规定,劳动教养的期限为 1 年至 3 年,必要时可延长 1 年。由于这种处罚形式严重侵犯人权,2013 年 12 月 28 日第十二届全国人大常委会第六次会议通过《关于废止有关劳动教养法律规定的决定》,废除了劳动教养的处罚形式。从此我国不再存在这种形式的人身罚。

(二)财产罚

财产罚,是指行政主体对行政相对人的财产权利和利益予以不利处分的行政处罚。财产罚的内容通常是科处行政相对人一定数额的金钱罚款或没收其违法所得或者非法财物。

1. 罚款。罚款指行政主体依法要求违反行政法律规范的行为人,在一定期限内向国家缴纳一定数额的金钱的处罚形式。行政处罚的罚款不同于刑罚的罚金,二者的区别是:(1)处罚性质不同。罚金是刑罚中的一种附加刑,是犯罪分子承担的刑事责任;②而罚款是一种行政处罚,是违法行为人承担的行政责任。(2)处罚根据不同。罚金由《刑法》规定,根据的是刑事法律规范和刑事诉讼法规范;而罚款的实体和程序法依据都是行政法。(3)适用主体不同。罚金由人民法院依法判处;而罚款则由行政主体依法决定。(4)适用对象不同。罚金适用于犯罪分子;而罚款适用于违反行政法规范的行政相对人。

---

① 参见《外国人入境出境管理法》第 62 条、《治安管理处罚法》第 10 条、《出境入境边防检查条例》第 24-25 条。

② 参见《刑法》第 52-53 条。

2. 没收违法所得、没收非法财物。没收违法所得指行政主体将违法行为人通过违法行为所取得的款项收归国家所有，上缴国库；[①]没收非法财物是行政主体将违法行为人实施违法行为的违法工具、物品和违禁品（国家文物、枪支、毒品等）等予以没收。没收财物可以视违法行为性质的轻重决定部分或全部没收。没收的物品，除应予销毁以及存档备查的外，均应上缴国库或交由法定专管机关处理。合法的收入和没有被用来从事违法活动的物品不应成为没收处罚的对象。

没收财物的行政处罚不同于刑罚中的没收财产刑。没收财产刑是将犯罪分子个人所有的一部分或全部财产强制无偿地收归国家所有的刑罚。[②] 没收财产主要适用于危害国家安全罪等性质严重的犯罪；没收非法财物则适用于行政违法（尚不构成犯罪）的行为。

（三）资格罚

资格罚，也称"行为罚"或"能力罚"，是限制或剥夺违法相对人某种行为能力或资格的处罚。行政处罚资格罚的形式主要有以下七种：

1. 暂扣许可证件。暂扣许可证件的处罚形式在于暂时中止持证人从事某种活动的资格，待其改正违法行为后或经过一定期限，再发还证件，恢复其资格，允许其重新享有该权利和资格。

2. 降低资质等级。降低资质等级的处罚形式在于使持证人不能继续享有原资质等级的权利，不能从事原资质等级所能从事的活动，如失去参加有关工程项目的"招、拍、挂"[③]资格，不能参与一定类别的市场竞争，不能承担某种需要较高资质才能承担的工作或任务等。

3. 吊销许可证件。吊销许可证件的处罚形式是撤销持证人的某种资格，完全终止其继续从事只有持有该证件才能从事的相应活动的能力。

4. 限制开展生产经营活动。限制开展生产经营活动，是指在一定区域和时间内限制或禁止行政相对人从事某种生产经营活动。此种处罚形式主要适

---

① 《行政处罚法》第 28 条第 2 款规定："违法所得是指违法行为所取得的款项。法律、行政法规、部门规章对违法所得的计算另有规定的，从其规定。"

② 参见《刑法》第 59-60 条。

③ "招、拍、挂"指行政机关采用招标、拍卖和挂牌方式有偿出让国有土地、矿产资源使用权或实施政府采购、政府购买服务等行政行为的方式。

用于未经许可、备案或者不需要采取资格罚的，行政机关可以限制其从事或扩大生产经营活动。限制开展生产经营活动相比罚款处罚较重，对生产经营活动的影响较大，但未能达到责令停产停业的程度。限制开展生产经营活动包括对被处罚人从事相应生产经营活动的时间、空间等方面的约束，被处罚人的其他生产经营活动不受影响。限制开展生产经营活动相对于责令停产停业而言，范围和效果较轻，限制开展生产经营活动是在原有生产经营范围的基础上加以控制或缩减，但生产经营活动并不停止；而责令停产停业则意味着生产经营活动处于全面暂停的状态。限制开展生产经营活动这种处罚形式在2021年修订前的《行政处罚法》中没有规定，但已经在有关单行法律中出现。例如，《保险法》规定，国务院保险监督管理机构对偿付能力不足的保险公司，可以根据具体情况采取限制业务范围、限制增设分支机构、限制商业性广告等措施。①

5. 责令停产停业。责令停产停业主要是对违反行政法律规范的工商企业或个体工商户的一种处罚形式。责令停产停业不是直接限制或剥夺违法者的财产权，而是责令违法者暂时停止其所从事的生产经营活动，一旦违法者在一定期限内及时纠正了违法行为，按期履行了法定义务，仍可继续从事被暂停的生产经营活动，无须重新申请领取有关许可证和执照。因此，其与永久性的"关闭"或吊销证照不同。责令停产停业一般适用于下列违法行为：(1)生产经营者实施了比较严重的违法行为，行为后果比较严重。(2)从事加工、生产与人的生命健康密切相关的，已经或可能威胁人的生命健康的食品、药品等，或者出版对人的精神生活会产生不良影响的出版物和音像制品等。

6. 责令关闭。责令关闭这种行政处罚形式在2021年修订前的《行政处罚法》中没有规定，但在2021年修订《行政处罚法》之前已经广泛存在于环境保护及安全生产等领域的单行法律和行政处罚实践之中。例如，《环境保护法》规定，企业事业单位和其他生产经营者超过污染物排放标准或者超过重点污染物排放总量控制指标排放污染物的，县级以上人民政府环境保护主管部门可以责令其采取限制生产、停产整治等措施；情节严重的，报经有批准权的人

---

① 参见《保险法》第138条。

民政府批准,责令停业、关闭。[①]《安全生产法》规定,生产经营单位不具备本法和其他有关法律、行政法规和国家标准或者行业标准规定的安全生产条件,经停产停业整顿仍不具备安全生产条件的,予以关闭;有关部门应当依法吊销其有关证照。[②] 责令关闭是较为严厉的一种行政处罚,与责令停产停业不同。责令停产停业通常附有期限要求,受处罚人在一定期限内纠正了违法行为,就可以恢复生产和经营;责令关闭则使行政相对人生产经营行为不能存续,并无期限限制。责令关闭与吊销许可证件的关系在于,责令关闭是针对生产经营的事实状态,吊销许可证件是针对可以开展生产经营的法律前提要件。两者作出的机关通常也不一致,如《环境保护法》第60条规定的责令关闭是由有批准权的人民政府决定;而吊销许可证件一般是由许可证件的颁发机关作出。

7. 限制从业。限制从业这种行政处罚形式在2021年修订前的《行政处罚法》中同样也没有规定,是2021年修订《行政处罚法》时新增加的。但这种行政处罚形式在2021年修订《行政处罚法》之前已经广泛存在于环境保护及安全生产等领域的单行法律和行政处罚实践之中。其主要适用于法律对行业准入有特定要求的专业领域内。如《食品安全法》规定,被吊销许可证的食品生产经营者及其法定代表人、直接负责的主管人员和其他直接责任人员自处罚决定作出之日起5年内不得申请食品生产经营许可,或者从事食品生产经营管理工作、担任食品生产经营企业食品安全管理人员。[③]

责令关闭、责令停产停业、限制开展生产经营活动、限制从业作为较为严厉的行政处罚,将直接影响企业的生产经营利益,需要按照法律、法规规定的实体和程序条件严格适用。

(四)申诫罚

申诫罚,亦称精神罚或声誉罚,是行政机关向违法者发出警戒,申明其有违法行为,通过对其名誉、荣誉、信誉等施加影响,引起其精神上的警惕,使其不再违法的处罚形式。行政处罚申诫罚的形式主要有以下两种:

---

① 参见《环境保护法》第60条。
② 参见《安全生产法》第108条。
③ 参见《食品安全法》第135条第1款。

1. 警告。警告是行政主体对实施性质较轻的违法行为的行政相对人予以谴责和告诫的处罚形式。警告的目的在于通过对违法行为人予以精神上的惩戒,使其自己认识错误,以不再违法。根据《治安管理处罚法》的规定,公安机关对被处罚人作出警告处罚,应像作出其他治安管理处罚决定一样,制作处罚决定书,向被处罚人宣告,并当场交付被处罚人;无法当场向被处罚人宣告的,应当在两日内送达被处罚人。有被侵害人的,公安机关应当将决定书副本抄送被侵害人。①

2. 通报批评。通报批评是行政机关将对违法者的违法行为及谴责以书面形式公布于众,对之进行公开谴责和告诫,以避免其再犯的处罚形式。通报批评既有对违法者的惩戒和教育作用,也有对一般社会的警示和预防作用。

警告和通报批评均既可以对公民个人适用,也可以适用于法人或其他组织;既可单处,也可与其他行政处罚同时适用。通报批评这种行政处罚形式在2021年修订前的《行政处罚法》中没有规定,是2021年修订《行政处罚法》时新增加的。但这种行政处罚形式在2021年修订《行政处罚法》之前就已经在有关单行法和实践中广泛存在。通报批评有时会具有比其他处罚形式更有效的处罚效果,但对相对人权益的影响也较为严重,因此必须严格依法实施,以确保准确、公正和舆论监督的统一性和合理性。

四、行政处罚的管辖

(一)行政处罚的主体

行政处罚必须由具有法定行政处罚权的行政机关或法律、法规授权的具有管理公共事务职能的组织实施。②

国家在城市管理、市场监管、生态环境、文化市场、交通运输、应急管理、农业等领域推行建立综合行政执法制度,相对集中行政处罚权。国务院或者省、自治区、直辖市人民政府可以决定一个行政机关行使有关行政机关的行政处罚权,但限制人身自由的行政处罚权不属于相对集中行政处罚权的范围。③

---

① 参见《治安管理处罚法》第96-97条。

② 参见《行政处罚法》第17、19条。

③ 参见《行政处罚法》第18条。

行政机关依照法律、法规、规章的规定,可以将某些行政处罚委托给具有法定资格和条件的组织实施。但对于限制人身自由的行政处罚权只能由公安机关和法律规定的其他行政机关行使,不得委托其他机关、组织实施。

行政机关委托具有法定资格和条件的组织实施行政处罚必须采取书面形式。委托书应当载明委托的具体事项、权限、期限等内容。委托行政机关和受委托的组织应当将委托书向社会公布。

行政主体委托其他组织实施行政处罚,受委托组织必须具备下述条件:(1)该组织是依法成立并具有管理公共事务职能的组织,其不具有营利目的;(2)该组织具有熟悉有关法律、法规、规章和业务并取得行政执法资格的工作人员;(3)相应处罚对违法行为需要进行技术检查或技术鉴定的,该组织应当有条件组织进行相应的技术检查或技术鉴定。

受委托组织实施行政处罚应以委托的行政机关的名义进行,并接受委托行政机关的监督,其不得再行委托。委托行政机关对受委托组织实施处罚行为的后果承担法律责任。①

(二)行政处罚的管辖规则

1. 地域管辖:行政处罚由违法行为发生地的行政机关管辖。但法律、行政法规、部门规章另有规定的,则依特别法规定确定管辖。

2. 级别管辖:行政处罚由县级以上地方人民政府具有行政处罚权的行政机关管辖。但法律、行政法规另有规定的,则依特别法规定确定管辖。

省、自治区、直辖市根据当地实际情况,可以决定将基层管理迫切需要的县级人民政府部门的行政处罚权交由能够有效承接的乡镇人民政府、街道办事处行使,并定期组织评估。决定应当公布。承接行政处罚权的乡镇人民政府、街道办事处应当加强执法能力建设,按照规定范围、依照法定程序实施行政处罚。有关地方人民政府及其部门应当加强组织协调、业务指导、执法监督,建立健全行政处罚协调配合机制,完善评议、考核制度。

3. 指定管辖:两个以上行政机关都有管辖权的,由最先立案的行政机关管辖。对管辖发生争议的,应当协商解决;协商不成的,报请共同的上一级行政机关指定管辖,也可以直接由共同的上一级行政机关指定管辖。

---

① 参见《行政处罚法》第20-21条。

4. 请求协助:行政机关因实施行政处罚的需要,可以向有关机关提出协助请求。协助事项属于被请求机关职权范围内的,应当依法予以协助。

5. 责任追究:违法行为涉嫌犯罪的,行政机关应当及时将案件移送司法机关,依法追究刑事责任。对依法不需要追究刑事责任或者免予刑事处罚,但应当给予行政处罚的,司法机关应当及时将案件移送有关行政机关。行政处罚实施机关与司法机关之间应当加强协调配合,建立健全案件移送制度,加强证据材料移交、接收衔接,完善案件处理信息通报机制。

五、行政处罚的适用规则①

1. 责令改正规则。行政机关实施行政处罚时,应当责令当事人改正或者限期改正违法行为。当事人有违法所得,除依法应当退赔的外,应当予以没收。

2. 一事不再罚规则。对当事人的同一个违法行为,不得给予两次以上罚款的行政处罚。同一个违法行为违反多个法律规范应当给予罚款处罚的,按照罚款数额高的规定处罚。

3. 责任年龄规则。不满 14 周岁的未成年人有违法行为的,不予行政处罚,责令监护人加以管教;已满 14 周岁不满 18 周岁的未成年人有违法行为的,应当从轻或者减轻行政处罚。

4. 责任行为能力规则。精神病人、智力障碍者在不能辨认或者不能控制自己行为时有违法行为的,不予行政处罚,但应当责令其监护人严加看管和治疗。间歇性精神病人在精神正常时有违法行为的,应当给予行政处罚。尚未完全丧失辨认或者控制自己行为能力的精神病人、智力障碍者有违法行为的,可以从轻或者减轻行政处罚。

5. 依法从轻、减轻处罚规则。当事人有下列情形之一,应当从轻或者减轻行政处罚:(1)主动消除或者减轻违法行为危害后果的;(2)受他人胁迫或者诱骗实施违法行为的;(3)主动供述行政机关尚未掌握的违法行为的;(4)配合行政机关查处违法行为有立功表现的;(5)法律、法规、规章规定其他应当从轻或者减轻行政处罚的。

---

① 本部分所述规则除源于行政法的一般原理外,均参见《行政处罚法》第 28-38 条。

6. 不予行政处罚或可以不予行政处罚规则。违法行为轻微并及时改正,没有造成危害后果的,不予行政处罚。初次违法且危害后果轻微并及时改正的,可以不予行政处罚。当事人有证据足以证明没有主观过错的,不予行政处罚(但法律、行政法规另有规定的除外)。对当事人的违法行为依法不予行政处罚的,行政机关应当对当事人进行教育。

7. 行政处罚裁量基准规则。行政机关可以依法制定行政处罚裁量基准,规范行使行政处罚裁量权。行政处罚裁量基准应当向社会公布。

8. 行政处罚与刑罚衔接规则。违法行为构成犯罪,人民法院判处拘役或者有期徒刑时,行政机关已经给予当事人行政拘留的,应当依法折抵相应刑期。违法行为构成犯罪,人民法院判处罚金时,行政机关已经给予当事人罚款的,应当折抵相应罚金;行政机关尚未给予当事人罚款的,不再给予罚款。

9. 行政处罚时效规则。违法行为在 2 年内未被发现的,不再给予行政处罚;涉及公民生命健康安全、金融安全且有危害后果的,上述期限延长至 5 年(法律另有规定的除外)。上述期限,从违法行为发生之日起计算;违法行为有连续或者继续状态的,从行为终了之日起计算。

10. 行政处罚单处与并处规则。行政处罚单处是行政主体对违法行为人仅适用一种处罚方式。它是处罚适用的最简单的形式。单处可以是对法定的任何一种行政处罚方式单独适用。在法律、法规没有明确规定可并处的情况下,行政主体一般只能对违法相对人单独适用一项处罚,不能同时适用几项处罚。行政处罚并处是行政主体对违法行为人的某一违法行为依法同时适用两种或两种以上的行政处罚形式。它往往针对违法情节较严重的情形。并处必须在法定的条件下才能采用。其适用要有法律、法规明确规定,而且还须具备法定情节,否则不能并处。

11. 单位违法的"两罚"处罚适用规则。法人或其他组织是由不同的个人组成的集合体。单位违法同自然人一样,也应受到法律制裁,但由于其不同于自然人的特性,行政机关对其适用行政处罚时应当与自然人有所不同。单位的行政违法行为,是指法人或者其他组织的法定代表人、经授权的人员以单位名义并为单位利益而实施的与职务、业务有关的违反行政法律规范的行为。凡以单位名义和为了法人利益,由单位的法定代表人、主管人员、直接责任人员实施的与其职务、业务有关的违法行为,都是单位违法行为。对单位违法的,原则上应适用“两罚”:既处罚单位整体,又处罚单位中的负有责任的自然人(主管人员和直接责任人员)。例如,根据《海关法行政处罚实施细则》第24条的规定,企事业单位、国家机关、社会团体违反海关法规,除处罚该单位外,海关还应对其主管人员和直接责任人员分别处以人民币1000元以下的罚款。

12. 行政处罚新旧法选择适用规则。实施行政处罚,适用违法行为发生时的法律、法规、规章的规定。但是,作出行政处罚决定时,法律、法规、规章已被修改或者废止,且新的规定处罚较轻或者不认为是违法的,适用新的规定。

13. 行政处罚构成无效规则。具有下述两种情形的行政处罚无效:(1)没有依据或者实施主体不具有行政主体资格;(2)违反法定程序构成重大且明显违法的。

六、行政处罚的程序

行政处罚的程序,是指享有行政处罚决定权和执行权的机关或组织作出和执行行政处罚决定的具体方式、方法和步骤。《行政处罚法》规定了行政处罚的基本程序,包括行政处罚决定程序和行政处罚执行程序两个部分。

(一)行政处罚决定程序

行政处罚决定程序是整个行政处罚程序的关键环节,也是保障正确实施行政处罚的前提条件。其包括简易程序、普通程序和听证程序。

1. 行政处罚决定程序的一般规则[①]

《行政处罚法》第五章第一节规定了行政处罚决定程序的下述十二项一般规则:[②]

(1)信息公示

行政处罚的实施机关、立案依据、实施程序和救济渠道等信息应当公示。

(2)查明事实

公民、法人或者其他组织违反行政管理秩序的行为,依法应当给予行政处罚的,行政机关必须查明事实;违法事实不清、证据不足的,不得给予行政处罚。

---

① 参见《行政处罚法》第39-53条。

② 参见《行政处罚法》第39-50条。

(3)电子技术监控设备应用

行政机关依照法律、行政法规规定利用电子技术监控设备收集、固定违法事实的,应当经过法制和技术审核,确保电子技术监控设备符合标准、设置合理、标志明显,设置地点应当向社会公布。电子技术监控设备记录违法事实应当真实、清晰、完整、准确。行政机关应当审核记录内容是否符合要求;未经审核或者经审核不符合要求的,不得作为行政处罚的证据。

(4)告知

行政机关应当及时告知当事人违法事实,并采取信息化手段或者其他措施,为当事人查询、陈述和申辩提供便利。不得限制或者变相限制当事人享有的陈述权、申辩权。

行政机关在作出行政处罚决定之前,应当告知当事人拟作出的行政处罚内容及事实、理由、依据,并告知当事人依法享有的陈述、申辩、要求听证等权利。

(5)执法人员

行政处罚应当由具有行政执法资格的执法人员实施。执法人员不得少于两人,法律另有规定的除外。执法人员应当文明执法,尊重和保护当事人合法权益。

(6)回避

执法人员与案件有直接利害关系或者有其他关系可能影响公正执法的,应当回避。当事人认为执法人员与案件有直接利害关系或者有其他关系可能影响公正执法的,有权申请回避。当事人提出回避申请的,行政机关应当依法审查,由行政机关负责人决定。决定作出之前,不停止调查。

(7)陈述与申辩

当事人有权进行陈述和申辩。行政机关必须充分听取当事人的意见,对当事人提出的事实、理由和证据,应当进行复核;当事人提出的事实、理由或者证据成立的,行政机关应当采纳。行政机关不得因当事人陈述、申辩而给予更重的处罚。

行政机关及其执法人员在作出行政处罚决定之前,未依法向当事人告知拟作出的行政处罚内容及事实、理由、依据,或者拒绝听取当事人的陈述、申辩,不得作出行政处罚决定,除非当事人明确放弃陈述或者申辩的权利。

(8)证据

行政处罚证据包括八种:①书证;②物证;③视听资料;④电子数据;⑤证人证言;⑥当事人的陈述;⑦鉴定意见;⑧勘验笔录、现场笔录。

证据必须经查证属实,方可作为认定案件事实的根据。以非法手段取得的证据,不得作为认定案件事实的根据。

(9)信息归档保存

行政机关应当依法以文字、音像等形式,对行政处罚的启动、调查取证、审核、决定、送达、执行等进行全过程记录,归档保存。

(10)突发事件应对

发生重大传染病、疫情等突发事件,为了控制、减轻和消除突发事件引起的社会危害,行政机关对违反突发事件应对措施的行为,依法快速、从重处罚。

(11)处罚决定公开

具有一定社会影响的行政处罚决定应当依法公开。公开的行政处罚决定被依法变更、撤销、确认违法或者确认无效的,行政机关应当在 3 日内撤回行政处罚决定信息并公开说明理由。

(12)保密

行政机关及其工作人员对实施行政处罚过程中知悉的国家秘密、商业秘密或者个人隐私,应当依法予以保密。

2. 简易程序①

行政处罚简易程序又称当场处罚程序,是一种简单易行的行政处罚程序,指在具备某些条件的情况下,由执法人员当场作出行政处罚的决定,并且当场执行的程序。设定当场处罚程序的意义在于,基于行政管理效率的要求,对一些不需要立案调查且影响不大,在其被发现后即可认定事实的行政违法行为直接给予处罚,在不影响受罚人的合法权益的前提下,确保行政管理的高效。

行政处罚适用简易程序必须符合下述条件:(1)违法事实确凿;(2)有法定依据;(3)拟定处罚为较小数额的罚款或警告。所谓较小数额的罚款,是指对公民处以 200 元以下、对法人或者其他组织处以 3000 元以下罚款。执法人

---

① 参见《行政处罚法》第 51-53 条。

员在行政执法过程中，发现相对人实施的行政违法行为后，如认定相应行为符合上述法定条件，即不必适用调查取证程序，也不必更换时间和地点，可以立即当场予以处罚。

行政处罚简易程序步骤如下：

(1) 表明身份

执法人员当场作出行政处罚决定的，应当向当事人出示执法身份证件。这里的证件，既可以是工作证，也可以是特定的执法证，有时二者皆需出示。

(2) 说明处罚理由和依据

执法人员当场发现或者有人当场指认行为人违法的，如果违法事实清楚、情节简单，当事人对违法事实无异议，执法人员即可当场处罚，并说明处罚的事实根据和法律依据。

(3) 制作行政处罚决定书

执法人员当场作出行政处罚决定的，应当填写预定格式、编有号码的行政处罚决定书。行政处罚决定书应当载明当事人的违法行为、行政处罚的种类和依据、罚款数额、时间、地点、申请行政复议、提起行政诉讼的途径以及行政机关名称，并由执法人员签名或者盖章。

(4) 行政处罚决定书的交付

执法人员按照法定的格式要求填写行政处罚决定书，应当当场交付当事人。

(5) 备案

执法人员当场作出的行政处罚决定，必须报所属行政机关备案。

3. 普通程序①

行政处罚普通程序，又称一般程序，是指除法律特别规定应当适用简易程序和听证程序的外，行政处罚通常所应适用的程序。

行政处罚普通程序的步骤如下：

(1) 立案

行政机关发现公民、法人或者其他组织有依法应当给予行政处罚行为的，除适用简易程序的外，必须全面、客观、公正地调查、收集有关证据；必要

① 参见《行政处罚法》第 54-62 条。

时,依照法律、法规的规定,可以进行检查。符合立案标准的,行政机关应当及时立案。

立案是行政处罚程序的开始。立案的目的是对违法行为进行追究,通过调查取证工作,证明违法嫌疑人是否实施了违法行为,从而决定是否对其实施处罚。立案的条件是:第一,行政机关经过对立案材料的审查,认为有违法行为发生;第二,违法行为是应受行政处罚的行为;第三,属于本部门职权范围且归本机关管辖;第四,不属于适用简易程序的案件。行政机关对符合上述立案条件的,主管执法人员应该填写立案审批表或立案决定书,由行政首长批准,并指派专人承办。

(2)调查取证

行政机关在立案后,应当对案件进行全面调查和取证,对主要事实、情节和证据进行查对核实,并查证有关应依据的行政法律规范。先取证,后处罚,是行政处罚程序最基本的准则。没有调查就不可能取得充分的证据,没有充分的证据就不可能作出正确的处罚决定。因此,在没有取得足以证明应予处罚的违法事实存在的充分而确凿的证据以前,不能实施处罚。

执法人员在调查或者进行检查时,应当主动向当事人或者有关人员出示执法证件。当事人或者有关人员有权要求执法人员出示执法证件。执法人员不出示执法证件的,当事人或者有关人员有权拒绝接受调查或者检查。当事人或者有关人员应当如实回答询问,并协助调查或者检查,不得拒绝或者阻挠。询问或者检查应当制作笔录。行政机关在收集证据时,可以采取抽样取证的方法;在证据可能灭失或者以后难以取得的情况下,经行政机关负责人批准,可以先行登记保存,并应当在7日内及时作出处理决定,在此期间,当事人或者有关人员不得销毁或者转移证据。

这些规定确立了处理行政处罚案件应当依法调查、全面调查、客观调查、公正处罚的原则。

(3)听取当事人陈述和申辩

行政机关在调查取证之后和作出行政处罚裁决之前,应告知被调查人拟对之作出处罚裁决的理由和依据。行政机关应给予被调查人以陈述和申辩的机会。被调查人依法陈述和申辩的,行政机关必须充分听取,制作申辩笔录。对其提出的事实理由和证据,应当进行复核,复核成立的,应当采纳。行政机关不得因当事人申辩而加重对当事人的处罚。当事人申辩的笔录应作为行政处罚裁决的根据之一,并在裁决后入档归案,以备今后在行政复议和诉讼时作举证之用。

(4)作出决定

行政机关在案件调查终结后,应当由承办人员填写案件处理意见申报表,向有作出最后决定权的行政机关汇报案件情况和有关处理意见,送行政机关负责人审批。行政机关负责人应当对调查结果进行审查,根据不同情况,分别作出如下决定:

①确有应受行政处罚的违法行为的,根据情节轻重及具体情况,作出行政处罚决定;

②法行为轻微,依法可以不予行政处罚的,不予行政处罚;

③违法事实不能成立的,不予行政处罚;

④违法行为涉嫌犯罪的,移送司法机关。

对情节复杂或者重大违法行为给予行政处罚,行政机关负责人应当集体讨论决定。

(5)法制审核

行政机关负责人在作出行政处罚的决定之前,案件如有下列情形之一,应当由从事行政处罚决定法制审核的人员进行法制审核。未经法制审核或者审核未通过的,不得作出决定:

①涉及重大公共利益的;

②直接关系当事人或者第三人重大权益,经过听证程序的;

③案件情况疑难复杂、涉及多个法律关系的;

④法律、法规规定应当进行法制审核的其他情形。

行政机关中初次从事行政处罚决定法制审核的人员,应当通过国家统一法律职业资格考试取得法律职业资格。

(6)制作处罚决定书

行政机关应当自行政处罚案件立案之日起 90 日内作出行政处罚决定(法律、法规、规章另有规定的除外)。行政机关作出处罚决定,应当制作行政处罚决定书。行政处罚决定书应当载明下列事项:

①当事人的姓名或者名称、地址;

②违反法律、法规、规章的事实和证据；

③行政处罚的种类和依据；

④行政处罚的履行方式和期限；

⑤申请行政复议、提起行政诉讼的途径和期限；

⑥作出行政处罚决定的行政机关名称和作出决定的日期。

行政处罚决定书必须盖有作出行政处罚决定的行政机关的印章。

(7)行政处罚决定书的送达

行政处罚决定书应当在宣告后当场交付当事人；当事人不在场的，行政机关应当在7日内依照《民事诉讼法》的有关规定，将行政处罚决定书送达当事人。当事人同意并签订确认书的，行政机关可以采用传真、电子邮件等方式，将行政处罚决定书等送达当事人。

4. 听证程序①

行政法上的听证，是指行政机关在作出影响行政相对人合法权益的决定之前，向相对人告知决定理由和听证权利，相对人随之可向行政机关表达意见、提供证据以及行政机关听取其意见、审查其证据的一种行政程序法律制度。

(1)适用听证程序的行政处罚决定

根据《行政处罚法》第63条的规定，行政机关拟作出下列行政处罚决定，应当告知当事人有要求听证的权利，当事人要求听证的，行政机关应当组织听证：

①较大数额罚款；

②没收较大数额违法所得、没收较大价值非法财物；

③降低资质等级、吊销许可证件；

④责令停产停业、责令关闭、限制从业；

⑤其他较重的行政处罚；

⑥法律、法规、规章规定的其他情形。

(2)行政处罚听证程序的特征：

①听证由行政机关主持，由有关利害关系人参加。听证程序在形式上类

---

① 参见《行政处罚法》第63-65条。

似于司法审判程序,而实质上存在重要区别。行政机关在听证程序中既是调查、主持者,又是行政处罚决定的主体(尽管调查人员与处罚决定人员应分离);而司法审判中的人民法院只能是案件的裁判者,而不能同时充当调查取证和追诉者。因此,在公正性上,听证程序依然无法与审判程序相比。

②听证一般公开进行,不仅有行政机关和利害关系人参加,而且社会公众、媒体可以旁听。质证和辩论程序的公开,有利于控制权力滥用。

③听证程序适用于行政处罚领域,但并非所有的行政处罚案件都可以适用听证程序。目前,听证只适用于《行政处罚法》规定的六类案件;其他种类的处罚案件暂不适用听证。

④听证程序的适用以当事人申请为前提。当事人要求听证的,行政机关才组织听证。当然,当事人要求听证的,行政机关也应当组织听证。

⑤听证费用由行政机关承担。当事人不承担行政机关组织听证的费用。

(3)行政处罚听证的程序规则

①当事人要求听证的,应当在行政机关告知后 5 日内提出。

②行政机关应当在举行听证的 7 日前,通知当事人及有关人员听证的时间、地点。

③除涉及国家秘密、商业秘密或者个人隐私依法予以保密外,听证公开举行。

④听证由行政机关指定的非本案调查人员主持;当事人认为主持人与本案有直接利害关系的,有权申请回避。

⑤当事人可以亲自参加听证,也可以委托 1 至 2 人代理。

⑥当事人及其代理人无正当理由拒不出席听证或者未经许可中途退出听证的,视为放弃听证权利,行政机关终止听证。

⑦举行听证时,调查人员提出当事人违法的事实、证据和行政处罚建议,当事人进行申辩和质证。

⑧听证应当制作笔录。笔录应当交当事人或者其代理人核对无误后签字或者盖章。当事人或者其代理人拒绝签字或者盖章的,由听证主持人在笔录中注明。

⑨听证结束后,行政机关应当根据听证笔录,依照《行政处罚法》第 57 条的规定,作出决定。

（二）行政处罚的执行程序①

行政处罚的执行程序，是指有关国家机关保证行政处罚决定所确定的当事人的义务得以履行的程序。没有行政处罚的执行，行政处罚决定就会失去意义，只有确保行政处罚决定的内容得以实现，才能够保证行政管理的有序进行。

1. 行政处罚执行程序的原则

（1）复议诉讼不停止执行的原则。行政处罚决定依法作出后，当事人应当在行政处罚决定的期限内，予以履行。当事人对行政处罚决定不服，申请行政复议或者提起行政诉讼的，除法律另有规定外，行政处罚不停止执行。

（2）作出罚款决定的机关和收缴罚款的机构分离的原则。为了限制行政机关滥设处罚、乱施处罚，《行政处罚法》在规定行政处罚设定权法定原则的同时，确立了作出罚款决定的机关和收缴罚款的机构分离的原则。除依法当场收缴的罚款外，作出行政处罚决定的行政机关及其执法人员不得自行收缴罚款。行政机关可以指定银行作为收受罚款的专门机构，当事人到指定的银行缴纳罚款。指定的银行应当收受罚款，并将罚款直接上缴国库。罚款的行政处罚决定由法定的享有行政处罚权的行政机关作出，而罚款的收缴则由法定的专门机构负责。

2. 行政处罚执行程序的内容

（1）行政处罚决定依法作出后，当事人应当在行政处罚决定书载明的期限内，予以履行。当事人确有经济困难，需要延期或者分期缴纳罚款的，经当事人申请和行政机关批准，可以暂缓或者分期缴纳。

（2）除依法当场收缴的罚款外，作出行政处罚决定的行政机关及其执法人员不得自行收缴罚款。当事人应当自收到行政处罚决定书之日起 15 日内，到指定的银行或者通过电子支付系统缴纳罚款。银行应当收受罚款，并将罚款直接上缴国库。

（3）依法当场作出行政处罚决定，有下列情形之一，执法人员可以当场收缴罚款：①依法给予 100 元以下罚款的；②不当场收缴事后难以执行的。

（4）在边远、水上、交通不便地区，行政机关及其执法人员依法作出罚款

① 参见《行政处罚法》第 66–75 条。

决定后，当事人到指定的银行或者通过电子支付系统缴纳罚款确有困难，经当事人提出，行政机关及其执法人员可以当场收缴罚款。

(5)行政机关及其执法人员当场收缴罚款的，必须向当事人出具国务院财政部门或者省、自治区、直辖市人民政府财政部门统一制发的专用票据；不出具财政部门统一制发的专用票据的，当事人有权拒绝缴纳罚款。

(6)执法人员当场收缴的罚款，应当自收缴罚款之日起 2 日内，交至行政机关；在水上当场收缴的罚款，应当自抵岸之日起 2 日内交至行政机关；行政机关应当在 2 日内将罚款缴付指定的银行。

(7)当事人逾期不履行行政处罚决定的，作出行政处罚决定的行政机关可以采取下列措施：①到期不缴纳罚款的，每日按罚款数额的 3% 加处罚款，加处罚款的数额不得超出罚款的数额；②根据法律规定，将查封、扣押的财物拍卖、依法处理或者将冻结的存款、汇款划拨抵缴罚款；③根据法律规定，采取其他行政强制执行方式；④依照《行政强制法》的规定申请人民法院强制执行。

行政机关批准延期、分期缴纳罚款的，申请人民法院强制执行的期限，自暂缓或者分期缴纳罚款期限结束之日起计算。

(8)除法律另有规定外，当事人对行政处罚决定不服，可申请行政复议或者提起行政诉讼，但行政处罚不停止执行。当事人对限制人身自由的行政处罚决定不服，申请行政复议或者提起行政诉讼的，可以向作出决定的机关提出暂缓执行申请。符合法律规定情形的，应当暂缓执行。当事人申请行政复议或者提起行政诉讼的，加处罚款的数额在行政复议或者行政诉讼期间不予计算。

(9)除依法应当予以销毁的物品外，依法没收的非法财物必须按照国家规定公开拍卖或者按照国家有关规定处理。罚款、没收的违法所得或者没收非法财物拍卖的款项，必须全部上缴国库，任何行政机关或者个人不得以任何形式截留、私分或者变相私分。

罚款、没收的违法所得或者没收非法财物拍卖的款项，不得同作出行政处罚决定的行政机关及其工作人员的考核、考评直接或者变相挂钩。除依法应当退还、退赔的外，财政部门不得以任何形式向作出行政处罚决定的行政机关返还罚款、没收的违法所得或者没收非法财物拍卖的款项。

(10)行政机关应当建立健全对行政处罚的监督制度。县级以上人民政府应当定期组织开展行政执法评议、考核,加强对行政处罚的监督检查,规范和保障行政处罚的实施。

行政机关实施行政处罚应当接受社会监督。公民、法人或者其他组织对行政机关实施行政处罚的行为,有权申诉或者检举;行政机关应当认真审查,发现有错误的,应当主动改正。

第三节 行政强制[①]

一、行政强制的概念与特征

行政强制包括行政强制措施和行政强制执行。行政强制措施,是指行政机关在行政管理过程中,为制止违法行为、防止证据损毁、避免危害发生、控制危险扩大等,依法对公民的人身自由实施暂时性限制,或者对公民、法人或者其他组织的财物实施暂时性控制的行为。行政强制执行,是指行政机关或者行政机关申请人民法院,对不履行行政决定的公民、法人或者其他组织,依法强制履行义务的行为,或达到与履行义务相同的状态的活动。[②]

行政强制具有下述特征:

1. 行政强制的主体是行政机关。在行政强制措施中,行政机关作为强制主体是没有任何疑义的。但在行政强制执行中,实施强制的主体可以是行政机关,也可以是人民法院。虽然如此,但作出行政强制执行决定的主体仍然是行政机关。行政机关作出执行决定后,因为其不具有采取某些行政强制执行措施的权力,故只能申请人民法院实施相应强制执行措施。因此,行政强制的实质主体仍然是行政机关。

2. 行政强制的目的依强制的类型不同而有所不同。作为"行政强制措

① 行政强制的法律性质较为复杂,本书将其列于"行政处理"一章是出于本书结构的考虑,并不意味着作者主张各类行政强制或行政强制中所包含的各类行为均属行政处理行为,实际上行政强制执行行为既有属于行政处理行为性质的,也有属于行政事实行为性质的。

② 参见《行政强制法》第2条。

施”的行政强制，其目的是制止违法行为、防止证据损毁、避免危害发生、控制危险扩大等；作为“行政强制执行”的行政强制，其目的是对不履行行政决定的公民、法人或者其他组织，依法强制其履行义务。

3. 行政强制的内容依其属于“行政强制措施”类型或属于“行政强制执行”类型的不同而有所不同。“行政强制措施”的内容是依法对公民的人身自由实施暂时性限制，或者对公民、法人或者其他组织的财物实施暂时性控制。“行政强制执行”的内容是依法强制不履行行政决定的公民、法人或者其他组织履行义务。

4. 行政强制的对象和客体具有广泛性和法定性。“行政强制措施”的对象和客体可以是公民的人身自由，也可以是公民、法人或者其他组织的财物。“行政强制执行”的对象和客体一般是被执行人的财物。

二、行政强制的种类与形式

（一）行政强制措施和行政强制执行

根据《行政强制法》的规定，行政强制分为行政强制措施和行政强制执行两大类。

行政强制措施包括下述五种形式：（1）限制公民人身自由；（2）查封场所、设施或者财物；（3）扣押财物；（4）冻结存款、汇款；（5）其他行政强制措施。

行政强制执行包括下述六种形式：（1）加处罚款或者滞纳金；（2）划拨存款、汇款；（3）拍卖或者依法处理查封、扣押的场所、设施或者财物；（4）排除妨碍、恢复原状；（5）代履行；（6）其他强制执行方式。

（二）即时强制和非即时强制

行政强制根据行政机关作出强制决定的时间分为即时强制和非即时强制。即时强制是行政机关即时作出决定，即时采取强制措施；非即时强制是行政机关作出决定后，行政相对人不履行行政决定为之确定的义务，行政机关经催告后仍不履行而实施的强制。即时强制通常指《行政强制法》规定的行政强制措施；而《行政强制法》规定的行政强制执行通常为非即时强制。

（三）预防性强制、制止性强制和执行性强制

行政强制根据强制的目的分为预防性强制、制止性强制和执行性强制。预防性强制是行政机关为预防某种尚未发生的违法行为或某种尚未发生的危

险实际发生而实施的强制；制止性强制是行政机关为制止某种正在进行的违法行为或某种正在发生的危险，使之尽量减少危害或控制危险扩大而实施的强制；执行性强制是行政机关为迫使义务人履行义务而实施的强制。

(四)间接强制和直接强制

行政强制根据是否对强制对象直接采取强制措施而分为间接强制和直接强制。间接强制是行政机关通过间接手段迫使义务人履行其应当履行的义务或者达到与履行义务相同状态的强制；直接强制是行政机关对逾期拒不履行义务的义务人的人身或财产加以直接强制，以迫使义务人履行其应当履行的义务或者达到与义务人履行义务相同状态的强制。

间接强制又分为代履行和执行罚二种。代履行是由第三人代替义务人履行行政行为所确立的相对人的作为义务，并向义务人征收必要费用的强制执行措施。代履行避免了行政机关直接凭借国家强制力迫使义务人履行义务，从而缓解了义务主体对执行的抗拒心理。只要义务人在代履行过程中不妨碍执行的实施，就可以达到执行的目的。因此，代履行在行政强制执行中应用范围较广。执行罚则是行政强制执行机关对不履行行政处理所确定的义务的相对人科以新的金钱给付义务(加处罚款或者滞纳金等)，以迫使其履行的强制执行措施。执行罚一般只适用于不作为义务和不可为他人代履行的作为义务。执行罚在我国税务、海关、环保、审计等部门中被广泛应用，最为典型的是加处罚款或滞纳金。

直接强制又可分为人身强制、行为强制和财产强制三种。人身强制包括强制拘留、强制传唤、强制服兵役、强行遣送和驱逐出境等。行为强制包括强制检疫、强制拆除和强制搬迁等。财产强制包括查封、扣押、冻结、划拨、强制变卖、抵缴等。

为实现国家行政管理目标，保障行政处理行为所确立的义务真正得以履行，直接强制具有重要作用。但由于直接强制以国家机关所拥有的强制力为手段，以义务主体的人身权利或财产为执行对象，如适用不当，极易造成对义务主体合法权益的侵害。因此，法律对直接强制的适用条件和程序作了非常严格的规定，一般不到必要时，不得采取直接强制，而是采用其他较为缓和的措施迫使义务主体履行义务。根据行政法上的比例原则的要求，只有在无法采用代执行、执行罚的情况下，或者虽采用了代执行或执行罚，仍难以达到执行目的时,才能适用直接强制。也就是说,行政强制执行应遵循从轻至重按顺序选择原则来选择适用执行措施,以便既保障完成行政强制执行的目标,又有效避免相对人权益受到不应有的损害。

三、行政强制的原则

根据《行政强制法》的明确规定以及行政法的基本原理(在《行政强制法》的具体法律条文中体现),行政强制的基本原则共有六项:平衡原则、比例原则、行政强制法定原则、教育与强制相结合原则、正当法律程序原则和救济原则。这些原则既曾指导该法整体法律制度的设计和具体法律规则的制定,也在该法实施过程中直接指导执法者对该法所确立的规范和制度的执行。

(一)平衡原则

《行政强制法》总则第1条即开宗明义地规定,该法的制定,是“为了规范行政强制的设定和实施,保障和监督行政机关依法履行职责,维护公共利益和社会秩序,保护公民、法人和其他组织的合法权益”。这里确立了两个最基本关系的平衡:一是保障和监督关系的平衡。《行政强制法》既要保障行政机关依法履行职责,又要监督行政机关依法履行职责。“保障”和“监督”在这里均有两层含义:“保障”一方面指为行政机关履行职责提供足够的手段,另一方面指为行政机关履行职责排除可能的障碍;“监督”一方面指控制行政机关违法、滥用职权、侵害行政相对人权益,另一方面指防止行政机关不作为,规避履行职责,消极损害行政相对人权益。

《行政强制法》总则第1条确立的另一个基本关系的平衡是:维护公共利益和社会秩序,保护公民、法人和其他组织的合法权益(保护社会公众利益)与保障作为被强制对象的行政相对人权益的平衡。行政机关实施行政强制或者行政机关申请人民法院实施行政强制,其目的主要是预防或制止行政相对人实施违法行为,如预防或制止食品、药品制造者制造假冒伪劣食品、药品的行为,以保障社会公众的生命、财产安全和人身健康。很显然,行政强制法如不能保障行政机关依法有效行使行政强制权,就不能有效维护社会秩序,从而就不能有效保障社会公众的生命、财产安全和人身健康。同样,行政强制法之所以要设置严密的规则和程序规范来制约行政机关行使行政强制权,其目的也在于防止行政机关违法和滥用行政强制权,保护作为被强制对象的行政相对人的权利、尊严和合法利益不被侵犯。协调和平衡这两对基本的相互关系，正是行政强制法制定和实施要把握的一项最重要、最基本的原则。

（二）比例原则

《行政强制法》第5条规定，“行政强制的设定和实施，应当适当。采用非强制手段可以达到行政管理目的的，不得设定和实施行政强制”。这一条款所体现的精神，在行政法学上通常称为“比例原则”。广义的比例原则的内容包括必要性、适当性和比例性的要求。“必要”“适当”“比例”（狭义的比例原则），都是具有弹性的不确定用语，在适用于具体法律制度和法律规则的设计上，有人可能较偏向于对行政权力的控制和对公民权利的保障，有人可能较偏向于行政管理的效率和行政秩序的维护。尽管比例应以适中为宜，但绝对的适中是不可能的。因此，在行政强制具体法律制度和法律规则的设计上，学者一般倾向于对行政权力的较严格的控制和对公民权利较完善的保障。

比例原则是行政法的重要原则。以前我国行政法的立法中很少明确规定这一原则。《行政强制法》可以说是第一次明确确立这一原则。这一原则的核心内容是“最小损害”，即行政机关为实现行政目的，在有多种手段、多种方法、多种途径可供选择时，应选择其中对相对人权益“最小损害”的手段、方法和途径。在这个意义上，比例原则又可称“最小损害”原则。《行政强制法》规定的“采用非强制手段可以达到行政管理目的的，不得设定和实施行政强制”很好地体现了“最小损害”原则。但是，这还不太全面。“最小损害”原则在行政强制领域的全面表述应该是“采用非强制手段可以达到行政管理目的的，不得设定和实施行政强制；采用较轻强制手段可以达到行政管理目的的，不得设定和实施较重的行政强制”。当然，《行政强制法》第5条的规定中虽然没有“采用较轻强制手段可以达到行政管理目的的，不得设定和实施较重的行政强制”的明确表述，但该法的内容无疑还是体现了这一原则的精神。例如，该法第三章规定行政机关实施限制公民人身自由的行政强制措施要履行比一般行政强制措施更严格的程序，其中即具有“可以采用非限制公民人身自由强制手段可以达到行政管理目的的，即不得实施限制公民人身自由的行政强制”的意涵。

(三)行政强制法定原则

《行政强制法》第4条规定了行政强制法定原则,其表述是"行政强制的设定和实施,应当依照法定的权限、范围、条件和程序"。这里,"法定"的"法"是仅指法律,还是包括法规和规章,人们存在不同的观点。笔者认为,权限法定的"法"应主要或基本上限于法律;范围法定、条件法定的"法"则可限于法律、法规;而程序法定的"法"则不仅包括法律、法规,而且应包括规章。

对"法定"的"法",之所以要做如此理解,既有法律原理的根据,也有一定的制定法根据。行政强制的权限,涉及行政主体与行政相对人的基本关系,自应由法律保留,《立法法》也是这样规定的。[①] 虽然《行政强制法》将行政强制设定权在主要保留给法律的前提下,也有限地赋予了行政法规和地方性法规一定的行政强制设定权[②],但行政法规和地方性法规依此授权获得的行政强制设定权的权源仍然是作为法律的《行政强制法》。而行政强制的条件则不同,其是在获得授权的前提下根据不同地方、不同管理领域的行政管理需要确立可运用此种行政手段的具体情形。因此除法律外,同时由法规(行政法规和地方性法规)规定较为适宜。至于行政强制的程序,则更多的是法制对行政机关行使行政强制权行为的规范,既应有他律,更应有自律。因此,程序法定的"法",不仅应包括法律、法规,而且应包括规章。

(四)教育与强制相结合原则

关于教育与强制相结合原则,《行政强制法》的表述是:实施行政强制,应当坚持教育与强制相结合。[③] 这里"教育与强制相结合"的"教育",既包括特定教育,也包括一般教育;既包括对被强制对象的教育,也包括对一般社会公众的教育。当然,"教育与强制相结合"的"教育"主要是指对被强制对象的特定教育。因为对一般社会公众的一般教育是通过对被强制对象的特定教育实现的。一般社会公众只有在亲眼看到或直接、间接感受到行政机关在行政强

---

① 根据《立法法》第8条的规定,限制人身自由的强制措施,对非国有财产的征收等,只能制定法律。

② 《行政强制法》规定,只有尚未制定法律,且属于国务院行政管理职权事项,或者虽已制定法律,但法律规定特定事项由行政法规规定具体管理措施的,行政法规方可以设定除该法第9条第1、4项和应当由法律规定的行政强制措施以外的行政强制措施;尚未制定法律,且属于地方性事务的,地方性法规方可以设定该法第9条第2、3项的行政强制措施。

③ 参见《行政强制法》第6条。

制实施过程中对被强制对象所进行的具体个案教育以后，才可能从中受到相应的守法和履行法定义务的“传来”和“感知”教育。

此外，“教育与强制相结合”，还具有“先教育，后强制”和在行政强制的事前、事中、事后的整个过程中坚持教育的意涵。该原则要求，行政机关在实施行政强制之前，即应对相对人进行教育，促使相对人自觉履行义务。如果相对人经教育后自觉履行了义务，就不要再实施强制。须知，“教育与强制相结合”并非仅要求行政机关在行政强制过程中对相对人进行教育，使之接受强制和对强制行为予以配合，不抵制和阻碍行政机关实施强制行为。更非仅要求行政机关在实施行政强制后再对相对人予以教育，使其对强制心悦诚服，在内心中认同和接受行政机关的强制行为。尽管行政强制的事中、事后教育亦非常重要，但事前教育较事中、事后教育更为重要，行政机关除非在紧急情况下采取即时强制，来不及进行事前教育，否则，无事前教育即不得进行强制。行政机关贯彻《行政强制法》“教育与强制相结合”的原则，必须强调“先教育，后强制”，将教育贯穿在行政强制的事前、事中、事后的整个过程。只要通过教育，行政相对人自觉履行了义务，行政机关就不应对之再实施行政强制或处罚。

（五）正当法律程序原则

关于正当法律程序原则，《行政强制法》没有以专门条款统一规定，而是将该原则分别规定于多个不同条款，以及将其精神贯穿和体现在行政强制权设定程序和行政强制实施程序的具体设计上。例如，《行政强制法》第 8 条规定，公民、法人或者其他组织对行政机关实施行政强制，享有陈述权、申辩权；第 7 条规定，行政机关及其工作人员不得利用行政强制权为单位或者个人谋取利益；第 14 条规定，起草法律、法规草案，拟设定行政强制的，起草单位应当采取听证会、论证会等形式听取意见，并向制定机关说明设定该行政强制的必要性、可能产生的影响以及听取和采纳意见的情况；第 15 条规定，行政强制设定机关应当定期对其设定的行政强制进行评价，并对不适当的行政强制及时予以修改或者废止。行政强制的实施机关可以对已设定的行政强制的实施情况及存在的必要性适时进行评价，并将意见报告该行政强制的设定机关。公民、法人或者其他组织可以向行政强制的设定机关和实施机关就行政强制的设定和实施提出意见和建议，有关机关应当认真研究论证，并以适当方式予以反馈。

正当法律程序原则对行政强制的要求虽然既及于行政强制的设定,又及于行政强制的实施。但重点还是在于规范行政强制的实施,即主要落实在行政强制实施程序的具体设计上,包括对行政强制措施程序的设计和对行政强制执行程序的设计。

《行政强制法》对行政强制措施和行政强制执行确立的规则都较好地体现了正当法律程序原则的要求。这些规则既有助于防止和避免野蛮强制、暴力强制对当事人合法权益的侵犯,也有助于防止和避免行政机关及其工作人员利用行政强制权牟取私利,滥权和腐败。

(六)救济原则

《行政强制法》主要在第一章总则第 8 条中和第六章法律责任第 68 条中确立了行政强制的救济原则。行政救济途径主要有三:一是行政复议;二是行政诉讼;三是国家赔偿。这三种救济途径均有相应的专门法律——《行政复议法》、《行政诉讼法》和《国家赔偿法》——规定和调整。既然有专门法律规定和调整,为什么在《行政强制法》中还要加以特别规定呢?这是因为,行政强制是一种严重涉及公民人身权、财产权的"高权"行政行为①,需要特别强调权利救济。此外,行政强制的救济相较于一般行政救济,也具有一定的特殊性,需要加以特别规定。例如,《行政强制法》第 8 条除一般性地赋予公民、法人或者其他组织不服行政强制的申请行政复议权、提起行政诉讼权和要求国家赔偿权外,还另行专款规定,"公民、法人或者其他组织因人民法院在强制执行中有违法行为或者扩大强制执行范围受到损害的,有权依法要求赔偿";第 68 条规定,任何行政强制主体,无论是行政机关,还是人民法院,抑或行政执法人员,凡是"违反本法规定,给公民、法人或者其他组织造成损失的,依法给予赔偿"。

上述《行政强制法》设计和体现的六项原则,均是行政法治的基本原则,是贯穿整个《行政强制法》具体规范和制度的指导思想和灵魂。行政执法

---

① "高权"行政行为是德国行政法学者对行政强制、行政处罚等具有高度强制力的一类行政行为的称呼,与行政指导、行政合同等一类不具强制约束力的行政行为相对应。"高权"又被有的学者译为"主权""公权""强权"等。参见[德]哈特穆特·毛雷尔:《行政法学总论》,高家伟译,法律出版社 2000 年版,第 15 页。

机关和司法机关要贯彻和实施好《行政强制法》,就必须认真、切实领会和掌握这些基本原则。

四、行政强制的设定

《行政强制法》第 9 条和第 12 条分别以列举的方式规定了行政强制措施的种类和行政强制执行的方式。为了避免列举不全,导致今后行政管理因手段缺失而发生困难和障碍的问题,这两个条款分别在具体列举之后又都增加了一个具有"弹性"的兜底项:"其他行政强制措施"和"其他强制执行方式"。有人可能对此产生疑问,这种弹性的兜底项是否会使前面的列举规定失去意义,从而使《行政强制法》控制行政强制种类,防止行政强制"乱"和"滥"的目的落空呢?① 这种担心虽然有一定道理,但《行政强制法》随之严格限定的行政强制设定权在很大程度上可以避免这种情况。因为除了法律以外,《行政强制法》只赋予行政法规和地方性法规以很有限的行政强制设定权,对规章和其他规范性文件则根本没有赋予任何行政强制设定权。即使是法律,其虽然可设定任何种类的行政强制,但《行政强制法》既然列举规定了相关的行政强制种类,即有指引限制的含义:法律在设定行政强制时,一般应以《行政强制法》相应列举规定的种类为限,只有在特别需要的情况下,才可设定"其他"的行政强制种类。

关于行政强制设定权的配置,在《行政强制法》制定的过程中,人们对于法律,无论是全国人大制定的基本法律,还是全国人大常委会制定的非基本法律,均具有对所有行政强制的设定权是基本没有疑义和争议的。人们存在较多疑义和争议的主要是:国务院行政法规应赋予多大的行政强制设定权?国务院部门的规章应否赋予行政强制设定权?地方性法规和地方政府规章应否赋予行政强制设定权?如应赋予,应赋予它们各自多大的行政强制设定权?

《行政强制法》最终对行政法规、地方性法规和规章的行政强制设定权是这样配置的:

---

① 全国人大法工委副主任信春鹰在行政强制法(草案)一审时所作的说明中指出,制定《行政强制法》的目的主要在于解决行政强制的"乱"和"滥"的问题。例如,行政强制措施的具体形式繁多,同一行政强制措施有多种表述,缺乏规范;有些没有强制权的行政机关自行实施强制措施,甚至授权、委托其他组织实施行政强制措施;等等。

其一，尚未制定法律，且属于国务院行政管理职权事项的，行政法规可以设定除限制人身自由、冻结存款、汇款和应当由法律规定的行政强制措施外的其他行政强制措施。

其二，尚未制定法律、行政法规，且属于地方性事务的，地方性法规可以设定查封场所、设施或财物，以及扣押财物两项行政强制措施。

其三，规章，无论是国务院部门规章，还是地方政府规章，均不得设定任何行政强制措施。规章以外的其他规范性文件则更不具有行政强制措施设定权。

其四，法律对行政强制措施的对象、条件、种类作了规定的，行政法规、地方性法规不得作出扩大规定；法律中未设定行政强制措施的，行政法规、地方性法规不得增设行政强制措施。但是，法律规定特定事项由行政法规规定具体管理措施的，行政法规可以设定除限制人身自由、冻结存款、汇款和应当由法律规定的行政强制措施外的其他行政强制措施。

其五，行政强制执行均只能由法律设定，行政法规、地方性法规、规章均不得设定行政强制执行。①

这些规定意味着：(1)国务院行政法规被赋予了较多的行政强制措施设定权。其除了不得设定限制人身自由、冻结存款、汇款和应当由法律规定的行政强制措施以外，在尚未制定法律的情况下，其可以制定所有属于国务院行政管理职权事项的范围内的“其他行政强制措施”。在已经制定法律的情况下，如果法律规定特定事项由行政法规规定具体管理措施的，行政法规也可以设定所有与之相应的其他行政强制措施。(2)地方性法规则只被赋予了很有限的两项行政强制措施设定权，即查封场所、设施或财物以及扣押财物。(3)规章和其他规范性文件被限制设定任何行政强制设定权。

相较于《行政处罚法》对行政处罚设定权的配置和《行政许可法》对行政许可设定权的配置，《行政强制法》对行政法规、地方性法规、规章的授权显然更加严格。《行政处罚法》的授权是：行政法规可以设定除限制人身自由外的所有法定范围的行政处罚；地方性法规可以设定除限制人身自由、吊销营业执照外的所有法定范围的行政处罚；部门规章可以设定警告、罚款(限额由国务

① 这些规定分别载于《行政强制法》第10、11、13条。

院规定)两类行政处罚;地方政府规章可以设定警告、罚款(限额由地方人大常委会规定)两类行政处罚。[①]《行政许可法》的授权是:行政法规可以设定所有法定范围的行政许可;地方性法规可设定除资格、资质、企业、组织设立登记及其前置性行政许可外的行政许可;部门规章不得设定任何行政许可;地方政府规章可以设定临时性行政许可(1 年后失效或提请制定地方性法规)。[②]

对于《行政强制法》对行政强制设定权的配置,在法律起草和审议过程中,人们曾有各种不同意见。例如,有人认为,行政强制设定权应统由法律保留,不应配置给行政法规和地方性法规;有人认为,行政法规和规章不应被赋予或应尽量少被赋予行政强制设定权,而地方性法规则应被赋予较多一些行政强制设定权;有人认为,应适当赋予规章一定的行政强制设定权,不赋予规章任何行政强制设定权不利于行政管理;还有人认为,行政法规和地方性法规应被赋予更多行政强制设定权,以便于行政管理。在行政强制法(草案)三审时,立法机关还曾一度将一、二审稿确定的对行政法规和地方性法规赋予行政强制设定权"尚未制定法律,且属于国务院行政管理职权事项和地方性事务的,行政法规和地方性法规方可行使有限的行政强制设定权",改为"尚未制定法律,或者属于国务院行政管理职权事项和地方性事务的,行政法规和地方性法规方可行使有限的行政强制设定权"。即将原对行政法规和地方性法规设定权确定的两项限制条件(必须同时具备"尚未制定法律"和"属于国务院行政管理职权事项、地方性事务"两项条件)减少为一项限制条件(只要"尚未制定法律"即使不"属于国务院行政管理职权事项、地方性事务"或者只要"属于国务院行政管理职权事项、地方性事务"即使"已经制定法律",行政法规和地方性法规均可行使有限的行政强制设定权)。

上述第一种意见显然不适用于现代社会的国家治理或公共治理,不仅在现代中国行不通,在现代西方国家(特别是联邦制国家)也几乎没有这么做的。如果说,不赋予规章行政强制设定权在理论上能够成立,在实践中尚有可行性的话,那么,不给行政法规和地方性法规以任何行政强制设定权就既在理

① 参见《行政处罚法》第 10-14 条。
② 参见《行政许可法》第 14-17 条。

论上难以成立,在实践中也行不通。不给法规以任何行政强制设定权,法规会没有任何“牙齿”,公共治理将无法有效进行。美国著名公法学者施瓦茨认为,“从质上说,规章(相当于我国的行政法规、规章和其他具有法律效力的行政规范性文件的总和——笔者注)[①]具有与法律相同的效力。它们的规定具有法律效力。它们有和法律同样的制裁措施作后盾。特别是它们具有以强制服从法律的刑事强制措施”。[②] 他引用格里蒙德的话说明规章规定强制措施,甚至规定刑事制裁措施的必要性:“行政规章用刑事制裁作后盾完全是出于需要。法律没有制裁就是空话。如果违反行政规章可不以刑事犯罪论处,就等于说行政规章没有‘牙齿’,不遵守它仍可逃之夭夭,这就会使有效地行使制定规章之权成为不可能。”[③]当然,中国的法治环境和美国不一样,法律授予规章以行政强制设定权很可能导致滥用和对公民权利的侵犯,但如果我们连行政法规和地方性法规的行政强制设定权也一律取消,显然会严重影响公共治理的效力。

第二种意见虽然在中国现有语境下很有道理,笔者也基本认同。但目前(甚至在一个相当长的时期内)中国不具备这么做的条件:在现行体制下,全国人大立法能力很有限(全国人大 1 年只开 1 次会,全国人大常委会 2 个月开 1 次会,每次会期只有 1 周左右,且人大代表和人大常委会委员绝大多数是非专职的),如果不赋予国务院行政法规较多的立法功能,国家管理将难以运行。而承担实际立法功能的行政法规如果没有行政强制设定权,其立法则难以有效发挥治理社会的作用。在行政立法的问题上,一贯持“控权论”观点的英国行政法权威教授韦德甚至也持开放态度。他在其经典著作《行政法》中指出,“传统的观点认为,行政立法是一个不得不予以容忍的祸害,它对于分权是一种不幸而又不可避免的破坏。然而,这是过时的观点,因为,实际上,问题的关键在于行政立法在实践当中是不可缺少的,而不在于理论上难以使其

① 美国和其他一些西方国家的法律和法学著作中使用的“Rules”和“Rulemaking”(“规章”和“规章制定”)指所有行政法律规范性文件及其制定,“规章”不仅包括相当于我国行政法上“规章”的规范性文件,而且包括相当于我国“行政法规”的规范性文件,甚至还包括“规章”“行政法规”之外的其他有法律效力的规范性文件。

② [美]伯纳德·施瓦茨:《行政法》,徐炳译,群众出版社 1986 年版,第 138 页。

③ [美]伯纳德·施瓦茨:《行政法》,徐炳译,群众出版社 1986 年版,第 64-65 页。

合理化……只要我们从实务的方面看一看,马上就会明了,行政机关进行大量的一般性立法是必须的”。[①] 坚持控权法治的英国尚且如此,在我们这样一个法治发展中国家,完全取消最高国家行政机关国务院设定行政强制的行政立法权显然是不切实际和有害的。

第三种意见则忽视了目前中国公权力过于膨胀和往往导致滥用的现实。不赋予规章行政强制设定权显然会给当下相关行政管理带来某些不便,但赋予规章行政强制设定权则不能有效治理目前行政强制存在的“乱”和“滥”两大问题,而行政强制的“乱”和“滥”已构成对国民人权的威胁。权衡利弊,自然应以不赋予规章行政强制设定权为好。2003 年制定《行政许可法》时,也有人提出立法不赋予规章行政许可设定权,行政管理就会无法运行。但《行政许可法》最终没有赋予规章行政许可设定权,行政管理却没有受到太大影响,而乱设许可和滥设许可的现象却得到了很大程度的扼制。诚然,我们在前面已经述及,在法治较发达的西方国家,行政规章通常可设定一定范围的行政强制。但是,我国目前的情况是行政强制过多过滥。在当下缺乏对规章制定权和制定程序严格法制规范和司法审查的情况下,赋予规章行政强制设定权有太大的被滥用风险,弊大利小。

至于第四种意见:对行政法规和地方性法规赋予更多的行政强制设定权,将行政强制法(草案)一、二审稿确定的“尚未制定法律,且属于国务院行政管理职权事项和地方性事务的,行政法规和地方性法规方可行使有限的行政强制设定权”,改为“尚未制定法律,或者属于国务院行政管理职权事项和地方性事务的,行政法规和地方性法规方可行使有限的行政强制设定权”则不仅缺乏合理性,更可能涉及违法、违宪的问题。因为,将行政法规和地方性法规设定权的两个限制条件(“且”)改为一个(“或者”),就必然出现下述两种情况:其一,如某一事项虽属于“国务院行政管理职权事项”“地方性事务”,但已制定了法律;法律没有规定行政强制措施,再允许行政法规、地方性法规规定行政强制措施,就等于允许行政法规与法律不一致,允许地方性法规与法律相抵触,这显然违反《立法法》和《宪法》的规定。其二,如某一事项虽尚未制定法律,但不属于“国务院行政管理职权事项”“地方性事务”;若允许

① [英]威廉·韦德:《行政法》,徐炳等译,中国大百科全书出版社 1997 年版,第 558-559 页。

行政法规、地方性法规规定行政强制措施，就等于允许国务院和地方人大、地方人大常委会超越管辖权限行事，违反组织法。正因如此，行政强制法（草案）在四审稿时，又将对行政法规和地方性法规设定权的规定从三审稿确定的一个限制条件（“或者”）重新改为两个限制条件（“且”）。

当然，《行政强制法》最终定稿时又给行政法规的设定权开了一个“小口子”，即“法律规定特定事项由行政法规规定具体管理措施的，行政法规可以设定除限制人身自由、冻结存款、汇款和应当由法律规定的行政强制措施以外的其他行政强制措施”。之所以这只是一个“小口子”，是因为这一设定权虽解除了“尚未制定法律”的限制条件，但却增加了“法律规定特定事项由行政法规规定具体管理措施”的特别法律授权条件，且仍保留了必须“属于国务院行政管理职权事项”和设定范围仅限于“除限制人身自由、冻结存款、汇款和应当由法律规定的行政强制措施以外的其他行政强制措施”的限制条件。

五、行政强制措施的实施程序

（一）行政强制措施实施的一般程序规则

《行政强制法》规定的行政强制措施实施程序的一般规则有下述六项：①

1. 违法行为显著轻微或者没有明显社会危害的，可不采取行政强制措施。

2. 行政强制措施由法定行政机关在法定职权范围内实施，不得委托。非行政机关和行政机关中非具备执法资格的行政执法人员不得实施行政强制措施。但是，依据《行政处罚法》的规定行使相对集中行政处罚权的行政机关，可以实施法律、法规规定的与行政处罚权有关的行政强制措施。

3. 实施行政强制措施须事前报行政机关负责人批准，由两名以上执法人员实施。实施时应出示身份证件，通知当事人到场，当场告知当事人实施行政强制措施的理由、依据和当事人依法享有的权利、救济途径，听取其陈述、申辩，并制作现场笔录（笔录由当事人和行政执法人员签名或盖章，当事人拒绝的，在笔录中注明）；当事人不到场的，邀请见证人到场，由见证人和行政执法人员在现场笔录上签名或盖章。

---

① 参见《行政强制法》第 16-21 条。

4. 如紧急情况需要当场强制，行政执法人员应在 24 小时内向行政机关负责人报告，并补办批准手续。行政机关负责人认为不应当采取行政强制措施的，应当立即解除。

5. 实施限制公民人身自由的行政强制措施还应当场告知，或实施行政强制措施后立即通知当事人家属实施行政强制措施的行政机关、地点和期限；在紧急情况下需要当场强制的，在返回行政机关后应立即向行政机关负责人报告并补办批准手续；限制公民人身自由不得超过法定期限，在目的已经达到或条件已经消失后应立即解除。

6. 违法行为涉嫌犯罪应当移送司法机关的，行政机关应当将查封、扣押、冻结的财物一并移送，并书面告知当事人。

（二）查封、扣押的具体程序规则①

1. 查封、扣押应当由法律、法规规定的行政机关实施，其他任何行政机关或者组织不得实施。

2. 查封、扣押限于涉案的场所、设施或者财物，不得查封、扣押与违法行为无关的场所、设施或者财物；不得查封、扣押公民个人及其所扶养家属的生活必需品；当事人的场所、设施或者财物已被其他国家机关依法查封的，不得重复查封。

3. 行政机关决定实施查封、扣押的，应当制作并当场交付查封、扣押决定书和清单。查封、扣押决定书应当载明下列事项：（1）当事人的姓名或者名称、地址；（2）查封、扣押的理由、依据和期限；（3）查封、扣押场所、设施或者财物的名称、数量等；（4）申请行政复议或者提起行政诉讼的途径和期限；（5）行政机关的名称、印章和日期。查封、扣押清单一式两份，由当事人和行政机关分别保存。

4. 查封、扣押的期限不得超过 30 日；情况复杂的，经行政机关负责人批准，可以延长，但是延长期限不得超过 30 日（法律、行政法规另有规定的除外）。延长查封、扣押的决定应当及时书面告知当事人，并说明理由。对物品需要进行检测、检验、检疫或者技术鉴定的，查封、扣押的期间不包括检测、检验、检疫或者技术鉴定的期间。检测、检验、检疫或者技术鉴定的期间应当明

---

① 参见《行政强制法》第 22-28 条。

确,并书面告知当事人。检测、检验、检疫或者技术鉴定的费用由行政机关承担。

5. 对查封、扣押的场所、设施或者财物,行政机关应当妥善保管,不得使用或者损毁;造成损失的,应当承担赔偿责任。对查封的场所、设施或者财物,行政机关可以委托第三人保管,第三人不得损毁或者擅自转移、处置。因第三人的原因造成的损失,行政机关先行赔付后,有权向第三人追偿。因查封、扣押发生的保管费用由行政机关承担。

6. 行政机关采取查封、扣押措施后,应当及时查清事实,在法定期限内作出处理决定。对违法事实清楚,依法应当没收的非法财物予以没收;法律、行政法规规定应当销毁的,依法销毁;应当解除查封、扣押的,作出解除查封、扣押的决定。

7. 有下列情形之一的,行政机关应当及时作出解除查封、扣押决定:(1)当事人没有违法行为;(2)查封、扣押的场所、设施或者财物与违法行为无关;(3)行政机关对违法行为已经作出处理决定,不再需要查封、扣押;(4)查封、扣押期限已经届满;(5)其他不再需要采取查封、扣押措施的情形。

解除查封、扣押应当立即退还财物;已将鲜活物品或者其他不易保管的财物拍卖或者变卖的,退还拍卖或者变卖所得款项。变卖价格明显低于市场价格,给当事人造成损失的,应当给予补偿。

(三)冻结的具体程序规则①

1. 冻结存款、汇款应当由法律规定的行政机关实施,不得委托其他行政机关或者组织;其他任何行政机关或者组织不得冻结存款、汇款。冻结存款、汇款的数额应当与违法行为涉及的金额相当;已被其他国家机关依法冻结的,不得重复冻结。

2. 行政机关依照法律规定决定实施冻结存款、汇款的,应当履行法定的程序,并向金融机构交付冻结通知书。金融机构接到行政机关依法作出的冻结通知书后,应当立即予以冻结,不得拖延,不得在冻结前向当事人泄露信息。法律规定以外的行政机关或者组织要求冻结当事人存款、汇款的,金融机构应当拒绝。

---

① 参见《行政强制法》第29-33条。

3. 依照法律规定冻结存款、汇款的,作出决定的行政机关应当在3日内向当事人交付冻结决定书。冻结决定书应当载明下列事项:(1)当事人的姓名或者名称、地址;(2)冻结的理由、依据和期限;(3)冻结的账号和数额;(4)申请行政复议或者提起行政诉讼的途径和期限;(5)行政机关的名称、印章和日期。

4. 自冻结存款、汇款之日起30日内,行政机关应当作出处理决定或者作出解除冻结决定;情况复杂的,经行政机关负责人批准,可以延长,但是延长期限不得超过30日(法律另有规定的除外)。延长冻结的决定应当及时书面告知当事人,并说明理由。

5. 有下列情形之一的,行政机关应当及时作出解除冻结决定:(1)当事人没有违法行为;(2)冻结的存款、汇款与违法行为无关;(3)行政机关对违法行为已经作出处理决定,不再需要冻结;(4)冻结期限已经届满;(5)其他不再需要采取冻结措施的情形。

行政机关作出解除冻结决定的,应当及时通知金融机构和当事人。金融机构接到通知后,应当立即解除冻结。行政机关逾期未作出处理决定或者解除冻结决定的,金融机构应当自冻结期满之日起解除冻结。

六、行政强制执行的实施程序

(一)行政机关强制执行程序的一般规则

《行政强制法》规定行政机关强制执行程序的一般规则有下述十一项:[①]

1. 只有具有法定行政强制执行权的行政机关才能实施行政强制执行;具有法定行政强制执行权的行政机关只有在当事人于行政决定期限内不履行义务的情况下才能实施行政强制执行。

2. 具有法定行政强制执行权的行政机关在作出强制执行决定前,应事先催告当事人履行义务。催告应当以书面形式作出,并载明下列事项:(1)履行义务的期限;(2)履行义务的方式;(3)涉及金钱给付的,应当有明确的金额和给付方式;(4)当事人依法享有的陈述权和申辩权。

3. 当事人收到催告书后有权进行陈述和申辩。行政机关应当充分听取当

---

① 参见《行政强制法》第34-44条。

事人的意见，对当事人提出的事实、理由和证据，应当进行记录、复核。当事人提出的事实、理由或者证据成立的，行政机关应当采纳。

4. 经催告，当事人逾期仍不履行行政决定，且无正当理由的，行政机关可以作出强制执行决定。强制执行决定应当以书面形式作出，并载明下列事项：(1)当事人的姓名或者名称、地址；(2)强制执行的理由和依据；(3)强制执行的方式和时间；(4)申请行政复议或者提起行政诉讼的途径和期限；(5)行政机关的名称、印章和日期。在催告期间，对有证据证明有转移或者隐匿财物迹象的，行政机关可以作出立即强制执行决定。

5. 催告书、行政强制执行决定书应当直接送达当事人。当事人拒绝接收或者无法直接送达当事人的，应当依照《民事诉讼法》的有关规定送达。

6. 有下列情形之一的，行政机关应中止执行：(1)当事人履行行政决定确有困难或者暂无履行能力的；(2)第三人对执行标的主张权利，确有理由的；(3)执行可能造成难以弥补的损失，且中止执行不损害公共利益的；(4)行政机关认为需要中止执行的其他情形。中止执行的情形消失后，行政机关应当恢复执行。对没有明显社会危害，当事人确无能力履行，中止执行满 3 年未恢复执行的，行政机关不再执行。

7. 有下列情形之一的，行政机关应终结执行：(1)公民死亡，无遗产可供执行，又无义务承受人的；(2)法人或者其他组织终止，无财产可供执行，又无义务承受人的；(3)执行标的灭失的；(4)据以执行的行政决定被撤销的；(5)行政机关认为需要终结执行的其他情形。

8. 在执行中或者执行完毕后，据以执行的行政决定被撤销、变更，或者执行错误的，应当恢复原状或者退还财物；不能恢复原状或者退还财物的，依法给予赔偿。

9. 实施行政强制执行，行政机关可以在不损害公共利益和他人合法权益的情况下，与当事人达成执行协议。执行协议可以约定分阶段履行；当事人采取补救措施的，可以减免加处的罚款或者滞纳金。执行协议应当履行。当事人不履行执行协议的，行政机关应当恢复强制执行。

10. 除情况紧急外，行政机关不得在夜间或者法定节假日实施行政强制执行。但是，行政机关不得对居民生活采取停止供水、供电、供热、供燃气等方式迫使当事人履行相关行政决定。

11. 对违法的建筑物、构筑物、设施等需要强制拆除的，应当由行政机关予以公告，限期当事人自行拆除。当事人在法定期限内不申请行政复议或者提起行政诉讼，又不拆除的，行政机关可以依法强制拆除。

（二）金钱给付义务执行的具体程序规则①

1. 行政机关依法作出金钱给付义务的行政决定，当事人逾期不履行的，行政机关可以依法加处罚款或者滞纳金。加处罚款或者滞纳金的标准应当告知当事人。加处罚款或者滞纳金的数额不得超出金钱给付义务的数额。

2. 行政机关依法实施加处罚款或者滞纳金超过30日，经催告当事人仍不履行的，具有行政强制执行权的行政机关可以强制执行。行政机关实施强制执行前，需要采取查封、扣押、冻结措施的，可依法实施。没有行政强制执行权的行政机关应当申请人民法院强制执行。但是，当事人在法定期限内不申请行政复议或者提起行政诉讼，经催告仍不履行的，在实施行政管理过程中已经采取查封、扣押措施的行政机关，可以将查封、扣押的财物依法拍卖抵缴罚款。

3. 划拨存款、汇款应当由法律规定的行政机关决定，并书面通知金融机构。金融机构接到行政机关依法作出划拨存款、汇款的决定后，应当立即划拨。法律规定以外的行政机关或者组织要求划拨当事人存款、汇款的，金融机构应当拒绝。

4. 依法拍卖财物，由行政机关委托拍卖机构依照《拍卖法》的规定办理。

5. 划拨的存款、汇款以及拍卖和依法处理所得的款项应当上缴国库或者划入财政专户。任何行政机关或者个人不得以任何形式截留、私分或者变相私分。

（三）代履行的具体程序规则②

1. 行政机关依法作出要求当事人履行排除妨碍、恢复原状等义务的行政决定，当事人逾期不履行，经催告仍不履行，其后果已经或者将危害交通安全、造成环境污染或者破坏自然资源的，行政机关可以代履行，或者委托没有利害关系的第三人代履行。

2. 代履行前应送达决定书。代履行决定书应当载明当事人的姓名或者名

---

① 参见《行政强制法》第45-49条。

② 参见《行政强制法》第50-52条。

称、地址,代履行的理由和依据,方式和时间、标的、费用预算以及代履行人。

3. 代履行3日前,催告当事人履行;当事人履行的,停止代履行。代履行时,作出决定的行政机关应当派员到场监督;代履行完毕,行政机关到场监督的工作人员、代履行人和当事人或者见证人应当在执行文书上签名或者盖章。除法律另有规定外,代履行的费用按照成本合理确定,由当事人承担。

4. 代履行不得采用暴力、胁迫以及其他非法方式。

5. 需要立即清除道路、河道、航道或者公共场所的遗洒物、障碍物或者污染物,当事人不能清除的,行政机关可以决定立即实施代履行;当事人不在场的,行政机关应当在事后立即通知当事人,并依法作出处理。

(四)行政机关申请人民法院强制执行的程序规则①

1. 当事人在法定期限内不申请行政复议或者提起行政诉讼,又不履行行政决定的,没有行政强制执行权的行政机关可以自期限届满之日起3个月内,依法申请人民法院强制执行。

2. 行政机关申请人民法院强制执行前,应当催告当事人履行义务。催告书送达10日后当事人仍未履行义务的,行政机关可以向所在地有管辖权的人民法院申请强制执行;执行对象是不动产的,向不动产所在地有管辖权的人民法院申请强制执行。

3. 行政机关向人民法院申请强制执行,应当提供下列材料:(1)强制执行申请书;(2)行政决定书及作出决定的事实、理由和依据;(3)当事人的意见及行政机关催告情况;(4)申请强制执行标的情况;(5)法律、行政法规规定的其他材料。强制执行申请书应当由行政机关负责人签名,加盖行政机关的印章,并注明日期。

4. 人民法院接到行政机关强制执行的申请,应当在5日内受理。行政机关对人民法院不予受理的裁定有异议的,可以在15日内向上一级人民法院申请复议,上一级人民法院应当自收到复议申请之日起15日内作出是否受理的裁定。

5. 人民法院对行政机关强制执行的申请进行书面审查,对符合法律规定,且行政决定具备法定执行效力的,人民法院应当自受理之日起7日内作出

---

① 参见《行政强制法》第53-60条。

执行裁定。但人民法院发现有下列情形之一的，在作出裁定前可以听取被执行人和行政机关的意见：(1)明显缺乏事实根据的；(2)明显缺乏法律、法规依据的；(3)其他明显违法并损害被执行人合法权益的。

人民法院应当自受理之日起30日内作出是否执行的裁定。裁定不予执行的，应当说明理由，并在5日内将不予执行的裁定送达行政机关。行政机关对人民法院不予执行的裁定有异议的，可以自收到裁定之日起15日内向上一级人民法院申请复议，上一级人民法院应当自收到复议申请之日起30日内作出是否执行的裁定。

6. 因情况紧急，为保障公共安全，行政机关可以申请人民法院立即执行。经人民法院院长批准，人民法院应当自作出执行裁定之日起5日内执行。

7. 行政机关申请人民法院强制执行，不缴纳申请费。强制执行的费用由被执行人承担。人民法院以划拨、拍卖方式强制执行的，可以在划拨、拍卖后将强制执行的费用扣除。依法拍卖财物，由人民法院委托拍卖机构依照《拍卖法》的规定办理。划拨的存款、汇款以及拍卖和依法处理所得的款项应当上缴国库或者划入财政专户，不得以任何形式截留、私分或者变相私分。

第四节　行政征收

一、行政征收的概念与特征

行政征收的概念有广义和狭义之分。广义的行政征收包括税费征收、财产（不动产或动产）征收和劳力的征调。税费征收是无偿征收，财产（不动产或动产）征收和劳力征调是有偿征收，即依法对之予以补偿的征收。狭义的征收指行政主体为了公共利益的需要，依法征收、征用行政相对人的财产（不动产或动产），并依法对之予以补偿的行政处理行为。

本书重点研究狭义的行政征收。狭义的行政征收具有如下特征：

1. 公益性。行政征收的目的必须是公共利益的需要，行政主体不能因商业利益实施征收行为。

2. 补偿性。行政主体对行政相对人的财产进行征收，必须依法对相对人进行补偿,其补偿标准一般不能低于相应财产的市场价值。

3. 正当程序性。行政主体实施行政征收行为,应当事前告知行政相对人,向相对人说明征收根据、理由,听取其陈述、申辩,就补偿事宜与相对人协商并签订协议;相对人对征收或补偿标准不服,可申请复议或提起诉讼。

4. 强制性。行政征收因出于公共利益的需要,不一定必须取得行政相对人的同意,在遵循正当法律程序和依法给予补偿的条件下,相对人如拒绝征收,行政机关可申请人民法院强制征收。

二、行政征收的种类

(一)财产征收(狭义的行政征收)

财产征收,是指行政主体为了公共利益,根据法律规定取得相对人特定财物的行政处理。这里的财物,既包括不动产,也包括动产,但一般不包括金钱。财物的性质不同,征收的后果也有所不同。对于不动产,征收的后果通常是取得该不动产的所有权(如农村集体土地、房屋的征收),也可以是取得该不动产的使用权(如城市国有土地使用权);对于动产,既可以征收其所有权,也可以仅征收使用权而所有权仍归属原主,如为了救灾抢险,临时性地征用私人的车辆、船舶等。行政相对人的财产被征收后,对于相对人因此而遭受的损失,行政主体应当予以补偿。

(二)税费征收(广义的行政征收)

税费征收,是指行政主体为了公共利益,按照法律规定向相对人收取一定数额金钱的行政处理。税费征收的实质,在于国家无偿取得行政相对人一定数额的金钱,其实施必须以相对人负有法定的缴纳税费义务为前提。

从我国现行法律规定来看,税费征收的内容主要有:

1. 征税

征税是国家税收机关凭借其行政权力,依法无偿地取得相对人金钱的一种手段。按照征税对象的不同,我国税收的种类可分为流转税、资源税、收益(所得)税、财产税和行为税五种。按照税收支配权的不同,我国税收的种类分为中央税、地方税和中央地方共享税。国家通过对各种税的征管,达到调节资源分配、收入分配与各行业协调发展的目的。通过对中央税、地方税和中央地方共享税的合理分配,兼顾中央和地方的利益,有利于市场经济条件下宏观调控的实施。

2. 收费

收费相对于征税,通常不具有长期性、稳定性,往往是临时性的,收费范围、标准变动性较大。根据法治原则,大多数的费将向税转化,费改税是我国经济财税体制改革的方向。当前,我国的主要收费项目有:

(1)资源费。在我国,城市土地、矿藏、水流、山岭、草原等自然资源属于国家所有。单位和个人在开采、使用国家资源时,必须依法向国家缴纳资源费,如土地使用费和水资源费等。

(2)建设资金费。建设资金费是为了确保国家的重点建设,解决重点建设资金不足问题而向行政相对人实施的收费。例如,公路养路费、机场建设费、港口建设费等。

(3)排污费。排污费是行政主体根据环境保护法的有关规定,对于超过国家规定的排放标准排放污染物的行政相对人,按照污染物的数量和浓度征收的费用。

(4)管理费。管理费是行政主体依法向与某项行政管理的特别支出存在特定关系的被管理人收取的费用。如公路运输管理费、公路养路费、河道工程修建维护管理费等。

(三)行政征调

行政征调,是指行政主体为了公共利益,按照法律规定征集、调用一定劳力的行政处理。根据征调的目的和时间的不同,行政征调可以分为一般征调和特别征调。

1. 一般征调

凡是除军事目的外的征调均为一般征调。例如,为兴修水利而征调农村农民劳力,兴建铁路而征用沿线农民劳力等。一般征调可以在国家认为适当的任何时期实施,其征调的对象主要是劳务,对于征调,行政主体应给予适当的补偿。

2. 特别征调

特别征调具有严格的使用期间限制,一般只能用于满足军事目的,在战争时期或部队聚集时期使用。

三、行政征收的原则

行政征收(狭义的行政征收)主要应遵循以下四项原则:

1. 征收法定原则。在现代法治社会,国家进行各种征收,必须由国家法律予以确定,征收的条件,征收的决定机关和执行机关,征收的对象、范围、程序,征收补偿的标准、方式和救济途径等,都必须有明确的法律根据。

2. 公平、公正、公开原则。行政征收必须公平、公正、公开,对所有征收对象平等对待,不得有所偏袒、有所歧视。对于征收的条件、对象、范围、程序和征收补偿的标准、方式等均必须接受行政征收相对人、权力机关和社会的监督。

3. 正当法律程序原则。对行政相对人进行征收,行政机关必须事前向被征收人说明征收的根据和理由;被征收人依法享有陈述权和申辩权。必要时,行政机关还应公开举行听证会,听取被征收人和社会公众的意见,对被征收人和社会公众的意见予以回复和反馈。

4. 及时、足额补偿的原则。行政征收是典型的负担行政行为,严重影响行政相对人的财产权,故必须严格按照法定标准、条件和程序对相对人被征收的财产进行及时、足额的补偿。

四、国有土地上房屋的征收

本节重点以我国《城市房屋拆迁管理条例》(以下简称《拆迁条例》)向《国有土地上房屋征收与补偿条例》(以下简称《征补条例》)转变为例,讨论我国征收制度及政府对征收公民财产权政策的发展变化。

一个政府是否是法治政府,其最重要的区分标志是看它是否认真对待和尊重公民的权利,包括财产权利。德沃金说:"如果政府不给予法律获得尊重的权利,它就不能够重建人们对于法律的尊重。如果政府忽视法律同野蛮命令的区别,它也不能够重建人们对于法律的尊重。如果政府不认真地对待权利,那么它也不能够认真地对待法律。"[①]2009 年 12 月 7 日,北京大学的 5 位

① [美]罗纳德·德沃金:《认真对待权利》,信春鹰、吴玉章译,中国大百科全书出版社 1998 年版,第 270 页。

教授(下称北大五教授)向全国人大常委会提出审查和撤销国务院 1991 年发布、2001 年修订的《拆迁条例》的建议[①],因为该条例在规定征收拆迁公民房屋这一重要财产时没有认真对待公民的权利,轻忽、轻视、轻慢作为被拆迁人的公民的财产权利,违反宪法和法律,导致政府行为严重偏离了法治政府的轨道。

北大五教授认为,作为抽象行政行为或行政立法,无论是位阶较低的政府规范性文件或政府规章,还是位阶较高的行政法规,如《拆迁条例》,如果轻忽、轻视、轻慢公民财产权利,违宪、违法,就是“野蛮的命令”。这种“野蛮的命令”必须废除或撤销,否则,即不可能建立起人们对法律的尊重,法治政府、法治国家建设的目标和任务就不能完成。

在北大五教授提出审查和撤销《拆迁条例》的建议后,全国人大常委会法工委和国务院法制办对之予以了足够的重视,有关部门在与他们交换意见后,立即启动了《拆迁条例》废旧立新的进程。2010 年 1 月 29 日,在北大五教授建议提出后不到两个月,国务院法制办即推出了《征补条例》的征求意见稿。之后数易其稿,最终于 2011 年 1 月 21 日国务院正式发布《征补条例》。

《征补条例》与《拆迁条例》相比,其对公民权利和宪法、法律的态度,有五大重要变化:

其一,确立了《宪法》、《土地管理法》、《城市房地产管理法》和原《物权法》均规定的征收、拆迁必须以“公共利益”为前提条件的基本原则。《拆迁条例》之违宪、违法,首先即在于它规避了征收、拆迁的“公共利益”前提:开发商进行任何商业性的建设活动,都可以从政府那里获得拆迁许可,无须公民同意而可拆迁其房屋。在这种“野蛮的命令”下,公民何以安生?其权利何以保障?因此,《征补条例》重新确立“公共利益”的前提条件,说明政府对公民财产权利开始有了新的认识,开始对公民权利有了较多敬畏和重视,而不再只是敬畏和重视 GDP。

其二,确立了房屋征收应当先补偿、后搬迁以及依市场价格补偿的法治国家的普适性原则。《拆迁条例》之所以引发许多“血拆”的悲惨事件,重要原因

---

① 北京大学法学院沈岿、王锡锌、钱明星、陈端洪、姜明安 5 位教授于 2009 年 12 月 7 日向全国人大常委会提交的《审查和撤销国务院〈城市房屋拆迁管理条例〉的建议》。

之一是其无视公民财产权，导致拆迁不及时补偿，补偿标准过低：被拆迁人房屋被拆后，补偿款买不起新房，原依靠房屋出租或其他经营的被拆迁人后半生生活无着落，无保障等。《征补条例》在提高补偿标准，完善补偿机制上下了较大功夫，取得较大进展，这一进步显然是多年来许多被拆迁人用多种方式，甚至用生命维权和争取权利的结果。

其三，确立了征收的公众参与和公开透明的正当法律程序。正当法律程序是公民权利的保障，甚至是公民权利本身。因为“公共利益”和“公正补偿”都是不确定用语，谁来判定和怎样判定“公共利益”和“公正补偿”可能比如何界定“公共利益”和“公正补偿”更重要、更有意义。《拆迁条例》之所以导致无数滥权、侵权事件，很重要的原因就是没有确立公众，特别是被拆迁人对拆迁决定和补偿决定的参与程序和拆迁决策、过程、结果的公开程序，甚至赋予开发商以拆迁主体的地位，赋予政府主管部门以决定、裁决和裁决执行的三重主体地位。《征补条例》对此予以纠正，规定征收应符合规划，规划应广泛征求社会公众意见，征收补偿应公布，旧城区改建如为多数被征收人异议要举行听证会等程序，这些规定无疑体现了对公民实体权利和程序权利的双重尊重。

其四，确立了对“五断”（断水、断热、断气、断电、断路）等野蛮拆迁、暴力拆迁行为的禁令和法律责任。《拆迁条例》虽然没有授权拆迁者可以在拆迁中实施“五断”，但其确立的整个拆迁制度必然导致“五断”。因此，《征补条例》不是简单地发布禁令，而是从制度设计入手，赋予被征收人相应权利，改善被征收人的补偿安置待遇，取消开发商拆迁主体资格，以及规定“五断”等野蛮拆迁、暴力拆迁行为的严格法律责任。从而从源头和结果两个方面防止野蛮拆迁、暴力拆迁行为的发生。

其五，确立了对被征收人较充分、有效的救济途径。《拆迁条例》对被拆迁人规定的救济途径是很不充分的：被拆迁人对自己的房屋征收、拆迁、强拆不能表示异议和申请行政复议及提起行政诉讼，只能对拆迁补偿多少表示异议和申请救济。而《征补条例》在救济方面则向前走了一大步：被征收人不仅对补偿决定不服，可以申请行政复议和提起行政诉讼，而且对征收决定不服，也可以申请行政复议和提起行政诉讼。这种救济机制使公民的权利有了更切实的保障，从而使公民权利更为真实，因为没有救济的权利不是真正的权利。

五、《征补条例》确定的主要征收补偿制度

《征补条例》虽然只适用于国有土地上房屋的征收与补偿，但其确立的原则、精神和制度对于行政相对人其他财产征收的立法，特别是对于其后农村集体土地及集体土地上房屋的征收立法亦有重要参考价值。故本部分特对《征补条例》所确定的主要征收和补偿制度加以归纳和阐述。

（一）对“公共利益”明确列举的制度

《征补条例》规定，征收房屋的前提是“公共利益的需要”，并确定下列情形属于“公共利益的需要”：

1. 国防和外交的需要；

2. 由政府组织实施的能源、交通、水利等基础设施建设的需要；

3. 由政府组织实施的科技、教育、文化、卫生、体育、环境和资源保护、防灾减灾、文物保护、社会福利、市政公用等公共事业的需要；

4. 由政府组织实施的保障性安居工程建设的需要；

5. 由政府依照城乡规划法有关规定组织实施的对危房集中、基础设施落后等地段进行旧城区改建的需要；

6. 法律、行政法规规定的其他公共利益的需要。

（二）征收遵循正当法律程序制度

《征补条例》规定，政府作出房屋征收决定，必须遵循下述正当法律程序：

1. 先有规划，后有征收。征收应当符合国民经济和社会发展规划、土地利用总体规划、城乡规划和专项规划。保障性安居工程建设、旧城区改建，应当纳入市、县级国民经济和社会发展年度计划。制订国民经济和社会发展规划、土地利用总体规划、城乡规划和专项规划，应当广泛征求社会公众意见，经过科学论证。

2. 征收应由房屋征收部门拟定征收补偿方案，报市、县级人民政府审批。市、县级人民政府应当组织有关部门对征收补偿方案进行论证并予以公布，征求公众意见。征求意见期限不得少于30日。市、县级人民政府应当将征求意见情况和根据公众意见修改的情况及时公布。

3. 因旧城区改建需要征收房屋，多数被征收人认为征收补偿方案不符合《征补条例》规定的，市、县级人民政府应当组织由被征收人和公众代表参加

的听证会,并根据听证会情况修改方案。

4. 市、县级人民政府作出房屋征收决定前,应当按照有关规定进行社会稳定风险评估;房屋征收决定涉及被征收人数量较多的,应当经政府常务会议讨论决定。作出房屋征收决定前,征收补偿费用应当足额到位、专户存储、专款专用。

5. 市、县级人民政府作出房屋征收决定后应当及时公告。公告应当载明征收补偿方案和行政复议、行政诉讼权利等事项。市、县级人民政府及房屋征收部门应当做好房屋征收与补偿的宣传、解释工作。

6. 房屋被依法征收的,国有土地使用权同时收回。被征收人对市、县级人民政府作出的房屋征收决定不服的,可以依法申请行政复议,也可以依法提起行政诉讼。

7. 房屋征收部门应当对房屋征收范围内房屋的权属、区位、用途、建筑面积等情况组织调查登记,被征收人应当予以配合。调查结果应当在房屋征收范围内向被征收人公布。房屋征收范围确定后,被征收人不得在房屋征收范围内实施新建、扩建、改建房屋和改变房屋用途等不当增加补偿费用的行为;违反规定实施的,不予补偿。

(三)公正足额补偿制度

1. 作出房屋征收决定的市、县级人民政府对被征收人给予的补偿应包括下述项目:(1)被征收房屋价值的补偿;(2)因征收房屋造成的搬迁、临时安置的补偿;(3)因征收房屋造成的停产停业损失的补偿。在补偿的同时,市、县级人民政府应当制定补助和奖励办法,对被征收人给予补助和奖励。

2. 征收个人住宅,被征收人符合住房保障条件的,作出房屋征收决定的市、县级人民政府应当优先给予住房保障。

3. 对被征收房屋价值的补偿,不得低于房屋征收决定公告之日被征收房屋类似房地产的市场价格。被征收房屋的价值,由具有相应资质的房地产价格评估机构按照房屋征收评估办法评估确定。对评估确定的被征收房屋价值有异议的,可以向房地产价格评估机构申请复核评估。对复核结果有异议的,可以向房地产价格评估专家委员会申请鉴定。房屋征收评估办法由国务院住房城乡建设主管部门制定,制定过程中,应当向社会公开征求意见。

4. 房地产价格评估机构由被征收人协商选定;协商不成的,通过多数决定、随机选定等方式确定。房地产价格评估机构应当独立、客观、公正地开展房屋征收评估工作，任何单位和个人不得干预。

5. 被征收人可以选择货币补偿，也可以选择房屋产权调换。被征收人选择房屋产权调换的，市、县级人民政府应当提供用于产权调换的房屋，并与被征收人计算、结清被征收房屋价值与用于产权调换房屋价值的差价。因旧城区改建征收个人住宅，被征收人选择在改建地段进行房屋产权调换的，作出房屋征收决定的市、县级人民政府应当提供改建地段或者就近地段的房屋。

6. 因征收房屋造成搬迁的，房屋征收部门应当向被征收人支付搬迁费；选择房屋产权调换的，产权调换房屋交付前，房屋征收部门应当向被征收人支付临时安置费或者提供周转用房。

7. 对因征收房屋造成停产停业损失的补偿，根据房屋被征收前的效益、停产停业期限等因素确定。

8. 市、县级人民政府作出房屋征收决定前，应当组织有关部门依法对征收范围内未经登记的建筑进行调查、认定和处理。对认定为合法建筑和未超过批准期限的临时建筑的，应当给予补偿；对认定为违法建筑和超过批准期限的临时建筑的，不予补偿。

9. 房屋征收部门应与被征收人依照《征补条例》的规定，就补偿方式、补偿金额和支付期限、用于产权调换房屋的地点和面积、搬迁费、临时安置费或者周转用房、停产停业损失、搬迁期限、过渡方式和过渡期限等事项订立补偿协议。补偿协议订立后，一方当事人不履行补偿协议约定的义务的，另一方当事人可以依法提起诉讼。

10. 房屋征收部门与被征收人在征收补偿方案确定的签约期限内达不成补偿协议，或者被征收房屋所有权人不明确的，由房屋征收部门报请作出房屋征收决定的市、县级人民政府依照《征补条例》的规定，按照征收补偿方案作出补偿决定，并在房屋征收范围内予以公告。被征收人对补偿决定不服的，可以依法申请行政复议，也可以依法提起行政诉讼。

11. 实施房屋征收应当先补偿、后搬迁。作出房屋征收决定的市、县级人民政府对被征收人给予补偿后，被征收人应当在补偿协议约定或者补偿决定确定的搬迁期限内完成搬迁。

12. 任何单位和个人不得采取暴力、威胁或者违反规定中断供水、供热、供气、供电和道路通行等非法方式迫使被征收人搬迁。建设单位不得参与搬迁活动。

13. 被征收人在法定期限内不申请行政复议或者不提起行政诉讼,在补偿决定规定的期限内又不搬迁的,由作出房屋征收决定的市、县级人民政府依法申请人民法院强制执行。强制执行申请书应当附具补偿金额和专户存储账号、产权调换房屋和周转用房的地点和面积等材料。

第五节　行政给付

一、行政给付的概念与特征

行政给付有广义和狭义两种含义。广义的行政给付是行政主体实施的所有授益行政行为;狭义的行政给付仅指行政主体在公民失业、年老、疾病或丧失劳动能力或其他特殊情况下,依照法律的规定,赋予其一定的物质权益或与物质有关的权益的行政处理行为。本书讨论的行政给付,限于狭义的行政给付。

行政给付具有下列特征:

1. 行政给付的主体是行政主体。行政给付是一种履行国家行政管理职能的活动,与社会组织、民间团体等实施的物质帮助不同,必须由行政主体实施。

2. 行政给付是一种授益行政处理行为。行政给付是行政主体向行政相对人无偿给付金钱或实物的行政行为。

3. 行政给付的对象是特定的行政相对人。例如,抚恤金发放的对象是因战、因公牺牲、致伤、致残的人员;救灾物资及款项发放给灾民;社会福利金发放给社会福利机构或直接发给残疾人、孤寡老人和孤儿;其他如失业救济金、独生子女补贴、有特殊贡献专家津贴、城市居民最低生活保障金等均是分别发给相应的特定对象。

4. 行政给付原则上依申请处理。除了自然灾害的救济等紧急状态由行政机关主动实施以外,就绝大多数行政给付来说,给付对象的申请是其必不可少的程序。

二、行政给付的种类与形式

行政给付的内容是行政机关通过行政给付行为赋予给付对象一定的物质上的权益或与物质相关的权益。物质上的权益,表现为给付相对人一定数量的金钱或实物。与物质相关权益的表现形式很多,如让相对人免费入学受教育、给予相对人享受公费医疗待遇等。

目前,我国规定有关行政给付形式的法律、法规主要有:《社会保险法》(2010年)、《残疾人保障法》(2008年)、《军人抚恤优待条例》(2004年)、《退役士兵安置条例》(2011年)、《烈士褒扬条例》(2011年)、《城市居民最低生活保障条例》(1999年)(以下简称《条例》)等。综合这些法律、法规和有关政策性文件的规定,可以列举出行政给付以下几种主要形式:社会保险、抚恤金、自然灾害救济金及救济物资、特定人员离退休金、城市居民最低生活保障等(这些列举的种类与形式只是主要的和常见的,行政给付远不止这些种类与形式)。①

(一)社会保险

社会保险是最重要、最常见的行政给付形式,②主要包括以下五种制度:基本养老保险、基本医疗保险、工伤保险、失业保险和生育保险。

1. 基本养老保险

基本养老保险由用人单位和职工共同缴纳基本养老保险费。无雇工的个体工商户、未在用人单位参加基本养老保险的非全日制从业人员以及其他灵活就业人员可以参加基本养老保险,由个人缴纳基本养老保险费。公务员和参照《公务员法》管理的工作人员养老保险的办法由国务院规定。

---

① 社会保险这种行政给付不同于抚恤金、自然灾害救济、特定人员离退休金等一般行政给付。一般行政给付的经费均由政府财政资金支付,而社会保险基金大部分源于用人单位和被保险人共同缴纳或仅由用人单位缴纳的保险费,少部分源于政府的补贴。《社会保险法》第5条第2款和第3款规定:"国家多渠道筹集社会保险资金。县级以上人民政府对社会保险事业给予必要的经费支持。国家通过税收优惠政策支持社会保险事业。"

② 《社会保险法》第7条规定:"国务院社会保险行政部门负责全国的社会保险管理工作,国务院其他有关部门在各自的职责范围内负责有关的社会保险工作。县级以上地方人民政府社会保险行政部门负责本行政区域的社会保险管理工作,县级以上地方人民政府其他有关部门在各自的职责范围内负责有关的社会保险工作。"

基本养老保险基金由用人单位和个人缴费以及政府补贴等组成。用人单位应当按照国家规定的本单位职工工资总额的比例缴纳基本养老保险费,记入基本养老保险统筹基金。职工应当按照国家规定的本人工资的比例缴纳基本养老保险费,记入个人账户。无雇工的个体工商户、未在用人单位参加基本养老保险的非全日制从业人员以及其他灵活就业人员参加基本养老保险的,应当按照国家规定缴纳基本养老保险费,分别记入基本养老保险统筹基金和个人账户。国有企业、事业单位职工参加基本养老保险前,视同缴费年限期间应当缴纳的基本养老保险费由政府承担。基本养老保险基金出现支付不足时,政府给予补贴。①

2. 基本医疗保险

基本医疗保险由用人单位和职工按照国家规定共同缴纳基本医疗保险费。无雇工的个体工商户、未在用人单位参加职工基本医疗保险的非全日制从业人员以及其他灵活就业人员可以参加职工基本医疗保险,由个人按照国家规定缴纳基本医疗保险费(农村农民实行新型农村合作医疗制度,新型农村合作医疗的管理办法,另由国务院规定)。

国家建立和完善城镇居民基本医疗保险制度。城镇居民基本医疗保险实行个人缴费和政府补贴相结合。享受最低生活保障的人、丧失劳动能力的残疾人、低收入家庭60周岁以上的老年人和未成年人等所需个人缴费部分,由政府给予补贴。②

3. 工伤保险

工伤保险,由用人单位缴纳工伤保险费,职工不缴纳工伤保险费。国家根据不同行业的工伤风险程度确定行业的差别费率,并根据使用工伤保险基金、工伤发生率等情况在每个行业内确定费率档次。行业差别费率和行业内费率档次由国务院社会保险行政部门制定,报国务院批准后公布施行。社会保险经办机构根据用人单位使用工伤保险基金、工伤发生率和行业内费率档次等情况,确定用人单位缴费费率。③

---

① 参见《社会保险法》第10-22条。

② 参见《社会保险法》第23-32条。

③ 参见《社会保险法》第33-43条。

4. 失业保险

失业保险由用人单位和职工按照国家规定共同缴纳失业保险费。失业人员符合下列条件的,从失业保险基金中领取失业保险金:(1)失业前用人单位和本人已经缴纳失业保险费满1年的;(2)非因本人意愿中断就业的;(3)已经进行失业登记,并有求职要求的。

失业保险金的标准,由省、自治区、直辖市人民政府确定,不得低于城市居民最低生活保障标准。①

5. 生育保险

生育保险由用人单位按照国家规定缴纳生育保险费,职工不缴纳生育保险费。用人单位已经缴纳生育保险费的,其职工享受生育保险待遇;职工未就业配偶按照国家规定享受生育医疗费用待遇。所需资金从生育保险基金中支付。

生育保险待遇包括生育医疗费用和生育津贴。职工有下列情形之一的,可以按照国家规定享受生育津贴:(1)女职工生育享受产假;(2)享受计划生育手术休假;(3)法律、法规规定的其他情形。生育津贴按照职工所在用人单位上年度职工月平均工资计发。②

(二)抚恤金

抚恤金也是最为常见的行政给付形式,主要包括以下四种制度:

1. 牺牲、病故人员抚恤金。此类抚恤金的发放对象是:烈士和病故的军人、人民警察、参战民兵民工,以及党政机关、民主党派、人民团体工作人员的家属。

2. 残疾抚恤金。此类抚恤金包括:残疾人员抚恤金;回乡安置的特等、一等残疾军人的护理费;革命残疾人员的伤口复发治疗费;装修假肢和辅助器械等按规定报销的费用;在乡三等革命残疾人员疾病医疗减免的费用等。

3. 烈军属、复员退伍军人生活补助费。此项补贴费包括在乡退伍红军老战士的生活补助费;副食品价格补贴和护理费;符合规定条件的烈属、在乡复退军人定期定量补助费和烈军属、在乡复退军人临时补助费。

---

① 参见《社会保险法》第44-52条。

② 参见《社会保险法》第53-56条。

4. 退伍军人安置费。此项安置费是发给无住房或严重缺房而自己解决确有困难的回乡义务兵的一次性建房补助费。

（三）社会救济、福利金

这类行政给付包括：

1. 农村社会救济。即用于对农村五保户、贫困户等的救济。

2. 城镇社会救济。即用于对城镇居民中无依无靠、无生活来源的孤老残幼和贫困户等的救济。

3. 精简、退职、老弱病残职工救济。

4. 社会福利金。即用于对社会福利院、敬老院、儿童福利院等社会福利机构，流浪乞讨人员收容遣送、安置、社会残疾人团体及其福利生产单位，科研机构（假肢科研机构等）的经费资助。

（四）自然灾害救济金及救济物资

这类行政给付包括：

1. 生活救济费和救济物资。即用于解决灾民吃、穿、住及治病等困难，适当扶持灾民生产自救的经费和物资。

2. 安置抢救转移及物资援助。即用于发生特大自然灾害在紧急情况下临时安置、抢救、转移灾民的费用支出及物资援助。

（五）特定人员离退休金

这类行政给付包括：

1. 由民政部门管理的军队离休干部的离休金、生活补助费、副食品价格补贴以及取暖补贴、护理费、丧葬费、遗属生活困难补助等。

2. 由民政部门管理的军队退休干部、无军籍退休职工和由民政部门发放退休金的地方退休人员的退休金、副食品价格补贴以及取暖补贴、护理费、丧葬费、遗属生活困难补助等。

3. 由民政部门发放退职金的退职人员生活费、副食品价格补贴。

（六）《条例》[①]规定的行政给付

《条例》规定的行政给付是一项特别的行政给付。该条例规定了此种行政给付的下述八项规则：

---

① 《条例》由国务院于 1999 年 9 月 28 日发布。

1. 取得城市居民最低生活保障给付的条件。根据《条例》的规定，持有非农业户口的城市居民，凡共同生活的家庭成员人均收入低于当地城市居民最低生活保障标准的，均有从当地人民政府获得基本生活物质帮助的权利。《条例》所称家庭成员收入是指共同生活的家庭成员的全部货币收入和实物收入，包括法定赡养人、扶养人或者抚养人应当给付的赡养费、扶养费或者抚养费，不包括优抚对象按照国家规定享受的抚恤金、补助金。①

2. 城市居民最低生活保障原则。城市居民最低生活保障制度遵循保障基本生活，坚持国家保障与社会帮扶相结合，鼓励劳动自救的原则。②

3. 城市居民最低生活保障管辖。城市居民最低生活保障制度实行地方各级人民政府负责制。县级以上地方各级人民政府民政部门具体负责本行政区域内城市居民最低生活保障的管理工作；财政部门按照规定落实城市居民最低生活保障资金；统计、物价、审计、劳动保障和人事等部门分工负责，在各自的职责范围内负责城市居民最低生活保障的有关工作。县级人民政府民政部门以及街道办事处和镇人民政府（以下统称管理审批机关）负责城市居民最低生活保障的具体管理审批工作。居民委员会根据管理审批机关的委托，可以承担城市居民最低生活保障的日常管理、服务工作。国务院民政部门负责全国城市居民最低生活保障的管理工作。③

4. 城市居民最低生活保障资金来源。城市居民最低生活保障所需资金，由地方人民政府列入财政预算，纳入社会救济专项资金支出项目，专项管理，专款专用。国家鼓励社会组织和个人为城市居民最低生活保障提供捐赠、资助；所提供的捐赠、资助，全部纳入当地城市居民最低生活保障资金。④

5. 城市居民最低生活保障标准。城市居民最低生活保障标准，按照当地维持城市居民基本生活所必需的衣、食、住费用，并适当考虑水、电、燃、煤（燃气）费用以及未成年人的义务教育费用确定。直辖市、设区的市的城市居民最低生活保障标准，由市人民政府民政部门会同财政、统计、物价等部门制定，报本级人民政府批准并公布执行；县（县级市）的城市居民最低生活保障

---

① 参见《条例》第 2 条。

② 参见《条例》第 3 条。

③ 参见《条例》第 4 条。

④ 参见《条例》第 5 条。

标准,由县(县级市)人民政府民政部门会同财政、统计、物价等部门制定,报本级人民政府批准并报上一级人民政府备案后公布执行。城市居民最低生活保障标准需要提高时,依照前述规定重新核定。①

6. 城市居民最低生活保障给付程序。(1)申请享受城市居民最低生活保障待遇,首先由作为申请人的户主向户籍所在地的街道办事处或者镇人民政府提出书面申请,并出具有关证明材料,填写城市居民最低生活保障待遇审批表。城市居民最低生活保障待遇,由其所在地的街道办事处或者镇人民政府初审,并将有关材料和初审意见报送县级人民政府民政部门审批。(2)管理审批机关为审批城市居民最低生活保障待遇的需要,可以通过入户调查、邻里访问以及信函索证等方式对申请人的家庭经济状况和实际生活水平进行调查核实。申请人及有关单位、组织或者个人应当接受调查,如实提供有关情况。(3)县级人民政府民政部门经审查,对符合享受城市居民最低生活保障待遇条件的家庭,应当区分下列不同情况批准其享受城市居民最低生活保障待遇:对无生活来源、无劳动能力又无法定赡养人、扶养人或者抚养人的城市居民,批准其按照当地城市居民最低生活保障标准全额享受;对尚有一定收入的城市居民,批准其按照家庭人均收入低于当地城市居民最低生活保障标准的差额享受。(4)县级人民政府民政部门经审查,对不符合享受城市居民最低生活保障待遇条件的,应当书面通知申请人,并说明理由。(5)管理审批机关应当自接到申请人提出申请之日起的30日内办结审批手续。②

7. 城市居民最低生活保障给付方式和给付管理。(1)城市居民最低生活保障待遇由管理审批机关以货币形式按月发放;必要时,也可以给付实物。(2)对经批准享受城市居民最低生活保障待遇的城市居民,由管理审批机关采取适当形式以户为单位予以公布,接受群众监督。任何人对不符合法定条件而享受城市居民最低生活保障待遇的,都有权向管理审批机关提出意见;管理审批机关经核查,对情况属实的,应当予以纠正。(3)享受城市居民最低生活保障待遇的城市居民家庭人均收入情况发生变化的,应当及时通过居民委员会告知管理审批机关,办理停发、减发或者增发城市居民最低生活保障待遇

① 参见《条例》第6条。
② 参见《条例》第7-8条。

的手续。(4)管理审批机关应当对享受城市居民最低生活保障待遇的城市居民的家庭收入情况定期进行核查。(5)在就业年龄内有劳动能力但尚未就业的城市居民,在享受城市居民最低生活保障待遇期间,应当参加其所在居民委员会组织的公益性社区服务劳动。(6)地方各级人民政府及其有关部门,应当对享受城市居民最低生活保障待遇的城市居民在就业、从事个体经营等方面给予必要的扶持和照顾。(7)财政部门、审计部门依法监督城市居民最低生活保障资金的使用情况。(8)从事城市居民最低生活保障管理审批工作的人员有下列行为之一的,给予批评教育,依法给予行政处分;构成犯罪的,依法追究刑事责任:①对符合享受城市居民最低生活保障待遇条件的家庭拒不签署同意享受城市居民最低生活保障待遇意见的,或者对不符合享受城市居民最低生活保障待遇条件的家庭故意签署同意享受城市居民最低生活保障待遇意见的;②玩忽职守、徇私舞弊,或者贪污、挪用、扣押、拖欠城市居民最低生活保障款物的。(9)享受城市居民最低生活保障待遇的城市居民有下列行为之一的,由县级人民政府民政部门给予批评教育或者警告,追回其冒领的城市居民最低生活保障款物;情节恶劣的,处冒领金额 1 倍以上 3 倍以下的罚款:①采取虚报、隐瞒、伪造等手段,骗取享受城市居民最低生活保障待遇的;②在享受城市居民最低生活保障待遇期间家庭收入情况好转,不按规定告知管理审批机关,继续享受城市居民最低生活保障待遇的。①

8. 城市居民最低生活保障给付救济。城市居民对县级人民政府民政部门作出的不批准享受城市居民最低生活保障待遇或者减发、停发城市居民最低生活保障款物的决定或者给予的行政处罚不服的,可以依法申请行政复议;对复议决定仍不服的,可以依法提起行政诉讼。②

三、行政给付的程序

尽管我国在行政给付方面并无统一的法律规定,但部分法律、法规、规章等规范性文件对行政给付程序作了一些简单的规定。

1. 定期性发放的行政给付,如伤残抚恤金、离退休金、烈军属生活困难补

---

① 参见《条例》第 8 条第 4 款至第 14 条。

② 参见《条例》第 15 条。

助、最低生活保障等，通常应当由给付对象本人或所在组织、单位提出申请，主管行政机关对其进行审查、评定等级。在某些情况下，还需要通过技术专家或专门部门的鉴定，以确定标准，然后再定期（按月或按年）发放。

2. 一次性发放的行政给付，如因公牺牲或病故人员的丧葬费、退伍军人安置费、烈士家属抚恤金等，通常由给付对象提出申请，主管行政机关予以审查核实，然后按照法律、法规或规章所确定的数额一次性发放。

3. 临时性发放的行政给付，如自然灾害救济、公民突发性困难紧急救济等，有的由给付对象提出申请，有的则由有关基层组织确定给付对象，或者经有关基层组织发给给付对象。

不同种类的行政给付也存在一些共同的程序规则。其主要有：申请程序、审查程序、批准程序与实施程序。在这些程序中，大都要求书面形式。由于行政给付的标的多为一定的财物，所以，在具体的给付程序中，法律还应规定一定的财务、物品登记和交付程序。

第六节 行政确认

一、行政确认的概念与特征

行政确认，是指行政主体依法对行政相对人的法律地位，或者有关法律关系、法律事实进行甄别，给予确定、认定、证明（或否定）的行政处理行为。行政确认对于保障行政相对人权利、义务的实现，具有重要的意义。

行政确认具有下列特征：

1. 行政确认的主体是行政主体。也就是说，只有行政机关以及法律、法规授权的组织，为了行政管理的目的而依法作出的确认行为才能称为行政确认。其他组织，如一些民间鉴定机构作出的确认则不属于行政确认的范畴。

2. 行政确认的内容是对行政相对人的法律地位和权利、义务等的确定。行政确认行为的直接对象是行政相对人的法律地位或者与行政相对人权利、义务紧密相关的特定法律关系、法律事实。通过对这些事项依法进行审核、鉴别，以确定行政相对人是否具备某种法律地位，是否享有某种权利、承担某种义务等。

3. 行政确认是一种行政处理。行政确认是对某种现存法律状态的确认,它与下令处理不同,不直接为相对人设定特定作为、不作为或容忍的义务(虽然它可能是作出下令处理的前提),因而不直接涉及行政强制。虽然行政处理也具有某些创设效力,但它不以变更实质的法律地位为目的,因此与形成处理不同。

4. 行政确认是要式行政处理。由于行政确认的直接表现形式是对特定的法律事实或法律关系是否存在的甄别和认定,所以,行政主体在作出确认行为时,必须以书面的形式,并且要符合一定的技术规范。参加确认的有关人员还须签署自己的姓名,并由进行确认的行政主体加盖印章。

5. 行政确认是羁束处理。行政确认是对特定法律事实或法律关系是否存在的认定,而某种法律关系、法律事实是否存在,是由客观事实和法律规定决定的。因此,行政主体的确认行为,没有或者很少有行政裁量的空间,必须严格按照法律规定和技术鉴定规范进行。

二、行政确认与相关概念的联系和区别

(一)行政确认与行政许可

1. 行政确认与行政许可的联系是:(1)行政确认与行政许可常常是一个行为的两个步骤,一般是确认在前,许可在后。确认是许可的前提,许可是确认的后果。例如,对食品商贩的许可,首先是该卫生商贩经过卫生培训和健康检查合格,由卫生防疫部门确认其符合相应条件,其然后才向食品卫生监管机构申请食品卫生许可证。(2)确认与许可有时是一个行为的两个方面,如发放建筑企业营业执照,既是对该企业具有相应等级建筑技术、能力和资格的确认,又是对其可以从事建筑经营活动的许可。

2. 行政确认与行政许可的区别是:(1)性质不同。行政许可是形成处理,使相对人获得进行某种行为的权利;行政确认是确认处理,是对现存法律状态的确认。(2)法律效果不同。行政许可是允许被许可人今后进行某种对一般人禁止的行为,其法律效果具有后及性;行政确认是对既有的身份、能力、权利和事实的确定和认可,其法律效果具有前溯性。

（二）行政确认与行政裁决和行政处罚

1. 行政确认与行政裁决和行政处罚的联系是：（1）行政确认是行政裁决和行政处罚的前提。在一定情形下，没有行政确认就不能进行行政裁决和行政处罚，不能进行相应行政法律的适用。不过，行政裁决和行政处罚并非行政确认的必然结果。（2）在财产权发生争议时，确认有时通过裁决表现出来。例如，土地所有权或使用权发生争议后，主管行政机关依法将争议的土地确认给一方所有或使用，是通过裁决形式来表现的。处理这种争议，本质上是确认权利，但形式上是裁决纠纷。

2. 行政确认与行政裁决和行政处罚的区别是：（1）对象不同。行政确认的对象可以是合法行为或事实，也可以是违法行为或事实；可以是有争议的事项，也可以是没有争议的事项。而行政裁决的对象必然是有争议的事实，行政处罚的对象必然是行政违法行为。（2）内容不同。行政确认的内容是确认法律地位、法律关系或法律事实；行政裁决的内容是解决当事人之间的争议；行政处罚的内容是对违法行为予以行政制裁。（3）法律效果不同。行政确认一般不创设权利，不增加义务，对相对人不直接产生拘束力和强制执行力；行政裁决和行政处罚可以直接涉及甚至设定、变更或免除当事人的权利、义务，当事人必须接受和履行行政裁决和行政处罚确定的内容，否则，可能导致行政强制。

三、行政确认的形式、内容与分类

（一）行政确认的形式

根据行政法律规范和行政实务，行政确认主要有如下形式：

1. 确定。确定指对个人或组织的法律地位与权利、义务的确定，如行政机关在颁发土地使用证、宅基地使用证与房屋产权证书之前，确定行政相对人对相应土地、宅基地、房屋的使用权、所有权。

2. 认定。认定指对行政相对人已有的法律地位、权利与义务以及请求确认的其他事项是否符合法律要求的承认和肯定。例如，行政机关对当事人行政协议效力的确认，对交通事故责任的认定，对企业性质的认定等。

3. 证明。证明指行政主体向其他人明确肯定被证明对象的法律地位、权利、义务或特定事实状况。如行政机关对申请人各种学历、学位证明及居民身份、货物原产地证明等。

4. 登记。登记指行政主体应申请人的申请,在政府有关登记簿册中记载相对人的某种情况或事实,并依法予以正式确认的行为。例如,工商企业登记、不动产产权登记、户口登记等。

5. 鉴证。鉴证指行政主体对某种法律关系的合法性予以审查后,确认或证明其效力的行为。例如,行政监管机关对合同的鉴证,文化主管部门对文化制品是否合法的鉴证等。

(二)行政确认的内容

各种形式的行政确认,其所确认的内容主要可分为两个方面,即法律事实的确认和法律关系的确认。

1. 法律事实的确认。行政确认的法律事实,除具有一般法律事实的性质外,其功能主要在于确定行政相对人的法律地位和权利、义务的属性。即这些法律事实与能否确认行政相对人的法律地位或权利、义务紧密相关。对特定法律事实的确认,是行政确认中数量较大的部分,涉及的范围也较广,内容较为复杂。

2. 法律关系的确认。行政确认的法律关系是特定的,是以确定行政相对人的法律地位或权利、义务为内容的法律关系。行政确认行为所引起的法律关系和行政确认行为所要予以确认的法律关系,是两个不同的概念。前者是因行政确认行为而产生,并由行政法律予以规范的,实施确认行为的行政主体与行政相对人之间的权利、义务关系;后者则是行政确认行为所要确认的对象。这些作为确认对象的法律关系,也可以是民事法律关系或其他法律关系。

目前,我国有关法律关系的行政确认大致有如下内容:(1)不动产所有权的确认。包括城镇私有房屋所有权、土地所有权等的确认。(2)不动产使用权的确认。包括自然资源使用权、城市国有土地使用权等的确认。(3)合同效力的确认。包括劳动争议仲裁委员会对无效劳动合同的确认,以及对解除合同效力的确认等。(4)专利权的确认。包括对相应专利是否为职务发明的专利的确认等。

(三)行政确认的分类

1. 依申请的确认和依职权的确认

根据行政机关是否主动进行确认,行政确认可分为依申请的确认(如对不动产所有权、使用权的确认）和依职权的确认（如行政机关经对饮食行业监督检查，对合格者给予卫生合格证明）。实践中，绝大多数行政确认是基于行政相对人的申请而实施的。

2. 对身份的确认、对能力的确认和对权利的确认

根据行政确认的内容，行政确认可以分为对身份的确认（如对居民身份证、结婚证等的确认）、对能力的确认（如对各种技术职称的确认）和对权利的确认（如对专利权、商标权的确认等）。

3. 各专业领域的行政确认

行政确认还可以根据行政领域的不同分为如下种类：

（1）公安行政确认，主要有对交通事故等级的确认；对当事人交通事故责任的认定；对行政案件的原告中自然人、受治安行政拘留人员的精神病的司法鉴定等。

（2）民政行政确认，主要有对现役军人死亡性质、伤残性质的确认；对烈士纪念建筑物等级的确认；对结婚、离婚条件的确认等。

（3）劳动行政确认，主要有对工人职员伤亡事故责任的确认；对锅炉压力容器事故责任的确认；对特别重大事故的认定；对无效劳动合同的确认等。

（4）卫生行政确认，主要有对食品药品安全的确认；对新药及进口药品的认定；对医疗事故等级的确定等。

（5）经济行政确认，主要有对产品标准化的行政认证和计量器具检定、产品质量认证；对商标和专利权的审定；对著作权属的确认；对动植物检疫的确认；对自然资源的所有权、使用权的确认；对合同效力的确认等。

四、行政确认制度的作用

1. 行政确认制度有利于预防各种纠纷的发生。行政确认可以明确当事人的法律地位、法律关系和法律事实，不致因含混不清而使之处于不稳定状态或发生争议，有利于预防纠纷的发生。

2. 行政确认制度可以为国家行政管理和法院审判活动提供准确、客观的处理依据。对合法行为的肯定、相对人法律地位的明确、行为性质的承认、法律关系的维护，为处理和解决当事人之间的争议和纠纷，提供准确、可靠的客观依据。而且依法处理行政违法行为，首先要确定其行为性质和状态，判明事

故等级,分清当事人责任的大小,否则,就难以正确进行法律适用。所以,行政确认可以为行政管理提供处理依据。另外,行政确认也可以对司法判决发挥辅助性作用,减轻法院认定事实的负担,但行政确认对法院一般不具有拘束力。

第七节 行政奖励

一、行政奖励的概念与特征

行政奖励,是指行政主体为了表彰先进、鞭策后进,充分调动和激发个人、组织的积极性与创造性,依照法定的条件和程序,对为国家和社会作出重大贡献的单位与个人(包括国家机关公职人员),给予物质或精神鼓励的行政处理。

行政奖励具有下述特征:

1. 行政奖励的实施主体是行政主体。行政奖励的实施主体主要是行政机关,除行政机关外,法律、法规授予行政奖励权的组织也可作为行政奖励的主体。其他社会组织,如企业、事业单位等,除非受行政机关的委托,否则,其实施的奖励不具有行政奖励的性质。

2. 行政奖励的对象具有广泛性。根据我国法律的有关规定,行政机关工作人员、公民、企事业单位、社会团体等,甚至外国人或无国籍人,只要模范遵纪守法,认真履行工作职责和执行国家任务,为国家和社会作出了重大的贡献,符合法定的奖励条件,都可以成为行政奖励的对象。

3. 行政奖励是授益行政处理行为。行政奖励的内容是给予受奖者某种精神或物质利益。受奖者因其具备了受奖的条件,便获得了原来并不为其所有的某种利益。奖励包括物质奖励和精神奖励。物质奖励是给受奖人颁发奖品或奖金;精神奖励是给予受奖人某种荣誉,如通令嘉奖、授予荣誉性称号。精神奖励和物质奖励在激励、调动人们的积极性方面各有特色,它们大多可以并用,只是侧重点有所不同而已。

4. 行政奖励是给予受奖人特定权利的行政处理行为。行政奖励不同于酬劳,它作为对受奖人的鼓励和肯定,是对受奖人在酬劳之外的额外给付。行政奖励不是行政机关的任意行为，对于法定行政奖励，相对人拥有获取相应奖励的请求权，法定行政奖励的内容、方式、程序、条件等都有法律、法规的明确规定，对于符合法定条件者，有关行政主体应当给予奖励。

5. 行政奖励的目的在于表彰和鼓励先进，激励和推动后进，调动和激发人们的积极性和创造性。奖励是与惩诫相对立的一个概念，是对人们特定行为的正面肯定、表扬和鼓励，其目的在于促进该种行为得以保持和发扬，以调动和激发人们工作的积极性和创造性，同时对未受表扬的人也有一种鞭策和激励的作用。

二、行政奖励的原则

根据我国现行有关行政奖励的法律、法规规定以及行政法的一般原理原则，行政奖励一般应遵循下述几项基本原则：

（一）精神奖励与物质奖励相结合原则

行政奖励包括精神奖励和物质奖励两大类，它们在行政奖励中具有不同的作用，是行政奖励不可缺少的两种形式。物质奖励是使受奖人获得某种物质利益，精神奖励则满足人们的精神需求。理论和实践表明，人的需求是多方面、多层次的，人不仅有物质需求还有精神需求。当物质利益满足后，人们往往要追求高层次的精神需求。对于某些受奖人来说，精神奖励的作用甚至大于物质奖励。因此，应当将物质奖励和精神奖励有机地结合起来，以发挥行政奖励的整体效应。

（二）公正、公平原则

行政奖励应公正、公平，在法定的奖励条件下，人人都有同等的受奖机会和权利，授奖主体不得以其好恶偏袒某些个人或集体。其具体要求是：机会均等，奖励的内容和形式要与被奖励的行为相当，即论功行赏、合理适度，贡献大的重奖、贡献小的轻奖。

（三）依法奖励原则

行政奖励是一种法定奖励行为，因此，行政奖励必须依照法定的条件、标准和程序等进行。

三、行政奖励的种类与形式

(一)行政奖励的种类

行政奖励依不同的标准可作不同的分类。

1. 内部行政奖励与外部行政奖励。这是依奖励机关与受奖者的关系所作的分类。内部行政奖励,是指行政机关或者法律、法规授权的组织,依法给予其工作人员的一种行政奖励。如行政机关对其工作人员的奖励。内部行政奖励由行政机关或组织的内部管理机关或与受奖者有从属关系的行政机关作出。外部行政奖励,是指行政机关或法律、法规授权的组织依法对符合一定条件的相对人、当事人给予的一种行政奖励。在外部行政奖励中,授奖者与受奖者之间不存在行政上的隶属关系,该奖励一般由具有社会管理职能的行政机关作出。

2. 赋予权利的奖励和赋予资格的奖励。这是依据行政奖励的内容所作的分类。赋予权利的奖励,是指行政奖励主体依法为受奖人设定其本来所不享有的法律上的权利,即实现某种利益的可能性。例如,授予荣誉称号或给予物质奖励,就是一种赋予权利的奖励,它使受奖人获得了享有该荣誉的权利或占有一定财物的权利。行政奖励多是赋予权利的奖励。赋予资格的行政奖励,是指行政奖励主体依法为受奖者设定其原来没有的法律上的某种行为资格。如给工作人员的晋职奖励,即属赋予资格的奖励。

3. 荣誉性奖励、财物性奖励或职位性奖励。这是依奖励内容所作的分类。荣誉性奖励,是指给受奖人某种荣誉。任何行政奖励对受奖者来说都是一种荣誉。不过荣誉性奖励指的是纯粹荣誉性奖励,如通令嘉奖、记功、记大功、授予荣誉称号等。财物性奖励,是指发给受奖人一定奖金、奖品等实物的奖励。职位性奖励,是指提升工资级别、晋升行政职位的奖励,它是一种荣誉性与财物性相结合的奖励。实践中,各种奖励形式很少单独运用,常常是以一种奖励形式为主而辅之以他种奖励形式,如既记功又颁发奖金或既授予荣誉称号又晋升职位。

(二)行政奖励的形式

行政奖励的形式多种多样,不同的法律、法规往往针对不同的对象规定了不同的形式。概括而言,主要有下列几种形式:

1. 通报表扬。对受奖者在一定范围内以一定形式予以公开赞扬的奖励形式。

2. 通令嘉奖。指在较大范围内的公开表彰。

3. 记功。记功按不同的法律、法规规定有不同的等级。一般来说,对事业单位的工作人员分为记功和记大功两个等级;对团体单位的人员及公民个人,通常分为四个等级,即特等功、一等功、二等功、三等功。

4. 授予荣誉称号。如授予先进工作者、劳动模范等称号。授予荣誉称号一般都有不同等级,从县级直至国家级。

5. 发给奖金或奖品。

6. 晋职晋级。指提高其职务或提高工资级别,如晋升一至二级工资。

以上各种形式既可单独适用,也可同时并用。奖励可发给某种证书、证章,以资证明。

四、国家勋章和国家荣誉称号

2015 年 12 月 27 日,第十二届全国人大常委会第十八次会议表决通过了《国家勋章和国家荣誉称号法》,旨在褒奖在中国特色社会主义建设中作出突出贡献的杰出人士。

(一)国家勋章和国家荣誉称号的种类和授予条件

国家勋章和国家荣誉称号为国家最高荣誉,其种类和授予条件是:

1. 共和国勋章。"共和国勋章"授予在中国特色社会主义建设和保卫国家中作出巨大贡献、建立卓越功勋的杰出人士。①

2. 友谊勋章。"友谊勋章"授予在我国社会主义现代化建设和促进中外交流合作、维护世界和平中作出杰出贡献的外国人。②

3. 国家荣誉称号。国家荣誉称号授予在经济、社会、国防、外交、教育、科技、文化、卫生、体育等各领域、各行业作出重大贡献、享有崇高声誉的杰出人士。国家荣誉称号的名称冠以"人民",也可以使用其他名称。国家荣誉称号

---

① 参见《国家勋章和国家荣誉称号法》第 3 条第 1 款。

② 参见《国家勋章和国家荣誉称号法》第 3 条第 2 款。

的具体名称由全国人民代表大会常务委员会在决定授予时确定。①

4. 生前作出突出贡献符合法定授予国家勋章、国家荣誉称号条件的人士，在《国家勋章和国家荣誉称号法》施行后去世的，可以向其追授国家勋章、国家荣誉称号。②

（二）国家勋章和国家荣誉称号授予的程序

国家勋章和国家荣誉称号的授予遵循以下程序：③

1. 全国人民代表大会常务委员会委员长会议根据各方面的建议，向全国人民代表大会常务委员会提出授予国家勋章、国家荣誉称号的议案。国务院、中央军事委员会也可以向全国人民代表大会常务委员会提出授予国家勋章、国家荣誉称号的议案。

2. 全国人民代表大会常务委员会作出授予国家勋章和国家荣誉称号的决定。

3. 中华人民共和国主席根据全国人民代表大会常务委员会的决定，向国家勋章和国家荣誉称号获得者授予国家勋章、国家荣誉称号奖章，签发证书。

4. 中华人民共和国主席进行国事活动，可以直接授予外国政要、国际友人等人士"友谊勋章"。

5. 国家在国庆日或者其他重大节日、纪念日，举行颁授国家勋章、国家荣誉称号的仪式；必要时，也可以在其他时间举行颁授国家勋章、国家荣誉称号的仪式。

6. 国家设立国家功勋簿，记载国家勋章和国家荣誉称号获得者及其功绩。

（三）国家勋章和国家荣誉称号获得者的待遇

国家勋章和国家荣誉称号获得者依法享有下列待遇：④

1. 国家勋章和国家荣誉称号获得者应当受到国家和社会的尊重，享有受邀参加国家庆典和其他重大活动等崇高礼遇和国家规定的待遇。

2. 国家和社会通过多种形式，宣传国家勋章和国家荣誉称号获得者的卓越功绩和杰出事迹。

---

① 参见《国家勋章和国家荣誉称号法》第 4 条。

② 参见《国家勋章和国家荣誉称号法》第 16 条。

③ 参见《国家勋章和国家荣誉称号法》第 5-10 条。

④ 参见《国家勋章和国家荣誉称号法》第 11-13 条、第 15 条第 1 款。

3. 国家勋章和国家荣誉称号为其获得者终身享有，但依法律规定被撤销的除外。

4. 国家勋章和国家荣誉称号获得者去世的，其获得的勋章、奖章及证书由其继承人或者指定的人保存；没有继承人或者被指定人的，可以由国家收存。

（四）法律对国家勋章和国家荣誉称号的有关要求

《国家勋章和国家荣誉称号法》对国家勋章和国家荣誉称号规定了下述具体要求：①

1. 国家勋章和国家荣誉称号获得者应当按照规定佩戴国家勋章、国家荣誉称号奖章，妥善保管勋章、奖章及证书。

2. 国家勋章、国家荣誉称号奖章及证书不得出售、出租或者用于从事其他营利性活动。

3. 国家勋章和国家荣誉称号获得者，应当珍视国家给予的荣誉，模范地遵守宪法和法律，努力为人民服务，自觉维护国家勋章和国家荣誉称号的声誉。

4. 国家勋章和国家荣誉称号获得者因犯罪被依法判处刑罚或者有其他严重违法、违纪等行为，继续享有国家勋章、国家荣誉称号将会严重损害国家最高荣誉的声誉的，由全国人民代表大会常务委员会决定撤销其国家勋章、国家荣誉称号并予以公告。

---

① 参见《国家勋章和国家荣誉称号法》第 14 条、第 15 条第 2 款、第 17-18 条。

第十七章

行政监管

直到1950年代晚期,仍然流行于经济学家与政治学家中的一个最具说服力的普遍性规制(监管)理论认为,规制产生于利用规制方案保证"公共利益"的需要,而规制者则寻求——竭尽全力地——实现其授权法中所界定的"公共利益"。这一观点现在已经受到历史学家与经济学家的质疑,后者认为许多形式的规制……损害了大众的利益。

本书所考察的是,一个规制(监管)方案可能明智地追求何种合理的人性目标,尽管其可能有着这样或那样的历史起源。本书假设规制者诚心诚意地追求这样的目标,虽然他们实际上也可能拥有其他的动机。①

——[美]史蒂芬·布雷耶

本章节目

第一节　行政监管的含义与监管机制的转型

第二节　行政监管主体和客体

第三节　行政监管的方式、程序、手段和标准

第四节　行政监管者的责任与监管目的

---

① [美]史蒂芬·布雷耶:《规制及其改革》,李洪雷等译,北京大学出版社2008年版,第14-15页。

第一节 行政监管的含义与监管机制的转型

一、行政监管的含义

《现代汉语词典》对"监管"的释义是"监视管理""监督管理"。[①] 在人们的日常使用中，有人将"监管"等同于"管理"，有人将"监管"等同于"监督"，也有人将"监管"视为"行政干预"。[②] 但更多的人还是在"监督管理"的意义上使用"监管"。近年来，许多学者研究"监管"，则是将"监管"等同于国外的"规制"(英语中的"regulation"一词，又译"管制")，其含义比"管理"较窄，比"监督"较宽。例如，周汉华教授所著《政府监管与行政法》[③]及马英娟教授所著《政府监管机构研究》，都是将"监管"界定为"管制"("规制")。当然，作为"regulation"的"监管"，与我国传统的"管理"、"监督"和"监督管理"的区别不仅限于含义的宽窄，更在于理念和机制模式的不同。周汉华教授认为，我国传统"行政管理"与西方国家独立监管的最重要区别是：前者的基础是建立在下级服从上级，通过行政命令方式进行管理的上下级关系之上的科层制官僚体制之上，而后者的基础则是建立在依法独立监管，监管者只对法律负责，发生争议最终通过司法途径或其他第三方途径解决的法治化结构之上。[④]

本书研究的"监管"，其含义相当于人们日常使用的"监督管理"，内容侧

① 参见中国社会科学院语言研究所词典编辑室：《现代汉语词典》，商务印书馆 2005 年版，第 663 页。

② 参见马英娟：《政府监管机构研究》，北京大学出版社 2007 年版，第 18-20 页。

③ 参见周汉华：《政府监管与行政法》，北京大学出版社 2007 年版，第 7-33 页。

④ 参见周汉华：《政府监管与行政法》，北京大学出版社 2007 年版，第 11-13 页。关于现代监管与传统行政管理的区别，周汉华认为，除了制度基础不同之外，现代监管还有下述五项特色：(1)监管机构的组织、职权由法律确定，未经法律修改，不得随意变更。监管机构工作人员及其负责人享有任职保障，非有法定事由不得免职、调动、降职、降薪或降低其他待遇。与之相适应，监管机构工作人员则不得从事任何与其任职行为有利害冲突的活动。(2)监管机构依法独立行使制定规则、执行规则与裁决争议的权力，不受任何组织与个人的干预。(3)监管机构应遵循法定程序行使权力，实行行政公开与公众参与的原则。(4)监管机构的活动经费由财政预算或监管收费加以保障，不得被随意扣减。(5)监管机构的具体行政决定可受司法审查，其监管行为受国家权力机关、行政机关的法定监督和公众的社会监督，监管行为违法造成损害应承担赔偿责任。

重于“监督”而非“管理”。例如,一般行政管理中的人事管理、财物管理、机关内部事务管理即不属于“监管”的范畴。从应然的角度讲,我国“监管”的理念和机制模式(相对独立性、从属法律性、专业性等)将循现代规制的方向发展,但在范围上不完全同于美国等西方国家的所谓“第四种权力”的独立规制(管制)机构所实施的“regulation”。我国“监管”的内容侧重于监督和控制(supervision and control),而非“regulation”中的制定规章(rulemaking)和裁决纠纷(adjudication)环节。“监管”是“regulation”的内容之一,“regulation”包含“监管”而不等于“监管”。

我国政府监管包括专门监管机构(银保监会、证监会、电监会等)实施的监管和政府部门(市场监管、质监、环保、食品药品监管部门等)实施的监管。我国的政府监管机构不完全同于美国的独立规制(管制)机构(independent regulatory commissions),后者同时行使立法、行政、司法三权,被称为“第四部门”或“第四种权力”。我国政府监管机构虽有一定的行政立法权和行政司法权,但基本职能是通过检查、调查、实施行政强制和行政处罚等手段行使行政执法权,其执法——监管遵循的规则主要由立法机关制定,其执法——监管中产生的纠纷主要由人民法院裁决。

二、行政监管机制的转型

行政监管机制的转型主要体现在监管由传统的单纯行政监管向社会监管转型。所谓“社会监管”,可以从两个不同的角度界定,具有两种不同的含义:一种含义是从监管主体角度界定,指监管主要由社会而非单纯由政府实施。这种“社会监管”是相对于“政府监管”而言的;另一种含义是从监管内容角度界定的,指监管主体主要对社会事务(涉及安全与健康、环境、生态保护、网络、消费者保护等事务)的监管而非单纯对经济事务(涉及保护公平竞争、反垄断、市场准入与金融、价格控制等事务)的监管。这种“社会监管”是相对于“经济监管”而言的。[①] 本书所用“社会监管”一词,主要是第二种含义的“社

① 研究规制的学者通常都将“规制”分为“经济性规制”和“社会性规制”两种。“经济性规制”主要关注政府在约束企业定价、进入与退出等方面的作用,重点针对具有自然垄断、信息不对称等特征的行业;“社会性规制”是以确保居民生命健康安全、防止公害和保护环境为目的所进行的规制,主要针对与解决经济活动中发生的“外部性”问题。参见[英]安东尼·奥格斯:《规制:法律形式与经济学理论》,骆梅英译,中国人民大学出版社 2008 年版,第 5-6 页。

会监管”，即相对于“经济监管”的“社会监管”。但是，从转型社会监管发展的趋势看，第一种含义的“社会监管”亦非常重要。所以，本章在重点研究政府主体实施的行政监管的同时，也会对非政府主体实施的“社会监管”予以一定程度的关注。

第二节　行政监管主体和客体

一、行政监管的主体

长期以来，传统监管只是政府的事，是行政机关的事，与社会无关。大量研究监管、规制、管制的专著或行政法教科书所研究的监管主体基本都是如美国、英国、法国一类国家的独立规制机构（independent regulatory agencies），[①]或日本一类国家的从属于政府部门、但相对政府有一定独立性的行政委员会[②]，或者如我国的完全从属于政府的行政部门及政府直属机构或政府直属事业单位（证监会、2018年政府机构改革前的银监会、保监会和改革后的银保监会等）。[③] 然而，在现代社会中，监管除了政府监管以外，还存在广泛的非政府监管，即公民社会的监管。“一般意义上的监管普遍存在于各类社会组织之中，其涵盖面极广。（1）就监管主体而言，一般意义上的监管的主体既可以是个人，也可以是政府，还可以是企业及其他一切非政府组织……如行业协会依照行业协会规章对其成员进行的监管……。（2）就监管范围来看，非政府监管的范围限于该组织成员属于该组织内的活动以及相关联的个人与非政府组织属于该组织内的活动……。（3）就监管依据而言，监管依据既可以是国家的法律，也可以是社会规范……”“一般来讲，市场经济需要一个多层次的

---

① 参见[美]肯尼斯·F.沃伦：《政治体制中的行政法》，王丛虎等译，中国人民大学出版社2005年版，第30-32页；[英]卡罗尔·哈洛、理查德·罗林斯：《法律与行政》，杨伟东等译，商务印书馆2004年版，第580-590页；[法]让·里韦罗、让·瓦力纳：《法国行政法》，鲁仁译，商务印书馆2008年版，第89-92页。

② 参见[日]室井力主编：《日本现代行政法》，吴微译，中国政法大学出版1995年版，第296-297页。

③ 参见周汉华：《政府监管与行政法》，北京大学出版社2007年版，第7-33页。

监管体系。政府监管与行业协会等社会中介组织、企业自我监管等非政府监管是相互配合、相互补充的关系，充分发挥非政府监管的作用将在很大程度上减轻政府负担，促进政府有效监管的实现，而且伴随市场竞争程度和社会自治程度的逐步提高，行业协会及其他社会中介组织的监管会日益重要，在竞争对手的压力下企业自我监管也会占据越来越重要的地位。”①

从目前许多发达国家的监管实践看，监管主体的单一性向多元性转变、转换是一种明显的趋势。在多元监管中，行业协会及其他社会中介组织的监管以及企业自我监管是最主要的形式。英国著名学者哈洛指出，“自我规制是一种在法律和行政中具有当代重要性的现象……与政府规制相比，自我规制顾及了更大程度的自由或者自治……今天，自我规制是最主要的控制手段，涉及的活动领域很广，包括新闻、广告和其他数量繁多的专业工作”。②

就我国的情况而言，监管存在的问题很多，特别是在食品药品安全、生产安全、生态环境保护、网络虚拟社会秩序等领域，由于监管不到位、监管主体不作为、监管职能虚置等原因，导致侵犯消费者生命、财产权益以及损害国家、社会公共利益和公民名誉权、荣誉权、隐私权的案件时有发生。近年来，我国各级政府针对这些多发、频发的问题，在监管方面采取了一些强化的措施，取得了一定成效，但问题的严重性和恶化的趋势没有得到根本扼制和改观。这一方面是因为政府监管没有因应社会转型而进行根本性的变革、创新；另一方面则是因为监管主体的单一性没有因应社会转型而向多元性转变、转换，没有重视发展和推进各种行业协会、自治组织的监管和企业的自我监管。非政府监管虽然不能采取法律仅授予行政机关采取的强制和制裁措施，但是它们可以通过运用各种软法手段，对被监管对象施加各种经济的、舆论的和其他有形、无形的制约、压力，迫使监管对象遵守保障消费者健康、安全，保护生态环境，保护国家、社会公共利益的规则、标准。这些非政府组织采取的监管措施，虽然不及政府监管措施强硬，但在很多时候可能更为有效。如社会信用评级组织通过对企业信用和企业产品、服务的质量定期评级、发布；行业协会对

---

① 参见马英娟：《政府监管机构研究》，北京大学出版社 2007 年版，第 20、25 页。

② 参见[英]卡罗尔·哈洛、理查德·罗林斯：《法律与行政》，杨伟东等译，商务印书馆 2004 年版，第 638-640 页。

所属成员执业情况的检查和遵守协会章程、规则信息的公布;消费者组织号召消费者对制造、销售假冒伪劣产品企业的产品的抵制;环保组织发起对破坏生态环境的企业的抗议等,都可能起到政府监管难以起到的作用。[①] 在转型社会,各种社会矛盾、问题和违规现象不可避免地多发、频发,因应这种情况,行政监管必须转型:由单一主体的政府监管向多元主体的公民社会监管转型。

二、行政监管的客体

西方国家的规制(管制)制度最早起始于"市场失灵"的经济危机,故其规制的性质和客体主要是经济性的,美国罗斯福时代的"新政"是以一系列的经济性规制措施为基本内容的。之后,反垄断和价格规制成为规制的主要目标和基本任务。"经济学理论认为,当一个产业处于'完全竞争'状态时,分配效率最大,社会资源被充分有效地使用。'完全竞争'存在于'当供应同类商品的生产者其数量很大,而每一个生产者所占有的市场份额又是很小,以至于没有任何一个生产者有能力通过改变产出来影响商品的价格'。"而"与完全竞争相对的另一个极端是完全垄断……竞争的缺乏将会打击企业追求成本最小化的积极性,从而导致生产的无效率"。[②] "政府管制由任何旨在解决开放自由场缺陷的行为构成。政府管制尤其关心保护商业免于无情的、你死我活的竞争,阻止垄断的出现,保护消费者不被敲竹杠(尤其是由生产者和销售者定价的商品),也保护商业免于不安全产品和不公平的非法的商业手段。"[③]"政府对企业的价格和利润进行规制,其最传统、最持久的理论根据就是'自然垄

---

① 针对我国食品安全方面发生的恶性事件,如毒奶粉、瘦肉精、地沟油等,加强行业协会(奶粉协会、生猪养殖屠宰协会、食用油协会等)的监管非常重要。因为协会每一个成员企业产品的质量、安全关系到协会全体成员企业产品的市场信用,从而关系协会全体成员企业的生存。故协会对协会成员的监督和协会成员的相互监督的主动性、积极性要比政府部门及其工作人员监督的主动性、积极性大得多。现在的问题是大多数食品生产和销售的行业没有建立协会,少数行业建立了协会但没有通过有效的机制使之真正发挥作用。

② 参见[英]安东尼·奥格斯:《规制:法律形式与经济学理论》,骆梅英译,中国人民大学出版社2008年版,第22-23页。

③ 参见[美]肯尼斯·F.沃伦:《政治体制中的行政法》,王丛虎等译,中国人民大学出版社2005年版,第128页。

断’的存在。”①

随着工业化、城市化的发展,导致“市场失灵”的另两大市场缺陷——“信息不对称”和“外部性”问题——越发严重,引发一系列虽与经济有关,但远超出经济范围的社会问题,如产品质量和食品药品安全事故频发、生态破坏和环境污染严重、网络黑客攻击等。从而,社会性监管的重要性越发显现出来。美国联邦最高法院法官斯蒂芬·布雷耶在分析现代政府规制的必要性的理论时提出了七大根据。在这七大根据中,有五大根据涉及社会性规制。这七大根据分别是:其一,控制垄断。在合理的公共利益限度内保持物价稳定和“天然垄断者”适当利润,以取得“分配效率”。其二,防止“横财式利润”。横财式利润“数量很大且不能反映出生产者的特定才能和技巧……管制的目标就是把这些非应得的横财式利润从稀缺资源生产者和所有者转移到消费者和纳税人手中”。其三,控制“过高的成本”。“过高的成本是社会真正的、额外的代价(例如,空气和水污染)。这些成本至今公司还没有承担而是强加给了社会。”其四,保障信息披露,解决信息不对称问题。“公众需要信息有助于他们评估竞争市场中不同的服务和产品;信息的公布有助于市场保持竞争力,并产生更多的理智的消费行为,同时又反过来压低物价;信息的披露对于防止销售商故意误导消费者特别有用。”其五,预防过度竞争导致的破坏。“在某种条件下,为公共利益来保护特定公司免于过度竞争以便社会需求的商业不破产……如果规制者认为日益增加的竞争确实给现存的公司以及消费者带来不必要的麻烦,那么这使得规制行为就要禁止新的竞争者进入市场”(当然,对于这种情形,如果能通过非规制手段解决得更好的话,则不应适用规制)。其六,防止“道德危机”的发生,控制买主不负责任地购买物品和服务。例如,“狂升的医疗费用很大程度上是因为医疗服务不负责任和服务的滥用。因为人们认为政府越来越有义务支付医疗费用,这给政府增加了财政负担:如果人们认识到医疗费用已经占国民生产总值的太大部分,并且也认识到‘道德危机’阻碍了对个人资源需求的监督”,人们即会拥护规制。其七,刺激工业结构的合理化。通过监督和协调,“如果政府能总体上控制工业领域发展,公众

① 参见[英]卡罗尔·哈洛、理查德·罗林斯:《法律与行政》,杨伟东等译,商务印书馆2004年版,第559页。

将获利。政府干预能导致合理的合作计划产生与发展，这就当然地提高了效率并降低了成本”。①

布雷耶提出的上述七大政府规制的根据，同时也都是监管的根据。这些政府规制或监管根据，除了第一项和第七项主要涉及的是经济性规制或经济性监管外，其他五项主要涉及的是社会性规制或社会性监管。我国目前正处在社会转型的中期阶段，经济性监管（银保监会、证监会实施的监管和反垄断、反不正当竞争机构实施的监管）虽然仍具有重要地位，但社会性监管的意义越来越重要，如前述七项规制中第二项的控制超高利润、超高收入，缩小穷富差别；第三项的减少负外部性，防止污染，保护环境；第四项的促进信息公开，维护消费者权益；第五项的避免过度竞争导致公用事业企业破产，保障消费者必须的公共物品供给；第六项的防止“道德危机”，避免过高的社会保险、社会福利需求给公共财政带来难以承受的负担，损害经济发展等，都应该成为我们当前行政监管的重点内容。特别是食品药品安全和环境生态保护，更应该成为我们当前行政监管的重中之重。如果我们不重视这些领域的监管，不尽快改变目前在这些领域监管不力的局面，我国当前日益增多的社会矛盾就难以得到缓解，改革、发展的势头就难以继续，社会转型的任务就难以完成。从这个意义上，我们可以说，不实现行政监管的转型，就难以实现整个社会的转型。行政监管转型是整个社会的转型的条件之一。当然，整个社会的转型也必然引发和促进行政监管的转型。

第三节 行政监管的方式、程序、手段和标准

一、行政监管的方式

传统的行政监管方式完全是或基本是单向性的：监管主体向监管对象发号施令，监管对象的义务、责任只是服从。监管主体无须就向监管对象所发所

① 参见[美]肯尼斯·F. 沃伦：《政治体制中的行政法》，王丛虎等译，中国人民大学出版社 2005 年版，第 131-134 页。

施的号令征求监管对象的意见,与之讨论、协商,乃至讨价还价,达成互让互谅的妥协协定。监管主体对监管对象进行监督检查,监管对象的义务、责任只是配合、协助。监管主体无须就监督检查的必要性、范围、内容、方式、期限等事项听取监管对象的意见、建议,监管对象无权就这些事项与监管主体讨论、协商。监管主体对监管对象采取行政强制,实施行政处罚,无须向监管对象告知强制、处罚的根据和说明理由,听取申辩,监管对象无权要求监管主体对强制、处罚的合法性、适当性进行说明、解释,对监管对象的异议、辩解、疑惑予以答复、阐释等。

20 世纪中期以后,这种传统的单向性的行政监管方式开始逐步转变。"对于行政行为这样单方地确定市民的权利义务的手法,人们提出了各种批评的观点……为了使行政行为亦能适合现代行政的需要,人们正不断改变着其功能……行政机关在决定作出行政行为之前,经常在行政与私人之间进行意见的交换。"这种同私人进行协商作出的行政行为,在德国称为"基于协商的行政行为"(der ausgehandelte)。例如,根据德国《公害规制法》规定,监管主体通过与具有多个排污设施的企业协商,"如果其拥有的全部设施的排污总量控制在排污规制的数值范围之内,那么,可以允许其个别设施的排污量超出规定的数值……借助这样的手法,行政机关可以督促私人先从经济上易于着手处理的设施开始,改善其排污状况"。在德国,"行政机关与私人之间进行协商的过程中被作为交易材料的,不仅包括行政行为这样的个别措施,还包括法规命令这样的行政立法"。①

在我国,随着《行政处罚法》《行政许可法》《行政强制法》等行政基本法律的制定实施,包括行政监管在内的行政行为方式也开始从单方性向互动性转化。例如,行政主体向行政相对人发布行为规则、准则,事先需要征求行政相对人的意见,与之进行一定的讨论、协商。行政主体对行政相对人进行监督检查,如非特别需要,应就监督检查的必要性、范围、内容、方式、期限等事项听取相对人的意见、建议;对于相对人合理的意见、建议,行政主体应当采纳。行政主体对行政相对人采取行政强制,实施行政处罚,必须向行政相对人告知强

① 上述关于德国行政监管方式转变的情况介绍,转引自[日]大桥洋一:《行政法学的结构性变革》,吕艳滨译,中国人民大学出版社 2008 年版,第 6-14 页。

制、处罚的根据和说明理由，听取其陈述、申辩；相对人有权要求行政主体对强制、处罚的合法性、适当性进行说明、解释，并可申请行政主体对法定强制、处罚行为举行听证，与行政主体进行对质、辩论；相对人提出的异议、申辩及相应证据成立的，行政主体应当采纳。① 当然，这些例子只是我国整个行政行为方式发展呈现的一个总的趋势，有些还仅只是法律、法规的规定，尚未完全付诸实践。在行政监管方面，我国监管主体在行为方式上由单方性向互动性的转变、转换还远没有完成，一些地方、一些部门现在实施的基本监管模式仍然是传统的单方命令——服从式的行政模式，这方面的转型还处在进行时而非完成时，改革、发展的任务还相当艰巨。

2004 年，国务院曾发布《纲要》，要求“行政机关实施行政管理，除涉及国家秘密和依法受到保护的商业秘密、个人隐私的外，应当公开，注意听取公民、法人和其他组织的意见；要严格遵循法定程序，依法保障行政管理相对人、利害关系人的知情权、参与权和救济权”。根据《纲要》的这一要求，监管机关实施监管，应该与相对人互动，与之讨论、协商，以找到既能达至最佳法律效果、又能达至最佳社会效果和经济效果，且能得到有效实施的监管方案。这种交互式监管对于当前解决环境污染、小产权房、非法集资等处理难度大，处理不好可能引发群体性事件或其他社会问题的事项的监管尤具重要意义。解决这些问题的方案显然都不是唯一的，如何在众多方案中找出最佳或较佳方案，必须与行政相对人讨论、协商，甚至讨价还价。

二、行政监管的程序

传统行政以封闭性和保密性为基本特征，中外皆然。行政不同于立法和司法，不可能每一事项、每个行为、每道程序都全方位公开。一定事项、一定行为、一定程序在一定时空的保密对于行政是必须的。否则，某些领域（国防、外交、调查、追究违法犯罪、突发事件应对等）的行政可能无法运作和有效进行，国家安全和社会经济秩序从而会无法保障。但是，行政的封闭性和保密性，特别是超过必要限度的封闭性和保密性，又是有极大的弊害的：行政暗箱

① 参见《行政处罚法》第 7、44、45、63 条；《行政许可法》第 7、36、46、47 条；《行政强制法》第 8、18、36、42、51 条。

操作,可能为腐败、滥权提供机会;行政行为的根据、条件、标准、程序不公开,行政相对人知情权被剥夺,对强大的行政权无以对抗,其合法权益即难以保障;另外,政府信息不公开,公民难以监督政府,政府行为的错误、失误即难以发现和纠正,从而可能导致国家和人民利益的不可挽回的重大损失。

像我们中国这样的东方国家,有“民可使由之,不可使知之”的传统官治文化,历史上行政的封闭性和保密性就较西方国家尤甚。即使是在中华人民共和国成立以后,我们的政府仍奉行“保密是原则,是铁的纪律;公开是例外,是严加限制的政策”的理念。1951 年,我国就制定了《保守国家机密暂行条例》,1988 年又制定了《保密法》,但直至 2007 年,我国才制定《政府信息公开条例》,至今尚未制定“公开法”。

自 20 世纪中期以后,随着世界民主化、信息化浪潮的兴起,许多国家和地区的行政开始从封闭性和保密性向公开性、透明性转变、转换。1967 年,美国首先制定了《信息自由法》,之后又于 1976 年制定了《阳光下的政府法》,确定了“公开是原则,保密是例外”的现代行政模式。此后,世界上有 70 多个国家和地区效仿,通过立法转换行政模式:从行政的封闭性和保密性向公开性、透明性转变、转换。尽管行政相对于立法和司法,其公开性和透明度仍然相对要小些,其封闭和保密度仍然相对要大些,但现代行政向公开、透明发展的世界性趋势已经显现。

一般认为,在各种行政行为中,监管行为的封闭性、保密性似乎要大于其他行政行为(行政决策行为、行政规章和行政规范性文件制定行为、行政征收、征用行为、行政裁决行为等),监管行为的公开性、透明性的要求似乎要低于其他行政行为。因为监管过程涉及对监管对象的调查,对监管对象违法行为证据的收集、认定、核实,监管程序和监管过程的公开,可能导致监管对象转移、隐藏、毁灭证据,或导致监管对象相互串通、制造假证,或威胁、收买证人做假证等。但是,也有学者认为,监管行为的这种封闭性、保密性的需要只存在于监管的某些过程、环节,整个监管行为还是需要公开、透明的。公开性和透明性“是现代民主国家对监管程序的基本要求。与传统行政机关不同,监管机构承担模拟竞争市场的职能,监管过程的透明、公开是实现公正、可信监管的前提,所以对监管程序有更高的透明度要求。经济合作与发展组织(Organization for Economic Co-operation and Development,OECD)曾指出,一种富有开放性的监管文化是良好监管的特质，封闭式的政府监管模式往往导致低效与腐败，而开放和透明能够保持监管的健康与活力。透明性原则要求监管机构必须公布所有由监管机构产生、获得或控制的信息。通过对监管信息的公开，不仅可以保证监管机构的监管行为随时受到公众的监督，减少腐败现象，而且能够为公众提供稳定的行为预期，减少监管成本和社会成本”。①

由此可见，公开、透明是现代行政的要求和特质，社会监管程序由封闭性、保密性向公开性、透明性转变、转换是监管转型的必然趋势。在我国，自《政府信息公开条例》实施以后，社会监管程序的公开透明取得了重大进展，但是一些地方和部门在监管标准、监管过程和监管结果的公开方面还存在很多欠缺。例如，不公开监管标准，就同一事项对不同相对人实施不同的标准；不公开监管过程，通过非法手段（如“钓鱼执法”）调查取证；不公开监管结果，为其监管行为寻租和保护“关系户”与“特殊监管对象”留下空间和机会。因此，进一步推进我国社会监管的公开、透明仍然是我国监管机制改革的重要任务。

三、行政监管的手段

传统的监管手段包括审批、许可、调查、检查、检验、鉴定、查封、扣押、扣留、调阅账册和记录、采取实时强制措施、给予行政处罚和其他制裁、实施强制执行等。“这种传统的确保行政实效性的手段，有直接确保义务履行的行政强制手段和作为间接强制的行政罚手段。但是，近几年来，拒绝提供电、水、气（断电、断水、断气）等手段或者依据法令科以课征金、加算金成了新的义务履行确保手段。另外，虽然没有相关的一般法的根据，但在大多数情况下，公布行政义务违反者的名单是为了确保义务履行。行政行为的撤销、撤回（撤销、撤回许可证照）也是传统瑕疵论的一部分，或者说是与之相关的问题，这些法制也具有行政上的义务履行确保手段的意义。另外，拒绝授益性行政行为（拒绝许可、拒绝税收减免申请）也具有相同的意义。”②

考察我国和外国行政监管中运用的各种传统监管手段，③其最基本的特

---

① 参见马英娟：《政府监管机构研究》，北京大学出版社 2007 年版，第 258 页。

② ［韩］金东熙：《行政法》，赵峰译，中国人民大学出版社 2008 年版，第 317 页。

③ 如前述韩国学者金东熙介绍的韩国行政监管中运用的各种手段：行政强制、行政罚、断电、断水、课征金、加算金、撤销、撤回许可证照、拒绝许可、拒绝税收减免申请等。

征是强制性。但是,随着现代社会民主化的发展和人们(包括监管对象)权利意识的普遍提高,加之强制性监管手段运用过多往往产生许多负面作用,故各种偏柔性的监管手段,如行政指导、行政协商、行政契约、信息披露、经济工具、自我规制等应运而生,补充强制性监管手段的不足,或在一定范围、一定领域替代强制性监管手段。英国有学者提出"迈向'理性的'社会性规制"的主张,"提倡优先适用目标标准(由企业自行设计能达成规制目标的成本最低的方式)以及其他更优的规制形式,包括自愿性的行为守则,自我规制以及经济工具"。①

所谓"经济工具",是指"通过财政激励而非法律强制来鼓励某些行为。这种激励既可以是消极的(行为的作出不受法律的限制,但如果行为人选择一种法律不鼓励的方式则需支付一定的费用),也可以是积极的(如果企业选择法律所鼓励的方式行为,则将获得一定的补贴)"。② "经济工具"主要包括下述三种形式:(1)征收税费。"为了纠正外部性产生的资源错误配置,征收的总量应当相当于企业或私人给他人造成的边际损失。因为由行为人来承担外部成本,所以,如果该行为发生在竞争性市场中的话,这应当能确保生产和消费的分配效率。"(2)提供补贴。"补贴的作用刚好与税费相反:向企业或私人支付一定金钱,以减少法律禁止的行为……如果支付的数额反映了消除外部性的边际成本时,就能够保证有效率的配置。"(3)排污权交易。"公共机构根据其对最佳周边环境质量的观察,对气域和水域的排污量设定绝对限度,并且通过拍卖程序来转让污染排放总额度,并由出价最高者得。一旦企业获得了排污额度,这一权利可在企业间相互交易,如此,最终这些排污额度即由最能发挥其价值的企业获得。因为他们此时达到了减少污染的最高成本,分配效率也将实现。由于成本更低的减污企业,将会发现减少污染比获得排污权的成本更低。"③

---

① [英]安东尼·奥格斯:《规制:法律形式与经济学理论》,骆梅英译,中国人民大学出版社 2008 年版,第 344-346 页。

② 参见[英]安东尼·奥格斯:《规制:法律形式与经济学理论》,骆梅英译,中国人民大学出版社 2008 年版,第 248 页。

③ 参见[英]安东尼·奥格斯:《规制:法律形式与经济学理论》,骆梅英译,中国人民大学出版社 2008 年版,第 249-253 页。

我国目前由于尚处于转型社会的中期阶段，偏强制性的监管手段不可避免地还会使用较多，但偏柔性的监管手段也越来越受到重视，许多监管机构开始有意识地在实践中探索和适用偏柔性的监管手段，[①]有关法律、法规也越来越多地以立法形式将实践中适用较广泛，并证明实际有效的各种偏柔性的、激励性的监管手段加以规定和推广。例如，《清洁生产促进法》即规定，政府通过财政税收政策、产业政策、技术开发和推广政策，促进清洁生产；通过政府财政安排专项资金，支持技术进步和技术改造项目，并以协议形式促使企业自愿削减污染物排放；通过减免增值税，鼓励企业利用废物生产和从废物中回收原料等。[②] 近年来，我国像《清洁生产促进法》这样的法律越来越多，国家直接通过立法推进政府监管手段从偏强制性向偏柔性、偏激励性转变、转化。

四、行政监管的标准

行政监管行为像其他行政行为一样，行政主体享有广泛的裁量权。在社会监管中，监管主体这种裁量权对于监管的顺利、有效实施以及保证实质正义的实现都是必要的和不可缺少的。美国学者戴维斯曾经指出："为什么裁量在这么大的程度上主导着行政正义而没有规则甚至标准的指引呢？答案有三：(1)许多应当受规则支配或指引的裁量而现在没有规则；(2)许多裁量正义之所以没有规则是因为没有人知道如何制定规则；(3)许多裁量正义之所以没有规则是因为裁量比可能制定规则更可取，与明确的规则得出的结果相比，个别化的正义往往更优，或被认为更优。"[③]

对于行政裁量的必要性和合理性，笔者曾经在一篇文章中从四个方面进行过论证。[④] 就行政监管而言，基于上述理由，立法者在为监管主体确定监管标准方面，必然为监管主体留下较大的裁量空间。然而，"裁量之运用既可能是仁行，亦可能是暴政，既有正义，亦有非正义，既可能是通情达理，亦可能是

---

① 参见马英娟：《政府监管机构研究》，北京大学出版社 2007 年版，第三章第三节"监管形式发展趋势：从单纯的命令控制型监管到经济激励型监管的兴起"。

② 参见《清洁生产促进法》第四章"鼓励措施"第 30-34 条。

③ [美]肯尼斯·卡尔普·戴维斯：《裁量正义》，毕洪海译，商务印书馆 2009 年版，第 15 页。

④ 参见姜明安：《论行政裁量权及其法律规制》，载《湖南社会科学》2009 年第 5 期。

任意专断”。[①] 因此,要保证监管裁量标准的正确适用,以之实现正义,防止监管主体滥用裁量权,任意专断,以之施暴政,就必须对监管裁量权加以法律控制。在现代社会,人们创设了各种各样的控制裁量权的方法、途径。其中之一是通过制定“裁量基准”控制裁量权。所谓“裁量基准”,是指行政机关专门为规范行政执法裁量制定的具体判断、裁量标准,通常是对法律、法规原则性、抽象性、弹性条款或裁量幅度过大的条款具体化、细化和量化。裁量基准不是法律,在一般情况下,执法者必须遵循裁量基准,但出现特殊情形,执法者可不遵循,而应在法律赋予的裁量权大范围内作出行政行为,但执法者对此应在法律文书中说明理由。由此可见,在现代社会,监管标准的裁量空间虽然仍然存在,但它必须受裁量基准对之设定的相应限制。

近年来,我国许多地方和部门的行政监管机关制定了大量的执法裁量基准,如治安管理执法裁量基准、交通执法裁量基准、工商执法裁量基准、食品安全执法裁量基准、环境保护执法裁量基准等。这些执法裁量基准的制定和实施,对于防止行政监管的恣意、滥权,保障监管的准确性和公正性,起了极为重要的作用。

第四节　行政监管者的责任与监管目的

一、监管者的责任

传统监管的一个重要特征是科层官僚体制:上级领导下级,下级服从上级,监管机关和监管人员与所有其他政府机关和政府工作人员一样,只对上负责而不对人民代表机关、公众和社会负责。[②] 监管出现问题(失职、渎职等)或因监管出现的问题而引发事故、灾难(食品安全事故、环境污染事故、矿难

---

① [美]肯尼斯·卡尔普·戴维斯:《裁量正义》,毕洪海译,商务印书馆2009年版,第1页。

② 周汉华教授在论述行政管理与独立监管的区别时,曾提出二者最重要的区别,前者是建立在下级对上级负责、只服从上级的科层官僚体制的基础上,而后者是建立在独立监管、依法监管、监管者只对法律负责的法治治理结构之上。参见周汉华:《政府监管与行政法》,北京大学出版社2007年版,第11页。我国传统的监管制度(甚至现行的监管制度)虽然不完全等于“行政管理”,但并非属于独立的监管模式,实际上其基本模式仍属于一般的“行政管理”模式。

等)，问责主体只是其上级机关，而不是人民代表机关、公众和社会。上级机关因种种原因，问责的随意性往往很大。在很多时候，上级机关会袒护相应下级责任机关和责任人员，大事化小，小事化了；或者为掩人耳目，在事件的"风头"上，对责任者严格追责，如撤职、免职等，待"风头"一过，就让责任者官复原职，甚至让责任者官位不降反升或明降暗升。当然，上级机关及其领导人出于某种原因(舆论声浪太高，不严格追责会威胁追责者本身官位，或者追责者早就对相应责任人反感，想找机会给予惩治等)，也会严惩相应下级责任机关和责任人员，对之严格追责。很显然，这种问责制不仅对问责对象不公平，对非问责对象的其他所有监管者也很难起到真正的警示作用，更难以促使所有监管者认真积极履责、依法监管、不滥权、不懈怠。

传统监管负责制和问责制的弊端，随着人们民主意识和权利意识的提高，越来越为人们所认识。行政监管机关是政府的组成部门，而政府是由人民代表机关产生的，首先应接受人民代表机关的监督，向人民代表机关负责。在国外，政府和政府部门因失职、渎职导致重大事故、灾难的发生，往往首先是议会对之问责，通过质询或听证查明政府和政府部门及其负责人的责任，然后迫使相应负责人引咎辞职，或启动罢免、弹劾程序，直接追究政府、政府部门及其负责人的责任。在我国，近年来各级人大，特别是一些地方人大，也逐渐开始运用宪法、组织法和人大代表法规定的询问权、质询权和特定问题的调查权，对政府及其监管机关进行监督、问责。当然，目前我国人大和人大代表行使询问、质询和特定问题调查权的情况还很少、很不普遍，但是，人大和人大代表作为重要问责主体进行问责的趋势已经显现。

随着民主化和信息化时代的到来，对于政府监管失职、渎职的问责，其问责主体除了人民代表机关和监管机关的上级机关以外，公民和公民社会越来越多地开始直接监督监管者，成为社会监管主体。监管者在一定程度上要直接向公民和公民社会负责，公民和公民社会开始通过一定的途径和形式直接或间接对监管者问责。美国行政伦理学教授特里·L.库珀指出："公共行政人员作为一种代理人角色，包括了复杂的责任内容，即对多种委托人负责，这些委托人包括组织的上级、政府官员、职业性协会和公民。”①

公民和公民社会直接监督监管者,监管者在一定程度上直接向公民和公民社会负责,公民和公民社会通过一定的途径和形式对监管者问责的监管责任模式之所以能实际运作,这在很大程度上应归功于20世纪末开始蓬勃兴起的互联网的作用。无论是在国外还是在国内,正是由于互联网的神奇功能,传统监管,乃至整个传统行政才真正全面开始从只对上负责,转变、转换成不仅要对上负责,而且要直接对行政相对人、公民和公民社会负责。正是现代互联网为行政相对人、公民和公民社会直接参与对监管者及所属政府的监督提供了强有力的技术支撑。

二、行政监管的目的

有首歌的歌词中有这样一句话:“我不知道你是谁,我却知道你为了谁。”传统监管之所以必须改革,转换机制,转换模式,其最重要的症结在于,监管者没有搞清楚自己是谁,自己监管是为了谁,为了什么。或者更准确地说,他们把“监管是为了谁,为了什么”的答案给搞错了,把监管的目的、方向、目标、宗旨给界定错了,对监管定错了位。传统监管者将其监管目的界定为维护和保障经济社会秩序。他们视维护和保障经济社会秩序为其第一位的追求、第一位的责任,而对监管对象及其他公民的人权保障,对监管对象及其他公民的人格尊严的尊重,则被他们视为第二位的追求、第二位的责任。甚至监管对象和所有公民的权利、尊严、福祉在他们心目中连第二位的位置都排不上:监管者完全是为监管而监管,为秩序而秩序。

毛泽东曾经说过,“世间一切事物中,人是第一个可宝贵的”。②“我们这个队伍完全是为着解放人民的,是彻底地为人民的利益工作的。”③毛泽东的这些话无疑是非常正确的,我们的党和政府过去在很多时候也是这样做的。但是我们党在执政以后,有一些时候,一些场合,却忘了这些话不是为了人,不是为了人民利益,不是以人为本,而是为阶级斗争而阶级斗争,以阶级斗争为

① [美]特里·L.库珀:《行政伦理学:实现行政责任的途径》(第4版),张秀琴译,中国人民大学出版社2001年版,第64页。

② 《毛泽东选集》(第4卷),人民出版社1991年版,第1512页。

③ 《毛泽东选集》(第3卷),人民出版社1991年版,第1004页。

纲;为 GDP 而 GDP,以 GDP 为中心;为稳定而稳定,以稳定压倒一切。在进行监管时,我们的监管者不是为人民的利益,为人民的安全、健康而监管,而是单纯为追求秩序、稳定而监管,单纯为保发展、保增长而监管。为秩序、稳定、发展,增长进行监管,可以不惜牺牲被监管者的人权,可以不惜牺牲法治。诚然,我们作为政府公职人员,承担着法律赋予的监管职责,在监管中,努力保障秩序和稳定,保障经济发展,保障一定时期、一定地区中心任务的完成,是义不容辞的。我们作为政府监管人员,当然有义务和责任去完成政府和上级主管部门交付给自己的监管任务,维护好社会经济秩序,保稳定,保发展,保增长。但是,我们同时一定要记住,我们是人民的公仆,维护秩序和稳定、保障经济发展、保障 GDP 的增长、保障一时一地某项中心任务的完成,其最终目的是实现人的权利、人的尊严和人的福祉,而不是为秩序而秩序,为发展而发展。如果秩序和稳定的维护、经济的发展、GDP 的增长、一时一地某项中心任务的完成与人的权利、人的尊严和人的福祉相矛盾、相冲突,则前者必须服从后者。

现代监管与传统监管的根本区别即在于为谁监管,为什么监管。所谓"监管转型",最关键的应该是监管目的的转型,即使监管模式由过去的只注重秩序维护和保稳定、保发展、保增长的模式向现代民主法治社会要求的既注重秩序维护和保稳定、保发展、保增长,也注重且更注重人权保障和人格尊严、以人为本的模式转变、转换。目前,在我国监管机制改革的顶层设计及具体实施中,我们已经看到了这种转变、转换的趋势,不过,这一趋势要得以保持、发展,并形成未来社会监管的全新模式,还需要我们经过长时期艰苦不懈的努力。

第十八章 行政裁量

裁量是工具,这种工具对个别化的正义是不可或缺的。……然而每有讴歌裁量的事实,就会伴有裁量危险的事实:只有当正确运用的时候,裁量方才是工具。裁量就像一把斧子,也可能成为伤害或谋杀的凶器。在兼有人治与法治的政府当中,人治那一部分就像致命的癌症一样,往往会扼杀法治那一部分。或许我们法律制度百分之九十的非正义都来自裁量,而只有百分之十来自规则。①

——[美]肯尼斯·卡尔普·戴维斯

本章节目

第一节 行政裁量的范围和必要性

第二节 法律规范和控制行政裁量的理由与途径

第三节 行政裁量的自我控制

第一节 行政裁量的范围和必要性

行政裁量在行政管理领域如此广泛,如此普遍,乃至于可以说达到了"没

① [美]肯尼斯·卡尔普·戴维斯:《裁量正义》,毕洪海译,商务印书馆2009年版,第26-27页。

有行政裁量就没有行政管理”的程度。美国行政法学者施瓦茨说,行政裁量是行政权的核心。行政法如果不是控制行政裁量权的法,那它就什么也不是。[①] 行政管理与行政裁量为什么如此密不可分,法律为什么必须赋予行政管理者如此广泛的行政裁量权？既然行政管理这么需要行政裁量权,法律赋予行政管理者广泛的行政裁量权确属必须,那人们为什么又对行政裁量权如此不放心,乃至于要创设一个专门法律部门——行政法——对之加以规范和控制呢？尽管规范和控制行政裁量权并非行政法的全部功能,施瓦茨将行政法归结为“控制行政裁量权的法”似乎有点夸张,但规范和控制行政裁量权毕竟是行政法的最重要功能。

一、行政裁量适用的范围

从某种意义上可以说,在行政管理的所有事项上,无论是决策、执行,还是检查监督或对行政相对人实施指导、制裁,行政机关和行政执法人员都享有行政裁量权。仅就行政执法领域而言,[②]行政机关和行政执法人员在行政行为的下述环节一般都享有一定的裁量权。

(一)决定是否实施某一行政行为

例如,《食品安全法》规定,县级以上质量监督、工商行政管理、食品药品监督管理部门履行各自食品安全监督管理职责,有权采取下列措施:进入生产经营场所实施现场检查;对生产经营的食品进行抽样检查;查阅、复制有关资料;查封、扣押有关物品;查封违法从事食品生产经营的场所等。根据该法律规定,行政机关和行政执法人员在通过监督检查或消费者举报或其他途径发现食品生产经营企业有可能导致食品安全事故的行为时,即享有是否采取上述措施的裁量权。法律之所以赋予行政机关在获取可能导致食品安全事故行为的信息时不是要求其必须立即采取行为,而是赋予其是否采取行为的裁量权,是因为行政机关通过监督检查或通过举报等途径获取的信息不一定是完全准确可靠的;即使准确可靠,企业相应行为导致食品安全事故的“可能”程度也是很不一样的。如果贸然启动上述措施中的某一项或某几项,就有可能

---

① 参见[美]伯纳德·施瓦茨:《行政法》,徐炳译,群众出版社 1986 年版,第 566 页。

② 相对于行政执法,在行政决策领域,行政机关享有更多、更广泛的裁量权。

使该企业产品滞销,甚至导致该企业破产。因此,行政机关必须慎重裁量是否行为,如果其应该行为而不行为,可能导致严重的安全事故;同样,如果其不应该行为而行为,则可能造成行政相对人权益的严重损害。

(二)决定实施何种行为

我们仍以食品安全行政执法为例,行政机关发现生产经营企业确实有违反《食品安全法》行为的,依照该法第九章的规定,可以对其处以警告、罚款、没收违法生产经营的食品、没收违法所得、责令停产停业、吊销许可证等不同类型的处罚;罚款更是有2000元至100,000元、货值金额2倍至10倍的不同幅度。行政机关选择何种处罚种类、处罚幅度,必须行使和运用裁量权。否则,就会导致严重的不公正。

(三)决定何时实施相应行为

行政机关通过裁量,在决定采取行为和决定采取何种行为后,对何时采取相应行为,同样要进行裁量。例如,行政机关决定进行某种信息披露行为,就必须对披露的时机进行慎重裁量。如果披露过早,可能对社会稳定和相对人权益造成不必要的损害;如果披露太晚,则可能导致社会公众因对某种灾难事故缺乏必要的防备和来不及采取必要的预防措施而导致惨重损失。

(四)决定怎样实施相应行为

例如,行政机关决定对某一有违法嫌疑的企业进行检查或调查,它就必须对检查或调查的方式进行裁量:是"微服私访",秘密调查取证,还是公开进行,让媒体记者相随报道?是事先通知被检查、调查企业,还是采取"突然袭击"式?是通过专门鉴定或专家论证认定证据,还是通过听证会,让相对人与检查、调查人员质证、辩论认定证据?等等。对于这些执法行为的方式,有时可能有法律的明确规定和要求,但在绝大多数情况下,法律会给行政机关留有裁量、选择的广泛空间。由此可见,行政裁量与行政管理可以说是形影相随的,行政机关实施行政管理的过程,几乎可以说就是行政裁量的过程。

二、行政裁量对于行政管理的必要性

如前所述,行政管理,特别是现代行政管理,行政权的行使是与行政裁量密切联系的。韦德指出,"现代政府管理要求尽可能多且尽可能广泛的裁量权,议会法案起草者也竭力寻找能使裁量权变得更为广泛的新的措词形式,议会在通过这些法案时也无意多加思量"。[①] 但这是为什么呢？为什么行政权的行使总是与行政裁量密切联系？议会法律为什么要授予行政如此广泛的裁量权呢？行政裁量对于行政权的行使是必需和必要的吗？对于行政裁量的必要性和合理性，我们大致可归纳为以下四点。

（一）行政管理事务的无限性与法律的有限性的矛盾使然

行政机关每天要处理大量的有关国家经济、社会、文化等广泛的事务，这些事务有的涉及政策选择，有的涉及规划设计，有的涉及突发事件应对；等等。这些均需要执法者不断适应新情况、新变化而决定行为路径和行为方式。显然，法律不可能事前对这些事项完全加以明确、具体的规定，不可能事前对之都给出准确界限和确切的行为规范，法律不得不赋予行政机关以见机行事的广泛的裁量权。

（二）行政管理事务的专业性与立法者的非专业性的矛盾使然

在现代社会，行政管理所涉事项往往具有很强的专业性和技术性。而作为立法者的议会议员、人民代表，大多为政治人物，具有党派背景，他们对立法所调整的特定事项，特别是涉技术性较强的事项，往往缺乏专门知识，甚至是外行。故他们就相应事项立法时，只能规定一般原则，具体细则不得不留给对相应行政事项通常具有专门知识、专门经验和专门技能的行政机关及其工作人员裁量处置。

（三）政治、政策需要相对灵活性和法律需要相对稳定性的矛盾使然

行政与政治、政策密切联系。正如韦德所说，行政决定的作出必须基于政策，以公共利益为目的。而现代法治则要求行政必须严格依法，不允许违法行政。为协调法治与政治二者的关系，使之不发生冲突，立法者制定法律时自然要给行政留下一定裁量空间，使执法者执法能适当融入政策的考量。

（四）形式正义要求公平性与实质正义要求公正性的矛盾使然

行政裁量存在的另一个重要理由是，协调形式正义与实质正义的关系。立法只能针对不特定的人而制定，对任何人平等对待、一视同仁是形式正义的要求。但现实生活是千差万别的，处在同样法律关系中的人、实施同样法律行为的人的情况（经济状况、身体条件、智力水平、社会背景以及由此决定的行

① H. W. R. Wade, *Administrative Law*, Oxford University Press, 1988, p. 388.

为目的、动机、行为方式、行为结果等）是千差万别的，法律不可能针对千差万别的情况做出千差万别的规定。对此，立法者可以有两种选择：一是完全不考虑千差万别的情况，对同样的行为统一作出同样的规定，不给予执法者任何裁量的余地，以保证形式正义；二是基于现实生活的千差万别，立法者在确定规则时留下弹性空间，赋予执法者以“不同情况，不同对待”的较广泛的裁量权，以保证实质正义。德国行政法学家毛雷尔指出：“裁量主要服务于个案正当性。行政机关处于这种情形之下：既要按照法定目的观考虑（法律目的、合理性），又要考虑案件的具体情况，从而找出适当的、合理的解决办法。”[①]笔者认为，保障个案实质正义是行政裁量存在的最重要的根据。即使裁量权有被执法者滥用的风险（法律自然应将这种风险控制到最小限度），为尽可能追求个案可能的实质正义，裁量权仍不能不赋予执法者，执法者亦不能为显示自己的“公正”形象和避免不公正嫌疑而放弃裁量权的行使，例如，用裁量基准将裁量权限制到最小限度。

第二节　法律规范和控制行政裁量的理由与途径

一、法律规范和控制行政裁量的理由

前已述及，行政裁量是行政权行使的必需，是行政机关行使行政职能，协调法治与政治的关系，保障实质正义实现的一种手段和工具。既然如此，我们为什么还要对行政裁量加以规制（规范和控制）呢？根据行政法的一般原理，对行政裁量加以规制的理由大致有三。

（一）裁量权授权的目的与裁量权行使的目的并非总是一致

行政裁量是一种手段和工具，法律赋予行政执法者这种手段和工具是为了更好地实现公共利益和更好地保护行政相对人利益。但行政裁量这种手段和工具乃是一把“双刃剑”，其运用既可以为善，执法者可运用裁量权实现法定的行政目标，追求实质正义；同时，这种手段和工具的运用也可以为恶，执法

① ［德］哈特穆特·毛雷尔：《行政法学总论》，高家伟译，法律出版社 2000 年版，第 127 页。

者可利用法律赋予其裁量空间为自己滥权、偏私服务。在有裁量空间的场合，执法者如欲以此谋私，可以通过裁量对同样情况做不同对待，对不同情况做同样对待。执法者如这样行使裁量权，就会既破坏形式正义，更无从保障实质正义。

（二）裁量权授权所基于的前提与裁量权行使者的实际情形并非总是一致

法律授予行政执法者裁量权所基于的前提是执法者有广博的专业知识、专门经验和专门技能，能正确行使裁量权，但在实践中，执法者的素质并非全都如此，某些执法者可能存在品质缺陷或存在知识局限，某些执法者还可能既存在品质缺陷，又存在知识局限。在他们那里，法律赋予的裁量权完全可能被滥用或不正确行使，他们可能故意考虑不相关因素，或不考虑相关因素，或者面对裁量权不知怎样正确行使而放弃行使或胡乱行使。这两种情形：对裁量权的滥行使和乱行使都可称为裁量权滥用，前者为故意滥用，后者为过失滥用。施瓦茨在其《行政法》论著中将行政主体对行政裁量的滥用细分为六种情形：（1）不正当的目的，即行使裁量权违反法律赋予相应裁量权的目的；（2）错误的和不相干的原因，即考虑不相关因素；（3）错误的法律或事实根据，即行使裁量权的法律根据或事实根据不正确，包括无法律根据或没有基于授权法规定的条件；（4）遗忘了其他有关事项，即没有考虑相关因素；（5）不作为或迟延，即故意或过失未行使或者迟延行使法律赋予的裁量权；（6）背离了既定的判例或习惯，即无正当理由不遵循先例，反复无常。[①]

毛雷尔在其《行政法学总论》中将行政主体对裁量权的不当行使归结为“裁量瑕疵”，并将滥用裁量权归结为“裁量瑕疵”的表现形式之一。他认为，裁量瑕疵包括：（1）裁量逾越，指行政机关没有选择裁量规范规定的法律后果。例如，法律规定行政机关收取相对人 20～50 马克的规费，而行政机关决定收取 60 马克。（2）裁量怠慢，指行政机关不行使法定裁量权。例如，法律规定警察可根据公民的请求，对妨碍其正常生活的行为采取适当干预措施。但某日当居住在某教堂附近的公民甲请求警察对该教堂“早晨发出的扰人的钟声”进行干预时，警察却拒绝采取任何干预措施，他们错误地认为自己无权对教堂发出命令。（3）裁量滥用，指行政机关裁量时没有遵守裁量规范的目

① ［美］伯纳德·施瓦茨：《行政法》，徐炳译，群众出版社 1986 年版，第 571 页。

的(法定目的),或裁量时没有权衡有关要点。如驱散未经许可的集会是为了阻止不同的政治意见和政治观点的宣传,采取警察措施不是为了排除危险,而是考虑个人或政党政治的因素。(4)违反基本权利和一般行政法原则。毛雷尔认为基本权利和一般行政法原则,特别是必要性和比例性原则,适用于所有行政活动。行政机关在行使裁量权时,必须受之限制。如行政机关行使裁量权违反基本权利和一般行政法原则,亦构成裁量瑕疵。[①]

(三)裁量权授权所基于执法信息条件与裁量权行使时执法者实际可能掌握的信息并非总是一致

法律赋予行政机关和行政执法人员裁量权,是基于他们了解、掌握或能够了解、掌握相应行政管理事项的政治、经济、文化背景,了解、掌握或能够了解、掌握相对人本人及其家庭的各种相关信息。但是,在实际行政管理过程中,行政机关和行政执法人员并不一定了解、掌握各种相关信息;而且他们在信息不明的情况下,也不一定会积极、主动去获取信息。这样,他们进行的裁量就可能既背离形式正义,也背离实质正义。

正是基于行政裁量对于正义的“善”的价值和可能的“恶”的副作用并存,韦德提出,法治并不要求消除广泛的行政裁量权,但法治要求控制行政裁量权的行使。[②] 他引用格林法官的著名判词,“一个被授予了裁量权的人必须正确地要求自己依法办事,他必须让自己注意考虑他一定要考虑的事情,不考虑与之不相关的事情”。[③] 如果他不遵守这些规则,那么他就是滥用行政裁量。英国科克大法官进一步指出,“裁量权意味着,根据合理和公正的原则做某事,而不是根据个人意见做某事……根据法律做某事,而不是根据个人好恶做某事。裁量权不应是专断的、含混不清的、捉摸不定的权力,而是法定的有一定之规的权力”。为了防止执法者将裁量权变成“根据个人好恶做事的专断权力”,对裁量权必须加以规制。大法官道格拉斯认为,只有通过法律规制行政裁量,“使人们免受某些统治者……某些官员、某些官僚无限制的裁量权统治之时,法律方达到了最佳状态……无限裁量权是残酷的统治。它比其他

---

① [德]哈特穆特·毛雷尔:《行政法学总论》,高家伟译,法律出版社 2000 年版,第 129-132 页。
② See H. W. R. Wade, *Administrative Law*, Oxford University Press, 1988, p. 388.
③ H. W. R. Wade, *Administrative Law*, Oxford University Press, 1988, p. 407-408.

人为的统治手段对自由更具破坏性”。[①]

二、法律规范和控制行政裁量的途径

孟德斯鸠等先哲曾经指出,权力有滥用的趋势,权力如不加制约,必然滥用,这是历史的经验。[②] 一般权力尚且如此,行政裁量权无疑更需制约,更需控制。现在的问题在于,对行政裁量权如何规范,如何控制?在规范和控制行政裁量权方面,制定法的作用应该说是有限的,因为制定法既然赋予了行政机关裁量权,它就不可能再对授权行政机关裁量处置的事务作更进一步的具体明确的规定,或更进一步制定裁量基准式的规则。否则,行政裁量空间就会大为压缩,甚至不复存在,行政裁量就无裁量可言。因此,承担规范和规制行政裁量主要任务的只能是软法。[③] 而软法也正好具有承担规范和控制行政裁量任务的性质和特色。当然,作为制定法的硬法或承载软法规范的硬法,如程序性硬法,规定立法目的、立法精神、法律原则等软规范的硬法也具有规范和控制行政裁量权的重要功能,只是硬法与软法相比,其不能承担规范和控制行政裁量权的主要任务。法律(软法与硬法)规范和控制行政裁量权的基本途径和方式有六种。

(一)通过法律程序规范和控制行政裁量权的行使

法律程序是规范和控制行政裁量的重要手段。程序包括法定程序和正当程序。法定程序是法律、法规、规章明确规定的程序。行政机关和行政执法人员在实施行政行为过程中,无疑首先应遵循法定程序,在某些问题无法定程序或法定程序不明确、不具体的情况下,执法者则亦应遵循正当程序。正当程序是法理而非具体法律确定的程序,如告知、说明理由、听取申辩、自己不做自己的法官,以及公开、公正、公平等。法定程序和正当程序,特别是公开、透明,对于保障执法者正确行使裁量权,防止其滥用权力具有特别重要的意义。

---

① 转引自[美]伯纳德·施瓦茨:《行政法》,徐炳译,群众出版社 1986 年版,第 567-568 页。

② 参见[法]孟德斯鸠:《论法的精神》,张雁深译,商务印书馆 1961 年版,第 154 页。

③ “软法”即美国卡多佐法官所称的“变动的法”“动态的法”“生长的法”“用或然性逻辑验证的法”“非国家创造和存在于国家之外的法”“扎根于现实社会关系中的和扎根于公平正义信仰中的法”。其有关论述可参见[美]本杰明·内森·卡多佐:《法律的生长》,刘培峰等译,贵州人民出版社 2003 年版,第 26-27 页。

（二）通过立法目的、立法精神规范和控制行政裁量权的行使

法律对某一事项没有作出明确具体的规定，行政机关怎么行政？重要方法之一是探寻立法目的和立法精神。法律的立法目的和立法精神通常见于相应法律的总则。例如，《食品安全法》第 1 条即确定了该法的立法目的：保证食品安全，保障公众身体健康和生命安全。有关食品安全行政执法机关在行使该法授予的行政监管裁量权时，即必须遵守以上立法目的。如果行政执法机关进行执法裁量时追求以上立法目的以外的其他目的，即构成对行政裁量权的滥用。

（三）通过法的基本原则规范和控制行政裁量权的行使

法的基本原则可能是成文的，也可能是不成文的。如信赖保护原则、比例原则、法律优位、法律保留原则、诚信原则、正当法律程序原则等。例如，《行政许可法》第 8 条即通过硬法规定了作为软法的信赖保护原则：公民、法人或者其他组织依法取得的行政许可受法律保护，行政机关不得擅自改变已经生效的行政许可。行政许可所依据的法律、法规、规章修改或者废止，或者准予行政许可所依据的客观情况发生重大变化的，为了公共利益的需要，行政机关可以依法变更或者撤回已经生效的行政许可。由此给公民、法人或者其他组织造成财产损失的，行政机关应当依法给予补偿。行政机关依《行政许可法》有关规定（如第 69 条规定）行使撤销、变更或者撤回行政许可的行政裁量时，必须遵守上述信赖保护原则。否则，即构成对行政许可撤销、变更或者撤回裁量权的滥用。

（四）通过行政惯例规范和控制行政裁量权的行使

行政惯例是行政机关行使职权长时期形成的习惯性规则或做法。例如，《行政处罚法》第 42 条第 1 款规定，行政机关作出责令停产停业、吊销许可证或者执照、较大数额罚款等行政处罚决定之前，应当告知当事人有要求举行听证的权利；当事人要求听证的，行政机关应当组织听证。这里，法律对“较大数额”没有作出明确具体的规定，留给了行政机关自行裁量。某市行政机关在多年的行政处罚实践中，一直以对个人罚款 5000 元、单位罚款 100,000 元为“较大数额”，适用听证程序。如果某一天，行政机关对某公民罚款 8000 元，却不告知听证权利，该公民申请听证，行政机关以此罚款不属于“较大数额”罚款为由予以拒绝，这显然就违反惯例，构成反复无常的滥用行

政裁量。当然,行政惯例并不是永远不可改变的。只是行政机关改变惯例必须说明改变的根据和理由,并且在可能的条件下,应尽可能事先通知相对人,以保护其合理的预期。法治之要求行政机关行使裁量权时受行政惯例规制,因此种规制是防止执法者反复无常,避免对行政相对人相同情况不同对待,导致行政处置高下悬殊的不公正的重要制度性保障。

(五)通过政策规范和控制行政裁量权的行使

政策是党和国家根据一定时期的形势和任务制定的调整相应社会关系的具有一定约束力,但不具有法律强制力的规范。例如,党中央和国务院根据当前国际金融、经济危机制定、出台的各种政策。对这些政策,行政机关在行政执法中行使裁量权时无疑应予考虑。当然,政策必须在宪法和法律的范围内制定,一些地方和部门违法出台的"土政策"则不应成为行政裁量的根据。

(六)通过裁量基准规范和控制行政裁量权的行使

裁量基准是行政机关专门为规范行政执法裁量制定的具体判断、裁量标准,通常是对法律、法规原则性、抽象性、弹性条款或裁量幅度过大的条款具体化、细化和量化。裁量基准不是法律,在一般情况下,执法者必须遵循裁量基准;但出现特殊情形,执法者可不遵循,而应在法律赋予的裁量权大范围内作出行政行为。对此,执法者应在法律文书中说明理由。

第三节 行政裁量的自我控制

一、行政裁量自我控制的含义

行政裁量自我控制是行政裁量权控制的重要途径,是行政主体及其工作人员基于自律,对法律、法规授予其行使的裁量权,自行设定和自觉遵循一定的规则,规范其裁量行为,以保障相应裁量权在法律、法规授权目的的范围内合理地行使。

首先,行政裁量自我控制是行政主体及其工作人员对其裁量行为的自律。根据现代行政法的理论,为了保障行政裁量权合法、正确、合理行使,防止其滥用,法律通过多种途径对之予以规范和控制。例如,通过立法,设定行政裁量权行使的条件、程序、原则;通过行政复议和行政诉讼,监督和制约行政裁量权行使的合法性、合理性;通过要求行政机关自己制定裁量基准、执法指南等,规范行政裁量权的公正、合理行使等。行政裁量自我控制,即行政自律同样是行政裁量权控制的途径之一。

其次,行政裁量自我控制是行政主体及其工作人员对法律、法规授予其行使的裁量权,自行设定和自觉遵循一定规则对其裁量行为加以规范。行政裁量自我控制的主体是行政主体及其工作人员。这里的"行政主体"既可以是直接行使法律、法规授予行政裁量权的行政机关或法律、法规授权的组织,也可以是相应行政机关或指导被授权组织的上级行政机关,包括最高国家行政机关。这些行政主体均可设定自律规则。这里的"行政工作人员",则仅指直接行使法律、法规授予行政裁量权的行政机关的公务员和法律、法规授权组织的工作人员。行政工作人员作为自我控制的主体不是设定自我控制规则,而只是自觉遵循行政主体设定的自律规则,依自律规则行使行政裁量权。

再次,行政裁量自我规制是行政主体及其工作人员基于自律对法律、法规授予其行使的裁量权自行设定和自觉遵循一定规则,依相应规则行使行政裁量权。这些规则不是法律的强制性要求。如果相应规则是法律的强制性要求而非行政主体及其工作人员基于自律而制定和遵循,那么,这些规则就不是行政自我规制规则而是立法规制规则。

最后,行政裁量自我控制的目的是规范行政裁量行为,以保障相应裁量权在法律、法规授权目的的范围内合理地行使。行政裁量自我控制的目的与行政裁量的立法控制、司法控制的目的具有共性,三者都有保障裁量权合目的行使,防止其滥用的意旨。但是三者在目的的重心上却有所区别:立法控制除重视通过设定裁量程序规范裁量权外,还注重通过设定裁量边界、裁量条件等限制裁量权,立法控制通过限制、控制和规范,保障裁量权在授权目的范围内行使。司法控制则是注重通过审查裁量权行使是否遵循立法控制和行政自我控制确立的裁量界限、条件、程序,防止行政裁量权滥用。而行政自我控制的目的则重在规范裁量权行使,而非限制裁量权范围、边界。因为限制裁量权范围、边界主要是立法的任务。至于对裁量权的规范,其旨趣也不完全同于立法控制,其不仅追求裁量权行使的合目的性(授权目的),还追求裁量权行使的合理性。而立法控制、司法控制的旨趣更多的是控制裁量权行使的合目的性,防止其违法行使和滥用。

二、行政裁量自我控制的意义

行政裁量自我控制的意义首先取决于行政裁量控制的必要性。只有明了行政裁量规制的必要性,才有可能在此基础上进一步探讨行政裁量自我控制的必要性和重要性,进一步探讨行政裁量自我控制在整个行政裁量规制中的特殊作用,从而明了行政裁量自我控制的意义。

关于行政裁量控制的必要性,本章上一节已经从三个方面进行了比较详细的阐释。根据前面的论述,我们可以明了对行政裁量权控制的必要性,即行政裁量控制的一般意义。那么,行政裁量自我控制作为行政裁量控制的途径之一,相对于立法控制、司法控制和其他法律控制,其有什么特殊必要性,有什么特殊意义呢?

首先,由于行政裁量自我控制是行政主体及其工作人员对自己行为的控制,故其最了解哪些行为的哪些裁量情形需要控制,需要怎样控制,如何控制才能保证行政裁量权的有效行使和合理行使的统一:既最有效实现法律、法规授予行政裁量权的目的,又最有效地防止行政裁量权的滥用,从而使控制有的放矢,合理适度。当然,由于行政裁量自我控制是行政系统对自己人或对自己的控制,他们在自我控制时也有可能宽于律己,有意给自己的裁量行为留下较大的恣意空间。但是,不能因这种情形的可能性或不可避免性而否定行政裁量自我控制的必要性和重要性。对于这种情形,我们可以通过责任政府、公众参与、社会舆论监督加以制约,通过立法、司法和其他法律控制予以制约。此外,整个社会法治文化、法治理念的不断提升也会促进行政主体及其工作人员的自律精神,从而大大降低发生这种情形的可能性。

其次,行政裁量自我控制除了行政主体及其工作人员对本身行为的控制外,也包括行政主体对其下属机构和所属工作人员行为的控制。行政主体下属机构和所属工作人员与控制行政主体具有从属关系,控制行政主体对下属机构和所属工作人员的工作要进行经常性的检查、监督,故下属机构和所属工作人员对控制行政主体制定的行为规则、发布的控制措施会更加严格地遵守和执行。否则,其可能随时会被控制行政主体惩戒、制裁。尽管上下级之间也可能发生“官官相护”的现象,但是这种现象只可能是个别而不可能是普遍的。因为控制行政主体如果普遍放松对下级的控制要求,其制定的控制规则、发布的控制措施就会失效,自己对下级的领导、管理权威也就会逐步丧失。他们为维护自己的领导、管理权威,一般会更严格地要求下级遵守、执行其制定的控制规则和发布的控制措施。此外,现代公开、透明的行政程序规则也会使个别官员放纵下属违反行政控制的"官官相护"行为难以行得通,乃至不可能。

最后,行政裁量自我控制相对于立法控制、司法控制和其他法律控制,成本较低,可节约立法和司法资源。由于行政裁量自我控制是行政主体自己创制,自己实施的控制,从而不需要立法机关动用立法资源为其立法制定规则,在大多数情况下也无须司法机关动用司法资源为其制裁违反控制规则的行为。因为行政裁量自我控制一般是通过行政主体及其工作人员自律实现的。虽然有时某些行政主体及其工作人员也会不自律,违反行政控制规则,但对于这种情形,大多也可通过行政系统内部的纠错、追责和救济机制解决。只有在少数情况下,行政相对人认为行政主体及其工作人员的行政违规行为侵犯了他们的合法权益,且不服行政系统内部采取的纠错、追责和救济措施,他们才会诉诸司法,通过行政诉讼解决问题。

三、行政裁量自我控制的方式

行政裁量自我控制是行政裁量控制的一种,与行政裁量外部控制同属于行政裁量控制。因此,两种控制虽有区别,各有特殊性,但二者无疑亦有共性,有相同之处。自我控制与外部控制运用的方式同样既有同,亦有异。

我们在本章上一节对行政裁量控制的一般方式,亦即同时适用于自我控制与外部规制的方式进行了探析,故本节在此探析的基础上,特别分析行政裁量自我控制方式的特殊性。我们通过对行政裁量外部控制方式与自我控制方式的比较,对行政裁量自我控制的方式可以有更明晰和更深入的认识。

其一,程序控制既是行政裁量外部控制的方式,也是行政自我控制的方式。作为行政自我控制方式的程序规制,其实现途径有三:一是通过行政立法(行政法规或行政规章),对法律规定的行政程序细化、具体化,使之适用于不同行政领域、不同行政部门的行政裁量行为。在自我控制必要的情况下,行政立法可补充规定法律未规定的适用于特定行政领域、特定行政部门的行政程序,可规定严于法律规定程序的程序。二是上级行政主体对下级行政主体及其工作人员提出严格遵循法定程序和非法定的正当程序的要求,以及确定行政裁量违反法定程序和非法定正当程序的责任和追责途径。三是行政主体及其工作人员自觉遵守法定程序和非法定正当程序的自律规则,并相互监督实施。

其二,运用法律解释的方法,确立行政裁量应遵循的规则和界限是行政自我控制的一般方式。为了保障行政主体及其工作人员正确贯彻立法目的和立法精神,防止行政裁量权的滥用,行政自我控制的一般方式是运用法律解释的方法,确立行政裁量应遵循的规则和界限。行政确立的这些规则和界限尽管非法律所明示,但行政主体从对立法目的和立法精神的理解和阐释中,可以发现立法机关将这些规则和界限已实际赋予在立法所授予的裁量权之中。行政主体或上级行政主体加以揭示和确立,即可保障行政主体工作人员或下级行政主体在行使裁量权时不偏离立法的目的和立法精神,使裁量权的行使符合立法授权的旨意。

其三,行政主体及其工作人员自觉以法的基本原则规范其行为是行政自我控制的重要方式。法的基本原则通过以立法(如《行政许可法》《行政强制法》)直接确立的方式对行政裁量的控制的情形是有限的。如信赖保护原则虽然通过《行政许可法》对行政许可行为加以规范,比例原则虽然通过《行政强制法》对行政强制行为加以规范,但行政许可行为、行政强制行为仅仅只是行政行为的一类,而且法的基本原则也不限于信赖保护原则、比例原则,信赖保护原则、比例原则只是众多法的基本原则中的两项。那么,非行政许可、行政强制的其他行政行为是否应受信赖保护原则、比例原则的规范呢?非信赖保护原则、比例原则的其他法的基本原则是否应规范行政许可、行政强制和其他所有行政行为呢?当然应该。因此,在法的基本原则没有为法律明确规定的情况下,行政自我控制——行政主体及其工作人员自觉以法的基本原则规范其行为,就是非常必要的了。

其四,以行政惯例规范行政行为也是行政自我控制的重要方式。作为外部控制的立法控制一般不会直接规定行政惯例。如果立法直接规定惯例,那么,这种行政裁量控制就属于法律外部控制而不属行政自我控制的惯例控制了。至于法院对行政裁量的司法审查,有时可能会引用行政惯例作为判断行政裁量是否正当行使的理由，那也只是对行政自律的司法监督，而非直接的外部控制形式。

其五，政策控制是行政自我控制的重要形式。因为政策主要是中央政府及其部门以及地方各级人民政府制定的。当然，在我国，中国共产党中央和地方各级党委也是政策制定的主体。党的政策也是行政机关行使行政裁量权的重要准则，从而，党的政策也是行政裁量控制的重要形式。至于这种控制应视为外部控制还是行政自我控制，考虑我们党和政府的密切关系，应认为其具有外部控制和行政自我控制的双重属性。

其六，裁量基准控制是行政裁量自我控制的典型形式。这种规制形式近几年在各地行政执法中得到广泛运用。2008 年 4 月 2 日《人民日报》曾刊登一个案例，涉及裁量基准对行政行为规制的法律效力问题，现将该案案情摘要归纳如下：

> 2007 年 8 月 2 日，律师周某明驾车行驶至云南省文山县①境内省道 210 线某处时，被文山县交警大队执勤民警拦下，告知其行驶速度为每小时 90 公里，已超出该路段每小时 70 公里的限速。文山县交警大队根据《道路交通安全法》第 90 条的规定（该条规定：机动车驾驶人违反道路交通安全法律、法规关于道路通行规定的，处警告或者 20 元以上 200 元以下的罚款），对周处以罚款 200 元、记 3 分的处罚。周某明不服，诉至法院，其认为根据《云南省道路交通安全违法行为处罚标准暂行规定》（行政处罚裁量基准），超速未达 50%的，处罚款 50-100 元；超速超过 50%的，处罚款 100-200 元。其超速未达 50%，交警依法定处罚幅度最上限罚款没有充分法律根据。一审法院认可原告的诉讼理由，以交警上限罚款显失公正为由，判决变更罚款为 80 元，取消扣分。交警不服，提出上诉。二审法院认为，《云南省道路交通安全违法行为处罚标准暂行规定》是公安厅内部下发的规范性文件，效力低于法律，交警依法律处罚没错，故撤销一审判决，维持交警原处罚。

这个案例虽然说明裁量基准不是法律，在行政执法现实情况出现裁量基

① 现为云南省文山市。

准制定时裁量基准制定者未能考虑的特殊情况下,执法者可在向相对人充分说明理由的前提下不遵循裁量基准,而在法律赋予的裁量权大范围内作出行政行为。但在一般情况下,执法者必须遵循裁量基准,否则,该行为即应视为违法而予以撤销,并责令执法者依裁量基准重新作出行政行为。只有这样,裁量基准才能发挥行政裁量自我控制的作用,成为行政裁量自我控制的一种重要形式。

四、行政裁量自我控制应正确处理的若干关系

行政裁量自我控制是保障行政机关及其工作人员正确和有效行使行政裁量权,实现法律、法规授予行政裁量权目的的重要手段。但是,这种手段的运用必须适当和适度。否则,不仅不能达到控制的预设目的,实现控制的应有功能,而且有可能妨碍行政机关及其工作人员正确、有效行使职能,影响法律、法规授权目的的实现。那么,我们应当怎样保证行政裁量自我控制适用的适当和适度呢?为此,控制主体和被控制对象均必须正确处理下述关系。

(一)防止裁量权滥用与促进裁量权有效行使的关系

行政管理,特别是现代行政管理,行政权的行使是与行政裁量密切相连的。韦德指出,“现代政府管理要求尽可能多且尽可能广泛的裁量权,议会法案起草者也竭力寻找能使裁量权变得更为广泛的新的措词形式,议会在通过这些法案时也无意多加思量”。[①] 这是为什么呢?为什么行政权的行使总是与行政裁量密切联系?法律为什么要授予行政机关及其工作人员那么广泛的裁量权呢?

考察现代行政管理和行政法治的关系,法律授予行政广泛的裁量权的理由如前所述:一是解决行政管理事务的无限性与法律的有限性的矛盾的需要;二是解决行政管理事务的专业性与立法者的非专业性的矛盾的需要;三是解决政治、政策需要相对灵活性和法律需要相对稳定性的矛盾的需要;四是解决形式正义要求公平性与实质正义的需要。

从以上法律赋予行政广泛裁量权的理由可知,裁量权对于行政管理,对于实质正义和实质法治是必须的。因此,行政主体为防止裁量权滥用而对裁量

---

① H. W. R. Wade, *Administrative Law*, Oxford University Press, 1988, p. 388.

权行使加以适当、适度自我控制虽属必须,但这种自我控制绝不能过分、过度。否则,就可能妨碍裁量权的有效行使,不仅影响行政管理的效率,更影响实质正义和实质法治的维护和实现。

(二)加强、完善自我规制与主动、积极接受外部控制的关系

行政裁量自我控制只是行政裁量控制的一种途径。行政裁量除自我控制外,还要接受立法机关的立法控制、法院的司法控制和公民社会形成的软法控制。

行政裁量权本来是立法机关授予的,但立法机关授予行政主体以裁量权时,同时会对行政主体行使此种裁量权予以相应限制、控制,即立法控制,以防止自己授出去的裁量权被滥用。立法控制的方式包括以立法确定裁量权行使的条件、范围和程序。立法确定裁量权行使条件的例子如《城乡规划法》第 47 条授权组织编制城乡规划的行政机关以依规定权限和程序修改省域城镇体系规划、城市总体规划、镇总体规划的相应裁量权,但行使这一裁量权的条件是要具备下列情形之一:(1)上级人民政府制定的城乡规划发生变更,提出个性规划要求的;(2)行政区划调整确需修改规划的;(3)因国务院批准重大建设工程确需修改规划的;(4)经评估确需修改规划的;(5)城乡规划的审批机关认为应当修改规划的其他情形。这些情形中的“确需”“应当”虽然也有裁量的因素,但同时也是裁量的限制条件,行政主体如决定修改规划或事后接受监督时,应拿出“确需”“应当”的证据。立法确定裁量权行使范围的例子如《道路交通安全法》第 90 条授权公安机关交通管理部门及其交通警察对机动车驾驶人违反道路交通安全法律、法规关于道路通行规定的行为予以行政处罚的裁量权,但规定其裁量的范围限于警告或者 20 元以上 200 元以下的罚款。立法确定裁量权行使程序的例子如《行政处罚法》《行政许可法》《行政强制法》规定行政主体实施行政处罚、行政许可和行政强制裁量必须遵循的程序。

行政裁量司法控制既是独立于行政裁量自我控制和立法控制的一种外部控制形式,同时也是行政裁量自我控制和立法控制实现的保障。法院通过行政诉讼,审查行政主体行使行政裁量权的行为是否遵循了立法目的、原则和法律规定的条件、范围、程序以及行政自律规则,撤销违反立法控制和行政裁量自我控制的行政裁量行为或确认相应行为违法、无效,以控制行政主体滥用行政裁量权,保证立法授权目的的实现。

社会软法控制对于规范行政裁量权的行使,防止行政裁量权的滥用也具有重要作用。社会软法控制主要通过社会习俗、社会组织章程和规则、村规民约、舆论导向等构成的外部法治环境对行政主体行使行政裁量权形成间接制约。很显然,这种间接制约既是行政裁量自我控制的补充,也是促进和强化行政裁量自我控制作用的机制。

由此可见,法律对行政裁量的控制是通过行政裁量自我控制与行政裁量外部控制的统一和互动机制实现的。没有行政的自我控制,外部控制的作用难以完全实现。而没有外部控制,行政的自我控制就会失去动力,失去保障,就会流于形式,甚至无疾而终。因此,我们在注重加强行政裁量自我控制,充分发挥行政裁量自我控制作用的同时,一定要注重不断完善行政裁量的外部控制,一定要要求行政主体自觉主动接受外部控制。行政主体自觉主动接受外部控制既需要外在环境、制度的压力,更需要行政主体自身自律。从自律的角度讲,行政主体自觉主动接受外部控制亦构成行政裁量自我控制的内容。

(三)硬法控制与软法控制的关系

法律对行政权的控制包括硬法控制与软法控制。在一般行政权的控制方面,硬法控制的作用甚于软法控制;但在行政裁量权的控制方面,软法控制的作用甚于硬法控制。因为硬法既然赋予了行政主体以裁量权,它就不可能再对被授予裁量权的行政主体处置相应事务作更进一步的具体明确的规定,或更进一步制定裁量基准式的规则。否则,行政裁量空间就会大为压缩,甚至不复存在,行政裁量就无裁量可言。因此,承担规范和控制行政裁量主要任务的只能是软法。而软法也正好具有承担规范和控制行政裁量任务的性质和特色。

关于软法的此种性质和特色,美国卡多佐法官曾经指出[①],“法律一如人类,要想延续生命,必须找到某种妥协之道。……法典要辅之以敕令,法律要辅之以平衡,习惯要辅之以条律,规则要辅之以裁量权”。[②]“法案必须具有普适性,行为却总与特殊性相联。……法律就像旅行者一样,天明还得出发。它

---

① 卡多佐没有使用“软法”这个词,但他界定的法律,显然包括软法,甚至主要是指软法。

② [美]本杰明·内森·卡多佐:《法律的生长》,刘培峰等译,贵州人民出版社 2003 年版,第 3 页。

必须有生长的原则。”①“在某条原则、规则或标准尚不能被正确地冠以法律之名以前，对于还没有体现在判决中的这些原则、规则或标准，必须赋予它们多大的可靠性？……法律像社会科学的其他分支一样，其结论的有效性，只能满足于用或然性的逻辑而非确定性的逻辑来验证。当或然性的程度足以使人们合理地确信，一项判决应当且必须包含某个既定的结论时，我们就把这个结论称为法律。”②“狄骥写道‘法不是国家的创造，它存在于国家之外；法的要领完全独立于国家，并且法律规则把自己强加于国家，如同它把自己强加于个人一样。’……在说到行为的原则或规则时，我把另一些行为规范或标准也包括在内，它们因为没有在法规或裁决中被正式宣布，也许不是严格的原则或规则，但它们却是有望得到法规或裁决遵守的类型或模式。我仅仅否认它们是一种凌驾于那些国家已建立的机构的力量。它们扎根于商业和伙伴关系的习惯形式与方法中，扎根于公平和正义的主流信仰中，扎根于我们称之为时代风俗的信仰和实践的复合体中。它们或许缺少官方的认可，但这不会总是阻止我们有把握地推断，一俟时机成熟，这种疏漏就会得到弥补。”③

卡多佐法官所论述的“变动的法”“动态的法”“生长的法”“用或然性逻辑验证的法”“非国家创造和存在于国家之外的法”“扎根于现实社会关系中的和扎根于公平正义信仰中的法”，正是我们所研究，欲用之于规范和控制行政裁量的“软法”。

前面我们所论述的作为行政裁量自我控制的方式和手段，有的是硬法规定的，如法定程序规则；但大多数源于软法，如法的精神、法的基本原则、行政惯例、行政政策、裁量基准等。软法既有成文法的软法，也有不成文法的软法；既有静态的软法，也有动态的软法。软法在规制行政裁量权方面的作用主要有三。

其一，指导裁量。软法为行政裁量提供标准和依据，执法者在裁量中必须考虑软法提供的这些标准和依据。而且，在一般情况下应遵循这些标准和依

---

① ［美］本杰明·内森·卡多佐：《法律的生长》，刘培峰等译，贵州人民出版社 2003 年版，第 11 页。

② ［美］本杰明·内森·卡多佐：《法律的生长》，刘培峰等译，贵州人民出版社 2003 年版，第 19 页。

③ ［美］本杰明·内森·卡多佐：《法律的生长》，刘培峰等译，贵州人民出版社 2003 年版，第 26–27 页。

据。在特殊情况下不遵循必须说明理由。

其二,促进裁量。法律赋予行政执法者的裁量权,执法者必须行使,不得懈怠。行政执法者裁量时应考虑多种方案(一种方案即无裁量),在多种方案中选择,进行选择则应考虑应该考虑的因素,不考虑不应该考虑的因素,在此基础上选优。

其三,制约裁量。软法对于控制行政裁量权的重要作用是防止裁量权滥用。法律赋予行政执法者裁量权是要求执法者根据一定的,但难以为硬法确定的规则对法律事实进行判断、衡量,对相应行政监管事务作出决策、决定。这种“一定的规则”主要就是软法。有了软法,某些行政监管执法者即使想滥用裁量权,也不敢和不能随意滥用。软法对行政裁量的促进作用主要是解决执法者对行政裁量的不作为,应裁量而不裁量;软法对行政裁量的制约作用主要是解决执法者对行政裁量的乱作为和滥用行政裁量权的问题。

第十九章 行政合同与行政指导[①]

在经济全球化、政治民主化和经济市场化的时代背景下，由开放的公共管理与广泛的公众参与整合而成的公共治理模式，正在取代传统的公共管理或者国家管理模式，日益发展成为公域之治的主导模式，这种趋势不可逆转。[②]

——罗豪才、宋功德

本章节目

第一节　行政合同

第二节　行政指导

第一节　行政合同

一、行政合同的概念与特征

行政合同(administrative agreement)有广义与狭义之分。广义的行政合同包括行政主体为实现行政管理目标而与行政相对人签订的合同，以及行政

① 行政合同与行政指导不是严格的行政行为，而只是行政机关(行政主体)的行为。将之放在"行政行为"编中论述本不适宜，但因为内容过于单薄，不好为之单设一编，故将之作为最广义的行政行为，附在"行政行为"编中讨论。

② 罗豪才、宋功德：《软法亦法——公共治理呼唤软法之治》，法律出版社 2009 年版，第 390 页。

主体相互之间签订的合同。狭义的行政合同仅指前者,即行政主体与行政相对人之间签订的涉及公共利益的合同。本章研究的行政合同仅限于狭义的行政合同。

行政合同有各种表述,如行政协议、[①]行政契约(administrative contract)、公法合同、公法契约(public law's contract)、政府合同、政府契约(government contract)等。这些表述,有时含义有些区别,很多时候则是指称一个概念。[②]根据《最高人民法院关于审理行政协议案件若干问题的规定》,我国《行政诉讼法》第12条第1款第11项规定的"协议"(行政协议),是指"行政机关为了实现行政管理或者公共服务目标,与公民、法人或者其他组织协商订立的具有行政法上权利义务内容的协议"[③]("行政合同",学术著作和有关规范性文件中也称"行政契约"或"政府合同")。

在一些西方国家学者的著作中,对"行政合同"多使用"administrative contract"(行政合同)。而在使用"government contract"(政府合同)时,其含义往往包括政府签订的公法合同和私法合同,而非单纯指行政合同。许多国家和地区的《行政程序法典》对"行政合同"有专章或专节的规定,如葡萄牙《行政程序法》第四编第三章专门规定"行政合同",共有12个条款[④];我国台湾地区"行政程序法"第三章专门规定"行政契约",共有15个条款[⑤];德国《行政程序法》第三章专门规定"公法契约",共有9个条款[⑥]。

各国行政法学者在其行政法教科书中对行政合同或公法契约(行政协议)下过不同的定义。例如,德国学者毛雷尔在其所著《行政法学总论》中指

---

① 我国自2014年第十二届全国人大常委会修改《行政诉讼法》时在行政诉讼中引入"行政协议诉讼"后,一直将行政合同称为"行政协议"。2019年《最高人民法院关于审理行政协议案件若干问题的规定》将"行政协议"名称固定化。

② 《元照英美法词典》对"政府合同"的释义是:政府与供应商、制造商、机构或服务单位签订的向政府提供产品或服务的合同。此种合同由政府规章、示范文本等规范。《布莱克法律词典》对"政府合同"的释义是:A contract to which a government or government agency is a party, esp. for the purchase of goods and services(procurement contract)。

③ 参见《最高人民法院关于审理行政协议案件若干问题的规定》第1条。

④ 参见葡萄牙《行政程序法》第178-189条。

⑤ 参见我国台湾地区"行政程序法"第135-149条。

⑥ 参见德国《行政程序法》第54-62条。

出,"行政契约是指设立、变更和终止公法上的法律关系的合同"。[①] 沃尔夫等人在其所著的《行政法》中指出,公法合同(行政法合同)是指"一个公共行政主体与另一个公共行政主体或者行政相对人具有共同或者互补的利益时"签订的合同。"合同当事人的意思表示等值,公共行政主体的优越性不起作用,行政相对人也不是'行政客体',行政机关的优越地位变成了平等的合作伙伴身份。行政法合同是单方性措施的替代和补充,在单方性措施不适合时,即可采用合同方式,因此,行政法合同是处理具体事件的,稳定性和灵活性兼备的替代性活动方式"。[②]

日本学者盐野宏认为,行政上的契约既包括公法契约,也包括私法契约。公法契约主要适用于政府和私人间在规划领域的权利义务关系以及行政主体之间的可用契约调整的关系。而私法契约适用政府和私人之间广泛的权利义务关系,如为了建设道路、公园、水库需要用地,其不通过征收而通过民法上的买卖契约进行;自来水供给、公营电车、公共汽车经营等以及政府工程建设亦可通过民法上的承包合同进行。盐野宏在其《行政法总论》中没有对"行政上的契约"的内涵予以明确的界定,而只是对其外延予以了列举,包括:(1)准备行政中的契约。如民事土地买卖契约、行政法土地征收契约、公用建筑设施承包契约等。(2)给付行政中的契约。如电气、通信、煤气、自来水供应契约等。(3)规制行政中的契约。如公害防止契约、地域环境整备契约等。(4)私人财政投资契约(private finance initiative,PFI)。如公共设施的设计、建筑、管理等方面的契约。(5)行政主体间的契约。如公共事务委托契约等。[③]

韩国学者金东熙认为,"行政契约是指行政主体相互间及行政主体和国民相互间为了达成一定的行政目的而缔结的契约。在这种意义上的契约中,从内容上包括以产生公法效果为目的的公法契约和以产生私法效果为目的的私法契约"。"公法契约也可以称为是通过多个当事人之间的意思一致,产生一定法的效果的契约。在这一点上,它基本上与私法契约相同。但是,在公法契约中,双方当事人的意思并不具有对等价值,而且公法契约产生

---

① [德]哈特穆特·毛雷尔:《行政法学总论》,高家伟译,法律出版社2000年版,第348页。

② [德]汉斯·J.沃尔夫等:《行政法》(第2卷),高家伟译,商务印书馆2002年版,第147-148页。

③ 参见[日]盐野宏:《行政法总论》,杨建顺译,北京大学出版社2008年版,第125-132页。

公法上的效果，这不同于私法契约。"①

我国目前尚无法律、法规对"行政合同"（"行政协议"）下过明确的定义。笔者认为，对于我国的行政合同（"行政协议"），暂可作这样的界定：所谓行政合同，是指行政主体为实现行政管理或公共服务目标而与行政相对人之间签订的涉及公共利益，具有行政法上权利义务内容的合同。

行政合同具有下述特征：

（一）主体特征

合同的双方当事人一方是行政主体，另一方是行政相对人。双方都是行政主体，或者一方是行政主体，另一方是行政公职人员的合同可以是广义的行政合同，但不是本章研究的行政合同。双方都是私人的合同是民事合同。作为行政合同一方当事人的行政主体既可以是行政机关，也可以是法律、法规、规章授权的组织，还可以是行使社会公共职能的社会公权力组织。私人组织受行政机关的委托也可以与其他私人组织或个人签订行政合同，但合同的责任主体仍是委托行政机关，受委托的私人组织不能成为行政合同的责任主体。②

（二）目的特征

行政合同的目的是实现某种行政管理或公共服务目标，是基于公共利益的需要。行政主体纯粹为了商业利益或为了进行某种民事活动而与对方当事人签订的合同不是行政合同，而是民事合同。

（三）内容特征

行政合同的内容与行政行为一样，是设立或者变更，或者终止某种行政法律关系。其可以通过取代行政行为实现，如环境监管领域以碳排放指标交易协议取代罚款、收取排放费等强制性行政行为；也可以通过补充行政行为实现，如国有土地出让、矿业权出让领域以出让协议补充颁发国有土地使用权证、探矿权证、采矿权证等行政许可行为等。

（四）双方地位特征

行政合同双方的法律地位平等，但权利义务不完全对应。行政主体一方

---

① ［韩］金东熙：《行政法》，赵峰译，中国人民大学出版社 2008 年版，第 163-173 页。

② 《最高人民法院关于审理行政协议案件若干问题的规定》第 4 条第 2 款规定，因行政机关委托的组织订立的行政协议发生纠纷的，委托的行政机关是被告。

依法享有一定优益权:其基于公共利益的需要可以单方解除合同或变更合同的某些条款,但对于因此给相对方造成的损失应予以补偿;在履行合同的过程中,行政主体基于行政职权,可以依法对对方当事人履行合同的情况实施监督,为了实现合同目标可以采取必要的保障措施。

(五)协议性质特征

行政合同的性质既具有行政性,又具有民事性,从而其签订、履行和争议解决既要适用行政法、行政程序法、行政诉讼法的有关条款,又要适用民法、合同法、民事诉讼法的有关条款。争议的解决既可以循公法途径(如通过行政复议、行政诉讼等途径解决行政机关单方变更协议、单方解除协议和行政机关对对方当事人履行协议实施监督、处罚、强制等行政行为的争议),也可以循私法途径(如通过仲裁、民事诉讼等途径解决双方对于协议履行条件、时限、价款等不涉及行政权行使内容的争议)。

行政合同可分为服务合同与规制合同。服务合同是政府为提供或购买公共服务而签订的合同。如政府提供自来水、燃气、廉租房等公共服务而与相对人签订的合同;政府购买幼儿园、养老所服务等而与相对人签订的合同。规制合同是政府为实施规制或委托第三方实施规制而与相对人签订的合同。如政府为实施环境、交通、城管、食品药品安全监管而与相对人签订的合同,政府委托公共机构实施行政监管、行政处罚而与之签订的合同。

二、行政合同制度的兴起与发展

我国在计划经济时代和改革开放的初期,行政管理大多采取命令—服从的方式:行政主体发布命令、指示、指令、计划、标准、指标,行政相对人遵照执行,履行行政主体的命令、指示、指令,遵循行政主体制定的计划、标准、指标,完成相应的生产、工作任务,产出相应的产品、设备或建设相应的工程、设施等。服从是行政相对人的义务,行政主体和行政相对人之间没有协商、讨论的余地,更没有讨价还价,与之达成协议、签订合同的可能。改革开放以后,行政管理方式逐渐发生变化,行政主体和行政相对人不再完全是命令—服从关系。行政主体要求行政相对人履行某种义务、执行某种指令、完成某种任务、建设某项工程、作出某种行为或不作出某种行为,通常先和行政相对人协商、讨论,听取相对人的陈述、意见,达成一定的共识,甚至签订相应的意向书、协议。

行政协议(行政合同)制度的兴起与发展对于公共治理现代化有极为重要的意义。这种意义主要体现在下述六个方面。其一,这一制度有利于政府职能的转变。政府通过协议方式将其直接经营的工程项目、公益事业转变为由市场经营、政府监管,实现由规制型政府向服务型政府转变。其二,这一制度有利于节约行政成本,提高政府资金使用效率和行政管理效率。其三,这一制度有利于调动民间社会的积极性、创造性,充分利用民间资本发展社会公益事业和公共服务。其四,这一制度有利于行政管理方式的变革:由命令—服从的强制性管理方式向指导—互动的柔性管理方式转变。其五,这一制度有利于加强政府廉政建设,防止权力寻租和公权力腐败。如政府重大工程项目通过招、拍、挂,与相对人签订协议(合同)的方式可尽量消除或减少权钱交易、权色交易的机会。其六,有这一制度有利于维护社会经济关系的稳定,促进诚信政府、诚信社会的建设。如在公权力主体与相对人的关系中,通过协议(合同)的方式确定双方各自的权利义务,显然有利于保护相对人的合理预期和信赖利益,防止公权力主体反复无常损害相对人的利益。

正是由于行政合同制度具有上述优势,所以这一制度在我国改革开放以后很快兴起和发展起来。具体说来,其兴起和发展的主要动因有下述三项。

其一,市场经济体制的建立使然。市场经济不同于计划经济,企业和其他经济组织自主经营,具有独立的经济主体地位,行政机关不能再对之任意发号施令。行政机关要求其建设公共工程或参与国家重大项目,必须与之谈判、协商,并达成相应协议和签订合同。

其二,公民权利意识和法治观念的增强使然。在实行人治的集权时代,公民、法人和其他组织均听命于政府,政府可以依行政命令取得公民、法人和其他组织的财产,或要求其提供劳务或公共服务。而在公民权利意识和法治观念日益增强的现代,政府要取得公民、法人和其他组织的财产,或要求其提供劳务或公共服务必须通过征收、征用或政府购买服务程序,与相对人协商、交涉,达成相应的协议和签订相应的合同。否则,相对人完全可以拒绝提供、交付,甚至可能诉诸司法救济。

其三,社会和行政管理体制、机制的转型使然。社会由农业社会向工业社会和信息化社会转型,由“三农”社会向城镇化转型,由熟人社会向陌生人社会转型，人们生产、生活和交往越来越依赖契约、协议。与之相适应，行政管理体制、机制也必然发生转变，行政机关不能再完全依靠制定规则、发布命令、实施监管等高权手段来管理社会。在现代社会，权力和规制在行政中的比重逐步下降，公共服务在行政中的比重日益增加。而政府提供公共服务不能不更多地借助行政合同的方式，如政府购买服务合同、公用事业建设和供应合同、BOT、PPP 等形式的合同越来越广泛地被运用和推广。

三、行政合同的种类

根据我国现行法律、法规、规章的规定，我国目前主要有以下类别的行政合同：

1. 政府特许经营合同（《行政诉讼法》第 12 条第 1 款第 11 项规定的“政府特许经营协议”）；

2. 土地房屋征收补偿合同（《行政诉讼法》第 12 条第 1 款第 11 项规定的“土地房屋征收补偿协议”）；

3. 国有自然资源使用权出让合同（山东省、江苏省、湖南省等地的《行政程序规定》）；

4. 国有资产承包、出售、租赁合同（财政部《行政单位国有资产管理暂行办法》、国土资源部[①]《规范国有土地租赁若干意见》）；

5. 政府采购合同、政府购买公共服务合同（《政府采购法》、山东省《行政程序规定》）；

6. 行政委托合同；公职人员聘用合同（《行政处罚法》《公务员法》等）；

7. 国有资产投资、建设合同（湖南省、广州市、珠海市等地的《行政程序规定》）。

根据《最高人民法院关于审理行政协议案件若干问题的规定》，在各种行政合同（行政协议）中，公民、法人或者其他组织目前可以对之提起行政诉讼的行政合同（行政协议）案件包括下述六类：（1）政府特许经营协议；（2）土地、房屋等征收征用补偿协议；（3）矿业权等国有自然资源使用权出让协议；

---

① 2018 年 3 月，根据第十三届全国人大第一次会议批准的《国务院机构改革方案》，组建中华人民共和国自然资源部，不再保留国土资源部。

(4)政府投资的保障性住房的租赁、买卖等协议;(5)符合本规定第 1 条规定的政府与社会资本合作协议;(6)其他行政协议。

上述规定同时规定,对于行政机关与对方当事人订立的下列协议(广义的行政合同),对方当事人不能对之提起行政诉讼的:(1)行政机关之间因公务协助等事由而订立的协议;(2)行政机关与其工作人员订立的劳动人事协议。

四、行政合同的缔结与履行

(一)行政合同的缔结

我国现行行政合同的缔结主要有三种方式:

1. 行政主体通过与行政相对人协商缔结行政合同。对于法律未明确要求行政主体通过招、拍、挂先决程序签署行政合同和根据合同性质必须通过招标、拍卖先决程序签署行政合同的[①],行政主体可就合同条件、要求、履行期限、价款、违约责任、争议解决途径等与行政相对人协商、谈判,达成协议,然后签订合同。

2. 行政主体通过招标投标程序与行政相对人缔结行政合同。行政主体与行政相对人缔结某些行政合同,法律规定或者依合同性质必须通过招投标程序确定合同对方当事人。例如,《招标投标法》第 3 条规定,在中华人民共和国境内进行下列工程建设项目,包括项目的勘察、设计、施工、监理以及与工程建设有关的重要设备、材料等的采购,必须进行招标:(1)大型基础设施、公用事业等关系社会公共利益、公众安全的项目;(2)全部或者部分使用国有资金投资或者国家融资的项目;(3)使用国际组织或者外国政府贷款、援助资金的项目(以上所列项目的具体范围和规模标准,由国务院发展计划部门会同国务院有关部门制定,报国务院批准)。另外,其他法律或者国务院对必须进行招投标程序的其他项目的范围有规定的,亦必须通过招投标程序确定项目实施人。凡依法或依项目性质必须通过招投标程序确定项目实施人的,行政主

---

① 所谓“根据合同性质必须通过招标、拍卖先决程序签署行政合同的”,是指相应合同存在多个符合条件的公平竞争人,行政主体如果不通过招、拍、挂先决程序选择合同对方当事人,就可能导致腐败、偏私和损害公平正义。

体必须向社会发布招投标公告，让所有愿意参与项目竞争的行政相对人投标和竞标，并最终与中标人签订行政合同。

3. 行政主体通过拍卖程序与行政相对人缔结行政合同。行政主体与行政相对人缔结某些行政合同，法律规定或者依合同性质必须通过拍卖程序确定合同对方当事人的，行政主体必须根据《拍卖法》，先经过拍卖程序，从竞价人中选择出价最高者为对方当事人，与之签订行政合同。拍卖竞拍与招标投标一样，都是为了保障行政主体在缔结行政合同过程中公正公平选择合同对方当事人，防止其以权偏私、谋私和进行权钱交易。

（二）行政合同的履行

行政合同的履行规则基本同于民事合同的履行规则，双方当事人都必须根据合同的约定，按时、按质、按量履行各自应当履行的义务，不得违约，违约者应当依法和依约承担违约责任。但是，行政合同的履行也有某些与民事合同履行的不同之处，这主要有下述三个方面：

1. 行政合同履行过程中，行政主体可以依法或依约对对方当事人履约情况进行监督，可去对方当事人的生产、经营、服务现场进行检查，提出意见、建议，对对方当事人的违法违约行为，可以依法进行处罚。

2. 行政合同履行过程中，行政主体根据公共利益的特别需要，可单方变更合同的某些条款。当然，在可能的条件下，只要不是情况特别紧急，行政主体改变合同条款，应尽量与对方当事人协商，尽量取得对方当事人的同意。只有在经过协商无法达成一致的情况下，行政主体才能单方改变合同条款。即使在这种情况下，行政主体对因单方改变合同条款给相对人造成的损失也应给予足额的补偿。

3. 行政合同履行过程中，行政主体根据公共利益的特别需要，可单方解除合同。解除行政合同不同于变更合同的个别条款，可能对合同对方当事人的权益带来重大损害。因此行政主体作出解除行政合同的决定须特别慎重，要根据利益衡量原则和比例原则进行考量和论证；在可能的条件下，应与对方当事人探讨尽量减少损失的替代方案，以兼顾公共利益和私人利益。

五、行政合同争议的解决

2014 年第十二届全国人大常委会修正的《行政诉讼法》规定，行政协议

(行政合同)争议案件可以通过行政诉讼途径解决。[①] 关于行政协议(行政合同)诉讼的规则,《最高人民法院关于审理行政协议案件若干问题的规定》补充确立了下述《行政诉讼法》没有规定的或有别于行政诉讼法规则的具体规则:[②]

1. 因行政协议的订立、履行、变更、终止等发生纠纷,公民、法人或者其他组织可以作为原告,以行政机关为被告提起行政诉讼。

因行政机关委托的组织订立的行政协议发生纠纷的,以委托的行政机关为被告。

2. 与行政协议有利害关系的下列公民、法人或者其他组织可以作为行政诉讼的原告:

(1)参与招标、拍卖、挂牌等竞争性活动,认为行政机关应当依法与其订立行政协议但行政机关拒绝订立,或者认为行政机关与他人订立行政协议损害其合法权益的公民、法人或者其他组织;

(2)认为征收征用补偿协议损害其合法权益的被征收征用土地、房屋等不动产的用益物权人、公房承租人;

(3)其他认为行政协议的订立、履行、变更、终止等行为损害其合法权益的公民、法人或者其他组织。

3. 人民法院受理行政协议案件后,被告不能就该协议的订立、履行、变更、终止等提起反诉。

4. 当事人可书面协议约定选择被告所在地、原告所在地、协议履行地、协议订立地、标的物所在地等与争议有实际联系地点的人民法院管辖,但不得违反《行政诉讼法》规定的级别管辖和专属管辖。

5. 公民、法人或者其他组织向人民法院提起民事诉讼,生效法律文书以涉案协议属于行政协议为由裁定不予立案或者驳回起诉,当事人可再提起行政诉讼。

6. 在行政协议案件中,《行政诉讼法》第 49 条第 3 项规定的“有具体的诉

---

① 尽管《行政诉讼法》第 12 条第 11 项只明确规定了将两类行政协议(特许经营协议和土地房屋征收补偿协议)争议案件纳入行政诉讼受案范围,但由于该条款使用了“等”的表述,即意味着其他行政协议争议案件均可以(当然并非必须)通过行政诉讼途径解决。

② 参见《最高人民法院关于审理行政协议案件若干问题的规定》第 4-27 条。

讼请求”是指：(1)请求判决撤销行政机关变更、解除行政协议的行政行为，或者确认该行政行为违法；(2)请求判决行政机关依法履行或者按照行政协议约定履行义务；(3)请求判决确认行政协议的效力；(4)请求判决行政机关依法或者按照约定订立行政协议；(5)请求判决撤销、解除行政协议；(6)请求判决行政机关赔偿或者补偿；(7)其他有关行政协议的订立、履行、变更、终止等诉讼请求。

7. 在行政协议诉讼中，被告对于自己具有法定职权、履行法定程序、履行相应法定职责以及订立、履行、变更、解除行政协议等行为的合法性承担举证责任；但原告主张撤销、解除行政协议的，对撤销、解除行政协议的事由承担举证责任；对行政协议是否履行发生争议的，由负有履行义务的当事人承担举证责任。

8. 人民法院审理行政协议案件，应当对被告订立、履行、变更、解除行政协议的行为是否具有法定职权、是否滥用职权、适用法律法规是否正确、是否遵守法定程序、是否明显不当、是否履行相应法定职责进行合法性审查。原告认为被告未依法或者未按照约定履行行政协议的，人民法院应当针对其诉讼请求，对被告是否具有相应义务或者履行相应义务等进行审查。

9. 行政协议存在《行政诉讼法》第 75 条规定的“重大且明显违法”情形的，人民法院应当确认行政协议无效。人民法院可以适用民事法律规范确认行政协议无效。行政协议无效的原因在一审法庭辩论终结前消除的，人民法院可以确认行政协议有效。

10. 法律、行政法规规定应当经过其他机关批准等程序后生效的行政协议，在一审法庭辩论终结前未获得批准的，人民法院应当确认该协议未生效。

行政协议约定被告负有履行批准程序等义务而被告未履行，原告可要求被告承担赔偿责任。

11. 在行政协议诉讼中，原告认为行政协议存在胁迫、欺诈、重大误解、显失公平等情形而请求撤销，人民法院经审理认为符合法律规定可撤销情形的，可以依法判决撤销该协议。

12. 行政协议无效、被撤销或者确定不发生效力后，当事人因行政协议取得的财产，人民法院应当判决予以返还；不能返还的，判决折价补偿。因被告的原因导致行政协议被确认无效或者被撤销，可以同时判决责令被告采取补救措施；给原告造成损失的，人民法院应当判决被告予以赔偿。

13. 在履行行政协议过程中，可能出现严重损害国家利益、社会公共利益的情形，被告作出变更、解除协议的行政行为后，原告请求撤销该行为，人民法院经审理认为该行为合法的，判决驳回原告诉讼请求；给原告造成损失的，判决被告予以补偿。被告变更、解除行政协议的行政行为存在《行政诉讼法》第70条规定情形的，人民法院判决撤销或者部分撤销，并可以责令被告重新作出行政行为。

被告变更、解除行政协议的行政行为违法，人民法院可以依据《行政诉讼法》第78条的规定判决被告继续履行协议、采取补救措施；给原告造成损失的，判决被告予以赔偿。

14. 原告请求解除行政协议，人民法院认为符合约定或者法定解除情形且不损害国家利益、社会公共利益和他人合法权益的，可以判决解除该协议。

15. 当事人依据民事法律规范的规定行使履行抗辩权的，人民法院应予支持。

16. 被告未依法履行、未按照约定履行行政协议，人民法院可以依据《行政诉讼法》第78条的规定，结合原告诉讼请求，判决被告继续履行，并明确继续履行的具体内容；被告无法履行或者继续履行无实际意义的，人民法院可以判决被告采取相应的补救措施；给原告造成损失的，判决被告予以赔偿。原告要求按照约定的违约金条款或者定金条款予以赔偿的，人民法院应予支持。

17. 被告明确表示或者以自己的行为表明不履行行政协议，原告在履行期限届满之前向人民法院起诉请求其承担违约责任的，人民法院应予支持。

18. 被告或者其他行政机关因国家利益、社会公共利益的需要依法行使行政职权，导致原告履行不能、履行费用明显增加或者遭受损失，原告请求判令被告给予补偿的，人民法院应予支持。

19. 原告以被告违约为由请求人民法院判令其承担违约责任，人民法院经审理认为行政协议无效的，应当向原告释明，并根据原告变更后的诉讼请求判决确认行政协议无效；因被告的行为造成行政协议无效的，人民法院可以依法判决被告承担赔偿责任。原告经释明后拒绝变更诉讼请求的，人民法院可以判决驳回其诉讼请求。

20. 人民法院审理行政协议案件，可以依法进行调解。人民法院进行调解时，应当遵循自愿、合法原则，不得损害国家利益、社会公共利益和他人合法权益。

21. 公民、法人或者其他组织未按照行政协议约定履行义务，经催告后不履行，行政机关可以作出要求其履行协议的书面决定。公民、法人或者其他组织收到书面决定后在法定期限内未申请行政复议或者提起行政诉讼，且仍不履行，协议内容具有可执行性的，行政机关可以向人民法院申请强制执行。

法律、行政法规规定行政机关对行政协议享有监督协议履行的职权，公民、法人或者其他组织未按照约定履行义务，经催告后不履行，行政机关可以依法作出处理决定。公民、法人或者其他组织在收到该处理决定后在法定期限内未申请行政复议或者提起行政诉讼，且仍不履行，协议内容具有可执行性的，行政机关可以向人民法院申请强制执行。

22. 公民、法人或者其他组织对行政机关不依法履行、未按照约定履行行政协议提起诉讼的，诉讼时效参照民事法律规范确定；对行政机关变更、解除行政协议等行政行为提起诉讼的，起诉期限依照《行政诉讼法》及其司法解释确定。

23. 除法律、行政法规或者我国缔结、参加的国际条约另有规定外，行政协议约定仲裁条款的，人民法院应当确认该条款无效。

24. 人民法院审理行政协议案件，应当适用《行政诉讼法》的规定；《行政诉讼法》没有规定的，参照适用《民事诉讼法》的规定。无论《行政诉讼法》有无规定，均可以参照适用民事法律规范关于民事合同的相关规定。

第二节　行政指导

一、行政指导的概念与特征

行政指导，是指行政主体通过建议、劝导、告诫、激励等非强制性手段引导行政相对人作出一定行为或不作出一定行为，在为行政相对人提供信息服务和对行政相对人进行说服教育的过程中柔性实现行政管理的目标和任务。

行政指导具有下述特征：

1. 行政指导不具有行政命令、行政禁令等一般行政行为所具有的强制性。对于行政指导，行政相对人可以接受和服从，也可以不接受和不服从。行政相对人是否接受和服从，完全依据自己对利益的考量确定：遵循相应行政指导是否能够给自己利益带来正面的利益。行政主体如欲通过行政指导引导行政相对人作出一定行为或不作出一定行为，必须让行政相对人感觉到其遵循相应行政指导作出相应行为或不作出相应行为具有实实在在的利益。

2. 行政指导是行政主体为实现行政管理的目标和任务而作出的，与社会治理有密切的联系。行政主体及其工作人员如果不是在行政管理的情境和行政法律关系中对行政相对人进行指导，而是在私人情境和私关系中对公民、法人或者其他组织提出建议、意见、劝告等不属于我们这里研究的行政指导的范畴。

3. 行政指导属于非要式行为，指导形式多种多样。行政主体既可以通过正式的书面形式向行政相对人提供指导，也可以通过口头方式或平面媒体、互联网、微信、电子邮件、手机短信等各种灵活方便的方式向行政相对人提供指导。行政行为过程中具体采用何种形式对行政相对人进行指导，完全由行政主体根据行政管理的目标、任务，考量各种指导形式可能的效果后自由裁量决定。

4. 行政指导一般不适用行政复议、行政诉讼等法律救济。行政指导因为是非强制性的，行政相对人自愿接受和服从。因此，行政相对人如果因自愿接受和服从行政指导而导致了某种损失，一般不能通过行政复议、行政诉讼等法律渠道寻求救济，而只能通过向行政主体申诉，请求行政机关给予适当补偿。是否补偿，由行政机关裁量决定。当然，如果行政主体以行政指导的名义实施具有强制性的行政行为，行政相对人对之不服，完全可以依法寻求行政复议、行政诉讼等法律救济。

二、行政指导的兴起和发展

我国自 20 世纪末和 21 世纪初开始兴起和发展行政指导，促其兴起和发展的原因主要有三方面。

一是法治和人权的发展导致公民权利意识的增强。在人治和高度集权的条件下，政府主要运用行政命令管理社会，在公民权利意识日益增强的条件下,政府单纯采用行政命令向行政相对人发号施令就难以行得通,行政强制有时可能产生反效果:不仅不能实现行政的任务、目标,反而可能导致行政相对人的抵制,甚至引发群体性事件。于是,政府逐步转变行政管理方式,更多地运用行政合同和行政指导等非强制的柔性手段,以取得相对人的认同、配合,从而更好地实现行政管理的目标、任务。

二是市场经济体制的推动。在计划经济体制下,行政机关通过计划指令管理经济,而在市场经济条件下,主要由市场配置资源,政府对经济的调控由以指令性为主改为以指导性为主。政府在通过财政、税收、利率、产业政策等宏观调控手段调节经济的同时,越来越多地运用行政指导引导企业和其他经济组织的行为,帮助其更好地掌握市场信息,把握市场规律和经济发展趋势,使之更理性地进行投资、贸易和开展各种经济活动。

三是行政管理体制和行政管理方式的改革及其深化。随着改革开放后民主政治的日益推进,我国行政管理体制和行政管理方式改革日益深化,行政行为的单方性、强制性逐渐弱化,公众参与度不断增强;与之相适应,行政指导在行政管理中不断发展和推广。行政机关更多地运用说服、示范、讨论、协商和发布指导性规范的方法,引导和鼓励行政相对人作出某种行为或者不作出某种行为,以改进、改善公共治理,促进和谐社会的建设。

三、行政指导的种类

行政指导根据其功能作用,可以分成下述四类:

(一)说服性行政指导

这类行政指导主要适用于行政处罚、行政强制、行政征收、行政许可、行政给付等行政执法行为。这又分两种情况:一是行政主体在对行政相对人实施处罚、强制、征收时,告知相对人行为的根据、理由,使相对人认可和愿意接受行政主体的行为,并且自觉、主动履行行政行为为之确定的义务。二是行政主体在处理行政相对人申请行政许可、行政给付或申请作出其他行政行为时,依法作出拒绝满足相对人申请,拒绝给予相对人所申请的许可、给付或拒绝作出相对人所申请的其他行政行为的决定,告知相对人作出拒绝决定的理由、根据,使相对人心悦诚服。即使不能使其心悦诚服,至少也能使其不对行政主体的决定产生怨愤,避免其作出某种不理智行为或导致社会矛盾激化的情形。

（二）建议性行政指导

这类行政指导主要适用于行政主体对社会关系的调整和规范，对社会矛盾和纠纷的调处。如基层人民政府指导村民委员会制定村规民约、指导居民委员会制定市民公约；指导居民小区开展志愿互助活动，对孤寡老人和残疾人给予帮助；指导大学毕业生或失业人员创业和自谋职业，对其创业和自谋职业的行为给予政策支持或适当的财政资助，以及对贫困地区、贫困家庭如何脱贫，信访人员、权益被侵犯人员如何维权提供建议、指导等。

（三）经济导向性行政指导

这类行政指导主要适用于行政主体进行产业政策调整和对企业、农民的生产、经营活动进行指导。如制定各种产业发展纲要、发布各种市场和商品信息、宣传各种先进工艺和技术、鼓励农民种植某种优质高产作物、开展某种养殖业等。

（四）政策目标性行政指导

这类行政指导主要适用于行政主体宣传、贯彻、执行各种法律和政策，推进各种法律、政策目标的实现。如为推进环境生态保护、计划生育、“互联网+”、电子政务、电子商务等而进行倡导，通过一定政策进行鼓励、引导，或推广一定技术进行指导等。

四、行政指导的救济机制

行政指导是行政主体实施的一种不产生直接法律效力的非强制性行为（非严格意义的行政行为），行政相对人可以自愿接受指导，作出行政指导建议作出的行为；也可以不接受指导，不作出行政指导建议作出的行为。因此，对于行政相对人自愿接受指导，作出行政指导建议作出的行为，即使对相对人产生不利，其结果对相对人权益有所损害，法律一般也不提供正式的救济。

但是作为例外，对于行政主体下述两种情形的行政指导行为，如果导致行政相对人合法权益的损害，行政相对人可以请求相应的法律救济：

1. 行政主体违反非强制和行政相对人自愿接受原则，采取直接或间接的强制方式进行“指导”。例如，行政主体明示或暗示行政相对人：不接受行政指导就停止某种税收减免、低息贷款、国有土地或其他国有资源供给，或者将受到某种不利,迫使相对人接受其行政指导。行政主体作出这种行政指导,其指导的内容可能是违法的,也可能是合法的;指导的目的可能是恶意的,也可能是善意的。不论属于何种情况,只要行政主体向行政相对人作出了强制的意思表示,行政相对人接受了行政主体的行政指导,其合法权益受到了损害,其即可寻求行政复议、行政诉讼或国家赔偿等正式的法律救济。

2. 行政主体虽然没有向行政相对人作出任何强制的意思表示和采取任何强制手段,但其向行政相对人作出的行政指导的内容是明显违法的,或其目的明显是恶意的。行政相对人如果基于对行政主体的信赖,接受了行政主体的这种违法的行政指导,作出了行政指导建议其作出的行为,结果导致了其合法权益的损害。对于这种情况,只要行政相对人自身对作出行政指导建议作出的行为没有过错,其可以通过行政复议、行政诉讼或国家赔偿等途径寻求法律救济。

除了上述两种情形的行政指导,行政相对人对于行政主体对其没有任何强制意思表示且内容合法、目的善意的行政指导,其基于对行政主体的信赖,接受相应指导和作出了相应指导建议其作出的行为,即使最后结果导致了其合法权益的损害(可能因为行政指导作出后外部条件发生变化,也可能因为行政指导不适宜于特定行政相对人的特定情形,还可能因为行政指导存在一定瑕疵等),其也不能寻求行政复议、行政诉讼或国家赔偿等正式的法律救济。但行政主体根据法治政府的要求、服务政府的宗旨和维护政府公信力的目的,可以主动或应行政相对人的请求,对因信赖其行政指导而权益受到损害的行政相对人给予适当的补偿或某种其他形式的救济。行政相对人可以向作出行政指导的行政主体申请相应的补偿和救济,是否给予行政相对人所申请的补偿和救济,如果给予,依什么标准、在什么范围内给予,由行政主体根据公平公正的原则裁量决定。

第四编

行政救济

第二十章 行政救济概述

我们的社会已经有了这么大的变化,可是我们的行政救济制度却没有很大更张,无法适应社会的需要。……(行政诉讼法、诉愿法)这些法案对于行政救济制度的健全,将会有很大的帮助。……(国家赔偿法)对于行政法制的发展有相当大的贡献。虽然赔偿金额有时候并不一定很多,但是国家赔偿法促使行政机关不得不注意依法行政的原则,所以其意义非常重大。①

——翁岳生

本章节目

第一节 行政救济的概念
第二节 行政救济的种类
第三节 中国行政救济制度的建立与发展

第一节 行政救济的概念

一、行政救济的含义

行政救济(administrative remedy)有广义与狭义之分。英语"remedy"一

① 翁岳生:《法治国家之行政法与司法》,台北,月旦出版社1994年版,第224页。

词有补救、修补、治疗、纠正、改善、消除、赔偿、补偿等多重含义。故广义的行政救济可以包括行政法制监督、行政责任、行政申诉、控告、检举、行政复议、行政诉讼、行政赔偿、行政补偿和补救等。而狭义的行政救济仅指行政复议、行政诉讼和行政赔偿。本编研究的行政救济采广义,包括对行政行为事后的整个救济机制。

我们之所以研究广义的行政救济,是因为大量的行政救济行为往往一身而具有多重性质,如行政诉讼即同时具有监督、救济(狭义救济)和责任追究的性质。就法院对行政行为的司法审查角度而言,行政诉讼具有监督性质,是法院对行政机关的司法监督;就法院应行政相对人的请求,对行政行为进行审查和作出撤销违法行政行为,责令行政机关赔偿被侵权人的损失的角度而言,行政诉讼具有救济(狭义救济)的性质,是法律对行政相对人的救济;就法院撤销行政机关违法行为和责令其赔偿被侵权人损失的角度而言,行政诉讼具有责任追究的性质,是法律对作出了违法行政侵权行为的行政机关的责任追究。其他行政救济行为,如行政复议、行政申诉、控告、检举、行政赔偿等,均可能同时既具有狭义行政救济性质,又具有广义行政救济(监督和责任追究)的性质。所以,我们在论述这些行政救济行为时,不是从狭义上而是从广义上进行探讨,这样更有利于全面和深入揭示相应行政救济行为的性质和规律,避免分别研究(分设行政法制监督、行政责任、行政救济三编分别研究)必然导致的内容重复。如果本书同时设行政法制监督、行政责任、行政救济三编,在此三编中就均要设行政复议、行政诉讼、行政赔偿三章对之进行不同角度的研究,从而在内容选择上会很难取舍,以致不得不对每个制度、每个规范作三次论述和阐释。

行政救济不同于行政行为,属于行政运作的事后阶段。如果将行政运作分为事前、事中和事后三个阶段的话,行政立法和行政决策属于行政运作的事前阶段;行政行为(行政许可、行政征收、行政给付、行政监管、行政处罚、行政强制等具体行政行为)属于行政运作的事中阶段;行政救济(监督、责任追究、复议、诉讼、赔偿等)属于行政运作的事后阶段。行政救济虽然主要是对事中行政行为的救济,但也不排除对事前行政立法和行政决策行为的救济。在有法律规定的情况下,行政相对人对违法侵权的行政立法和行政决策行为也可申请行政复议、提起行政诉讼和请求行政赔偿;法定监督主体可以依法对行政立法和行政决策行为进行监督,并追究违法责任人的责任。

二、行政救济的特征

行政救济相对于民事救济,具有下述特征:

1. 行政救济是对公权力行为的救济,而民事救济是对私权利行为的救济。公权力行为是行政主体行使职权的行为。对于行政主体非行使行政职权的行为,行政相对人一般不能寻求行政救济而应寻求民事救济。对于行政主体行使行政职权的公权力行为,在法律有明确规定的情况下,行政相对人也可以通过民事途径申请赔偿救济。但是,对于私权利主体行使私权利的行为,当事人不能选择行政救济。

2. 行政救济的主体既可以是法院,也可以是行政机关或其他法定监督机关(行政复议机关、上级行政机关和监察机关等),且在多数情况下是行政机关或其他法定监督机关。而民事救济的主体一般是法院,只有在法律有规定的情况下,才能是行政机关(商标评审、专利等知识产权争议裁决机关)或其他机构(仲裁机构等)。

3. 行政救济既可以是狭义的救济(复议、诉讼、赔偿等),也可以是广义的救济(对行政主体采取法制监督措施和追究法律责任)。而民事救济一般限于狭义救济(提起民事诉讼,追究对方当事人的民事责任,如损害赔偿、损失补偿、恢复原状、赔礼道歉等)。

第二节　行政救济的种类

广义的行政救济包括狭义行政救济、行政法制监督和行政责任三大类别。

一、狭义行政救济

狭义行政救济主要包括下述七类:

1. 声明异议,是指行政相对人对行政主体作出的行政行为不服,向作出相应行为的行政机关或法律、法规授权的组织提出异议,要求行政主体撤销、改变相应行为,纠正或补救其行为造成的后果。

2. 行政复议，是指行政相对人对行政主体作出的行政行为不服，申请作出相应行为的机关、组织的上级行政主体（行为机关、组织所从属的政府或上级主管部门）对行为的合法性、适当性进行审查，并作出相应裁决的行政救济形式。

3. 行政诉讼，是指行政相对人对行政主体作出的行政行为不服，向人民法院提起诉讼，请求人民法院对行政行为的合法性进行审查，并作出相应判决或裁定的行政救济形式。

4. 行政赔偿，是指行政相对人认为行政主体及其工作人员行使职权的行为侵犯其合法权益，造成了其损害，依法向行政主体请求赔偿或者在申请复议或提起行政诉讼时一并申请赔偿的行政救济形式。

5. 行政补偿，是指行政主体及其工作人员因其合法、无过错行为造成行政相对人权益的一定损害或相对人因公共设施或为社会公益而蒙受一定损失时，行政主体主动或应相对人申请对相对人所受损失依法给予补偿的行政救济形式。

6. 行政申诉、控告、检举，是指行政相对人根据《宪法》第 41 条的规定对行政主体及其工作人员违法失职的行为向有关国家机关（有关国家机关通常设专门的信访机构）提出，请求其查清事实，予以处理的行政救济形式。

7. 诉愿，是指行政相对人对行政机关某种政策、决策或行政措施不服，通常以集体、团体或者群体的形式向行政机关或立法机关提交请愿书，要求改变相应政策、决策或行政措施，或者要求行政机关出台新的政策、决策或行政措施，或者要求立法机关修改或制定新的法律的救济形式。

二、行政法制监督

行政法制监督主要有下述四类：

1. 国家权力机关的监督。国家权力机关的监督包括全国人民代表大会常务委员会对行政法规的监督，省、自治区、直辖市和设区的市的人民代表大会常务委员会对地方政府规章的监督，其他地方国家权力机关对相应地方人民政府规范性文件的监督，以及国家权力机关对各级人民政府组成人员的监督。

2. 国家司法机关的监督。国家司法机关的监督主要包括人民法院通过行政诉讼途径对行政主体行政行为合法性的监督，人民检察院通过批捕和提起公诉的形式对严重违法乱纪、可能构成犯罪的公务员和其他公职人员的监督，以及通过提起行政公益诉讼对行政主体违法行政行为和不作为的监督。

3. 监察机关的监督。作为行政法制监督的监察机关监督[①]，是指监察机关对国家行政机关公务员和其他公职人员遵纪守法情况，特别是廉政情况实施的监督。因为监察机关的基本功能是反腐败，其监督范围包括国家所有公职人员。其对国家行政机关公职人员的监督是行政法制监督机制的重要环节。

4. 国家机关系统外部的个人、组织的监督。个人、组织在行政管理法律关系中是管理对象，是行政相对人，而在行政法制监督关系中，则是监督主体，有权对行政主体行使职权的行为和国家公务员遵纪守法的情况实施监督。当然，作为行政相对人的个人、组织的监督不同于国家机关的监督，其不能采取有法律效力的监督行为（不能作出撤销、变更行政行为的决定，不能对行政机关工作人员给予撤职、降职等行政处分），而只能通过他们的监督促使有关国家机关启动和采取有法律效力的监督行为。

三、行政责任

行政责任也有广义和狭义两种含义。广义的行政责任包括行政相对人的责任（如行政处罚）和行政主体及其公职人员的责任；狭义的行政责任仅指行政主体及其公职人员的责任。与行政救济相对应的行政责任自然只包括狭义的行政责任。对行政相对人的责任的追究属于行政处罚等行政行为的范畴，而不是行政救济的范畴。

行政主体及其公职人员的责任主要有下述形式：

1. 行政处分。行政处分[②]指行政公职人员违法、违纪，由所在行政机关或法律、法规授权的组织依法定职权、法定程序给予的惩戒。惩戒形式有警告、记过、记大过、降级、撤职、开除。

2. 政务处分。政务处分指行政公职人员违法、违纪，由国家监察机关依法

---

① 监察监督是国家全方位、全覆盖的监督，作为行政法学研究对象的行政法制监督，只是监察监督的一个部分、一个环节，但却是很重要的一个部分、一个环节。

② 《监察法》和有关法律、法规中一般简称“处分”。在学术著作中，为与政务处分相区别，一般称“行政处分”。

定职权、法定程序给予的惩戒。惩戒形式与行政处分一样，有警告、记过、记大过、降级、撤职、开除六种形式。

3. 问责。问责指行政机关负责人违法、违纪、滥用职权或不作为，导致重大事故或事件，给国家利益、社会公共利益或人民生命财产造成重大损失，由上级行政机关、纪检监察机关依法予以问责。问责的形式包括：(1)通报。进行严肃批评，责令作出书面检查、切实整改，并在一定范围内通报。(2)诫勉。以谈话或者书面方式进行诫勉。(3)组织调整或者组织处理。对失职失责、危害较重，不适宜担任现职的，应当根据情况采取停职检查、调整职务、责令辞职、免职、降职等措施。(4)行政处分或政务处分。对失职失责、危害严重，应当给予行政处分或政务处分的，依法给予行政处分或政务处分。①

4. 确认行政行为违法或无效、撤销行政行为、责令履行行政职责、责令停止行政行为等。这些行政责任形式可由人民法院应行政诉讼中作为行政相对人的原告的请求，通过判决、裁定作出；也可由行政复议机关应复议申请人的请求，以复议决定作出；还可由作出相应行政行为的行政机关的上级行政机关依职权作出。

5. 行政赔偿。行政赔偿既是狭义的行政救济形式，也是行政机关承担行政责任的形式。行政赔偿即可由作为行政相对人的被害人直接向致害行政机关申请，也可由被害人在申请行政复议或提起行政诉讼中一并提出。

第三节　中国行政救济制度的建立与发展

新中国行政救济制度的建立和发展可以分为四个阶段：创立时期、停滞和倒退时期、逐步恢复时期、发展和完善时期。

一、创立时期

新中国成立至20世纪50年代中期，我国行政救济制度开始建立。新中

---

① 参见《中国共产党问责条例》(以下简称《问责条例》)。国家没有制定专门的问责法，国务院也没有制定专门的问责行政法规。根据党管干部的原则，对行政领导干部的问责一般依据《问责条例》实施。

国成立初期起临时宪法作用的《共同纲领》和 1954 年第一届全国人民代表大会通过的“五四宪法”为行政救济制度的建立提供了具有最高效力的法律根据。《共同纲领》规定,中华人民共和国人民[①]有思想、言论、出版、集会、结社、通讯、人身、居住、迁徙、宗教信仰及示威游行的自由权。[②] 在《共同纲领》规定的这 11 项人民基本权利中,其中 5 项(言论、出版、集会、结社和示威游行)涉及行政救济或与行政救济有关。特别是集会和示威游行,是人民重要的公法救济途径。“五四宪法”在《共同纲领》的基础上进一步并更直接和更完善地规定了公民的救济权利:“中华人民共和国公民对于任何违法失职的国家机关工作人员,有向各级国家机关提出书面控告或者口头控告的权利。由于国家机关工作人员侵犯公民权利而受到损失的人,有取得赔偿的权利。”[③]根据《共同纲领》和“五四宪法”的规定,在 20 世纪 50 年代初期和中期,国家建立了一系列相应的救济制度或形成了相应救济制度的雏形,如申诉控告制度、信访制度、监察制度、复议制度(雏形)、赔偿和补偿制度(雏形)等。

二、停滞和倒退时期

20 世纪 50 年代后期至 70 年代中后期,特别是十年“文革”时期,是我国行政救济制度的停滞和倒退时期。当时,人权被认为姓“资”,与社会主义法律制度不相容。那时,人们大多认为,社会主义国家是人民的国家,政府是人民的政府,人民的国家、人民的政府不会侵犯人民的权益,从而不需要行政救济制度。“地、富、反、坏、右”不是人民的范畴,他们的权益不受保障,对他们只能专政、剥夺、镇压,不适用行政救济。在这种“左”的思想路线的指导下,公民的人身权、财产权即使遭到严重侵犯,也得不到法律的保护和救济。1975 年第四届全国人民代表大会通过的宪法(“七五宪法”)更是取消了“五四宪法”规定的公民在受到国家机关工作人员侵权后取得国家赔偿的权利和其他重要权利,20 世纪 50 年代建立起来的申诉控告制度、信访制度、监察制度、复议制度、赔偿和补偿制度(或相应制度的雏形)都被停止运作或被取消。

---

① 《共同纲领》使用的“人民”即公民。

② 参见《共同纲领》第 5 条。

③ 参见“五四宪法”第 97 条。

三、逐步恢复时期

20世纪70年代末至80年代初，国家开始实行改革开放政策，恢复行政救济制度被提上党和国家的议事日程。1982年第五届全国人大第五次会议通过的宪法（“八二宪法”）重新系统地规定了公民的基本权利，特别是新增加或恢复了若干公民实体基本权利和救济权利，如私有财产权、私有财产继承权、人格尊严权、批评建议权、申诉控告检举权、国家赔偿权等。[①] 这个时期，全国人大和全国人大常委会的立法为保障公民的人身权、财产权，在法律授予行政主体行政权时，开始陆续为行政相对人设定相应的救济权，并明确规定相应的救济途径。这个时期立法确定的行政救济途径主要有下述四种模式：

其一，行政相对人对行政行为不服，可先向行为机关的上级行政机关申请行政复议，对行政复议决定不服，可再向人民法院提起行政诉讼。采用这种模式的立法有1980年的《中外合资经营企业所得税法》、1981年的《外国企业所得税法》、1986年的《治安管理处罚条例》等。[②]

其二，行政相对人对行政行为不服，可直接向人民法院提起行政诉讼，而不要求行政相对人先申请行政复议的前置程序。采用这种模式的立法有1982年的《海洋环境保护法》、1983年的《海上交通安全法》和《统计法》、1984年的《水污染防治法》和《森林法》等。

其三，行政相对人对行政行为不服，可向行为机关的上级行政机关申请复议，或者直接向人民法院提起行政诉讼。但行政相对人向行为机关的上级行政机关申请复议后，不管行为机关的上级行政机关作出何种复议决定，相对人服与不服，均不能再向人民法院提起行政诉讼，即行政复议决定为终局决定。采用这种模式的立法有1985年的《公民出境入境管理法》和《外国人入境出境管理法》等。

其四，法律只授权行政主体行使某种行政权，而没有规定行政相对人对行

---

① 参见“八二宪法”第13、38、41条。

② 《治安管理处罚条例》没有使用“复议”，而是使用“申诉”，但该条例中规定的当事人提出“申诉”和上级行政机关处理申诉的制度即相当于“复议”制度。

政行为不服的任何法定行政救济途径。在这种情况下，行政相对人对行政行为不服，只能走传统的申诉信访救济之路。采用这种模式的立法有1979年的《环境保护法(试行)》、1982年的《文物保护法》等。可见，这个时期的行政救济制度还很不完善。

四、发展和完善时期

我国自1989年第七届全国人大第二次会议通过《行政诉讼法》(后经2014年和2017年两次修正)开始，行政救济制度就进入日益发展和不断完善的时期。这个时期，确立各种正式法定救济制度的统一立法陆续相继出台：1990年国务院制定《行政复议条例》；1994年5月12日第八届全国人大第七次会议通过《国家赔偿法》(后经2010年和2012年两次修正)；1995年国务院制定《信访条例》(后经2005年修改)；1997年5月9日第八届全国人大第二十五次会议通过《行政监察法》(后经2010年修正)①；1999年第九届全国人大第九次会议通过《行政复议法》(后经2009年和2017年两次修正)；2007年国务院制定《行政复议法实施条例》等。2014年11月1日，第十二届全国人大第九次会议对1989年4月4日由第七届全国人大第二次会议通过的《行政诉讼法》进行大修后，我国的行政救济机制较前大为完善。

这个时期，我国法律、法规确定的行政相对人行政救济途径主要有下述六种：

其一，行政相对人对行政行为不服，既可以选择申请行政复议，也可以选择提起行政诉讼。而且行政相对人选择申请复议后，如果对复议决定不服还可以提起行政诉讼。这是现行法律规定的一种最主要、最常用的一种救济途径。

其二，行政相对人对行政行为不服，只能先申请行政复议，行政复议是行政诉讼的必经前置程序。但行政相对人对复议决定不服，还可以再向人民法院提起行政诉讼。

其三，行政相对人对行政行为不服，只能申请行政复议，不能提起行政诉

---

① 2018年3月20日第十三届全国人大第一次会议通过《监察法》，《行政监察法》同时废止。

讼,复议决定是终局决定。[①]

其四,行政相对人对行政行为不服,既不能申请行政复议,也不能提起行政诉讼;但行政行为如果侵犯其权益,造成损害,其可以先向行为机关申请行政赔偿,行政机关如果不予赔偿或者行政相对人对行政机关的赔偿决定不服,可以向人民法院提起行政赔偿诉讼。

其五,行政相对人对行政行为不服,既不能申请行政复议,也不能提起行政诉讼,只能通过申诉、信访等非正式法律途径寻求救济。

其六,行政相对人对行政行为不服,既不能申请行政复议,也不能提起行政诉讼;但如果行政相对人认为作出相应行政行为的公职人员违法、滥用职权、存在腐败情形等,可以向纪检、监察机关或司法机关举报、控告,通过纪检、监察机关或司法机关查处违法、滥权、腐败行为而获得救济。

---

① 在《行政诉讼法》《行政复议法》出台之前,曾有较多法律规定,行政相对人对行政行为不服,只能提起行政诉讼,而不能申请行政复议。而《行政诉讼法》规定,凡是属于人民法院行政诉讼受案范围的行政行为,行政相对人均可申请行政复议:或者先复议,后诉讼;或者只复议,不诉讼。故现行行政救济方式中只有“只能复议,不能诉讼,没有只能诉讼,不能复议”的方式。

第二十一章 行政法制监督

严密有效的法律监督是保证法律规范和法律制度产生现实效果的必不可少的途径。法治的实现归根结底是靠人来进行的，法治实质上也就是“制度——人”的互动过程。在这样的一个过程中，法律监督是极为必要的：一方面，有效的监督制度可以产生事先的制约和防范功能；另一方面，有效的监督制度可以在事后及时地校正违法行为，并对受违法行为侵害的对象予以有效的救济。①

——应松年

本章节目

第一节　行政法制监督概述

第二节　国家权力机关的监督

第三节　监察机关的监督

第四节　司法机关的监督

第五节　专门行政监督机关的监督

第六节　国家机关系统外部的个人、组织的监督

① 应松年主编：《行政程序法立法研究》，中国法制出版社2001年版，第10页。

第一节　行政法制监督概述

一、行政法制监督的概念

行政法制监督，是指国家权力机关、国家司法机关、专门行政监督机关及国家机关系统外部的个人、组织依法对行政主体及其公务员、其他行政执法组织和执法人员行使行政职权行为和遵纪守法行为的监督。①

行政法制监督的主体是国家权力机关、国家监察机关、国家司法机关、专门行政监督机关以及国家机关系统外部的个人、组织（行政管理法律关系中的行政相对人）。国家权力机关、国家监察机关、国家司法机关、专门行政监督机关作为行政法制监督主体，能对监督对象采取直接产生法律效力的监督措施，如撤销行政行为、对违法违纪的公务员给予政务处分、行政处分等。国家机关系统外部的个人、组织作为行政法制监督主体，不能对监督对象作出直接产生法律效力的监督行为，而只能通过批评、建议或申诉、控告、检举等方式向有权国家机关反映，或通过舆论机构揭露、曝光，引起有权国家机关注意，使之采取能产生法律效力的措施，以实现对监督对象的监督。

行政法制监督的对象是行政主体及其公务员、其他行使有关公权力的组织和人员。在行政法制监督法律关系中，一方是监督主体，另一方是监督对象，监督对象首先是行政主体，即行政机关、法律法规授权的组织和其他社会公权力组织，其次是公务员，最后是其他行使有关公权力的组织的人员。"其他行使有关公权力的组织的人员"，是指行政机关委托的组织，法律、法规授权的组织和其他社会公权力组织中行使被授予、被委托一定公权力的人员。公务员在行政管理法律关系中只是行政主体的代表，在行政管理中代表行政主体行使行政职权，但在行政法制监督法律关系中，却可与行政主体并列，成

① 行政法制监督是行政法学上使用的一个概念，不是制定法上的概念。其是指行政法制监督主体对行政的监督，而非行政主体对行政相对人的监督，后者在行政法学上称为"行政监督"。但学者们对这两种监督所使用的具体术语并不一致。例如，罗豪才教授对前一种监督使用的概念是"对行政的监督"。参阅罗豪才主编：《行政法论》，光明日报出版社 1988 年版。应松年教授对后一种监督使用的概念是"行政监督检查"。参阅应松年主编：《行政法学教程》，中国政法大学出版社 1988 年版。

为独立的监督对象。特别是在监察监督中,公务员是最主要的监督对象。行政机关委托的组织在行政管理法律关系中不是行政主体,但在行政法制监督法律关系中,却可与行政主体并列,成为独立的监督对象。法律、法规授权的组织和其他社会公权力组织以及行政机关委托的组织中行使被授予、被委托一定公权力的人员在行政法制监督法律关系中同样是独立的监督对象,行政法制监督主体对其行使相应公权力的行为同样可实施监督。

行政法制监督的主要内容是行政主体行使行政职权的行为和公务员遵纪守法的行为。对行政主体依法行使职权行为的监督主要是对行政行为合法性的监督,合理性监督和效率监督不是行政法制监督的主要任务。对公务员的监督包括"纪"和"法"两个方面,在现代社会,公务员的"纪"通常也都由《公务员法》加以明确规定。因此,对公务员的监督也可以归结为对其守法的监督;整个行政法制监督则可归结为对行政主体及其公务员依法、守法的监督。①

二、行政法制监督与行政监督的区别和联系

(一)行政法制监督与行政监督的区别

1. 监督对象不同

行政法制监督与行政监督最重要的区别是二者监督的对象不同。前者监督的对象是行政主体及其公务员,法律、法规授权的组织和其他社会公权力组织以及行政机关委托的组织中行使被授予、被委托一定公权力的人员;后者监督的对象是行政相对人。

2. 监督主体不同

行政法制监督的主体是国家权力机关、国家监察机关、国家司法机关、专门行政监督机关以及国家机关系统外部的个人、组织;而行政监督的主体则正是作为行政法制监督对象的行政主体。

3. 监督内容不同

行政法制监督主要是对行政主体行为合法性的监督和对公务员遵纪守法

① 关于行政法制监督的具体内容,可参见我国《宪法》、《行政诉讼法》、《监察法》及《公务员法》的有关条款。

的监督；而行政监督主要是对行政相对人遵守法律和履行行政法上义务的监督。

4. 监督方式不同

行政法制监督主要采取权力机关审查、调查、质询、监察监督、调查、司法审查、审计、舆论监督等方式；而行政监督主要采取检查、检验、登记、统计、查验、鉴定等方式。

(二)行政法制监督与行政监督的联系

1. 两种监督的总目标相同

无论是行政法制监督还是行政监督，其监督的出发点都是维护和保障行政法治，维护和保障人权，维护和保障行政管理秩序，以在行政领域实现民主、公正和提高效率的总目标。

2. 两种监督主体有部分交叉

行政法制的监督主体包括专门行政监督机关，如行政督察机关、审计机关，实际上还包括一般行政机关。而这些行政机关同时也是行政监督的主体。特别是审计监督，它同时对国务院各部门和地方各级政府的财政收支以及国有金融机构和企事业组织的财务收支进行监督，前者为行政法制监督，后者为行政监督。①

3. 两种监督有时相互结合进行

行政法制监督和行政监督是两种性质不同的监督，但这两种监督有时相互结合进行。例如，有关国家机关联合进行的执法大检查，既检查相对人遵守法律和履行行政义务的情况，也检查行政主体及其工作人员执法和廉政、勤政的情况。个别国家机关进行的单项法律检查，有时也同时包括对行政主体执法情况和对行政相对人守法情况的检查。行政法制监督和行政监督在一定条件下同时进行更有利于提高监督效率。

三、行政法制监督的分类

根据不同的标准，对行政法制监督可以作不同的分类。例如，以监督对象为标准，我们可以将行政法制监督分为对行政机关的监督，对公务员、其他公

① 参见我国《宪法》第91条和《审计法》的相应条款。

职人员的监督和对被授权组织、被委托组织以及社会公权力组织的监督三类。以监督主体为标准，我们可以将行政法制监督分为国家监督（国家监督又分为国家权力机关的监督、国家监察机关的监督、国家司法机关的监督、专门行政监督机关的监督）和社会监督（社会监督又分为社会组织、团体的监督、媒体监督和公民个人的监督）两类。由于国家监督能直接采取具有法律效力的监督措施，如撤销行政行为、罢免领导干部职务、给予政务处分、行政处分等，从而能直接产生实际的法律效果；社会监督则必须通过国家监督才能产生实际的法律效果，故国家监督又称为“能直接产生法律效果的监督”，社会监督又称为“不能直接产生法律效果的监督”。根据行政法制监督的内容，我们还可以将行政法制监督分为对行政合法性的监督、对行政合理性的监督以及对公务员和其他公职人员遵纪守法的监督三类。下面我们具体对这后三类监督作进一步的分析：

（一）对行政合法性的监督

对行政合法性的监督，是指行政法制监督主体对行政机关制定的行政法规、规章，发布的决议、决定和命令，拟制的计划、规划，采取的行政措施，实施的其他各种行政行为（对行政相对人实施行政强制和行政处罚等）是否符合宪法、法律的监督。例如，《宪法》第 62 条规定的全国人民代表大会的第 2 项职权和第 67 条规定的全国人民代表大会常务委员会第 1、6、7 项职权，即属对行政的合法性监督。《地方组织法》第 11 条规定的县级以上的地方各级人民代表大会的第 1、2、9、11 项职权和第 50 条规定的县级以上的地方各级人民代表大会常务委员会第 5-9、12 项职权也包含对行政的合法性监督。《宪法》第 41 条规定的对于国家机关及其工作人员违法失职行为的申诉、控告、检举亦包含对行政合法性的监督。

对行政合法性监督的最主要的任务是保证行政法规、规章符合宪法和法律。因为，第一，行政法规、规章是行政机关依法行政和基本手段，它的合法性决定“法治”的存在和真实性；第二，行政法规、规章是行政机关及其工作人员行使职能的重要根据和准则，它的合法性决定整个行政活动的合法性；第三，行政法规、规章是普遍性的行为规则，它的合法性关系宪法和法律赋予广大公民的权利和自由能否实现。

对行政合法性实施监督的方法是多种多样的。国家权力机关可以审查行政法规、规章,撤销同宪法、法律相抵触的行政法规、规章;上级行政机关可以审查下级行政机关发布的行政规范性文件和具体行政行为,撤销下级行政机关违法的行政规范性文件和具体行政行为;人民法院在行政诉讼中可以审查行政机关的行政行为,撤销行政机关违法的行政行为;人民法院、人民检察院在刑事、民事、行政诉讼(含行政公益诉讼)监督中发现行政机关及其工作人员有违法行为,可以通过司法建议要求行政机关予以纠正和处理;行政相对人在与行政机关打交道时,发现具体或抽象行政行为违法,可以向有关国家机关反映情况,请求处理,还可以通过媒体揭露,或通过申诉、控告、检举途径加以揭发,要求处理。

(二)对行政合理性的监督

对行政合理性的监督,是指行政法制监督主体对行政机关实施的行政行为,包括预算、决算、社会经济计划、投资、基础设施建设以及各项具体行政行为,是否符合党和国家的现行政策,是否符合客观规律和社会公正要求,是否能产生最佳社会经济效益等所实施的监督。例如,《宪法》第 62 条规定的全国人民代表大会的第 10、11 项职权和第 67 条规定的全国人民代表大会常务委员会的第 5、6 项职权即属对行政合理性的监督。《地方组织法》第 11 条规定的县级以上的地方各级人民代表大会的第 2、3、9、11 项职权和第 50 条规定的县级以上的地方各级人民代表大会常务委员会的第 4、6、8、9、11 项职权即包含对行政合理性的监督。此外,审计监督、会计监督、银行监督、人民群众的批评建议,亦包含对行政合理性监督的内容。

对行政实施合理性监督的方法,包括各级人民代表大会听取和审议相应人民政府的工作报告,审查和批准国民经济和社会发展计划,审查和批准预算、决算,提出质询案,组织关于特定问题的调查等。各种社会组织和社会团体以及人民群众通过各种媒体或其他途径揭露政府工作中的有关问题、漏洞,对政府工作提出批评建议等。

(三)对公务员和其他公职人员遵纪守法的监督

对公务员和其他公职人员遵纪守法的监督,是指行政法制监督主体对公务员和其他公职人员遵守法律和国家纪律的监督。对公务员和其他公职人员遵纪守法的监督不仅限于对公务员和其他公职人员履行职务时或与履行职务有关行为的监督,还包括对公务员和其他公职人员非履行职务时和与履行职务无关而与其公职身份有关行为的监督；不仅限于对公务员和其他公职人员遵守有明文规定的法律和纪律规范的监督，还包括对公务员和其他公职人员遵守无明文规定的职业道德规范和社会道德规范的监督。

对公务员和其他公职人员遵纪守法的监督与对行政合法性、合理性的监督比较，其形式更为广泛，其方法更为多样。各级监察机关可以对公务员和其他公职人员实施法纪和政纪监督；各级检察机关可以对公务员和其他公职人员实施法纪监督；各级国家权力机关也可以通过质询、罢免等方式对担任领导职务的公务员实施监督；人民群众还可以通过批评建议和申诉、控告、检举等方式对公务员和其他公职人员实施监督。

对公务员和其他公职人员遵守法律和国家纪律的监督，对于维护国家法律的尊严，严肃国家纪律，坚持法律面前人人平等原则，保护公民合法权益，对于鞭策、督促公务员和其他公职人员遵纪守法，防止和杜绝违法乱纪的现象发生，对于保证行政行为的合法性、合理性，使行政机关能够正确地、有效地履行其职能，从而顺利地实现其组织国家物质文明和精神文明建设的任务，都有重要的意义。

四、行政法制监督的原则

行政法制监督坚持合法性、经常性、普遍性、系统性、公正性、明确性、实效性和公开性的原则。

1. 监督合法性原则。行政法制监督主体必须依法监督，严格遵循法定权限、法定条件、法定标准、法定程序。尊重和保障人权，保护监督对象的合法权益。

2. 监督经常性原则。行政法制监督不是临时性和随意性的，而是要依靠广大人民群众经常进行，使之成为党和国家改善整个行政机关工作的可靠工具。行政法制监督的经常性是由行政法制监督的任务决定的。行政法制监督的主要任务，是揭露行政活动中的所有违法现象，揭露行政机关所有环节上的缺陷和公务员的违法失职行为，查明产生这些问题的原因，并且消除这些问题及其原因。行政法制监督的这些任务决定了监督的经常性。

3. 监督普遍性、系统性原则。行政法制监督应该是普遍性和系统性的。行政法制监督的主体包括所有国家机关和广大人民群众，行政法制监督的对象包括国家行政主体及所有公职人员,行政法制的系统包括权力机关的监督、监察机关的监督、人民法院和人民检察院的监督、专门行政监督机关的监督以及人民群众的监督,从而这种监督具有极大的普遍性和系统性。

4. 监督公正性原则。行政法制监督必须坚持公正和实事求是的原则,对公职人员的监督应当一视同仁,平等对待,排除和反对任何特权;实施监督的机关和工作人员对于公正地、正确地实施监督负有责任。

5. 监督明确性原则。行政法制监督的主体和对象必须明确,监督的范围、管辖、任务、方法也必须是明确的。否则,监督主体就无法实施监督,被监督机关和公职人员就无法正常进行工作和完成所担负的任务。

6. 监督实效性原则。行政法制监督必须注重实效。行政法制监督的实效性取决于根据相应的证据、信息,及时、迅速地采取监督措施,及时、迅速地发现和查明可能导致违法、失职行为产生的原因、条件,并及时、迅速地消除这些原因和条件,预防违法、失职行为的发生。

7. 监督公开性原则。除了法律规定应予保密的以外,行政法制监督所揭露出来的问题均应以一定的方式向社会公开,保障人民群众的知情权,以借助广大人民群众的力量,加强行政法制监督的效力。

监督的合法性、经常性、普遍性、系统性、公正性、明确性、实效性和公开性是整个行政法制监督应坚持的一般原则。行政法制监督主体对行政活动各个环节的监督,都应遵循这些一般原则。而在对不同领域行政活动、行政行为实施行政法制监督时,行政法制监督主体还应遵循具体领域法律、法规规定的具体原则和规则。

五、行政法制监督的意义

建设中国特色社会主义,行政法制监督有极为重要的意义。这些意义主要表现在:

(一)体现和保障社会主义国家“人民是主人,人民政府及其工作人员是人民公仆”的国家性质

恩格斯于1891年在为马克思《法兰西内战》所写的导言中指出:“社会起初用简单分工的办法为自己建立了一些特殊的机关来保护自己共同的利益。但是,后来,这些机关,而其中主要的是国家政权,为了追求自己特殊的利

益，从社会的公仆变成了社会的主人。”①自从国家产生以后一直到现在，一切旧的国家机关和官吏都没有改变过这种状况，本来应是公仆的官员把本来应是主人的人民当作他们能够任意驱使的奴仆，资产阶级国家虽然打着“主权在民”的旗号，实际上人民无权真正参与国家事务，无权监督政府及其官吏的活动。真正把政府和人民的地位重新颠倒过来的是无产阶级革命，首先是巴黎公社。巴黎公社“为了防止国家和国家机关由社会公仆变为社会主人……采取了两个措施。第一，它把行政、司法和国民教育方面的一切职位交给由普选选出的人担任，而且规定选举者可以随时撤换被选举者。第二，它对所有公职人员，不论职位高低，都只付给跟其他工人同样的工资”。② 这两项措施中的第一项措施即包括人民监督政府及其工作人员的内容。他们服务得好，人民即选举他们任职；他们服务得不好，人民即撤换他们。当然，巴黎公社只存在 72 天，并没有来得及建立起完善的监督制度。“十月革命”以后，社会主义制度在欧洲、亚洲一系列国家建立和获得巩固，人民成为国家的主人，人民监督政府及其工作人员的制度本应真正建立起来。马克思主义的基本理论告诉我们，社会主义国家既然是人民当家作主的国家，人民是国家的主人，政府及其工作人员是人民的公仆、人民的勤务员，人民就有权监督政府及其工作人员。政府机关及其工作人员如果不受任何监督，任意所为，那就是专制，是与社会主义制度根本不相容的。但是，苏联、东欧国家和计划经济时代的我国，在这方面都做得并不好。现在，我们建设社会主义法治国家，必须吸取过去的教训，加强人民对政府的监督。

（二）防止行政机关及其工作人员违法、越权、滥用权力，保障行政权合法和正确地行使

法治原则是行政法的基本原则。法治原则首先要求行政机关及其工作人员依法行政，严格按法律、法规、规章的规定办事。即使是对于法律没有明确规定的事项，行政机关行使自由裁量权，也必须严格遵循法律的精神、基本原则和一般社会公正的要求。但是怎样保障法治原则的实现呢？这就必须要有严格的法律监督机制。事实证明，没有监督，法治就没有保障。这是因为，在

① 《马克思恩格斯选集》（第 2 卷），人民出版社 1972 年版，第 334 页。

② 《马克思恩格斯选集》（第 2 卷），人民出版社 1972 年版，第 335 页。

我们的行政机关及其工作人员中,不仅会存在少数故意违法的情况(有些行政机关,有些行政工作人员,可能为了某些局部的利益、地方的利益、个人的利益,故意违反或规避法律、法规),还会存在因对法律、法规不熟悉、不理解或对法律、法规适用的对象、条件、事实认识错误而过失违法的情况。无论是哪种情况,如果没有监督,违法、越权、滥用权力的问题就难以发现、难以防止、难以纠正,行政权的合法、正确行使就没有保障。因此,加强和完善行政法制监督是保障行政权合法、正确行使,实现法治原则的需要。

(三)维护国家社会公益,保障行政相对人合法权益

行政机关及其公职人员与社会组织和公民不一样,他们担负着组织、指挥社会主义建设的重任,担负着处理各种与公民权利和利益有关的事务的责任。与此相适应,国家赋予他们以各种权力。很显然,他们能否正确履行自己的责任,能否合法、合理地行使自己的权力,对国家社会公益和行政相对人权益均有极为重要的影响。例如,他们滥用权力、瞎指挥或者不作为,都可能给国家财产和人民生命财产造成严重损失。如果在他们滥用权力、瞎指挥付诸实施以前或在不作为过程中有严格的监督,就可以防止和消除此种损失。即使监督是行之于损失发生以后,也有查明事故发生的原因、条件,追究有关人员的责任,采取措施防止类似事故重新发生的作用。又如,国家公职人员违法失职、不作为,可能严重侵犯行政相对人的合法权益。如果在这种侵犯结果发生以前或在不作为过程中有严格的监督,就可能防止和消除此种侵犯结果。即使监督是行之于侵犯结果发生以后,也有查明事情经过,追究有关人员责任,恢复相对人被侵犯的合法权益,赔偿因违法失职、不作为给相对人造成的物质损失的作用。

很显然,如果我们的法律只赋予政府机关及其工作人员以各种权力,而不规定相应的法制监督,那么,国家和社会公益、行政相对人的合法权益就得不到切实的保障。当某一个机关或某一个公务员由于各种原因而发生违法失职行为时,这些利益就可能受到损害。因此,从保护国家社会公益和行政相对人合法权益的需要来说,行政法制监督亦是非有不可、非加强不可的。

(四)揭露和消除腐败,保障政府为政清廉

社会主义行政法制监督不是建立在对我们政府和政府工作人员不信任的基础之上的。我们的政府,是由人民代表机关产生的,是人民自己的政府。我

们的公务员是人民公仆，人民的勤务员，他们中的绝大多数应该是勤勤恳恳地为人民服务，兢兢业业、任劳任怨地工作，克己奉公，遵纪守法的。人民对自己的政府、自己的公仆这一个整体自然是没有什么不信任的。进行行政法制监督，是由各种客观和主观的因素共同决定的，综合来看包含以下三个因素。1. 我们的行政机关和公职人员队伍虽然整体上是好的，但也难免会有腐败分子存在。为了揭露和清除腐败分子，需要有法制监督机制。2. 我们的国家公职人员不是生活在真空，而是生活在社会上。既然生活在社会上，就不可避免地要接触社会上形形色色的各种消极事物和腐朽没落思想，金钱、美色的诱惑难免会使国家公职人员队伍中某些意志薄弱者蜕化变质，某些个人主义严重的人难免以权谋私，进行权钱交易、权色交易，产生种种腐败现象。为了预防这种情况发生和在这种情况发生后能及时消除，必须有法律监督机制。3. 表扬先进、批评落后是我们政治思想工作的重要方法，是调动国家公职人员工作积极性、激励革命精神的重要方法。而要在公职人员队伍中开展实事求是和有效的激励和批评，就不能不掌握充分的实际材料，从而不能没有认真切实的行政法制监督。

（五）消除官僚主义，提高行政效率

邓小平同志曾在一次中央政治局扩大会议上的讲话中指出："官僚主义现象是我们党和国家政治生活中广泛存在的一个大问题。它的主要表现和危害是：高高在上，滥用权力，脱离实际，脱离群众，好摆门面，好说空话，思想僵化，墨守成规，机构臃肿，人浮于事，办事拖拉，不讲效率，不负责任，不守信用，公文旅行，互相推诿，以至官气十足，动辄训人，打击报复，压制民主，欺上瞒下，专横跋扈，徇私行贿，贪赃枉法，等等。"①在现代社会，为什么还会有这些官僚主义的种种现象呢？其根源并不在于我们的社会主义政治制度本身，而是由于我们长期以来在管理体制上的高度集权，以及缺乏严格的行政法制监督。如果我们以行政法严格规定机关的人员编制，严格规定机构、人员的职、权、责划分，严格规定他们的工作程序，严格规定执行这些法律的相应的监督制度和奖惩制度，我们就可以大大减少以至消除官僚主义。

我们党和国家在当前和今后一个相当长的时期内的中心任务仍然是坚持

---

① 《邓小平文选》（第2卷），人民出版社1983年版，第327页。

"四个全面",推进社会主义现代化建设。要建设就要讲效率、讲速度。而官僚主义却是效率和速度的大敌,是发展国民经济、进行社会主义现代化建设的严重障碍。官僚主义给我们事业造成的拖延耽搁,给我们各个方面的工作造成的损失,在很长一个时期内,我们都深深地感受到了。因此,事情很明显:要推进现代化建设,就要提高行政效率;要提高行政效率就要消除官僚主义;要消除官僚主义就必须加强行政法制监督。

第二节　国家权力机关的监督

一、国家权力机关监督的根据

国家权力机关对行政的监督是由人民民主国家的性质决定的。我国是社会主义的人民民主国家,国家的一切权力属于人民,人民通过选举自己的代表组成各级人民代表机关行使国家的权力,各级人民代表机关是我国国家权力机关。国家行政机关由国家权力机关产生,根据国家权力机关的授权行使国家行政职能,办理国家行政事务。行政机关既然是由国家权力机关产生,根据国家权力机关的授权行使职权的,它即必须向国家权力机关负责,接受国家权力机关的监督。如果不是这样,行政机关可以不向权力机关负责,不接受权力机关监督而任意行为,那我们国家的人民民主性质就会改变,我国《宪法》规定的"国家一切权力属于人民"就不能真正实现。

二、国家权力机关监督的范围和方式

国家权力机关对行政的监督,属于全面性的监督。监督的范围包括合法性问题、合理性问题以及国家公职人员的遵纪守法问题。监督的对象包括所有政府机关及其工作人员。

关于国家权力机关监督的形式和内容,彭真同志在第六届全国人大第三次会议预备会议上的讲话中指出,权力机关的监督可以归为两类:一类是法律监督;另一类是工作监督。"全国人大和它的常委会对法律实施的监督,主要是监督宪法的实施,包括履行宪法规定的职权。任何机关、任何地方如果做出

同宪法相抵触的决议、决定，全国人大和它的常委会有权力、有责任予以撤销。至于对行政、审判、检察工作的监督，首先是听取和审议政府工作报告，它包括过去工作的总结和今后工作的部署。再就是审查和批准国民经济和社会发展计划，审查和批准国家的预算决定，计划和预算决算反映了各方面的工作……这是全面的、基本的监督。有了重大问题……按照法律规定，权力机关有权提出质询案，必要时还可以组织关于特定问题的调查委员会。”①

具体地讲，国家权力机关的监督主要包括下述范围和方式：

（一）对行政立法的监督

1. 全国人民代表大会常务委员会对行政立法的监督

全国人民代表大会常务委员会通过多种方式和途径对行政立法进行监督：

（1）备案。行政法规发布后，应在30日内向全国人民代表大会常务委员会备案。②

（2）裁决。地方性法规与部门规章之间对同一事项规定不一致，执法或司法机关不能确定如何适用时，报国务院提出意见。国务院认为应适用地方性法规的，即适用地方性法规；国务院认为应适用部门规章的，应提请全国人民代表大会常务委员会裁决。③

（3）审查和撤销。中央军委、最高人民法院、最高人民检察院及省、自治区、直辖市人大常委会认为行政法规同宪法和法律相抵触的，可以要求全国人民代表大会常务委员会进行审查；其他国家机关、社会团体、企事业组织以及公民认为行政法规同宪法和法律相抵触的，可以建议全国人民代表大会常务委员会进行审查。全国人民代表大会常务委员会经审查，如认为行政法规同宪法和法律确实相抵触，有权予以撤销。④

2. 省、自治区、直辖市人民代表大会常务委员会对地方政府规章的监督

根据《宪法》、《立法法》和《地方组织法》的规定，省、自治区、直辖市人民

① 参见乔晓阳：《人大常委会监督的内容和原则》，载中国人大网2006年11月8日，http://www.npc.gov.cn/npc/c220/200611/5d77ce0acc0b403fa4751b7a78f60f86.shtml。

② 参见《立法法》第98条。

③ 参见《立法法》第95条。

④ 参见《宪法》第67条和《立法法》第96、98条。

代表大会常务委员会可以通过备案和审查的方式对地方政府规章进行监督。[①] 省、自治区、直辖市人民代表大会常务委员会对本级人民政府发布的决定、命令,经审查,认为有下列不适当的情形之一的,有权予以撤销:其一,超越法定权限,限制或者剥夺公民、法人和其他组织的合法权利,或者增加公民、法人和其他组织的义务的;其二,同法律、法规规定相抵触的;其三,有其他不适当的情形,应当予以撤销的。

(二)对各级人民政府规范性文件的监督

国家权力机关对各级人民政府规范性文件的监督既可以通过备案制度进行,也可以应其他监督主体的请求进行。[②] 各级人大常委会负责审查、撤销本级人民政府发布的不适当的决定、命令,各级人大常委会对本级人民政府发布的决定、命令,经审查,认为有下列不适当的情形之一的,有权予以撤销:其一,超越法定权限,限制或者剥夺公民、法人和其他组织的合法权利,或者增加公民、法人和其他组织的义务的;其二,同法律、法规规定相抵触的;其三,有其他不适当的情形,应当予以撤销的。[③]

(三)对行政政策的监督

国家权力机关对行政政策监督主要采用下述形式:

1. 听取和审查人民政府的工作报告(专项工作报告)

《宪法》第 92 条和第 110 条规定,国务院要向全国人民代表大会和它的常务委员会报告工作,地方各级人民政府要向同级人民代表大会和它的常务委员会报告工作。人民代表机关通过听取政府的工作报告,并进行认真、深入地讨论和审议,对政府的政策予以评价和提出改进建议,对政府工作的成绩予以肯定,对问题提出批评和改进意见,从而保证政府工作正确和有效地进行。

各级人大常委会听取和审议本级人民政府的专项工作报告是各级人大常

---

① 参见《宪法》第 104 条;《立法法》第 96、97 条;《地方组织法》第 11、50 条。

② 参见《宪法》第 104 条、《地方组织法》第 50 条。

③ 参见《各级人民代表大会常务委员会监督法》第 28-30 条。

委会监督的主要方式。《各级人民代表大会常务委员会监督法》①第二章用专章详细规定了这种监督方式的内容和程序：

（1）各级人大常委会每年选择若干关系改革发展稳定大局和群众切身利益、社会普遍关注的重大问题，有计划地安排听取和审议“一府一委两院”（人民政府、监察委员会、人民法院和人民检察院）的专项工作报告。人大常委会听取和审议专项工作报告的年度计划，经委员长会议或者主任会议通过，印发常务委员会组成人员并向社会公布。

（2）人大常务委员会听取和审议专项工作报告的议题，根据下列途径反映的问题确定：其一，本级人大常委会在执法检查中发现的突出问题；其二，本级人大代表对“一府一委两院”工作提出的建议、批评和意见集中反映的问题；其三，本级人大常委会组成人员提出的比较集中的问题；其四，本级人大专门委员会、人大常委会工作机构在调查研究中发现的突出问题；其五，人民来信来访集中反映的问题；其六，社会普遍关注的其他问题。“一府一委两院”可以向本级人大常委会要求报告专项工作。

（3）常委会听取和审议专项工作报告前，委员长会议或者主任会议可以组织本级人大常委会组成人员和本级人大代表，对有关工作进行视察或者专题调查研究；常委会可以安排参加视察或者专题调查研究的代表列席常委会会议，听取专项工作报告，提出意见。

（4）人大常委会听取和审议专项工作报告前，常委会办事机构应当将各方面对该项工作的意见汇总，交由本级“一府一委两院”研究，并在专项工作报告中作出回应。

（5）“一府一委两院”应当在人大常委会举行会议的20日前，由其办事机构将专项工作报告送交本级人大有关专门委员会或者常委会有关工作机构征求意见；“一府一委两院”对报告修改后，在人大常委会举行会议的10日前送

---

① 《各级人民代表大会常务委员会监督法》于2006年8月27日由第十届全国人大常委会第二十二次会议通过，自2007年1月1日起施行。该法颁布和施行后一直没有修改。由于该法当时确定的监督范围是“一府两院”，但2018年全国人大修正《宪法》，制定《监察法》，在国家机构中新设立了“监察委员会”，故形成了“一府一委两院”，从而全国人大常委会的监督对象已发展为“一府一委两院”。所以本章在介绍和阐释《各级人民代表大会常务委员会监督法》的监督制度和监督规则时，均根据《宪法》规定，将“一府两院”修改成“一府一委两院”。

交人大常委会。人大常委会办事机构应当在人大常委会举行会议的7日前,将专项工作报告发给人大常委会组成人员。

(6)专项工作报告由"一府一委两院"的负责人向本级人大常委会报告,人民政府也可以委托有关部门负责人向本级人大常委会报告。

(7)人大常委会组成人员对专项工作报告的审议意见交由本级"一府一委两院"研究处理。"一府一委两院"应当将研究处理情况由其办事机构送交本级人大有关专门委员会或者人大常委会有关工作机构征求意见后,向人大常委会提出书面报告。人大常委会认为必要时,可以对专项工作报告作出决议;本级"一府一委两院"应当在决议规定的期限内,将执行决议的情况向人大常委会报告。常委会听取的专项工作报告及审议意见,"一府一委两院"对审议意见研究处理情况或者执行决议情况的报告,向本级人大代表通报并向社会公布。①

2. 向人民政府及所属各工作部门提出质询和询问

《宪法》第73条规定:"全国人民代表大会代表在全国人民代表大会开会期间,全国人民代表大会常务委员会组成人员在常务委员会开会期间,有权依照法律规定的程序提出对国务院或者国务院各部、各委员会的质询案。受质询的机关必须负责答复。"《地方组织法》第24条规定,地方各级人民代表大会举行会议的时候,代表10人以上联名可以书面提出对本级人民政府和它所属各工作部门……的质询案……质询案由主席团交由受质询机关在主席团会议、大会全体会议或者有关的专门委员会会议上口头答复,或者由受质询机关书面答复。此外,1982年《全国人民代表大会组织法》第16条对代表提出质询案和被质询机关作出答复的程序作了规定:"在全国人民代表大会会议期间,一个代表团或者三十名以上的代表,可以书面提出对国务院和国务院各部、各委员会的质询案,由主席团决定交受质询机关书面答复,或者由受质询机关的领导人在主席团会议上或者有关的专门委员会会议上或者有关的代表团会议上口头答复。在主席团会议或者专门委员会会议上答复的,提质询案的代表团团长或者提质询案的代表可以列席会议,发表意见。"除了质询以外,人民代表还可以向有关国家机关提出询问,该法第17条规定:"在全国人

① 参见《各级人民代表大会常务委员会监督法》第8-14条。

民代表大会审议议案的时候，代表可以向有关国家机关提出询问，由有关机关派人在代表小组或者代表团会议上进行说明。”人民代表向政府机关提出质询和询问的制度是一种重要的监督形式，它有利于人民代表了解和掌握情况，从而有效地正确地对行政机关的行政政策行使监督权，以督促政府机关改进工作，修正错误，更好地完成所担负的任务。

关于各级人民代表大会及其常务委员会询问和质询（包括对“一委两院”的询问和质询），《各级人民代表大会常务委员会监督法》第六章对之作了较详细具体的规定。

（1）各级人大常务委员会会议审议议案和有关报告时，本级人民政府及其部门和“一委两院”应当派有关负责人员到会，听取意见，回答询问。

（2）全国人大常委会组成人员 10 人以上联名，省、自治区、直辖市、自治州、设区的市人大常委会组成人员 5 人以上联名，县级人大常委会组成人员 3 人以上联名，可以向人大常委会书面提出对本级人民政府及其部门和“一委两院”的质询案。质询案应当写明质询对象、质询的问题和内容。

（3）质询案由委员长会议或者主任会议决定交由受质询的机关答复。委员长会议或者主任会议可以决定由受质询机关在人大常委会会议上或者有关专门委员会会议上口头答复，或者由受质询机关书面答复。在专门委员会会议上答复的，提质询案的人大常委会组成人员有权列席会议，发表意见。委员长会议或者主任会议认为必要时，可以将答复质询案的情况报告印发常委会会议。

（4）提质询案的人大常委会组成人员的过半数对受质询机关的答复不满意的，可以提出要求，经委员长会议或者主任会议决定，由受质询机关再作答复。

（5）质询案以口头答复的，由受质询机关的负责人到会答复。质询案以书面答复的，由受质询机关的负责人签署。①

3. 审查和批准国家和地方的国民经济和社会发展计划、国家和地方预算

根据《宪法》第 62 条和第 67 条的规定，国家的国民经济发展计划和计划执行情况的报告，国家预算和预算执行情况的报告应经全国人民代表大会审

---

① 参见《各级人民代表大会常务委员会监督法》第 34-38 条。

查和批准；在全国人民代表大会闭会期间，由全国人大常委会审查和批准国民经济和社会发展计划、国家预算在执行过程中所必须作的部分调整方案。根据《地方组织法》第 11 条的规定，县级以上地方各级人民代表大会审查和批准本行政区域内的国民经济和社会发展计划、预算以及它们执行情况的报告。审查和批准国家和地方的国民经济和社会发展计划以及预算，是国家权力机关对行政机关行政政策进行监督的一种重要方式。

（四）对行政行为的监督

国家权力机关对行政机关行政行为的监督主要采取下述形式：

1. 视察和检查政府工作

人民代表视察和检查政府工作，是国家权力机关对行政机关行政行为监督的一种重要形式。人民代表通过视察和检查，了解政府工作情况，收集人民群众对政府工作反映，从中发现问题，针对所发现的问题向政府提出意见或建议，督促政府各部门改进工作。人民代表视察和检查工作，可以是全面性的，也可以是专题性的。方法可以采取召开汇报会、座谈会、个别交谈的形式，也可以采取文件审查和现场视察相结合的方式。

2. 组织执法检查

关于执法检查，《各级人民代表大会常务委员会监督法》第四章对之作了较详细具体的规定：

（1）各级人大常委会每年选择若干关系改革发展稳定大局和群众切身利益、社会普遍关注的重大问题，有计划地对有关法律、法规实施情况组织执法检查。

（2）人大常委会年度执法检查计划，经委员长会议或者主任会议通过，印发常委会组成人员并向社会公布。常委会执法检查工作由本级人大有关专门委员会或者常委会有关工作机构具体组织实施。

（3）人大常委会根据年度执法检查计划，按照精干、效能的原则，组织执法检查组。执法检查组的组成人员，从本级人大常委会组成人员以及本级人大有关专门委员会组成人员中确定，并可以邀请本级人大代表参加。

（4）全国人大常委会和省、自治区、直辖市的人大常委会根据需要，可以委托下一级人大常委会对有关法律、法规在本行政区域内的实施情况进行检查。受委托的人大常委会应当将检查情况书面报送上一级人大常委会。

(5)执法检查结束后,执法检查组应当及时提出执法检查报告,由委员长会议或者主任会议决定提请常务委员会审议。执法检查报告包括下列内容:其一,对所检查的法律、法规实施情况进行评价,提出执法中存在的问题和改进执法工作的建议;其二,对有关法律、法规提出修改完善的建议。

(6)常委会组成人员对执法检查报告的审议意见连同执法检查报告,一并交由本级"一府一委两院"研究处理。"一府一委两院"应当将研究处理情况由其办事机构送交本级人大有关专门委员会或者人大常委会有关工作机构征求意见后,向人大常委会提出报告。必要时,由委员长会议或者主任会议决定提请常委会审议,或者由人大常委会组织跟踪检查;人大常委会也可以委托本级人大有关专门委员会或者人大常委会有关工作机构组织跟踪检查。人大常委会的执法检查报告及审议意见,"一府一委两院"对其研究处理情况的报告,向本级人大代表通报并向社会公布。①

3. 组织对特定问题的调查

《宪法》第 71 条第 1 款规定:"全国人民代表大会和全国人民代表大会常务委员会认为必要的时候,可以组织关于特定问题的调查委员会,并且根据调查委员会的报告,作出相应的决议。"为了使调查委员会的工作能够顺利地开展,实现调查的目的,《宪法》第 71 条第 2 款规定:"调查委员会进行调查的时候,一切有关的国家机关、社会团体和公民都有义务向它提供必要的材料。"

《各级人民代表大会常务委员会监督法》关于特定问题调查的规定有下述五项:(1)各级人大常委会对属于其职权范围内的事项,需要作出决议、决定,但有关重大事实不清的,可以组织关于特定问题的调查委员会。(2)委员长会议或者主任会议可以向本级人大常委会提议组织关于特定问题的调查委员会,提请常委会审议。1/5 以上人大常委会组成人员书面联名,可以向本级人大常委会提议组织关于特定问题的调查委员会,由委员长会议或者主任会议决定提请人大常委会审议,或者先交有关的专门委员会审议、提出报告,再决定提请人大常委会审议。(3)调查委员会由主任委员、副主任委员和委员组成,由委员长会议或者主任会议在本级人大常委会组成人员和本级人大代表中提名,提请常委会审议通过。调查委员会可以聘请有关专家参加调查工

---

① 参见《各级人民代表大会常务委员会监督法》第 22-27 条。

作。与调查的问题有利害关系的常委会组成人员和其他人员不得参加调查委员会。(4)调查委员会进行调查时,有关的国家机关、社会团体、企业事业组织和公民都有义务向其提供必要的材料。提供材料的公民要求对材料来源保密的,调查委员会应当予以保密。调查委员会在调查过程中,可以不公布调查的情况和材料。(5)调查委员会应当向产生它的常委会提出调查报告。常委会根据报告,可以作出相应的决议、决定。①

4. 接待和处理公民的来信来访

各级人民代表大会常务委员会一般都设有信访机构或专门负责信访工作的专职干部,受理公民对于国家公职人员违法、失职、侵权行为的申诉、控告和检举。人民代表机关通过受理公民的申诉、控告和检举,发现国家行政机关及其公职人员的问题,督促有关机关采取措施(惩处有过错的公务员,恢复公民被侵犯了的合法权益等),纠正错误,解决问题。

(五)对政府组成人员的监督

《宪法》第63条规定,全国人民代表大会有权罢免国务院总理、副总理、国务委员、各部部长、各委员会主任、审计长、秘书长。《地方组织法》第10条规定,地方各级人民代表大会有权罢免本级人民政府的组成人员。人民代表机关行使的对政府组成人员的罢免权是对行政最有力的监督形式之一,同时,也是其他监督形式能否有效和最终实现的保证。

《各级人民代表大会常务委员会监督法》就撤职案审议和决定规定了下述三项规则:

(1)县级以上地方各级人大常委会在本级人大闭会期间,可以决定撤销本级人民政府个别副省长、自治区副主席、副市长、副州长、副县长、副区长的职务;可以撤销由它任命的本级人民政府其他组成人员和监察委员会副主任、委员,人民法院副院长、庭长、副庭长、审判委员会委员、审判员,人民检察院副检察长、检察委员会委员、检察员,中级人民法院院长,人民检察院分院检察长的职务。

(2)县级以上地方各级"一府一委两院"可以向本级人大常委会提出对前列国家机关工作人员的撤职案。县级以上地方各级人大常委会主任会议,可

① 参见《各级人民代表大会常务委员会监督法》第39-43条。

以向人大常务委员会提出对前列国家机关工作人员的撤职案。县级以上地方各级人大常委会1/5以上的组成人员书面联名，可以向人大常委会提出对前列国家机关工作人员的撤职案，由主任会议决定是否提请人大常委会会议审议；或者由主任会议提议，经全体会议决定，组织调查委员会，由以后的人大常委会会议根据调查委员会的报告审议决定。

(3)撤职案应当写明撤职的对象和理由，并提供有关的材料。撤职案在提请表决前，被提出撤职的人员有权在人大常委会会议上提出申辩意见，或者书面提出申辩意见，由主任会议决定印发人大常委会会议。撤职案的表决采用无记名投票的方式，由人大常委会全体组成人员的过半数通过。①

第三节　监察机关的监督②

一、国家监察体制改革的背景和《监察法》制定的意义

深化国家监察体制改革和制定《监察法》是中国共产党第十八届中央委员会作出的重大决策部署。2013年，党的十八届三中全会《中共中央关于全面深化改革若干重大问题的决定》指出，“必须构建决策科学、执行坚决、监督有力的权力运行体系，健全惩治和预防腐败体系”。《中共中央关于全面深化改革若干重大问题的决定》专设一节“加强反腐败体制机制创新和制度保障”③，规定“加强党对党风廉政建设和反腐败工作统一领导。改革党的纪律检查体制，健全反腐败领导体制和工作机制”；“健全反腐倡廉法规制度体系，完善惩治和预防腐败、防控廉政风险、防止利益冲突、领导干部报告个人有关事项、任职回避等方面法律法规”。

---

① 参见《各级人民代表大会常务委员会监督法》第44-46条。

② 国家监察机关对行政机关公职人员的监督只是行政法制监督的一个部分、一个环节。而且，国家监察机关的监督不仅包括对行政机关公职人员的监督，还包括对所有国家机关和公权力组织公职人员的监督。由于国家监察机关对行政机关公职人员的监督与对所有国家机关和公权力组织公职人员的监督是紧密联系的，故本节研究和阐释的内容即不限于行政法制监督的内容，而是整个监察机关监督的内容（包括而不限于行政法制监督）。

③ 参见《中共中央关于全面深化改革若干重大问题的决定》第36节。

2014年年初,党中央成立全面深化改革领导小组,同时成立纪律检查体制改革专项小组。之后,中央政治局审议通过纪检体制改革实施方案,明确了改革时间表和路线图。

2016年1月12日,习近平总书记在中共第十八届中央纪律检查委员会第六次全体会议上的讲话中明确提出了"形成全面覆盖国家机关及其公务员的国家监察体系"的纪检监察改革的顶层设计:"行政监察法要体现党中央关于中央纪委、监察部合署办公,中央纪委履行党的纪律检查和政府行政监察两项职能,对党中央全面负责的精神。监察对象要涵盖所有公务员。要坚持党对党风廉政建设和反腐败工作的统一领导,扩大监察范围,整合监察力量,健全国家监察组织架构,形成全面覆盖国家机关及其公务员的国家监察体系";"强化党内监督是为了保证党立党为公、执政为民,强化国家监察是为了保证国家机器依法履职、秉公用权,强化群众监督是为了保证权力来自人民、服务人民。要把党内监督同国家监察、群众监督结合起来,同法律监督、民主监督、审计监督、司法监督、舆论监督等协调起来,形成监督合力,推进国家治理体系和治理能力现代化"。①

2016年11月7日,中共中央办公厅印发《关于在北京市、山西省、浙江省开展国家监察体制改革试点方案》,部署在三省市设立各级监察委员会,从体制机制、制度建设上先行先试、探索实践,为在全国推开积累经验。上述方案强调,"国家监察体制改革是事关全局的重大政治改革,是国家监察制度的顶层设计。深化国家监察体制改革的目标,是建立党统一领导下的国家反腐败工作机构。实施组织和制度创新,整合反腐败资源力量,扩大监察范围,丰富监察手段,实现对行使公权力的公职人员监察全面覆盖,建立集中统一、权威高效的监察体系,履行反腐败职责,深入推进党风廉洁建设和反腐败斗争,构建不敢腐、不能腐、不想腐的有效机制"。

2016年12月25日,第十二届全国人大常委会第二十五次会议根据《关于在北京市、山西省、浙江省开展国家监察体制改革试点方案》,作出了《关于在北京市、山西省、浙江省开展国家监察体制改革试点工作的决定》。该决定主要包括三个方面的内容:其一,决定在北京市、山西省、浙江省及所辖县、市、

---

① 参见《习近平谈治国理政》(第2卷),外文出版社2017年版,第169页。

市辖区设立监察委员会,行使监察职权。将试点地区人民政府的监察厅(局)、预防腐败局及人民检察院查处贪污贿赂、失职渎职以及预防职务犯罪等部门的相关职能整合至监察委员会。试点地区监察委员会由本级人民代表大会产生。监察委员会主任由本级人民代表大会选举产生;监察委员会副主任、委员,由监察委员会主任提请本级人民代表大会常务委员会任免。监察委员会对本级人民代表大会及其常务委员会和上一级监察委员会负责,并接受监督。其二,决定试点地区监察委员会按照管理权限,对本地区所有行使公权力的公职人员依法实施监察;履行监督、调查、处置职责,监督检查公职人员依法履职、秉公用权、廉洁从政以及道德操守情况,调查涉嫌贪污贿赂、滥用职权、玩忽职守、权力寻租、利益输送、徇私舞弊以及浪费国家资财等职务违法和职务犯罪行为并作出处置决定,对涉嫌职务犯罪的,移送检察机关依法提起公诉。为履行上述职权,监察委员会可以采取谈话、讯问、询问、查询、冻结、调取、查封、扣押、搜查、勘验检查、鉴定、留置等措施。其三,决定在北京市、山西省、浙江省暂时调整或者暂时停止适用《行政监察法》,《刑事诉讼法》第 3、18、148 条以及第二编第二章第 1 节关于检察机关对直接受理的案件进行侦查的有关规定,《人民检察院组织法》第 5 条第 2 项,《检察官法》第 6 条第 3 项,《地方组织法》第 59 条第 5 项关于县级以上的地方各级人民政府管理本行政区域内的监察工作的规定。其他法律中规定由行政监察机关行使的监察职责,一并调整由监察委员会行使。《关于在北京市、山西省、浙江省开展国家监察体制改革试点工作的决定》指出,实行监察体制改革,设立监察委员会,建立集中统一、权威高效的监察体系,是事关全局的重大政治体制改革。该决定要求试点地区按照改革试点方案的部署,切实加强党的领导,认真组织实施,保证试点工作积极稳妥、依法有序推进。

根据习近平总书记关于"形成全面覆盖国家机关及其公务员的国家监察体系"的指示,党中央关于开展国家监察体制改革试点的方案和全国人大常委会关于开展国家监察体制改革试点工作的决定,国家立法机关和中央纪律检查委员会开始启动监察法的立法工作。对于国家监察法立法的意义,国家

立法机关将之归纳为下述六个方面：[①]

其一，监察法立法是坚持和加强党对反腐败工作集中统一领导的需要。党的领导是中国特色社会主义最本质的特征。我们推进各领域改革，都是为了完善和发展中国特色社会主义，巩固党的执政基础，提高党的执政能力。以零容忍的态度惩治腐败是中国共产党鲜明的政治立场，是党心民心所向，必须在党中央统一领导下推进。根据党中央的部署组建的监察委员会就是反腐败的工作机构，与党的纪律检查委员会合署办公，目的即是加强党对反腐败工作的集中统一领导，完善党和国家自我监督。而监察法就是反腐败国家立法。制定监察法，为监察委员会履行职责、开展工作提供法治保障，在反腐败工作领域体现了坚持党的领导、人民当家作主、依法治国的有机统一。

其二，监察法立法是构建集中统一权威高效监察体系的需要。与党风廉政建设和反腐败斗争的要求相比，原监察体系存在体制机制不畅的问题：一是监察范围过窄。改革开放以来，党内监督已经实现全覆盖，而行政监察对象主要是行政机关及其工作人员，没有能做到对行使公权力的公职人员的全覆盖。二是反腐败力量分散。检察机关查处职务犯罪与党的纪律检查机关、行政监察机关职能既分别行使，又交叉重叠，不能形成合力。三是检察机关作为法律监督机关，对职务犯罪案件既行使侦查权，又行使批捕、起诉等权力，缺乏有效监督制约。因此，需要整合反腐败工作力量，推进国家监察理念思路、体制机制、方式方法的与时俱进。

其三，监察法立法是坚持走中国特色监察道路的需要。在我国，80%的公务员、95%以上的领导人员都是共产党员，党内监督和国家监督具有高度内在一致性。国家监察本质上属于党和国家的自我监督，不同于其他形式的外部监督。国家监察机关既不是行政机关也不是司法机关，而是代表党和国家行使监察权的专责机关。监察法区别于刑事诉讼法，监察机关行使的调查权不同于刑事侦查权，监察机关调查职务违法和职务犯罪适用监察法，案件移送检察机关后适用刑事诉讼法。这次监察体制改革确立的监察制度，体现了中华民族传统制度文化，是对中国历史上监察制度的一定借鉴，是从中国国情和实

---

① 参见李建国在第十三届全国人大第一次会议上所作的《关于中华人民共和国监察法（草案）的说明》和此前此后关于监察体制改革的讲话和文章。

际出发,对当今时代权力制约形式的新探索。

其四,监察法立法是推进国家治理体系和治理能力现代化的需要。做好监察体系的顶层设计,既要加强党的自我监督,又要加强对国家机器的监督。党内监督和国家监察是中国特色国家治理体系的重要组成部分。其包括两个方面:一是依规治党,实行纪法分开,以党章党规为尺子,靠严明的纪律管党治党;二是依法治国,依据宪法和法律治国理政。在我国,党的机关、人大机关、行政机关、政协机关以及审判机关、检察机关等,都在党中央统一领导下行使国家公权力,为人民用权,对人民负责,受人民监督。制定监察法,就是要通过制度设计实现对所有行使公权力的公职人员监察全覆盖,体现依规治党与依法治国、党内监督与国家监察有机统一,不断提高党和国家的监督效能,促进国家治理体系和治理能力的现代化。

其五,监察法立法是总结党的十八大以来反腐败斗争经验,巩固反腐败斗争成果的需要。党的十八大以来,以习近平同志为核心的党中央坚定不移推进全面从严治党,坚持不懈推进党风廉政建设和反腐败斗争,反腐败压倒性态势已经形成。根据党中央决策部署,党的纪律检查机关坚守职责定位,转职能、转方式、转作风;同时,加强对纪检监察干部的管理监督,规范审查程序和工作流程,健全内控机制,对违法违纪、失职失责者严肃处理,取得了一系列创新成果。北京市、山西省、浙江省开展国家监察体制改革试点工作,取得了积极进展。所有这些,都为改革全面铺开和制定监察法提供了实践基础。改革的本质是组织和制度创新,把党的十八大以来在推进党风廉政建设和反腐败斗争中形成的新理念新举措新经验通过国家法律固定下来,有利于巩固不敢腐,促进不能腐,强化不想腐。

其六,监察法立法是新形势下深化改革、加强法治与全面从严治党实现有机统一的需要。通过监察法规定的监察权限和措施,体现了加强党和国家自我监督的新要求。坚持宽打窄用,调查手段要宽,调查决策要严,赋予监察委员会必要的权限和措施,细化监察权内涵。把多年来实践证明是行之有效的措施写入法律,明确监察机关运用谈话、讯问、询问、查询、冻结、调取、查封、扣押、搜查、勘验、检查、鉴定、留置等措施开展调查。留置作为一种调查措施在监察法中确定下来,并规定严格的程序,有利于解决长期困扰我们的法治难题,彰显全面依法治国的决心和自信。随着我国法律体系的完善,以往的"政纪”均已成为国家立法。因而,新的制度设计用“政务处分”代替“政纪处分”,国家监察机关将依法对职务违法和职务犯罪的公职人员作出处置。

二、监察机关的组织与职责

(一)监察机关的组织

监察机关的组织包括中央和地方两大层级。中央层级的监察机关的名称叫作“中华人民共和国国家监察委员会”,简称“国家监察委员会”。地方监察机关包括三个级别:一是省、自治区、直辖市的监察委员会;二是设区的市自治州、设区的市的监察委员会;三是市(设区的市)辖区、县、自治县、县级市的监察委员会。在地方,乡镇一级不设监察委员会,其公职人员的监察由县级监察机关负责;必要时,县级监察机关可以向乡镇派出监察机构或监察专员对其公职人员进行监察。地方监察委员会的名称都统一叫作“监察委员会”。

(二)国家监察委员会

《监察法》第8条对国家监察委员会组织的相关问题进行了较具体的规定,主要包括以下六项内容:

1. 国家监察委员会产生

国家监察委员会与国务院、最高人民法院、最高人民检察院一样,由全国人民代表大会产生,是从属于全国人民代表大会的中央级国家机构。

2. 国家监察委员会的性质、地位和基本职责

国家监察委员会负责全国监察工作。所以国家监察委员会是监察机关而非行政机关或司法机关;国家监察委员会是负责全国监察工作的机关而非只负责对中央机关、组织公职人员监察而不负责对地方公职人员监察的机关。

3. 国家监察委员会的组成

国家监察委员会由主任、副主任若干人,委员若干人组成。至于副主任若干人、委员若干人的“若干人”究竟是多少人,则需要通过今后进一步总结实践探索经验确定,因此法律只能留待以后制定“组织条例”或“三定办法”规定。

4. 国家监察委员会组成人员的产生方式

国家监察委员会组成人员有两种不同产生方式:国家监察委员会主任由全国人民代表大会选举产生;国家监察委员会副主任和委员由国家监察委员

会主任提请全国人民代表大会常务委员会任免。这种方式与最高人民法院院长、副院长、最高人民检察院检察长、副检察长等人员的产生方式是一致的：最高人民法院院长、最高人民检察院检察长由全国人民代表大会选举产生；最高人民法院副院长、审判员、审判委员会委员，最高人民检察院副检察长、检察员、检察委员会委员分别由最高人民法院院长、最高人民检察院检察长提请全国人民代表大会常务委员会任免。

5. 国家监察委员会主任的任期

国家监察委员会主任的任期与《宪法》规定国务院总理、副总理、国务委员、最高人民法院院长、最高人民检察院检察长的任期一致：每届任期同全国人民代表大会每届任期相同，连续任职不得超过两届。这种任期的规定是“八二宪法”总结我国改革开放前，特别是“文革”时期政治体制运作的经验教训，防止领导干部终身制而确定的一项重要法律制度，对于保障和维护我国人民代表大会制度的活力具有重要意义。

6. 国家监察委员会与全国人大及其常委会的关系

国家监察委员会与全国人大及其常委会的关系是：国家监察委员会对全国人民代表大会及其常务委员会负责，并接受其监督。这是我国人民代表大会制度的体现和必然要求。根据我国的政体，除全国人民代表大会和地方各级人民代表大会由民主选举产生，直接对人民负责和受人民监督外，我国所有国家机关都由人民代表大会产生，对人民代表大会及其常务委员会负责，受人民代表大会及其常务委员会监督。国家监察委员会自然也不可能例外，必然是由全国人民代表大会产生，对全国人民代表大会及其常务委员会负责，并接受其监督。

（三）地方各级监察委员会

《监察法》第 9 条对地方各级监察委员会组织的相关问题进行了较具体的规定，同样包括以下六项内容：

1. 地方各级监察委员会产生

地方各级监察委员会由本级人民代表大会产生，是从属于本级人民代表大会的地方级国家机构。

2. 地方各级监察委员会的性质、地位和基本职责

地方各级监察委员会负责本行政区域内的监察工作。地方各级监察委员

会的性质不是行政机关或司法机关，而是负责对本行政区域内公职人员进行监察的监察机关。

3. 地方各级监察委员会的组成

地方各级监察委员会与国家监察委员会一样，亦由主任、副主任若干人，委员若干人组成。

4. 地方各级监察委员会组成人员的产生方式

地方各级监察委员会组成人员与国家监察委员会组成人员一样，同样由两种不同产生方式：监察委员会主任由本级人民代表大会选举产生；监察委员会副主任和委员由监察委员会主任提请本级人民代表大会常务委员会任免。

5. 地方各级监察委员会主任的任期

地方各级监察委员会主任的任期同本级人民代表大会任期相同，但《监察法》没有规定地方各级监察委员会主任连续任职届数的限制，此与对国家监察委员会主任连续任职届数的限制（限两届）不同。

6. 地方各级监察委员会与本级人大及其常委会的关系

地方各级监察委员会与本级人大及其常委会的关系是：监察委员会对本级人民代表大会及其常务委员会负责，并接受其监督。

（四）监察系统的内部关系

监察系统的内部关系包括两个层面：第一个层面是国家监察委员会与地方各级监察委员会的关系；第二个层面是上下级监察委员会的关系。《监察法》确定的这两个层面的关系均是领导关系：国家监察委员会领导地方各级监察委员会的工作，上级监察委员会领导下级监察委员会的工作。这种关系不同于《宪法》规定的法院审判系统的内部关系：最高人民法院监督地方各级人民法院和专门人民法院的审判工作，上级人民法院监督下级人民法院的审判工作，而与《宪法》规定的检察系统的内部关系相同：最高人民检察院领导地方各级人民检察院和专门人民检察院的工作，上级人民检察院领导下级人民检察院的工作。

领导关系不同于监督关系。在领导关系中，领导方可对被领导方发号施令，领导方可命令指挥被领导方，被领导方必须服从领导方的命令指挥。而在监督关系中，监督方不能对被监督方发号施令，不能命令指挥被监督方，而只能依法纠正被监督方的违法不当行为。

关于监察系统的内部关系,《监察法》还规定了监察派驻、派出制度和监察官制度。监察派驻、派出制度①主要有以下四项内容:

其一,派驻、派出主体是各级监察委员会,而不限于国家监察委员会或省市级监察委员会,县级监察委员会也可派出监察机构或监察专员。

其二,派出对象包括六类:一是中国共产党机关(党的组织、宣传、政法、统战等部门);二是国家机关(人大、政府、法院、检察院等机关);三是法律、法规授权管理公共事务的组织和单位;四是行政机关委托管理公共事务的组织和单位;五是监察委员会所管辖的相应行政区域(县级监察委员会向所管辖的乡镇人民政府派出监察机构或监察专员);六是国有企业。

其三,监察委员会向派驻、派出单位既可派驻、派出监察机构,也可派驻、派出监察专员。向某一特定单位究竟是派驻、派出监察机构还是派驻、派出监察专员,视监察工作量大小决定。工作量大则派驻、派出监察机构,工作量小则派驻、派出监察专员。

其四,监察委员会对派驻、派出的监察机构、监察专员进行领导、管理,派驻、派出的监察机构、监察专员对派驻、派出它的监察委员会负责。

派驻、派出监察机构、监察专员的职权不是由《监察法》直接授予的,而是由派驻、派出它的监察委员会授予的。它们只能根据派驻、派出它的监察委员会的授权行事,而不能越权。派驻、派出的监察机构、监察专员的一般职责与法律赋予监察委员会的一般职责是基本相同的,即对所派驻、派出的单位、行政区域的公职人员进行监督,提出监察建议;依法对公职人员进行调查和处置。但《监察法》对之有一个限制,"按照管理权限"。因为派出的监察机构、监察专员只能根据派驻、派出它的监察委员会授予的管理权限行使职权和履行职责,其不能超越授权行事。

关于监察官制度,2020 年 11 月 27 日,第十三届全国人大常委会第三十次会议通过《监察官法》,确立了我国的监察官制度的整体框架和基本内容。《监察官法》总则第 1 条明确规定,"根据宪法和《中华人民共和国监察法》,制定本法"。《监察法》第 14 条规定,"国家实行监察官制度,依法确定监察官的

---

① 《监察法》没有给出派驻、派出的具体含义。关于二者的区分,派驻、派出的范围、组织形式等,《监察法》给今后的制度创设留下了较大的空间,有待在实践中逐步完善。

等级设置、任免、考评和晋升等制度”。《监察官法》的制定正是对《监察法》这一规定的具体落实。《监察官法》共设9章,除第1章总则和第9章附则外,其他各章分别为监察官的职责、义务和权利;监察官的条件和选用;监察官的任免;监察官的管理;监察官的考核和奖励;监察官的监督和惩戒以及监察官的职业保障。①

(五)监察机关的职责

监察委员会的法定职责包括下述三类:

1. 监督

监察委员会的第一类职责是对公职人员进行监督检查。监督检查的内容包括四项:第一项是依法履职的情况,即检查公职人员是否存在不作为和乱作为(违法作为)的情况;第二项是秉公用权的情况,即检查公职人员是否存在以权谋私,利用职权为自己及其亲属或其他关系人、朋友等谋利的情况;第三项是廉洁从政从业的情况,即检查公职人员是否存在贪污受贿、权钱交易、权色交易的情况;第四项是道德操守的情况,即检查公职人员是否存在违反从政道德、职业道德和社会公德及私德(孝敬父母、夫妻忠诚方面的道德)的情况。

监察委员会的第一类职责还包括“对公职人员开展廉政教育”的内容,这可以认为是广义的监督、积极的监督。廉政教育可以是理想信念教育和组织向先进模范人物的正面教育,也可以是通过“老虎”“苍蝇”的反面典型材料对公职人员进行警示和预防腐败的教育。

2. 调查

监察委员会的第二类职责是对涉嫌贪污贿赂、滥用职权、玩忽职守、权力寻租、利益输送、徇私舞弊以及浪费国家资财等职务违法和职务犯罪进行调查。调查又分为两种:一种是对职务违法行为的调查;另一种是对职务犯罪行为的调查。职务违法和职务犯罪虽然具有性质的区别,但行为的内容可能是相同的。例如,行为的内容同样是贪污贿赂、滥用职权、玩忽职守,或者权力寻租、利益输送、徇私舞弊以及浪费国家资财等,情节轻微即为“职务违法”,情节严重则构成“职务犯罪”。在国家监察体制改革以前,对职务犯罪行为的调

---

① 关于《监察官法》的制度架构和主要内容,参见姜明安:《监察法研究》第13章“监察官制度”(该书即将由法律出版社出版)。

查属于监察机关的职责,对职务犯罪行为的侦查则属于检察机关的职责。根据《监察法》的规定,调查职务违法和调查职务犯罪均属于监察委员会的职责。检察机关原负责侦查职务犯罪的人员现在已转隶监察委员会,这为监察委员会履行该职责提供了非常有利的条件。

3. 处置

监察委员会的第三类职责是对违法的公职人员依法作出政务处分决定;对履行职责不力、失职失责的领导人员进行问责;对涉嫌职务犯罪的,将调查结果移送人民检察院依法审查、提起公诉;向监察对象所在单位提出监察建议。"处置"主要包括五项内容:其一,对违法行为情节较轻的公职人员进行谈话提醒、批评教育、责令检查或予以诫勉;其二,对违法公职人员作出警告、记过、记大过、降级、撤职、开除等政务处分决定;其三,对不履行或不正确履行职责负有责任的领导人员作出问责决定,或者向有权作出问责决定的机关提出问责建议;其四,对涉嫌职务犯罪的,将调查结果移送人民检察院依法审查、提起公诉;其五,向监察对象所在单位提出监察建议。监察委员会在办案过程中,发现监察对象所在单位存在制度不完善,对公职人员管理存在缺陷、漏洞,或存在其他违法、违纪问题,需要其自我纠正、自我改进的,应该向其提出监察建议。

三、监察对象与管辖

(一)监察对象

《监察法》第15条规定的监察对象包括六类人员。这些人员绝大多数属于国家公职人员,也包括少量行使社会管理职能的"有关人员",如国有企业、公办事业单位、基层群众性自治组织中从事管理的人员。

1. 中国共产党机关、人民代表大会及其常务委员会机关、人民政府、监察委员会、人民法院、人民检察院、中国人民政治协商会议各级委员会机关、民主党派机关和工商业联合会机关的公务员,以及参照《公务员法》管理的人员

这类监察对象是整个监察的最主要监察对象,又包括九个小类的人员:(1)中国共产党各级各类机关的公务员。"中国共产党机关"指中国共产党各级组织(中央、地方省市县乡镇等)及其各个工作部门(组织、宣传、统战、纪委、政法委等)的机关;"公务员"指依法履行公职、纳入国家行政编制、由国家

财政负担工资福利的工作人员。[①] 因此,凡是在党的各级各类机关中工作且具有公务员身份的人员均是监察的对象。(2)各级人民代表大会及其常务委员会机关的公务员。各级监察机关虽然由各级相应人大产生,对人大负责和受人大监督,但在各级人大及其常委会机关工作的公务员同样是监察机关的监察对象。(3)各级人民政府机关的公务员。人民政府及其工作部门的公务员是整个公务员队伍中最大,数量最多的公务员群体,因此,它们是第一类监察对象中最主要的对象。(4)各级监察委员会(派驻、派出监察机构)的公务员。监察委员会虽然是监察的主体,它们有权对各个机关、组织、机构中的公职人员进行监察,但它们同样要对在自己机关工作的公务员进行监察。在各级监察委员会工作的监察人员都是公务员,因此,他(她)们同样要接受各级相应监察委员会的监察。(5)各级人民法院的法官和不具有法官身份的公务员。我国法官均具有公务员身份,但在法院工作的具有公务员身份的工作人员并非都是法官,但二者均属于监察对象。(6)各级人民检察院的检察官和不具有检察官身份的公务员。与法官一样,我国检察官均具有公务员身份,但在检察院工作的具有公务员身份的工作人员并非都是检察官,但二者亦均属于监察对象。(7)中国人民政治协商会议各级委员会机关的公务员。我国《宪法》规定,中国人民政治协商会议是有广泛代表性的统一战线组织。它虽然不是国家机关,但在我国政治生活和社会生活中具有重要作用,在各级政协中的工作人员一般都具有公务员身份,从而是相应各级监察委员会的监察对象。(8)民主党派机关和工商业联合会机关的公务员。我国的政党制度不同于西方国家的政党制度,没有执政党与反对党、在朝党与在野党之分,而只有执政党与参政党之分。我国的各民主党派[②]均为参政党,各民主党派机关和工商业联合会机关的工作人员绝大多数具有公务员身份,从而也是监察机关的监察对象。(9)参照《公务员法》管理的人员。我国《公务员法》第106条规

---

① 参见《公务员法》第2条。根据国家相关规定,下列机关列入《公务员法》实施范围:(1)中国共产党各级机关;(2)各级人民代表大会及其常务委员会机关;(3)各级行政机关;(4)中国人民政治协商会议各级委员会机关;(5)各级审判机关;(6)各级检察机关;(7)各民主党派和工商联的各级机关。

② 我国共有八个民主党派,它们分别是:中国国民党革命委员会、中国民主同盟、中国民主建国会、中国民主促进会、中国农工民主党、中国致公党、九三学社、台湾民主自治同盟。

定,法律、法规授权的具有公共事务管理职能的事业单位中除工勤人员以外的工作人员,经批准参照《公务员法》进行管理。这类人员虽然不具有公务员身份,但因为他(她)们行使具有公共事务管理性质的职能,经过有关批准手续后被纳入公务员管理的范围,人事管理部门按《公务员法》的规定对他(她)们进行管理,《监察法》亦将之确定为监察机关的监察对象。

2. 法律、法规授权或者受国家机关依法委托管理公共事务的组织中从事公务的人员

这里的"法律、法规授权或者受国家机关依法委托管理公共事务的组织中从事公务的人员",是指在上述组织中,除参照《公务员法》管理的人员外,对公共事务履行组织、领导、管理、监督等职责的人员,包括具有公共事务管理职能的行业协会等组织中从事公务的人员,以及法定检验检测、检疫等机构中从事公务的人员。① 这类人员既不同于第一大类人员中的前八种人员,不具有公务员身份,也不同于第一大类人员中的第九种人员,非参照《公务员法》进行管理,不适用公务员的职务、工资、福利制度。但他(她)们却依法律、法规授权或受国家机关依法委托"从事公务",故他(她)们亦确定为监察机关的监察对象。这里,"依法律、法规授权"与"受国家机关委托",对他(她)们作为监察机关监察对象没有区别,但对他(她)们"从事公务"行为的外部方式、效果却有重要区别:他(她)们"依法律、法规授权从事公务"是以其所在管理公共事务组织的名义进行,并由该组织对外承担法律责任;而他(她)们"受国家机关委托从事公务",是以委托其行为的国家机关的名义进行,并由该国家机关对外承担法律责任。

3. 国有企业管理人员

这里的"国有企业管理人员",是指国家出资企业中的下列人员:(1)在国有独资、全资公司、企业中履行组织、领导、管理、监督等职责的人员;(2)经党组织或者国家机关,国有独资、全资公司、企业,事业单位提名、推荐、任命、批准等,在国有控股、参股公司及其分支机构中履行组织、领导、管理、监督等职责的人员;(3)经国家出资企业中负有管理、监督国有资产职责的组织批准或者研究决定,代表其在国有控股、参股公司及其分支机构中从事组织、领导、管

① 参见《监察法实施条例》第39条。

理、监督等工作的人员。①

4. 公办的教育、科研、文化、医疗卫生、体育等单位中从事管理的人员

这里的“公办的教育、科研、文化、医疗卫生、体育等单位中从事管理的人员”，是指国家为了社会公益目的，由国家机关举办或者其他组织利用国有资产举办的教育、科研、文化、医疗卫生、体育等事业单位中，从事组织、领导、管理、监督等工作的人员。②

5. 基层群众性自治组织中从事管理的人员

这里的“基层群众性自治组织中从事管理的人员”，是指该组织中的下列人员：(1)从事集体事务和公益事业管理的人员；(2)从事集体资金、资产、资源管理的人员；(3)协助人民政府从事行政管理工作的人员，包括从事救灾、防疫、抢险、防汛、优抚、帮扶、移民、救济款物的管理，社会捐助公益事业款物的管理，国有土地的经营和管理，土地征收、征用补偿费用的管理，代征、代缴税款，有关计划生育、户籍、征兵工作，协助人民政府等国家机关在基层群众性自治组织中从事的其他管理工作。

6. 其他依法履行公职的人员

这是《监察法》就监察对象的范围作出的兜底性规定，其目的在于保证该法第 1 条规定的“加强对所有行使公权力的公职人员的监督，实现国家监察全面覆盖”的立法目的的实现。

根据《监察法实施条例》第 43 条的规定，下列人员属于“其他依法履行公职的人员”：(1)履行人民代表大会职责的各级人民代表大会代表，履行公职的中国人民政治协商会议各级委员会委员、人民陪审员、人民监督员；(2)虽未列入党政机关人员编制，但在党政机关中从事公务的人员；(3)在集体经济组织等单位、组织中，由党组织或者国家机关，国有独资、全资公司、企业，国家出资企业中负有管理监督国有和集体资产职责的组织，事业单位提名、推荐、任命、批准等，从事组织、领导、管理、监督等工作的人员；(4)在依法组建的评标、谈判、询价等组织中代表国家机关，国有独资、全资公司、企业，事业单位，人民团体临时履行公共事务组织、领导、管理、监督等职责的人员；(5)其

① 参见《监察法实施条例》第 40 条。

② 参见《监察法实施条例》第 41 条。

他依法行使公权力的人员。

（二）监察管辖

1. 监察级别管辖和地域管辖的一般规则

就级别管辖而言，各级监察机关可以管辖本辖区内所有监察事项，尽管国家、省、市、县各级监察委员会对“管理权限”有内部分工，但监察管辖不同于司法管辖。对于司法管辖，诉讼法明确规定哪些案件由基层人民法院管辖，哪些案件由中级人民法院管辖，哪些案件由高级人民法院管辖，等等。[①]《监察法》没有这样明确的级别管辖划分。即使各级监察委员会对监察对象有内部管辖划分，但《监察法》第 16 条第 2 款规定，“上级监察机关可以办理下一级监察机关管辖范围内的监察事项，必要时也可以办理所辖各级监察机关管辖范围内的监察事项”。也就是说，国家监察委员会不仅可以办理省级监察委员会管辖范围内的监察事项，必要时也可以办理市级乃至县级监察委员会管辖范围内的监察事项；省级监察委员会不仅可以办理市级监察委员会管辖范围内的监察事项，必要时也可以办理市辖区、县级监察委员会管辖范围内的监察事项，等等。

就地域管辖而言，各地监察机关按照管理权限管辖本辖区内监察对象所涉监察事项。应该说，监察地域管辖的范围比司法地域管辖的范围明确，因为监察针对的主要是人——公职人员，司法针对的主要是事——争议案件。公职人员所属管辖区域一般比较明确，很少会发生某公职人员是河北省管还是河南省管，是北京海淀区管还是西城区管的争议。司法争议案件则不同，涉及争议发生地、当事人居住地、户籍地、不动产所在地等，确定管辖非常复杂。当然，监察地域管辖也不是完全不会发生争议，如公职人员工作岗位调动、挂职锻炼、借调等，也可能出现管辖争议的问题。所以《监察法》第 16 条第 3 款也作了万一发生争议解决途径的规定，“监察机关之间对监察事项的管辖有争议的，由其共同的上级监察机关确定”。

---

① 例如，《行政诉讼法》第 14 条至第 17 条规定，基层人民法院管辖第一审行政案件。中级人民法院管辖下列第一审行政案件：（1）对国务院部门或者县级以上地方人民政府所作的行政行为提起诉讼的案件；（2）海关处理的案件；（3）本辖区内重大、复杂的案件；（4）其他法律规定由中级人民法院管辖的案件。高级人民法院管辖本辖区内重大、复杂的第一审行政案件。最高人民法院管辖全国范围内重大、复杂的第一审行政案件。

2. 指定管辖

指定管辖包括三项规则：

其一，上级监察机关可以将其所管辖的监察事项指定下级监察机关管辖。上级监察机关之所以指定下级监察机关管辖其所管辖的监察事项，可能是出于办理某一特定案件方便的需要，也可能是上级监察机关案多而下级监察机关案件相对较少的缘故。监察机关上下级是领导指挥关系，上级监察机关指定下级监察机关办理自己管辖的监察事项，是其相互关系的性质使然。

其二，上级监察机关将下级监察机关有管辖权的监察事项指定给其他监察机关管辖。上级监察机关之所以作这种指定，可能是因为某下级监察机关负责人或主要监察人员与某一特定案件有某种利害关系，需要回避的缘故；也可能是上级监察机关某一时期调节各个下级监察机关工作量（有的下级监察机关可能某一时期案多人少，有的下级监察机关可能某一时期案少人多）的需要；还可能是出于某种办案方便的考虑。

其三，下级监察机关认为所管辖的监察事项重大、复杂，需要由上级监察机关管辖的，可以报请上级监察机关管辖。这与上级监察机关将其所管辖的监察事项指定下级监察机关管辖稍有不同。上级监察机关指定下级监察机关管辖其所管辖的监察事项，下级监察机关一般必须接受。即使有某种原因难以接受，也只能向上级监察机关解释说明，请求上级监察机关改变指定。上级监察机关认为下级监察机关解释说明的理由不充分，不改变指定，下级监察机关必须服从。而下级监察机关将其所管辖的监察事项报请上级监察机关管辖，则必须取得上级监察机关的同意，上级监察机关认为下级监察机关报请其管辖的监察事项并非那么重大、复杂而需要由其代下级监察机关管辖，完全可以不接受下级监察机关的报请，而仍退回下级监察机关管辖。

四、监察权限

《监察法》具体明确规定了监察机关的权限——行使监督、调查职权可采取的措施、手段。这些权限共十五项：谈话、讯问、询问、留置、查询、冻结、搜查、调取、查封、扣押、勘验检查、鉴定、技术调查、通缉、限制出境。《监察法》在规定监察权限的同时，对采取这些措施手段规定了条件和程序规则（如留置只适用于严重职务违法或犯罪的被调查人，且案情重大、复杂，或可能逃跑自杀等四种情形之一者；搜查只适用涉嫌职务犯罪的被调查人及可能隐藏被调查人或犯罪证据的人的身体、物品、住处等处所等）。

《监察法》第 18 条规定，监察机关行使监督、调查职权，有权依法向有关单位和个人了解情况，收集、调取证据。有关单位和个人应当如实提供。监察机关及其工作人员对监督、调查过程中知悉的国家秘密、商业秘密、个人隐私，应当保密。任何单位和个人不得伪造、隐匿或者毁灭证据。

《监察法》的这一规定是一项概括性和综合性的权限：调查取证。调查取证之所以是概括性和综合性的权限，是因为《监察法》规定的其他权限、手段，如谈话、讯问、询问、查询、冻结、搜查、调取、查封、扣押、勘验检查、鉴定等都是为调查取证服务的，从属于调查取证的总的目。调查取证是监察机关履行监察职责、行使监察职权、实现监察目的的非常重要的权限和手段。为保证该监察权限、手段得到有效和正确的运用，《监察法》第 18 条确立了对于有关单位和个人以及监察机关及其工作人员本身应遵循的三项规则：

其一，监察机关行使监督、调查职权，有权依法向有关单位和个人了解情况，收集、调取证据。有关单位和个人应当如实提供。这项规则既对监察机关提出了要求：其调查取证的目的应该是“行使监督、调查职权”而非其他目的；调查取证应当“依法”进行，遵守正当法律程序；[①]也对被调查取证的单位和个人提出了要求，“应当如实提供”情况和证据。

其二，监察机关及其工作人员对监督、调查过程中知悉的国家秘密、商业秘密、个人隐私，应当保密。这项规则是对监察机关及其工作人员确定的一项重要义务：其对监督、调查过程中知悉的国家秘密、商业秘密、个人隐私，应当保密。因为泄密，无论是故意泄露，还是过失泄露，都可能给国家利益或者公民、法人和其他组织的利益，或者同时给国家以及公民、法人和其他组织的利益，带来重大的损失。为保证监察机关及其工作人员对这一义务的履行，《监察法》第 65 条还规定了违反这一义务的法律责任（政务处分等），第 66 条还规定了违反这一义务，构成犯罪的刑事责任。

---

① 《监察法》第 41 条规定了调查取证的正当法律程序：应当依照规定出示证件，出具书面通知，由二人以上进行，形成笔录、报告等书面材料，并由相关人员签名、盖章。调查人员进行讯问以及搜查、查封、扣押等重要取证工作，应当对全过程进行录音录像，留存备查。

其三,任何单位和个人不得伪造、隐匿或者毁灭证据。这项规则是对被调查取证的单位和个人以及其他单位和个人确定的一项重要义务。首先,“任何单位和个人”指被调查取证的单位和个人,监察机关向其了解情况,收集、调取证据时,其应当如实提供,不得伪造、隐匿或者毁灭证据。其次,“任何单位和个人”指被调查取证单位和个人以外的其他任何单位和个人。其他任何单位和个人,即使监察机关没有去该单位和个人处了解情况,收集、调取证据,其也不得伪造、隐匿或者毁灭证据。因为这些伪造的证据,可能通过其他渠道进入监察机关,这些隐匿或者毁灭的证据,会使监察机关今后永远不能获取或难以及时获取,从而严重妨碍监察机关监察职能的行使。为保证任何单位和个人对这一规则的履行,《监察法》第 63 条规定了违反这一规则的法律责任(由其所在单位、主管部门、上级机关或者监察机关责令改正,依法给予处理),第 66 条还规定了违反这一规则,构成犯罪的刑事责任。

下面我们分别对这十五项监察权限依其不同的内容,将之分为六个类别加以阐释。

(一)谈话、讯问与询问

1. 谈话

监察机关对可能发生职务违法的监察对象,按照管理权限,可以直接或者委托有关机关、人员进行谈话或者要求说明情况。这一规则有三项内容:

其一,明确谈话或者要求说明情况的对象是“可能发生职务违法的监察对象”。监察机关在日常监察过程中发现特定监察对象有轻微违纪行为(有群众反映、举报或从其他渠道知悉),有可能发展为违法甚至犯罪。为避免其在错误的道路上继续走下去,挽救该公职人员,也防止国家利益和公共利益的损失,监察机关有必要对该公职人员“扯扯袖子”,与其谈话,要求说明情况,予以警示。

其二,确定进行谈话或者要求说明情况的主体可以是监察机关自己,也可以是监察机关委托的有关机关、人员。所谓“有关机关、人员”一般是“可能发生职务违法的监察对象”所在的机关(机关负责人)或组织、人事部门的负责人。如果“可能发生职务违法的监察对象”是所在机关主要负责人,“有关机关、人员”则是其上级机关(机关负责人)或上级机关组织、人事部门的负责人。

其三，监察机关应按照管理权限，直接或者委托有关机关、人员进行谈话或者要求说明情况。所谓“按照管理权限”即遵守《监察法》第三章有关监察机关管辖的规定，监察机关直接或者委托有关机关、人员进行谈话或者要求说明情况的，“可能发生职务违法的监察对象”是其管辖的监察对象。

2. 讯问

在调查过程中，监察机关对涉嫌职务违法的被调查人，可以要求其就涉嫌违法行为作出陈述，必要时可向被调查人出具书面通知。对涉嫌贪污贿赂、失职渎职等职务犯罪的被调查人，监察机关可以进行讯问，要求其如实供述涉嫌犯罪的情况。这一规则有五项内容：

其一，要求被调查人陈述的条件是监察机关在进行调查的过程中，认定被调查人已经“涉嫌职务违法”。此不同于监察机关行使第一项权限、采取第一种手段——谈话或者要求说明情况——的条件：监察对象“可能发生职务违法”。认定特定监察对象“涉嫌职务违法”应该有初步的证据材料证实。当然，“涉嫌”职务违法并不等于被调查人确实实施了职务违法，被调查人可能实施了职务违法的证据材料有待于进一步核实，所以有必要要求“涉嫌”人陈述，以便进一步了解情况，查明事实。

其二，监察机关要求被调查人陈述的内容是其涉嫌作出的违法行为，即要求其说明其是否确实作出了相应的“涉嫌职务违法”行为；如果确实作出，则说明如何作出，作出的时间、地点、目的、动机、手段、方式、结果，以及与之有关系的人和事等。

其三，监察机关在要求被调查人陈述，认为必要时，可向被调查人出具书面通知。所谓“必要”，是指为查明被调查人“涉嫌职务违法”行为事实的必要。在有的情况下，监察机关认为向被调查人出具书面通知，让被调查人事前有所准备，对其陈述和接受讯问会有更好的效果，所以就认为有给其出具书面通知的“必要”。在另外的情况下，监察机关认为向被调查人出具书面通知，让被调查人事前有所准备，反而可能影响其陈述和接受讯问的效果，不利于查明被调查人“涉嫌职务违法”行为事实，自然就没有给其出具书面通知的“必要”，从而不应该和不可能给其出具书面通知。

其四，对涉嫌贪污贿赂、失职渎职等职务犯罪的被调查人，监察机关可以进行讯问。首先，进行讯问的对象是“涉嫌贪污贿赂、失职渎职等职务犯罪的被调查人”,而不同于前款“要求作出陈述”的对象是“涉嫌职务违法的被调查人”。其次,讯问对象的范围是“涉嫌贪污贿赂、失职渎职等职务犯罪”。这里的“职务犯罪”主要是指“贪污贿赂、失职渎职”但又不限于此,因为《监察法》在此条文中还使用了“等”,这就说明除“贪污贿赂、失职渎职”外,还可能存在其他“职务犯罪”。此外,该项条文的用词使用的是“可以”,这里的“可以”是授权之意,不是既“可以”也可以“不可以”的意思。换一个表述,即“对涉嫌贪污贿赂、失职渎职等职务犯罪的被调查人,监察机关有权进行讯问”。

其五,对被讯问的被调查人提出要求,其应如实供述涉嫌犯罪的情况。被调查人只有如实供述涉嫌犯罪的情况,才有利于监察机关尽快查明案情,正确对被调查人作出处置。同时被调查人也可因“如实供述涉嫌犯罪的情况”这一情节而依法得到从轻处罚。

3. 询问

在调查过程中,监察机关可以询问证人等人员。询问证人是监察机关调查取证、查明案情的基本手段之一。《刑事诉讼法》规定,证人证言是人民法院审理刑事案件可以用于证明案件事实,作为证据使用的八种材料之一。[①]但是,证人证言必须在法庭上经过公诉人、被害人和被告人、辩护人双方质证并且查实以后,才能作为定案的根据。[②] 因此,监察机关在询问证人过程中,一定要遵循正当法定程序,[③]保证证人证言的真实性和合法性。

(二)留置

根据《监察法》第22条的规定,监察机关对涉嫌贪污贿赂、失职渎职等严重职务违法或者职务犯罪,且已经掌握其部分违法犯罪事实及证据,仍有重要问题需要进一步调查,并有下列情形之一的被调查人,经依法审批,可以将其留置在特定场所:(1)涉及案情重大、复杂的;(2)可能逃跑、自杀的;(3)可能串供或者伪造、隐匿、毁灭证据的;(4)可能有其他妨碍调查行为的。此外,对涉嫌行贿犯罪或者共同职务犯罪的涉案人员,监察机关可以依照前款规定采取留置措施。留置场所的设置、管理和监督依照国家有关规定执行。

---

① 参见《刑事诉讼法》第50条。

② 参见《刑事诉讼法》第61条。

③ 此项正当法律程序参见《监察法》第41条。

在《监察法》赋予监察机关的十五项权限、手段中，留置的强制性程度最高，对被调查人权益(特别是人身权)影响最严重，或者说是强制性程度最高、对被调查人权益影响最严重的权限、手段之一。因此，《监察法》对适用该项权限、手段规定了严格的条件：

首先，留置适用的对象限于“涉嫌贪污贿赂、失职渎职等严重职务违法或者职务犯罪，监察机关已经掌握其部分违法犯罪事实及证据，仍有重要问题需要进一步调查的被调查人”。

其次，这些被调查人还必须具有下列四种情形之一：(1)涉及案情重大、复杂的；(2)可能逃跑、自杀的；(3)可能串供或者伪造、隐匿、毁灭证据的；(4)可能有其他妨碍调查行为的。

再次，对被调查人适用留置须经监察机关依法审批，《监察法》第43条规定了留置审批的严格程序。

最后，《监察法》第22条还对留置场所的设置、管理和监督作了规定：依照国家有关规定执行。本条虽然没有规定具体的留置场所，但对留置场所的设置、管理和监督予以了限制，必须依照国家有关规定执行，而不能任意设置、任意管理和疏于监督。目前，国家关于留置场所的设置、管理和监督的统一规定尚未出台。根据实践中的做法，留置场所现在多是设置在由公安机关负责管理的，有严格安全保障和严格法制规范的，[①]羁押依法被逮捕、刑事拘留的人犯的看守所。这种场所相较于监察体制改革前安排“两规”人员接受调查的场所，对被调查人权益的保障要充分得多。

另外，《监察法》第22条还规定了一种特殊的留置对象：涉嫌行贿犯罪或者共同职务犯罪的涉案人员。对这些人员，监察机关可以依照对被调查人留置的规定同样采取留置措施。之所以对涉嫌行贿犯罪或者共同职务犯罪的涉案人员也同样进行留置，是为了防止这些犯罪嫌疑人进行串供或者伪造、隐匿、毁灭证据，妨碍监察机关调查工作的正常进行。

(三)查询、冻结与搜查

1. 查询

监察机关调查涉嫌贪污贿赂、失职渎职等严重职务违法或者职务犯罪，根

---

① 参见《看守所条例》。

据工作需要,可以依照规定查询涉案单位和个人的存款、汇款、债券、股票、基金份额等财产。有关单位和个人应当配合。这一规则包括三项内容:

其一,查询适用的对象是涉嫌贪污贿赂、失职渎职等严重职务违法或者职务犯罪的涉案单位和个人。

其二,查询适用的范围包括存款、汇款、债券、股票、基金份额等财产。

其三,查询适用的条件是"根据工作需要"和"依照规定"。所谓"根据工作需要",主要是指根据案件调查的需要;所谓"依照规定"主要是指依照法律、法规有关查询程序的规定。

2. 冻结

监察机关调查涉嫌贪污贿赂、失职渎职等严重职务违法或者职务犯罪,根据工作需要,可以依照规定冻结涉案单位和个人的存款、汇款、债券、股票、基金份额等财产。有关单位和个人应当配合。冻结的财产经查明与案件无关的,应当在查明后 3 日内解除冻结,予以退还。这一规则包括四项内容:

其一,冻结适用的对象是涉嫌贪污贿赂、失职渎职等严重职务违法或者职务犯罪的涉案单位和个人。

其二,冻结适用的范围包括存款、汇款、债券、股票、基金份额等财产。

其三,冻结适用的条件是"根据工作需要"和"依照规定"。这里所谓"根据工作需要",主要是指根据案件调查的需要和今后作出处置决定和执行处置决定的需要;所谓"依照规定"主要是指依照法律、法规有关冻结程序的规定。

其四,冻结的财产经查明与案件无关的,应当在查明后 3 日内解除冻结,予以退还。《监察法》作出这一规定主要是为了保障财产被冻结的当事人的合法权益,防止监察机关过度采取冻结措施给当事人财产造成不应有的损失。在以往的实践中,有的监察机关或某些其他执法机关往往在查明被冻结财产与案件无关后,仍然迟迟不解除冻结和予以退还,导致当事人财产出现重大损失,甚至导致企业破产,正是鉴于这些教训,《监察法》作了此项规定。

3. 搜查

监察机关可以对涉嫌职务犯罪的被调查人以及可能隐藏被调查人或者犯罪证据的人的身体、物品、住处和其他有关地方进行搜查。在搜查时,应当出示搜查证,并有被搜查人或者其家属等见证人在场。搜查女性的身体,应当由女工作人员进行。监察机关进行搜查时,可以根据工作需要提请公安机关配合。公安机关应当依法予以协助。

《监察法》赋予监察机关的这一权限、手段由于严重涉及被搜查人的人身和财产权益,故对之作出了诸多重要限制性规定。这主要表现在下述四个方面:

其一,搜查的对象限于涉嫌职务犯罪的被调查人以及可能隐藏被调查人或者犯罪证据的人,监察机关不能对一般职务违法的人和没有可能隐藏被调查人或者犯罪证据的人的身体、物品、住处和其他有关地方进行搜查。

其二,搜查应当出示搜查证,并有被搜查人或者其家属等见证人在场。这是法律对搜查程序的规定,搜查除了遵循此项程序的规定外还须遵循《监察法》第 41 条的规定:依照规定出示证件,出具书面通知,由 2 人以上进行,形成笔录、报告等书面材料,并由相关人员签名、盖章。此外,调查人员进行搜查,应当对全过程进行录音录像,留存备查。

其三,搜查女性的身体,应当由女工作人员进行。这一规定源于《刑事诉讼法》第 137 条的规定,体现了宪法关于尊重和保障人权的原则和精神。

其四,监察机关进行搜查时,可以根据工作需要提请公安机关配合。公安机关应当依法予以协助。公安机关对监察机关进行搜查依法予以协助,实际上不仅是对监察机关行使这一权限、运用搜查手段的配合,而且也是对监察机关行使这一权限、运用搜查手段的制约,有利于防止监察机关对这一权限的滥用。

(四)调取、查封与扣押

由于调取、查封与扣押这三种权限、手段紧密联系,故此处不分开论述而一并阐释。

《监察法》第 25 条规定,监察机关在调查过程中,可以调取、查封、扣押用以证明被调查人涉嫌违法犯罪的财物、文件和电子数据等信息。采取调取、查封、扣押措施,应当收集原物原件,会同持有人或者保管人、见证人,当面逐一拍照、登记、编号,开列清单,由在场人员当场核对、签名,并将清单副本交财物、文件的持有人或者保管人。对调取、查封、扣押的财物、文件,监察机关应当设立专用账户、专门场所,确定专门人员妥善保管,严格履行交接、调取手续,定期对账核实,不得毁损或者用于其他目的。对价值不明物品应当及时鉴定,专门封存保管。查封、扣押的财物、文件经查明与案件无关的,应当在查明后 3 日内解除查封、扣押,予以退还。

《监察法》对这一监察权限、手段确立了四项行使规则:

其一,调取、查封、扣押的对象应是用以证明被调查人涉嫌违法犯罪的财物、文件和电子数据等信息。如果相应财物、文件和电子数据等信息与证明被调查人涉嫌违法犯罪无关,则不应调取、查封或扣押。

其二,采取调取、查封、扣押措施,应当收集原物原件,会同持有人或者保管人、见证人,当面逐一拍照、登记、编号,开列清单,由在场人员当场核对、签名,并将清单副本交财物、文件的持有人或者保管人。确定这一规则的目的是保证被调取、查封、扣押的财物、文件和电子数据等信息作为证据的真实性和合法性。

其三,对调取、查封、扣押的财物、文件,监察机关应当设立专用账户、专门场所,确定专门人员妥善保管,严格履行交接、调取手续,定期对账核实,不得毁损或者用于其他目的。对价值不明物品应当及时鉴定,专门封存保管。确定这一规则的目的是保证被调取、查封、扣押的财物、文件和电子数据等信息的安全,防止丢失或毁损。

其四,查封、扣押的财物、文件经查明与案件无关的,应当在查明后 3 日内解除查封、扣押,予以退还。确定这一规则的目的主要在于保障财产被查封、扣押的当事人的合法权益。防止监察机关滥用查封、扣押权给当事人财产或其他权益造成不应有的损失。

(五)勘验检查与鉴定

1. 勘验检查

监察机关在调查过程中,可以直接或者指派、聘请具有专门知识、资格的人员在调查人员主持下进行勘验检查。勘验检查情况应当制作笔录,由参加勘验检查的人员和见证人签名或者盖章。这一规则包括三项内容:

其一,勘验检查的主体可以是监察机关本身,也可以是监察机关聘请的具有专门知识、资格的人员。

其二,勘验检查如果是由监察机关聘请的具有专门知识、资格的人员实施,则必须在监察机关调查人员主持下进行。

其三,勘验检查情况应当制作笔录,由参加勘验检查的人员和见证人签名或者盖章。《监察法》确立这一规则的目的在于保证勘验检查结论之后作为证据使用的有效性和证明力。

2. 鉴定

监察机关在调查过程中,对于案件中的专门性问题,可以指派、聘请有专门知识的人进行鉴定。鉴定人进行鉴定后,应当出具鉴定意见,并且签名。这一规则包括三项内容:

其一,鉴定的对象是案件中的专门性问题,而非一般的法律问题或事实问题。一般的法律问题或事实问题不适用鉴定。

其二,鉴定人应是监察机关指派、聘请的有专门知识的人,既不是监察机关自身,也不是一般的专家、学者,而应是对案件中的专门性问题有专门知识的人。

其三,鉴定人进行鉴定后,应当出具鉴定意见,并且签名。《监察法》确立这一规则的目的与确立勘验检查规则一样,在于保证鉴定结论之后作为证据使用的有效性和证明力。

(六)技术调查、通缉与限制出境

1. 技术调查

监察机关调查涉嫌重大贪污贿赂等职务犯罪,根据需要,经过严格的批准手续,可以采取技术调查措施,按照规定交有关机关执行。批准决定应当明确采取技术调查措施的种类和适用对象,自签发之日起 3 个月以内有效;对于复杂、疑难案件,期限届满仍有必要继续采取技术调查措施的,经过批准,有效期可以延长,每次不得超过 3 个月。对于不需要继续采取技术调查措施的,应当及时解除。

《监察法》赋予监察机关的这一权限、手段,因为严重涉及监察对象的人权和其他合法权益,故在授权的同时,规定了下述严格的控权规则:

其一,采取技术调查措施的对象仅限于涉嫌重大贪污贿赂等职务犯罪的被调查人,而不适用于一般职务违法或一般职务犯罪的人。

其二,采取技术调查措施必须“根据需要”,符合比例原则,不是必须采取时不得采取。

其三,采取技术调查措施必须经过严格的批准手续,批准决定应当明确采取技术调查措施的种类和适用对象。

其四,批准采取技术调查措施的决定自签发之日起3个月以内有效;对于复杂、疑难案件,期限届满仍有必要继续采取技术调查措施的,经过批准,有效期可以延长,但每次不得超过3个月。对于不需要继续采取技术调查措施的,应当及时解除。

其五,监察机关决定采取技术调查措施,应按照规定交有关机关执行。这种"按照规定交有关机关执行"的规则也是对监察机关行使这种权限、运用这种手段的一种制约。

2. 通缉

对于依法应当留置的被调查人如果在逃,监察机关可以决定在本行政区域内通缉,由公安机关发布通缉令,追捕归案。通缉范围超出本行政区域的,应当报请有权决定的上级监察机关决定。

《监察法》对于监察机关运用通缉权限和手段,确立了三项规则:

其一,被调查人在逃。对于在逃的被调查人,只有实施通缉,才能将其追捕归案。否则,其即有可能逍遥法外,使监察机关难以查明其可能实施的违法行为或犯罪行为,从而使其违法行为或犯罪行为得不到追究、惩治。

其二,通缉由监察机关决定,由公安机关发布通缉令和实施追捕。之所以由公安机关发布通缉令和实施追捕,是因为公安机关具有通缉和追捕的网络、条件和经验。在刑事侦查中,根据《刑事诉讼法》的规定,[①]通缉就是由公安机关实施的。《监察法》第4条第3款规定,监察机关在工作中需要协助的,有关机关和单位应当根据监察机关的要求依法予以协助。公安机关根据监察机关的要求发布通缉令和实施追捕即对监察机关工作的一种协助。

其三,监察机关只能决定在本行政区域内实施通缉,通缉范围如果超出本行政区域的,应当报请有权决定的上级监察机关决定。

3. 限制出境

监察机关为防止被调查人及相关人员逃匿境外,经省级以上监察机关批准,可以对被调查人及相关人员采取限制出境措施,由公安机关依法执行。对于不需要继续采取限制出境措施的,应当及时解除。

《监察法》对监察机关实施限制出境这一权限确立了下述四项规则:

---

① 参见《刑事诉讼法》第155条。

其一，限制出境的对象是有可能逃匿境外的被调查人及相关人员，即实施这一权限，采用这一手段的目的是防止被调查人及相关人员逃匿境外。所谓“相关人员”可以是被调查人的配偶、子女或其他直系亲属，也可能是与被调查人所涉案件的关系人，如被调查人的秘书、司机、情人或行贿人等。

其二，限制出境应经省级以上监察机关批准，以保证采取这一措施的慎重。

其三，限制出境经监察机关决定，由公安机关依法执行。

其四，监察机关对于不需要继续采取限制出境措施的，应当及时解除。

此外，《监察法》在规定监察机关的上述监察权限时，同时确立了下述四项与之有关的制度：

1. 认罪认罚从宽处罚制度

涉嫌职务犯罪的被调查人主动认罪认罚，有下列情形之一的，监察机关经领导人员集体研究，并报上一级监察机关批准，可以在移送人民检察院时提出从宽处罚的建议：(1)自动投案、真诚悔罪悔过的；(2)积极配合调查工作、如实供述监察机关还未掌握的违法犯罪行为的；(3)积极退赃、减少损失的；(4)具有重大立功表现或者案件涉及国家重大利益等情形的。

这一制度不是直接关于“调查取证”的，而是一项关于“处置”的建议权——在将涉嫌职务犯罪的被调查人案件移送人民检察院提起公诉时，建议对被调查人从宽处罚。监察机关向人民检察院提出这一建议需要符合下述三项条件：其一，涉嫌职务犯罪的被调查人有主动认罪认罚的情节。其二，该被调查人还需具有下述四种情形之一：(1)自动投案、真诚悔罪悔过；(2)积极配合调查工作、如实供述监察机关还未掌握的违法犯罪行为；(3)积极退赃、减少损失；(4)具有重大立功表现或者案件涉及国家重大利益等情形的。其三，经监察机关领导人员集体研究，并报上一级监察机关批准。之所以规定这一程序，是保重这一建议权能得到慎重行使，防止被个别监察人员或个别负责人滥用。

2. 立功从宽处罚制度

职务违法犯罪的涉案人员揭发有关被调查人职务违法犯罪行为，查证属实的；或者提供重要线索，有助于调查其他案件的，监察机关经领导人员集体研究，并报上一级监察机关批准，可以在移送人民检察院时提出从宽处罚的建议。

这一制度是对前一制度关于监察机关建议权适用对象及其情形的一项补充:适用对象是职务违法犯罪的涉案人员。“涉案人员”非仅指涉嫌职务犯罪的被调查人,还包括其他涉嫌共同犯罪的人。适用情形有二:一是其揭发有关被调查人职务违法犯罪行为,且查证属实的;二是其提供重要线索,有助于调查其他案件的。监察机关行使这一建议权如同前条规定一样,需经监察机关领导人员集体研究,并报上一级监察机关批准。

3. 非法证据排除制度

监察机关依法收集的物证、书证、证人证言、被调查人供述和辩解、视听资料、电子数据等证据材料,在刑事诉讼中可以作为证据使用。监察机关在收集、固定、审查、运用证据时,应当与刑事审判关于证据的要求和标准相一致。以非法方法收集的证据应当依法予以排除,不得作为案件处置的依据。①

本项制度有三项重要内容:一是关于监察证据的范围和在刑事诉讼中的使用;二是关于监察证据的要求和标准;三是关于非法证据排除规则。

关于监察证据的范围,《监察法》第33条列举了物证、书证、证人证言、被调查人供述和辩解、视听资料、电子数据等六项。这与《刑事诉讼法》关于证据种类的规定基本一致。《刑事诉讼法》规定的证据种类为下述八种:(1)物证;(2)书证;(3)证人证言;(4)被害人陈述;(5)犯罪嫌疑人、被告人供述和辩解;(6)鉴定意见;(7)勘验、检查、辨认、侦查实验等笔录;(8)视听资料、电子数据。《刑事诉讼法》规定,所有这些种类的证据,均必须经过查证属实,才能作为定案的根据。监察证据同样必须经过查证属实,才能在刑事诉讼中使用。

关于监察证据的要求和标准,《监察法》第33条第2款规定,监察机关在收集、固定、审查、运用证据时,应当与刑事审判关于证据的要求和标准相一致。《刑事诉讼法》对证据的要求和标准主要有下述规定:其一,审判人员、检察人员、侦查人员必须依照法定程序,收集能够证实犯罪嫌疑人、被告人有罪或者无罪、犯罪情节轻重的各种证据。严禁刑讯逼供和以威胁、引诱、欺骗以及其他非法方法收集证据,不得强迫任何人证实自己有罪。必须保证一切与案件有关或者了解案情的公民,有客观地充分地提供证据的条件,除特殊情况外,可以吸收他们协助调查。其二,人民法院、人民检察院和公安机关有权向

---

① 参见《监察法》第33条。

有关单位和个人收集、调取证据。有关单位和个人应当如实提供证据。行政机关在行政执法和查办案件过程中收集的物证、书证、视听资料、电子数据等证据材料，在刑事诉讼中可以作为证据使用。对涉及国家秘密、商业秘密、个人隐私的证据，应当保密。凡是伪造证据、隐匿证据或者毁灭证据的，无论属于何方，必须受法律追究。其三，对一切案件的判处都要重证据，重调查研究，不轻信口供。只有被告人供述，没有其他证据的，不能认定被告人有罪和处以刑罚；没有被告人供述，证据确实、充分的，可以认定被告人有罪和处以刑罚。证据确实、充分，应当符合以下条件：(1)定罪量刑的事实都有证据证明；(2)据以定案的证据均经法定程序查证属实；(3)综合全案证据，对所认定事实已排除合理怀疑。①

关于非法证据排除规则，《刑事诉讼法》的下述规定应该在监察中参照适用，一定程度上应该同样作为监察的证据规则，至少监察人员应该知晓这些规则：其一，对于采用刑讯逼供等非法方法收集的犯罪嫌疑人、被告人供述和采用暴力、威胁等非法方法收集的证人证言、被害人陈述，应当予以排除。收集物证、书证不符合法定程序，可能严重影响司法公正的，应当予以补正或者作出合理解释；不能补正或者作出合理解释的，对该证据应当予以排除。在侦查、审查起诉、审判时发现有应当排除的证据的，应当依法予以排除，不得作为起诉意见、起诉决定和判决的依据。其二，人民检察院接到报案、控告、举报或者发现侦查人员以非法方法收集证据的，应当进行调查核实。对于确有以非法方法收集证据情形的，应当提出纠正意见；构成犯罪的，依法追究刑事责任。其三，法庭审理过程中，审判人员认为可能存在《刑事诉讼法》第 56 条规定的以非法方法收集证据情形的，应当对证据收集的合法性进行法庭调查。当事人及其辩护人、诉讼代理人有权申请人民法院对以非法方法收集的证据依法予以排除。申请排除以非法方法收集的证据的，应当提供相关线索或者材料。其四，在对证据收集的合法性进行法庭调查的过程中，人民检察院应当对证据收集的合法性加以证明。现有证据材料不能证明证据收集的合法性的，人民检察院可以提请人民法院通知有关侦查人员或者其他人员出庭说明情况；人民法院可以通知有关侦查人员或者其他人员出庭说明情况。有关侦查人员或

---

① 参见《刑事诉讼法》第 55 条。

者其他人员也可以要求出庭说明情况。经人民法院通知,有关人员应当出庭。其五,对于经过法庭审理,确认或者不能排除存在《刑事诉讼法》第 56 条规定的以非法方法收集证据情形的,对有关证据应当予以排除。其六,证人证言必须在法庭上经过公诉人、被害人和被告人、辩护人双方质证并且查实以后,才能作为定案的根据。法庭查明证人有意作伪证或者隐匿罪证的时候,应当依法处理。其七,凡是知道案件情况的人,都有作证的义务。生理上、精神上有缺陷或者年幼,不能辨别是非、不能正确表达的人,不能作证人。其八,人民法院、人民检察院和公安机关应当保障证人及其近亲属的安全。对证人及其近亲属进行威胁、侮辱、殴打或者打击报复,构成犯罪的,依法追究刑事责任;尚不够刑事处罚的,依法给予治安管理处罚。①

4. 职务犯罪问题线索移送制度

人民法院、人民检察院、公安机关、审计机关等国家机关在工作中发现公职人员涉嫌贪污贿赂、失职渎职等职务违法或者职务犯罪的问题线索,应当移送监察机关,由监察机关依法调查处置。被调查人既涉嫌严重职务违法或者职务犯罪,又涉嫌其他违法犯罪的,一般应当由监察机关为主调查,其他机关予以协助。

这一制度是基于宪法关于监察机关的性质定位和《监察法》第 3 条关于监察机关功能作用的规定而确立的:各级监察委员会是行使国家监察职能的专责机关。正因为监察机关是对所有行使公权力的公职人员进行监察的"专责机关",所以,人民法院、人民检察院、公安机关、审计机关等国家机关在工作中发现公职人员涉嫌贪污贿赂、失职渎职等职务违法或者职务犯罪的问题线索,都应当移送监察机关,由监察机关依法调查处置。也正因为监察机关是对所有行使公权力的公职人员进行监察的"专责机关",所以,被调查人既涉嫌严重职务违法或者职务犯罪,又涉嫌其他违法犯罪的,一般应当由监察机关为主调查,其他机关予以协助。当然,这里用的是"一般",而不是"一律",故不排除在某些特定情况下,被调查人涉嫌某一其他特定严重刑事犯罪,其职务违法或者职务犯罪只是轻微和附带的,也可能由公安机关、检察机关或国家安全机关为主侦查,监察机关予以协助。

---

① 参见《刑事诉讼法》第 58-63 条。

第四节　司法机关的监督

一、司法机关监督的依据

司法监督的依据是国家机关之间职能的分工和法制保障原则。根据《宪法》的规定，我国人民代表机关是国家权力机关，由人民代表机关产生国家行政机关，国家审判机关和国家检察机关。国家行政机关行使国家行政权，由它管理国家内政外交事务；国家审判机关行使国家审判权，由它审理刑事、民事、经济、行政等一切案件和争议，惩治犯罪，追究违法责任，保护国家社会公益和公民、法人和其他组织的合法权益；国家检察机关行使国家检察权，由它监督国家法律的执行和法制的遵守。《宪法》关于国家机关的分工规定即包含着司法监督的含意：人民检察院是国家法律监督机关，自然包含着对行政机关及其工作人员的监督；人民法院是国家审判机关，它审理行政案件，即要审查和确定具体行政行为的合法性，对行政机关实施实际的监督。

行政之所以要接受司法的监督，同时是由行政权和司法权的性质决定的。行政权是一种管理权，它能直接对行政相对人发号施令，赋予或剥夺相对人以种种法律权利，加予或免除相对人种种法律义务。行政权的合法行使，对相对人法定权利、义务的实现有着决定性的影响。而司法权则不同，它主要是一种裁判权和保障权：裁判当事人之间的争议、纠纷，评判当事人行为的合法性及是非曲直，保障当事人的合法权益。行政权直接涉及相对人权利义务，由于各种原因，不可避免地会发生违法侵犯相对人权益的情况，同时也就不可避免地会发生与相对人的各种争议、纠纷。因此，司法机关对行政权合法行使加以监督和对它与相对人的争议进行评判是必然的和必须的。

二、人民法院的监督

人民法院作为行政法制监督主体，其主要监督方式是通过行政诉讼对行政主体行政行为的合法性进行审查，撤销违法或明显不当的行政行为（在不宜撤销时，确认其违法），变更明显不当的行政处罚或确有错误的、涉及款额确定的其他行政行为，确认具有重大明显违法的行政行为无效，判决不履行法定职责的行政主体限期履行法定职责，以实现其监督职能。除此以外，人民法院还可以通过司法建议的方式，建议行政机关纠正不属于人民法院撤销范围的违法行政行为和建议处分在违法行政行为中有过错的国家公务员。[①]

除了行政审判监督以外，人民法院在刑事审判、民事审判和其他专门审判中也能实现对行政机关及其公务员一定的法制监督。

人民法院通过审理刑事案件，追究违法、失职、侵犯公民权利的犯罪的公务员的责任，保障法律为任何机关、组织和个人所遵守，使任何机关、组织和个人都不能有超越宪法和法律的特权。同时，也鞭策和督促所有的机关、组织和个人自觉地把自己置于宪法和法律之下，自觉地遵守宪法和法律。

人民法院通过审理民事案件，追究在民事活动中违法、侵权的国家行政机关和公务员的民事责任，督促这些机关及其公务员正确地行使民事权利，履行民事义务，自觉地把自己置于普通公民完全平等的地位，杜绝在民事交往中的任何特权。

人民法院的审判监督可以涉及行政机关具体行政行为的合法性，但是我国审判机关不具有全面的司法审查职能，它不受理对行政法规、规章和行政规范性文件确认效力的案件，不能宣布行政法规、规章和行政规范性文件违宪、违法、无效，从而撤销和废除它们。审查和确定政府法律性文件违宪、违法，撤销这些文件，通常属于各级人大常委会的权限（上级行政机关亦可撤销或改变下级行政机关的法律性文件）。人民法院对于行政规范性文件的合法性可以进行审查和评价。这种审查和评价必须结合具体案件进行，必须是在解决具体案件时进行的附带审查。人民法院不能直接撤销或改变行政机关不合法或不适当的行政规范性文件，但人民法院在审理相对人不服行政机关具体行政行为的行政案件中，可以应行政相对人的申请，在审查行政行为时一并审查行政行为所依据的规范性文件的合法性。经审查认为规范性文件不合法的，可不作为认定行政行为合法的依据，并向相应规范性文件的制定机关提出处理建议。[②]

---

① 参见《行政诉讼法》第66、70-78条。

② 参见《行政诉讼法》第53、64条。

三、人民检察院的监督

人民检察院作为行政法制监督的主体，目前主要限于对严重违法乱纪，可能构成犯罪的公务员和其他公职人员的监督。人民检察院特别通过对犯有受贿罪、贪污罪、渎职罪等职务犯罪的公务员的犯罪行为进行审查和提起公诉，[①]以及对特定违法行政行为提起行政公益诉讼，[②]实现其行政法制监督职能。此外，人民检察院还具体对监狱、看守所、拘留所及其管教人员实施日常监督，通过处理这些场所中的违法行为，保障这一特定行政管理领域的行政法治。[③]

（一）人民检察院监督的特征

现行检察监督不同于权力机关的监督和其他形式的监督，它具有下述特征：

1. 此种监督主要是对公务员和其他公职人员遵守法律和国家纪律的监督，一般不包括对行政合法性和合理性的监督。我国检察机关无权审查行政法规、规章的合法性，宣布行政法规、规章违法和撤销行政法规、规章，也无权审查行政行为的合理性，宣布行政行为不适当和撤销行政行为。

2. 此种监督主要是通过追究公务员和其他公职人员违法犯罪行为的责任而实现。对于公务员和其他公职人员的职务违法行为，检察机关不直接查处，通常将此种案件转交纪检、监察机关处理。检察机关不能对公务员和其他公职人员科处行政处分和政务处分。

3. 此种监督依司法程序行使。根据宪法、检察院组织法的规定，人民检察院依照法律规定，独立行使检察权，不受行政机关、社会团体和个人的干涉。

（二）人民检察院监督的地位和作用

检察机关行使行政法制监督职能的部门主要是行政检察部门和公益诉讼检察部门，以及职务犯罪公诉检察部门。另外，根据《刑事诉讼法》和《人民检察院直接受理的侵犯公民民主权利、人身权利和渎职案件立案标准的规

---

① 2018 年国家监察体制改革以后，公职人员职务犯罪行为由监察机关进行调查，检察机关只负责进行审查和提起公诉。《监察法》第 45 条第 4 项规定："对涉嫌职务犯罪的，监察机关经调查认为犯罪事实清楚，证据确实、充分的，制作起诉意见书，连同案卷材料、证据一并移送人民检察院依法审查、提起公诉。"

② 参见《人民检察院组织法》第 20 条第 4 项。

③ 参见《人民检察院组织法》第 20 条第 3、7 项。

定》,人民检察刑事检察部门负责受理、立案侦查下列案件:[①]重大责任事故案;刑讯逼供案;诬告陷害案;破坏选举案;非法拘禁案;非法管制、非法搜查、非法侵入他人住宅案;报复陷害案;非法剥夺公民宗教信仰自由和侵犯少数民族风俗习惯案;伪证案;侵犯公民通信自由案;泄露国家重要机密案;玩忽职守案;徇私舞弊案;私放罪犯案;妨害邮电通信案;严重破坏国家的政策、法律、法规、政令统一实施的重大犯罪案,以及人民检察院认为需要自己直接受理的其他案件。[②]

人民检察院对于上述案件行使检察权,对于保障行政领域的社会主义法制,保证国家公务员严格地遵守宪法和法律,维护法制和政令的统一,保障公民的合法权益,具有重要的意义。但是检察机关仅对公职人员上述构成犯罪的案件进行监督,与《宪法》和《人民检察院组织法》赋予它的监督使命和职能是不相适应的,是有所欠缺的。

我国《宪法》第129条和《人民检察院组织法》第2条均明确将我国检察机关的法律性质确定为"国家法律监督机关"。作为国家法律监督机关,当然不应仅限于对刑事案件的监督,而应当具有对于行政违法行为监督的一定权限和责任。但是现行《人民检察院组织法》并没有直接赋予检察机关以这种监督的权限和责任。该法第2条虽然规定人民检察院具有"保障法律正确实施,维护社会公平正义,维护国家法制统一、尊严和权威,保障中国特色社会主义建设的顺利进行"的任务,但该法第20条却没有赋予检察机关以应有的职权——对由行政违法行为导致社会主义法制统一、尊严和权威以及社会公平正义的损害采取有效的法律手段去监督——以完成和实现该法第2条规定的任务。《人民检察院组织法》的这一缺陷使检察机关作为"国家法律监督机关"不能完全名实相符。

2018年10月26日,第十三届全国人大常委会第六次会议通过修订的《人民检察院组织法》第20条第4项规定,人民检察院有权依照法律规定提起公益诉讼(包括行政公益诉讼),可以认为已经赋予了检察机关一定的监督

① 发生在监管场所的"侵权"、渎职案件,由人民检察院监所检察部门立案侦查。

② 上述这些案件中,如属于公职人员职务犯罪的,则由监察机关调查,检察机关负责审查和提起公诉。

违法行政行为的手段，但并未解决赋予检察机关全面和有效监督违法行政行为的职权和手段的法律依据问题，也并未解决检察机关对违法行政行为的整体监督问题。要解决检察机关对违法行政行为的整体监督问题，有待今后进一步修改《人民检察院组织法》，赋予检察机关对违法行政行为监督的整体权限和手段，并由全国人大常委会以立法或决定的形式对检察机关监督违法行政行为（包括违法作为和不作为）的基本法律问题——监督原则问题、监督范围问题、监督方式问题、监督程序问题——作出通盘的具体规定。

2017 年 6 月 27 日第十二届全国人大常委会第二十八次会议通过修正的《行政诉讼法》虽然规定了公益诉讼（包括行政公益诉讼和民事公益诉讼），但没有直接赋予检察机关对违法行政行为的检察监督职权。中共十八届四中全会决定要求“检察机关在履行职责中发现行政机关违法行使职权或者不行使职权的行为，应该督促其纠正”，相当于赋予了检察机关对违法行政行为的行政检察监督职能。当然，党中央决定只是党的文件。要在实践中贯彻落实，还必须通过国家立法将党的政策上升为法律。尽管第十二届全国人大常委会第二十八次会议通过修正的《行政诉讼法》赋予了检察机关提起行政公益诉讼，对违法行政行为进行行政检察监督的职能，但是该法将这种监督的范围仅限于生态环境和资源保护、食品药品安全、国有财产保护、国有土地使用权出让四个领域。当然，法律在这四个领域之后还使用了“等”的表述，从而为检察机关扩大对其他领域行政行为的监督留下了较广阔的余地。事实上，自 2017 年修正后的《行政诉讼法》实施以来，全国各地检察机关都在探索拓展行政公益诉讼的范围。[①] 但四大检察格局中的行政检察如何开展对违法行政行

---

① 2019 年 10 月 23 日，最高人民检察院检察长张军在第十三届全国人大常委会第十四次会议上所作关于开展公益诉讼检察工作情况的报告中指出，检察机关应积极回应人民群众新期待，探索拓展公益诉讼办案范围。对人民群众反映强烈的安全生产、互联网、妇女儿童权益保护、扶贫以及国防、军事等领域公益损害问题，积极以对党和人民高度负责的态度慎重履职、担当作为。北京市海淀区检察院针对部分商户违法向未成年人售烟问题，向区市场监督管理局、烟草专卖局发出检察建议，督促履行监管职责。相关单位迅即开展为期 1 个月的专项整治，对违规经营者立案查处。浙江省宁波市海曙区检察院针对一段时期骚扰电话泛滥甚至影响“120”等特种电话服务的问题，向市民发放调查问卷，对骚扰电话背后利益链进行调查取证，并听取专家学者意见，负责地向通信管理部门发出检察建议，督促依法履行监管职责。通信管理部门集中整治，效果明显。上海市检察机关从守卫城市公共安全出发，开展电梯运行、消防安全、危险品运输、网约车运营等专项监督，深受群众欢迎。

为的检察监督，如何界定范围，与行政公益诉讼如何分工配合，是需要进一步认真研究探讨的问题。

(三)检察机关对违法行政行为监督的原则

检察机关对违法行政行为监督当然不同于专门行政监督机关和人民法院对行政行为的监督，检察机关对违法行政行为监督应遵循以下四项基本原则：

1. 协同和补充监督的原则

根据这一原则，检察机关对违法行政行为监督只起协同和补充的作用。凡是其他监督主体已经在进行监督的事项，检察机关不应重复介入。只有其他监督主体都缺席监督时，检察机关如再不介入，国家利益、社会公共利益或公民、法人、其他组织的合法权益就要受到重大损害，此时，相应事项才进入检察机关实际行使监督权的范围。

2. 循序渐进的原则

根据这一原则，检察机关对违法行政行为监督范围应依自己现时的条件、能力和社会的特别需要逐步拓展，选择当前违法行政行为危害最为严重的若干重点领域开展监督。

3. 不代行行政权原则

根据国家职能分工的要求，检察机关不能代替行政机关行使行政权。检察机关发现行政机关违法作为或不作为，可以建议行为机关纠正，或建议行为机关的上级机关或监察机关予以处理，或支持公民、法人、其他组织申请行政复议、提起行政诉讼。在所有这些手段都不奏效，都不能纠正行政机关违法的作为或不作为时，检察机关才应启动行政检察监督。在任何情况下，检察机关都不应代替行政机关作出行政处罚、行政许可、行政强制、行政给付等任何行政行为。

4. 监督范围各地有所差别原则

各地检察机关对违法行政行为的监督范围应有所差别，不搞“一刀切”。根据检察机关的“国家法律监督机关”性质，对违法行政行为监督的范围包括行政机关所有行政管理领域，如生态环境、安全生产、卫生健康、扶贫、资源能源、食品药品安全、知识产权、社会治安、国有财产保护、国防、交通、教育、科技、文化、文物保护、互联网等；可及于所有违法作为和不作为，如违法审批、许可、征收、征用、拆迁、处罚、强制、国有资产出让的“招拍挂”①等，以及对依法应审批、许可、征收、征用、拆迁、处罚、强制、国有资产出让的“招拍挂”的事项违法不予审批、许可、征收、征用、拆迁、处罚、强制、“招拍挂”等。但一个地方的行政检察监督不可能，也不应该及于所有领域的所有违法行政行为，而只能和只应该根据各地的实际情况确定对违法行政行为监督的范围，不应搞“一刀切”。

（四）检察机关对行政违法行为监督的范围

关于检察机关对行政违法行为监督的范围，笔者认为可以从以下三个层面界定：

第一个层面是根据检察机关的“国家法律监督机关”的性质界定。据此，检察机关对行政违法行为监督的范围应包括行政机关在所有行政管理领域（环境、市场监管、质监、卫生、治安、教育、科技、文化、互联网等）的所有违法作为和违法不作为。

第二个层面是根据检察机关对行政违法行为监督的协同和补充监督原则界定。根据这一原则，检察机关对行政违法行为没有特定的监督事项范围，它在整个国家法律监督体制内，只起协同和补充监督的作用。在这个意义上，检察监督可以说是制止和纠正行政违法行为，维护国家利益、社会公共利益或公民、法人、其他组织的合法权益的“最后一道防线”。

第三个层面是根据检察机关当前对行政违法行为监督的条件、能力，以及当下行政违法行为危害最为严重的领域界定。检察机关对行政违法行为的监督目前尚处于初期探索阶段，近期内不具备全面展开的条件。因此，现在只能根据检察机关当下的监督条件、能力，选择行政违法行为危害最为严重的若干重点领域开展监督。目前，作为检察机关监督违法行政行为的重点领域有以下六个：(1)生态环境和资源保护领域（包括违法作为和不作为，重点监督违法不作为）；(2)国有资产保护领域（重点监督国有企业改制和国有资产出卖中的违法行为）；(3)国有土地使用权出让领域（重点监督官商勾结，违法出让国有土地使用权的行为）；(4)公共安全领域（重点监督违法审批和监管缺位

---

① “招拍挂”指行政机关采用招标、拍卖和挂牌方式有偿出让国有土地、矿产资源使用权或实施政府采购、政府购买服务等行政行为的方式。

导致重大安全隐患的行为）；（5）食品安全领域（重点监督监管不作为）；（6）房屋拆迁和土地征收领域（重点监督行政滥用权力，侵犯被拆迁人、被征收人合法权益，可能导致群体性事件的行政行为）。

（五）检察机关对行政违法行为监督的方式

检察机关对行政违法行为监督的方式主要包括：

1. 通过向行政机关提出检察建议，督促行政机关依法履行法定职责，纠正违法行政行为或违法不作为。

2. 通过向违法作为或不作为机关的上级行政机关或行政监察机关提出检察建议，要求其依法对违法作为或不作为机关启动监督程序，依法对监督对象作出行政处分或行政处理。

3. 支持作为行政行为相对人的公民、法人或其他组织对违法行政行为或违法不作为申请行政复议或提起行政诉讼。

4. 依法向人民法院提起行政公益诉讼。

5. 对于可能导致对国家利益、社会公共利益、行政相对人利益重大紧急危害的违法行政行为或行政不作为，检察机关可申请法院发布强制制止令或强制执行令，检察机关将法院指令交付行政机关后，行政机关应立即停止违法行政行为，或者立即实施依法应实施的行政行为。（第五种方式目前尚无法律明确规定，可作为一种探索的方式使用。）

（六）检察机关对行政违法行为监督的程序

立法对检察机关监督行政违法行为的程序应根据不同的监督方式作出不同的设计。例如，对检察机关提出检察建议的程序自然不应完全同于检察机关向人民法院提起行政公益诉讼的程序，后者必须参考《行政诉讼法》及其司法解释规定的程序，前者则无此种必要。

作为各种监督方式应遵循的一般程序，可考虑采用下述步骤：

1. 立案审查。检察机关经审查认为相应事项符合监督条件的，应报请检察长批准决定立案。

2. 调查核实。检察机关在履行职责中或通过其他途径发现有属于其监督范围的违法行政行为或违法不作为的情形，需要调查核实的，应采取相应方式调查核实。如调阅、复制行政执法卷宗材料；询问行政机关相关人员和行政相对人、利害关系人、证人；收集书证、物证、视听资料等证据；咨询专业人员、相关部门或者行业协会等对专门问题的意见;委托鉴定、评估、审计;勘验物证、现场等。

3. 督促纠正。检察机关经调查核实认为行政机关确实存在违法行政行为或违法不作为的,应先通过检察建议,督促行政机关纠正。行政机关拒绝纠正的,再启动其他监督方式,如提起行政公益诉讼等。

第五节 专门行政监督机关的监督

一、专门行政监督的性质和依据

专门行政监督机关的监督主要指原国家行政监察机关的监督和审计机关的监督。2018 年国家监察体制改革,撤销了国家行政监察机关,废止了《行政监察法》,行政监察归入了国家统一的监察制度之中。① 因此,本节研究的专门行政监督仅指审计监督。当然,专门行政监督除审计监督以外,还包括有关行政机关(公安机关等)内部的督察监督,但本节不作专门探讨。

专门行政监督属于行政机关的内部监督。行政机关内部监督既是保障行政法制的需要,也是保障行政机关内部政策、政令的施行,内部规章、制度的遵守,以及行政机关内部上下级之间,各部门、各机构之间的统一和协调,以保证整个行政系统高效运转的需要。行政机关内部监督有各种形式,如上级行政机关对下级行政机关的监督、综合性职能机关对专业性主管机关的监督、行政首长对工作人员的监督,等等。专门行政监督虽然也是行政内部监督的一种形式,但它不完全同于其他形式的内部监督:专门行政监督机关的职能是专门实施行政法制监督,它的任务不是或基本上不是对外部实施行政管理,与外部行政管理相对人打交道,而主要是对各行政机关及其公务员实施监督,在行政机关内部行使职能;而其他形式的内部监督机关的基本职能是对外实施行政管理,监督只是其保障其管理职能实现的一种手段。

我国宪法和有关组织法在 2018 年之前规定在行政系统内设立行政监察

① 参见《监察法》第 69 条。

机关和审计机关,行使专门的或非专门的行政监督职能。在外国,有的将监察机关和审计机关附设于议会,有的则设于政府。这各有利弊,设于议会有利于加强监督的权威性,但在监督效率上有可能不及专门行政监督。因为监察、审计机关设于行政系统内部,对行政系统内部的情况了解,较易于发现问题、查明问题和处理问题。但专门行政监督机关设在行政系统内部,其监督的公正性,追究监督对象,特别是行政领导层、行政首长的问题的严格性则不及设在议会的外部性监督。我国自 2018 年监察体制改革后,撤销了行政系统内部的行政监察机关。由党政合署办公的纪检监察机关统一对行政系统的公职人员进行监督。但是,审计机关仍留在行政系统内部,审计署仍是政府的一个工作部门。因此,本节研究行政系统内部的专门性,只研究审计监督而不再研究监察监督。

二、审计监督

国家审计机关作为行政法制监督的主体,主要是对国务院各部门和地方各级政府及其工作部门的财政收支行为进行监督。审计机关通过审计监督,发现监督对象有违法或违反国家有关规定的财政收支行为,依法予以处理、处罚,或提请有权处理的机关依法予以处理、处罚,以保障财政领域的行政法治。审计机关对行政机关以外的金融机构、企事业组织的财务收支进行审计监督不属于行政法制监督,而属于行政监督的范围。

(一)审计机关体系

我国审计机关的体系主要由国务院设置的审计署和县以上地方各级人民政府设置的审计机关组成。国务院设立审计署,在国务院总理领导下,主管全国的审计工作。审计长是审计署的行政首长。

省、自治区、直辖市、设区的市、自治州、县、自治县、不设区的市、市辖区的人民政府的审计机关,分别在省长、自治区主席、市长、州长、县长、区长和上一级审计机关的领导下,负责本行政区域内的审计工作。

地方各级审计机关对本级人民政府和上一级审计机关负责并报告工作,审计业务以上级审计机关领导为主。

审计机关根据工作需要,经本级人民政府批准,可以在其审计管辖范围内设立派出机构。派出机构根据审计机关的授权,依法进行审计工作。①

(二)审计机关的职责

根据《审计法》,审计机关具有下述十二项职责:②

1. 审计机关对本级各部门(含直属单位)和下级政府预算的执行情况和决算以及其他财政收支情况,进行审计监督。

2. 审计署在国务院总理领导下,对中央预算执行情况、决算草案以及其他财政收支情况进行审计监督,向国务院总理提出审计结果报告。地方各级审计机关分别在省长、自治区主席、市长、州长、县长、区长和上一级审计机关的领导下,对本级预算执行情况、决算草案以及其他财政收支情况进行审计监督,向本级人民政府和上一级审计机关提出审计结果报告。

3. 审计署对中央银行的财务收支,进行审计监督。

4. 审计机关对国家的事业组织和使用财政资金的其他事业组织的财务收支,进行审计监督。

5. 审计机关对国有企业、国有金融机构和国有资本占控股地位或者主导地位的企业、金融机构的资产、负债、损益以及其他财务收支情况,进行审计监督。遇有涉及国家财政金融重大利益情形,为维护国家经济安全,经国务院批准,审计署可以对前款规定以外的金融机构进行专项审计调查或者审计。

6. 审计机关对政府投资和以政府投资为主的建设项目的预算执行情况和决算,对其他关系国家利益和公共利益的重大公共工程项目的资金管理使用和建设运营情况,进行审计监督。

7. 审计机关对国有资源、国有资产,进行审计监督。审计机关对政府部门管理的和其他单位受政府委托管理的社会保险基金、全国社会保障基金、社会捐赠资金以及其他公共资金的财务收支,进行审计监督。

8. 审计机关对国际组织和外国政府援助、贷款项目的财务收支,进行审计监督。

9. 根据经批准的审计项目计划安排,审计机关可以对被审计单位贯彻落实国家重大经济社会政策措施情况进行审计监督。

---

① 参见《审计法》第7-10条。

② 参见《审计法》第18-27、29-30条。

10. 除《审计法》规定的审计事项外，审计机关对其他法律、行政法规规定应当由审计机关进行审计的事项，依照《审计法》和有关法律、行政法规的规定进行审计监督。

11. 审计机关有权对与国家财政收支有关的特定事项，向有关地方、部门、单位进行专项审计调查，并向本级人民政府和上一级审计机关报告审计调查结果。

12. 审计机关履行审计监督职责，发现经济社会运行中存在风险隐患的，应当及时向本级人民政府报告或者向有关主管机关、单位通报。

审计机关履行上述职责，遵循下述规则：①

1. 审计机关可以对被审计单位依法应当接受审计的事项进行全面审计，也可以对其中的特定事项进行专项审计。

2. 审计机关根据被审计单位的财政、财务隶属关系或者国有资源、国有资产监督管理关系，确定审计管辖范围。

3. 审计机关之间对审计管辖范围有争议的，由其共同的上级审计机关确定。上级审计机关对其审计管辖范围内的审计事项，可以授权下级审计机关进行审计（但《审计法》第18条至第20条规定的审计事项不得进行授权）；上级审计机关对下级审计机关审计管辖范围内的重大审计事项，可以直接进行审计，但是应当防止不必要的重复审计。

4. 被审计单位应当加强对内部审计工作的领导，按照国家有关规定建立健全内部审计制度。审计机关应当对被审计单位的内部审计工作进行业务指导和监督。

5. 社会审计机构审计的单位依法属于被审计单位的，审计机关按照国务院的规定，有权对该社会审计机构出具的相关审计报告进行核查。

（三）审计机关权限

根据《审计法》，审计机关享有下述八项权限：②

1. 有权要求被审计单位按照审计机关的规定提供财务、会计资料以及与财政收支、财务收支有关的业务、管理等资料，包括电子数据和有关文档。被

---

① 参见《审计法》第28、31－33条。
② 参见《审计法》第34－41条。

审计单位不得拒绝、拖延、谎报。被审计单位负责人应当对本单位提供资料的及时性、真实性和完整性负责。审计机关对取得的电子数据等资料进行综合分析,需要向被审计单位核实有关情况的,被审计单位应当予以配合。

2. 国家政务信息系统和数据共享平台应当按照规定向审计机关开放。审计机关通过政务信息系统和数据共享平台取得的电子数据等资料能够满足需要的,不得要求被审计单位重复提供。

3. 审计机关进行审计时,有权检查被审计单位的财务、会计资料以及与财政收支、财务收支有关的业务、管理等资料和资产,有权检查被审计单位信息系统的安全性、可靠性、经济性,被审计单位不得拒绝。

4. 审计机关进行审计时,有权就审计事项的有关问题向有关单位和个人进行调查,并取得有关证明材料。有关单位和个人应当支持、协助审计机关工作,如实向审计机关反映情况,提供有关证明材料。审计机关经县级以上人民政府审计机关负责人批准,有权查询被审计单位在金融机构的账户。审计机关有证据证明被审计单位违反国家规定将公款转入其他单位、个人在金融机构账户的,经县级以上人民政府审计机关主要负责人批准,有权查询有关单位、个人在金融机构与审计事项相关的存款。

5. 审计机关进行审计时,被审计单位不得转移、隐匿、篡改、毁弃财务、会计资料以及与财政收支、财务收支有关的业务、管理等资料,不得转移、隐匿、故意毁损所持有的违反国家规定取得的资产。审计机关对被审计单位违反前款规定的行为,有权予以制止;必要时,经县级以上人民政府审计机关负责人批准,有权封存有关资料和违反国家规定取得的资产。对其中在金融机构的有关存款需要予以冻结的,应当向人民法院提出申请。审计机关对被审计单位正在进行的违反国家规定的财政收支、财务收支行为,有权予以制止;制止无效的,经县级以上人民政府审计机关负责人批准,通知财政部门和有关主管机关、单位暂停拨付与违反国家规定的财政收支、财务收支行为直接有关的款项,已经拨付的,暂停使用(但审计机关采取上述规定的措施不得影响被审计单位合法的业务活动和生产经营活动)。

6. 审计机关认为被审计单位所执行的上级主管机关、单位有关财政收支、财务收支的规定与法律、行政法规相抵触的,应当建议有关主管机关、单位纠正;有关主管机关、单位不予纠正的,审计机关应当提请有权处理的机关、单位依法处理。

7. 审计机关可以向政府有关部门通报或者向社会公布审计结果。审计机关通报或者公布审计结果,应当保守国家秘密、工作秘密、商业秘密、个人隐私和个人信息,遵守法律、行政法规和国务院的有关规定。

8. 审计机关履行审计监督职责,可以提请公安、财政、自然资源、生态环境、海关、税务、市场监督管理等机关予以协助。有关机关应当依法予以配合。

(四)审计程序

根据《审计法》的规定,审计机关履行审计监督职责遵循下列程序:①

1. 审计机关根据经批准的审计项目计划确定的审计事项组成审计组,并应当在实施审计 3 日前,向被审计单位送达审计通知书;遇有特殊情况,经县级以上人民政府审计机关负责人批准,可以直接持审计通知书实施审计。被审计单位应当配合审计机关的工作,并提供必要的工作条件。

2. 审计人员通过审查财务、会计资料,查阅与审计事项有关的文件、资料,检查现金、实物、有价证券和信息系统,向有关单位和个人调查等方式进行审计,并取得证明材料。向有关单位和个人进行调查时,审计人员应当不少于 2 人,并出示其工作证件和审计通知书副本。

3. 审计组对审计事项实施审计后,应当向审计机关提出审计组的审计报告。审计组的审计报告报送审计机关前,应当征求被审计单位的意见。被审计单位应当自接到审计组的审计报告之日起 10 日内,将其书面意见送交审计组。审计组应当将被审计单位的书面意见一并报送审计机关。

4. 审计机关按照审计署规定的程序对审计组的审计报告进行审议,并对被审计单位对审计组的审计报告提出的意见一并研究后,出具审计机关的审计报告。对违反国家规定的财政收支、财务收支行为,依法应当给予处理、处罚的,审计机关在法定职权范围内作出审计决定;需要移送有关主管机关、单位处理、处罚的,审计机关应当依法移送。审计机关应当将审计机关的审计报告和审计决定送达被审计单位和有关主管机关、单位,并报上一级审计机关。审计决定自送达之日起生效。

5. 上级审计机关认为下级审计机关作出的审计决定违反国家有关规定

① 参见《审计法》第 42-46 条。

的,可以责成下级审计机关予以变更或者撤销,必要时也可以直接作出变更或者撤销的决定。

第六节 国家机关系统外部的个人、组织的监督

国家机关系统外部的个人、组织在行政管理法律关系中是管理对象,是行政相对人,而在行政法制监督关系中,则是监督主体,有权对行政主体行使职权的行为和公务员遵纪守法的情况实施监督。当然,个人、组织作为行政法制监督主体,不能直接对监督对象采取有法律效力的监督措施或监督行为,个人、组织的监督是通过向有权国家机关提出批评、建议、申诉、控告、检举、起诉或通过报刊、电台、网络、电视等舆论工具对违法行政行为予以揭露、曝光,为有权国家机关的监督提供信息,使之采取有法律效力的监督措施、监督行为,实现行政法制监督的目的。由此可见,国家机关系统外部的个人、组织的监督,是其他法制监督启动的动力,是行政法制监督的基础。[①]

一、国家机关系统外部个人、组织监督的范围和特征

国家机关系统外部的个人、组织对行政机关及公务员的监督包括企事业组织的监督,社会组织、团体的监督以及作为行政相对人的公民法人和其他组织的监督。监督的内容包括行政行为的合法性、合理性以及公务员的遵纪守法。监督的形式包括批评、建议、申诉、控告、检举以及通过报刊、电台、电视等舆论工具反映情况和揭露问题等。此外,提起行政诉讼、向人民检察院控告违法侵权行政行为,请求予以审查和处理也是行政法制监督的一种方式。

国家机关系统外部的个人、组织对行政的监督具有如下特征:

1. 广泛性。国家机关系统外部的个人、组织的监督是最广泛的监督,监督主体不仅包括企事业组织,而且包括社会组织、团体和作为行政相对人的公民法人和其他组织。作为行政相对人的公民法人和其他组织,有义务接受行政机关及公务员的行政管理,但他们作为国家的主人,自然有权利对行政机关及

---

① 参见《宪法》第 27、41 条。

公务员进行广泛的监督。

2. 全面性。国家机关系统外部的个人、组织对行政的监督是全面性的监督，监督对象既包括行政机关，又包括公务员。监督客体既包括具体行政行为，又包括抽象行政行为；监督内容既包括行政行为的合法性，又包括行政行为的合理性，还包括公务员对国家法律和纪律的遵守。

3. 监督效果的间接性。人民群众对行政的监督必须通过国家机关才能产生实际的法律效果。无论是公民个人，还是企事业组织或社会团体，都不能直接撤销违法、不当的行政行为，都不能直接处分、制裁违法、失职的公务员，不能直接追究行政机关及其工作人员的违法侵权责任。人民群众的监督必须通过国家权力机关、司法机关、专门行政监督机关的监督等国家监督才能产生实际的法律效果。

二、国家机关系统外部的个人、组织监督的形式

国家机关系统外部的个人、组织对行政的监督主要有下述形式：

（一）向行政机关及公务员直接提出批评、建议

公民个人、组织对于行政机关及公务员工作中的缺点、错误或违法、失职行为，有权以书面或口头形式，直接向其提出批评，并要求其改正；对于其工作中的缺陷、问题，有权提出改进或改善的建议。行政机关及公务员对于人民群众的批评、建议，应认真听取，详细记录，并随之加以研究、分析，吸取正确的批评意见，改进自己的工作。对于人民群众提出的某些不完全符合实际的批评和不适当的建议，行政机关及其工作人员应向批评、建议者予以必要的解释和说明。

国家机关系统外部的个人、组织对行政机关及公务员的工作提出批评建议是行政法制监督的重要途径。人民群众批评、建议的事项，许多时候并不与其本人利益相关联，而是以国家主人翁的身份，关心国家利益，关心集体利益，关心人民的全局利益和整体利益。在社会主义国家，在人民群众觉悟日益提高的情况下，人们越来越多地运用批评、建议的形式监督行政和参与国家管理。

（二）通过社会组织、团体以及报纸、杂志、广播、电视等舆论工具揭露、批评国家行政机关及其公务员的违法、失职和滥用权力的行为

人民群众通过社会组织、团体及舆论工具对行政的监督可以统称“社会

监督”。社会监督是我国国家管理民主原则的直接体现,它是一种最广泛的监督形式。

在社会监督中,政协和各民主党派的监督有着极重要的地位。《宪法》序言指出:“中国人民政治协商会议是有广泛代表性的统一战线组织,过去发挥了重要的历史作用,今后在国家政治生活、社会生活和对外友好活动中,在进行社会主义现代化建设、维护国家的统一和团结的斗争中,将进一步发挥它的重要作用。”这里所说的“重要作用”,当然包括监督作用。《中国人民政治协商会议章程》规定,政协应通过举行报告会、座谈会,组织参观访问和调查研究,反映实际情况,提出意见和建议,协助国家机关宣传和贯彻政策,改进工作,并在这些活动中发挥监督作用。至于民主党派,我们党和政府的方针历来是“长期共存,互相监督”。这里“互相监督”的“监督”,自然包括对政府工作及政府工作人员的监督。

作为行政法制监督形式之一的社会监督,工会、共青团、妇联等群众组织的监督同样有着重要的意义和作用。中共中央 1990 年 1 月 31 日在《加强和改善对工青妇工作领导》的通知中指出:“工会、共青团、妇联是党领导的工人阶级、先进青年、各族各界妇女的群众组织,是党联系群众的桥梁和纽带,是国家政权的重要社会支柱。”①“各级政府要支持工会、共青团、妇联充分发挥民主监督作用,经常听取它们对改进政府工作的意见和建议,认真处理它们对国家机关及其工作人员违法乱纪、以权谋私和严重官僚主义等行为的举报,并吸收它们参加经济案件和其他有关案件的调查工作,对近年来工会、共青团、妇联与政府和社会有关方面联合组建的社会监督队伍和组织,要加强指导和扶持,充分发挥其积极作用。”②为了保障工青妇组织对政府工作的监督和参与,中共中央的通知还规定了下述五项具体措施:(1)政府及其有关部门,在研究制定经济和社会发展计划,制定教育、劳动、工资、社会保障、物价、住房以及其他涉及职工、青年、妇女切身利益的重大政策、措施时,要有同级工会、共青团、妇联的代表参加,在充分听取他们的意见后再作出决定。(2)各级政府

① 参见《中共中央关于加强和改善对工青妇工作领导的通知》,载《人民日报》1990 年 2 月 1 日,第 3 版。

② 参见《中共中央关于加强和改善对工青妇工作领导的通知》,载《人民日报》1990 年 2 月 1 日,第 3 版。

设立的工资、物价等有关职工切身利益的专门机构，应吸收工会的代表作为正式成员参加工作。各级政府设立的其他有关群众切身利益的专门机构，应试需要吸收工会、共青团、妇联的代表作为正式成员参加工作。(3)某些涉及群众切身利益的重大问题，各级政府或政府有关部门可以与同级工会、共青团、妇联分别或共同联署发布文件。(4)各级政府可以指定一位负责人加强同工会、共青团、妇联的联系，帮助它们解决一些具体问题。工会、共青团、妇联应将有关情况向政府反映，以取得支持。(5)省、自治区、直辖市以及大中城市的人民政府，可以定期、不定期地通过与同级工会召开座谈会或联席会议等形式，通报政府的一些政策、法规及重要工作部署，研究解决工会反映职工群众的一些问题。①

舆论机关的监督也属于一种社会监督，它的重要性同样是不容忽视的。世界上有的国家把舆论工具称为"第四权力"，把它与国家权力并立，视它为制约国家权力的权力。由此可见舆论工具的重要，可见舆论工具作为一种监督工具的不可小视的作用。我们党和国家非常重视发挥报刊、电视、广播等舆论工具在行政法制监督中的作用。早在新中国建立初期，党中央就作出了《关于在报纸刊物上展开批评和自我批评的决定》。决定指出："因为今天大陆上的战争已经结束，我们党已经领导着全国的政权，我们工作中的缺点和错误很容易危害广大人民的利益，而由于领导者的地位、领导者威信的提高，就容易产生骄傲情绪，在党内外拒绝批评，压制批评。由于这些新的情况的产生，如果我们对于我们党和人民政府的及所有经济机关和群众团体的缺点和错误，不能公开地及时地在全党和广大人民中展开批评与自我批评，我们就要被严重的官僚主义所毒害，不能完成新中国的建设任务。由于这样的原因，中共中央决定：在一切公开的场合，在人民群众中，特别在报纸刊物上展开对于我们工作中一切错误和缺点的批评与自我批评。"对于人民群众对党和政府工作的批评，在报刊上发表后，如完全属实，被批评者应即在同一报刊上声明接受并公布改正错误的结果；如部分属实、部分不实，被批评者应即在同一报刊上作出实事求是的更正，接受批评的正确部分；如被批评者拒绝表示态

① 参见《中共中央关于加强和改善对工青妇工作领导的通知》，载《人民日报》1990年2月1日，第3版。

度,或对批评者加以打击报复,则应受到党纪、政纪或国法制裁。长期以来,我们党和政府一直重视和注意发挥舆论工具的监督作用。事实上,在我国,随着人民群众文化素质和政治素质不断提高,舆论工具作为人民群众参政、议政和监督政府工作的手段的作用越来越加强。

(三)通过行政复议、行政诉讼渠道,请求行政复议机关、人民法院审查、撤销违法、越权、滥用权力和侵犯公民合法权益的行政行为

行政复议、行政诉讼是人民群众对国家行政机关及国家公务员进行监督的重要形式。关于行政复议制度的功能和作用,笔者将在后面以专章讨论;关于行政诉讼的功能和作用,笔者已在另一专著《行政诉讼法》(第4版)中进行了详细论述,故这里从略。

(四)通过信访渠道,向有关国家机关提出申诉、控告、检举

信访,是指公民、法人或者其他组织采用书信、电子邮件、传真、电话、走访等形式,向各级人民政府、县级以上人民政府工作部门反映情况,提出建议、意见或者投诉请求,依法由有关行政机关处理的活动。① 人民群众通过信访渠道对行政机关及公务员的违法失职行为向有关国家机关提出申诉、控告、检举是重要的行政法制监督形式之一,也是行政相对人的重要救济渠道(作为对行政复议、行政诉讼的补充)。申诉、控告、检举是《宪法》规定的公民权利。申诉是公民向有关国家机关申述和诉说自己的合法权益被违法失职行为侵犯,要求撤销该种行为(此种行为多有书面决定),追究实施违法失职行为者的责任,恢复被侵犯的合法权益。控告是公民向有关国家机关控诉,告发某种违法失职或职务犯罪行为,要求对之予以处分或惩治。检举是公民向有关国家机关揭发某种违法失职或职务犯罪行为,向相应国家机关提供相应材料、证据和事实情况。

为了保障公民申诉、控告、检举的宪法权利的实现,各级党和国家机关均建立了相应的信访机构系统,在人民政府的许多工作部门,也设立了专门的信访机构系统,如监察部门、公安部门、民政部门、人事部门等均有自己的信访机构系统。

---

① 参见《信访条例》第2条。《信访条例》是国务院于2005年1月10日发布的调整各级政府和政府部门信访工作的行政法规。

《地方组织法》规定,县级以上地方各级人民代表大会常务委员会监督本级人民政府,受理人民群众对政府机关及其工作人员的申诉和意见。地方各级人大常委会,通常在办公厅(室)下设信访接待室或专职信访干部,受理公民的申诉、控告和检举。信访室对于申诉、控告、检举中揭发或提出的问题,一般批转有关国家机关进行处理,并负责监督检查处理的结果。对于重大的案件,人大常委会则组织特定问题的调查委员会,亲自调查处理。

《人民检察院组织法》规定,人民检察院依法保障公民对于违法的国家工作人员提出控告的权利,追究侵犯公民的人身权利、民主权利和其他权利的人的法律责任。为此,人民检察院专门设立申诉控告检察机构和法纪检察机构,受理公民的申诉、控告和检举,处理这方面的相应案件。检察机关对于公民申诉、控告、检举公务员的问题,只对已构成犯罪的案件予以处理,对于不构成犯罪的一般违法、违纪行为,则建议党政机关予以纪律处分或行政处罚。

作为最广泛受理公民申诉、控告、检举的信访机构是各级政府和政府部门设立的信访机构。《信访条例》规定,县级人民政府应当设立信访工作机构;县级人民政府工作部门以及乡、镇人民政府应当按照有利工作、方便信访人的原则,确定负责信访工作的机构或者人员,具体负责信访工作。《信访条例》确定的信访工作的主要原则和规则有六个方面:①

1. 信访工作应当在各级人民政府领导下,坚持属地管理、分级负责,谁主管、谁负责,依法、及时、就地解决问题与疏导教育相结合的原则。各级人民政府、县级以上人民政府工作部门应当科学、民主决策,依法履行职责,从源头上预防导致信访事项的矛盾和纠纷。

2. 县级以上人民政府应当建立统一领导、部门协调,统筹兼顾、标本兼治,各负其责、齐抓共管的信访工作格局,通过联席会议、建立排查调处机制、建立信访督查工作制度等方式,及时化解矛盾和纠纷。各级人民政府、县级以上人民政府各工作部门的负责人应当阅批重要来信、接待重要来访、听取信访工作汇报,研究解决信访工作中的突出问题。

3. 设区的市、县两级人民政府可以根据信访工作的实际需要,建立政府主导、社会参与、有利于迅速解决纠纷的工作机制。信访工作机构应当组织相关

---

① 参见《信访条例》第 3-39 条。

社会团体、法律援助机构、相关专业人员、社会志愿者等共同参与,运用咨询、教育、协商、调解、听证等方法,依法、及时、合理处理信访人的投诉请求。

4. 信访人对下列组织、人员的职务行为反映情况,提出建议、意见,或者不服下列组织、人员的职务行为,可以向有关行政机关提出信访事项:(1)行政机关及其工作人员;(2)法律、法规授权的具有管理公共事务职能的组织及其工作人员;(3)提供公共服务的企业、事业单位及其工作人员;(4)社会团体或者其他企业、事业单位中由国家行政机关任命、派出的人员;(5)村民委员会、居民委员会及其成员。

5. 有关行政机关收到信访事项后,能够当场答复是否受理的,应当当场书面答复;不能当场答复的,应当自收到信访事项之日起 15 日内书面告知信访人。对信访事项有权处理的行政机关办理信访事项,应当听取信访人陈述事实和理由;必要时可以要求信访人、有关组织和人员说明情况;需要进一步核实有关情况的,可以向其他组织和人员调查。对重大、复杂、疑难的信访事项,可以举行听证。听证应当公开举行,通过质询、辩论、评议、合议等方式,查明事实,分清责任。

6. 对信访事项有权处理的行政机关经调查核实,应当依照有关法律、法规、规章及其他有关规定,分别作出以下处理,并书面答复信访人:(1)请求事实清楚,符合法律、法规、规章或者其他有关规定的,予以支持;(2)请求事由合理但缺乏法律依据的,应当对信访人做好解释工作;(3)请求缺乏事实根据或者不符合法律、法规、规章或者其他有关规定的,不予支持。有权处理的行政机关依照上述第 1 项规定作出支持信访请求意见的,应当督促有关机关或者单位执行。信访事项应当自受理之日起 60 日内办结;情况复杂的,经本行政机关负责人批准,可以适当延长办理期限,但延长期限不得超过 30 日,并告知信访人延期理由。法律、行政法规另有规定的,从其规定。

2022 年 2 月,中共中央、国务院发布了新的《信访工作条例》(以下简称新《条例》)。新《条例》根据新时代政治、经济、社会的发展,对信访工作作出了许多创新性的规定。新《条例》共 50 条,其中最重要的发展和创新主要有下述五个方面:

1. 新《条例》扩大了适用范围

新《条例》适用于各级党的机关、人大机关、行政机关、政协机关、监察机关、审判机关、检察机关以及群团组织、国有企事业单位等机关、组织、单位的信访工作。

2. 新《条例》确立了新时代信访工作的原则

(1)坚持党的全面领导。把党的领导贯彻到信访工作各方面和全过程,确保正确政治方向。

(2)坚持以人民为中心。践行党的群众路线,倾听群众呼声,关心群众疾苦,千方百计为群众排忧解难。

(3)坚持落实信访工作责任。“党政同责、一岗双责,属地管理、分级负责,谁主管、谁负责”。

(4)坚持依法按政策解决问题。将信访纳入法治化轨道,依法维护群众权益、规范信访秩序。

(5)坚持源头治理化解矛盾。多措并举、综合施策,着力点放在源头预防和前端化解,把可能引发信访问题的矛盾纠纷化解在基层、化解在萌芽状态。

3. 新《条例》改革了信访工作的体制

(1)坚持和加强党对信访工作的全面领导,构建党委统一领导、政府组织落实、信访工作联席会议协调、信访部门推动、各方齐抓共管的信访工作格局。

(2)党中央加强对信访工作的统一领导;地方党委领导本地区信访工作,贯彻落实党中央关于信访工作的方针政策和决策部署,执行上级党组织关于信访工作的部署要求,统筹信访工作责任体系构建,支持和督促下级党组织做好信访工作;地方党委常委会应当定期听取信访工作汇报,分析形势,部署任务,研究重大事项,解决突出问题。

(3)各级政府贯彻落实上级党委和政府以及本级党委关于信访工作的部署要求,科学民主决策、依法履行职责,组织各方力量加强矛盾纠纷排查化解,及时妥善处理信访事项,研究解决政策性、群体性信访突出问题和疑难复杂信访问题。

(4)中央信访工作联席会议在党中央、国务院领导下,负责全国信访工作的统筹协调、整体推进、督促落实,履行下列职责:①研究分析全国信访形势,为中央决策提供参考;②督促落实党中央关于信访工作的方针政策和决策部署;③研究信访制度改革和信访法治化建设重大问题和事项;④研究部署重点工作任务,协调指导解决具有普遍性的信访突出问题;⑤领导组织信访工作责任制落实、督导考核等工作;⑥指导地方各级信访工作联席会议工作;⑦承担党中央、国务院交办的其他事项。

中央信访工作联席会议由党中央、国务院领导同志以及有关部门负责同志担任召集人,各成员单位负责同志参加。中央信访工作联席会议办公室设在国家信访局,承担联席会议的日常工作,督促检查联席会议议定事项的落实。中央信访工作联席会议根据工作需要召开全体会议或者工作会议。研究涉及信访工作改革发展的重大问题和重要信访事项的处理意见,应当及时向党中央、国务院请示报告。中央信访工作联席会议各成员单位应当落实联席会议确定的工作任务和议定事项,及时报送落实情况;及时将本领域重大敏感信访问题提请联席会议研究。

(5)地方各级信访工作联席会议在本级党委和政府领导下,负责本地区信访工作的统筹协调、整体推进、督促落实,协调处理发生在本地区的重要信访问题,指导下级信访工作联席会议工作。联席会议召集人一般由党委和政府负责同志担任。地方党委和政府应当根据信访工作形势任务,及时调整成员单位,健全规章制度,建立健全信访信息分析研判、重大信访问题协调处理、联合督查等工作机制,提升联席会议工作的科学化、制度化、规范化水平。

(6)根据工作需要,乡镇党委和政府、街道党工委和办事处可以建立信访工作联席会议机制,或者明确党政联席会定期研究本地区信访工作,协调处理发生在本地区的重要信访问题。

(7)各级党委和政府信访部门是开展信访工作的专门机构,履行下列职责:①受理、转送、交办信访事项;②协调解决重要信访问题;③督促检查重要信访事项的处理和落实;④综合反映信访信息,分析研判信访形势,为党委和政府提供决策参考;⑤指导本级其他机关、单位和下级的信访工作;⑥提出改进工作、完善政策和追究责任的建议;⑦承担本级党委和政府交办的其他事项。

各级党委和政府信访部门以外的其他机关、单位应当根据信访工作形势任务,明确负责信访工作的机构或者人员,参照党委和政府信访部门职责,明确相应的职责。

(8)各级党委和政府以外的其他机关、单位应当做好各自职责范围内的信访工作,按照规定及时受理办理信访事项,预防和化解政策性、群体性信访问题,加强对下级机关、单位信访工作的指导。各级机关、单位应当拓宽社会力量参与信访工作的制度化渠道,发挥群团组织、社会组织和“两代表一委员”、社会工作者等作用,反映群众意见和要求,引导群众依法理性反映诉求、维护权益,推动矛盾纠纷及时有效化解。乡镇党委和政府、街道党工委和办事处以及村(社区)“两委”应当全面发挥职能作用,坚持和发展新时代“枫桥经验”,积极协调处理化解发生在当地的信访事项和矛盾纠纷,努力做到小事不出村、大事不出镇、矛盾不上交。

(9)各级党委和政府应当加强信访部门建设,选优配强领导班子,配备与形势任务相适应的工作力量,建立健全信访督查专员制度,打造高素质专业化信访干部队伍。各级党委和政府信访部门主要负责同志应当由本级党委或者政府副秘书长[办公厅(室)副主任]兼任。

4. 新《条例》改进和完善了信访提出和受理程序

(1)各级机关、单位应当向社会公布网络信访渠道、通信地址、咨询投诉电话、信访接待的时间和地点、查询信访事项处理进展以及结果的方式等相关事项,在其信访接待场所或者网站公布与信访工作有关的党内法规和法律、法规、规章,信访事项的处理程序,以及其他为信访人提供便利的相关事项。

各级机关、单位领导干部应当阅办群众来信和网上信访、定期接待群众来访、定期下访,包案化解群众反映强烈的突出问题。市、县级党委和政府应当建立和完善联合接访工作机制,根据工作需要组织有关机关、单位联合接待,一站式解决信访问题。任何组织和个人不得打击报复信访人。

(2)信访人一般应当采用书面形式提出信访事项,并载明其姓名(名称)、住址和请求、事实、理由。对采用口头形式提出的信访事项,有关机关、单位应当如实记录。

信访人提出信访事项,应当客观真实,对其所提供材料内容的真实性负责,不得捏造、歪曲事实,不得诬告、陷害他人。

信访事项已经受理或者正在办理的,信访人在规定期限内向受理、办理机关、单位的上级机关、单位又提出同一信访事项的,上级机关、单位不予受理。

(3)信访人采用走访形式提出信访事项的,应当到有权处理的本级或者上一级机关、单位设立或者指定的接待场所提出。信访人采用走访形式提出涉及诉讼权利救济的信访事项,应当按照法律、法规规定的程序向有关政法部门提出。多人采用走访形式提出共同的信访事项的,应当推选代表,代表人数不得超过5人。

各级机关、单位应当落实属地责任,认真接待处理群众来访,把问题解决在当地,引导信访人就地反映问题。

(4)各级党委和政府应当加强信访工作信息化、智能化建设,依规依法有序推进信访信息系统互联互通、信息共享。各级机关、单位应当及时将信访事项录入信访信息系统,使网上信访、来信、来访、来电在网上流转,方便信访人查询、评价信访事项办理情况。

(5)各级党委和政府信访部门收到信访事项,应当予以登记,并区分情况,在15日内分别按照下列方式处理:①对依照职责属于本级机关、单位或者其工作部门处理决定的,应当转送有权处理的机关、单位;情况重大、紧急的,应当及时提出建议,报请本级党委和政府决定。②涉及下级机关、单位或者其工作人员的,按照"属地管理、分级负责,谁主管、谁负责"的原则,转送有权处理的机关、单位。③对转送信访事项中的重要情况需要反馈办理结果的,可以交由有权处理的机关、单位办理,要求其在指定办理期限内反馈结果,提交办结报告。

各级党委和政府信访部门对收到的涉法涉诉信件,应当转送同级政法部门依法处理;对走访反映涉诉问题的信访人,应当释法明理,引导其向有关政法部门反映问题。对属于纪检监察机关受理的检举控告类信访事项,应当按照管理权限转送有关纪检监察机关依规依纪依法处理。

(6)党委和政府信访部门以外的其他机关、单位收到信访人直接提出的信访事项,应当予以登记;对属于本机关、单位职权范围的,应当告知信访人接收情况以及处理途径和程序;对属于本系统下级机关、单位职权范围的,应当转送、交办有权处理的机关、单位,并告知信访人转送、交办去向;对不属于本机关、单位或者本系统职权范围的,应当告知信访人向有权处理的机关、单位提出。

对信访人直接提出的信访事项,有关机关、单位能够当场告知的,应当当场书面告知;不能当场告知的,应当自收到信访事项之日起15日内书面告知信访人,但信访人的姓名(名称)、住址不清的除外。

对党委和政府信访部门或者本系统上级机关、单位转送、交办的信访事项,属于本机关、单位职权范围的,有关机关、单位应当自收到之日起15日内书面告知信访人接收情况以及处理途径和程序;不属于本机关、单位或者本系统职权范围的,有关机关、单位应当自收到之日起5个工作日内提出异议,并详细说明理由,经转送、交办的信访部门或者上级机关、单位核实同意后,交还相关材料。

(7)涉及两个或者两个以上机关、单位的信访事项,由所涉及的机关、单位协商受理;受理有争议的,由其共同的上一级机关、单位决定受理机关;受理有争议且没有共同的上一级机关、单位的,由共同的信访工作联席会议协调处理。

应当对信访事项作出处理的机关、单位分立、合并、撤销的,由继续行使其职权的机关、单位受理;职责不清的,由本级党委和政府或者其指定的机关、单位受理。

(8)各级机关、单位对可能造成社会影响的重大、紧急信访事项和信访信息,应当及时报告本级党委和政府,通报相关主管部门和本级信访工作联席会议办公室,在职责范围内依法及时采取措施,防止不良影响的产生、扩大。地方各级党委和政府信访部门接到重大、紧急信访事项和信访信息,应当向上一级信访部门报告,同时报告国家信访局。

(9)信访人在信访过程中应当遵守法律、法规,不得损害国家、社会、集体的利益和其他公民的合法权利,自觉维护社会公共秩序和信访秩序,不得有下列行为:①在机关、单位办公场所周围、公共场所非法聚集,围堵、冲击机关、单位,拦截公务车辆,或者堵塞、阻断交通;②携带危险物品、管制器具;③侮辱、殴打、威胁机关、单位工作人员,非法限制他人人身自由,或者毁坏财物;④在信访接待场所滞留、滋事,或者将生活不能自理的人弃留在信访接待场所;⑤煽动、串联、胁迫、以财物诱使、幕后操纵他人信访,或者以信访为名借机敛财;⑥其他扰乱公共秩序、妨害国家和公共安全的行为。

5. 新《条例》改进和完善了信访事项办理程序

(1)各级机关、单位及其工作人员应当根据各自职责和有关规定,按照诉求合理的解决问题到位、诉求无理的思想教育到位、生活困难的帮扶救助到位、行为违法的依法处理的要求,依法按政策及时就地解决群众合法合理诉求,维护正常信访秩序。

各级机关、单位及其工作人员办理信访事项，应当恪尽职守、秉公办事，查明事实、分清责任，加强教育疏导，及时妥善处理，不得推诿、敷衍、拖延。

（2）各级机关、单位应当按照诉讼与信访分离制度要求，将涉及民事、行政、刑事等诉讼权利救济的信访事项从普通信访体制中分离出来，由有关政法部门依法处理。

各级机关、单位工作人员与信访事项或者信访人有直接利害关系的，应当回避。

（3）对信访人反映的情况、提出的建议意见类事项，有权处理的机关、单位应当认真研究论证。对科学合理、具有现实可行性的，应当采纳或者部分采纳，并予以回复。信访人反映的情况、提出的建议意见，对国民经济和社会发展或者对改进工作以及保护社会公共利益有贡献的，应当按照有关规定给予奖励。

各级党委和政府应当健全人民建议征集制度，对涉及国计民生的重要工作，主动听取群众的建议意见。

（4）对信访人提出的检举控告类事项，纪检监察机关或者有权处理的机关、单位应当依规依纪依法接收、受理、办理和反馈。党委和政府信访部门应当按照干部管理权限向组织（人事）部门通报反映干部问题的信访情况，重大情况向党委主要负责同志和分管组织（人事）工作的负责同志报送。组织（人事）部门应当按照干部选拔任用监督的有关规定进行办理。

不得将信访人的检举、揭发材料以及有关情况透露或者转给被检举、揭发的人员或者单位。

（5）对信访人提出的申诉求决类事项，有权处理的机关、单位应当区分情况，分别按照下列方式办理：①应当通过审判机关诉讼程序或者复议程序、检察机关刑事立案程序或者法律监督程序、公安机关法律程序处理的，涉法涉诉信访事项未依法终结的，按照法律法规规定的程序处理；②应当通过仲裁解决的，导入相应程序处理；③可以通过党员申诉、申请复审等解决的，导入相应程序处理；④可以通过行政复议、行政裁决、行政确认、行政许可、行政处罚等行政程序解决的，导入相应程序处理；⑤属于申请查处违法行为、履行保护人身权或者财产权等合法权益职责的，依法履行或者答复；⑥不属于以上情形的，应当听取信访人陈述事实和理由，并调查核实，出具信访处理意见书。对重大、复杂、疑难的信访事项，可以举行听证。

（6）信访处理意见书应当载明信访人投诉请求、事实和理由、处理意见及其法律法规依据：①请求事实清楚，符合法律、法规、规章或者其他有关规定的，予以支持；②请求事由合理但缺乏法律依据的，应当作出解释说明；③请求缺乏事实根据或者不符合法律、法规、规章或者其他有关规定的，不予支持。

有权处理的机关、单位作出支持信访请求意见的，应当督促有关机关、单位执行；不予支持的，应当做好信访人的疏导教育工作。

（7）各级机关、单位在处理申诉求决类事项过程中，可以在不违反政策法规强制性规定的情况下，在裁量权范围内，经争议双方当事人同意进行调解；可以引导争议双方当事人自愿和解。经调解、和解达成一致意见的，应当制作调解协议书或者和解协议书。

（8）对不属于其他渠道处理的信访事项应当自受理之日起60日内办结；情况复杂的，经本机关、单位负责人批准，可以适当延长办理期限，但延长期限不得超过30日，并告知信访人延期理由。

（9）信访人对信访处理意见不服的，可以自收到书面答复之日起30日内请求原办理机关、单位的上一级机关、单位复查。收到复查请求的机关、单位应当自收到复查请求之日起30日内提出复查意见，并予以书面答复。

（10）信访人对复查意见不服的，可以自收到书面答复之日起30日内向复查机关、单位的上一级机关、单位请求复核。收到复核请求的机关、单位应当自收到复核请求之日起30日内提出复核意见。复核机关、单位可以举行听证，经过听证的复核意见可以依法向社会公示。听证所需时间不计算在前款规定的期限内。

信访人对复核意见不服，仍然以同一事实和理由提出投诉请求的，各级党委和政府信访部门和其他机关、单位不再受理。

（11）各级机关、单位应当坚持社会矛盾纠纷多元预防调处化解，人民调解、行政调解、司法调解联动，综合运用法律、政策、经济、行政等手段和教育、协商、疏导等办法，多措并举化解矛盾纠纷。

各级机关、单位在办理信访事项时，对生活确有困难的信访人，可以告知或者帮助其向有关机关或者机构依法申请社会救助。符合国家司法救助条件的,有关政法部门应当按照规定给予司法救助。

地方党委和政府以及基层党组织和基层单位对信访事项已经复查复核和涉法涉诉信访事项已经依法终结的相关信访人,应当做好疏导教育、矛盾化解、帮扶救助等工作。

第二十二章

行政责任

行政责任在行政法学中占有重要位置。从某种意义上说,法学就是一种责任之学。①

——张尚鷟

共和意味着最高权力掌握在人民手中,权力的渊源是人民,以及政府是由人民建立的并且是向人民负责的。②

——[美]路易斯·亨金

本章节目

第一节　行政责任概述

第二节　对担任领导职务公职人员(领导干部)的问责

第三节　行政侵权责任制度

第四节　行政追偿责任制度

① 张尚鷟主编:《走出低谷的中国行政法学——中国行政法学综述与评价》,中国政法大学出版社1991年版,第299页。

② [美]路易斯·亨金:《宪政·民主·对外事务》,邓正来译,生活·读书·新知三联书店1996年版,第12页。

第一节　行政责任概述

一、行政责任的含义

前已述及,行政责任有广义和狭义两种含义。广义的行政责任包括行政相对人的责任(如行政处罚)和行政主体及其公职人员的责任;狭义的行政责任仅指行政主体及其公职人员的责任。本章仅研究狭义的行政责任。此种行政责任指作为行政主体的行政机关或法律法规授权的组织违法行使职权、侵犯行政相对人合法权益或损害国家社会公共利益依法应当对行政相对人和国家承担的责任,以及行政机关的公务员、法律法规授权组织的工作人员、行政机关委托的组织及其工作人员违法行使职权,侵犯行政相对人合法权益或损害国家社会公共利益,依法应当对国家(由相应行政机关代表)承担的责任。

作为行政主体的行政机关和法律法规授权的组织的行政责任发生在外部行政管理法律关系中,属于外部责任。如其行为违法,侵犯行政相对人合法权益或损害国家社会公共利益,其承担责任的形式可能是法院判决撤销其行为(具体行政行为)或确认其行为违法、无效,责令其赔偿行政相对人因相应行为遭受的损失。也可能是人民代表机关撤销其行为(抽象行政行为),追究行为机关领导人的责任。

作为行政主体的公职人员(或组织),行政机关的公务员、法律法规授权组织的工作人员、行政机关委托的组织及其工作人员的行政责任发生在内部行政法律关系中,属于内部责任。如这些公职人员(或组织)行为违法,侵犯行政相对人合法权益或损害国家社会公共利益,其不对外承担责任,对外由行政主体为他(它)们承担责任。他(它)们承担责任的形式可能是接受行政机关的行政处分;如其行为造成行政相对人损失,行政主体在对外赔偿后,有可能对他(它)们进行追偿。

二、行政责任的分类

行政责任根据不同的标准,可以进行不同的分类。

(一)根据责任的性质,行政责任可以分为法律责任、纪律责任、政治责任、道义责任

法律责任是行政主体或行政行为实施者违法行使行政职权,侵犯行政相对人合法权益或损害国家社会公共利益,依照法律法规的规定应当承担的责任;纪律责任是公务员或其他公职人员违反政纪,依照行政纪律规则应当承担的责任;政治责任是行政人员失职、渎职,依照党政问责规范应当承担的责任;道义责任是一种准行政责任,指公务员或其他公职人员,包括行政领导人员,违反职业道德或辜负了人民的信任、期望,所受到的自己良心的谴责或社会舆论的谴责。

在上述四种责任分类中,纪律责任和法律责任有时难以区分。纪律责任许多时候也是由法律规定的。在这个意义上,违纪也就是违法。但是纪律并不完全等于法律。首先,行政纪律虽然可以由法律规定,但法律对纪律的规定通常只是原则性的和概括性的,行政机关对公务员适用纪律责任除了要依据法律外,还必须参照许多有关的具体规则、制度。例如,法律规定服从命令、忠于职守、不经商、不利用职权为自己牟取私利等是公务员的纪律,公务员如果违反这些纪律,行政机关追究其责任时,就不能不依据和参照许多有关的具体规则和制度。其次,法律规范是一种外部规范,是针对不特定的所有相对人的,而纪律规范只是一种内部规范,仅针对一定组织内部成员的,政纪规范则是仅针对行政机关内部成员的。此外,违反法律规范,通常由相应主管行政机关追究责任,例如,违反治安管理法律规范,是由公安机关追究责任;违反海关管理法律规范,是由海关追究责任等。而违反纪律规范,则通常是由违纪者所在机关、组织追究责任。因此,违纪并不等于违法,纪律责任与法律责任是两种不同的行政责任。

(二)根据责任的主体,行政责任可以分为行政机关的责任、公务员的责任、法律法规授权的组织的责任、行政机关委托的组织的责任、法律法规授权组织和行政机关委托组织的工作人员的责任

行政机关和法律法规授权的组织的责任指行政主体对国家的责任和对行政相对人的责任,其责任形式主要是行政行为被撤销或确认无效,赔偿行政相对人因违法行政行为所受到的损失等;公务员的责任指公务员对国家的责任,主要责任形式是行政处分和纪律处分;行政机关委托的组织的责任、法律

法规授权组织和行政机关委托组织的工作人员的责任指这些组织、个人对行政机关的责任,他们没有依法或依行政机关委托、要求履行职责,造成了对行政相对人合法权益或国家社会公共利益的损害,行政机关在对外承担责任后,可追究他(它)们的行政责任和经济责任:要求他(它)们赔偿国家的损失或行政机关对行政相对人赔偿后对他(它)们进行追偿等。

(三)根据责任的相对方,行政责任可以分为外部责任(对行政相对人的责任)与内部责任(对国家的责任)

外部责任是由作为行政主体的行政机关和法律法规授权的组织对外部行政相对人承担的责任。内部责任则包括两种情形:一种情形是公务员的行政责任和纪律责任,以及行政机关委托的组织、法律法规授权组织和行政机关委托组织的工作人员没有依法或依行政机关委托、要求履行职责而应向行政机关承担的责任;另一种情形是行政机关在内部管理中违法侵犯公务员和行政机关委托的组织、法律法规授权组织和行政机关委托组织的工作人员的权益而向被侵权人应承担的责任(赔礼道歉、撤销行政处分、赔偿损失等)。

(四)根据责任的内容,行政责任可以分为行政违法责任、行政侵权责任、行政合同责任、行政追偿责任

行政违法责任是行政主体及其公职人员违反法律、法规而应承担的责任;行政侵权责任是行政主体侵犯行政相对人权益而应承担的责任;行政合同责任是行政合同当事人(这里主要指行政主体一方)因过错不履行合同义务或不适当履行合同义务所应承担的责任。

行政合同责任不同于一般行政违法责任,因为行政合同是建立在双方当事人协商同意的基础上的,合同规定的义务只拘束双方当事人,而法律规范却拘束所有人。合同虽然一经合法成立即具有法律效力,但这种违约相对于一般违法来说具有间接的性质。因为违法责任是法律明确规定的,而违反行政合同的责任往往是由双方当事人在签订合同时约定的,尽管行政主体与行政相对人签订合同通常是根据法律法规的规定,至少不能违反法律法规的规定。

行政合同责任也不同于一般行政侵权责任。虽然违约也会导致对对方当事人的"侵权",但是违约侵权有别于行政侵权行为的侵权:其一,违约侵权的主体可以是双方当事人,既可以是行政机关,也可以是与行政机关订约的对方当事人,而行政侵权的主体只可以是行政机关;其二,违约侵权侵犯的通常只

是财产权,造成对方当事人的财产损失,而行政侵权既可能侵犯财产权,也可能侵犯人身权、名誉权,造成相对人财产上、人身和精神上的损害。由于有这种区别,行政合同责任的形式即不同于行政侵权责任的形式。前者主要是支付违约金,赔偿损失或补偿损失;后者则包括损害赔偿、赔礼道歉、恢复名誉、恢复原状等。

此外,行政合同责任也有别于民事合同责任。二者的主要区别在于:第一,行政合同是行政机关为了履行其行政管理职能,实现行政管理任务而与对方当事人签订的合同。故合同双方当事人的关系主要是行政法律关系,合同责任的主体同时为行政法律关系的主体。而民事合同则是双方当事人为了实现其民事权益而签订的合同。合同双方当事人的关系是纯合同法律关系,合同责任主体即为民事法律关系主体。行政法律关系双方当事人必有一方是行政机关,而民事法律关系主体却通常发生在双方当事人均非行政机关的个人或法人之间。第二,民事合同双方当事人的权利义务是完全对等的,而行政合同双方当事人的权利义务却不完全对等。行政机关在签订合同、履行合同和解除合同方面较对方当事人具有一定的优益权。例如,根据社会公益的需要,行政机关有时可单方面变更行政合同的某些条款或解除合同,它对此不承担违约责任,而仅承担适当补偿对方当事人损失的责任。而如果对方当事人单方面变更合同或不履行合同,则构成违约,其不仅要承担违约金,而且,如果公共利益需要,行政机关还可以强制其履行合同或对之给予行政处罚。

(五)根据责任的形式,行政责任包括撤销、确认无效、行政处分、问责、行政赔偿、行政补偿等

上述责任形式在前面第二十章已有说明。除了这些责任形式外,其他责任形式还有消除影响、恢复名誉、赔礼道歉、恢复原状、违约金等。

消除影响、恢复名誉和赔礼道歉是行政侵权责任的形式。这些责任形式通常适用于行政机关及其公务员违法侵害相对人名誉权、人格权的行为。消除影响、恢复名誉可以通过一定的会议,或通过报纸、杂志、电台说明事实真相,承认原行政行为的错误,以恢复社会对相对人品行、才能等的信任。消除影响、恢复名誉措施的实施范围应与原行政行为影响相对人名誉的范围相适应。赔礼道歉则应向相对人当面为之,即当面向相对人承认错误,表示歉意。

恢复原状也是行政侵权责任的一种形式。它通常是指相对人财产被违法

行政行为损坏或改变性状时,行政机关应相对人的请求,通过修理或作其他适当处置使被损坏或改变性状的财产回复到原有状态。恢复原状作为一种独立的行政责任形式,只有被损坏或被改变性状的财产有可能恢复原状时才能适用。如果没有恢复原状的可能,行政机关则应以损害赔偿的责任形式取代之。有些国家的法律不是将恢复原状作为一种独立的责任形式,而是将之作为行政赔偿的一种方式,规定行政赔偿既可以金钱为之,也可以恢复原状。

违约金是行政合同责任的主要形式。它是指行政合同一方当事人在违反合同规定的义务时,应对方当事人的要求,按双方签订合同时的预先约定(有法律规定时则按照法律规定)支付给对方当事人一定数额的金钱,作为给对方当事人造成损失的补偿和作为对违约者违约行为的惩罚。违约金的责任主体既可以是行政机关,也可以是行政机关的对方当事人。但行政机关有时因公共利益的特别需要,单方面变更或终止合同的行为不构成违约责任,而仅承担补偿对方当事人部分或全部损失的责任。行政合同违约金责任的适用除了这一点之外,其他方面与民事合同违约金责任的适用相同。

第二节　对担任领导职务公职人员(领导干部)的问责

上一节,我们概括性地探讨了行政责任的概念与分类。接下来各节本应分别对各种行政责任的形式和内容逐一讲解阐释。但考虑到前面“公务员”章中对公务员的行政违纪责任已进行过论述,笔者的另一专著《行政诉讼法》(第4版)和本书后面的“行政赔偿”章将对行政主体的违法责任进行探讨,故本节和下一节我们仅对担任领导职务公职人员(领导干部)的问责制度和行政主体的行政侵权责任问题进行研究。

关于对担任领导职务公职人员(领导干部)的问责制度,我国目前尚无法律、法规予以系统性规定。现特根据2019年9月4日中共中央发布的《问责条例》对这一制度进行阐释。《问责条例》的内容(除个别规则外)既适用于党员领导干部,也可适用于非党员领导干部。而且,在我国,超过95%的领导干部都是共产党员。[①] 因此，作为党内法规的《问责条例》，可以认为适用于我们党和国家的整个领导干部。

一、问责的主体、对象与原则

（一）问责的主体

根据《问责条例》，各地、各部门的党委（党组）履行全面从严治党主体责任，加强对本地区本部门本单位问责工作的领导，追究在党的建设、党的事业中失职失责党组织和党的领导干部的主体责任、监督责任、领导责任。

纪委应当履行监督专责，协助同级党委开展问责工作。纪委派驻（派出）机构按照职责权限开展问责工作。

党的工作机关应当依据职能履行监督职责，实施本机关本系统本领域的问责工作。[②]

（二）问责的对象

《问责条例》规定，问责对象是党组织、党的领导干部，重点是党委（党组）、党的工作机关及其领导成员，纪委、纪委派驻（派出）机构及其领导成员。[③]

问责应当分清责任。领导班子在职责范围内负有全面领导责任，领导班子主要负责人和直接主管的班子成员在职责范围内承担主要领导责任，参与决策和工作的班子成员在职责范围内承担重要领导责任。

对组织问责的，应当同时对该组织中负有责任的领导班子成员进行问责。

《问责条例》还要求，领导干部应当坚持把自己摆进去、把职责摆进去、把工作摆进去，注重从自身找问题、查原因，勇于担当、敢于负责，不得向下级组

---

① 第十二届全国人大常委会副委员长李建国在《关于中华人民共和国监察法（草案）的说明》中指出，“我国80%的公务员和超过95%的领导干部是共产党员，这就决定了党内监督和国家监察具有高度的内在一致性，也决定了实行党内监督和国家监察相统一的必然性”。

② 参见《问责条例》第4条。

③ 本章只讨论对领导干部（包括领导成员）的问责，而不讨论对党组织的问责问题。所以，对《问责条例》中涉及“党组织和党的领导干部”的内容，均只取“党的领导干部”的内容，并以“领导干部”表述。因为《问责条例》的内容（除个别规则外）均适用非党员领导干部；而且，在我国，超过95%的领导干部都是共产党员，因而作为党内法规的《问责条例》适用于党和国家的整个领导干部。

织和干部推卸责任。①

（三）问责原则

《问责条例》规定，问责工作坚持以下六项原则：②

1. 依规依纪、实事求是原则

这一原则是“以事实为依据，以法律为准绳”法律原则在问责制度中的体现；也是“依法治国、依规治党”国家治理原则对问责制度的具体要求。

2. 失责必问、问责必严原则

这一原则是“有权必有责，有责必担当，失责必追究”和“有法必依、执法必严、违法必究”法律原则在问责制度中的体现。因为《问责条例》是党内法规，故要求“有规必依、执规必严、违规必究”。

3. 权责一致、错责相当原则

这一原则是公权力责任原则和法律上的过罚相当及比例原则在问责制度中的体现，也是公平正义的要求。

4. 严管和厚爱结合、激励和约束并重原则

这一原则的确立和实施是问责目的实现的重要保障：只有“严管”，才能约束公权力合法合规行使；只有“厚爱”，才能有效激励公权力执掌者忠于职守，勤勉尽责。

5. 惩前毖后、治病救人原则

这一原则的设置主要是出于教育和挽救问责者的目的。问责不是单纯进行惩戒，与处分（行政处分）和政务处分一样，同样要实行惩戒与教育相结合的原则，要使问责者明了自己的过错和自己过错给党和国家的事业和人民利益造成的损失，以深刻吸取教训和在今后的工作中纠正自己的错误。

6. 集体决定、分清责任原则

这一原则是对集体决定失误导致重大损害、损失事故、事件而问责的指导原则。对于集体决定失误，一定要分清领导班子成员各自的责任。不能以集体负责的名义掩盖领导班子成员个人的责任，导致无人负责，使问责制度虚置或空转。

---

① 参见《问责条例》第5-6条。

② 参见《问责条例》第3条。

二、问责适用的情形与问责方式

（一）对领导干部问责适用的情形

根据《问责条例》，党的领导干部违反党章和其他党内法规，不履行或者不正确履行职责，有下列十一种情形之一，应当予以问责：①

1. 党的领导弱化，"四个意识"不强，"两个维护"不力，党的基本理论、基本路线、基本方略没有得到有效贯彻执行，在贯彻新发展理念，推进经济建设、政治建设、文化建设、社会建设、生态文明建设中，出现重大偏差和失误，给党的事业和人民利益造成严重损失，产生恶劣影响的。

2. 党的政治建设抓得不实，在重大原则问题上未能同党中央保持一致，贯彻落实党的路线方针政策和执行党中央重大决策部署不力，不遵守重大事项请示报告制度，有令不行、有禁不止，阳奉阴违、欺上瞒下，团团伙伙、拉帮结派问题突出，党内政治生活不严肃不健康，党的政治建设工作责任制落实不到位，造成严重后果或者恶劣影响的。

3. 党的思想建设缺失，党性教育特别是理想信念宗旨教育流于形式，意识形态工作责任制落实不到位，造成严重后果或者恶劣影响的。

4. 党的组织建设薄弱，党建工作责任制不落实，严重违反民主集中制原则，不执行领导班子议事决策规则，民主生活会、"三会一课"等党的组织生活制度不执行，领导干部报告个人有关事项制度执行不力，党组织软弱涣散，违规选拔任用干部等问题突出，造成恶劣影响的。

5. 党的作风建设松懈，落实中央八项规定及其实施细则精神不力，"四风"问题得不到有效整治，形式主义、官僚主义问题突出，执行党中央决策部署表态多调门高、行动少落实差，脱离实际、脱离群众，拖沓敷衍、推诿扯皮，造成严重后果的。

6. 党的纪律建设抓得不严，维护党的政治纪律、组织纪律、廉洁纪律、群众纪律、工作纪律、生活纪律不力，导致违规违纪行为多发，造成恶劣影响的。

7. 推进党风廉政建设和反腐败斗争不坚决、不扎实，削减存量、遏制增量不力，特别是对不收敛、不收手，问题线索反映集中、群众反映强烈，政治问题

① 参见《问责条例》第7条。

和经济问题交织的腐败案件放任不管，造成恶劣影响的。

8. 全面从严治党主体责任、监督责任落实不到位，对公权力的监督制约不力，好人主义盛行，不负责不担当，党内监督乏力，该发现的问题没有发现，发现问题不报告不处置，领导巡视巡察工作不力，落实巡视巡察整改要求走过场、不到位，该问责不问责，造成严重后果的。

9. 履行管理、监督职责不力，职责范围内发生重特大生产安全事故、群体性事件、公共安全事件，或者发生其他严重事故、事件，造成重大损失或者恶劣影响的。

10. 在教育医疗、生态环境保护、食品药品安全、扶贫脱贫、社会保障等涉及人民群众最关心最直接最现实的利益问题上不作为、乱作为、慢作为、假作为，损害和侵占群众利益问题得不到整治，以言代法、以权压法、徇私枉法问题突出，群众身边腐败和作风问题严重，造成恶劣影响的。

11. 其他应当问责的失职失责情形。

（二）对领导干部的问责方式

根据《问责条例》，对领导干部的问责，根据危害程度以及具体情况，可以采取以下方式：①

1. 通报。进行严肃批评，责令作出书面检查、切实整改，并在一定范围内通报。

2. 诫勉。以谈话或者书面方式进行诫勉。

3. 组织调整或者组织处理。对失职失责、危害较重，不适宜担任现职的，应当根据情况采取停职检查、调整职务、责令辞职、免职、降职等措施。

4. 纪律处分。对失职失责、危害严重，应当给予纪律处分的，依照《中国共产党纪律处分条例》追究纪律责任。

上述问责方式，可以单独使用，也可以依据规定合并使用。问责方式有影响期的，按照有关规定执行。

---

① 参见《问责条例》第 8 条第 2 款。

三、问责适用规则

(一)不予问责或者免予问责规则

根据《问责条例》,有下列四种情形之一的,可以不予问责或者免予问责:①

1. 在推进改革中因缺乏经验、先行先试出现的失误,尚无明确限制的探索性试验中的失误,为推动发展的无意过失。

2. 在集体决策中对错误决策提出明确反对意见或者保留意见的。

3. 在决策实施中已经履职尽责,但因不可抗力、难以预见等因素造成损失的。

4. 对上级错误决定提出改正或者撤销意见未被采纳,而出现《问责条例》第7条所列问责情形的(但上级错误决定明显违法违规的,应当承担相应的责任)。

(二)从轻或者减轻问责的规则

根据《问责条例》,有下列三种情形之一,可以从轻或者减轻问责:②

1. 及时采取补救措施,有效挽回损失或者消除不良影响的;

2. 积极配合问责调查工作,主动承担责任的;

3. 党内法规规定的其他从轻、减轻情形。

(三)从重或者加重问责的规则

根据《问责条例》,有下列三种情形之一的,应当从重或者加重问责:③

1. 对党中央、上级党组织三令五申的指示要求,不执行或者执行不力的;

2. 在接受问责调查和处理中,不如实报告情况,敷衍塞责、推卸责任,或者唆使、默许有关部门和人员弄虚作假,阻扰问责工作的;

3. 党内法规规定的其他从重、加重情形。

(四)终身问责的规则

根据《问责条例》,对失职失责性质恶劣、后果严重的,不论其责任人是否

---

① 参见《问责条例》第17条。

② 参见《问责条例》第18条。

③ 参见《问责条例》第19条。

调离转岗、提拔或者退休等，都应当严肃问责。①

四、问责程序

《问责条例》规定了问责的程序规则，这些规则可概括为下述十一项：②

1. 问责主体发现有《问责条例》第 7 条所列问责情形，需要进行问责调查的，有管理权限的党委（党组）、纪委、党的工作机关应当经主要负责人审批，及时启动问责调查程序。其中，纪委、党的工作机关对同级党委直接领导的党组织主要负责人启动问责调查，应当报同级党委主要负责人批准。③

2. 应当启动问责调查未及时启动的，上级党组织应当责令有管理权限的党组织启动。根据问题性质或者工作需要，上级党组织可以直接启动问责调查，也可以指定其他党组织启动。

3. 对已被立案审查的领导干部问责的，不再另行启动问责调查程序。

4. 问责主体启动问责调查后，应当组成调查组，依规依纪依法开展调查，查明领导干部失职失责问题，综合考虑主客观因素，正确区分贯彻执行党中央或者上级决策部署过程中出现的执行不当、执行不力、不执行等不同情况，精准提出处理意见，做到事实清楚、证据确凿、依据充分、责任分明、程序合规、处理恰当，防止问责不力或者问责泛化、简单化。

5. 查明调查对象失职失责问题后，调查组应当撰写事实材料，与调查对象见面，听取其陈述和申辩，并记录在案；对合理意见，应当予以采纳。调查对象应当在事实材料上签署意见，对签署不同意见或者拒不签署意见的，调查组应当作出说明或者注明情况。

6. 调查工作结束后，调查组应当集体讨论，形成调查报告，列明调查对象基本情况、调查依据、调查过程，问责事实，调查对象的态度、认识及其申辩，处理意见以及依据，由调查组组长以及有关人员签名后，履行审批手续。

---

① 参见《问责条例》第 16 条。

② 参见《问责条例》第 9-15 条。这里的每项程序规则并非与《问责条例》的条文一一对应，有的条文可能包括 2 项或 2 项以上规则。

③ 《问责条例》所涉及的审批权限均指最低审批权限，工作中根据需要可以按照更高层级的审批权限报批。纪委派驻（派出）机构除执行《问责条例》外，还应当执行党中央以及中央纪委的相关规定。

7. 问责决定应当由有管理权限的党组织作出。对同级党委直接领导的党组织,纪委和党的工作机关报经同级党委或者其主要负责人批准,可以采取检查、通报方式进行问责。对同级党委管理的领导干部,纪委和党的工作机关报经同级党委或者其主要负责人批准,可以采取通报、诫勉方式进行问责;提出组织调整或者组织处理的建议。采取纪律处分方式问责的,按照党章和有关党内法规规定的权限、程序执行。

8. 问责决定作出后,应当及时向被问责领导干部及其所在党组织宣布并督促执行。有关问责情况应当向纪委和组织部门通报,纪委应当将问责决定材料归入被问责领导干部廉政档案,组织部门应当将问责决定材料归入被问责领导干部的人事档案,并报上一级组织部门备案;涉及组织调整或者组织处理的,相应手续应当在1个月内办理完毕。

9. 被问责领导干部应当向作出问责决定的党组织写出书面检讨,并在民主生活会、组织生活会或者党的其他会议上作出深刻检查。建立健全问责典型问题通报曝光制度,采取组织调整或者组织处理、纪律处分方式问责的,应当以适当方式公开。

10. 被问责领导干部及其所在党组织应当深刻汲取教训,明确整改措施。作出问责决定的党组织应当加强督促检查,推动以案促改。

11. 需要对问责对象作出政务处分或者其他处理的,作出问责决定的党组织应当通报相关单位,相关单位应当及时处理并将结果通报或者报告作出问责决定的党组织。

五、对问责的申诉和对滥用问责的问责

《问责条例》所规定的问责制度除规范问责主体、问责对象、问责情形、问责方式和问责程序外,还规定了对问责的申诉和对滥用问责的问责规则。这些规则包括为下述六项:

1. 问责对象对问责决定不服的,可以自收到问责决定之日起1个月内,向作出问责决定的党组织提出书面申诉。

2. 作出问责决定的党组织接到书面申诉后,应当在1个月内作出申诉处理决定,并以书面形式告知提出申诉的领导干部及其所在党组织。

3. 申诉期间,不停止问责决定的执行。

4. 问责决定作出后，发现问责事实认定不清楚、证据不确凿、依据不充分、责任不清晰、程序不合规、处理不恰当，或者存在其他不应当问责、不精准问责情况的，问责主体应当及时予以纠正。必要时，上级党组织可以直接纠正或者责令作出问责决定的党组织予以纠正。

5. 党组织、党的领导干部滥用问责，或者在问责工作中严重不负责任，造成不良影响的，应当严肃追究责任。

6. 各级党组织均应正确对待被问责干部，对影响期满、表现好的干部，符合条件的，按照干部选拔任用有关规定正常使用。

第三节　行政侵权责任制度

一、行政侵权责任的概念与特征

行政侵权责任，是指行政主体因违法失职行为侵犯行政相对人合法权益，造成相对人人身、财产或精神上的损害所应承担的责任。在内部行政法律关系中，行政机关因违法失职行为侵犯公务员或其他被授权或被委托行使行政职权的组织、个人的合法权益，导致其人身、财产或精神上损害所应承担的责任也可认为是一种行政侵权责任。但行政法学研究的行政侵权责任主要是指外部侵权责任，而且主要是指行政机关对行政相对人的损害赔偿责任。尽管行政机关对于相对人行政侵权责任的形式不限于损害赔偿，还有赔礼道歉、恢复名誉、恢复原状、返还财产等。

行政侵权责任虽然通常以违法为前提，但它不同于一般的行政违法责任。首先，一般的行政违法责任的主要构成是行为违法，至于违法行为是否造成了某种损害结果通常并不影响责任的成立。而行政侵权责任的主要构成是侵权，侵权既要有违法行为，又要有损害结果。相对人如不能证明有某种损害结果的发生，通常即不能使责任成立。其次，行政侵权责任的主体是作为行政主体的行政机关或法律法规授权的组织（公务员行使行政职权的行为是代表行政机关，以行政机关的名义实施的，故其行为结果归属于行政机关。公务员非行使职权的行为是以其个人名义实施的，由于其不处在行政法律关系之中，故其行为即使导致侵权,也不能构成行政侵权责任,而只能构成民事侵权责任。因此,公务员不能成为行政侵权责任的主体),而一般行政违法责任的主体是行政相对人,相对人虽然也能实施侵权行为,成为侵权行为的主体,但相对人侵犯他人权益、致人损害的行为是一种民事行为,其侵权行为的性质属于民事侵权的性质,故相对人只能成为民事侵权责任的主体,而不能成为行政侵权责任的主体。由此可见,行政侵权责任不同于一般行政违法责任,行政侵权责任和行政违法责任是两种不同的行政责任。

行政侵权责任具有下述特征:

1. 行政侵权责任的主体是行政主体。前已述及,行政侵权责任的主体只能是行政主体,公民、法人和其他组织都不能成为行政侵权责任的主体。这一特征既使行政侵权责任和民事侵权责任相区别,又使行政侵权责任和其他行政责任相区别。民事侵权责任的主体虽然有时也可以是行政机关,但在大多数时候则是公民、法人和其他组织。行政违法责任的主体主要是行政相对人,行政违纪责任的主体主要是公务员,行政合同责任的主体则既可以是行政机关,也可以是行政机关的对方当事人。

2. 行政侵权责任的导因是行政侵权行为。所谓"行政侵权行为",是指行政主体及其公职人员在行使职权过程中违法侵害相对人合法权益的行为。行政侵权责任的这一特征也构成与民事侵权责任和其他行政责任的区别。民事侵权责任的导因是民事侵权行为。行政违法责任、行政违纪责任、行政合同责任的导因分别是违反特定行政法律法规、违反政纪、违反行政合同义务的行为。

3. 行政侵权责任的主要形式是损害赔偿。行政侵权责任具有多种形式,包括损害赔偿、恢复原状、赔礼道歉、恢复名誉等。但其中最主要的形式是损害赔偿。行政侵权责任的这一特征同样构成与其他行政责任的区别:行政违法责任的主要形式是撤销行政行为或确认行政行为无效;行政违纪责任的主要形式是行政处分;行政合同责任的主要形式是违约金。但行政侵权责任的这一特征与民事侵权责任却不存在重大的区别,损害赔偿同样是民事侵权责任的主要形式。不过,作为行政侵权责任形式的损害赔偿与作为民事侵权责任形式的损害赔偿,在赔偿范围、赔偿裁决机构、赔偿程序等方面都存在区别。这种区别我们在后面将要讲到。

二、行政侵权责任的构成

除了某些特殊的行政侵权责任以外,一般行政侵权责任必须具有下述构成:

(一)行政侵权行为

行政侵权行为是行政侵权责任最主要的构成,是行政侵权责任发生的导因或前提条件。行政侵权行为不同于民事侵权行为,也不同于一般的行政违法行为:

首先,行政侵权行为只能是国家行政机关及其公务员以及法律法规授权的组织或行政机关委托的组织、个人实施的行为。公民、法人和其他组织不能实施行政侵权行为。

其次,行政侵权行为只能是国家行政机关及其公务员以及法律法规授权的组织或行政机关委托的组织、个人在行使行政职权过程中实施的行为。行政主体非行使行政职权的行为,公务员或被委托组织、个人的私行为虽然也可能构成侵权,但却不能构成行政侵权行为。行政侵权行为必须在外观上具有行政行为的形式,即在形式上是在行使行政职权。

再次,行政侵权行为是违法实施的行为。这里的"违法"是广义的,包括直接违反法律、法规、超越权限、滥用权力、不作为(不履行应尽的法律职责)等。行政机关及其公务员实施的合法行为,虽然有时也会导致某种侵权,但行政法学上通常不称这种行为为"行政侵权行为",而是将这种行为作为承担行政补偿责任的一种情况。

此外,行政侵权行为是侵犯行政相对人合法权益的行为。行政主体的行为必须对相对人权益构成侵犯,才能导致行政侵权责任。对行政相对人权益不构成侵犯的行政行为,即使违法,也不发生行政侵权责任;而且,这里的"侵权",仅指侵犯行政相对人的权益,如果行政机关的行为不是侵犯相对人的权益,而是侵犯公务员的权益,则只产生内部行政责任,而不产生作为外部行政责任的行政侵权责任。

最后,行政侵权行为是行为人故意或过失所为的行为。一般来说,行政机关及其公务员以及被授权的组织、个人实施的行为,只有在主观上有过错,即故意或过失所为的行为,才能构成行政侵权行为。行为人无过错的行为当然有时也会导致某种侵权,但行政法学上通常不称这种行为为“行政侵权行为”,而将这种无过错行为作为承担行政责任的一种例外情况。

(二)行政相对人遭受损害的事实

行政侵权责任由于是以损害赔偿为主要形式的法律责任,所以不仅以行政侵权行为为基本前提条件,而且还以行政相对人遭受损害的事实为其必须构成要件。如果仅有行政侵权行为的发生,而相对人不能证明损害事实的存在,还不能使行政主体承担行政侵权责任,特别是承担损害赔偿责任。

行政侵权行为可能对相对人造成的损害包括三个方面:财产损害、人身损害和精神损害。

财产损害是最常发生的损害。财产指金钱、物资、土地等物质财富,包括动产和不动产以及财产利益,财产利益又包括既有财产利益和可得财产利益,损害包括毁灭、失去、损坏、减少、变质、变形,等等。

人身损害指对人的生命、自由和健康的损害,包括限制或剥夺人身自由、致人伤害、致人残疾、致人死亡等。

精神损害指造成人的精神上的痛苦,包括以诬告、诽谤、造谣、威吓、滥用处罚和制裁等手段损害人的名誉、人格,使人的精神极度痛苦,使其身心受到伤害和摧残。

财产损害、人身损害、精神损害是三种不同的损害,但是它们不是截然分立和互不相干的。相反,它们之间有着密切的联系。精神损害可以严重影响人的身体健康甚至毁灭人的生命。就是在人身损害、精神损害与财产损害之间,往往也是互相联系甚至可以相互转化的。例如,人身损害必然导致一定的财产损害,严重的财产损害也可能引起或加剧精神损害,等等。

(三)行政侵权行为与损害事实之间具有因果关系

行政侵权责任的发生不仅要求有行政侵权行为与损害事实的存在,而且要求行政侵权行为与损害事实之间存在因果关系。所谓因果关系,指二者之间存在内在的必然的联系,前者决定后者的发生,后者是前者发生的必然结果。

在分析因果关系时,要防止将事物发生的先后顺序关系当成因果关系。先发生的事物可能是后发生事物的原因,也可能只是与后发生的事物有着某种外在联系而不可能由它导致后事物的发生;还可能与后发生的事物不存在任何联系，而只是时间的先后关系而已。

在分析因果关系时，还要防止把一般条件关系当成因果关系。一个事物的发生可能是由多种条件促成的，但不是所有条件都是事物发生的原因，不能认为所有条件都与事物存在因果关系，只有其中最主要最基本的条件，对事物发生起决定性作用的条件才是事物发生的原因，与事物存在因果关系。

当然，作为事物发生的原因也不必然是唯一的。一因多果的情况可能存在，一果多因的情况也是可能存在的。在损害事实发生存在多种原因时，即要分析行政侵权行为是否是原因之一，如果是原因之一，因果关系即存在，行政责任即可构成。至于行政侵权行为是损害事实发生的主要原因还是次要原因，是直接原因还是间接原因，只影响之后责任比例的确定和分担，而不影响责任的成立。

一般来说，上述三者：行政侵权行为、相对人遭受损害的事实、行政侵权行为与损害事实之间存在因果关系，即构成行政侵权责任。相对人只要对上述三者能予以证明，相应行政机关即应承担行政侵权责任，人民法院即可判决行政机关承担行政侵权责任。但是，在实际确定具体的行政侵权责任时，人们不仅要分析上述责任构成，而且还要查阅有关的法律、法规，看有关法律、法规对相应行政侵权行为以及相应损害情形是否规定了行政侵权责任。事实上，法律不是对行政机关所有行政行为都规定了侵权责任的。例如，对于国防行为、外交行为、行政立法行为等，法律通常规定行政机关不负侵权责任。另外，法律对应负行政侵权责任的行政行为也不是都规定要对其造成的任何损害负责，对于某些行政侵权行为，法律可能只规定对其造成的重大的或较大的损害负责。如对消防警察在扑灭火灾中因过失造成对火场周围住户的损害，就必须达到较严重的程度才承担责任。由此可见，行政侵权责任构成只适用于法律规定了应承担责任的场合。对于法律规定免责的场合，即使具有行政侵权行为、损害事实和因果关系，也是不能构成行政侵权责任的。在这个意义上，我们可以把法律规定也视为行政侵权责任的一个独立构成，从而使行政侵权责任的构成包括四个要件，即行政侵权行为、损害事实、因果关系和法律规定。相对人要求行政机关承担行政侵权责任和人民法院判决行政机关承担行政侵权责任，均必须证明这四个要件的存在。因此，可以认为，这四个要件是行政机关承担行政侵权责任的必须条件。

三、进一步完善我国行政侵权责任制度的意义

1989年4月4日,第七届全国人民代表大会第二次会议通过了《行政诉讼法》,该法规定公民、法人和其他组织对于行政机关和行政机关工作人员侵犯其合法权益的具体行政行为,可以向人民法院提起行政诉讼,并可就具体行政行为造成的损失请求损害赔偿。1994年5月12日,第八届全国人大常委会第七次会议通过了《国家赔偿法》,该法规定公民、法人和其他组织在其合法权益受到国家机关和国家机关工作人员侵犯,造成损害的,有权依法取得国家赔偿。这两个法律的制定和其后的修改表明我国已建立起行政侵权责任制度。当然,目前这个制度还并不完善,今后还需要进一步发展和完善。

在我国进一步发展和完善行政侵权责任制度具有多方面的意义:

(一)是贯彻实施宪法,保障公民合法权益的需要

我国《宪法》规定,公民享有政治、经济、文化各项权利,公民的人身安全、人格尊严和合法财产不受侵犯。国家机关和国家机关工作人员应努力为人民服务,不得侵犯公民合法权益。国家机关和国家工作人员如果侵犯公民权利而使之受到损失,应依法予以赔偿,公民有进行申诉、控告、检举和取得国家赔偿的权利等。我国《宪法》的这些规定无疑是很好的,体现了我国政治制度的优越性。但是过去很长一个时期(从20世纪50年代后期至80年代)由于我们没有建立起完善的行政侵权责任制度,上述宪法规定并没有能得到很好的贯彻实施,对国家机关和国家工作人员,特别是行政机关和行政机关工作人员行使职权的行为没有有效的监督机制,其侵权行为的责任得不到切实的追究,公民合法权益被侵犯得不到有效的救济,因行政侵权行为使其人身、财产和精神受到损害,甚至是严重损害,往往也得不到赔偿,从而宪法规定的公民权利难以得到切实的保障。由此可见,要贯彻实施宪法,有效保障公民的合法权益,就必须建立和完善行政侵权责任制度和其他有关制度。

(二)是促进依法行政,建设法治政府的需要

行政法治是整个社会主义法治的重要内容,而行政侵权责任制度则是依法行政,建设法治政府的重要内容和保障。法治政府要求,政府必须严格依法办事、依法行使职权;行政机关及其工作人员在执行职务过程中必须遵守法律,尊重公民、法人和其他组织的合法权益。行政职权和行政责任是相统一、

相一致的。行政机关及其工作人员为执行职务，有权发布行政命令，采取行政措施，实施行政强制，进行行政制裁，但是他们不得超越法律随心所欲地行使这些权力，不得滥用权力。行政机关及其工作人员违法和滥用权力，侵犯行政相对人的合法权益即应承担相应的法律责任。但是过去由于我们没有建立和完善行政侵权责任制度和其他有关制度，导致一些行政机关的工作人员违法、越权和滥用权力，行政法制在一些地方、一些部门遭到破坏。很显然，我们如果建立起比较完善的行政侵权责任制度，明确规定行政机关及其工作人员在执行职务过程中违法侵犯相对人合法权益要承担行政责任，承担何种行政责任，造成相对人损失时要予以赔偿，怎样赔偿，就会促使行政机关及其工作人员慎重地行使权力和严格依法办事，建设和建成法治政府。

（三）是增强人民对政府的信任，改善政府和人民关系的需要

我国是社会主义国家，社会主义国家的政府是人民的政府。人民政府和人民的关系本应是鱼水关系，政府源于人民、依靠人民，为人民服务。但是政府在为人民办事过程中，也难免会出现违法、失误的情况，政府工作人员绝大多数是好的，但难免也会有坏人，有腐败分子；就是好人，也难免办错事，因而政府及其工作人员在执行公务过程中总难免会发生或多或少侵害行政相对人权益的情事。政府侵害了相对人的利益，即应该承担责任，造成了损失，即应该赔偿。如果政府以为全体人民服务、为大多数人服务为借口，对侵犯个别人的利益不以为然，不负责任，不予赔偿，久而久之，人民政府就会失去人民的信任，人民政府与人民的关系就会遭到破坏。因此，建立行政侵权责任制度，保障公民、法人和其他组织的合法权益不受到行政机关及其工作人员违法失职行为侵犯和在受到侵害时能得到有效的法律救济，是增强人民对政府的信任、改善政府和人民关系的需要。

（四）是申雪冤屈、实现社会公平正义的需要

一个国家、一个社会，特别是一个有十多亿人口的大国和社会，总难免不时有这样那样的冤屈事件发生。一个好的公正的社会制度，不是能保证不出任何冤屈事件，因为这是不可能的，而是能尽量减少冤屈事件的发生和在冤屈事件发生时能有途径使之得到申雪。冤屈事件往往发生在个别人的头上，不具有普遍性，但是任何人都难以保证不发生在自己头上，今天可能发生在张三的头上，明天则可能发生在李四头上。在这个意义上它又具有普遍性。但是

冤屈不论发生在谁的头上,都是不幸的,轻则减点财,受点气,重则倾家荡产,家破人亡。造成冤屈的原因可能是多方面的,行政侵权行为是其常见的原因之一。申雪冤屈的途径是多种多样的,行政侵权责任制度对于行政侵权行为造成的冤屈来说,是申雪必需的途径。没有行政侵权责任制度,因行政侵权行为造成的冤屈就得不到申雪或很难得到申雪。政府抓错了人就抓错了,关错了就关错了,罚错了就罚错了,伤了就伤了,死了就死了,个人的冤屈得不到申雪,那我们还要这个国家共同体干什么?我们每个人还要缴纳税款和限制自己一定的权利自由来维系这个共同体干什么?我们需要共同体,就是因为共同体能帮助我们获得我们仅依靠个人不能获得的公平正义。因此,我们通过缴纳税款和限制自己一定的权利自由来维系国家,国家就应该给予我们适当的公平正义,当我们受到冤屈时就应该为我们申雪,当我们的合法权益受到侵犯时就应该给我们赔偿补偿。国家不能以“私益服从公益”、“个人冤屈是小事”或“政府财力有限”等为理由不建立、不完善行政侵权责任制度。一个公正的社会,特别是社会主义社会,对于任何个人的冤屈是不应该不闻不问的。闻和问不是某个领导人批条子,发善心,偶然为某个受到冤屈的人发一笔补偿金或救济金,也不是等到行政侵权事件累积而引发民怨沸腾导致群体性上访时再“花钱买平安”,而是应该建立一个制度——为任何受到冤屈的人申雪的行政侵权责任制度,给予任何人以同样机会去追求和实现公平正义。

第四节 行政追偿责任制度

一、行政追偿责任制度的概念

行政追偿制度,是指国家因国家行政机关及其工作人员行使行政职权侵犯公民、法人和其他组织合法权益造成损害而对受害人进行赔偿后,要求有故意或者重大过失的行政工作人员或者受委托的组织或个人承担部分或者全部赔偿费用的制度。行政追偿制度是国家追偿制度的组成部分。国家追偿包括行政赔偿追偿和司法赔偿追偿。司法赔偿追偿较行政赔偿追偿条件更为严格,范围更为狭窄,通常仅限于造成冤案的法官、检察官或其他司法工作人员有贪污受贿、徇私舞弊、枉法裁判行为或者刑讯逼供、殴打、虐待或唆使他人殴打、虐待等行为或违法使用武器、警械造成受害人身体伤害或者死亡的情形。而行政追偿适用于行政工作人员或者受委托的组织或个人各种违法行使职权侵犯公民、法人和其他组织合法权益,对受害人造成损害,且有故意或者重大过失的行为。

二、行政追偿责任制度的理论依据

行政追偿责任制度的理论依据主要有三点:

其一,双重法律关系理论。此种理论认为,国家公职人员行使职权的行为产生两种法律关系:一是国家公权力与国家公权力相对人的关系。在这种法律关系中,国家公职人员代表国家行使公权力,宪法和法律要求,国家公权力必须合法正当行使。如国家公权力行使违法或不当,造成相对人损失,国家(而不是国家公职人员)即要对之予以赔偿,即国家赔偿。二是国家与国家公职人员的关系。在这种法律关系中,国家公职人员受国家委托行使公权力,国家公职人员必须根据国家法律的要求,合法正当行使职权。如其行使职权违法或不当,造成国家赔偿后果,国家即有权要求受托行使职权的有过错的公职人员承担部分或者全部赔偿费用,以补偿其损失,即国家追偿。

其二,国家公职人员权利义务对等理论。此种理论认为,国家公职人员履行国家公职,既享有权利,又承担义务,权利义务应该是对等的。例如,《公务员法》规定公务员享有获得工资报酬、享受福利、保险待遇等权利,负有忠于职守、清正廉洁、公道正派、依法定权限和程序履行职责的义务,公务员如果违反义务,自然应向国家承担责任,包括国家追偿责任。

其三,对国家公职人员的制约、激励平衡理论。此种理论认为,国家对公职人员履行公职,既应制约,又应激励。制约是为了防止其违法不作为或乱作为,激励是为了鼓励促进其依法积极作为。制约的方式包括各种监督责任形式,如纪律责任、行政责任、刑事责任以及国家追偿责任等;激励的方式包括奖励、晋升职务、享受工资和各种福利待遇等。在国家追偿制度的设计上,激励则表现在其条件和范围的设计上仅限于有"故意或重大过失"的情形,以保障其勇于负责,大胆履职,防止其因过于担心追偿而畏首畏尾,消极履职。

三、行政追偿责任的适用

行政追偿制度的适用首先要严格遵循法律规定的条件和范围，防止产生“负激励”作用。同时，追责机关也不能因为过于担心其负作用而将这个制度搁置不用或过于限制它的适用范围。行政追偿是现代国家治理体系中一项重要制度，它对于建设法治政府和法治国家，贯彻中共十八届三中全会全面深化改革决定的要求，推进国家治理体系和治理能力现代化均具有重要意义。因为国家治理现代化首先要求治理法治化，而治理法治化必然要求严格吏治，要求作为治理者的国家公职人员依法治理，其违法、失职、渎职，必须承担法律责任，其因故意或重大过失行为造成国家赔偿后果，国家必须对之追究一定经济责任。

早在 1994 年，我国第八届全国人大常委会第七次会议通过的《国家赔偿法》第 14 条和第 24 条即创设了国家追偿制度，之后 2010 年经第十一届全国人大常委会第十四次会议修正的《国家赔偿法》第 16 条和第 31 条继续确立了国家追偿制度。但是，这一制度在实践中却没有得到有效的实施，有的地方甚至自该制度创设近 20 年来从没有对责任人作过一次追偿。这是为什么呢？究其原因，主要有三：其一，赔偿义务机关对这一制度不重视，对所在机关的有故意或重大过失的国家公职人员过于宽容；其二，法律对这一制度设计过于粗疏，其规定不具体、不明确，操作性不够，执行起来有困难；其三，对制度实施的监督问责机制不完善。法律将追偿主体确定为赔偿义务机关，而赔偿义务机关与追偿对象有着管理从属关系，这就必须有完善和有效的监督和问责机制。然而，目前我们的行政监察机关很少对赔偿义务机关实施追偿的情况进行监察，我们的审计机关很少对赔偿义务机关进行赔偿和追偿的财政收支情况进行审计。这样，行政赔偿义务机关自然就很难有追偿自觉性和追偿动力。

四、行政追偿责任制度的完善

针对行政追偿制度的上述缺陷和不足，我们应如何加以改进和完善？学界和实务界有三种不同的思路：一是就国家追偿制度专门立法；二是修改《国家赔偿法》，设专章规定国家追偿制度；三是通过立法解释或司法解释将现行《国家赔偿法》确立的国家追偿制度具体化，增强其可操作性，推进其实际运作。

笔者认为，根据我国目前立法机关的立法能力和立法实际运作情况，短时间内立法或修法都是不现实或不可能的，而且必要性也不是特别大。因此第一思路和第二思路均不可取，唯有第三思路——释法的思路——既具合理性，又具可行性。笔者认为，释法可重点明确以下四个方面的内容：其一，追偿对象。即进一步明确《国家赔偿法》第16条规定作为追偿对象的“工作人员”“受委托组织”“受委托个人”的范围。其二，追偿条件。即进一步明确《国家赔偿法》第16条规定作为追偿条件的“故意”和“重大过失”的情形。“故意”是否包括直接故意和间接故意，某些非明显故意的情形可否“视为故意”（放纵等）；“重大过失”是否包括重大疏忽和轻信能够避免而未能避免的情形，是否还应适当考虑客观损失的大小等。其三，追偿程序。关于追偿程序，《国家赔偿法》未对之作具体规定，释法应明确作出追偿决定的具体程序，是由赔偿义务机关集体决定还是由其负责人决定，是否需要听取被追偿人的陈述、申辩或为其举行听证等；释法还应明确追偿决定如何实际执行，是责令被追偿人现款缴纳，还是从其工资中按月依一定比例扣除，或者可从银行中强制划拨或对其财产查封、扣押和拍卖等；追偿款是否直接上缴财政等。其四，追偿的监督问责。《国家赔偿法》没有对国家追偿制度实施的监督问责作出规定，但《各级人民代表大会常务委员会监督法》、《行政监察法》和《审计法》对国家整个监督问责机制有统一的设计和规定，从而对《国家赔偿法》这方面的释法是否可以与整个国家监督问责机制联系起来，对赔偿义务机关不履行法定追偿职责的，行政监察机关是否应通过监察问责，审计机关是否应通过审计问责，各级人大常委会是否应通过执法检查和质询问责。笔者认为，只有这样，只有通过释法将《国家赔偿法》规定的这一制度真正具体化和责任化，使之具有可操作性和执行性，才能使这一创设了近20年但尚未真正运作起来的制度真正运作起来。

第二十三章

行政复议

行政不服审查(行政复议)法的目的是:"第一,是针对行政厅(行政机关)的违法、不当处分,给予私人权利、利益以简易的救济;第二,是行政的自我规制,即确保客观的法秩序和行政的公正运作。这两个目的是构思行政上的不服申诉制度时应经常考虑的问题。"①

——盐野宏

行政救济②是当事人对于违法和不当的行政行为,向行政机关请求矫正的一种救济手段,是行政监督的一种方式。行政救济和诉讼救济是当事人对抗违法的行政行为常用的两种手段,各有特点。③

——王名扬

本章节目

第一节　行政复议概述

第二节　行政复议的范围和管辖

第三节　行政复议申请人、被申请人与第三人

第四节　行政复议的申请与受理

第五节　行政复议的审查和决定

① [日]盐野宏:《行政救济法》,杨建顺译,北京大学出版社 2008 年版,第 10 页。

② 作者这里使用的"行政救济"指行政机关内部的救济,主要指行政复议。

③ 王名扬:《法国行政法》,中国政法大学出版社 1988 年版,第 518 页。

第一节　行政复议概述

一、行政复议的含义与特征

行政复议，是指行政相对人认为行政主体实施的行政行为违法和侵犯其合法权益，申请有法定管辖权的行政复议机关对被申请行政行为的合法性和适当性进行审查，并作出决定的行政救济制度。

行政复议的申请人是作为行政相对人的公民、法人或者其他组织。公务员和其他公职人员对行政机关的行政处分决定或其他内部行政行为不服，或者对监察机关的政务处分决定不服，不能申请行政复议而只能通过行政申诉程序和复审、复核程序寻求救济。

行政复议的被申请人是作出被申请行政行为的行政主体——行政机关或者法律法规授权的组织。实施被申请行政行为的公务员或被行政机关委托的组织不能成为被申请人。行政相对人对公务员或被行政机关委托的组织所实施的行政行为不服，应以相应公务员所在的行政机关和委托相应组织实施行政行为的行政机关为被申请人向行政复议机关申请复议。

受理行政相对人行政复议的机关是有法定管辖权的行政复议机关——作为被申请人的行政机关所在地的人民政府或其上级主管部门或《行政复议法》所确定的其他行政机关。没有法定管辖权的行政机关无权受理行政复议。

行政复议具有下述特征：

1. 行政复议相对于行政诉讼，有三大优势：一是不收费，行政相对人获得救济的成本相对低廉；二是快捷，行政复议自复议机关受理相对人申请后60日内作出复议决定，行政诉讼一审的期限为6个月，二审的期限为3个月，行政相对人花费的时间成本要大得多；三是专业性，行政复议机构及其工作人员因处在行政系统内部，对于复议事项具有专门知识、专门经验和专门技能，而法官的职责是审理和裁决案件，自然不具有行政机关复议人员所具有的行政专门知识、专门经验和专门技能。

2. 行政复议相对于信访等行政系统其他内部救济，亦有三项优势：一是程序有一定的准司法性，法治化程度较高，更有利于保障公正性；二是复议机构及其工作人员专业性较强，更有利于保障准确性；三是与司法的联系较密切，相对人不服行政复议决定，一般都可再提起行政诉讼，但当事人对信访决定不服，一般不能再提起行政诉讼。

3. 行政复议在性质上既是一种狭义的行政救济制度，也是一种行政法制监督制度和解决行政争议的行政解纷制度。对于被行政侵权的行政相对人来说，行政复议是行政救济；对于作出违法侵权行政行为的行政机关来说，行政复议是上级行政机关对下级行政机关的行政法制监督；对于行政相对人与行政主体所发生的行政争议来说，行政复议是通过行政途径实施的一种解纷机制。

4. 行政复议案件的审理机关是有法定管辖权的行政复议机关，属于行政系统。这不同于行政诉讼，行政诉讼案件的审理机关是人民法院，属于司法系统。因而行政复议地位的超脱性、程序的正式性和可能的公正性不及行政诉讼。

5. 行政复议机关对被申请行政行为的审查，既审查行为的合法性，也审查行为的合理性。这不同于人民法院对被诉行政行为的审查：人民法院对被诉行政行为的审查，一般只审查行为的合法性，不审查行为的合理性。人民法院虽然也可对明显不当行政行为进行审查和作出裁判，但这只是司法审查的例外，而非常态。

6. 行政复议适用准司法程序，即带有一定司法性的行政程序。这既不同于一般的行政程序，较一般行政程序正式、严格；也不同于一般的司法程序，较一般司法程序简便、快捷。

7. 行政复议的目的和功能是防止和纠正违法、不当的行政行为，保护公民、法人和其他组织的合法权益，以及解决行政争议，保障和监督行政机关依法行政，推进法治政府与和谐社会建设。行政诉讼虽然也有这样的目的和功能，但二者相比较，行政复议较行政诉讼更注重防止和纠正违法、不当的行政行为，行政诉讼较行政复议更注重法制监督和救济。

二、行政复议机关和行政复议机构

根据《行政复议法》的规定，履行行政复议职责的行政机关是行政复议机关。行政复议机关负责法制工作的机构是行政复议机构，具体办理行政复议事项，履行行政复议机构的职责。

《行政复议法》和《行政复议法实施条例》对行政复议机关提出了下述要求：

1. 履行行政复议职责应当遵循合法、公正、公开、及时、便民的原则，坚持有错必纠，保障法律、法规的正确实施；

2. 领导和支持行政复议机构依法办理行政复议事项，并依照有关规定配备、充实、调剂专职行政复议人员，保证行政复议机构的办案能力与工作任务相适应；

3. 根据国务院法制机构和国务院有关部门规定的办法选配专职行政复议人员，所选配的专职行政复议人员应当具备与履行行政复议职责相适应的品行、专业知识和业务能力，并取得相应资格。

根据《行政复议法》的规定，行政复议机构履行下述职责：(1)受理行政复议申请；(2)向有关组织和人员调查取证，查阅文件和资料；(3)审查申请行政复议的具体行政行为是否合法与适当，拟定行政复议决定；(4)处理或者转送对《行政复议法》第7条①所列有关规定的审查申请；(5)对行政机关违反《行政复议法》规定的行为依照规定的权限和程序提出处理建议；(6)办理因不服行政复议决定提起行政诉讼的应诉事项；(7)法律、法规规定的其他职责。

《行政复议法实施条例》对行政复议机构的职责作了进一步的补充规定：(1)依照《行政复议法》第18条②的规定转送有关行政复议申请；(2)办理《行

---

① 《行政复议法》第7条规定，公民、法人或者其他组织认为行政机关的具体行政行为所依据的下列规定不合法，在对具体行政行为申请行政复议时，可以一并向行政复议机关提出对该规定的审查申请：(1)国务院部门的规定；(2)县级以上地方各级人民政府及其工作部门的规定；(3)乡、镇人民政府的规定。但这些规定不含国务院部、委员会规章和地方人民政府规章。规章的审查依照法律、行政法规办理。

② 《行政复议法》第18条规定："依照本法第十五条第二款的规定接受行政复议申请的县级地方人民政府，对依照本法第十五条第一款的规定属于其他行政复议机关受理的行政复议申请，应当自接到该行政复议申请之日起七日内，转送有关行政复议机关，并告知申请人。接受转送的行政复议机关应当依照本法第十七条的规定办理。"

政复议法》第 29 条[①]规定的行政赔偿等事项；(3)按照职责权限，督促行政复议申请的受理和行政复议决定的履行；(4)办理行政复议、行政应诉案件统计和重大行政复议决定备案事项；(5)办理或者组织办理未经行政复议直接提起行政诉讼的行政应诉事项；(6)研究行政复议工作中发现的问题，及时向有关机关提出改进建议，重大问题及时向行政复议机关报告。

近几年来，一些地方(北京、上海、江苏等)行政复议机构一直在探索和试行复议委员会制。复议委员会由政府法制机构工作人员、法学专家、律师、人大代表、政协委员等各方面人士组成，以增加行政复议的相对独立性和公正性。这一制度在即将修改的《行政复议法》中有望在全国普遍推广，作为行政复议机构的一种可选择模式，但不是唯一模式。

第二节　行政复议的范围和管辖

一、行政复议的范围

根据《行政复议法》的规定，公民、法人或者其他组织可以依法对下述行政行为申请行政复议[②]：

1. 行政处罚行为

作为可申请行政复议的行政行为，《行政复议法》首先规定的是行政处罚

① 《行政复议法》第 29 条规定："申请人在申请行政复议时可以一并提出行政赔偿请求，行政复议机关对符合国家赔偿法的有关规定应当给予赔偿的，在决定撤销、变更具体行政行为或者确认具体行政行为违法时，应当同时决定被申请人依法给予赔偿。申请人在申请行政复议时没有提出行政赔偿请求的，行政复议机关在依法决定撤销或者变更罚款，撤销违法集资、没收财物、征收财物、摊派费用以及对财产的查封、扣押、冻结等具体行政行为时，应当同时责令被申请人返还财产，解除对财产的查封、扣押、冻结措施，或者赔偿相应的价款。"

② 关于作为行政复议客体的行政行为范围，《行政复议法》使用的用语是"具体行政行为"。因为 2014 年修正的《行政诉讼法》已将"具体行政行为"这一用语改为"行政行为"，故本书亦用"行政行为"指称"具体行政行为"。这里的"行政行为"与《行政诉讼法》中使用的"行政行为"一样，并不包括行政法规、规章、行政规范性文件等抽象行政行为。因此，它的外延仍然是或基本上还是具体行政行为(有时包括行政协议)。

行为。其列举的行政处罚包括《行政处罚法》规定的六种中的前五种：[①]（1）警告、通报批评；（2）罚款、没收违法所得、没收非法财物；（3）暂扣许可证件、降低资质等级、吊销许可证件；（4）限制开展生产经营活动、责令停产停业、责令关闭、限制从业；（5）行政拘留。

在列举了上述五种行政处罚后，该条款还使用了一个"等"字。这里的"等"是指等外，即包括《行政处罚法》规定的所有行政处罚行为而不限于上面所列举的五种。[②]

2. 行政强制行为

作为可申请行政复议的行政强制行为，包括《行政强制法》规定的行政强制措施和行政强制执行（不包括人民法院实施的行政强制执行）。行政强制措施是行政管理过程中为制止违法行为，防止证据损毁、避免危害发生、控制危险扩大等情形，依法对公民的人身自由实施暂时性限制，或者对公民、法人或者其他组织的财物实施暂时性控制的行为，具体措施包括五种：[③]（1）限制公民人身自由；（2）查封场所、设施或者财物；（3）扣押财物；（4）冻结存款、汇款；（5）其他行政强制措施。

行政强制执行是行政机关或者行政机关申请人民法院对不履行行政决定的公民、法人或者其他组织依法强制履行义务的行为。具体执行措施包括六种：[④]（1）加处罚款或者滞纳金；（2）划拨存款、汇款；（3）拍卖或者依法处理查封的场所、设施或者财物；（4）排除妨碍、恢复原状；（5）代履行；（6）其他强制执行方式。对于行政强制执行，行政相对人对于行政机关的行政强制执行决定可以申请复议，但对于人民法院应申请实施的执行行为，不能申请行政复议，而只能寻求其他法律救济途径。

---

① 1996 年《行政处罚法》第 8 条规定的行政处罚为七种，且与 2021 年新修订的《行政处罚法》第 9 条规定的行政处罚形式不完全相同，分别为：（1）警告；（2）罚款；（3）没收违法所得、没收非法财物；（4）责令停产停业；（5）暂扣或者吊销许可证、暂扣或者吊销执照；（6）行政拘留；（7）法律、行政法规规定的其他行政处罚。这里所列的行政处罚种类和形式均为 2021 年新修订的《行政处罚法》第 9 条规定的行政处罚种类和形式。

② 1996 年《行政处罚法》规定了七种行政处罚，其中第七种为"法律、行政法规规定的其他行政处罚"。《行政复议法》规定的"等行政处罚"就是指这第七种行政处罚。

③ 参见《行政强制法》第 9 条。

④ 参见《行政强制法》第 12 条。

3. 行政许可行为

《行政复议法》规定的可申请行政复议的行政许可行为包括两类，一类是行政机关作出的有关许可证、执照、资质证、资格证等证书变更、中止、撤销的决定行为。[①] 这里虽然没有规定许可证照吊销行为，但许可证照吊销行为显然也包括在行政复议的范围之中，只是因为许可证照吊销行为同时属于行政处罚，故在行政处罚行为中已列入，这里不再重复列入。

《行政复议法》规定的可申请行政复议的另一类行政许可行为，是行政相对人认为自己符合法定条件，申请行政机关颁发许可证、执照、资质证、资格证等证书，或者申请行政机关审批、登记有关事项，行政机关没有依法办理的。[②] 这类行政许可行为属于行政机关的不作为行为，包括行政机关对许可申请不予答复，以及行政机关明确拒绝行政相对人的申请。明确拒绝在形式上是一种作为，但实质上是不作为。对于此类行政许可行为，无论在性质上是属于行政作为，还是不作为，只要行政相对人认为相应行为违法，均可申请行政复议。[③]

4. 涉自然资源行为

所谓"涉自然资源行为"，是指行政机关作出确认行政相对人有关土地、矿藏、水流、森林、山岭、草原、荒地、滩涂、海域等自然资源所有权或者使用权决定的行为。行政相对人对行政机关这类行政行为不服，均可申请行政复议。

5. 涉经营自主权行为

作为可申请复议的"涉经营自主权行为"，是指行政机关在行政管理中非法干预、截留、限制或取消法律、法规赋予企业或其他经济组织在生产经营活动中自主处理其所属人、财、物和决定产、供、销等事项的权利，特别是非法干预行政相对人对其财产享有的依法处分权和对其生产经营事项自主决策权的行为。行政机关的上述行为均构成侵犯行政相对人合法经营自主权的行为，属于行政复议的客体。

---

① 参见《行政复议法》第 6 条第 3 项。

② 参见《行政复议法》第 6 条第 8 项。

③ 对于行政行为做作为和不作为的区分，其意义主要在不同复议决定形式的适用上：对于违法作为，行政复议机关主要适用撤销决定；对于违法不作为，行政复议机关主要适用履行决定，即责令被申请人作出申请人申请作出的行政行为。

6. 涉农业承包合同的行为

《行政复议法》规定，行政机关变更或者废止农业承包合同，侵犯承包人合法权益的行为，可以申请复议。从某种意义上讲，行政机关变更或者废止农业承包合同的行为也是侵犯经营自主权的行为。只是前面第5项的涉经营自主权的行为是涉企业和其他经济组织经营自主权的行为，这里第6项涉经营自主权的行为是涉农民经营自主权的行为。

7. 科加行政相对人义务的行为

行政机关科加行政相对人义务的行为是多种多样的。违法集资、征收财物、摊派费用是典型的科加相对人义务的行为。除此以外，行政机关还可能要求行政相对人作出某种行为（要求公民个人无偿提供劳务，要求企业接收无业人员就业等）或不作出某种行为（要求公民个人不请客、不送礼、不参加朋友和同学聚会，要求企业不给职工发放奖金、不给特定人员提高工资、福利等）。行政相对人只要认为行政机关科加给自己的这些义务是违法的，均可以申请行政复议。

8. 行政不作为

行政不作为指行政机关不履行法律、法规赋予其履行的职责。如行政相对人申请行政机关履行保护人身权利、财产权利、受教育权利的法定职责，行政机关不依法履行。前面第3项"行政许可行为"中的行政机关拒绝给予符合许可条件的行政相对人许可或对其许可申请不予答复的行为同时也属于行政不作为，行政相对人可以以行政许可不作为为由申请行政复议。当然，这里单列一项的"行政不作为"主要指行政相对人合法权益受到侵犯后，请求行政机关予以保护、救济，行政机关不予保护、救济的情形。例如妇女儿童被拐卖，其本人或其家人请求公安机关解救，公安机关拒绝解救或不予答复。又如，各级各类学校的学生被校方违法开除、勒令退学、除名，请求教育行政机关救济，教育行政机关拒绝救济或不予答复等。这种不作为一般应具备两个条件：一是相应行政机关具有法定职责；二是行政相对人已向行政机关提出了保护其权益的申请。这与行政机关依职权应主动作为的不作为有所区别，如行政机关应对违法行为人给予处罚的不予处罚，对应采取行政强制措施的行政相对人不采取行政强制措施。

9. 行政给付行为

行政给付行为作为行政复议的客体主要包括以下三种情形：一是行政相对人申请行政机关依法给付，如申请发放抚恤金、社会保险金或者最低生活保障费等，行政机关拒绝发放的。这种情形同时构成行政不作为。二是行政机关违反法定条件、标准、程序等实施给付，如违法添加给付条件、降低给付标准、增加给付手续等。三是行政机关故意拖延给付的。

10. 侵犯行政相对人合法权益的其他行政行为

这是行政复议范围的一个兜底条款。如果行政相对人对行政机关的某一行政行为不服，又难以将该行为归入前述九种行为的范畴，只要行政相对人能够提出行政机关的相应行政行为侵犯了某一法律、法规赋予自己的某一权益，亦可向行政复议机关申请复议。

另外，新修正的《行政诉讼法》已将行政协议列入行政诉讼受案范围。由于行政复议是行政诉讼的前置救济程序（尽管是非必经的前置救济程序），因此，可行政诉讼的事项均可行政复议（但可复议的事项不一定都能行政诉讼），从而，行政协议也应该属于行政复议的范围。

二、可一并申请行政复议的行政规定

作为行政相对人的公民、法人或者其他组织除了可以对法定行政复议范围内的行政行为直接申请行政复议外，如其认为行政机关相应行政行为所依据的某些规定不合法，在对行政行为申请行政复议时，可以一并向行政复议机关提出对该规定的审查申请。

根据《行政复议法》第 7 条的规定，可作为行政相对人一并申请行政复议范围的行政规定有下述三种：

1. 国务院部门的规定

国务院部门的规定包括作为国务院组成部门的部、委、署、行制定发布的规范性文件，也包括非国务院组成部门的国务院直属机构（市场监管总局、税务总局、海关总署等）、特设机构（国有资产监督管理委员会等）、部委管理的国家局（国家能源局、国家文物局、国家外汇局等）和其他行使一定行政权的机构（银保监会、证监会等）制定发布的规范性文件。

上述行政规范性文件均不包括规章，行政相对人在对行政行为申请复议时,如认为相应行政行为所依据的规章不合法时,不能一并申请行政复议,而只能通过其他法定途径(请求制定机关或人民代表机关审查等)寻求救济。

2. 县级以上地方各级人民政府及其工作部门的规定

县级以上地方各级人民政府的规定指县级(含县、县级市、自治县)、市级(含设区的市和自治州)、省级(含省、自治区、直辖市)人民政府制定发布的规范性文件(不含规章)。

县级以上地方各级人民政府工作部门的规定包括作为政府组成部门和非政府组成部门制定发布的规范性文件。这些规范性文件只要行政相对人认为是侵犯其合法权益的行政行为的依据,其即可在对相应行政行为申请行政复议时一并申请复议。

3. 乡、镇人民政府的规定

乡、镇人民政府的规定被引用作为行政行为依据的情况虽然较少,但实践中也是存在的,特别是乡、镇人民政府及其工作人员自己对所在行政区域的公民、法人或者其他组织作出行政行为时,往往会引用乡、镇人民政府自己发布的规范性文件作为依据。在这种情况下,行政相对人对相应行政行为申请复议时,自然可一并对所依据的乡、镇人民政府规定申请复议。

三、排除行政复议的事项

《行政复议法》第 8 条规定下述两类事项排除行政复议,相对人通过其他途径寻求法律救济:

1. 人事处理决定

公务员或行政机关其他公职人员不服行政机关作出的行政处分决定或者其他人事处理决定的,不能申请行政复议,而应依照有关法律、行政法规的规定通过申诉的途径寻求救济。《公务员法》第十五章、《监察法》第五章、《行政机关公务员处分条例》第六章中的有关条款均规定了公务员不服行政处分、政务处分的申诉救济途径和救济程序。

2. 对民事纠纷作出的调解或者其他处理

《行政复议法》规定,公民、法人或者其他组织不服行政机关对民事纠纷作出的调解或者其他处理,依法申请仲裁或者向人民法院提起诉讼。《行政复议法》之所以排除行政机关调解行为和其他处理行为作为行政复议的客体,是因为这类行为的本质是民事争议,行政机关的调解行为或类似处理行为不是具有强制约束力的行政行为。对这种行为,仲裁或诉讼能为当事人提供更公正和更有效的救济。

四、行政复议的管辖

(一)一般管辖规则

行政复议的一般管辖规则是:实行本级人民政府管辖和政府工作部门管辖双轨制。行政相对人对县级以上地方各级人民政府工作部门的行政行为不服申请行政复议,既可以向该部门的本级人民政府申请行政复议,也可以向上一级主管部门申请行政复议。究竟由谁管辖,由申请人选择。申请人选择向本级人民政府申请的,行政复议即由本级人民政府管辖;申请人选择向上一级主管部门申请的,行政复议即由上一级主管部门管辖。①

(二)特别管辖规则

行政复议的特别管辖规则有下述十项:②

1. 行政相对人对海关、金融、国税、外汇管理等实行垂直领导的行政机关和国家安全机关的行政行为不服申请复议的,由上一级主管部门管辖。

2. 行政相对人对地方各级人民政府的行政行为不服申请复议的,由上一级地方人民政府管辖。

3. 行政相对人对省、自治区人民政府依法设立的派出机关所属的县级地方人民政府的行政行为不服申请复议的,由该派出机关管辖。

4. 行政相对人对国务院部门或者省、自治区、直辖市人民政府的行政行为不服申请复议的,由作出该行政行为的国务院部门或者省、自治区、直辖市人民政府管辖。申请人对行政复议决定不服的,可以向人民法院提起行政诉讼;也可以向国务院申请裁决,由国务院依法作出最终裁决。

5. 行政相对人对县级以上地方人民政府依法设立的派出机关作出的行政行为不服申请复议的,由设立该派出机关的人民政府管辖。

6. 行政相对人对政府工作部门依法设立的派出机构依照法律、法规或者

---

① 参见《行政复议法》第 12 条第 1 款。

② 参见《行政复议法》第 12 条第 2 款至第 15 条;《行政复议法实施条例》第 23-25 条。

规章规定，以自己的名义作出的行政行为不服申请复议的，由设立该派出机构的部门或者该部门的本级地方人民政府管辖。

7. 行政相对人对法律、法规授权的组织作出的行政行为不服申请复议的，分别由直接管理该组织的地方人民政府、地方人民政府工作部门或者国务院部门管辖。

8. 行政相对人对两个或者两个以上行政机关以共同的名义作出的行政行为不服申请复议的，由其共同上一级行政机关管辖。

9. 行政相对人对被撤销的行政机关在撤销前所作出的行政行为不服申请复议的，由继续行使其职权的行政机关的上一级行政机关管辖。

10. 有前列第 5 项至第 9 项情形之一的，申请人也可以向相应行政行为发生地的县级地方人民政府提出行政复议申请，由接受申请的县级地方人民政府转送有管辖权的行政复议机关进行复议。

公民、法人或者其他组织申请行政复议，行政复议机关已经依法受理的，或者法律、法规规定应当先向行政复议机关申请行政复议、对行政复议决定不服再向人民法院提起行政诉讼的，在法定行政复议期限内不得向人民法院提起行政诉讼。

公民、法人或者其他组织向人民法院提起行政诉讼，人民法院已经依法受理的，不得申请行政复议。

第三节 行政复议申请人、被申请人与第三人

一、行政复议申请人

行政复议申请人，是指对行政机关作出的行政行为不服，认为相应行政行为违法和侵犯其合法权益，依法向行政复议机关申请行政复议的公民、法人或者其他组织。

有权申请行政复议的公民死亡的，其近亲属可以作为复议申请人申请行政复议。有权申请行政复议的公民为无民事行为能力人或者限制民事行为能力人的，其法定代理人可以代为申请行政复议。有权申请行政复议的法人或

者其他组织终止的,承受其权利的法人或者其他组织可以作为复议申请人申请行政复议。

合伙企业申请行政复议的,应当以核准登记的企业为复议申请人,由执行合伙事务的合伙人代表该企业参加行政复议;其他合伙组织申请行政复议的,由合伙人共同作为复议申请人申请行政复议。

其他不具备法人资格的组织申请行政复议的,由该组织的主要负责人代表该组织参加行政复议;没有主要负责人的,由共同推选的其他成员代表该组织参加行政复议。

股份制企业的股东大会、股东代表大会、董事会认为行政机关作出的行政行为侵犯企业合法权益的,可以以企业的名义申请行政复议。

同一行政复议案件申请人超过 5 人的,应推选 1 名至 5 名代表参加行政复议。

行政复议申请人可以委托 1 名至 2 名代理人参加行政复议。申请人委托代理人的,应当向行政复议机构提交授权委托书。授权委托书应当载明委托事项、权限和期限。公民在特殊情况下无法书面委托的,可以口头委托。口头委托的,行政复议机构应当核实并记录在卷。申请人解除或者变更委托的,应当书面报告行政复议机构。[①]

二、行政复议被申请人

公民、法人或者其他组织对行政机关作出的行政行为不服,依法向行政复议机关申请行政复议的,作出该行政行为的行政机关即为行政复议被申请人。

行政机关与法律、法规授权的组织以共同的名义作出的行政行为被申请复议的,相应行政机关和法律、法规授权的组织为行政复议共同被申请人。

行政机关与其他组织以共同名义作出的行政行为被申请复议的,相应行政机关为行政复议被申请人,其他组织可以作为行政复议第三人。

下级行政机关依照法律、法规、规章规定,经上级行政机关批准作出行政行为被申请复议的,批准机关为行政复议被申请人。

行政机关设立的派出机构、内设机构或者其他组织,未经法律、法规授

---

① 参见《行政复议法实施条例》第 6-10 条。

权,对外以自己名义作出的行政行为被申请复议的,该行政机关为行政复议被申请人。①

三、行政复议第三人

同申请行政复议的行政行为有利害关系的其他公民、法人或者其他组织,可以作为第三人参加行政复议。

行政复议期间,行政复议机构认为申请人以外的公民、法人或者其他组织与被审查的行政行为有利害关系的,可以向行政复议机构申请作为复议第三人参加行政复议。行政复议机构也可以通知其作为第三人参加行政复议。

第三人可以委托1名至2名代理人参加行政复议。第三人委托代理人的,应当向行政复议机构提交授权委托书。授权委托书应当载明委托事项、权限和期限。公民在特殊情况下无法书面委托的,可以口头委托。口头委托的,行政复议机构应当核实并记录在卷。第三人解除或者变更委托的,应当书面报告行政复议机构。

第三人不参加行政复议,不影响行政复议案件的审理。②

第四节 行政复议的申请与受理

一、行政复议的申请

(一)申请期限

公民、法人或者其他组织认为行政机关的行政行为侵犯其合法权益的,可以自知道该行政行为之日起60日内提出行政复议申请。其他法律如规定申请期限超过60日,则依据其他法律规定的期限规定。

行政复议申请期限依照下列规则计算:③

1. 行政机关当场作出行政行为的,自行政行为作出之日起计算;

---

① 参见《行政复议法实施条例》第11-14条。
② 参见《行政复议法实施条例》第9-10条。
③ 参见《行政复议法实施条例》第15-17条。

2. 载明行政行为的法律文书直接送达的，自受送达人签收之日起计算；

3. 载明行政行为的法律文书邮寄送达的，自受送达人在邮件签收单上签收之日起计算；没有邮件签收单的，自受送达人在送达回执上签名之日起计算；

4. 行政行为依法通过公告形式告知受送达人的，自公告规定的期限届满之日起计算；

5. 行政机关作出行政行为时未告知公民、法人或者其他组织，事后补充告知的，自该公民、法人或者其他组织收到行政机关补充告知的通知之日起计算；

6. 被申请人能够证明公民、法人或者其他组织知道该行政行为的，自证据材料证明其知道行政行为之日起计算；

7. 行政机关作出行政行为，依法应当向有关公民、法人或者其他组织送达法律文书而未送达的，视为该公民、法人或者其他组织不知道该行政行为。

公民、法人或者其他组织依法申请行政机关履行法定职责，行政机关未履行的，行政复议申请期限依照下列规则计算：

1. 有履行期限规定的，自履行期限届满之日起计算；

2. 没有履行期限规定的，自行政机关收到申请满 60 日起计算；

3. 公民、法人或者其他组织在紧急情况下请求行政机关履行保护人身权、财产权的法定职责，行政机关不履行的，行政复议申请期限不受前两项规定的限制。

行政机关作出的行政行为对公民、法人或者其他组织的权利、义务可能产生不利影响的，应当告知其申请行政复议的权利、行政复议机关和行政复议申请期限。

行政复议申请人因不可抗力或者其他正当理由耽误法定申请期限的，申请期限自障碍消除之日起继续计算。

（二）申请方式

行政复议申请人申请行政复议，可以书面申请，也可以口头申请；口头申请的，行政复议机关应当当场记录申请人的基本情况、行政复议请求、申请行政复议的主要事实、理由和时间。

复议申请人书面申请行政复议的，可以采取当面递交、邮寄或者传真等方式提出行政复议申请。有条件的行政复议机构可以接受以电子邮件形式提出的行政复议申请。

复议申请人书面申请行政复议的，应当在行政复议申请书中载明下列事项：

1. 申请人的基本情况，包括：公民的姓名、性别、年龄、身份证号码、工作单位、住所、邮政编码；法人或者其他组织的名称、住所、邮政编码和法定代表人或者主要负责人的姓名、职务。

2. 被申请人的名称。

3. 行政复议请求、申请行政复议的主要事实和理由。

4. 申请人的签名或者盖章。

5. 申请行政复议的日期。

复议申请人口头申请行政复议的，行政复议机构应当当场制作行政复议申请笔录交申请人核对或者向申请人宣读，并由申请人签字确认。①

（三）《行政复议法》及其实施条例对申请复议的有关要求

1. 申请人申请复议有下列情形之一的，应当提供证明材料：

（1）认为被申请人不履行法定职责的，提供曾经要求被申请人履行法定职责而被申请人未履行的证明材料；

（2）申请行政复议时一并提出行政赔偿请求的，提供受行政行为侵害而造成损害的证明材料；

（3）法律、法规规定需要申请人提供证据材料的其他情形。

2. 行政复议申请人提出行政复议申请时错列被申请人的，经行政复议机构告知，申请人应变更被申请人。

3. 行政复议申请人对两个以上国务院部门共同作出的行政行为不服的，可以向其中任何一个国务院部门提出行政复议申请，由作出行政行为的国务院部门共同作出行政复议决定。

4. 行政复议申请人对经国务院批准实行省以下垂直领导的部门作出的行政行为不服的，可以选择向该部门的本级人民政府或者上一级主管部门申请行政复议；省、自治区、直辖市另有规定的，依照省、自治区、直辖市的规定办理。

---

① 参见《行政复议法实施条例》第18-20条。

5. 行政复议申请人依照《行政复议法》第 30 条第 2 款的规定[①]申请行政复议的,应当向省、自治区、直辖市人民政府提出行政复议申请。

6. 行政复议申请人依照《行政复议法》第 7 条的规定,在对行政行为申请行政复议的同时可一并提出对行政行为所依据的行政规定的审查申请,如复议申请人在对行政行为提出行政复议申请时尚不知道该行政行为所依据的规定的,可以在行政复议机关作出行政复议决定前向行政复议机关提出对该规定的审查申请。[②]

二、行政复议的受理

(一)受理时限

行政复议机关收到行政复议申请后,应当在 5 日内进行审查,对符合《行政复议法》规定的行政复议申请,自行政复议机构收到行政相对人复议申请之日起即为受理。对不符合《行政复议法》规定的行政复议申请,决定不予受理,并书面告知申请人;对符合《行政复议法》规定,但是不属于本机关受理的行政复议申请,应当告知申请人向有关行政复议机关提出。但是,依照《行政复议法》第 15 条第 2 款的规定接受行政复议申请的县级地方人民政府,对依照《行政复议法》第 15 条第 1 款的规定属于其他行政复议机关受理的行政复议申请,[③]应当自接到该行政复议申请之日起 7 日内,转送有关行政复议机关,并告知申请人。接受转送的行政复议机关应当依法在 5 日内进行审查,并

---

① 《行政复议法》第 30 条第 2 款规定:"根据国务院或者省、自治区、直辖市人民政府对行政区划的勘定、调整或者征收土地的决定,省、自治区、直辖市人民政府确认土地、矿藏、水流、森林、山岭、草原、荒地、滩涂、海域等自然资源的所有权或者使用权的行政复议决定为最终裁决。"

② 参见《行政复议法实施条例》第 21-26 条。

③ 《行政复议法》第 15 条第 1 款规定:"对本法第十二条、第十三条、第十四条规定以外的其他行政机关、组织的具体行政行为不服的,按照下列规定申请行政复议:(一)对县级以上地方人民政府依法设立的派出机关的具体行政行为不服的,向设立该派出机关的人民政府申请行政复议;(二)对政府工作部门依法设立的派出机构依照法律、法规或者规章规定,以自己的名义作出的具体行政行为的,向设立该派出机构的部门或者该部门的本级地方人民政府申请行政复议;(三)对法律、法规授权的组织的具体行政行为不服的,分别向直接管理该组织的地方人民政府、地方人民政府工作部门或者国务院部门申请行政复议;(四)对两个或者两个以上行政机关以共同的名义作出的具体行政行为不服的,向其共同上一级行政机关申请行政复议;(五)对被撤销的行政机关在撤销前所作出的具体行政行为不服的,向继续行使其职权的行政机关的上一级行政机关申请行政复议。"第 2 款规定:"有前款所列情形之一的,申请人也可以向具体行政行为发生地的县级地方人民政府提出行政复议申请,由接受申请的县级地方人民政府依照本法第十八条的规定办理。"

作出是否受理的决定。

（二）《行政复议法》及其实施条例对复议受理的有关要求①

1. 公民、法人或者其他组织认为行政机关的具体行政行为侵犯其合法权益提出行政复议申请，除不符合《行政复议法》及其实施条例规定的申请条件的，行政复议机关必须受理。

2. 行政复议申请符合下列规定的，复议机关应当予以受理：(1)有明确的申请人和符合规定的被申请人；(2)申请人与具体行政行为有利害关系；(3)有具体的行政复议请求和理由；(4)在法定申请期限内提出；(5)属于《行政复议法》规定的行政复议范围；(6)属于收到行政复议申请的行政复议机构的职责范围；(7)其他行政复议机关尚未受理同一行政复议申请，人民法院尚未受理同一主体就同一事实提起的行政诉讼。

3. 行政复议申请材料不齐全或者表述不清楚的，行政复议机构可以自收到该行政复议申请之日起5日内书面通知申请人补正。补正通知应当载明需要补正的事项和合理的补正期限。无正当理由逾期不补正的，视为申请人放弃行政复议申请。补正申请材料所用时间不计入行政复议审理期限。

4. 申请人就同一事项向两个或者两个以上有权受理的行政机关申请行政复议的，由最先收到行政复议申请的行政机关受理；同时收到行政复议申请的，由收到行政复议申请的行政机关在10日内协商确定；协商不成的，由其共同上一级行政机关在10日内指定受理机关。协商确定或者指定受理机关所用时间不计入行政复议审理期限。

5. 公民、法人或者其他组织依法提出行政复议申请，行政复议机关无正当理由不予受理的，上级行政机关应当责令其受理；必要时，上级行政机关也可以直接受理。行政复议机关对不予受理如提出相应理由，但上级行政机关认为行政复议机关相应理由不成立的，可以先行督促其受理；经督促仍不受理的，应当责令其限期受理，必要时也可以直接受理；认为行政复议申请不符合法定受理条件的，应当告知申请人。

6. 法律、法规规定应当先向行政复议机关申请行政复议、对行政复议决定不服再向人民法院提起行政诉讼的，行政复议机关决定不予受理或者受理后

① 参见《行政复议法实施条例》第27-31条。

超过行政复议期限不作答复的，公民、法人或者其他组织可以自收到不予受理决定书之日起或者行政复议期满之日起 15 日内，依法向人民法院提起行政诉讼。

7. 行政复议期间具体行政行为不停止执行；但是，有下列情形之一的，可以停止执行：(1)被申请人认为需要停止执行的；(2)行政复议机关认为需要停止执行的；(3)申请人申请停止执行，行政复议机关认为其要求合理，决定停止执行的；(4)法律规定停止执行的。

第五节 行政复议的审查和决定

一、行政复议的审查

(一)审查方式

行政复议原则上采取书面审查的方式，但是申请人提出要求或者行政复议机构认为有必要时，可以向有关组织和人员调查情况，听取申请人、被申请人和第三人的意见。

在近几年的行政复议实践中，一些地方和部门一直在探索和试行具有一定司法性的复议程序——听证程序，即将修改的《行政复议法》预计将规定听证程序作为行政复议的审查程序模式之一，主要适用于重大复杂的行政复议案件。[①]

(二)审查程序

1. 行政复议机构自受理行政复议申请之日起 7 日内，将行政复议申请书副本或者行政复议申请笔录复印件发送被申请人。被申请人收到申请书副本或者申请笔录复印件之日起 10 日内，提出书面答复，并提交当初作出行政行为的证据、依据和其他有关材料。

2. 申请人、第三人可以查阅被申请人提出的书面答复、作出行政行为的证据、依据和其他有关材料，除涉及国家秘密、商业秘密或者个人隐私外，行政复

① 参见《行政复议法》第 22 条、《行政复议法实施条例》第 32-33 条。

议机关不得拒绝。

3. 在行政复议过程中，被申请人不得自行向申请人和其他有关组织或者个人收集证据。

4. 行政复议决定作出前，申请人要求撤回行政复议申请的，经说明理由，可以撤回；撤回行政复议申请的，行政复议终止。

5. 申请人在申请行政复议时，一并提出对行政规定的审查申请的，行政复议机关对该规定有权处理的，应当在30日内依法处理；无权处理的，应当在7日内按照法定程序转送有权处理的行政机关依法处理，有权处理的行政机关应当在60日内依法处理。处理期间，中止对相应行政行为的审查。

6. 行政复议机关在对被申请人作出的行政行为进行审查时，认为其依据不合法，本机关有权处理的，应当在30日内依法处理；无权处理的，应当在7日内按照法定程序转送有权处理的国家机关依法处理。处理期间，中止对相应行政行为的审查。①

二、行政复议决定

（一）决定种类

行政复议机构对被申请人作出的行政行为进行审查后，提出处理意见，经行政复议机关的负责人同意或者集体讨论通过后，可分别作出下列行政复议决定：②

1. 维持决定

维持决定适用于认定事实清楚，证据确凿，适用依据正确，程序合法，内容适当的被申请复议行政行为。

2. 履行决定

履行决定适用于被申请人不履行法定职责的情形。复议机关责令被申请人在一定期限内履行。

---

① 参见《行政复议法》第23-27条、《行政复议法实施条例》第34-42条。

② 参见《行政复议法》第28条、《行政复议法实施条例》第43-49条。

3. 撤销决定

撤销决定适用于有下列情形之一的被申请复议行政行为：

(1)主要事实不清、证据不足的；

(2)适用依据错误的；

(3)违反法定程序的；

(4)超越或者滥用职权的；

(5)具体行政行为明显不当的。

4. 变更决定

对具有撤销决定情形的被申请复议行政行为，如果适用变更决定更有利于行政复议目的实现的，行政复议机关可作出变更决定。

5. 确认决定

对具有撤销决定情形的被申请复议行政行为，如果撤销有损重大公共利益或第三人重大利益，或者因时过境迁，撤销已无意义，行政复议机关可作出确认行政行为违法的决定。确认行政行为违法，如相应行政行为已造成行政相对人权益损害，可同时责令被申请人赔偿相对人损失。

6. 决定重新作出行政行为

行政复议机关决定撤销或者确认行政行为违法的，可以责令被申请人在一定期限内重新作出行政行为。

(二)与复议决定有关事项的处理①

1. 被申请人不依法提出复议书面答复、提交当初作出行政行为的证据、依据和其他有关材料的，视为该行政行为没有证据、依据，行政复议机关可作出撤销该行政行为的决定。

2. 行政复议机关责令被申请人重新作出行政行为的，被申请人不得以同一事实和理由作出与原行政行为相同或者基本相同的行政行为。

3. 申请人在申请行政复议时可以一并提出行政赔偿请求，行政复议机关对符合《国家赔偿法》有关规定应当给予赔偿的，在决定撤销、变更行政行为或者确定行政行为违法时，应当同时决定被申请人依法给予赔偿。申请人在申请行政复议时没有提出行政赔偿请求的，行政复议机关在依法决定撤销或

---

① 参见《行政复议法》第28-30条。

者变更罚款、撤销违法集资、没收财物、征收财物、摊派费用以及对财产的查封、扣押、冻结等行政行为时,应当同时责令被申请人返还财产,解除对财产的查封、扣押、冻结措施,或者赔偿相应的价款。

4. 公民、法人或者其他组织认为行政机关的行政行为侵犯其已经依法取得的土地、矿藏、水流、森林、山岭、草原、荒地、滩涂、海域等自然资源的所有权或者使用权的,应当先申请行政复议;对行政复议决定不服的,可以依法向人民法院提起行政诉讼。根据国务院或者省、自治区、直辖市人民政府对行政区划的勘定、调整或者征用土地的决定,省、自治区、直辖市人民政府确认土地、矿藏、水流、森林、山岭、草原、荒地、滩涂、海域等自然资源的所有权或者使用权的行政复议决定为最终裁决。

(三)复议决定期限和复议决定书

行政复议机关应当自受理申请之日起60日内作出行政复议决定;但是法律规定的行政复议期限少于60日的除外。情况复杂,不能在规定期限内作出行政复议决定的,经行政复议机关的负责人批准,可以适当延长,并告知申请人和被申请人;但是延长期限最多不超过30日。

行政复议机关作出行政复议决定应制作行政复议决定书,并加盖印章。行政复议决定书一经送达,即发生法律效力。

(四)复议决定的执行①

被申请人应当主动履行行政复议决定。被申请人不履行或者无正当理由拖延履行行政复议决定的,行政复议机关或者有关上级行政机关应当责令其限期履行。

申请人对行政复议决定不服的,可以依照《行政诉讼法》的规定向人民法院提起行政诉讼,但是法律规定行政复议决定为最终裁决的除外。

申请人逾期不起诉又不履行行政复议决定的,或者不履行最终裁决的行政复议决定的,按照下列规定分别处理:(1)维持行政行为的行政复议决定,由作出行政行为的行政机关依法强制执行,或者申请人民法院强制执行;(2)变更行政行为的行政复议决定,由行政复议机关依法强制执行,或者申请人民法院强制执行。

① 参见《行政复议法》第32-33条。

第二十四章

行政赔偿[①]

人民因国家公权力之行政行为所受之损害，既不可归责于人民之本身，亦不可归责于执行职务之公务员，则不得不另谋救济，其道多端，即通常之申诉、声明异议、请愿、诉愿及行政诉讼等均是。惟此等救济方法，其主旨乃在排除侵害之发生或存在，若因侵害若受有损害或损失，则得向国家请求赔偿或补偿，国家亦负有赔偿或补偿之责任。是即为行政上之赔偿与补偿，亦为行政救济之方法。[②]

——管欧

本章节目

第一节　行政赔偿的概念

第二节　行政赔偿责任的构成要件

第三节　行政赔偿义务机关和行政赔偿请求人

第四节　行政赔偿的范围

---

① 关于行政赔偿，笔者所著《行政诉讼法》（第 4 版）已有详细论述，为了不与该书重复，同时保证本书体系完整，本书只摘引该书第 14 章“行政赔偿与行政赔偿诉讼”中关于行政赔偿的部分实体内容。关于行政赔偿诉讼和行政赔偿的方式、计算标准和赔偿程序的详细内容，读者可参阅姜明安：《行政诉讼法》（第 4 版），法律出版社 2021 年版。

② 管欧：《中国行政法总论》，蓝星打字排版有限公司 1981 年版，第 561 页。

第一节 行政赔偿的概念

行政赔偿是行政机关及其工作人员行使行政职权，侵犯行政相对人的合法权益并造成其损害，受害人依法向国家请求赔偿的行政救济制度。

我们从以下五个方面阐释行政赔偿的概念：

一、行政赔偿是因行政侵权行为引起的行政责任

行政侵权行为的主体包括行政机关和行政机关工作人员，法律、法规授权的组织，行政机关委托的组织、个人。行政机关工作人员、行政机关委托的组织、个人的行为，有些是代表行政主体，以行政主体的名义实施的，有些虽不是代表行政主体，以行政主体的名义作出，但因为是其在行使行政职权过程中作出的，对外即视为行政主体的行为。因此，其行为侵害相对人合法权益，造成相对人损失的，即应由行政主体（行政赔偿义务机关）承担赔偿责任。[①]

一般来说，行政机关的行政侵权行为都是由执行公务的工作人员或受委托人员个人实施的。但是在某些情况下，行政机关的行政侵权行为是通过行政机关集体作出决定或通过行政首长作出决定实施的；在另外一些情况下，是执行公务的人员在没有任何行政决定的情况下实施的（如对行政相对人实施殴打等暴力行为，即行政事实行为）。执行公务的人员在有组织决定和没有组织决定的条件下实施行政侵权行为，其所要承担的内部行政责任是不同的，但对外部来说，行政侵权责任的主体都是其所在行政机关或法律、法规授权的组织，两种情况下行政赔偿责任者（赔偿义务机关）并没有什么不同。

二、行政赔偿的对象是其合法权益受到行政侵权行为侵害的行政相对人（受害人）

行政侵权行为侵害的行政相对人（受害人）包括公民、法人和其他组织，也包括外国人和外国组织。行政机关和行政机关工作人员在作为外部行

---

① 本章以“行政机关”指代“行政主体”，所用“行政机关”即包括法律、法规授权的组织。

政相对人,其合法权益被行政主体侵犯时,同样也可以作为行政赔偿的对象。但他(它)们如果处在内部相对人地位,其权益被内部行政行为侵犯,则不能依《国家赔偿法》取得赔偿。在这种情形下,他(它)们一般通过其他途径取得赔偿。①

三、行政赔偿的损失是行政相对人合法权益的损失

行政相对人申请行政赔偿,应是其合法权益被行政侵权行为侵犯,如果相对人受到损害的权益不是合法的而是非法的,即不受法律保护,不能申请行政赔偿。例如,相对人的某项财产是通过盗窃或其他非法手段获取的或属违禁物品,行政机关加以没收、销毁等,则其不能获得赔偿;再如,相对人违法进入某一军事禁区,警察鸣枪警告予以制止,其仍不停止进入,警察开枪射击,使其受伤甚至丧命,其也不能获得赔偿。相对人受到损害的权益非法,行政主体的行为合法,其不能取得赔偿是显而易见的。但是在有些情况下,相对人受到损害的权益非法,但行政主体的行为也违法,违法行政行为损害相对人的非法权益,是否应予赔偿呢?一般来说,非法权益受到损害,无论是合法行政行为造成的损害,还是违法行政行为(特别是程序违法的行政行为)造成的损害,都不能获得行政赔偿;但是违法行政行为损害相对人权益的范围如果超过其非法权益的范围,涉及其合法权益,如行政机关用违法方式(爆炸等)拆除行政相对人违章建筑时,对其合法建筑也予以拆毁,甚至伤及相对人家属的身体或生命,此种超出的范围则应予以赔偿。如果不属于这种情况,行政主体违法行政行为损害行政相对人非法权益,则不对外承担行政赔偿责任,但对内要承担内部行政责任,相应行政工作人员要受到相应的政纪处分。

四、行政赔偿责任的最终责任主体是国家

行政赔偿虽然是受害人向致害机关、组织或致害者所在的机关、组织(行政赔偿义务机关)请求赔偿,但赔偿金最终由国家各级财政支付,因此其最终

---

① 内部行政行为对公职人员的侵权损害,往往通过政策途径而非法律途径对之救济。这种制度显然是不公正的,今后修改《监察法》和《行政诉讼法》,应允许公务员对违法内部行为请求司法救济,包括提起行政诉讼和申请行政赔偿。

责任主体是国家。行政赔偿故也称“国家赔偿”,而不是机关赔偿,更不是公务员个人赔偿。

五、行政赔偿是国家对受到行政侵权行为侵害的行政相对人给予救济的行政救济制度

行政救济制度除了行政赔偿外,还有行政复议、行政诉讼、行政申诉、信访等。行政赔偿与其他行政救济的区别在于:此种救济往往是其他救济追求的目标和结果之一。行政相对人申请行政复议、提起行政诉讼,或者进行申诉、信访,其重要目的之一,是期望获得行政赔偿,以补救其被行政侵权行为侵害的权益。

第二节　行政赔偿责任的构成要件

行政赔偿是行政侵权责任的基本形式。根据行政法的一般原理,行政侵权赔偿责任主要包括三个构成要件:行政侵权行为、行政相对人权益受到损害的事实、行政侵权行为与损害事实之间具有因果关系。

一、行政侵权行为

行政侵权行为,是指行政主体及其工作人员在行使行政职权过程中侵害行政相对人合法权益的行为。“行政侵权行为”有三个要素:一是行为是行使行政职权的行为;二是行为违法;三是行为侵害行政相对人合法权益。

下面我们对这三个要素分别予以阐释。

1. 行政侵权行为是行使行政职权的行为

作为行政赔偿责任构成要件的“行政侵权行为”的第一个要素是“行为是行使行政职权的行为”,即侵权行为的“职权”性。行政侵权行为必须是行政机关及其工作人员行使行政职权的行为,即公务行为或与公务相关的行为。只有行政机关及其工作人员的公务行为或与公务相关的行为才能构成行政侵权行为。行政机关及其工作人员,法律、法规授权的组织,行政机关委托的组织和个人如果不是实施公务行为或与公务相关的行为,而是实施民事行为或

工作人员的个人行为,即不能构成行政侵权行为。行政机关的公务行为或与公务相关的行为与民事行为的区分较为容易,但行政工作人员的公务行为或与公务相关的行为与个人行为的区分就相当困难。工作时间是区分二者的一个重要标准,工作人员在上班时间实施的行为通常应该认为是公务行为或与公务相关的行为,工作人员在下班时间实施的行为通常应认为是个人行为。但此标准也不能绝对化,工作人员在下班时间仍干“公活”的事屡见不鲜。例如,警察在下班后或假日发现通缉犯而主动将其缉拿归案;卫生行政机关工作人员在下班时间发现食品商出卖严重违反食品卫生要求的食品,将危及人们身体健康的食品加以制止、取缔。此类行为如果导致某种不法损害,是否都应视为个人行为而由公务员自己赔偿呢?显然应加以分析,如确实出于“公”的目的而非私的目的,应作为公务行为或与公务相关的行为对待。同样,工作人员在上班时间干“私”活的事也不是绝无仅有的。例如,上班时间擅离工作岗位去河塘炸鱼;上班时间擅离工作岗位去帮助朋友打架斗殴等。这些行为如果导致损害他人权益,被害人请求赔偿,能否视为行政侵权行为,由行政机关赔偿呢?显然不能。因此,区分行政工作人员某一种行为是否属于公务行为或与公务相关的行为还是属于个人行为,除了主要依据工作时间、地点为标准外,还要考虑行为人动机、目的、行为导因、条件、性质等要素。一般来说,公务人员执行职务时间内的行为都应视为公务行为或与公务相关的行为,即使行为人的行为实际上与公务无关,如公务人员执行职务时殴打、辱骂、虐待相对人,虽然完全不是执行公务的需要,甚至是公务人员公报私仇、借机报复,但也应视为与公务相关的行为,归入行政赔偿的范围。因为这样更有利于保护行政相对人的合法权益,有利于加强行政机关对行政人员选用、监察、考核的责任,行政机关在对外作出赔偿后,完全可以和应该对违法乱纪的工作人员进行处分和追偿其对外已作出的赔偿。我们提出要考虑工作时间以外的其他因素,只是为了防止把工作时间要素作为区分公务行为与非公务行为的绝对标准。

2. 行政侵权行为是违法行政行为

1994 年第八届全国人大常委会第七次会议通过的《国家赔偿法》确定国

家赔偿实行“违法归责”原则：[①]“国家机关和国家机关工作人员违法行使职权侵犯公民、法人和其他组织的合法权益造成损害的，受害人有依照本法取得国家赔偿的权利。”[②]2010 年第十一届全国人大常委会第十四次会议修改通过的现行《国家赔偿法》删除了国家赔偿“违法归责”原则，改为笼统的“侵权归责”原则：“国家机关和国家机关工作人员行使职权，有本法规定的侵犯公民、法人和其他组织合法权益的情形，造成损害的，受害人有依照本法取得国家赔偿的权利。”[③]

我国现行《国家赔偿法》虽然在总则中删除了国家赔偿的“违法归责”原则，改为笼统的“侵权归责”原则，但在其分则“行政赔偿”部分还是确立了“违法归责”原则，只有行政机关及其工作人员违法行使职权的行为，国家才予以赔偿。在分则“刑事赔偿”部分则同时确立了“结果责任”原则（对于某些刑事侵权行为，无论国家机关和国家机关工作人员有无过错或违法，只要其行为造成了相对人合法权益的损害，国家即向受害人承担赔偿责任）和“违法归责”原则。

根据现行《国家赔偿法》，“违法”是行政侵权责任的构成要件。这里的“违法”是广义的，包括狭义的“违法”与“非法”（“不法”）。“违法”与“非法”（“不法”）既有联系也有区别：“违法”是行为违反法律（广义的法）的规定；“非法”（“不法”）是行为没有法律根据，但并不一定违反法律的某一明文规定。“违法”肯定构成“非法”（“不法”），但“非法”（“不法”）却并不一定构成“违法”。我国《国家赔偿法》使用的是“违法”，没有使用“不法”，但有时使用“非法”。所以，我们在实践中有时要区分“非法”和“违法”，以免导致理论上的混乱。当然，我们如果在理论上说清楚此项构成要件包括“违法”和“非法”

---

① 各国国家赔偿实行不同的归责原则：有的国家实行“过错归责”原则，国家只对国家机关和国家机关工作人员有过错（故意或过失）的致害行为向受害人承担赔偿责任；有的国家实行“违法归责”原则，国家只对国家机关和国家机关工作人员有过错违法或不法的致害行为向受害人承担赔偿责任；有的国家实行“违法加过错归责”原则，国家只对国家机关和国家机关工作人员既违法又有过错（故意或过失）的致害行为向受害人承担赔偿责任；有的国家实行“结果责任”原则，国家不问国家机关和国家机关工作人员有无过错或违法，只要其行为造成相对人合法权益的损害，即向受害人承担赔偿责任；多数国家实行“多元归责”原则，依不同性质的国家侵权行为确立不同的归责原则，如冤狱赔偿（刑事赔偿）一般实行“结果责任”原则，而行政赔偿实行“过错归责”原则或“违法归责”原则。

② 参见原《国家赔偿法》第 2 条。

③ 参见《国家赔偿法》第 2 条。

(“不法”),在实践中只使用“违法”也不会发生问题,我们可以解释我国《国家赔偿法》的行政赔偿适用的是“违法归责”原则,其内涵即包括“非法”(“不法”),这里的“违法”,是从结果上,从保护受害人权益的角度规定的。受害人请求赔偿,他无须论证你致害者的行为在主观上是不是违法(故意或过失),他只要论证他自己的权益是合法的,你侵害他的权益没有法律根据,从结果上讲你的行为就是“违法”的。因为行政赔偿从本质上主要是对行政相对人的救济制度,而不是对行政主体及其工作人员的监督制度。

从理论上讲,侵权损害包括违法损害和过失损害,甚至包括某些无过错损害。违法损害的情况是大量的,例如,违法对相对人科处行政处罚,违法采取强制措施,殴打、辱骂、虐待相对人等。过失损害的情况也是存在的,例如,依法检查、搜查相对人财产时,不慎造成相对人财产损坏,依法拘留相对人时不慎损害相对人身体某个部位等。无过失损害的情况虽然不多,但在实践中也是可能发生的,例如,警察镇压骚乱或公安机关追捕逃犯,对有现实危险的骚乱分子或逃犯射击时,某行人恰巧骑车从其前面穿过,警察根本不可能预料到此种情况,结果射中行人,导致其终身残疾或死亡。所有这些损害都应认为是“违法损害”(“不法损害”),是没有法律根据的损害。相对人的权益是合法的,是受法律保护的,但是因为行政主体及其工作人员的行为而受到了损害,对于这些损害,国家均应依法予以赔偿。

过去我国学界大多根据原《国家赔偿法》主张行政侵权行为的基本特征是“违法侵犯”相对人合法权益。行政机关及其工作人员的行为如果不是违法的而是合法的,就不构成行政侵权行为,不承担行政赔偿责任。合法行为造成的损害不是赔偿而是补偿的问题,违法与合法是损害赔偿与损失补偿的“分水岭”。笔者认为,这种观点在理论上有一定漏洞,对实践中的许多问题难以解释:同样是合法权益遭受损害,为什么违法行为侵犯造成的就赔偿,合法行为侵犯造成的就补偿?笔者主张将行政赔偿的“违法”构成要件作广义的理解,即包括“不法”。故赔偿与补偿区分的标准不应是违法与合法,而应是“不法”(无法律根据)与合法(有法律根据)。例如,征收、征用都是有法律根据的,所以属于补偿;海关人员检查不小心损坏旅客物品和警察追捕犯罪嫌疑人时误伤好人都是没有法律根据的,所以属于赔偿。

过错损害或无过错损害都是不法损害,它们不同于行政主体依法征收、征用行政相对人的土地、财产给相对人导致的“财产损失”。行政征收、征用造成的补偿是可以事前协议确定的，补偿标准、数额也是法律、法规预先规定的。实践中人们使用“补偿”一词大多适用于行政征收、征用这类情况。我们现在如果在法律上把不法损害也纳入行政补偿的范畴，一是人们在法律概念上使用不习惯，二是此两种“补偿”在实践中和程序上都难以适用同样的规则。而把不法损害纳入赔偿的范畴，则可以消除理论上和实践中的很多不便和困难。

3. 行政侵权行为侵害行政相对人合法权益

这一要素前已阐释，这里不再赘述。

二、损害事实

行政侵权损害事实是指行政机关及其工作人员、被授权人或被委托人在行使行政职能过程中，实施的侵权行为使被侵权人的人身或财产权益受到的实际损害。[①]

人身损害包括：(1)被侵权人的人身自由受到非法限制或剥夺；(2)人的身体受到损害，导致伤、残、病等；(3)人的名誉、荣誉受到损害，导致精神痛苦等；(4)人的生命权被非法剥夺，导致死亡。

导致人身自由损害的行政侵权行为是各种各样的，如违法拘留、劳教、扣留、拘禁，以及现已被废除的收容审查、劳动教养等。人身自由损害导致行政侵权责任是毫无疑义的，因为人身自由权是宪法赋予公民的基本权利，是公民其他一切权利的基础，且人身自由损害必然带来相应的精神损害和财产损害以及可能的其他损害，故行政机关对此侵权承担责任是特别重要的。

导致公民身体健康和生命损害的行政侵权行为除了可能由行政机关的违法行为(通过决议、决定)构成外，在很多情况下也可能由行政机关工作人员或被授权人、被委托人个人执行职务中的违法行为(殴打、捆绑、虐待等暴力行为或者唆使、放纵他人施以殴打、虐待等暴力行为，以及违法使用武器、警械等)构成。公民身体健康和生命损害的事实包括伤、病、残和死亡，此种损害事实通常要以国家医疗机构或其他法定鉴定机构的证明或鉴定结论作为依

---

① 行政赔偿主要或基本上是对受害人人身权、财产权受到的损害的赔偿，受害人政治权、受教育权或其他权益的损害一般通过其他途径而不是行政赔偿途径救济。

据。当然,生命和身体健康损害的事实即使成立,要确立行政侵权责任,还需证明行政侵权行为及其与损害事实因果关系的存在。

精神损害很多时候是伴随着人身损害、财产损害同时发生的,在这种情况下,精神损害不一定作为独立的行政侵权责任构成的损害事实,可以被人身损害、财产损害的损害事实所吸收。但是,如果人身损害、财产损害严重,特别是人身损害严重,会造成被害人精神的极度痛苦。在这种情况下,被害人不仅可申请人身损害赔偿,而且可申请精神损害赔偿(精神损害抚慰金)。另外,在有些情况下,精神损害也可能是因为行政机关对相对人违法实施行政处罚、行政处分造成相对人名誉、荣誉受损或行政工作人员在执行职务中对相对人进行诬蔑、诽谤,致使其精神极度痛苦等。对于这种情况,精神损害应作为导致行政侵权责任的独立损害事实。

作为行政侵权责任构成的损害事实之一的财产损害包括:(1)侵权人的一定财产的全部或部分丧失;(2)财产的外部变形或数量减少,导致其价值降低或失去价值;(3)财产的变质、破损,导致其价值降低或失去价值;(4)可得利益的丧失,如失去可能的营业收入、利润或预期收益等。[①]

导致被侵权人一定财产全部或部分丧失的行政侵权行为主要有:行政处罚中的违法罚款、吊销许可证和执照、责令停产停业、没收财物等;行政强制措施中的违法查封、扣押、冻结、销毁等;行政处理行为中的违法征收、征用财产,以及科加义务(如违法集资、摊派费用等)等。这些行政侵权行为是造成被侵害人财产损害,导致行政侵权责任法律关系发生的最常见的法律事实。

导致被侵权人一定财产外形或质量发生变化,使其价值减少或丧失的行政侵权行为主要有:行政强制措施中的错误扣留、扣押、查封以及行政机关工作人员在执行公务中的个人违法乱纪行为等。被侵权人财产外形或质量发生变化作为构成行政侵权责任的损害事实,通常是以其财产价值一定程度的降低或丧失为前提的。如果相应财产外形或质量虽有变化,但可修复的,则可采取恢复原状的赔偿方式,致害行为仍构成行政侵权责任的损害事实。

被侵权人可得利益的损失目前尚未列入国家赔偿的范围,今后修改《国

---

① 现行《国家赔偿法》对财产权的损害赔偿仅规定了直接损失赔偿,尚未规定可得利益赔偿,这有待《国家赔偿法》进一步修改时再加以确立。

家赔偿法》,即使将之作为导致行政侵权赔偿责任的一种损害事实,也将是有条件限制的。首先,这种可得利益应该是一种有根据的可以得到的利益(正常的营业利润、劳动报酬、投资回报等),而不仅仅是一种凭推测可能得到的利益(鸡可下蛋,蛋可孵出鸡的无穷推算的利益);其次,这种可得利益通常应是指某种较直接的财产利益,而不应包括(至少我国目前不宜包括)各种各样可能带来一定间接财产利益的机遇,如聘用考试机会、职务晋升机会、有奖竞赛机会等;最后,这种可得利益应是在较短期限内可以取得的利益,而不应是久远将来可能获得的利益。

可得利益损失作为行政侵权赔偿责任构成,之所以应加一定限制条件,是因为:第一,此种利益不同于既得利益,相对人尚未实际取得。虽然在一般情况下,其是可以取得的,但例外情况也总是可能发生的。因此,其也存在不能实际获取的风险。第二,可得利益的推算可以是无穷尽的,而国家的财力是有限的。第三,人与人之间、个人与社会之间、个人与国家之间不存在也不可能存在绝对的公平。虽然国家、社会应尽量通过创立和完善各种制度(国家赔偿制度、国家补偿制度等)去维护公平和消除不公平,但制度的作用不是万能的,制度创立不了绝对的社会公平。人们如果试图通过某项制度去创立绝对的社会公平,那么反而会事与愿违,可能造成更多的社会不公平。因此,行政侵权赔偿责任也是有一定限度的,作为国家的公民、法人或其他组织对行政侵权行为给其造成的某些轻微的损害和某些可得利益的损害有容忍的义务,不能无限制地要求国家赔偿自己受到的和可能受到的任何损害。

至于可得利益损失作为行政侵权责任构成的限制条件,法律、法规一般只能作原则性的规定,具体界限还需要由人民法院通过具体案例和司法解释确立。

三、因果关系

作为行政侵权责任构成要素的因果关系,是指被侵权人权益受到损害的事实与行政侵权行为之间存在必然的和内在的联系,即被侵权人的权益损害是由行政侵权行为造成的,或者说,行政侵权行为是使被侵权人权益损害必然发生的条件。

因果关系不是一般的先后关系,这一点是无须加以论证的。尽管作为原因的事物通常出现在作为结果的事物之前，但先后出现的事物之间却不一定存在必然的和内在的联系，不一定具有因果关系。

因果关系也不是一般的条件关系。条件与原因似乎难以区别：因为原因也可以被认为是一种条件，但原因不是一般条件，而是决定性的条件。一定事物的发生可能是由很多条件促成的，但这些条件中有些条件可能是必然导致该事物发生的，有些条件则不然，它只能决定该事物早一些发生或晚一些发生，决定该事物在大一些范围以大一些规模发生或在小一些范围以小一些规模发生。在所有条件中，只有决定相应事物必然发生的条件才是该事物的原因，与该事物存在因果关系；决定该事物发生的时间、范围、规模等的条件与该事物只是一般的条件关系，而不是因果关系。

因果关系在理论上似乎比较清楚、明确，但在实践中予以辨别和确认有时却很困难，下面我们分析几个实例：

案例一：某公民违反交通规则（红灯亮时骑车横穿马路），警察予以罚款，该公民申辩了几句，警察认为其态度不好，欲加拘留，该公民欲走，警察抓住其胳膊并动了拳脚，致其受伤，后送医院治疗，不幸遇医生手术失误，致其左手残废。在此案中，该公民的残废与警察的侵权行为是什么关系呢？是否为因果关系？

案例二：某公民携带若干贵重药品出境，过海关时被海关误认作走私物品扣留。之后，海关经审查，认定该公民所带药品不属走私物，可带出境，将药品退回该公民。但该公民取回药品时，发现药品已完全变质，不能使用，故申诉至上级海关。上级海关经查发现了两个问题：(1)原海关扣留该物品后，存放保管不妥，导致药品箱进水；(2)该公民在海关决定扣留其药品时，不慎将两种不能混装的药品放置于一个药箱，使两种药品在一起发生了化学反应，导致整箱药品变质。在此案中，该公民药品变质由两种过错引起，每一种过错（海关存放保管不妥导致药箱进水或该公民自己混装药品导致药品发生化学反应）均可单独（即使没有另一种过错）引起同样的损害。对于这种情况，我们能否认定该公民的药品变质与海关的侵权行为存在因果关系呢？

案例三:某公民从事个体饮食业服务,因事得罪了某食品卫生监督人员。该工作人员寻机报复,凭借两位顾客诬告饮食店食品不符合卫生要求的诬告信,对该饮食店科处罚款和销毁该店经营的食品,造成了该店近千元的经济损失。在此案中,顾客的诬告信是民事侵权行为,食品卫生监督机构的行政处罚是行政侵权行为。受害人的损失显然与二者都有关联,但究竟与二者中何者具有因果关系呢?是与诬告人的民事侵权行为还是与食品卫生监督机构的行政侵权行为,或者是与二者均存在因果关系(侵权法律关系中一因多果和一果多因的情况是存在的)?

案例四:某公民违法倒卖国家限制买卖物资,国家相应监管机关当场抓获并予以没收,被处罚人不服进行争辩,监管人员认为其态度不老实将其强拖硬拉至机关讯问(拖拉和讯问中有殴打行为)。讯问过程中,被处罚人突然倒地,急送医院抢救,抢救中死亡。后经医院检验鉴定,死者生前有严重心脏病,死亡是由心脏病发作所致。在此案中,被处罚人的直接死因虽为心脏病发作,但其死亡与行政监管机关工作人员的违法行为有没有一定关系呢?如果有一定关系,那是什么关系呢?

根据前述因果关系的理论,我们认为,在案例一中,受害人的残废与公安人员的行为不存在因果关系,二者只是先后关系而已,因此它不能作为行政侵权责任的构成要件。当然,受害人在进医院前的挨打受伤是与公安人员的侵权行为存在因果关系的,公安机关应对此种损害承担侵权赔偿责任。在案例二中,受损害人的药品变质与海关的行为应认为存在因果关系,它可以作为行政侵权赔偿责任的构成要件,使海关对此承担侵权责任。当然,受损害人自己的过错可以减轻海关的责任,但此不影响损害事实与海关侵权行为的因果关系。在案例三中,被损害人的经济损失与卫生监督机构的行为应认为存在因果关系,因为被损害人的损失是直接由该违法行为造成的。至于第三者的诬告行为,与被侵害人的损害虽然有重要的关系,但那种关系应认为是条件关系而非因果关系。当然,第三者应向国家承担其违法行为的法律责任,这是不应有疑问的。在案例四中,死者的死与行政监管机关的行为不存在因果关系。此与案例一相似但也有区别:两案例均不存在因果关系,但案例一中,侵权行为与损害事实(致残)只是前后关系,此案中的侵权行为与损害事实(死亡)的关系则应认为是条件关系,行政监管机关工作人员的拖拉、殴打行为是促成被害人心脏病发作的条件。虽然条件关系不构成行政侵权责任,但我们如果将损害条件致病本身作为一种损害事实,那么侵权行为与此种损害事实之间却存在因果关系,行政监管机关对此(殴打引起被害人病发)应承担侵权赔偿责任。因此,在此案中,行政监管机关对被侵害人的死亡虽可不承担侵权责任,但对其被殴打发病却应承担侵权责任。

在行政赔偿实践中,辨别与确认被害人损害事实与行政侵权行为之间的因果关系是一件极为复杂和困难的事,必须将因果关系的理论应用于具体案件,根据具体案件中的具体情况作具体分析,以便使行政侵权责任制度的运行既保证社会公平(被害人因行政侵权行为造成的实际损失能得到合理的赔偿),又保障行政职能的有效行使(行政机关及其工作人员能主动积极地依法行使职权,不致有被相对人无理纠缠的后顾之忧)。

综上所述,行政侵权赔偿责任的构成要件即为上述三项:行政侵权行为;相对人权益遭受损害的事实;行政侵权行为与损害事实之间存在因果关系。当然,这些构成要件主要是从行政赔偿法立法角度分析的,即行政赔偿立法应确定行政机关承担侵权责任以此三项为条件。如果从执法和司法的角度分析,具有上述三项条件还不一定导致行政侵权赔偿责任。因为在执法、司法中,要使行政机关承担侵权赔偿责任还必须有法律、法规的根据,而法律、法规并非对所有上述三项条件的情况均规定了行政侵权责任。因此,执法或司法机关在裁决行政侵权赔偿责任时,不仅要考虑以上三项构成要件,还要查阅相应法律、法规的有关规定。在这个意义上,具有法律、法规的规定也可视为行政侵权赔偿责任的一个要件(但此条件在理论上作为行政侵权赔偿责任的构成要件则不妥)。

第三节　行政赔偿义务机关和行政赔偿请求人

一、行政赔偿义务机关

行政赔偿是国家赔偿的一种,因此,行政赔偿的责任主体是国家。无论是行政机关集体作出的决议、决定导致的损害,还是公务员在执行公务中的个人行为导致的损害,或者是法律、法规授权的组织、行政机关委托的组织、个人所实施的行为造成的损害,在法律上都应当由国家赔偿。因为在外部行政法律关系中,关系双方当事人是行政机关和行政相对人,而不是公务员和被委托的组织、个人,而行政机关则是代表国家,以国家名义行动的,其行为结果自然归属于国家。

在 20 世纪以前,许多国家实行主权豁免原则,国家是不负损害赔偿责任的。公务员在执行公务中造成对行政相对人的损害不是由国家赔偿而是由公务员本人赔偿。但是由公务员本人承担行政侵权赔偿责任在实践中有种种弊端:首先,公务员的个人财力有限,而其在执行公务中造成的损害可能是很大的,其有限的财产往往远远赔偿不了行政相对人所受到的全部损失,从而不利于保障行政相对人的合法权益;其次,公务员在执行公务中由于担心承担赔偿责任,可能会失去积极主动精神,导致"多一事不如少一事"和不负责任的情况发生,从而会使社会公益受到重大损失;最后,公务员执行公务不像公民、法人实施民事行为是为了通过其行为获取自身的利益,公务员行为的受益人是社会公众。因此,要公务员个人完全承担侵权行为的责任也是不公正的。鉴于以上弊端,在 19 世纪末期和 20 世纪初期,一些国家开始建立国家赔偿制度,由国家作为行政赔偿的责任主体(有些国家,包括英、美等国,直到 20 世纪中期才部分取消"主权豁免"原则,建立国家赔偿制度①);另外一些国家则建立了双重责任主体的行政赔偿制度,即由国家和公务员、被委托行使行政职权人分担行政侵权赔偿责任:公务员、被委托行使行政职权人在执行公务中因一般过错行为引起的损害,由国家赔偿;因公务员、被委托行使行政职权人本身严重过错引起的损害,由其本人赔偿。建立双重责任主体的行政赔偿制度是为了促使公务员、被委托行使行政职权人在执行公务时提高责任心和谨慎从事,防止其毫无约束地滥用权力。但这种制度不利于最好地保障行政相对人的合法权益,因为公务员、被委托行使行政职权人的收入、财产有限,在很多

---

① 美国于 1946 年制定《联邦侵权赔偿法》,英国于 1947 年制定《王权诉讼法》(规定行政诉讼和国家赔偿的统一法典),参阅行政立法研究组编译:《外国国家赔偿、行政程序、行政诉讼法规汇编》,中国政法大学出版社 1994 年版。

时候难以完全赔偿行政相对人的损失。因此,在加强公务员、被委托行使行政职权人责任心和防止其滥用权力方面,许多国家并未采取双重责任主体制度,而是采取国家赔偿加追偿的制度:无论公务员、被委托行使行政职权人有无个人过错或过错大小,先一律由国家赔偿;国家在赔偿以后,再根据公务员、被委托行使行政职权人的个人的过错情况,向其追偿全部或部分的赔偿额。这样做,既有利于保证行政相对人所受到的损失能依法得到赔偿,又可以对公务员、被委托行使行政职权人起到制约作用,使之慎重行使职权,不滥用权力。我国《国家赔偿法》对此作了这样的规定:行政机关或者行政机关工作人员(或者受委托的组织或者个人)作出的行政行为侵犯公民、法人或者其他组织的合法权益造成损害的,由该行政机关或者该行政机关工作人员所在的行政机关负责赔偿,"赔偿义务机关赔偿损失后,应当责令有故意或者重大过失的工作人员或者受委托的组织或者个人承担部分或者全部赔偿费用"。①

以国家作为行政赔偿的责任主体,这在理论和实践上都是适当的。但是国家是由各种具体国家机关组成的,人们寻求行政赔偿只能从具体的国家行政机关那里取得。离开具体国家行政机关,人们到哪里去找国家和从国家获得所欲得到的行政赔偿呢?因此,行政赔偿主体只能是具体的行政机关而不能是抽象的国家。

关于具体行政赔偿机关的确定,世界各个国家和地区的做法不尽一致。目前主要有三种模式:第一种模式是由实施相应致害行为的行政机关作为赔偿义务机关;第二种模式是建立统一的国家赔偿义务机关,主管各部门各领域的所有行政赔偿和其他国家赔偿;第三种模式是由社会保险机关作为直接赔偿义务机关,由行政机关预先定期向社会保险机关缴纳保险金,相对人受到损害后即向保险机关索赔。

我国台湾地区的行政赔偿实行的是第一种模式。我国台湾地区"赔偿法"规定,请求行政侵权损害赔偿者,以该公务员所属机关为赔偿义务机关,请求公共设施损害赔偿者,以该公共设施之设置或管理机关为赔偿义务机关;上述赔偿义务机关经裁撤或改组者,以承受其业务之机关为赔偿义务机关,无承受其业务之机关者,以其上级机关为赔偿义务机关;赔偿义务机关不

---

① 参见《国家赔偿法》第7、16条。

能确定或有争议时，得请求上级机关确定，其上级机关自被请求之日起逾 20 日不为确定者，得径以该上级机关为赔偿义务机关。①

韩国是采取第二种模式的例子。韩国《国家赔偿法》规定，在法务部内设立国家赔偿审议会，统一主管国家赔偿。另外，在国防部设置特别赔偿审议会，主管对军人或军属加害他人的赔偿。国家赔偿审议会和特别赔偿审议会根据必要可在地区设立地区赔偿审议会，受理相应地区的国家赔偿请求。国家赔偿审议会、特别赔偿审议会和地区赔偿审议会均受法务部长官领导。②

第三种模式往往作为第一种模式的补充，在主要采用第一种模式的同时结合采用第三种模式。例如，在法国，如需紧急支付赔偿金（医疗费等）时，则首先由社会保险机构给受害人提供赔偿。社会保险机构在赔偿受害人之后，即向行政机关请求赔偿。在美国的一些州，则采取行政机构向社会保险机构预先定期缴纳保险金，相对人在遭受行政侵权行为损害后直接向保险机关索赔的方式。

1989 年第七届全国人大第二次会议通过的《行政诉讼法》第 68 条规定，"行政机关或者行政机关工作人员作出的具体行政行为侵犯公民、法人或者其他组织的合法权益造成损害的，由该行政机关或者该行政机关工作人员所在的行政机关负责赔偿"。当然，这只是一个原则性的规定。关于各种具体情况下行政赔偿的义务机关，《国家赔偿法》确定了下述具体规则：③

1. 行政机关及其工作人员行使行政职权侵犯公民、法人和其他组织的合法权益造成损害的，该行政机关为赔偿义务机关。

2. 两个以上行政机关共同行使行政职权时侵犯公民、法人和其他组织的合法权益造成损害的，共同行使行政职权的行政机关为共同赔偿义务机关。

3. 法律、法规授权的组织在行使授予的行政权力时侵犯公民、法人和其他组织的合法权益造成损害的，被授权组织为赔偿义务机关。

4. 受行政机关委托的组织或个人在行使受委托的行政权力时侵犯公民、

---

① 参见我国台湾地区"赔偿法"第 9 条，参见陶百川编：《最新六法全书》，台北，三民书局 1981 年版，第 10 页。

② 参见韩国《国家赔偿法》第 10 条，参见行政立法研究组编译：《外国国家赔偿、行政程序、行政诉讼法规汇编》，中国政法大学出版社 1994 年版，第 90-91 页。

③ 参见《国家赔偿法》第 7-8 条。

法人和其他组织的合法权益造成损害的，委托的行政机关为赔偿义务机关。

5. 赔偿义务机关被撤销的，继续行使其职权的行政机关为赔偿义务机关；没有继续行使其职权的行政机关的，撤销该赔偿义务机关的行政机关为赔偿义务机关。

6. 经复议机关复议的，最初造成侵权行为的行政机关为赔偿义务机关，但复议机关的复议决定加重损害的，复议机关对加重的部分履行赔偿义务。

二、行政赔偿请求人

原《行政诉讼法》第 67 条第 1 款规定："公民、法人或者其他组织的合法权益受到行政机关或者行政机关工作人员作出的具体行政行为侵犯造成损害的，有权请求赔偿。"这是我国关于赔偿请求人的最早的一般性规定。

我国现行《国家赔偿法》对行政赔偿请求人作出了具体明确的规定：①

1. 受害的公民、法人和其他组织有权要求赔偿。

2. 受害的公民死亡，其继承人和其他有抚养关系的亲属有权要求赔偿。

3. 受害的法人或者其他组织终止的，其权利承受人有权要求赔偿。

《国家赔偿法》的这些具体规定显然有利于保证公民、法人和其他组织求偿权的有效实现。

第四节　行政赔偿的范围

一、行政赔偿范围概述

广义的行政赔偿范围包括两个大的方面：一是行政侵权行为致害的赔偿；二是公共设施致害的赔偿。行政侵权行为致害的赔偿又包括作为侵权行为致害的赔偿和不作为侵权致害的赔偿。此两种致害赔偿又分别包括对人身权的损害赔偿和对财产权的损害赔偿，对人身权的损害赔偿又包括侵犯人身自由赔偿、身体伤害赔偿、致残赔偿、死亡赔偿和精神损害赔偿。

---

① 参见《国家赔偿法》第 6 条和《行政诉讼法》第 25 条。

世界各国国家赔偿法对行政赔偿范围的规定，有的同时及于行政侵权行为致害的赔偿和公共设施致害的赔偿，有的则仅及于行政侵权行为致害的赔偿而不涉及公共设施致害的赔偿，对公共设施致害的赔偿按民法调整。我国在起草《国家赔偿法》时，大多数人倾向于第二种做法，即公共设施致害的赔偿仍留给民法调整，后来的《国家赔偿法》采用了这一方案。故本书研究的行政赔偿范围，基本上只是行政侵权行为致害的赔偿，而不包括公共设施致害的赔偿。

研究行政赔偿的范围，除了要研究依法应予赔偿的肯定范围以外，还要研究依法应予免除赔偿责任的否定范围。因为法定赔偿范围是一个大范围，在这个大范围内，还存在免责的小范围，只有排除了这种小范围以后的法定赔偿范围才是行政相对人可申请的行政赔偿范围。下面我们首先研究法定应予赔偿的范围，然后再研究免责的范围。

二、对公民人身权侵害的赔偿

根据《国家赔偿法》第 3 条的规定，行政机关及其工作人员在行使行政职权时有下列侵犯人身权情形之一的，受害人有取得赔偿的权利：

(一)违法拘留或者违法采取限制公民人身自由的行政强制措施的

这种行政侵权行为的实施者可能是行政机关，法律、法规授权的组织，行政机关或法律、法规授权的组织的工作人员，行政机关委托的组织或个人。侵权行为的实施者实施这种行为可能是根据行政主体的命令或指示，也可能是根据自己的决定所为；可能是出于故意，也可能是出于过失；可能是在合法行使职权中实施了违法行为，也可能是故意违法侵害相对人的人身自由。

这里的“违法”通常是指行为在有法律根据的情况下实施的，但行为的实施者违反法律规定的条件、对象或程序。同时，这里的“违法”也包括“不法”，即行政机关及其工作人员完全在没有任何法律根据的情况下实施此种行为，尽管拘留或者限制人身自由的行政强制措施是法律规定的，但行政机关及其工作人员对行政相对人拘留或者采取限制人身自由的行政强制措施完全没有任何事实和证据。对此种情形，只要行政机关及其工作人员不能举证，被拘留或者被采取限制人身自由的行政强制措施的相对人即可申请行政赔偿。

这里的“违法”还应包括下述“不法”情形：其一，行政机关依法对有重大违法行为嫌疑人进行拘留,后经审查发现被拘留人并未参与相应违法行为,公安机关根据错误的情报、信息采取了拘留行为。此种行为不属于一般“违法”,而只能属于对行政相对人人身自由的“不法”侵害。其二,行政机关及其工作人员没有履行合法手续(未办理拘留证等)对行政相对人进行拘留或实施限制人身自由的行政强制措施。其三,行政机关及其工作人员对行政相对人采取变相限制人身自由的行政强制措施,如违法监视相对人住所,禁止外出(软禁),以办“学习班”、责令交代问题的方式使其与外界隔绝,禁止其与他人联系等。

(二)非法拘禁或者以其他方法非法剥夺公民人身自由的

这里的“非法”相当于“不法”,不完全同于前种情形的“违法”。前种情形的“违法”拘留或者“违法”采取限制公民人身自由的行政强制措施中的拘留和行政强制措施毕竟还是法律规定的行政行为,只是行政机关及其工作人员违反法律规定的条件、对象或程序实施此类行为。而这里的“非法”拘禁或者以其他方法“非法”剥夺公民人身自由中的拘禁和剥夺公民人身自由行为则是完全无法律规定的,是行政机关及其工作人员完全任意实施的行为。

(三)以殴打、虐待等行为或者唆使、放纵他人以殴打、虐待等行为造成公民身体伤害或者死亡的

这种行政侵权行为的实施者只能是行政工作人员个人,而且必然是故意的违法行为。行政工作人员实施这种行政侵权行为的目的动机可能是各种各样的,有时可能是为了刑讯逼供,有时可能是对实施某种违法行为的公民表示“愤怒”,有时可能是因为行政相对人在其执法时对之有某种不敬行为而加以报复性惩治,有时可能是公报私仇、打击迫害曾经得罪过自己的人,有时则可能纯粹是为了显威风,横行霸道,违法乱纪。不论是出于何种动机、何种原因,只要行政工作人员这种行为是在执行职务过程中实施的或与执行职务有关,都构成应由行政主体承担赔偿责任的行政侵权行为。至于行政主体在赔偿后向行政工作人员追偿其损失,则应视行政工作人员主观过错的程度不同而有所区别。

值得注意的是,这种行政侵权行为的实施有的是行政工作人员直接所为,有的是行政工作人员唆使、放纵他人所为。被唆使、放纵的人不一定是公职人员,但相应行为的受害人对因其行为受到的伤害仍可申请行政赔偿,因为

受害人受到的伤害与行政工作人员的违法行为(作为和不作为:唆使是作为,放纵是不作为)有关。当然,对于这种情形,受害人也可以,并且也应当对直接致害人——被唆使、放纵的人——提起民事赔偿之诉,要求其承担相应的损害赔偿责任。

(四)违法使用武器、警械造成公民身体伤害或者死亡的

这种行政侵权行为可能是由行政工作人员(主要是人民警察)根据违法的行政决定实施的,也可能是行政工作人员自己违法实施的。无论何种情形,只要相应违法行为造成公民身体伤害或者死亡,受害人即可申请行政赔偿。

此种"违法"行为应包括某种形式上合法但实质结果违法侵权的"不法"行为,如行政工作人员依法定条件使用武器、警械,但有过错或无过错地伤及不应伤及的公民。例如,警察追捕手执凶器的杀人犯,向凶犯开枪射击,因枪法不准或其他原因未射中凶犯而射伤无辜群众,这种情况警察是有过错的;但是如果警察在开枪射击时,一公民突然骑车从凶犯身前而过,结果子弹射中骑车公民而未射中凶犯,这种情况警察并无过错。无论属于何种情况,无论警察有无过错,上述被害人的人身权均受到了"不法"侵害,从而都应获得行政赔偿。

(五)造成公民身体伤害或者死亡的其他违法行为

这里仅指"造成公民身体伤害或者死亡的"其他违法行为,而没有包括行政机关及其工作人员侵害公民的姓名权、肖像权、名誉权、荣誉权,使公民精神受到损害的行为。《国家赔偿法》第 35 条只是规定,赔偿义务机关对行政机关及其工作人员实施了前述五项行政侵权行为(违法拘留或者违法采取限制公民人身自由的行政强制措施的;非法拘禁或者以其他方法非法剥夺公民人身自由的;以殴打、虐待等行为或者唆使、放纵他人以殴打、虐待等行为造成公民身体伤害或者死亡的;违法使用武器、警械造成公民身体伤害或者死亡的;造成公民身体伤害或者死亡的其他违法行为),致人精神损害的,应当在侵权行为影响的范围内,为受害人消除影响,恢复名誉,赔礼道歉,造成严重后果的,应当支付精神损害抚慰金。因此,行政机关及其工作人员单纯侵害公民姓名权、肖像权、名誉权、荣誉权的行政侵权行为似乎不在行政赔偿的范围之内。这样规定应该说是有缺陷的,对行政机关及其工作人员单纯侵害公民姓名权、

肖像权、名誉权、荣誉权的行政侵权行为即使可以不支付赔偿金，但在侵权行为影响的范围内，为受害人消除影响，恢复名誉，赔礼道歉则是完全应该的。今后进一步修改《国家赔偿法》时应对此予以完善。

至于行政机关不履行法定职责的不作为行为导致公民人身权的损害，应在“造成公民身体伤害或者死亡的其他违法行为”的范围之内。根据有关法律、法规，某些行政机关具有保护公民人身权的法定职责，在公民的人身权受到某种现实的侵害或处在某种危险境地而请求其加以保护时，相应行政机关如果拒绝保护，不履行法定职责，结果使公民的健康或生命权受到侵害，尽管这种侵害不是相应行政机关及其工作人员所加予的，但是相应行政机关对这种侵权负有法律上的责任。因此，相应受害公民（或其近亲属）如果不能从直接致害人处获得赔偿，或者从直接致害人处获得赔偿远不足以补偿其损失，有权请求行政赔偿，法院可以判决行政机关对其人身权受到的相应侵害负一定的赔偿责任。至于行政机关的不作为责任与直接致害人的责任如何划分，是实行连带责任原则，还是比例责任（依双方对致害结果的过错比例）原则，还是补充责任原则（受害人首先向直接致害人索赔，如直接致害人因死亡、外逃、破产等完全不能赔偿或不能赔偿全部损失，受害人再向有不作为行为的行政机关索赔，由行政机关补充赔偿直接致害人不能赔偿的部分），学界和实务界均有不同的主张。笔者倾向于采行补充责任原则。

“造成公民身体伤害或者死亡的”行政侵权行为除上述外，可能还存在其他行为。对此，立法者在立法时尚不能确定，但在未来行政管理实践中将会发生或可能发生。例如，随着高科技的发展和在行政管理实践中的运用，某些品质不良的工作人员是否可能利用某种高科技手段来侵犯公民人身权，如利用微波、智能机器人伤害人的身体，利用电器噪声干扰相对人的休息睡眠等。现实生活是复杂的，未来有些行政侵权行为，现在不可能预料。所以，立法不可能也不应该规定一个绝对确定的范围，使用“其他违法行为”一词，赋予行政救济机关（包括人民法院）根据新的情况，对相对人受到的不法侵害，给予可能的救济自由裁量权是适当的和必要的。

三、对行政相对人财产权损害的赔偿

《国家赔偿法》第 4 条规定，行政机关及其工作人员在行使行政职权时有

下列侵犯财产权情形之一的,受害人有取得赔偿的权利:

(一)违法实施罚款、吊销许可证和执照、责令停产停业,没收财物等行政处罚的

行政主体及其工作人员违法实施行政处罚是导致行政相对人财产权受侵犯和损害的重要原因之一。这里的处罚有两种情况:一是罚款、没收财物一类处罚,其损害的主要是相对人的既得利益;二是吊销许可证和执照、责令停产停业一类处罚,其损害的主要是行政相对人的可得利益。依据现行《国家赔偿法》,对于既得利益,行政相对人一般可获得相应赔偿;对于可得利益,行政相对人目前尚不能得到相应赔偿,国家只对实际的直接损失部分予以赔偿。

(二)违法对财产采取查封、扣押、冻结等行政强制措施的

行政强制措施对于行政相对人财产权的侵犯和损害同行政处罚的损害大致相同。对财产采取查封、扣押、冻结,既可能对行政相对人既得利益造成实际的损害,也可能对行政相对人可得利益造成潜在的损害。依据现行《国家赔偿法》,对违法采取查封、扣押、冻结的行为的救济,一是解除对财产的查封、扣押、冻结,二是赔偿因此造成财产的损坏或灭失。可得利益目前尚无明确的赔偿规则可循。

(三)违反国家规定征收财物、摊派费用的

这种对行政相对人财产权的致害行为不完全同于行政处罚和行政强制措施。行政机关及其工作人员违法实施行政处罚和行政强制措施可能是违反法律、法规规定的条件、对象或程序,但行政处罚和行政强制措施本身毕竟是有法律、法规规定的,而行政机关及其工作人员违反国家规定征收财物和摊派费用,往往本身就根本没有任何法律、法规根据,并非只是违反法律、法规规定的条件、对象或程序。因此,这种违法行为不是一般的违法,而是更多地具有"不法"性质。当然,行政机关及其工作人员的这种行为不管具有的是何种性质——违法或不法,造成行政相对人的财产损失都应予以赔偿。

(四)造成财产损害的其他违法行为

行政机关及其工作人员侵犯行政相对人人身权的行为与侵犯行政相对人财产权的行为有一个区别:侵犯行政相对人人身权的行为的对象只是公民个人,而侵犯行政相对人财产权的行为的对象则涉及公民、法人和其他组织,其范围比前者要广泛得多。这里所谓"其他违法行为"是除行政处罚、行政强制

措施和征收财物、摊派费用以外的所有造成行政相对人财产损害的其他违法行为。立法者在此难以一一列举,故用统一概括的方式概括之。

四、行政赔偿的免责范围

《国家赔偿法》第5条规定,属于下列情形之一的,国家不承担赔偿责任:

(一)行政机关工作人员与行使职权无关的个人行为

行政机关工作人员具有双重身份:在其实施行政职权行为时,他(她)是国家公职人员(公务员或法律、法规授权组织中行使被授职权的人员、行政机关委托的组织中行使被委托职权的人员);在其实施与职务无关的行为时,他(她)是一般公民。行政机关工作人员只有在其是以国家公职人员身份实施行政职权行为才视为行政机关的行为,由行政机关对外承担其行为的法律责任,包括侵权赔偿责任。行政机关工作人员如果是以一般公民身份实施与行政职权无关的个人行为,则由其本人对其行为承担法律责任;如果行为导致他人人身权、财产权的损害,则由其本人向受害人承担民事赔偿责任,国家不对此承担行政赔偿责任。

(二)因公民、法人和其他组织自己的行为致使损害发生的

行政相对人权益受到的某些损害虽然是在行政机关及其工作人员行使职权过程中造成的,但损害的原因却不是行政机关及其工作人员的行政侵权行为,而是相对人自己的过错行为。例如,被行政拘留的人自杀、自伤身体,被行政机关封存的财物为行政相对人自己放火或失火烧毁,被行政审查(其涉嫌参与某种违法行为)的企业因自己的不慎泄露某种技术情报,等等。对此,国家均不负行政赔偿责任,相对人造成的损失应由有过错的相对人自负。

此外,行政相对人的合法权益在遇到行政主体侵权行为的不法侵害时,自己有责任在可能的条件下尽量避免或减少侵权行为造成的损失。如果行政相对人不履行这种责任,故意放任损失的发生,甚至人为地扩大损失,国家对行政相对人因此受到的损失亦不负赔偿责任。

(三)法律规定的其他情形

“法律规定的其他情形”是一概括性条款,可能包括《国家赔偿法》立法时难以列举,而只能由有关具体法律规定的情形,如不可抗力、正当防卫、紧急避险等。国家对不可抗力、正当防卫、紧急避险等造成的损害一般不承担行政赔

偿责任。[1] 所谓"不可抗力",指地震、山洪、暴雨、严寒、酷暑等,如果行政机关及其工作人员在实施行政行为中,因"不可抗力"导致行政相对人的损害,行政机关不负赔偿责任。但是行政机关及其工作人员如果能够预知不可抗力的发生,故意或过失不采取措施使相对人避免损失,致使行政相对人损失扩大的,国家应承担一定的赔偿责任。"正当防卫"是行政机关及其工作人员对正在进行违法犯罪行为的人采取造成其一定损害的方法,以避免国家、社会利益、本人或他人人身或其他权利遭受侵害的行为。行政机关对"正当防卫"行为造成的损害不负赔偿责任,但是"正当防卫"如果超过必要的限度,导致不应有的损害,行政机关对超过必要限度的损害部分仍应承担适当的赔偿责任。所谓"紧急避险",是指行政机关及其工作人员在法律所保护的权益遇到某种危险而不可能采用其他措施加以避免时,不得已而采用损害另一个较小权益以保护较大权益免遭危险损害的行为。根据《民法典》的规定,因紧急避险造成损害的,由引起险情发生的人承担民事责任。如果危险是由自然原因引起的,紧急避险人不承担民事责任或承担适当的民事责任。因紧急避险采取措施不当或者超过必要的限度,造成不应有的损害的,紧急避险人应当承担适当的民事责任。[2]《民法典》的这一规定同样适用于行政赔偿。

---

① 参见《民法典》第 180-182 条。对于不可抗力或正当防卫、紧急避险造成的损害,国家一般不对行政相对人承担行政赔偿责任,但可对之给予适当行政补偿或通过其他途径予以救济。

② 参见《民法典》第 182 条。

第二十五章 行政补偿

公共利益和个人利益发生冲突时放弃后者，但是必须补偿个人权益的损失，这种观念至今仍然保持着生命力和权威性。牺牲请求（补偿）权据此作为习惯法——当然在宪法的范围之内——适用。对牺牲请求（补偿）权，立法机关只能进一步界定和落实，而不能消除或者作实质性的限制。

补偿请求权的目标是公平补偿，而不是损害赔偿。……承担补偿义务的是受益人，即其任务被执行的行政主体。①

——［德］哈特穆特·毛雷尔

本章节目

第一节　行政补偿概述

第二节　行政补偿的理论依据

第三节　行政补偿的范围

第四节　行政补偿的程序和标准

第五节　完善我国行政补偿制度的途径

① ［德］哈特穆特·毛雷尔：《行政法学总论》，高家伟译，法律出版社2000年版，第732、738页。

第一节　行政补偿概述

一、行政补偿的含义

行政补偿，是指行政机关及其公职人员合法行使职权或因公共设施运作致公民、法人或者其他组织合法权益遭受特别损害、损失，或者因公共利益需要征收、征用公民、法人或者其他组织的财产而依法给予相对人补偿的法律救济制度。

可见，行政补偿包括多种情形，既可能是因行政机关及其公职人员合法行使职权的行为所引起，如公安机关现场执法时损坏当事人或第三人合法财产，工商、质监等行政机关对企业、商场进行行政检查时对某些商品进行鉴定检验过程中导致相应商品损坏或变质等；也可能是因公共设施运作致公民、法人或者其他组织合法权益受到损害，如公共道路塌陷或公共建筑物倒塌致公民人身伤害或财产损失；还包括因公共利益需要征收、征用公民、法人或者其他组织的财产等情形。

行政补偿的前提是行政机关为实现国家和社会公共利益合法行使行政权的行为或公共设施合法运作导致了行政相对人的损失。与行政赔偿不同，行政赔偿是因国家行政机关及其公职人员违法行使职权致行政相对人合法权益受到损害而给予赔偿的法律救济制度；行政补偿则是因合法行为致害或因公共利益需要致相对人合法权益受到损失而给予补偿的法律救济制度。

行政补偿的对象是遭受了特别损失的相对人。也就是说，公民、法人或其他组织只能对其遭受的特别损失请求补偿，而不能对导致所有人普遍损失的行政机关合法行为请求补偿。如行政机关制定行政法规、规章、发布具有普遍约束力的决定、命令等，导致所有调整对象生产成本增加、利润下降等，相应企业或经济组织不能申请行政补偿。

行政补偿既是一种行政救济制度，也是一种特殊的行政责任制度。其特殊性表现在：第一，这种行政责任不以行政机关及其公职人员行为违法为构成要件，而是行政机关及其公职人员对其合法行为造成行政相对人权益损害、损失依法承担的责任;第二,这种行政责任也不以行政机关及其公职人员的过错为必须构成要件,行政机关及其公职人员的行为无论有无过错,均应对造成的损害、损失依法承担补偿责任;第三,这种行政责任也不以行政机关及其公职人员的侵权行为为构成要件,行政机关对行政相对人因公共设施或为某种特定社会公益而蒙受的损失亦要依法承担补偿责任;第四,这种行政责任不一定在事后承担,某些行政补偿依法应在事前实施,如行政机关征收、征用公民、法人或者其他组织的财产,必须依法事前给予相对人补偿。

行政补偿具有如此特性,似乎很难将之归入行政责任的范畴,因为行政责任一般以违法、过错、侵权损害等为其必需的构成要件。我们之所以将行政补偿归入行政救济和行政责任中统一研究,是因为行政补偿与行政赔偿有一定的联系,二者通常同是行政机关及其公职人员对于相对人因某种与行政机关行为或社会公益有关的原因蒙受损失而产生的金钱给付义务。只是行政赔偿责任所产生的金钱给付义务在性质上是行政机关对其违法、过错行为应承担的一种法律后果,而行政补偿责任所产生的金钱给付义务在性质上可以认为是行政机关对相对人依法应作出的一种行政救济措施。

二、建立行政补偿制度的意义

有两个案例可以较好地说明行政补偿制度的意义:第一个案例发生在湖北省某县。1998 年长江发大水时,政府采取分洪措施,该县部分村镇被淹。灾后政府对村民房屋被淹的损失给予了一定的补偿,但一些企业的厂房设备因分洪被淹造成的损失却未能获得适当补偿或未能获得任何补偿。企业到处申诉,以至到法院起诉,问题最终未能获得解决。因为我国当时尚没有专门的补偿法(现在这方面的法律也不完善),没有关于行政补偿范围和补偿标准的明确的法律规定。第二个案例发生在广东省某市。该市因城市建设需要,于 20 世纪 90 年代陆续批准了若干企业(包括一家外资企业)在城市郊区建石场开采石料,批准期分别为 5 年至 10 年。但到 1998 年,该市为了加强环境保护,提高城市环境质量,市人大常委会通过一项地方性法规,要求郊区所有石场关闭和外迁,并平整开采区的土地和在该土地上进行绿化。一家外企对市政府和市矿资办责令其关闭的通知不服,认为自己开办石场是经过市政府批准的,自己为此投入了大量的资金和设备,现在不仅成本没能收回(更不要说盈利),还要承担石场关闭善后的大量费用。他为此进行申诉、申请复议和提起诉讼,要求政府赔偿,但最终亦未能获得赔偿。因为根据我国《国家赔偿法》,行政赔偿必须以政府行为违法为前提,而该市政府责令其关闭石场的行为是依法(地方性法规)进行的。从法律上讲,本案应属于一个行政补偿问题,然而我国当时对行政补偿却缺乏专门性的法律规定。

这两个案例和其他类似的案例表明,我国迫切需要制定行政补偿法,建立行政补偿制度。然而要立法首先就要进行理论研究,先要从理论上明确行政补偿制度的意义和根据,从理论上弄清行政主体为什么要对其合法行为给相对人造成的损失予以补偿;其次要探讨行政补偿的范围,明确行政主体究竟应对行政相对人因什么原因受到的什么损失予以补偿;最后还要探讨行政补偿立法的模式和具体制度,包括行政补偿的标准、补偿的方式、补偿的程序,以及行政补偿与行政赔偿的关系等。

我国目前迫切需要建立整体的、规范化的行政补偿制度。建立这一制度的具体意义表现在下述六个方面:

(一)保护人权,建设社会主义法治国家的需要

法治是与人权紧密联系在一起的,法治国家的最重要特征之一是人权得到法律的切实保护。而人权最基本的内容是人的生存权,生存权最重要的体现和保障则是公民的人身权和财产权。在现实生活中,公民人身权、财产权不仅可能受到行政机关违法行为的侵犯,而且很多时候可能受到行政机关合法行为的损害(如前述两个案例的情形)。一个国家,对于公民人身权、财产权因政府行政行为受到的损害,如果政府只对其违法行为造成的损害予以赔偿,而不对其合法行为导致的损失予以补偿,那么其对人权的保障显然是不完善的。

(二)保护市场主体利益,促进市场经济发展的需要

市场经济的发展,需要两个重要条件:一是自由;二是平等。行政机关合法行为对市场主体利益的损害,其受害人往往是特定的,而不可能是普遍的。这些受害人因行政机关行政行为受到的损害实际是政府加予他们的不平等负担。政府如果不对这些市场主体所承担的特别负担予以补偿,就会使他们相对于其他市场主体处于不平等的地位,他们就很难与其他市场主体竞争,从而妨碍市场经济的发展。

（三）保护行政相对人积极性，维护社会公共利益的需要

行政主体在行政管理过程中，为了维护国家、社会公共利益，有时不得不损害特定行政相对人的利益，如公安消防队灭火中为建立隔火带而拆除特定相对人的房屋或征用特定相对人的防火器材，公安机关在执行公务中征用特定相对人的交通工具等。对此，行政主体事后如不给予相对人以适当的补偿，就可能挫伤他们协助公务的积极性，最终不利于维护社会公共利益。

（四）保护为社会牺牲个人利益的奉献者的权益，维护社会公正的需要

在社会生活中，我们常常会遇到许多乐于牺牲个人利益，为社会奉献，见义勇为、助人为乐的人，他们在为社会、为他人做好事的过程中，经常会使他们自己的人身和财产受到损害，甚至为此牺牲他们的生命。对这些英雄模范人物和他们的家属，政府如果不给予适当的补偿，社会公正就难以体现和伸张。

（五）保护因公益受害的受害人的权益，化解社会矛盾和保障社会稳定的需要

行政相对人权益因社会公益而受到损害有两种情况：一是相对人自己主动协助公务或见义勇为而导致的损害；二是因行政主体的行政行为而被动受害（如抗洪分洪时对相对人财产的损害）。对于第一种情况，相对人较少自己主动去向政府申请补偿；对于第二种情况（且这种情况是多数），相对人通常会主动去向政府请求补偿，政府如果不予补偿或补偿不公平、不适当，他们会不断地上访，影响社会稳定。因此，我们有必要建立和完善行政补偿制度，以减少和避免因此而引发的社会矛盾和纠纷。

（六）保护外国投资者利益，促进进一步对外开放和适应经济全球化发展的需要

对外开放、吸引外资是发展我国经济，推进我国现代化进程的需要。而要保证对外开放、吸引外资政策的有效实施，就必须建立和培植公平竞争的市场环境和稳定的、可预期的法治环境。行政补偿法律制度则正是这种市场环境和法治环境的必要要素。如果没有这种稳定的制度，外资在没有合理补偿的条件下随时可以被征收，被国有化，以及因其投资国政策的变化，或其投资国公共利益的需要而致外资财产损害而不予其任何补偿，那别人就会不敢来投资、发展。在我国当下已加入 WTO，经济已全面参与全球化进程的条件下，建立我国统一和稳定的行政补偿制度更为必要和迫切。

第二节　行政补偿的理论依据

各国学者对行政补偿制度理论依据的阐释是各种各样的，其主要学说有三：

一、特别牺牲与公共负担平等理论

特别牺牲与公共负担平等是阐释行政补偿制度的两个理论学说，但这两个理论学说有着密切的联系，故将其合并叙述。特别牺牲说是由德国行政法学奠基人奥托·迈耶提出来的。该说认为，国家为了公共利益的需要而牺牲个人利益有时是必要的，但根据公平原则，公众受益的国家行为所造成的损失应由公众全体，而不能由个别国民承担。所以国家应从公众的税收——国库中支付一定的费用来补偿受到特别侵害的私人。公共负担平等说认为，民主、法治国家应平等为国民创设权利，平等为国民设定义务。当一部分人或个别人因国家行为而承担的义务重于相同情况下的其他人时，国家应设法调整和平衡这种不平等负担的现象。调整的方式就是由国家通过基于税收所形成的公共财政对遭受损害的人予以补偿。因为税收取之于全体纳税人，从而将个别或部分国民因公共利益受到的损失转由全体国民分担，使公共负担平等原则得以实现。

公共负担平等理论，又称公平责任理论，是行政补偿制度重要的理论支柱。无论是政府对征收、征用私有财产的补偿，还是政府对在履行公务过程中合法行为致私人财产或人身损害的补偿，或者是政府对相对人自觉协助执行公务遭受损失的补偿，都可以公平责任理论加以解释和说明。我国是社会主义国家，公平原则更应该体现在我们社会生活的各个方面。如果某一个公民、法人或其他组织为国家或社会公益受到了某种特定损害，国家理应给予其合理的补偿，以由社会全体来分担其为社会所受到的损失。

特别牺牲说与公共负担平等说较为准确地把握了行政补偿制度的本质，比较合理地说明阐释了行政补偿制度的理论基础，从而得到了较多学者的认同。

二、危险责任理论

危险责任理论认为,一个人如果为了自己的利益而置别人的利益于危险之中,他就必须为此种危险可能导致的损害对他人负责。因为每个人获取利益的权利应与承担责任的义务相一致。

危险责任首先在民法中确立。1866 年,英国普通法院在一项判例中确定,如果一个人在自己的土地上堆放某种危险物质,他应该对该物质可能溢出造成对邻居的损害负赔偿责任。即使他已注意并已作出过防止损害的警告,仍应对此负赔偿责任。1922 年,苏俄民法典专门规定了高度危险物、动物、建筑物及无行为能力人,如精神病人等所致损害的无过错责任。

危险责任理论后来开始适应于行政赔偿和行政补偿。现代国家从事高度危险活动和生产、运输、存放高度危险物的情况远多于私人,如原子弹试验,核电站建设和核能开发,化学物品的生产、运输、存放,军工生产和各种危险武器的运输、存放,监狱和精神病院等的管理,都可能在无过错的情况下或无法证明其有无过错的情况下,造成对个人的重大损害。对于这种损害,一些国家通过立法直接规定补偿责任,一些国家通过判例确定补偿责任。但也有一些国家对于这些危险活动或危险物造成的损害实行过错责任,即受害人要证明致害人有过错才能要求致害人承担赔偿或补偿责任。

我国目前在行政补偿方面,对危险责任尚未作出统一的法律规定。但在实践中,政府通常会对特定人的相应损失根据《民法典》和有关政策进行补偿和救济。不过,这种补偿和救济并不平衡,例如,对于国家保护的野生动物伤人或损害农民庄稼,以及劳改犯人从劳改场所逃出作案,致人损害,受害人有时就得不到任何补偿,或虽得到补偿,但补偿的标准非常之低。因此,根据危险责任理论,我们亦应健全完善行政补偿制度。

三、结果责任理论

结果责任理论认为,一个人只要其行为或其所管理的人或物造成了他人的损害,不管其有无过错,即应对被害人的损失负赔偿责任。

结果责任是在 19 世纪西方国家工业革命的年代产生的。当时,由于科学技术的发展,机器越来越多地应用于生产,从而工业生产的规模越来越大,工厂雇用的工人越来越多。但是资本家在生产扩大后只关心利润的增加和与对手竞争,完全不顾工人的生命安全。工人的劳动条件得不到改善,劳动安全保障措施没有随现代生产危险性因素的增加而增加,导致工伤事故猛增。事故发生后,工人要求资本家赔偿损失,而资本家却以对事故发生“没有过错”为由拒绝承担侵权赔偿责任。在这种情况下,工人起来罢工、斗争,迫使资本家不得不作出让步,开始承担部分或全部赔偿责任。工人斗争的成果在立法上的表现即是确立在一定领域(工伤事故领域等)实行无过错结果责任。如法国民法典规定,任何人不仅对其自己行为造成的损害,而且对应由其负责的他人行为或在其管理下的物件造成的损害均应负赔偿责任。这里规定的赔偿责任即没有以过错为必须前提,而仅以损害结果为必要条件。

结果责任开始仅适用于民事赔偿的某些领域。后来,行政赔偿制度建立以后,一些国家的立法或司法实践将结果责任进一步适用于行政赔偿的某些领域。例如,联邦德国国家赔偿法规定,任何人的权利受公权力及其技术性设施之故障的侵害,公权力主体应依法负补偿责任。这里规定的责任没有以过错为必须条件,因此可以认为是在某些情况下承认了结果责任。法国行政法院的判例也表明其承认一定情形下行政赔偿的结果责任。有这样一个案例:某市有一旅游胜地,游人很多,且游人中有步行的,有骑毛驴的,相互之间发生碰撞、冲突。为保证游人安全和减少纠纷,市长决定步行者和骑毛驴的人分道行走。市长这样做是基于其管理职权,并无违法和过错。但这样规定却给骑毛驴通行的那条道路上的小商小贩营业带来了损失。为此,行政法院判决当局补偿小商小贩的损失。此种责任因不以违法和过错为构成要件,学者们将之称为“行政补偿”,以与行政赔偿责任相区别。

这样,行政机关及其工作人员的行政行为造成了相对人的人身或财产损害,不管其是否存在违法情形,不管其是否有无过错,均应对被害人的损失予以赔偿或补偿。引起行政补偿的损害虽然是行政主体的合法行为或因公共利益的需要造成的,但对于受损害人来说,其受到的损害与其因违法行政行为受到的损害(引起国家赔偿)是一样的:在两种情况下,受损害人权益都是合法的权益,所受损害都是损害,且相对人本人都没有过错。因此,在两种情况下,其受损害的权益都应该同样得到救济。法律上的区别应该只针对行政主体和行政工作人员:引起赔偿的是违法行为,行政主体和行政工作人员应该对之承担相应侵权法律责任；引起补偿的是合法行为，行政主体和行政工作人员对之不承担侵权法律责任。

第三节 行政补偿的范围

在既建立了行政赔偿制度，又建立了行政补偿制度的国家，行政补偿通常比行政赔偿的范围要大，前者比后者更多、更广泛地涉及公民、法人和其他组织的合法权益。在行政管理的许多领域，行政机关及其公职人员合法行使职权的行为，或国家为了社会公共利益的需要而采取某种措施，都不可避免地会损害个别或部分国民的合法权益。

导致行政补偿的情形是各种各样的，主要包括下述范围：

一、征收、征用

我国《宪法》第 10 条和第 13 条规定，国家为了公共利益的需要，可以依照法律的规定对土地实行征收或者征用并给予补偿；可以依照法律的规定对公民的私有财产实行征收或者征用并给予补偿。

在行政管理过程中，行政机关代表国家以公共利益的名义对公民、法人或者其他组织的财产进行征收、征用的情况是很多的。例如，《国有土地上房屋征收与补偿条例》第 8 条规定，为了保障国家安全、促进国民经济和社会发展等公共利益的需要，有下列六种情形之一，政府可征收行政相对人的房屋：(1)国防和外交的需要；(2)由政府组织实施的能源、交通、水利等基础设施建设的需要；(3)由政府组织实施的科技、教育、文化、卫生、体育、环境和资源保护、防灾减灾、文物保护、社会福利、市政公用等公共事业的需要；(4)由政府组织实施的保障性安居工程建设的需要；(5)由政府依照城乡规划法有关规定组织实施的对危房集中、基础设施落后等地段进行旧城区改建的需要；(6)法律、行政法规规定的其他公共利益的需要。

在农村，国家为了公共利益的需要，如修筑铁路、公路、机场和建设其他公共建筑物，政府征收、征用农民集体土地和农民个人房屋的情况也是经常发生的。所有这些征收、征用，都必须对被征收、征用者进行补偿。《土地管理法》

规定,征收土地应当给予公平、合理的补偿,保障被征地农民原有生活水平不降低、长远生计有保障。征收土地应当依法及时足额支付土地补偿费、安置补助费以及农村村民住宅、其他地上附着物和青苗等的补偿费用,并安排被征地农民的社会保障费用。[①]

此外,政府为抢险救灾有时会实行某种征收、征用或准征收、征用的行为。例如,在发生大洪灾时,国家为了保护大城市和大范围内的人民生命财产安全,采取分洪措施,导致一定农村或小城镇地区被淹,这些地区的居民的财产权益必然受到重大损失。同时,在此过程中,国家还可能征用一定地区的个人或组织的财产用于抗洪救灾。同样,在发生火灾时,消防部门为了阻止火势的蔓延,可能拆毁火场附近居民的房屋和其他建筑物;为了迅速扑灭火灾,消防部门还可能征用个人或组织的灭火器材或征用其他物品用于灭火。对于这些个人或组织受到的财产损失,政府自然应根据公平原则对之给予补偿。

在国外,对于政府的征收、征用行为,许多国家都以宪法或法律明确规定政府的补偿责任。例如,美国宪法规定,凡私有财产,非有适当补偿,不得征收为公用。[②] 日本宪法规定,私有财产,只有在正当补偿之下,方得为公共利益而使用。[③] 联邦德国基本法规定,为了公共利益,可以征收财产。征收应依法实行,并依法确定征收方式和赔偿金额,[④]等等。

二、对财产权的限制

国家对财产权的限制包括对财产占有、使用、收益和处分等权能的限制,这种限制如果没有侵犯财产权的本质内涵,则属于财产权的合宪限制,为财产权的社会义务,原则上财产权人应予容忍。但如果财产权人所受限制与损害的程度超过了个人可容忍的界限,则构成了特别牺牲,国家应予补偿。这包括六种具体情形:(1)财产权的公益利用。是指基于公益需要,强制利用或使用私人的财产权。例如,为执行行政任务或兴办公共工程而必须进入或通过私人土地。(2)财产权使用或收益的禁止或限制。例如,为城市规划的目

---

① 参见《土地管理法》第 48 条第 1、2 款。

② 参见《美国联邦宪法修正案》第 5 条。

③ 参见《日本国宪法》第 29 条。

④ 参见《德意志联邦共和国基本法》第 14 条。

的限制土地或建筑物的使用。(3)财产权利用的妨碍。即因为兴办公共事业或因其他公益需要而影响、妨碍私人对其财产权的利用。(4)对财产予以变动。如私人财产的存在状态对于公共事业的实施或其他公益有不利影响或有所妨碍,行政机关有必要对之予以某种变动,如迁移、拆除、改变形态等。(5)对财产采取即时强制措施。为排除某种公共危险,或防止对国家、社会公共利益危害的发生,行政机关对私人财产即时采取某种强制措施,如查封、扣押、销毁等。(6)撤回、废止授益行政处理。作出原处理的行政机关基于公共利益的需要对于合法的授益行政处理,事后予以撤回、废止,使对其存续享有信赖利益的相对人的财产权益受到损害。上述所有情形,可以认为是对相对人财产的准征收,从而应予以补偿。

三、对财产权的干预

行政机关为了公共利益合法行使行政职权,有时虽然不以征收相对人财产权为目的,但也可能因为不可预见的原因产生干预相对人财产权的附带效果。这种干预原则上属于财产权的社会责任,相对人一般没有要求补偿的权利,但如果对这种干预的种类、范围、强度与期间超过了必要的限度,给相对人造成了特别牺牲,则基于公平原则和财产权保障的原则,应当为相对人提供适当补偿。导致这种特别牺牲的情形诸如:(1)国家在修筑道路、公共建筑物等公共工程时,往往会阻隔周边土地或建筑物与外界的交通,因而对相对人造成不便。有时,施工还会产生震动、尘土、噪声等,给相对人生活或经营造成不利影响。(2)国家因实施某种公益行为或措施而产生的恶臭、烟尘、灰屑、空气污染、水污染等公害,造成对相对人权益的损害。(3)新建公有道路、高速公路上行驶车辆所发出的噪声造成饭店、旅馆客人锐减,利润猛降,甚至亏本等。

四、行政应急行为致相对人权益受损

行政机关有时为了应付某种紧急情况,消除某种紧急危险,需要采取一定紧急措施和实施相应紧急行为,而这些紧急措施和紧急行为可能造成一定人利益的损害。例如,警察为了制止骚乱或镇压暴动而开枪射击,有时可能会误伤无辜路人;在出现食物中毒后,卫生部门为了防止发生进一步的损害,紧急禁止几家有致毒嫌疑的商店出售其食品,但事后查明,这些商店仅有一家有有

毒食品,其余各家均为无辜受害者。还有前面已提及的国家在发生大洪灾时为防止洪水给更多人带来灾难,可能采取分洪措施,而分洪措施往往会给分洪区的人们造成损害。对于这种因紧急行政行为导致的损害,有些国家规定政府不负赔偿或补偿责任,但也有的国家根据公平责任原则,规定政府要对受害者予以一定的损失补偿。美国有一个案例:联邦调查局发现一架飞机被劫持,立即对劫机者开枪,劫机者进行报复,把飞机上的人质打死了。死者的家属提起诉讼,要求赔偿。联邦调查局以此种行为属于紧急情况下的自由裁量行为,拒绝赔偿。后来法院以联邦调查局的行为偏离了惯例,超越了自由裁量权,判决其予以赔偿。对于这种情况,如果发生在法国,即使联邦调查局未偏离惯例和超过自由裁量权,也要根据公平原则给予死者家属以补偿。

五、战争、骚乱致相对人权益受损

对于因战争、骚乱导致国民权益的损害,有些国家规定了行政补偿责任。例如,法国曾于 1919 年和 1946 年两次颁布法律,确认国家对战争损害负无过错赔偿责任,即行政补偿责任。并为此专门成立了战争损害补偿委员会,受理两次世界大战中人身权、财产权受到严重损害的相对人的求偿请求。对于骚乱致害补偿,法国于 1983 年颁布法律规定,国家对武装和非武装的集会、示威中的武力或暴力违法与犯罪行为(骚乱)导致的人身损害或财产损失负民事责任。根据这一规定,相对人只要能证明其人身损害或财产损失与集会、示威导致的骚乱有关,即可请求和获得政府的损失补偿。

许多国家的法律目前尚未规定政府对战争或骚乱导致的损害负赔偿或补偿责任,我国法律、法规目前亦无此种规定。不过,根据公平原则,国家对战争、骚乱中不幸蒙受重大损失的相对人,予以适当补偿是合适的。所谓“适当补偿”,即不一定补偿其全部损失,而只是根据受害人的各种情况,给予其一定的补偿,以减轻其不幸程度。

六、高度危险性活动致相对人权益受损

根据危险责任理论,国家从事有高度危险性的活动,生产、运输、储存有高度危险性的物品,如果对相对人造成损害,即使无过错或相对人无法证明其过错,政府也应承担对相对人的补偿责任。例如,核试验造成损害,军队弹药库

爆炸引起伤亡,监狱犯人逃离监狱致害,精神病院的精神病人从病院出走致害,库藏的有毒有害化学物质因泄漏造成损害等。对于因这些危险活动和危险物致害的受害者,许多国家都规定给予适当的赔偿或补偿。其赔偿、补偿标准通常都以特别法专门规定。对于核电站,对于生产、运输、储存化学物品可能造成损害等情形的赔偿、补偿,我国和政府有关部门也通过法律、法规、规章作了专门规定。但对于其他领域内的危险活动或危险物品致害,目前尚无赔偿、补偿办法和标准规定,因而受害人尚得不到适当的赔偿或补偿。这是亟须通过完善立法加以解决的。

七、因行政行为合法撤回、变更、废止致相对人权益受损

行政机关因法律依据变化或公共利益的需要而撤回、变更、废止已作出的行政行为导致相对人权益损害,是行政补偿的一种较常见的情形。例如,我国《行政许可法》第 8 条第 2 款规定,行政许可所依据的法律、法规、规章修改或者废止,或者准予行政许可所依据的客观情况发生重大变化的,为了公共利益的需要,行政机关可以依法变更或者撤回已经生效的行政许可。由此给公民、法人或者其他组织造成财产损失的,行政机关应当依法给予补偿。

八、军事训练、军事演习行为致相对人权益受损

部队军事训练、军事演习导致相应地区部分个人、组织的财产损失,甚至导致个别人身损害。这些军事行为的受害人应享有申请行政补偿的权利。军事行政补偿包括两种情况:一是对战时军事行为致害的补偿;二是对平时军事训练、军事演习行为致害的补偿。一般行政补偿法只调整后一种军事行政补偿,而对前一种军事行为致害,并非所有国家都予以补偿,对此予以补偿的国家,通常也只是在战后制定特别补偿法规定专门的补偿范围和补偿标准。

九、因协助公务和见义勇为致相对人权益受损

行政机关及其公务员在执行有关公务中,常常要求相对人予以协助。相对人出于社会公德,也往往主动加以协助。相对人在协助公务中,可能导致其人身和财产损害。例如,在协助警察追捕和抓获逃犯时,有可能受伤、致残甚至牺牲生命;在协助政府消防人员扑灭火灾时(提供灭火器材、工具时),有可

能被大火烧伤或造成财产损失等；在国家财产或他人生命安全受到某种人为破坏、事故或自然灾害威胁时，挺身而出进行保卫，也有可能受伤、致残、牺牲生命等。对于相对人因这些原因受到的损失，一些国家通过立法或判例确立了国家补偿原则，如法国等。我国在有关法律或者有关政策性文件中也规定了对这类损害的补偿。例如，1984年《消防条例》（已废止）第24条规定："在扑救火灾中受伤、致残或者牺牲的非国家职工，由起火单位按照国务院有关主管部门的规定给予医疗、抚恤；起火单位对起火没有责任的，或者确实无力负担的，以及火灾由住户引起的，由当地人民政府给予医疗、抚恤。"现行《消防法》第49条和第50条也有类似规定。

公民因主动协助公务和见义勇为，使自己的身体或财产受到损害的，这类补偿可能包括两种情形：其一，公民主动协助公务，受益人是国家和社会，故公民为此受到的损失应当完全由国家补偿。其二，公民见义勇为，受益人除了国家和社会外，通常还包括特定相对人。对于这种情形，除了国家应对见义勇为者奖励和补偿外，受益的特定相对人亦应对见义勇为者为其受到的人身或财产损害予以适当补偿（但这种补偿不属于行政补偿的范畴）。

十、社会衡平性补偿

前述各种行政补偿是行政相对人因公益而受到特别牺牲，国家为保障公共负担平等而给予其一定的补偿，以符合宪法保障人民权利的意旨。相对而言，如果国民所受的损失不属于特别牺牲，受损失人虽然没有请求补偿的权利，国家仍可以基于"衡平性"或"合目的性"的考量，特别是基于公平正义原则的精神，对于公民所受的某些损失，主动给予一定的补偿。此种补偿包括：（1）行政机关为防止侵犯社会秩序与公共安全情势的发生，采取必要的措施以避免危险，例如，拆除违章建筑物、扑杀狂犬等。由于这些受损的利益并不受法律保护，所以国家没有补偿的义务，但在某些情况下国家也可基于照顾相对人生活的考虑，给予其一定的补偿。（2）基于社会保险制度所作的补偿。例如，在德国，根据国家保险法的规定，对于为他人意外灾害提供救助的人、捐血者和义工等，其因未缴纳保险费而不属保险给付的范围，但国家可以为其支付保险补偿。此种补偿的种类与额度根据意外保险的原则确定。（3）政治事件或战争受难的补偿。对于某些政治事件的受难者，或因战争遭受损失者，有的国家在事件之后或战后,可能给予一定的补偿,以抚平其历史创伤,促进社会和谐。(4)对刑事犯罪行为被害人的补偿。刑事犯罪行为被害人及其家属所受的损失,虽然并非直接来自国家,但毕竟与国家未能充分行使维护治安的职责有关。因此,许多国家均立法给予其适当补偿,此亦为现代法治国家的要求。(5)对某些意外损害的补偿。例如,卫生医疗人员按照规定的程序和剂量为儿童注射预防相关疾病疫苗,被注射者注射后发生严重反应,以致全身红肿高烧不退。这种注射的不良后果,并非卫生医疗人员有违法过错行为所致,而是不可避免的意外事件。对此,为抚慰不幸者,行政机关可给予相对人适当补偿。

第四节　行政补偿的程序和标准

一、行政补偿的程序

行政补偿可适用行政程序和司法程序两种程序,但司法程序应以行政程序为必经前置程序。

(一)行政程序

行政程序包括下述步骤:(1)权益受到损害的公民、法人或者其他组织向行政机关提出补偿申请。(2)行政机关依法作出是否受理申请人申请的决定,作出不予受理的决定时应向申请人说明理由。(3)行政机关如受理申请,即可与申请人进行协商,尽量达成双方都能接受的补偿协议。(4)如协议不成,行政机关应对申请人的申请及其理由进行审查。审查过程中行政机关应当听取申请人的陈述和接受申请人提交的有关证据材料(必要时可举行听证)。(5)行政机关作出给予申请人补偿或不予补偿的决定,作出不予补偿的决定时应向申请人说明理由。(6)向申请人送达决定书,并告知申请人不服决定的救济途径。

对于某些行政补偿(公民协助公务和见义勇为的补偿),行政机关可不经相对人申请而由行政机关主动给予相对人补偿。如行政机关不主动补偿,相对人亦可自行申请。

还有一些行政补偿,行政机关在相对人尚未发生实际损害前,即可知道损害必将发生,并能知道损失的范围。对于这种情况的补偿,行政机关通常事前即与相对人达成补偿协议,然后于损害发生前或者损害发生后给予相对人补偿,或者于损害前后分期给予相对人补偿。例如,部队组织军事训练或军事演习,事前预计要造成某一区域相对人农作物的损害;水利部门采取分洪措施,事前预计要导致分洪区居民的一定损失;政府因公共利益需要征用土地,征收财产,事前均能预计到要造成被征收征用者的一定损失,行政机关对于这种事前能预计到相对人损失的行为,在行为前通常即应与相对人达成损失补偿协议,事前给予相对人一次性补偿或分期补偿。如双方就补偿范围、标准、方式达不成协议,相对人对行政机关作出的补偿决定有异议的,可以向人民法院起诉,请求法院裁决。

(二)司法程序

行政补偿的司法程序不是必经程序。申请人如对行政机关就其补偿申请作出的决定无异议,接受相应决定,即不再启动司法程序。只有申请人不服行政机关就其补偿申请作出的决定时方会再启动司法程序。司法程序即申请人向人民法院提起行政补偿诉讼。行政补偿诉讼适用行政诉讼程序,但有关行政补偿的法律、法规可补充规定某些特别程序。

二、行政补偿的标准

法律对行政补偿没有规定统一的标准,具体领域、具体事项的补偿标准由单行法律、法规规定。例如,土地征收的补偿标准由《土地管理法》规定;见义勇为受伤公民的补偿标准由各地地方性法规或规章规定;因公共设施出现意外损害的补偿标准由相应行政法规或规章规定。

行政补偿不同于行政赔偿:行政赔偿以赔偿受害人全部损失为原则,尽管这在法律上和实践中也有种种限制;而行政补偿有时只补偿相对人所受到的部分损失,但也不排除补偿全部损失的可能性,对行政补偿,国家难以制定完全统一的标准。例如,《土地管理法》对农村土地征收的标准是分这样五个层次规定:(1)征收土地应当给予公平、合理的补偿,保障被征地农民原有生活水平不降低、长远生计有保障。(2)征收土地应当依法及时足额支付土地补偿费、安置补助费以及农村村民住宅、其他地上附着物和青苗等的补偿费用,并安排被征地农民的社会保障费用。(3)征收农用地的土地补偿费、安置补助费标准由省、自治区、直辖市通过制定公布区片综合地价确定。制定区片综合地价应当综合考虑土地原用途、土地资源条件、土地产值、土地区位、土地供求关系、人口以及经济社会发展水平等因素,并至少每3年调整或者重新公布一次。(4)征收农用地以外的其他土地、地上附着物和青苗等的补偿标准,由省、自治区、直辖市制定。对其中的农村村民住宅,应当按照先补偿后搬迁、居住条件有改善的原则,尊重农村村民意愿,采取重新安排宅基地建房、提供安置房或者货币补偿等方式给予公平、合理的补偿,并对因征收造成的搬迁、临时安置等费用予以补偿,保障农村村民居住的权利和合法的住房财产权益。(5)县级以上地方人民政府应当将被征地农民纳入相应的养老等社会保障体系。被征地农民的社会保障费用主要用于符合条件的被征地农民的养老保险等社会保险缴费补贴。被征地农民社会保障费用的筹集、管理和使用办法,由省、自治区、直辖市制定。①

行政补偿之所以通常为部分补偿而非全部补偿,原因有三:第一,行政补偿是基于行政机关及其公务员合法、无过错行为的责任。相对人所受到的损失不是由行政机关及其公务员的违法行为和过错造成的,行政机关在法律上自然也就没有必须赔偿其全部损失的义务。第二,行政机关及其公务员合法行使职权是为了维护整个社会和全体公民的利益,从而个别公民因此受到某些并不严重的损失有加以容忍的义务。第三,作为行政补偿的有些损失是难以全部计算的,如公共交通的噪声导致路边旅馆生意清淡,其损失就很难准确计算。当然,某些行政补偿,如果没有法定补偿标准,可以参照《国家赔偿法》规定的行政赔偿的标准,以补偿相对人的实际损失为原则。

第五节　完善我国行政补偿制度的途径

目前我国行政补偿制度尚不完善,许多领域无补偿制度,有些领域虽有补偿制度,但补偿范围太窄,补偿标准过低,如刑事犯罪受害人补偿、见义勇为补偿,目前尚无全国性的法律、法规,只有部分地方制定了一些政策性规定,补偿

① 参见《土地管理法》第48条。

范围、标准很不统一,不能对相对人的损失予以最低限度的救济,更谈不上有效的和充分的救济。另外,行政补偿的程序性规定也极为欠缺。除个别领域外,规定行政补偿的大多数法律、法规只有实体规定,而缺乏规范相对人和有关利害关系人申请程序、行政机关受理程序、与申请人协商程序、听取申请人陈述与意见程序的规定,导致行政补偿制度实际运作困难。

由此可见,为保障人权,建设法治国家、法治政府,我国目前迫切需要加强和完善行政补偿法制。至于具体加强和完善行政补偿法制的途径,有三种思路:一是在《国家赔偿法》之外制定统一的“行政补偿法”,统一规定行政补偿的范围、条件、标准、程序以及补偿机关和补偿申请人等;二是不制定统一的“行政补偿法”,采取分别制定和完善各不同行政管理领域的单行行政补偿法律法规;三是修改《国家赔偿法》,将行政补偿的基本问题(行政补偿基本原则、基本范围、基本程序、基本标准等)在《国家赔偿法》中附带作出统一规定,并同时抓紧制定和完善各单行行政补偿法律法规。笔者认为第三种思路较为科学和实际可行,因为按第一种思路,立法难度很大,各种行政补偿有很大的差别,难以用一个统一的法律加以规范;而按第二种思路又难以解决制度不平衡的问题,各立各法,范围、原则、标准、程序完全不协调、不衔接,可能造成社会的不公平。而按第三种思路立法,可能有四个好处:其一,立法难度较小,统一立法(国家赔偿补偿法)只解决大的原则性问题,具体问题可在单行立法中逐一解决。其二,统一立法(国家赔偿补偿法)可为单行立法提供统一原则和统一标准,保障整个行政补偿制度的公平公正。其三,能较快解决目前许多行政补偿无法可依的问题。如果我们能在统一立法(国家赔偿补偿法)中对行政补偿作出原则性规定,即使目前有些领域没有规范相应事项行政补偿的单行法,相对人的补偿问题也可以根据这些原则性规定获得一定程度的解决,并促使相应单行法的制定、修改和完善。其四,如果今后需要制定专门的统一的行政补偿法,国家赔偿补偿法中的原则性规定和各种补偿单行法也可以为之积累经验。据此,笔者建议立法机关尽快修改《国家赔偿法》,在该法中设置行政补偿专章,将行政补偿的基本原则纳入其中,确立行政补偿的基本制度,即将《国家赔偿法》扩充为“国家赔偿补偿法”。然后,根据“国家赔偿补偿法”对行政补偿制度的顶层设计,再逐步制定和完善规范各不同领域、不同事项的行政补偿法律法规,以建立和架构我国的整个行政补偿制度体系。

主要参考书目

一、中文部分

(一)著作

1. 王珉灿主编:《行政法概要》,法律出版社1983年版。

2. 张尚鷟:《中国行政法的理论与实践》,中国政法大学出版社1989年版。

3. 罗豪才主编:《行政法学》,中国政法大学出版社1996年版。

4. 罗豪才、应松年主编:《行政诉讼法学》,中国政法大学出版社1990年版。

5. 龚祥瑞:《比较宪法与行政法》,法律出版社1985年版。

6. 王名扬:《法国行政法》,中国政法大学出版社1988年版。

7. 王名扬:《美国行政法》,中国法制出版社1995年版。

8. 王名扬:《英国行政法》,中国政法大学出版社1987年版。

9. 罗豪才主编:《行政法论》,光明日报出版社1988年版。

10. 罗豪才主编:《现代行政法的平衡理论》,北京大学出版社1997年版。

11. 罗豪才、宋功德:《软法亦法——公共治理呼唤软法之治》,法律出版社2009年版。

12. 应松年主编:《行政法学教程》,中国政法大学出版社1988年版。

13. 应松年、朱维究编著:《行政法学总论》,工人出版社1985年版。

14. 翁岳生编:《行政法(2000)》,中国法制出版社2002年版。

15. 翁岳生:《法治国家之行政法与司法》,台北,月旦出版社1994年版。

16. 吴庚:《行政法之理论与实用》(增订十版),台北,三民书局2009年版。

17. 吴庚:《行政争讼法论》(修订第3版),台北,三民书局2005年版。

18. 江必新、梁凤云:《行政诉讼法理论与实务》,北京大学出版社2009年版。

19. 袁曙宏:《行政处罚的创设、实施和救济》,中国法制出版社1994年版。

20. 袁曙宏:《社会变革中的行政法制》,法律出版社2001年版。

21. 马怀德主编:《行政法与行政诉讼法》,中国法制出版社2000年版。

22. 马怀德:《行政法制度建构与判例研究》,中国政法大学出版社2000年版。

23. 马君硕:《中国行政法总论》(增订三版),台北,商务印书馆1984年版。

24. 皮纯协主编:《中国行政法教程》,中国政法大学出版社1988年版。

25. 朱维究主编:《行政诉讼法原理》,中国政法大学出版社1988年版。

26. 胡建淼:《行政法学》(第4版),法律出版社2015年版。

27. 胡建淼主编:《行政强制法研究》,法律出版社2003年版。

28. 杨海坤编著:《行政诉讼法学》,中央广播电视大学出版社1994年版。

29. 杨海坤:《中国行政法基本理论》,南京大学出版社1992年版。

30. 于安:《降低政府规制——经济全球化时代的行政法》,法律出版社2003年版。

31. 叶必丰:《行政法学》,武汉大学出版社1996年版。

32. 方世荣:《论行政相对人》,中国政法大学出版社2000年版。

33. 方世荣:《论具体行政行为》,武汉大学出版社1996年版。

34. 杨小君:《行政处罚研究》,法律出版社2002年版。

35. 杨小君:《我国行政复议制度研究》,法律出版社2002年版。

36. 于安主编:《行政诉讼法通论》,重庆出版社1989年版。

37. 薛刚凌:《行政主体的理论与实践——以公共行政改革为视角》,中国方正出版社2009年版。

38. 杨建顺:《行政规制与权利保障》,中国人民大学出版社2007年版。

39. 余凌云:《行政契约论》,中国人民大学出版社2000年版。

40. 余凌云:《行政法讲义》,清华大学出版社2010年版。

41. 沈开举:《行政征收研究》,人民出版社 2001 年版。

42. 沈岿:《公法变迁与合法性》,法律出版社 2010 年版。

43. 沈岿:《平衡论:一种行政法认知模式》,北京大学出版社 1999 年版。

44. 王锡锌:《公众参与和行政过程——一个理念和制度分析的框架》,中国民主法制出版社 2007 年版。

45. 王锡锌:《行政程序法理念与制度研究》,中国民主法制出版社 2007 年版。

46. 湛中乐:《现代行政过程论——法治理念、原则与制度》,北京大学出版社 2005 年版。

47. 湛中乐:《法治国家与行政法治》,中国政法大学出版社 2002 年版。

48. 何海波:《行政诉讼法》(第 2 版),法律出版社 2016 年版。

49. 姜明安、余凌云主编:《行政法》,科学出版社 2010 年版。

50. 姜明安主编:《行政法与行政诉讼法》(第 7 版),北京大学出版社、高等教育出版社 2019 年版。

51. 莫于川:《行政指导要论——以行政指导法治化为中心》,人民法院出版社 2002 年版。

52. 王连昌主编:《行政法学》,四川人民出版社 1993 年版。

53. 陈新民:《行政法学总论》(修订五版),台北,三民书局 1995 年版。

54. 关保英:《行政法的价值定位》,中国政法大学出版社 1997 年版。

55. 范扬:《行政法总论》,商务印书馆 1935 年版。

56. 管欧:《行政法概要》,台北,三民书局 1980 年版。

57. 李震山:《行政法导论》(修订四版),台北,三民书局 2002 年版。

58. 林纪东:《行政法新论》,台北,三民书局 1985 年版。

59. 熊文钊:《行政法通论》,中国人事出版社 1995 年版。

60. 张树义、方彦主编:《中国行政法学》,中国政法大学出版社 1989 年版。

61. 毕雁英:《宪政权力架构中的行政立法程序》,法律出版社 2010 年版。

62. 蔡小雪:《行政审判中的合法性审查》,人民法院出版社 1999 年版。

63. 蔡志方:《行政救济法论》(修订版),台北,月旦出版社 1995 年版。

64. 陈春生:《行政法之学理与体系——行政行为形式论》,台北,三民书局 1996 年版。

65. 陈泉生:《行政法的基本问题》,中国社会科学出版社 2001 年版。

66. 陈泉生:《宪法与行政法的生态化》,法律出版社 2001 年版。

67. 陈小文:《行政法的哲学基础》,北京大学出版社 2009 年版。

68. 陈新民:《公法学札记》,中国政法大学出版社 2001 年版。

69. 陈新民:《中国行政法学原理》,中国政法大学出版社 2002 年版。

70. 城仲模:《行政法之基础理论》,台北,三民书局 1991 年版。

71. 崔卓兰、于立深:《行政规章研究》,吉林人民出版社 2002 年版。

72. 董炯:《国家、公民与行政法——一个国家—社会的角度》,北京大学出版社 2001 年版。

73. 冯军:《行政处罚法新论》,中国检察出版社 2003 年版。

74. 傅红伟:《行政奖励研究》,北京大学出版社 2003 年版。

75. 傅士成:《行政强制研究》,法律出版社 2001 年版。

76. 甘文:《行政与法律的一般原理》,中国法制出版社 2002 年版。

77. 高家伟:《行政诉讼证据的理论与实践》,工商出版社 1998 年版。

78. 高秦伟:《行政法规范解释论》,中国人民大学出版社 2008 年版。

79. 郭润生、宋功德:《论行政指导》,中国政法大学出版社 1999 年版。

80. 何海波:《实质法治——寻求行政判决的合法性》,法律出版社 2009 年版。

81. 胡锦光、刘飞宇:《行政处罚听证程序研究》,法律出版社 2004 年版。

82. 胡锦光:《行政处罚研究》,法律出版社 1998 年版。

83. 姜明安主编:《行政程序研究》,北京大学出版社 2006 年版。

84. 姜明安主编:《行政执法研究》,北京大学出版社 2004 年版。

85. 姜明安主编:《中国行政法治发展进程调查报告》,法律出版社 1998 年版。

86. 金伟峰主编:《中国行政强制法律制度》,法律出版社 2003 年版。

87. 金自宁:《公法/私法二元区分的反思》,北京大学出版社 2007 年版。

88. 黎军:《行业组织的行政法问题研究》,北京大学出版社 2002 年版。

89. 李娟:《行政法控权理论研究》,北京大学出版社 2000 年版。

90. 廖义男:《公共建设与行政法理》,1994 年自版发行。

91. 刘恒:《行政救济制度研究》,法律出版社 1998 年版。

92. 刘善春:《行政诉讼价值论》,法律出版社 1998 年版。

93. 刘莘:《行政立法研究》,法律出版社 2003 年版。

94. 罗文燕:《行政许可制度研究》,中国人民公安大学出版社 2003 年版。

95. 吕立秋:《行政诉讼举证责任》,中国政法大学出版社 2001 年版。

96. 吕忠梅、陈虹、彭晓晖:《规范政府之法——政府经济行为的法律规制》,法律出版社 2001 年版。

97. 皮纯协、张焕光:《现代公务员制度研究》,中国广播电视出版社 1988 年版。

98. 沈开举、王钰:《行政责任研究》,郑州大学出版社 2004 年版。

99. 施茂林:《公共设施与国家赔偿责任》,台北,大伟书局 1982 年版。

100. 石佑启:《论公共行政与行政法学范式转换》,北京大学出版社 2003 年版。

101. 宋功德:《行政法哲学》,法律出版社 2000 年版。

102. 宋功德:《论经济行政法的制度结构——交易费用的视角》,北京大学出版社 2003 年版。

103. 孙笑侠:《法律对行政的控制——现代行政法的法理解释》,山东人民出版社 1999 年版。

104. 王成栋:《政府责任论》,中国政法大学出版社 1999 年版。

105. 王丛虎:《行政主体问题研究》,北京大学出版社 2007 年版。

106. 王克稳:《经济行政法基本论》,北京大学出版社 2004 年版。

107. 王万华:《行政程序法研究》,中国法制出版社 2000 年版。

108. 王旭:《行政法解释学研究:基本原理、实践技术与中国问题》,中国法制出版社 2010 年版。

109. 王学辉、宋玉波等:《行政权研究》,中国检察出版社 2002 年版。

110. 文正邦主编:《法治政府建构论——依法行政理论与实践研究》,法律出版社 2002 年版。

111. 武步云:《政府法制论纲——行政法学原理研究》,陕西人民出版社 1995 年版。

112. 熊范兴编:《行政法总论》(第 3 版),商务印书馆 1912 年版。

113. 熊文钊:《现代行政法原理》,法律出版社 2000 年版。

114. 杨惠基:《行政执法概论》,上海大学出版社 1998 年版。

115. 杨惠基:《听证程序概论》,上海大学出版社 1998 年版。

116. 杨解君:《行政违法论纲》,东南大学出版社 1999 年版。

117. 杨解君:《秩序、权力与法律控制——行政处罚法研究》(增补本),四川大学出版社 1999 年版。

118. 杨伟东:《行政行为司法审查强度研究——行政审判权纵向范围分析》,中国人民大学出版社 2003 年版。

119. 杨伟东:《权力结构中的行政诉讼》,北京大学出版社 2008 年版。

120. 杨寅:《中国行政程序法治化——法理学与法文化的分析》,中国政法大学出版社 2001 年版。

121. 叶必丰、周佑勇编著:《行政规范研究》,法律出版社 2002 年版。

122. 叶必丰:《行政法的人文精神》,湖北人民出版社 1999 年版。

123. 叶必丰:《行政行为的效力研究》,中国人民大学出版社 2002 年版。

124. 应松年、薛刚凌:《行政组织法研究》,法律出版社 2002 年版。

125. 余凌云:《警察权力的规范与救济——警察行政法若干前沿性问题研究》,中国人民公安大学出版社 2002 年版。

126. 袁曙宏、方世荣、黎军:《行政法律关系研究》,中国法制出版社 1999 年版。

127. 湛中乐主编:《高等教育与行政诉讼》,北京大学出版社 2003 年版。

128. 张步洪编著:《中国行政法学前沿问题报告》,中国法制出版社 1999 年版。

129. 张步洪编著:《中国行政法学前沿问题报告》,中国检察出版社 2003 年版。

130. 章剑生:《行政程序法基本理论》,法律出版社 2003 年版。

131. 章剑生:《现代行政法基本理论》,法律出版社 2008 年版。

132. 张晋藩、李铁:《中国行政法史》,中国政法大学出版社 1991 年版。

133. 张明杰:《开放的政府——政府信息公开法律制度研究》,中国政法大学出版社 2003 年版。

134. 张树义:《变革与重构——改革背景下的中国行政法理念》,中国政法大学出版社 2002 年版。

135. 张树义:《冲突与选择——行政诉讼的理论与实践》,时事出版社 1992 年版。

136. 张树义:《中国社会结构变迁的法学透视——行政法学背景分析》,中国政法大学出版社 2002 年版。

137. 张映南:《行政法泛论》,法律出版社 1935 年版。

138. 张载宇:《行政法要论》(第 6 版),台北,汉林出版社 1977 年版。

139. 张正钊、李元起主编:《部门行政法研究》,中国人民大学出版社 2000 年版。

140. 张正钊主编:《国家赔偿制度研究》,中国人民大学出版社 1996 年版。

141. 赵琛:《行政法各论》(第 7 版),会文堂新记书局 1937 年版。

142. 赵琛:《行政法总论》,会文堂新记书局 1933 年版。

143. 赵宏:《法治国下的行政行为存续力》,法律出版社 2007 年版。

144. 郑传坤、青维富:《行政执法责任制理论与实践及对策研究》,中国法制出版社 2003 年版。

145. 周汉华主编:《我国政务公开的实践与探索》,中国法制出版社 2003 年版。

146. 周佑勇:《行政裁量治理研究:一种功能主义的立场》,法律出版社 2008 年版。

147. 周佑勇:《行政法原论》(修订版),中国方正出版社 2000 年版。

148. 姜明安:《法治思维与新行政法》,北京大学出版社 2013 年版。

149. 姜明安主编:《法规审查与法规评价研究》,北京大学出版社 2014 年版。

150. 冯凯、高志新主编:《中国行政程序法:起草资料汇编》,中信出版社 2004 年版。

151. 行政立法研究组编译:《外国国家赔偿、行政程序、行政诉讼法规汇编》,中国政法大学出版社 1994 年版。

152. 应松年、胡建淼主编:《中外行政诉讼案例评选》,中国政法大学出版社 1989 年版。

153. 胡建淼主编:《外国行政法规与案例评析》,中国法制出版社 1997 年版。

154. 胡锦光主编:《行政法案例分析》,中国人民大学出版社 2000 年版。

155. 姜明安、王殿全、梁锦棠主编:《行政案例精析》,中国人民公安大学出版社 1990 年版。

156. 姜明安主编:《行政诉讼案例评析》,中国民主法制出版社 1993 年版。

157. 姜明安主编:《行政诉讼与行政执法的法律适用》,人民法院出版社 1995 年版。

158. 姜明安、毕雁英主编:《行政法与行政诉讼法教学案例》,北京大学出版社 2006 年版。

159. 姜明安主编:《人民司法——案例重述(行政卷)》,法律出版社 2012 年版。

160. 林准主编:《行政案例选编》,法律出版社 1995 年版。

161. 许崇德、皮纯协主编:《新中国行政法学研究综述(1949—1990)》,法律出版社 1991 年版。

162. 杨海坤主编:《跨入 21 世纪的中国行政法学》,中国人事出版社 2000 年版。

163. 杨建顺、李元起主编:《行政法与行政诉讼法教学参考书》,中国人民大学出版社 2003 年版。

164. 张尚鷟主编:《走出低谷的中国行政法学——中国行政法学综述与评价》,中国政法大学出版社 1991 年版。

165. 胡建淼主编:《比较行政法——20 国行政法述评》,法律出版社 1998 年版。

166. 姜明安主编:《外国行政法教程》,法律出版社 1993 年版。

167. 刘飞:《德国公法权利救济制度》,北京大学出版社 2009 年版。

168. 刘兆兴、孙瑜、董礼胜:《德国行政法——与中国的比较》,世界知识出版社 2000 年版。

169. 刘兆兴、孙瑜、董礼胜:《中德行政法现状——行政行为、行政监督、行政审判》,社会科学文献出版社 1998 年版。

170. 皮纯协、何寿生编著:《比较国家赔偿法》,中国法制出版社 1998 年版。

171. 皮纯协主编:《行政程序法比较研究》,中国人民公安大学出版社 2000 年版。

172. 王天华:《行政诉讼的构造:日本行政诉讼法研究》,法律出版社 2010 年版。

173. 杨建顺:《日本行政法通论》,中国法制出版社 1998 年版。

174. 应松年主编:《比较行政程序法》,中国法制出版社 1999 年版。

175. 于安编著:《德国行政法》,清华大学出版社 1999 年版。

176. 张千帆、赵娟、黄建军:《比较行政法——体系、制度与过程》,法律出版社 2008 年版。

177. 张越编著:《英国行政法》,中国政法大学出版社 2004 年版。

178. 张正钊、韩大元主编:《比较行政法》,中国人民大学出版社 1998 年版。

179. 周汉华主编:《外国政府信息公开制度比较研究》,中国法制出版社 2003 年版。

180. 朱瓯:《两岸行政程序法制之比较研究》,中国人民大学出版社 2008 年版。

181. 朱新力主编:《外国行政强制法律制度》,法律出版社 2003 年版。

(二)译著

1. [德]Eberhard Schmidt-Abmann:《行政法总论作为秩序理念——行政法体系建构的基础与任务》,林明锵等译,台北,元照出版有限公司 2009 年版。

2. [德]奥托·迈耶:《德国行政法》,刘飞译,商务印书馆 2002 年版。

3. [德]弗里德赫尔穆·胡芬:《行政诉讼法》(第 5 版),莫光华译,法律出版社 2003 年版。

4. [德]哈特穆特·毛雷尔:《行政法学总论》,高家伟译,法律出版社 2000 年版。

5. [德]汉斯·J. 沃尔夫等:《行政法》(第一、二、三卷),高家伟译,商务印书馆 2002 年版。

6. [德]罗尔夫·斯特博:《德国经济行政法》,苏颖霞、陈少康译,中国政法大学出版社 1999 年版。

7. [德]平特纳:《德国普通行政法》,朱林译,中国政法大学出版社 1999 年版。

8. [德]乌尔海希·巴迪斯选编:《德国行政法读本》,于安等译,高等教育出版社 2006 年版。

9. [法]古斯塔夫·佩泽尔:《法国行政法》,廖坤明、周洁译,国家行政学院出版社 2002 年版。

10. [法]莱昂·狄骥:《公法的变迁——法律与国家》,郑戈、冷静译,辽海出版社、春风文艺出版社 1999 年版。

11. [法]莫里斯·奥里乌:《行政法与公法精要》,龚觅等译,辽海出版社、春风文艺出版社 1999 年版。

12. [法]让·里韦罗、让·瓦利纳:《法国行政法》,鲁仁译,商务印书馆 2008 年版。

13. [韩]金东熙:《行政法》(第 9 版),赵峰译,中国人民大学出版社 2008 年版。

14. [美]伯纳德·施瓦茨:《行政法》,徐炳译,群众出版社 1986 年版。

15. [美]戴维斯:《裁量正义》,毕洪海译,商务印书馆 2009 年版。

16. [美]杰里·马肖:《贪婪、混沌和治理:利用公共选择改良公法》,宋功德译,商务印书馆 2009 年版。

17. [美]杰瑞·马肖:《行政国的正当程序》,沈岿译,高等教育出版社 2005 年版。

18. [美]理查德·B. 斯图尔特:《美国行政法的重构》,沈岿译,商务印书馆 2002 年版。

19. [美]欧内斯特·盖尔霍恩、罗纳德·M. 利文:《行政法和行政程序概要》,黄列译,中国社会科学出版社 1996 年版。

20. [美]朱迪·弗里曼:《合作治理与新行政法》,毕洪海、陈标冲译,商务印书馆 2010 年版。

21. [日]大桥洋一:《行政法学的结构性变革》,吕艳滨译,中国人民大学出版社 2008 年版。

22. [日]和田英夫:《现代行政法》,倪健民、潘世圣译,中国广播电视出版社1993年版。

23. [日]铃木义男:《行政法学方法论之变迁》,陈汝德译,国立北京大学法商学院1937年版。

24. [日]美浓部达吉:《行政法撮要》,程邻芳、陈思谦译,商务印书馆1934年版。

25. [日]美浓部达吉:《公法与私法》,黄冯明译,中国政法大学出版社2003年版。

26. [日]南博方:《行政法》(第6版),杨建顺译,中国人民大学出版社2009年版。

27. [日]室井力主编:《日本现代行政法》,吴微译,中国政法大学出版社1995年版。

28. [日]盐野宏:《行政法》,杨建顺译,法律出版社1999年版。

29. [苏联]B. M. 马诺辛等:《苏维埃行政法》,黄道秀译,群众出版社1983年版。

30. [苏联]C. C. 司徒节尼金:《苏维埃行政法(分则)》,袁振民、刘家辉等译,中国人民大学出版社1955年版。

31. [苏联]科托克:《苏联行政法概论》,萨大为译,人民出版社1951年版。

32. [苏联]瓦西林科夫主编:《苏维埃行政法总论》,姜明安、武树臣译,北京大学出版社1985年版。

33. [新西兰]迈克尔·塔格特编:《行政法的范围》,金自宁译,中国人民大学出版社2006年版。

34. [印]M. P. 赛夫:《德国行政法:普通法的分析》,周伟译,山东人民出版社2006年版。

35. [英]A. W. 布拉德利、K. D. 尤因:《宪法与行政法》(第14版),程洁等译,商务印书馆2008年版。

36. [英]L. 赖维勒·布朗、约翰·S. 贝尔:《法国行政法》(第5版),高秦伟、王锴译,中国人民大学出版社2006年版。

37. [英]彼得·莱兰、戈登·安东尼:《英国行政法教科书》(第5版),杨伟东译,北京大学出版社 2007 年版。

38.［英］马丁·洛克林:《公法与政治理论》,郑戈译,商务印书馆 2002 年版。

39.［英］威廉·韦德:《行政法》,徐炳等译,中国大百科全书出版社 1997 年版。

二、外文部分

1. Breyer, Stephen G., Stewart, Richard B., Sunstein, Cass R. & Spitzer, Matthew, *Administrative Law and Regulatory Policy: Problems, Text, and Cases*, 4th ed., Aspen Law & Business, 1999.

2. Craig, Paul P., *Administrative Law*, 6th ed., Sweet & Maxwell, 2008.

3. Harlow, Carol & Rawlings, Richard, *Law and Administration*, 3rd ed., Butterworths, 2009.

4. Lord Woolf, Jowell J. & Le Sueur, Andrew, *Judicial Review of Administrative Action*, 5th ed., Sweet & Maxwell, 1998.

5. Pierce, Richard J., Shapiro, Sidney A. & Verkuil, Paul R., *Administrative Law and Process*, 5th ed., Foundation Press, 2008.

6. Pierce, Richard J., *Administrative Law Treatise*, 5th ed., Aspen Law & Business, 2010.

7. Schuck, Peter H., *Foundations of Administrative Law*, 2nd ed., Foundation Press, 2003.

8. Wade, William R. & Forsyth, Christopher, *Administrative Law*, 10th ed., Oxford University Press, 2009.